westermann

Detlef Hofmann, Johannes Verhuven

Praxisorganisation und -verwaltung

Zahnmedizinische Fachangestellte

7. Auflage

Bestellnummer 49774

Die in diesem Produkt gemachten Angaben zu Unternehmen (Namen, Internet- und E-Mail-Adressen, Handelsregistereintragungen, Bankverbindungen, Steuer-, Telefon- und Faxnummern und alle weiteren Angaben) sind i. d. R. fiktiv, d. h., sie stehen in keinem Zusammenhang mit einem real existierenden Unternehmen in der dargestellten oder einer ähnlichen Form. Dies gilt auch für alle Kunden, Lieferanten und sonstigen Geschäftspartner der Unternehmen wie z. B. Kreditinstitute, Versicherungsunternehmen und andere Dienstleistungsunternehmen. Ausschließlich zum Zwecke der Authentizität werden die Namen real existierender Unternehmen und z. B. im Fall von Kreditinstituten auch deren IBANs und BICs verwendet.

Die in diesem Werk aufgeführten Internetadressen sind auf dem Stand zum Zeitpunkt der Drucklegung. Die ständige Aktualität der Adressen kann vonseiten des Verlages nicht gewährleistet werden. Darüber hinaus übernimmt der Verlag keine Verantwortung für die Inhalte dieser Seiten.

service@westermann.de
www.westermann.de

Bildungsverlag EINS GmbH
Ettore-Bugatti-Straße 6-14, 51149 Köln

ISBN 978-3-427-**49774**-5

westermann *GRUPPE*

Vorwort

Bei Zahnmedizinischen Fachangestellten bildet die Lernfelddidaktik das Fundament der Ausbildung am Lernort Schule. Dementsprechend werden ausgehend von beruflichen Situationen Lernsituationen in diesem Buch dargestellt. Im Idealfall sollen diese die Auszubildenden zur Entwicklung eigener Lösungsstrategien unter Nutzung aller möglichen Medien veranlassen. Erfahrene Lehrerinnen und Lehrer aber wissen, dass sie sich nur selten auf die in einer solchen Situation mögliche Rolle des Lernbegleiters und -moderators zurückziehen können. Schon die im Hinblick auf den Ausbildungsabschluss notwendige Zeitökonomie verlangt eine Unterstützung der Auszubildenden durch eine systematische Darstellung von Sachzusammenhängen.

Die mit der Lernfelddidaktik verbundene Loslösung von der Fachsystematik kann nicht konsequent durchgehalten werden. Innerhalb der Lernfelder werden Lernsituationen unter dem Gesichtspunkt thematischer Schwerpunkte zusammengefasst. Umfassend werden in diesem Buch einerseits alle Verwaltungsaspekte einer Zahnarztpraxis und die damit zu übernehmenden delegierbaren Leistungen angesprochen, andererseits wird aber auch die Stellung der Zahnarztpraxis in der gesamten Gesundheitswirtschaft dargestellt.

Die geleistete Sachdarstellung ist einen Baustein auf dem Weg zur Entwicklung von Lösungsstrategien zur Bewältigung beruflicher und auch vergleichbarer privater Situationen. Die vielen Hinweise auf die digitalen Medien sollen die Auszubildenden anregen, neben dem Rückgriff auf das klassische Buch auch Informationen aus vielen anderen Quellen zu nutzen.

Die Entwicklung von Lernsituationen und Situationsaufgaben sowie die damit im Zusammenhang stehende Sachdarstellung ist geprägt von eigenen langjährigen Erfahrungen pädagogischer Tätigkeit in diesem Ausbildungsberuf. Verzichtet werden kann nicht auf die umfassende Erfahrung vieler Kolleginnen und Kollegen. Daher bedanken wir uns für die vielfältigen Anregungen und freuen uns, wenn uns weiterhin über den Bildungsverlag EINS viele konstruktive Anregungen erreichen.

Wer darüber hinaus der Meinung ist, dass übende Anwendung unverzichtbar für den Lernerfolg ist, dem sei das Arbeitsheft zu diesem Buch empfohlen. Es ist unter der Bestellnummer 49775 beim Verlag erhältlich.

inkl. E-Book

Dieses Lehrwerk ist auch als BiBox erhältlich. In unserem Webshop unter HYPERLINK „http://www.westermann.de“ www.westermann.de finden Sie hierzu unter der Bestellnummer des Ihnen vorliegenden Bandes weiterführende Informationen zum passenden digitalen Schulbuch.

Inhalt

Lernfeld 1: Sich im Beruf und Gesundheitswesen orientieren

Lernfeld 2: Patienten empfangen und begleiten

Lernfeld 12: Prothetische Behandlungen begleiten

Lernfeld 13: Praxisprozesse mitgestalten

Anhang: Kaufmännisches Rechnen

Lernfeld 1:
Sich im Beruf und Gesundheitswesen orientieren

Zielformulierung:

Die Schülerinnen und Schüler reflektieren ihre Situation in der Praxis mit dem Ziel, teamorientiert zu arbeiten. Sie kommunizieren im Praxisteam und mit Personen des beruflichen Umfeldes und entwickeln Lösungen für dabei auftretende Probleme. Sie handeln prozessorientiert im Rahmen der Tätigkeitsfelder, Funktionsbereiche und Arbeitsabläufe in der Praxis. Sie beachten dabei den für das eigene Handeln relevanten rechtlichen Rahmen sowie die sozialen und ethischen Anforderungen. Sie ordnen die Praxis als Dienstleistungsunternehmen des Gesundheitswesens in das volkswirtschaftliche Gesamtgefüge ein. Zur Vermeidung möglicher praxisrelevanter Risiken für Sicherheit und Gesundheit am Arbeitsplatz informieren sie sich über entsprechende Schutzmaßnahmen und beachten sie. Zur aktiven Mitgestaltung ihrer Berufsausbildung, späteren Tätigkeit und beruflichen Perspektiven werten sie entsprechende Vertrags- und Regelwerke sowie Bildungsangebote aus und entwickeln und artikulieren eigene Interessen und Vorstellungen. Für die Beschaffung der Informationen nutzen sie aktuelle Medien.

Inhalte:

Formelle und informelle Organisation, Führungsstile, Kompetenzen
Berufe und Zweige des Gesundheitswesens
Berufsorganisationen
Zahnärztliche Organisationen
Leistungsangebot
Arbeitssicherheit
Berufsausbildungsvertrag
Berufsbildungsgesetz
Jugendarbeitsschutz
Arbeitsvertrag
Arbeitsgerichtsbarkeit
Sozialversicherung, private Absicherung
Gehaltsabrechnung
Kommunikationstechnik

1 Duale Berufsausbildung

(Sich in Schule und Praxis orientieren)

Sarah und Michaela haben die Fachoberschulreife erreicht und reden über ihre Zukunftspläne. Sarah: „Ich habe eine Ausbildung als Zahnmedizinische Fachangestellte begonnen. Nach meinem Praktikum bei einem Zahnarzt kam für mich kein anderer Beruf mehr infrage. Letzte Woche hatte ich zum ersten Mal Berufsschulunterricht. Es war sehr interessant."

Michaela: „Ich möchte Gesundheits- und Krankenpflegerin werden. Daher gehe ich weiter zur Schule, denn ohne Fachhochschulreife habe ich keine Chance, ein Krankenhaus zu finden, bei dem ich mit dieser Ausbildung beginnen kann. Ich versuche auf einem Berufskolleg diesen Abschluss zu erreichen."

Aufgaben

1. Informieren Sie sich über die duale Berufsausbildung. Stellen Sie die wesentlichen Aussagen in einer Übersicht zusammen.
2. Suchen Sie im Internet nach dem Lehrplan Zahnmedizinische Fachangestellte für Ihr Bundesland. Lassen Sie sich die Übersicht über die Fächer und Lernfelder, die während der dreijährigen Ausbildung in Ihrer Berufsschule unterrichtet werden, ausdrucken.
3. Erkundigen Sie sich, welche Möglichkeiten das berufliche Schulwesen (Berufsschule, Berufskolleg) bietet, um weitere Schulabschlüsse wie z. B. die Fachhochschulreife zu erreichen.
4. Erstellen Sie eine Skizze mit dem Grundriss Ihrer Ausbildungspraxis. Ordnen Sie den einzelnen Räumen die entsprechenden Aufgaben der zahnärztlichen Versorgung zu.
5. Tragen Sie unterhalb der Skizze ein, in welchen Bereichen der zahnärztlichen Praxis Sie bisher eingesetzt wurden. Nennen Sie die wichtigsten Aufgaben, die in den einzelnen Bereichen an Sie übertragen wurden.

Die Ausbildung zur Zahnmedizinischen Fachangestellten ist eine **duale Berufsausbildung**. Sie findet an zwei Ausbildungsorten, im Betrieb und in der Berufsschule statt. Eine überwiegend praktische Ausbildung leistet der Ausbildungsbetrieb. In der Berufsschule wird allgemeinbildendes und berufstheoretisches Wissen vermittelt.

Duale Berufsausbildung

Betrieb

Rechtsgrundlage:
- Berufsbildungsgesetz (BBiG)
- Ausbildungsverordnungen

Die betriebliche Ausbildung erfordert: Ausbildungsverhältnis – Basis ist der Ausbildungsvertrag

Berufsschule

Rechtsgrundlage:
- Schulgesetze

Die schulische Ausbildung erfordert: Ausbildung in einer Fachklasse auf der Basis des Lehrplans

Die Stundentafel in der Berufsschule kann je nach Bundesland unterschiedlich sein. In einem großen Bundesland gelten folgende Vorgaben:

Berufsbezogener Lernbereich	**Berufsübergreifender Lernbereich**
Zahnmedizinische Assistenz Leistungsabrechnung Rechts- und Wirtschaftsbeziehungen Praxismanagement Datenverarbeitung Eine Fremdsprache, z. B. Englisch	Deutsch/Kommunikation Religionslehre Sport/Gesundheitsförderung Politik/Gesellschaftslehre

Der Besuch der Berufsschule ist Pflicht. Der Berufsschulunterricht erfolgt üblicherweise an zwei Tagen in der Woche. Der Ausbildungsrahmenplan (siehe S. 20) regelt, was Zahnmedizinische Fachangestellte in der Praxis lernen. Dabei lassen sich zwei Schwerpunkte unterscheiden:

Der zahnmedizinische Bereich

- Empfang der Patienten und Betreuung vor, während und nach der Behandlung
- Assistenz bei der zahnärztlichen Behandlung
- Intra- und extraorale Röntgenaufnahmen nach Anweisung und unter Aufsicht des Zahnarztes durchführen
- Mitwirken bei allen Maßnahmen zur Prophylaxe
- Erste Hilfe – Durchführung und Assistenz bei Notfällen
- Einhaltung und Umsetzung des betrieblichen Hygieneplans

Der Verwaltungsbereich

- Organisation des Praxisablaufs
- Übernahme der Büro- und Verwaltungsarbeiten
- Mithilfe bei der Durchführung der Abrechnung
- Mitwirken beim Qualitätsmanagement

Neben dem fachlichen Können ist der richtige Umgang mit den Patienten besonders wichtig. Vertrauen zu schaffen, Ängste zu nehmen und Einfühlungsvermögen zu zeigen gehört zum Anforderungsprofil einer Zahnmedizinischen Fachangestellten. Damit auch umfassend alle für die Ausübung des Berufes notwendigen Kompetenzen erworben werden können, erlegt das Berufsbildungsgesetz dem Arzt als Ausbilder die Verpflichtung zur umfassenden Ausbildung auf.

§ 14 BBiG – Berufsausbildung

(1) Ausbildende haben

1. dafür zu sorgen, dass den Auszubildenden die berufliche Handlungsfähigkeit vermittelt wird, die zum Erreichen des Ausbildungszieles erforderlich ist, und die Berufsausbildung in einer durch ihren Zweck gebotenen Form planmäßig, zeitlich und sachlich gegliedert so durchzuführen, dass das Ausbildungsziel in der vorgesehenen Ausbildungszeit erreicht werden kann,
2. selbst auszubilden oder einen Ausbilder oder eine Ausbilderin ausdrücklich damit zu beauftragen,
3. Auszubildenden kostenlos die Ausbildungsmittel, insbesondere Werkzeuge und Werkstoffe zur Verfügung zu stellen, die zur Berufsausbildung und zum Ablegen von Zwischen- und Abschlussprüfungen, auch soweit solche nach Beendigung des Berufsausbildungsverhältnisses stattfinden, erforderlich sind,
4. Auszubildende zum Besuch der Berufsschule sowie zum Führen von Berichtsheften anzuhalten, soweit solche im Rahmen der Berufsausbildung verlangt werden, und diese durchzusehen,

5. dafür zu sorgen, dass der Auszubildende charakterlich gefördert sowie sittlich und körperlich nicht gefährdet wird [...].

(2) Ausbildende haben Auszubildende zum Führen der Ausbildungsnachweise nach § 13 Satz 2 Nummer 7 anzuhalten und diese regelmäßig durchzusehen. Den Auszubildenden ist Gelegenheit zu geben, den Ausbildungsnachweis am Arbeitsplatz zu führen.

(3) Auszubildenden dürfen nur Aufgaben übertragen werden, die dem Ausbildungszweck dienen und seinen körperlichen Kräften angemessen sind.

Situationsaufgaben

In der Berufsschule muss ein geordnetes Zusammenleben der Schülerinnen und Schüler gewährleistet sein. Verhaltens- und Umgangsregeln sind in der Schulordnung festgelegt.

- Besorgen Sie sich die Schulordnung Ihrer Schule.
- Unterstreichen Sie im Text die Ihnen wichtig erscheinenden Verhaltensregeln.
- Erstellen Sie eine Übersicht, was bei Versäumnissen des Berufsschulunterrichtes aufgrund von Krankheit zu beachten ist.

Folgender Grundriss einer Zahnarztpraxis liegt vor:

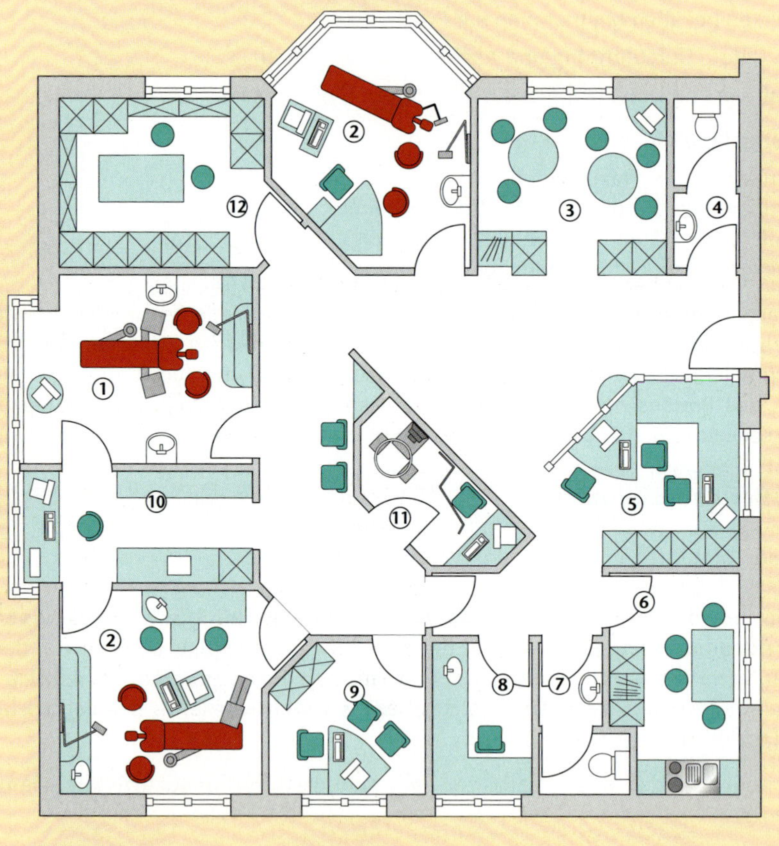

(1) Prophylaxeraum
(2) Behandlungsraum
(3) Wartezimmer
(4) Patienten-WC
(5) Anmeldung
(6) Personalraum
(7) Personal-WC
(8) Praxislabor
(9) Büro
(10) Hygienebereich
(11) Röntgenraum
(12) Lagerraum

- Erstellen Sie eine Übersicht mit den wichtigsten Aufgaben, die eine Zahnmedizinische Fachangestellte in den einzelnen Räumen übernimmt.

Prüfungsvorbereitung

Sarah, Auszubildende bei Dr. Heine, möchte direkt von Beginn ihrer Ausbildung an wichtige Inhalte für die Abschlussprüfung aufbereiten. Sie legt zu wichtigen Themen jeweils eine Karteikarte an.

Erstellen Sie, wie Sarah, Karteikarten zu den genannten Themen. Die aufgeführten Gliederungspunkte sind eine Hilfe, die Karteikarten übersichtlich zu gestalten. Schreiben Sie unter die jeweiligen Gliederungspunkte in kurzer Form die Inhalte auf, die Sie im Hinblick auf die Abschlussprüfung für wichtig halten.

Karteikarte 1:
Duale Ausbildung

1. Begriff
2. Rechtsgrundlagen

Karteikarte 2:
Schwerpunkte der Ausbildung der Zahnmedizinischen Fachangestellten in der Zahnarztpraxis

1. Zahnmedizinischer Bereich
2. Verwaltungsbereich

2 Berufe und Zweige des Gesundheitswesens

(Das Gesundheitswesen kennenlernen)

2.1 Zweige des Gesundheitswesens

Voller Interesse hat Anne, Sarahs Freundin aus Amerika, die zurzeit zu Besuch ist, dem Gespräch von Sarah und Michaela zugehört. „Eine duale Ausbildung als Zahnmedizinische Fachangestellte oder eine Ausbildung als Gesundheits- und Krankenpflegerin, so etwas kennen wir in Amerika gar nicht. Als Pflegehilfspersonal darfst du schon nach einem mehrwöchigen Kurs und einer kleinen Prüfung arbeiten. Alles Weitere lernst du in der Praxis. Bei uns gibt es teilweise auch nicht diese strenge Aufteilung zwischen Zahnarztpraxen, Arztpraxen und Krankenhäusern. Vielmehr suchen viele Versicherte oft sogenannte Gesundheitszentren auf. Hier erfolgt je nach Bedarf eine zahnärztliche, ärztliche Behandlung oder eine stationäre Versorgung des Versicherten, wobei aufgrund der Kosten sehr viel Wert auf Gesundheitsvorsorge gelegt wird. Über das Gesundheitswesen hier werde ich sicherlich meinen Freunden Interessantes berichten können. Gestern sah ich in der Stadt das Gesundheitsamt. Was ist ein Amt für Gesundheit?“

Aufgaben

1. Informieren Sie sich mithilfe des Internets über die Bereiche des Gesundheitssystems in Deutschland.
2. Erstellen Sie eine Übersicht über die Aufgaben, die das Gesundheitsamt in Ihrem Wohnort übernimmt.

3. Stellen Sie dar, wie die stationäre Versorgung organisiert ist.
4. Beschreiben Sie, welche Leistungen Patienten in der ambulanten zahnärztlichen Versorgung in Anspruch nehmen können.
5. Informieren Sie sich, welche Voraussetzungen erfüllt sein müssen, damit ein Zahnarzt eine Praxis mit Kassenzulassung führen darf.
6. Stellen Sie die möglichen Kooperationsformen niedergelassener Kassenzahnärzte mit möglichen Vor- und Nachteilen einander gegenüber.
7. Informieren Sie sich umfassend über die Aufgaben einer Zahnmedizinischen Fachangestellten mithilfe des Ausbildungsberufsbildes. Erstellen Sie anhand des Ausbildungsrahmenplanes eine Übersicht mit den Kenntnissen und Fertigkeiten, die im ersten Ausbildungsjahr zu erwerben sind.
8. Welche Fort- und Weiterbildungsmöglichkeiten gibt es für Zahnmedizinische Fachangestellte?
9. Erläutern Sie anhand von Beispielen, mit welchen Gesundheitsfachberufen und mit welchen handwerklichen Berufen Ihre Praxis zusammenarbeitet.

Öffentlicher Gesundheitsdienst

Insgesamt umfasst das Gesundheitswesen folgende Bereiche:

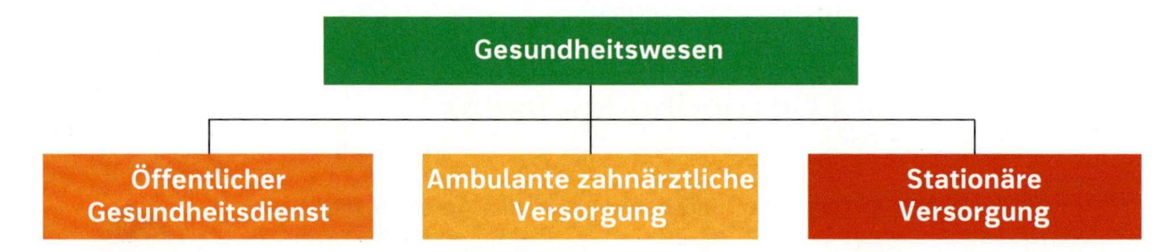

Der **öffentliche Gesundheitsdienst** umfasst alle Behörden, die Überwachungs- und Dienstleistungsaufgaben im Bereich „Gesundheit“ wahrnehmen.

Die oberste Behörde im öffentlichen Gesundheitsdienst ist das **Bundesministerium für Gesundheit**. Die Aufgaben des Gesundheitsministeriums werden auf der Internetseite https://www.bundesgesundheitsministerium.de/ministerium/aufgaben-und-organisation/aufgaben.html vorgestellt. Zu den zentralen Aufgaben zählt u. a. die Leistungsfähigkeit der gesetzlichen Krankenversicherung sowie der Pflegeversicherung zu erhalten.

Die wichtigsten Behörden im öffentlichen Gesundheitsdienst sind die Gesundheitsämter in den Städten und Gemeinden. Mit ihnen hat der Bürger, aber auch der niedergelassene Arzt und Zahnarzt am ehesten Kontakt. Viele Angebote stehen direkt für jeden Einzelnen zur Verfügung. Die niedergelassenen Zahnärzte und Ärzte sind in Zusammenarbeit mit den Gesundheitsämtern in den Gesundheitsschutz und die Krankheitsbekämpfung eingebunden. Schwerpunktaufgaben der Gesundheitsämter sind insbesondere:

- Amtsärztlicher und amtszahnärztlicher Dienst
- Kinder- und Jugendärztlicher bzw. zahnärztlicher Dienst
- Gesundheitsförderung
- Infektionsschutz
- Hygieneüberwachung
- Umweltmedizin

Jeder, der schon einmal ein amtsärztliches Zeugnis benötigte, hatte mit dem Gesundheitsamt Kontakt, da nur die hier tätigen Amtsärzte befugt sind, ein entsprechendes Zeugnis auszustellen. Das Gesundheitsamt ist auch für den niedergelassenen Arzt die direkt zuständige Behörde, wenn z. B. bei einem Patienten eine meldepflichtige Erkrankung nach Bundesseuchengesetz anzuzeigen ist.

Was versteht man unter stationärer Versorgung und wo wird sie erbracht?

Die stationäre Versorgung im Rahmen der gesetzlichen Krankenversicherung gliedert sich in zwei große Bereiche: den Bereich der Krankenhausversorgung und den Bereich der stationären medizinischen Rehabilitation.

Bei dem Verdacht auf oder dem Vorliegen einer schwerwiegenden akuten Erkrankung, die eine dauerhafte Unterbringung und medizinische Überwachung des Patienten erforderlich macht, haben GKV-Versicherte einen unmittelbaren gesetzlichen Anspruch auf die vollstationäre Behandlung in einem zugelassenen Krankenhaus. Allerdings muss zuvor durch das Krankenhaus geprüft werden, ob das Behandlungsziel nicht durch vor-, nach- oder teilstationäre Behandlung oder durch ambulante Behandlung erreicht werden kann (§ 39 Abs. I S. 2 SGB V).

Die stationäre Krankenhausbehandlung ist somit immer nachrangig gegenüber anderen, in der Regel weniger kostenintensiven Behandlungsformen. Der Aufnahme zur stationären Behandlung in ein Krankenhaus geht grundsätzlich eine Überweisung durch einen niedergelassenen Arzt voraus. Ohne Überweisung haben normalerweise nur Notfälle und Privatpatienten Zugang zum Krankenhaus. Dem Patienten steht dabei die Wahl des Krankenhauses grundsätzlich frei; eine freie Arztwahl innerhalb des Krankenhauses besteht jedoch nicht.

Quelle: Bundeszentrale für politische Bildung: Merkmale des deutschen Gesundheitswesens. In: www.bpb.de/politik/innenpolitik/gesundheits politik/72646/strukturen-und-inanspruchnahme, 22.09.2014 [24.05.2019].

Die Krankenhausversorgung ist in unterschiedliche Stufen aufgebaut. Die Akutkrankenhäuser sind für eine Grund- bzw. Basisversorgung zuständig. In der nächsthöheren Stufe bieten Krankenhäuser neben der Regelversorgung zusätzlich eine Schwerpunktversorgung an. Diese Krankenhäuser verfügen über zusätzliche Fachabteilungen und Einrichtungen beispielsweise der Intensivmedizin. Zur höchsten Stufe gehören Krankenhäuser mit allen Möglichkeiten einer Maximalversorgung. Sie sind für die Versorgung von Schwerstkranken und schwer verletzten Unfallopfern ausgestattet.

Die Krankenhäuser sind in der Regel nach **Fachabteilungen** wie Innere Medizin, Chirurgie, Gynäkologie, Urologie usw. aufgebaut. Die Fachabteilungen werden von Fachärzten dieser Disziplin geleitet.

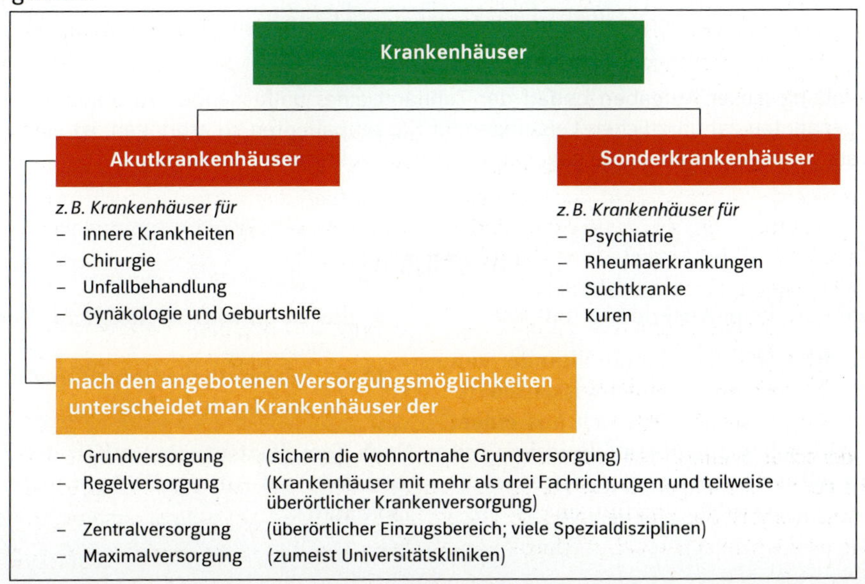

Für den niedergelassenen Zahnarzt ergibt sich eine Zusammenarbeit mit **Zahnkliniken** bei Erkrankungen, die nur stationär behandelt werden können, oder bei Leistungen, die in der Praxis nur unzureichend oder gar nicht erbracht werden können. Die folgende Übersicht ist ein Beispiel für das Leistungsangebot, das eine universitäre Zahnklinik zur Verfügung stellt.

Klinik für Mund-, Kiefer- und Gesichtschirurgie

Die Klinik für Mund-, Kiefer- und Gesichtschirurgie des Universitätsklinikums Münster bietet das gesamte operative und konservative Versorgungsspektrum in Diagnostik und Therapie des Fachgebietes der Mund-, Kiefer- und Gesichtschirurgie, sowie der Oralchirurgie, Oralmedizin und Oralpathologie an. [...]

In unseren verschiedenen Spezialsprechstunden werden Sie von uns individuell und qualifiziert beraten. Natürlich nehmen wir uns dabei gerne Zeit, um auf Ihre persönlichen Fragen und Wünsche einzugehen. Unsere Beratung und die Planung Ihres Eingriffs werden ergänzt durch ein umfassendes Diagnostikangebot, welches insbesondere die modernsten Techniken der zahnärztlichen Radiologie einschließt.

Quelle: Universitätsklinikum Münster: Klinik für Mund-, Kiefer- und Gesichtschirurgie. In: http://klinikum.uni-muenster.de/index.php?id=mkg_uebersicht, Johannes Kleinheinz [24.05.2019].

Häufig sind im Anschluss an eine Krankenhausbehandlung Rehabilitationsmaßnahmen notwendig, die helfen sollen, die Leistungsfähigkeit eines Patienten wiederherzustellen oder eine Pflegebedürftigkeit zu vermeiden. Reichen die Leistungen einer ambulanten Rehabilitation nicht aus, übernimmt die Krankenkasse die Kosten für eine **stationäre Rehabilitation** mit Unterkunft und Verpflegung in einer Rehabilitationsklinik. Dabei bestimmt die Krankenkasse Art, Umfang, Beginn und Durchführung der Maßnahme. Die stationäre Rehabilitation beträgt drei Wochen, außer medizinische Gründe machen eine Verlängerung erforderlich.

Ambulante zahnärztliche Versorgung

Die ambulante zahnärztliche Versorgung erfolgt bei niedergelassenen Zahnärzten. Sie umfasst u. a.

- Verhütung und Früherkennung von Zahnkrankheiten,
- zahnärztliche Behandlung
- zahnärztliche kieferorthopädische Behandlung, sowie
- zahnärztliche Behandlung und zahntechnische Leistungen bei Versorgung mit Zahnersatz und Zahnkronen.

Zur Erfüllung dieser Aufgaben bedarf der Zahnarzt einer umfassenden Ausbildung. Um die oben genannten zahnärztlichen Leistungen für Kassenpatienten zu erbringen, ist eine Zulassung als Vertragszahnarzt, eine sogenannte „Kassenzulassung“, notwendig.

Ausbildung

Die zahnärztliche Ausbildung umfasst

1. ein Studium der Zahnheilkunde von zehn Semestern an einer wissenschaftlichen Hochschule, das sich aus einem vorklinischen und einem klinischen Teil von je fünf Semestern zusammensetzt;
2. folgende staatliche Prüfungen:
   a) die naturwissenschaftliche Vorprüfung,
   b) die zahnärztliche Vorprüfung und
   c) die zahnärztliche Prüfung.

Nach dem Staatsexamen erhält der Zahnmediziner auf Antrag die Approbation als Zahnarzt.

Ein **Kieferorthopäde** ist ebenfalls ein Zahnarzt, der nach seinem Studium zusätzlich eine 4-jährige Weiterbildungszeit absolviert hat und sich mit der Erkennung, Verhütung und Behandlung von Zahn- und Kieferfehlstellungen befasst. Die jedem bekannten „Klammern" und „Zahnspangen" gehören ebenso zum Spektrum eines Kieferorthopäden wie das perfekt aufeinander passende Gebiss.

Ein **Oralchirurg** ist ebenfalls ein Zahnarzt, der nach seinem Studium eine 4-jährige Weiterbildungszeit absolviert hat, wovon mindestens 1 Jahr an einer Klinik stattfinden muss. Er erlangt dabei weitergehende Fertigkeiten und Qualifikationen in Bezug auf chirurgische Eingriffe in der Mundhöhle und - je nach Ausbildungsstätte - auch in der Implantologie. Nach erfolgreicher Prüfung vor der zuständigen Zahnärztekammer wird anschließend der Titel „Fachzahnarzt für Oralchirurgie" verliehen.

Der **Mund-, Kiefer-, Gesichtschirurg** ist ebenfalls Zahnarzt, er hat sowohl ein Studium der Zahnmedizin, als auch ein Studium der Humanmedizin absolviert. Er ist also Arzt und Zahnarzt. Schon während des Studiums der Zahnmedizin kann die Weiterbildung zum Facharzt absolviert werden, die durch die Facharztprüfung abgeschlossen wird. Diese erfolgt vor der jeweiligen Ärztekammer, von der die Bezeichnung „Facharzt für Mund-, Kiefer- Gesichtschirurgie" verliehen wird.

Zulassung

Da bis zu 80 % der Menschen in Deutschland in einer gesetzlichen Krankenkasse pflichtversichert sind, sind fast alle Zahnärzte Vertragszahnärzte der gesetzlichen Krankenkassen. Vertragszahnärzte sind wiederum Zwangsmitglieder in der Kassenzahnärztlichen Bundesvereinigung (KZBV), bzw. deren Landesverband. Zahnärzte erhalten die Kassenzulassung nach einer mindestens zweijährigen Vorbereitungszeit in einer zugelassenen Praxis oder in einer Zahnklinik.

Der Vertragszahnarzt ist verpflichtet, alle gesetzlich versicherten Patienten zu behandeln. Der gesetzlich versicherte Patient hat hierbei die Freiheit, seinen Zahnarzt selbst zu wählen.

Niederlassung

Der Zahnarzt kann sich in freier Praxis niederlassen oder ist als angestellter Zahnarzt in einer Zahnklinik oder einer Praxis tätig. Er kann durch Zusatzprüfungen verschiedene Tätigkeitsschwerpunkte wie „Implantologie" oder „Parodontologie" führen.

Betriebsformen bei der ambulanten zahnärztlichen Versorgung

Die überwiegende Betriebsform der vertragszahnärztlichen Versorgung ist die **Einzelpraxis**. Ein niedergelassener Zahnarzt ist als Praxisinhaber allein verantwortlich. Er kann für die zahnmedizinische Versorgung zusätzlich in begrenztem Umfang Zahnärzte einstellen. Die delegierbaren Aufgaben werden von nichtärztlichen Angestellten, üblicherweise von den zahnmedizinischen Fachangestellten übernommen. Die Vorteile der Einzelpraxis liegen in der Entscheidungsfreiheit hinsichtlich des Praxisstandortes, des Praxiskonzeptes, Personalauswahl, u. a. Dafür trägt der Praxisinhaber bei dieser Organisationsform sämtliche persönliche Risiken, die sich aus seiner Selbstständigkeit ergeben.

Bei der **Berufsausübungsgemeinschaft** (BAG, früher Gemeinschaftspraxis) schließen sich mehrere Vertragszahnärzte organisatorisch zusammen. Gegenüber dem Patienten treten sie als eine Einheit auf. Die beteiligten Zahnärzte rechnen ihre Leistungen gemeinsam unter einer Abrechnungskennziffer mit der KZV ab.

In einer **Praxisgemeinschaft** streben die beteiligten Zahnärzte mit ihrer Kooperation überwiegend Kostenvorteile an. Die dort zusammengeschlossenen Zahnärzte rechnen jeweils einzeln mit der KZV die von ihnen erbrachten Leistungen ab. Die Kosten für die Praxisräume, Personal, Materialien usw. tragen sie gemeinsam.

Medizinische Versorgungszentren (MVZ) sind fachübergreifende, zahnärztlich und ärztlich geleitete Einrichtungen, in denen Vertragszahnärzte, Vertragsärzte und angestellte Ärzte allein oder zusammen mit nichtärztlichen Leistungserbringern tätig sein können. Die Besonderheit der MVZ besteht darin, dass sie von allen an der zahnmedizinischen und medizinischen Versorgung teilnehmenden Leistungserbringern gegründet werden können. Das bedeutet zum Beispiel, dass eine zugelassene Klinik für Mund-, Kiefer- und Gesichtschirurgie ein MVZ gründen und mit dort tätigen Zahnärzten an der vertragsärztlichen Versorgung teilnehmen kann.

Kooperationen von Vertragsärzten in der ambulanten Versorgung sollen

- eine bessere und wirtschaftliche Nutzung der personellen und sachlichen Ausstattung ermöglichen,
- den kollegialen Erfahrungsaustausch erleichtern,
- qualitätsfördernd wirken,
- die Präsenz durch wechselseitige Vertretungen sicherstellen,
- durch Einsatz von Informationstechnologie und verbesserter Kommunikation beim Abbau von Bürokratie helfen.

Situationsaufgaben

- Sie haben die Aufgabe übernommen, das Gesundheitswesen in der Bundesrepublik Deutschland darzustellen. Erstellen Sie hierfür eine Präsentation über die Bereiche des Gesundheitswesens mit ihren wichtigsten Einrichtungen.
- Lesen Sie den folgenden Text zu den Aufgaben des Amtszahnarztes bei Kindern und Jugendlichen. Markieren Sie die wichtigsten jugendzahnärztlichen Aufgaben der Gesundheitsämter. Diskutieren Sie in Ihrer Klasse, ob diese Aufgaben des zahnärztlichen Dienstes der Gesundheitsämter sich nicht überschneiden mit den zahnmedizinischen Vorsorgeuntersuchungen für Kinder und Jugendliche zwischen dem 6. und 18. Lebensjahr.

Zahnärztlicher Dienst/Aufgaben

Kurzbeschreibung:

Der zahnärztliche Dienst des Gesundheitsamtes berät Kinder, Jugendliche und ihre Sorgeberechtigten, ErzieherInnen und LehrerInnen in Fragen der Gesunderhaltung des Zahn-, Mund- und Kieferbereiches. Soweit erforderlich werden regelmäßig zahnärztliche Untersuchungen durchgeführt, um Krankheiten und Fehlentwicklungen zu verhüten und zu mildern.

Aufgaben des zahnärztlichen Dienstes:

- Flächendeckende und regelmäßige zahnärztliche Vorsorgeuntersuchungen in Kindertageseinrichtungen und Schulen

- Beratung zur Zahngesundheit, Mundhygiene und zahngesunden Ernährung
- Zahnmedizinische Angstabbauprogramme im Gesundheitsamt für Kindergartengruppen und Grundschulklassen
- Elternnachmittage in Kindertageseinrichtungen (auf Anfrage)
- Öffentlichkeitsarbeit zur Stärkung der Zahn- und Mundgesundheit der Duisburger Kinder und Jugendlichen
- Zahnärztliche Begutachtungen:
  - im Rahmen des Bundessozialhilfegesetzes
  - im Rahmen des Asylbewerberleistungsgesetzes
  - im Rahmen der Beihilfeverordnungen
  - bei amtszahnärztlichen Fragestellungen

Die zahnmedizinische Gruppenprophylaxe wird vom Zahnärztlichen Dienst der Stadt Duisburg in Zusammenarbeit mit dem Arbeitskreis „Zahnmedizinische Prophylaxe Duisburg e.V." durchgeführt und finanziell unterstützt. Der Arbeitskreis ist ein Zusammenschluss aller in Duisburg vertretenen gesetzlichen Krankenkassen, der Zahnärztekammer Nordrhein, der Kassenärztlichen Vereinigung Nordrhein und des Gesundheitsamtes der Stadt Duisburg.

Aufgaben des Arbeitskreises „Zahnmedizinische Prophylaxe e.V.":

- Flächendeckende und regelmäßige Durchführung von gruppenprophylaktischen Maßnahmen zur Karies-Verhütung in Kindertageseinrichtungen und Schulen.
- Prophylaxegespräche und -übungen (u.a. Zahnpflegetechnik, Ernährungshinweise)
- Versorgung der Kindertageseinrichtungen und Schulen mit Zahnpflegematerialien.
- Medienverleih zu den Themen „Zahngesundheit" und „Ernährung"

Quelle: Duisburg: Zahnärztlicher Dienst. In: https://www.duisburg.de/vv/produkte/pro_du/dez_vi/53/zahnaerztlicher-dienst.php,(verändert) [24.05.2019].

- Die meisten niedergelassenen Zahnärzte haben eine eigene Internetseite mit umfassenden Informationen zur Praxis. Gehen Sie, falls vorhanden, auf die Internetseite Ihrer Ausbildungspraxis.
  - Drucken Sie die Informationen zu den angebotenen Leistungen Ihrer Ausbildungspraxis aus.
  - Beschreiben Sie, welche Aufgaben Sie als Zahnmedizinische Fachangestellte bei der Erbringung dieser Leistungen übernehmen.

Prüfungsvorbereitung

Folgende Karteikarten sind zur Ergänzung der Prüfungsvorbereitung zu erstellen:

Karteikarte 3:
Öffentlicher Gesundheitsdienst

1. Begriff
2. wichtige Einrichtungen
3. Aufgaben des Gesundheitsamtes insbesondere im Bereich der Zahngesundheit

Karteikarte 4:
Stationäre Versorgung

1. Begriff
2. Arten von Krankenhäusern

Karteikarte 5:
Ambulante zahnärztliche Versorgung

1. Voraussetzungen für die Niederlassung als Zahnarzt
2. Angebotene Leistungen
3. Betriebsformen

2.2 Berufe in der ambulanten zahnärztlichen Versorgung

Anne, Sarahs Freundin aus Amerika, staunt immer wieder über die Unterschiede bei der gesundheitlichen Versorgung zwischen ihrem Heimatland und der Bundesrepublik Deutschland. „Letztens habe ich bei einem Besuch in deiner Praxis eine Kollegin von dir gesehen, die trug an ihrem Kittel ein Schild mit der Bezeichnung ZMP vor ihrem Namen".

„Ja, wir haben eine Vielzahl von Berufen im Gesundheitswesen", antwortet Sarah. „Ich selbst musste es erst einmal lernen bei uns zwischen der Zahnmedizinischen Prophylaxe-Assistentin, der Zahnmedizinischen Verwaltungsassistentin usw. zu unterscheiden. Im Beruf der Zahnmedizinischen Fachangestellten gibt es eine Vielzahl von Weiterbildungsmöglichkeiten und Aufstiegsfortbildungen. Hier eine Übersicht zu gewinnen ist nicht einfach. Andererseits ist es interessant in einem Bereich tätig zu sein, der einem so viele berufliche Möglichkeiten bietet.

Aufgaben

1. Informieren Sie sich über die Aufgaben einer Zahnmedizinischen Fachangestellten mithilfe des Ausbildungsberufsbildes. Erstellen Sie anhand des Ausbildungsrahmenplanes eine Übersicht mit den Kenntnissen und Fertigkeiten, die im ersten Ausbildungsjahr zu erwerben sind.
2. Welche Fortbildungsmöglichkeiten gibt es für Zahnmedizinische Fachangestellte?

Zahnmedizinische Fachangestellte

Zahnmedizinische Fachangestellte assistieren dem Zahnarzt bei der Untersuchung, Behandlung, Betreuung und Beratung von Patienten und führen organisatorische und Verwaltungsarbeiten durch (siehe S. 198). Aufgabenschwerpunkte sind:

- Assistenz bei der Behandlung,
- Prophylaxe,
- Praxisorganisation und Praxisverwaltung.

Grundlegende Informationen über alle Tätigkeiten einer Zahnmedizinischen Fachangestellten enthält das **Ausbildungsberufsbild**. Es beinhaltet die Fertigkeiten und Kenntnisse, die in der Ausbildungszeit zu erwerben sind.

Ausbildungsberufsbild	
1	**Der Ausbildungsbetrieb**
1.1	Stellung der Zahnarztpraxis im Gesundheitswesen
1.2	Organisation, Aufgaben, Funktionsbereiche und Ausstattung des Ausbildungsbetriebes
1.3	Gesetzliche und vertragliche Regelungen der zahnmedizinischen Versorgung
1.4	Berufsbildung, Arbeits- und Tarifrecht
1.5	Sicherheit und Gesundheitsschutz bei der Arbeit
1.6	Umweltschutz
2	**Durchführen von Hygienemaßnahmen**
2.1	Infektionskrankheiten
2.2	Maßnahmen der Arbeits- und Praxishygiene
3	**Arbeitsorganisation, Qualitätsmanagement**
3.1	Arbeiten im Team
3.2	Qualitäts- und Zeitmanagement
4	**Kommunikation, Information und Datenschutz**
4.1	Kommunikationsformen und -methoden
4.2	Verhalten in Konfliktsituationen
4.3	Informations- und Kommunikationssysteme
4.4	Datenschutz und Datensicherheit
5	**Patientenbetreuung**
6	**Grundlagen der Prophylaxe**
7	**Durchführen begleitender Maßnahmen bei der Diagnostik und Therapie unter Anleitung und Aufsicht des Zahnarztes**
7.1	Assistenz bei der zahnärztlichen Behandlung
7.2	Röntgen und Strahlenschutz
8	**Hilfeleistung bei Zwischenfällen und Unfällen**
9	**Praxisorganisation und Verwaltung**
9.1	Praxisabläufe
9.2	Verwaltungsarbeiten
9.3	Rechnungswesen
9.4	Materialbeschaffung und Verwaltung
10	**Abrechnung von Leistungen**

Um Ausbildern und Auszubildenden eine Hilfestellung zu geben, wird in einem **Ausbildungsrahmenplan** eine sachliche zeitliche Gliederung der Berufsausbildung vorgenommen. Es wird somit festgeschrieben, zu welcher Zeit der Ausbildung die oben beschriebenen Fertigkeiten und Kenntnisse zu erwerben sind.

Abweichungen vom Ausbildungsrahmenplan aus betriebspraktischen Gründen sind aber möglich.

Der folgende Auszug zeigt die erste Seite des Ausbildungsrahmenplans.

Ausbildung nach Ausbildungsrahmenplan

Ausbildungsrahmenplan für die Berufsausbildung zum Zahnmedizinischen Fachangestellten/zur Zahnmedizinischen Fachangestellten

A

Während der gesamten Ausbildungszeit
(1. bis 36. Ausbildungsmonat)

Die Fertigkeiten und Kenntnisse zu den Berufsbildpositionen

1.5 Sicherheit und Gesundheitsschutz bei der Arbeit,

1.6 Umweltschutz,

7.1 Assistenz bei der zahnärztlichen Behandlung, Lernziel a, sind während der gesamten Ausbildungszeit zu vermitteln. Ihre Vermittlung soll insbesondere im Zusammenhang mit den Berufsbildpositionen

2. Durchführen von Hygienemaßnahmen,

7. Durchführen begleitender Maßnahmen bei der Diagnostik und Therapie unter Anleitung und Aufsicht des Zahnarztes und

8. Hilfeleistung bei Zwischenfällen und Unfällen erfolgen.

B

Vor der Zwischenprüfung (1. bis 18. Ausbildungsmonat)

(1) In einem Zeitraum von 2 bis 4 Monaten sind schwerpunktmäßig die Fertigkeiten und Kenntnisse der Berufsbildpositionen

 1.1 Die Stellung der Zahnarztpraxis im Gesundheitswesen, Lernziele a und b,

 1.2 Organisation, Aufgaben, Funktionsbereiche und Ausstattung des Ausbildungsbetriebes, Lernziele a und b,

 1.3 Gesetzliche und vertragliche Regelungen der zahnmedizinischen Versorgung, Lernziele a bis c,

 1.4 Berufsbildung, Arbeits- und Tarifrecht, Lernziele a bis d zu vermitteln.

Der Ausbildungsfortschritt ist in einem **Berichtsheft** nachzuweisen. Im zweiten Ausbildungsjahr wird eine **Zwischenprüfung** abgelegt. Die Teilnahme an der Zwischenprüfung ist Voraussetzung für die Zulassung zur Abschlussprüfung. Zum Ende der Ausbildung findet eine **Abschlussprüfung** statt. Die Abschlussprüfung besteht aus einem **schriftlichen** und einem **praktischen Teil**. Der schriftliche Teil umfasst die Bereiche

- Behandlungsassistenz,
- Praxisorganisation und -verwaltung,
- Abrechnung,
- Wirtschafts- und Sozialkunde.

Im praktischen Teil ist eine Prüfungsaufgabe auszuführen. Dabei soll der Prüfungsteilnehmer zeigen, dass er Patienten vor, während und nach der Behandlung betreuen, über Behandlungsabläufe und über Möglichkeiten der Prophylaxe informieren und zur Kooperation motivieren kann. Er soll nachweisen, dass er Behandlungsabläufe organisieren, Verwaltungsarbeiten durchführen sowie bei der Behandlung assistieren kann. Dabei soll der Prüfungsteilnehmer

Sicherheit und Gesundheitsschutz bei der Arbeit, Belange des Umweltschutzes und Hygienevorschriften berücksichtigen.

Mündliche Ergänzungsprüfungen finden dann statt, wenn sie für das Bestehen der Prüfung notwendig sind. Verantwortlich für die Durchführung aller Prüfungen ist ein Prüfungsausschuss der jeweiligen Zahnärztekammer.

Spezialisierungsqualifikationen für die Zahnmedizinische Fachangestellte

Die Zahnärztekammern bieten für Zahnmedizinische Fachangestellte eine Vielzahl an Fortbildungen an. Informationen hierzu bieten die zuständige Zahnärztekammer und die Bundeszahnärztekammer. Folgende Fortbildungen werden u.a. angeboten:

Die Zahnmedizinische Fachangestellte/Bereich Praxisverwaltung

Die fortgebildete Zahnmedizinische Fachangestellte mit der Zusatzbezeichnung Praxisverwaltung übernimmt Abrechnungs- und Verwaltungstätigkeiten. Der Zahnarzt wird sachkundig und verantwortlich in administrativen Teilbereichen entlastet.

Die Zahnmedizinische Fachangestellte/Bereich Prophylaxe

Die fortgebildete Zahnmedizinische Fachangestellte mit der Zusatzbezeichnung Prophylaxe ist für die Verhütung von Zahn- und Mundkrankheiten geschult und kann Prophylaxemaßnahmen bei Kindern und Erwachsenen durchführen, ebenso die systematische Reinigung der Zähne und die Kontrolle des Zahnfleischs.

Die Zahnmedizinische Verwaltungs-Assistentin (ZMV)

Die Zahnmedizinische Verwaltungs-Assistentin (ZMV) ist zuständig für den Bereich Verwaltung und Praxisorganisation einer Zahnarztpraxis. Sie entlastet den Praxisinhaber möglichst von allen Aufgaben in der Praxisverwaltung. Sie besitzt besondere Kenntnisse im Bereich Abrechnung, Praxisverwaltung mithilfe des Computers, Arbeitsrecht und in allen betriebswirtschaftlichen Fragen. Im Rahmen der Praxisverwaltung übernimmt sie somit eine leitende Funktion.

Fortbildungsvoraussetzungen sind u.a.:

- Abgeschlossene Ausbildung zur ZFA
- Nachweis über eine mindestens einjährige Tätigkeit als ZFA
- Nachweis von Grundkenntnissen in EDV/Textverarbeitung

Die Zahnmedizinische Fach-Assistentin (ZMF)

Bei dieser Aufstiegsvorbildung erhält die ZFA fundierte Kenntnisse in allen praxisrelevanten Bereichen. Die Ausbildung beinhaltet selbstständige Prophylaxemaßnahmen, selbstständige Assistenz am Behandlungsstuhl, Abrechnung und Praxisverwaltung. Fortbildungsvoraussetzungen sind u.a.:

- Abgeschlossene Ausbildung zur ZFA
- Mindestens zweijährige Vollzeitbeschäftigung (meist innerhalb der letzten 3 Jahre)
- Erste-Hilfe-Kurs
- Röntgenschein, bzw. Röntgenaktualisierungskurs

Die Praxismanagerin (PM)/Assistentin für Zahnärztliches Praxismanagement (AZP)

Praxismanagerinnen sind für die Organisation und Verwaltung von Praxisaufgaben verantwortlich. Sie wirken mit bei der betriebswirtschaftlichen Praxisführung, bei der Planung zur optimalen Praxisauslastung und der Personalplanung. Die Praxismanagerin ist in der Lage, die Rentabilität und Auslastung von Anlagen und Personal zu prüfen, sich um die Einstellung von

Praxispersonal zu kümmern und bei der Erstellung von Praxisbroschüren mitzuwirken. Fortbildungsvoraussetzung ist u. a. ein Nachweis des Tätigkeitsschwerpunktes Praxisorganisation und Verwaltung. Von Vorteil ist es, wenn bereits eine Fortbildung zur Zahnmedizinischen Verwaltungsassistentin vorliegt.

Die Zahnmedizinische Prophylaxe-Assistentin (ZMP)

Die Aufgaben einer Zahnmedizinischen Prophylaxehelferin sind die systematische Reinigung der Zähne und Kontrolle des Zahnfleisches. Eine Zahnmedizinische Prophylaxehelferin ist in der Lage sämtliche Kinderprophylaxemaßnahmen inklusive der Fissurenversieglung, die Erwachsenen-Prophylaxe sowie die selbstständige PA-Vorbehandlung durchzuführen. Sie arbeitet vorwiegend selbstständig am Patienten, unter Aufsicht und in enger Absprache mit dem Zahnarzt. Weiterbildungsvoraussetzungen sind u. a.:

- Abgeschlossene Ausbildung zur ZFA
- Mindestens zweijährige Vollzeitbeschäftigung
- Nachweis der Teilnahme an einem Notfallkurs
- Fachkunde im Strahlenschutz, Röntgenaktualisierungskurs

Die Dentalhygienikerin (DH)

Die Dentalhygienikerin (DH) ist die anspruchsvollste Aufstiegsfortbildung im Fachbereich Prophylaxe für Zahnmedizinische Fachassistentinnen (ZMF) bzw. Zahnmedizinische Prophylaxe-Assistentinnen (ZMP). Sie sind spezialisiert im Bereich der Parodontologie. Ihr Aufgabengebiet ist die Therapie von Zahnbett- und Zahnfleischerkrankungen, Anleitung und Motivation zur Zahn- und Mundgesundheit sowie die Ernährungsberatung. Fortbildungsvoraussetzungen sind u. a.:

- Nachweis über eine bestandene Prüfung als ZMF oder ZMP
- mindestens ein Jahr Berufstätigkeit nach bestandener ZMP- oder ZMF-Prüfung
- Kenntnisnachweis nach § 23 Ziffer 4 der Röntgenverordnung, bzw. Nachweis der Röntgenaktualisierung
- Kursnachweis für Maßnahmen im Notfall

Zahntechniker/-in

Zahntechniker/-innen erhalten ihre Aufträge vom Zahnarzt. Ihr Aufgabengebiet umfasst u. a. die Erstellung von Zahnkronen, Zahnersatz und Inlays auf der Basis von Kieferabformungen. Zahntechniker/-innen arbeiten für den niedergelassenen Zahnarzt in selbstständigen Dentallabors und bei Zahnärzten selbst. Weiterhin gibt es Beschäftigungsmöglichkeiten in Zahnkliniken oder Betrieben der zahntechnischen Industrie. Zahntechniker/-in ist ein anerkannter Ausbildungsberuf nach der Handwerksordnung. Die Ausbildung dauert dreieinhalb Jahre.

Situationsaufgaben

Sarah ist begeistert von den vielen Fort- und Weiterbildungsmöglichkeiten, die für Zahnmedizinische Fachangestellte geboten werden.

Erstellen Sie eine Übersicht über die Fort- und Weiterbildungsmöglichkeiten. Entscheiden Sie, wo der Schwerpunkt der Fort- und Weiterbildungsmöglichkeit zuzuordnen ist:
- Zahnmedizinische Behandlung und Prophylaxe,
- Praxisverwaltung und -organisation,
- beide Bereiche.

Prüfungsvorbereitung

Folgende Karteikarte ist zur Ergänzung der Prüfungsvorbereitung zu erstellen:

Karteikarte 6:
Zahnmedizinische Fachangestellte

1. Was ist im Berufsbild festgelegt?
2. Was regelt der Ausbildungsrahmenplan?
3. Prüfungen

3 Zahnärztliche Organisationen

(Wichtige zahnärztliche Organisationen kennenlernen und deren wichtigste Aufgaben erfassen)

In Sarahs Ausbildungspraxis ist Dr. Späker Assistent tätig. Er möchte sich nach einer Vorbereitungszeit als Vertragszahnarzt niederlassen. Er hat schon an entsprechenden Fortbildungen der Zahnärztekammer und der Kassenzahnärztlichen Vereinigung teilgenommen. In einem Gespräch mit Sarah merkt er an: „Ich finde es gut, dass die Zahnärztekammer, aber auch die KZV entsprechende Fortbildungen anbieten. Immerhin zahle ich bei der Zahnärztekammer meine Mitgliedsbeiträge, bei der Kassenzahnärztlichen Vereinigung sind erst Beiträge fällig, wenn ich eine eigene Praxis mit Kassenzulassung habe."

„Und ich dachte immer, man muss erst Beiträge an die Zahnärztekammer zahlen, wenn man als Zahnarzt eine eigene Praxis hat."

„Nein, Sarah, jeder approbierte Zahnarzt in Deutschland ist Mitglied der zuständigen Zahnärztekammer. Mitglied der Kassenzahnärztlichen Vereinigung wird er, wenn er eine Kassenpraxis übernimmt oder neu eröffnet. Darüber hinaus kann er in weiteren Berufs- oder zahnärztlichen Organisationen freiwillig Mitglied sein."

Aufgaben

1. Informieren Sie sich mithilfe des Internets über die Aufgaben der Zahnärztekammer und der Kassenzahnärztlichen Vereinigung. Erarbeiten Sie eine Übersicht über die wichtigsten Aufgaben.
2. Welche Aufgaben übernimmt die Zahnärztekammer bei der Ausbildung der Zahnmedizinischen Fachangestellten?
3. Welche weiteren Berufsorganisationen gibt es für Zahnärzte? Welche Ziele haben diese Organisationen? Stellen Sie die Berufsorganisationen mit ihren Zielen auf einem Plakat dar.

3.1 Aufgaben der Zahnärztekammern

Die Zahnärztekammern sind Körperschaften öffentlichen Rechts. Sie übernehmen für den Staat Aufgaben und einen Teil der Aufsichtsfunktionen bei der zahnärztlichen Versorgung. In jedem Bundesland befindet sich eine Zahnärztekammer. Nur Nordrhein-Westfalen verfügt aufgrund seiner großen Einwohnerzahl über zwei Zahnärztekammern. Ihre Aufgaben sind im Folgenden beispielhaft für die Zahnärztekammer Schleswig-Holstein dargestellt. Diese Aufgaben gelten für alle Zahnärztekammern der Bundesrepublik Deutschland.

www.zahnaerzte-wl.de/

Aufgaben der Zahnärztekammer

Die Zahnärztekammer

- ist die gesetzliche Vertretung aller Zahnärztinnen und Zahnärzte des jeweiligen Bundeslandes.
- regelt die Berufsrechte und -pflichten der Kammermitglieder.
- fördert die Fortbildung von Zahnärztinnen, Zahnärzten und Zahnmedizinischen Fachangestellten.
- regelt die Ausbildung der Zahnmedizinischen Fachangestellten nach dem Berufsbildungsgesetz.
- nimmt für die Gesamtheit der Mitglieder Stellung zu Verordnungen und Gesetzen.
- bietet eine Patientenberatungsstelle für alle Bürger des Landes an.
- regelt den Notfallbereitschaftsdienst.
- arbeitet mit anderen Zahnärzteorganisationen und Verbänden im Gesundheitswesen zusammen.

Zahnärztekammer	Kassenzahnärztliche Vereinigung
▪ **Mitglieder**: alle Zahnärzte im Bereich der Kammer ▪ zuständige Stelle für die Ausbildung der Zahnmedizinischen Fachangestellten	▪ **Mitglieder**: alle, die durch Zulassung oder Ermächtigung an der vertragszahnärztlichen Versorgung teilnehmen, u. a. die niedergelassenen Kassenzahnärzte

Die Landeszahnärztekammern haben sich in der Bundeszahnärztekammer zu einer Arbeitsgemeinschaft zusammengeschlossen. Deren Aufgaben werden im Folgenden umrissen:

Aufgabengebiete

- Einsatz für ein freiheitliches, zukunftsorientiertes Gesundheitswesen
- Vertretung des zahnärztlichen Berufsstandes gegenüber der Politik, den Medien und der breiten Öffentlichkeit auf Bundesebene
- Schaffung von Rahmenbedingungen zur Erbringung und Anerkennung zahnmedizinischer Leistungen
- Förderung einer fortschrittlichen und auf wissenschaftlichen Erkenntnissen basierende Zahnheilkunde, die den Patienten in den Mittelpunkt stellt.
- Koordinierung und Weiterentwicklung der zahnärztlichen Aus-, Fort- und Weiterbildung in Zusammenarbeit mit zahnärztlich-wissenschaftlichen Organisationen
- Stärkung der Prävention und Gesundheitsförderung
- Verbesserung der zahn-(medizinischen) Versorgung der Bevölkerung
- Vertretung der Interessen der Zahnärzteschaft auf europäischer und internationaler Ebene

Quelle: Bundeszahnärztekammer: Organisationsstruktur. In: https://www.bzaek.de/ueber-uns/organisationsstruktur.html [25.04.2019].

3.2 Aufgaben der Kassenzahnärztlichen Vereinigungen

Den Kassenzahnärztlichen Vereinigungen gehören in Deutschland alle Zahnärzte an, die zur ambulanten **Behandlung von Versicherten der gesetzlichen Krankenversicherungen** zugelassen sind (Vertragszahnärzte). Wie bei den Zahnärztekammern gibt es in jedem Bundesland eine Kassenzahnärztliche Vereinigung. Nur Nordrhein-Westfalen bildet mit zwei Kassenzahnärztlichen Vereinigungen eine Ausnahme.

Hauptaufgaben der Kassenzahnärztlichen Vereinigung (KZV)

Die Hauptaufgaben der Kassenzahnärztlichen Vereinigung sind:

- Sicherstellungsauftrag (Sicherstellung der ambulanten kassenzahnärztlichen Versorgung)
- Interessenvertretung aller Mitglieder
- Gewährleistungsauftrag

Sicherstellungsauftrag

Die Kassenzahnärztliche Vereinigung stellt die ambulante zahnärztliche Versorgung aller Bürger, die gesetzlich krankenversichert sind, sicher.

Interessenvertretung ihrer Mitglieder

Die KZV vertritt die Interessen ihrer Mitglieder u. a. in folgenden Belangen:

- Verhandlungen der Honorarverträge und der Vergütung,
- Organisation der Abrechnung zwischen den Mitgliedern und den Krankenkassen,
- Beratung bei der vertragsärztlichen Tätigkeit,
- Vertretung berufspolitischer Interessen.

Gewährleistungsauftrag

Die KZV verantwortet Qualität und Wirtschaftlichkeit der ambulanten zahnärztlichen Versorgung.

Die Aufgaben der KZV'en umfassen weiterhin:

- die Sicherstellung der Versorgung der gesetzlich Krankenversicherten in ihrem jeweiligen Bundesland,
- die Organisation des Notdienstes,
- die Patientenberatung über die zahnmedizinische Versorgung
- die Vermittlung zu einer Zweitmeinung eines Experten für Patienten
- die Vertretung der Rechte der Vertragszahnärzte gegenüber den Krankenkassen
- die Überwachung der Pflichten von Vertragsärzten
- die Abschlüsse von Verträgen mit Krankenkassen auf Landesebene
- die Überprüfung der Abrechnung von Vertragszahnärzten
- die Wirtschaftlichkeitsprüfung
- die Festlegung eines Honorarverteilungsmaßstabes und damit Verteilung der Gesamtvergütung

Quelle: Ratgeber für Zahnärzte: Die Kassenzahnärztliche Vereinigung (KZV), Simon Prieß. In: http://za-ratgeber.de/kassenzahnaerztlichevereinigung-kzv/ [25.04.2019].

Dachorganisation aller Kassenzahnärztlichen Vereinigungen ist die Kassenzahnärztliche Bundesvereinigung (KZBV).

Kassenzahnärztliche Bundesvereinigung (KZBV)

Mitglieder der Kassenzahnärztlichen Bundesvereinigung (KZBV) sind die 17 Kassenzahnärztlichen Vereinigungen (KZVen).

Funktionen und Aufgaben

- Die Wahrung der Rechte der Zahnärzte gegenüber den Krankenkassen.
- Die Wahrung der Interessen gegenüber der Aufsichtsbehörde und dem Gesetzgeber.
- Die Sicherstellung (Gewährleistung) der vertragszahnärztlichen Versorgung entsprechend den gesetzlichen und vertraglichen Bestimmungen.
- Die Sicherung angemessener Vergütungen für die Vertragszahnärzte.
- Die Vereinbarung von Bundesmantelverträgen.
- Die Regelung der länderübergreifenden Durchführung der zahnärztlichen Versorgung und des Zahlungsausgleichs zwischen den Kassenzahnärztlichen Vereinigungen der Länder.
- Aufstellung von Richtlinien zur Betriebs-, Wirtschafts- und Rechnungsführung der Kassenzahnärztlichen Vereinigungen.
- Die Bestellung der Vertreter der Vertragszahnärzte im Bundesschiedsamt und im gemeinsamen Bundesausschuss für die vertragszahnärztliche Versorgung.

Neben den Körperschaften öffentlichen Rechts gibt es eine Vielzahl von Berufsorganisationen, die als Verbandsvertreter auf freiwilliger Basis in besonderer Weise die Interessen der Zahnärztinnen und Zahnärzte vertreten. Die folgende Übersicht zeigt eine Auswahl dieser Berufsorganisationen.

Zahnärztliche Organisationen und Einrichtungen

Akademie für freiberufliche Selbstverwaltung und Praxismanagement (AS Akademie)
Berufsverband der deutschen Kieferorthopäden e.V. (BDK)
Berufsverband Deutscher Oralchirurgen (BDO)
Berufsverband der Fachzahnärzte und Spezialisten für Parodontologie e.V. (BFSP)
Bundesverband Dentalhandel e.V. (BVD)
Bundesverband der Zahnärzte des öffentlichen Gesundheitsdienstes e.V. (BZÖG)
Bundesverband der Zahnmedizinstudenten in Deutschland e.V. (BdZM)
Bundesverband der zahnmedizinischen Alumni in Deutschland e.V. (BdZA)
CED Europäischer Dachverband der Zahnärzte
CIRS dent – Jeder Zahn zählt!
Dentista e.V.
Deutsche Gesellschaft für Kinderzahnheilkunde
Deutsche Gesellschaft für Zahn- Mund-, und Kieferheilkunde (DGZMK)
Deutscher Arbeitskreis für Hygiene in der Zahnmedizin (DAHZ)
Deutscher Zahnärzte Verband e.V.
ERO European Regional Organization of the Federation dentaire internationale
FDI World Dental Federation (FDI)
Freier Verband Deutscher Zahnärzte (FVDZ)
Institut der Deutschen Zahnärzte (IDZ)
Interessengemeinschaft Zahnärztlicher Verbände (IGZ)
Kassenzahnärztliche Bundesvereinigung (KZBV)
Verband der Deutschen Dental-Industrie e.V. (VDDI)
Verband Deutscher Dental Software Hersteller (VDDS)
Verband Deutscher Zahntechniker-Innungen (VDZI)
Zahnärztliche Mitteilungen (zm)
Zentrum Zahnärztliche Qualität (ZZQ)
Zukunftspraxis 50 Plus

Bei den Verhandlungen und dem Abschluss zum Vergütungs- und Manteltarif für die Zahnmedizinische Fachangestellte wird die Arbeitgeberseite vertreten durch die Arbeitsgemeinschaft zur Regelung der Arbeitsbedingungen für Zahnmedizinische Fachangestellte.

Situationsaufgaben

- Die Zahnärztekammer als Pflichtorganisation aller Zahnärzte nimmt eine Vielzahl von Aufgaben zur Interessenvertretung der Zahnärzte wahr. Weiterhin ist sie zuständig für die Berufsausbildung zur Zahnmedizinischen Fachangestellten.
  - Rufen Sie die Internetseite der für Sie zuständigen Zahnärztekammer auf. Ermitteln Sie anhand des Internetauftritts der Zahnärztekammer, welche Aufgaben sie wahrnimmt. Erstellen Sie hierzu eine Folienvorlage, auf der Sie die Aussagen zusammenfassen.
  - Erstellen Sie eine weitere Folienvorlage, auf der Sie speziell die Aufgaben festhalten, die die Kammer im Zusammenhang mit der Berufsausbildung der Zahnmedizinischen Fachangestellten wahrnimmt.

- Die Hauptaufgabe der Kassenzahnärztlichen Vereinigung ist u. a. die Sicherstellung der ambulanten kassenzahnärztlichen Versorgung.
  - Erstellen Sie auf einer Folienvorlage eine Übersicht, wie die KZV dem Sicherstellungsauftrag gerecht wird.
  - Ergänzen Sie die Folienvorlage mit Aussagen zum Gewährleistungsauftrag.
- Die Quartalsabrechnung der kassenzahnärztlichen Leistungen erfolgt über die KZV. Erstellen Sie einen Ablaufplan mit den wichtigsten Schritten, die bei der Erstellung der Quartalsabrechnung anfallen. Beziehen Sie in den Ablaufplan mit ein, wie die Abwicklung der Abrechnung mit der KZV erfolgt.
- In einer kassenzahnärztlichen Praxis sind folgende Beteiligte eingebunden:

Erläutern Sie, welche Beziehungen zwischen den einzelnen Beteiligten bestehen.

Prüfungsvorbereitung

Folgende Karteikarten sind zur Ergänzung der Prüfungsvorbereitung zu erstellen:

Karteikarte 7:
Zahnärztekammer

1. Mitglieder
2. wichtige Aufgaben

Karteikarte 8:
Kassenzahnärztliche Vereinigung

1. Mitglieder
2. Sicherstellungsauftrag
3. Gewährleistungsauftrag
4. Aufgaben bei der Abrechnung

4 Berufsorganisationen der Arbeitnehmer

(Berufsverbände als Vertreter der Arbeitnehmer in Gesundheitsberufen einordnen)

Sarah: „Vor Beginn der Ausbildung habe ich die Ausbildungsmesse ‚Tage der Berufsausbildung' besucht. Bei den Informationsständen zur Ausbildung der Medizinischen Fachangestellten und der Zahnmedizinischen Fachangestellten war u. a. auch ein Stand des Berufsverbandes. Sind eigentlich viele Kolleginnen in unserer Praxis Mitglied in einem Berufsverband?"

Melanie, die als langjährige Mitarbeiterin in der Zahnarztpraxis die meisten Angestellten von Anfang an kennt, meint: „Anja, Katrin und Annika sind Mitglieder im Verband medizinischer Fachberufe e.V. Von den anderen weiß ich nicht, ob sie einem Berufsverband angehören."

Aufgaben

1. Informieren Sie sich, welche Berufsverbände die Arbeitnehmerinteressen der Zahnmedizinischen Fachangestellten vertreten.
2. Verschaffen Sie sich einen Überblick über Aufgaben und Ziele dieser Organisationen.

Berufsverbände und Gewerkschaften sind wichtige Säulen zur Vertretung der Interessen der Arbeitnehmer. Aufgrund ihres Engagements gelang es in der Vergangenheit u. a., die Arbeits- und Lebensbedingungen zu verbessern, die Einkommen zu steigern und die Arbeitszeiten zu verkürzen.

Der Verband medizinischer Fachberufe e. V. ist im Bereich der Gesundheitsberufe tätig und gehört keinem Dachverband an.

Zielsetzung bei allen Arbeitnehmervertretungen ist:

- Sicherung qualifizierter Arbeitsplätze,
- Aushandeln angemessener Tarifverträge,
- umfassende Öffentlichkeitsarbeit,
- Vertretung der Mitglieder bei arbeits- und sozialrechtlichen Problemen.

Situationsaufgaben

- Gehen Sie auf die Internetseite der Berufsorganisationen der Zahnmedizinischen Fachangestellten. Stellen Sie anhand der Internetseite zusammen, wie sich diese Berufsorganisationen die Interessenvertretung der Zahnmedizinischen Fachangestellten vorstellen.
- Welche Themen und Angebote bieten die Berufsorganisationen ihren Mitgliedern auf diesen Seiten?

Prüfungsvorbereitung

Folgende Karteikarte ist zur Ergänzung der Prüfungsvorbereitung zu erstellen:

Karteikarte 9:
Berufsorganisationen

1. Aufgaben und Ziele
2. Vorteile, die eine Mitgliedschaft mit sich bringt

5 Leistungsangebot und Leistungsbereitschaft einer Zahnarztpraxis

(Tätigkeitsfelder und Funktionsbereich der Praxis identifizieren, im Praxisteam Lösungsstrategien für alle Aufgaben und Probleme entwickeln)

Sarah: „Heute habe ich bei einem Patienten sehr ungeduldig reagiert. Wir hatten so viel zu tun, aber er glaubte, dass er sofort behandelt wird, weil er Schmerzen hat."

Melanie: „Geduld und Freundlichkeit gehören zu unserem Beruf. Wenn ein Patient meint, er müsse aufgrund von Schmerzen direkt behandelt werden, solltest du Dr. Heine oder Dr. Späker rufen. Keine Sorge, der Patient wird sich sicherlich nicht gleich auf unserer Internetseite unter dem Punkt ‚Lob & Kritik' beschweren. Aber wir sollten in der nächsten Teambesprechung noch einmal das Problem des Umgangs mit sehr ungeduldigen Patienten ansprechen."

Aufgaben

1. Erstellen Sie eine Übersicht über das Leistungsangebot in Ihrer Ausbildungspraxis.
2. Welche Aufgabenbereiche werden in Ihrer Praxis unterschieden?
3. Benennen Sie stichwortartig die Aufgaben der Zahnmedizinischen Fachangestellten in der Praxis.
4. Führen Sie für einen Tag ein kurzes Protokoll über die Tätigkeiten, die Sie im Ablauf eines Tages übernommen haben.
5. Beschreiben Sie alle Maßnahmen Ihrer Ausbildungspraxis, die im Rahmen des Praxismarketings umgesetzt werden.
6. Schauen Sie sich im Internet Ihre Praxiswebsite an. Vergleichen Sie diese mit entsprechenden Seiten von anderen Zahnärzten aus Ihrer Umgebung. Listen Sie bei diesem Vergleich Vor- und Nachteile Ihrer Praxiswebsite auf.
7. Entwerfen Sie eine Stellenanzeige, in der eine Zahnmedizinische Fachangestellte für den Bereich der Anmeldung gesucht wird.
8. Erstellen Sie eine Übersicht über Vor- und Nachteile eines systematischen Arbeitsplatzwechsels.
9. Welche Instrumente des Praxismanagements setzt Ihre Ausbildungspraxis ein, um Probleme und Konflikte zu beseitigen und die Mitarbeitermotivation zu erhöhen?

5.1 Aufgaben der Zahnmedizinischen Fachangestellten im Rahmen des Leistungsangebotes

Das Leistungsangebot einer Zahnarztpraxis umfasst:

- die Verhütung von Zahnkrankheiten,
- die zahnärztliche Behandlung von Zahn-, Mund- und Kieferkrankheiten sowie Zahnfehlstellungen,
  die zahnärztliche Behandlung und zahntechnische Leistungen bei der Versorgung mit Zahnersatz und Zahnkronen.

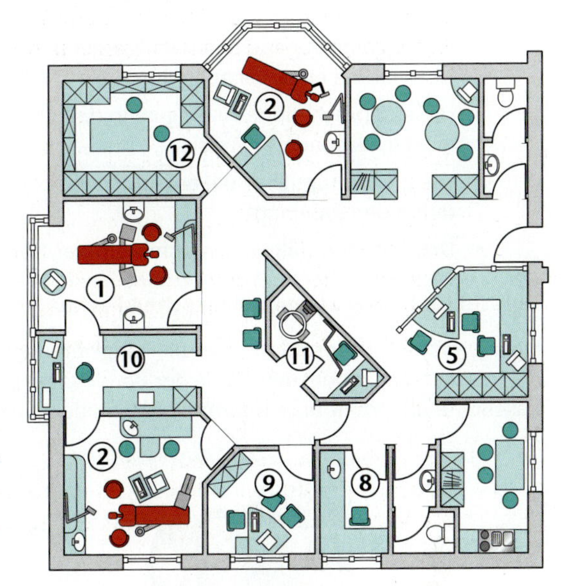

Die Aufgaben der Zahnmedizinischen Fachangestellten ergeben sich aus dem Einsatzort in der Zahnarztpraxis. Gehen wir von dem in der folgenden Abbildung dargestellten Aufbau einer Zahnarztpraxis aus, ergeben sich folgende Hauptaufgaben:

Anmeldung (5), (9), (11), (12)	▪ Patientenannahme einschließlich Patientenbetreuung ▪ Organisation des Sprechstundenablaufs ▪ Abwicklung der Büro-, Verwaltungs- und Abrechnungsarbeiten einer Praxis
Behandlung (1), (2), (10)	▪ Assistenz bei Untersuchung und Behandlung ▪ Durchführung aller Hygienemaßnahmen einschließlich Sterilisation der Instrumente ▪ Anwendung, Pflege und Wartung der medizinischen Instrumente, Geräte und Apparate
Prophylaxe (1)	▪ Durchführung von Prophylaxemaßnahmen
Labor (8)	▪ Laborarbeiten im Zusammenhang mit Zahnkronen und Zahnersatz durchführen

Bei ihrer Tätigkeit übernimmt die Zahnmedizinische Fachangestellte die **delegierbaren Leistungen**, d.h. Leistungen, die der Zahnarzt an sie übertragen darf. Insbesondere bei der Behandlungsassistenz, bei der Nutzung der Röntgengeräte, im Rahmen von Laborarbeiten und bei der Umsetzung von Prophylaxemaßnahmen gilt, dass die Zahnmedizinische Fachan-gestellte Tätigkeiten immer nur entsprechend den Weisungen des Arztes übernimmt. Zuvor muss sich der Arzt davon überzeugt haben, dass die Zahnmedizinische Fachangestellte über die Qualifikation zur Übernahme dieser Leistungen verfügt. Weiterhin muss sichergestellt sein, dass der Patient durch die Tätigkeit der Zahnmedizinischen Fachangestellten in keiner Weise gefährdet wird. Sicherheit und Schutz des Patienten stehen immer im Vordergrund. Von daher ist der Zahnarzt auch zur ständigen Überwachung und Aufsicht der delegierbaren Leistungen verpflichtet. Aus diesem Grunde muss sich der Zahnarzt auch immer in unmittelbarer Nähe aufhalten. Ausnahmen sind im Einzelfall möglich, wenn eine entsprechend qualifizierte Mitarbeiterin eine delegierbare Tätigkeit ausführt, von der nur eine sehr geringe Gefahr für den Patienten ausgeht, z. B. Polieren von Zähnen. Der Zahnarzt muss die Leistung aber einzelfallbezogen angeordnet haben. Bei allen delegierbaren Leistungen trägt der Zahnarzt die volle Verantwortung und er haftet im Falle von Pflichtverletzungen seiner Mitarbeiter so, als ob er selbst einen Behandlungsfehler begangen hat.

In der täglichen Praxis besteht oft Unsicherheit darüber, welche Leistungen der Zahnarzt an die Zahnmedizinische Fachangestellte übertragen darf. Hilfen bieten hierbei das Ausbildungsberufsbild, der Ausbildungsrahmenplan und die vielen Stellungnahmen der Bundeszahnärztekammer und der Kassenzahnärztlichen Bundesvereinigung.

Voraussetzungen für delegierbare Leistungen:

- Es liegt eine genaue und nachvollziehbare Einzelanweisung des Zahnarztes zur Übernahme einer Leistung durch die ZFA bei einem Patienten vor.
- Die entsprechende Leistung kann delegiert werden und gefährdet den Patienten nicht in besonderer Weise.
- Die ZFA verfügt über die entsprechende Qualifikation (Überprüfung und Aufsicht durch den Zahnarzt).
- Der Zahnarzt hält sich in unmittelbarer Nähe auf und kann im Bedarfsfall eingreifen.

Tagesablauf einer zahnmedizinischen Fachangestellten

Einen typischen Tagesablauf über die Tätigkeiten einer ZFA in der zahnärztlichen Praxis bietet die Internetseite planet-berufe.de der Bundesagentur für Arbeit. Klickt man die einzelnen Zeitabschnitte an, erhält man Informationen zu den einzelnen Tätigkeiten, die anfallen.

Hallo mein Name ist Lea.

Ich bin 16 Jahre alt und im ersten Jahr meiner Ausbildung zur Zahnmedizinischen Fachangestellten. Meine Aufgabe ist es, die Zahnärztinnen und -ärzte bei allen Tätigkeiten in der Praxis zu unterstützen. Schau dir an, was das alles sein kann!

Tagesabschnitte
08:00-08:20 Uhr: Behandlungszimmer vorbereiten
08:20-10:30 Uhr: Instrumente aufbereiten
10:30-14:00 Uhr: Bei Behandlungen assistieren
14:00-14:30 Uhr: Laborarbeiten erledigen
14:30-16:30 Uhr: Am Empfang arbeiten
16:30-17:00 Uhr: Behandlungszimmer nachbereiten

Quelle: planet-beruf: Tagesablauf Zahnmedizinische/r Fachangestellte/r. In: https://ta.planet-beruf.de/tagesablauf-zahnmedizinische-r-fachangestellte-r#115863 [25.04.2019].

Situationsaufgabe

Listen Sie in einer Tabelle die Einsatzbereiche Ihrer Zahnarztpraxis untereinander auf. Fügen Sie für jeden Einsatzbereich die Tätigkeiten ein, die Sie dort zu übernehmen haben.

Prüfungsvorbereitung

Folgende Karteikarte ist zur Ergänzung der Prüfungsvorbereitung zu erstellen:

Karteikarte 10:
Aufbau und Leistungsangebot einer Zahnarztpraxis – delegierbare Leistungen

1. Bereiche einer Zahnarztpraxis
2. Aufgaben der ZFA in den einzelnen Bereichen
3. delegierbare Leistungen – Begriff
4. Voraussetzungen

5.2 Leistungsbereitschaft – die Zahnarztpraxis als patientenorientiertes Unternehmen

Aus dem Leistungsangebot und dem Aufbau der Zahnarztpraxis ergibt sich die Aufbauorganisation. Je nach Tätigkeitsbereich werden die entsprechenden Aufgaben an die Zahnmedizinische Fachangestellte übertragen. Die dabei anfallenden Arbeitsabläufe sind sinnvoll zu koordinieren.

Um auf Dauer Erfolg und Anerkennung einer Praxis zu sichern und das Vertrauen der Patienten zu gewinnen, sind neben der hochwertigen zahnärztlichen Behandlung viele andere Faktoren zu beachten. Hierzu ist die Entwicklung eines Praxisprofils erforderlich. Mit der Entwicklung eines Praxisprofils werden folgende Ziele verfolgt:

- Den Patienten wird deutlich vermittelt, warum sie genau diese Zahnarztpraxis aufsuchen sollen.
- Die Patienten empfehlen aufgrund des Gesamterscheinungsbildes und der gebotenen Leistungen die Praxis weiter.
- Für das Erreichen dieser Ziele besteht ein Gesamtkonzept zum Umgang mit den Patienten.
- Weiterhin bietet die Praxis ein unverwechselbares, angenehmes Erscheinungsbild.

Zum Auf- und Ausbau eines Praxisprofils können folgende Bausteine eingesetzt werden:

Praxismarketing

Konzepte zum Praxismarketing müssen sich an den Anforderungen und Wünschen der Patienten orientieren. Der Patient ist konsequent in den Mittelpunkt zu stellen. Dies beginnt beim Erstkontakt mit dem Patienten, der geprägt sein sollte von einem menschlichen und respektvollen Umgang. In vielen Zahnarztpraxen erwartet den Patienten dann in der Wartezeit ein umfassendes Serviceprogramm rund um die zahnärztliche Versorgung. Beispielsweise können Informationen zur Mundhygiene und Zahnpflege geboten werden. Wartebereich und die übrige Inneneinrichtung sind möglichst so zu gestalten, dass die Umgebung schon viele Ängste nimmt. Ein einheitliches Erscheinungsbild, insbesondere bei allen Praxisvordrucken einschließlich der Gestaltung von Internetseiten, ist unbedingt erforderlich. Für die folgenden Bereiche können im Rahmen des Praxismarketings Konzepte erarbeitet werden: Praxis-Website, Praxis-Logo, Praxis-Drucksachen, Praxisarchitektur und Interior Design sowie kleine Werbeartikel. Das Praxisteam als Ganzes muss zeigen, dass es sich mit Freude engagiert und mit den gestellten Aufgaben identifiziert.

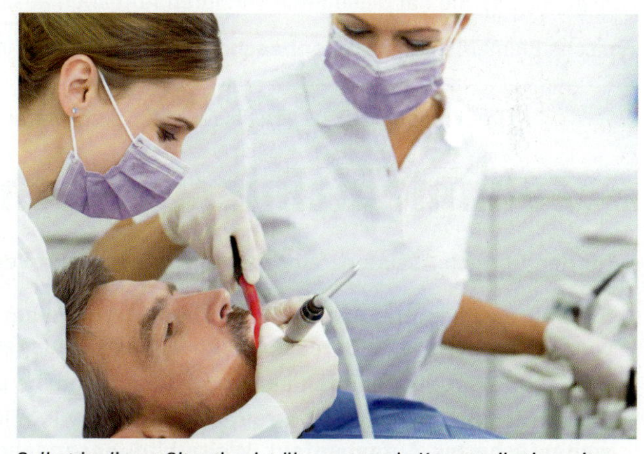

Selbst in dieser Situation ist überzeugende Kommunikation mit dem Patienten notwendig.

Praxiserfolg im Rahmen eines Marketingkonzeptes setzt somit folgendes voraus:

- Erhöhung der Patientenzufriedenheit,
- großes Engagement der Mitarbeiterinnen und Identifikation mit den gestellten Aufgaben,
- überzeugende Kommunikation mit dem Patienten.

Praxismarketing lässt sich umschreiben mit „Tue Gutes, aber sprich auch darüber". Der Bekanntheitsgrad ist unter Ausnutzung aller Möglichkeiten, auch des Internets, zu steigern. Nur so bleibt man im Gedächtnis der Patienten und erreicht deren Bindung an die eigene Praxis (vgl. Lernfeld 2, S. 141).

Die drei wichtigsten Marketingmaßnahmen

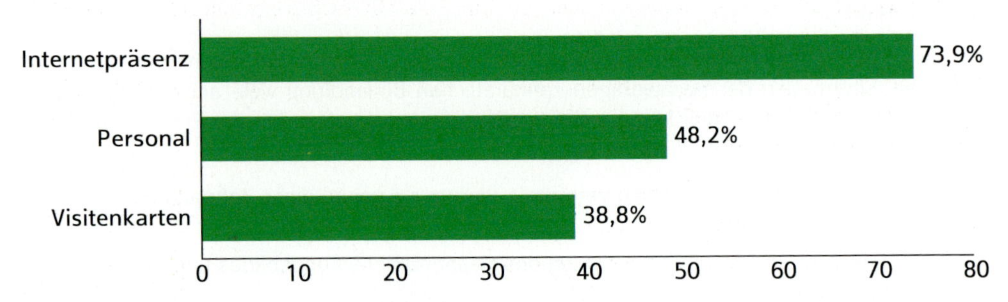

Quelle: Stiftung Gesundheit: Ärzte im Zukunftsmarkt Gesundheit 2014. In: www.stiftung-gesundheit.de/pdf/studien/Aerzte_im_Zukunftsmarkt_Gesundheit_2014_Kurzfassung.pdf [24.05.2019].

Praxismanagement

Ein noch so gutes Marketingkonzept hat keinen Erfolg, wenn der Patient beispielsweise lange Wartezeiten in Kauf nehmen muss und er insgesamt das Gefühl hat, die Praxisabläufe sind nicht optimal organisiert. Erste Voraussetzung einer **guten Organisation** ist die klare Aufgabenzuordnung. Die Übertragung von Aufgaben an die Zahnmedizinischen Fachangestellten wird im Rahmen einer Aufgabenanalyse vorgenommen. Dabei werden bei den Hauptaufgaben Verwaltungs- und Praxismanagement, Behandlungsassistenz, Prophylaxe und Labor die anfallenden Teilaufgaben ermittelt. Anschließend werden die Teilaufgaben zu einem Aufgabenbereich zusammengefasst, der von einer Zahnmedizinischen Fachangestellten zu übernehmen ist (vgl. S. 199). Sie hat diese Stelle mit ihren Aufgaben auszufüllen.

Typische Elemente einer **Stellenbeschreibung** finden sich in Stellenanzeigen wieder.

Große zahnärztliche Praxis sucht für sofort oder später eine erfahrene

Zahnmedizinische Fachangestellte

für den Bereich Assistenz einschließlich aller damit verbundenen Arbeiten.

Sie sollten über mehrjährige Erfahrungen in diesem Bereich verfügen. Weiterhin werden Kenntnisse im Bereich des Röntgens vorausgesetzt.

Wir legen Wert auf Teamfähigkeit und hohe fachliche und soziale Kompetenz.

Sie erwarten eine sich neu strukturierende Praxis mit Aufstiegsmöglichkeiten, ein weitgefächertes Aufgabenfeld, Weiterbildungsangebote sowie nach entsprechender Einarbeitung und Engagement Zulagen bzw. Leistungsprämien.

Ihre aussagefähigen Bewerbungsunterlagen richten Sie bitte schriftlich an:

Zahnarztpraxis Dr. med. dent.
Sandra Heine, Schillerstraße 54, 44623 Herne

Mit der klaren Aufgabenzuordnung zu einer Stelle ist eine Arbeitsteilung verbunden, die eine hohe Effizienz der Arbeit bewirkt. Die Zahnmedizinische Fachangestellte kennt ihren Arbeitsbereich und beherrscht die Arbeit mit entsprechender Sicherheit und Schnelligkeit. Dabei schleicht sich in vielen Praxen oft die Gewohnheit ein, dass bestimmte Hauptaufgaben an bestimmte Personen gebunden sind. Eine Zahnmedizinische Fachangestellte ist nur noch im Anmelde- und Verwaltungsbereich tätig, eine andere nur noch mit Assistenz betraut usw. Probleme treten in diesen Fällen auf, wenn eine Zahnmedizinische Fachangestellte aufgrund von Urlaub oder Krankheit vertreten werden muss. Ein wirksames Instrument des Praxismanagements zur Vermeidung dieser Nachteile ist der **systematische Arbeitsplatzwechsel.** In bestimmten Zeitabständen findet ein Wechsel im Einsatzbereich zwischen den Zahnmedizinischen Fachangestellten statt.

Neben der eindeutigen Festlegung der Verantwortungsbereiche (**formale Organisation**) gehört zum Praxismanagement u. a. die

- Optimierung der Praxisabläufe einschließlich Terminorganisation,
- wirtschaftliche Abwicklung der gesamten Abrechnung,
- betriebswirtschaftliche Gesamtplanung als Grundlage für die Erzielung eines Praxisgewinns.

Arbeitsteilung durch klare Aufgabenzuordnung

Der Zahnarzt als Praxisinhaber konzentriert sich bei seiner täglichen Arbeit schwerpunktmäßig auf die Behandlung seiner Patienten. Er muss notwendigerweise Führungsaufgaben im Bereich Praxisverwaltung und -organisation an Mitarbeiter übertragen. Führung, insbesondere Mitarbeiterführung, will gelernt sein. Hier für die richtigen Bedingungen zu sorgen ist eine wichtige Aufgabe. So muss z. B. eindeutig festgelegt werden, in welchem Umfang eine Zahnmedizinische Fachangestellte Weisungsbefugnisse gegenüber den anderen Angestellten hat. Ganz wichtig in diesem Zusammenhang ist, dass **regelmäßige Mitarbeitergespräche** stattfinden. Der Praxisinhaber führt mit jedem Mitarbeiter in einem festgelegten Turnus ein Gespräch und gibt, was sehr wichtig ist, auch eine Rückmeldung über seine Einschätzung der Leistung des Mitarbeiters.

Trotz guter Organisation lassen sich Probleme und Konflikte nicht immer vermeiden. Um diese Reibungsverluste möglichst klein zu halten, sollte das **regelmäßige Teamgespräch** fest in den Terminplan einer Praxis eingeplant werden. Zu einem im Wochenplan festgelegten Zeitpunkt werden unter Leitung des Praxisinhabers alle auftretenden Probleme angesprochen und möglichst gemeinsam gelöst. Gleichzeitig dient das Gespräch der Information aller Beschäftigten über Probleme in den einzelnen Bereichen einer Praxis.

Durch Praxismanagement werden die Rahmenbedingungen für das Leistungsangebot einer Praxis geschaffen. Die Leistungsbereitschaft wird sehr geprägt durch Motivation, Engagement und Identifikation der Mitarbeiter mit der eigenen Praxis.

Situationsaufgaben

Bilden Sie mehrere Gruppen (fünf bis sechs Auszubildende je Gruppe) und erarbeiten Sie für eine neu zu gründende Praxis Vorschläge für ein Konzept zum Leistungsangebot mit Praxisaufbau, Praxismarketing und Praxismanagement. Nutzen Sie hierzu Unterlagen und Prospekte Ihrer eigenen Ausbildungspraxis und die vielfältigen Informationen aus dem Internet. Stellen Sie das gemeinsame Konzept auf Plakaten dar und erläutern Sie es den jeweils anderen Gruppen. Die Bewertung des jeweiligen Konzepts durch die anderen Gruppen soll durch Aufkleben von zwei unterschiedlich farbigen Punkten erfolgen, wobei die eine Farbe Zustimmung, die andere Vorbehalte gegen das Konzept signalisiert. Vorbehalte sind von den anderen Gruppen zu thematisieren und gemeinsam zu diskutieren.

Prüfungsvorbereitung

Folgende Karteikarten sind zur Ergänzung der Prüfungsvorbereitung zu erstellen:

Karteikarte 11:
Praxismarketing

1. Ziele des Praxismarketings
2. typische Bereiche

Karteikarte 12:
Praxismanagement

1. Begriff
2. Maßnahmen

6 Informelle Organisation

(Auswirkungen der informellen Organisation auf die Leistungsbereitschaft einer Zahnarztpraxis abschätzen)

Sarah: „Gehen wir nächste Woche Mittwoch wirklich mit allen Kolleginnen aus der Praxis zum Bowlen? Bleibt es dabei?"
Melanie: „Ja, wir machen das jetzt regelmäßig seit ungefähr einem Jahr. Das Betriebsklima ist dadurch wesentlich besser geworden. Man kommt dann auch mal dazu, länger privat ein Wort miteinander zu reden, was ja in der Praxis oft nicht möglich ist."

Aufgaben

1. Wodurch unterscheiden sich die formelle und informelle Organisation?
2. Fördert oder behindert die informelle Organisation die Leistungsbereitschaft einer Praxis? Beschreiben Sie Ihre Einschätzung.
3. Welche Maßnahmen dienen dazu, einer Gefährdung der formalen Organisation durch die informelle Organisation vorzubeugen?

Bei der Zusammenarbeit von Menschen entwickeln sich persönliche Beziehungen. Man findet einander sympathisch oder weniger sympathisch. Es ergeben sich Aktivitäten, die über den Arbeitsplatz hinausgehen, beispielsweise gestaltet man gemeinsam die Freizeit. Das Geflecht persönlicher Beziehungen beeinflusst die Organisation. Die aufgrund der Aufgabenanalyse entwickelte Organisation, die Arbeitsteilung der Angestellten in der Praxis regelt, bezeichnet man als **formale** oder auch **formelle Organisation**. Das Geflecht persönlicher Beziehungen bezeichnet man als **informale** oder auch **informelle Organisation**.

Formale Organisation	Informale Organisation
Aufgabenanalyse mit dem Ergebnis der Arbeitsteilung (Stellen)	Geflecht persönlicher Beziehungen, das ▪ in der Praxis, ▪ über den Arbeitsplatz hinaus besteht

Die informelle Organisation prägt entscheidend das Betriebsklima. Sie kann die Motivation und Leistungsbereitschaft des einzelnen Mitarbeiters stärken, aber auch hemmen.

Die 10 wichtigsten Faktoren für schlechtes Betriebsklima

- Intrigen (71 %)
- Anschwärzen (52 %)
- Kollegenneid (49 %)
- Chef-Launen (41 %)
- Fehlende Anerkennung (41 %)
- Faule Kollegen (38 %)
- Hektik (35 %)
- Angst um Arbeitsplatz (32 %)
- Konkurrenzkampf (32 %)
- Kollegen-Karriere (23 %)

Die 10 wichtigsten Faktoren für gutes Betriebsklima

- Teamgeist (67 %)
- Selbstständiges Arbeiten (65 %)
- Chef-Lob (56 %)
- Mitarbeiter-Kooperation (52 %)
- Gerechte Arbeitsteilung (52 %)
- Chef-Info (46 %)
- Mitentscheidungen (45 %)
- Mitarbeiter-Anerkennung (36 %)
- Geregelte Arbeitszeit (35 %)
- Arbeitsplatz-Gestaltung (33 %)

Quelle: Markon: Krankenstand und Betriebsklima. In: www.mitarbeiterbefragung-markon.de/downloads/Faktoren%20fuer%20gutes%20und%20schlechtes%20Betriebsklima.pdf [25.04.2019].

Vor- und Nachteile der informellen Organisation

Positive Auswirkung	Negative Auswirkung
▪ gutes Betriebsklima mit einem positiven Gefühl der Anerkennung ▪ fördert teilweise die Kommunikation ▪ stärkt eventuell Motivation und Leistungsbereitschaft	▪ eine Gruppenmeinung herrscht vor, der sich alle unterzuordnen haben ▪ Gruppendruck auf einen Einzelnen und Gruppenbestrafung sind möglich ▪ Gruppenziele widersprechen den Praxiszielen, z. B. keine weitere Annahme von Patienten gegen Sprechstundenende, um pünktlich Feierabend zu haben

Soll die informale Organisation die formale Organisation nicht gefährden, so sind folgende Punkte zu beachten:

- In regelmäßigen Mitarbeiterbesprechungen ist ein Informationsaustausch anzustreben, der dem Informationsbedürfnis aller Beteiligten gerecht wird.
- Begründete persönliche Belange der Mitarbeiter sind in der formalen Organisation zu berücksichtigen.
- Gruppenbeziehungen und -ziele, die sich gegen Mitarbeiter der Praxis richten oder formale Praxisziele bewusst gefährden, müssen aufgelöst werden.

Situationsaufgaben

Lesen Sie den folgenden Text zur formellen und informellen Organisation eines Unternehmens.

Ein Unternehmen – und damit auch seine Kultur – hat eine sichtbare und eine nicht sichtbare Ebene, die formelle und die informelle Ebene. In der sichtbaren Ebene findet man die Merkmale der formalen Organisation. Hier sind Abläufe, Organisationsstrukturen, Führungssysteme, Entscheidungsverhalten und Verhaltensrichtlinien festgelegt. In der unsichtbaren Ebene findet man die nicht fassbaren Faktoren, die Beziehungen mit all ihren Begleiterscheinungen, wie Gerüchte, Intrigen und Klatsch. In der ersten Organisation befindet man sich auf einer sichtbaren und sicheren Ebene. In der zweiten Organisation entsteht und vertieft sich Vertrauen oder auch Misstrauen. Bei informellen Gesprächen werden Zusammenhalt und Betriebsklima gefördert oder gestört. Diese gelebte Unternehmenskultur trägt zur Stabilität bei oder stört sie. Gefährlich ist es, sie nicht zu beachten.

- In welchen Teilen des Textes werden Wertungen vorgenommen?
- Wie beurteilen Sie diese Wertungen?
- Stellen Sie in Form eines Rollenspieles eine Situation dar, in der sich die Zahnmedizinischen Fachangestellten über den Eindruck, den die neu eingestellte Auszubildende auf sie macht, unterhalten.

Prüfungsvorbereitung

Folgende Karteikarte ist zur Ergänzung der Prüfungsvorbereitung zu erstellen:

Karteikarte 13:
Informelle Organisation

1. Begriff
2. Vorteile
3. Nachteile

7 Berufsbildungsgesetz und Berufsausbildungsvertrag

(Vertragsinhalte des Berufsausbildungsvertrages auswerten und in die eigene berufliche Praxis umsetzen)

Sarah: „Gestern ist mein Ausbildungsvertrag von der Zahnärztekammer zurückgekommen. Ich glaube, ich werde den Vertrag nun erst einmal in Ruhe studieren." Anne blättert interessiert in dem Vertrag. „Oh, die Arbeitszeit beträgt insgesamt 39 Stunden und viele Urlaubstage hast du auch. Nur der Verdienst ist nicht gerade hoch. Mussten deine Eltern den Vertrag mit unterschreiben?" „Ja, da ich noch nicht volljährig bin, haben meine Eltern den Vertrag auch unterzeichnet."

Aufgaben

1. Beschreiben Sie, wie es bei Ihnen zum Abschluss des Berufsausbildungsvertrages kam.
2. Lesen Sie Ihren Ausbildungsvertrag sorgfältig durch. Schreiben Sie die Überschriften der einzelnen Paragrafen heraus. Prüfen Sie, ob der in dem folgenden Kapitel dargestellte verpflichtende Inhalt des Ausbildungsvertrages auch in Ihrem Vertrag enthalten ist.
3. Kopieren Sie sich aus Ihrem Vertrag die Pflichten, die Sie als Auszubildende übernehmen müssen. Erläutern Sie an drei Beispielen, wie Sie diese Pflichten schon in der Ausbildungspraxis umgesetzt und beachtet haben.
4. Erstellen Sie eine kurze Übersicht mit den Pflichten, die der Zahnarzt mit Abschluss des Ausbildungsvertrages übernommen hat.

Der Berufsausbildungsvertrag wird zwischen dem Ausbildenden, i. d. R. ist dies ein niedergelassener Zahnarzt, und der Auszubildenden abgeschlossen. Bei Minderjährigen ist zusätzlich die Zustimmung des gesetzlichen Vertreters erforderlich.

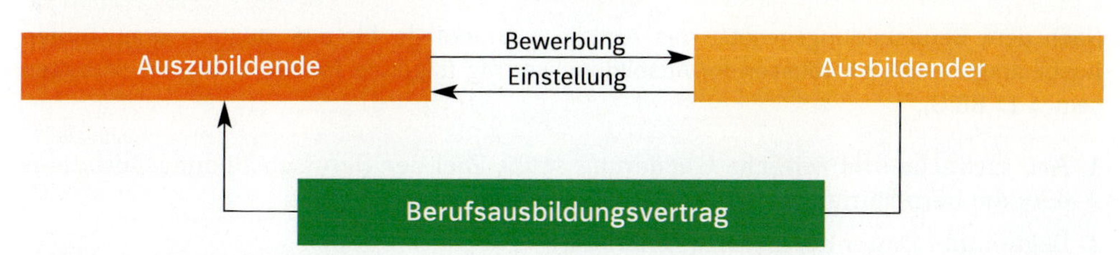

Der Vertragsabschluss erfolgt stets in schriftlicher Form und dreifacher Ausfertigung. Der vollständig ausgefüllte Berufsausbildungsvertrag ist vom ausbildenden Zahnarzt und der Auszubildenden zu unterschreiben. Ein Exemplar des Vertrages ist mit einem Antrag auf Eintragung in das Verzeichnis der Berufsausbildungsverhältnisse an die zuständige Zahnärztekammer zu senden.

Der Berufsausbildungsvertrag

Zahnärztekammer
Westfalen-Lippe

Körperschaft des
öffentlichen Rechts
Auf der Horst 29 | 31
48147 Münster

Berufsausbildungsvertrag für Zahnmedizinische Fachangestellte

(§§ 10, 11 Berufsbildungsgesetz)[1]

Zwischen

der Zahnärztin | dem Zahnarzt – Ausbildende(r) (Name, Vorname, Anschrift)[2]

und der | dem Auszubildenden (Name, Vorname, Anschrift)

geb. am in

Bei Minderjährigen gesetzlich vertreten durch[3]

☐ Eltern ☐ Vater ☐ Mutter ☐ Vormund

Name, Vorname der gesetzlichen Vertreter

Straße, Hausnummer

Postleitzahl Ort

wird nachstehender Vertrag zur Ausbildung im Ausbildungsberuf „Zahnmedizinische(r) Fachangestellte(r)" nach Maßgabe der Ausbildungsordnung[4] geschlossen:

§ 1 Ausbildungsdauer

1. Die Ausbildungszeit beträgt nach der Ausbildungsordnung drei Jahre.[5]
2. Hierauf wird die Ausbildungszeit in der Zahnarztpraxis

vom __ __ __ __ 2 0 __ __ bis __ __ __ __ 2 0 __ __ entsprechend angerechnet.[6]

3. Das Berufsausbildungsverhältnis beginnt

am __ __ __ __ 2 0 __ __ und endet am __ __ __ __ 2 0 __ __

§ 2 Tägliche Ausbildungszeit und Urlaub

1. Die regelmäßige tägliche Ausbildungszeit beträgt 8 Stunden.[7,8]
2. Die | Der Ausbildende gewährt der | dem Auszubildenden Erholungsurlaub nach den gesetzlichen Bestimmungen. Die Dauer des Urlaubs[9] je Kalenderjahr beträgt:

im Kalenderjahr				
Werktage				
Arbeitstage				

3. Der Urlaub soll zusammenhängend und in der Zeit der Berufsschulferien genommen werden. Während des Urlaubs darf die | der Auszubildende keine dem Urlaubszweck widersprechende Erwerbstätigkeit leisten.

§ 3 Ausbildungsvergütung

Die | Der Ausbildende zahlt der | dem Auszubildenden eine angemessene Vergütung, siehe auch § 9 Ziff. 1, 2.
Sie beträgt zur Zeit monatlich im

	1. Ausbildungsjahr	2. Ausbildungsjahr	3. Ausbildungsjahr
Euro			

Quelle: Wir Zahnärzte in Westfalen-Lippe: Berufsausbildungsvertrag. In: https://www.zahnaerzte-wl.de/images/zakwl/Praxisteam/ZFA-Ausbildung/Berufsausbildungsvertrag_Teil_1.pdf [25.04.2019].

Nach dem Berufsbildungsgesetz, das rechtliche Grundlage für alle staatlich anerkannten Ausbildungsberufe ist, müssen im Ausbildungsvertrag folgende Inhalte zwingend enthalten sein (§ 11 BBiG):

1. **Art, sachliche und zeitliche Gliederung sowie Ziel der Berufsausbildung, insbesondere die Berufstätigkeit, für die ausgebildet werden soll,**
2. **Beginn und Dauer der Berufsausbildung,**
3. **Ausbildungsmaßnahmen außerhalb der Ausbildungsstätte,**
4. **Dauer der regelmäßigen täglichen Ausbildungszeit,**
5. **Dauer der Probezeit,**
6. **Zahlung und Höhe der Vergütung,**
7. **Dauer des Urlaubs,**

8. Voraussetzungen, unter denen der Berufsausbildungsvertrag gekündigt werden kann,
9. ein in allgemeiner Form gehaltener Hinweis auf die Tarifverträge, Betriebs- oder Dienstvereinbarungen, die auf das Berufsausbildungsverhältnis anzuwenden sind.
10. Form des Ausbildungsnachweises

Umsetzung der Inhalte in den Ausbildungsverträgen der jeweiligen Zahnärztekammern

Zu 1: Art, sachliche und zeitliche Gliederung der Berufsausbildung

Ein betrieblicher Ausbildungsplan ist als Vordruck dem Ausbildungsvertrag beigefügt. Dieser ist Bestandteil des Ausbildungsvertrages. Mit ihm wird die sachliche und zeitliche Gliederung des Ausbildungsablaufs entsprechend dem Ausbildungsrahmenplan (siehe S. 20) überwacht.

Der Ausbildungsrahmenplan regelt, was Zahnmedizinische Fachangestellte in der Praxis lernen. Dazu gehören die Themen:

- Betreuung der Patienten vor, während und nach der Behandlung
- Assistenz am Behandlungsstuhl
- Patienteninformation und -kommunikation
- Praxishygiene
- Verwaltungsarbeiten mit und ohne EDV
- Materialbeschaffung, -verarbeitung und -vorratshaltung
- Umweltschutz/Entsorgung/Medizintechnik
- Röntgen und Strahlenschutz
- Mithilfe bei der Prophylaxe

Neben dem betrieblichen Ausbildungsplan erhält die Auszubildende ein **Berichtsheft**. Es ist ein Ausbildungsnachweis für die Auszubildende. Für den ausbildenden Zahnarzt dient es zur Ausbildungskontrolle. Mit dem Abschluss des Ausbildungsvertrages hat sich die Auszubildende zur ordnungsgemäßen Führung und regelmäßigen Vorlage verpflichtet. Ein nicht ordnungsgemäßes Berichtsheft kann dazu führen, dass die Zulassung zur Abschlussprüfung zurückgenommen wird.

Zu 2: Beginn und Dauer der Ausbildung und zu 5: Dauer der Probezeit

Nach § 1 Ausbildungsdauer und § 4 Ausbildungs- und Probezeit des Berufsausbildungsvertrages der Zahnärztekammer Westfalen-Lippe ist folgendes geregelt:

§ 1 Ausbildungsdauer

1. Die Ausbildungszeit beträgt nach der Ausbildungsordnung drei Jahre.

§ 4 Ausbildungs- und Probezeit

1. Die Probezeit beträgt vier Monate.
2. Wird die Abschlussprüfung vor Ablauf der unter § 1 Ziff. 3 vereinbarten Ausbildungszeit abgelegt, so endet das Ausbildungsverhältnis mit dem Tage des Bestehens der Prüfung.
3. Auf gemeinsamen Antrag der | des Auszubildenden und der | des Ausbildenden hat die Kammer die Ausbildungszeit zu kürzen, wenn zu erwarten ist, dass das Ausbildungsziel in der gekürzten Zeit erreicht wird. Bei berechtigtem Interesse kann sich der Antrag auch auf die Verkürzung der täglichen oder wöchentlichen Ausbildungszeit richten (Teilzeitberufsausbildung).
4. Besteht die | der Auszubildende die Abschlussprüfung nicht, so verlängert sich das Ausbildungsverhältnis auf ihr | sein Verlangen bis zur nächstmöglichen Wiederholungsprüfung, höchstens um ein Jahr.
5. Auf Antrag der | des Auszubildenden kann die Kammer in Ausnahmefällen die Ausbildungszeit verlängern, wenn die Verlängerung erforderlich ist, um das Ausbildungsziel zu erreichen. Vor der Entscheidung zur Verlängerung der Ausbildungszeit ist die | der Ausbildende anzuhören.

Quelle: Zahnärztekammer Westfalen-Lippe, Wir Zahnärzte in Westfalen-Lippe: Berufsausbildungsvertrag. In: www.zahnaerzte-wl.de/images/zakwl/Praxisteam/ZFA-Ausbildung/Berufsausbildungsvertrag.pdf [25.04.2019].

Zu 3: Ausbildungsmaßnahmen außerhalb der Ausbildungsstätte

Die Ausbildung findet mit Ausnahme von besonderen Regelungen in der zahnärztlichen Praxis des Ausbildenden statt. Die Auszubildende ist verpflichtet, am regelmäßigen Berufsschulunterricht und an Prüfungen sowie an **Ausbildungsmaßnahmen außerhalb der Ausbildungsstätte** teilzunehmen, für die sie vom Zahnarzt freigestellt wird.

Die Praxis bietet gegebenenfalls zusammen mit **Ausbildungsmaßnahmen außerhalb der Ausbildungsstätte** die Voraussetzungen, dass die berufliche Handlungsfähigkeit mit den erforderlichen Fertigkeiten, Kenntnissen und Fähigkeiten nach der Ausbildungsverordnung in vollem Umfang vermittelt werden kann.

Zu 4: Dauer der regelmäßigen täglichen Ausbildungszeit

Die durchschnittliche wöchentliche Ausbildungszeit beträgt bei Auszubildenden 40 Arbeitsstunden, die tägliche Arbeitszeit 8 Stunden. Bei Auszubildenden, die das 18. Lebensjahr noch nicht vollendet haben, gelten die Vorschriften des Jugendarbeitsschutzgesetzes.

In Zahnarztpraxen mit Tarifbindung gilt der Manteltarifvertrag für Zahnmedizinische Fachangestellte. Demnach beträgt die regelmäßige Arbeitszeit ausschließlich der Pausen durchschnittlich 39 Stunden wöchentlich. Die wöchentliche Arbeitszeit ist so zu verteilen, dass in jeder Woche ein ganzer Tag oder zwei halbe Tage arbeitsfrei bleiben. Dabei muss gewährleistet sein, dass die Nachmittage an Samstagen (ab 12:00 Uhr) arbeitsfrei sind. Samstagsarbeit innerhalb der regelmäßigen wöchentlichen Arbeitszeit ist mit einem Zuschlag zu vergüten.

Zu 6: Zahlung und Höhe der Vergütung

Die Höhe der Ausbildungsvergütung richtet sich nach dem jeweils aktuellen Gehaltstarifvertrag.

Zu 7: Dauer des Urlaubs

Der ausbildende Zahnarzt gewährt der Auszubildenden den Urlaub nach den geltenden gesetzlichen Bestimmungen oder nach den Vereinbarungen des Manteltarifvertrages für Zahnmedizinische Fachangestellte.

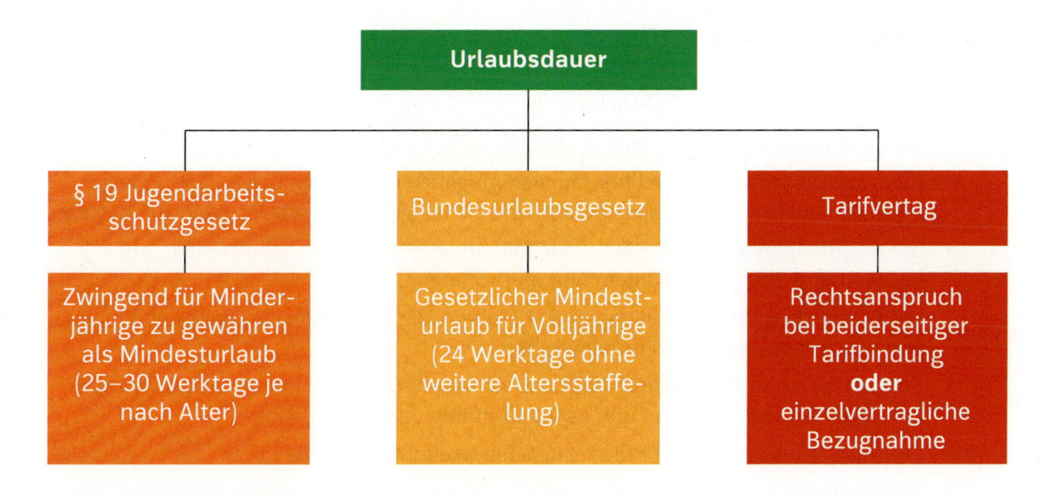

Zu 8: Kündigung des Berufsausbildungsvertrages
Während der Probezeit kann das Berufsausbildungsverhältnis ohne Einhalten einer Kündigungsfrist und ohne Angabe von Gründen gekündigt werden (§ 22 BBiG).

Nach Beendigung der Probezeit kann das Berufsausbildungsverhältnis nur gekündigt werden

- aus einem wichtigen Grund ohne Einhaltung einer Kündigungsfrist (fristlose Kündigung) und
- von der Auszubildenden mit einer Kündigungsfrist von vier Wochen, wenn sie die Berufsausbildung aufgeben oder sich für eine andere Berufstätigkeit ausbilden lassen will.

Zu 9: Hinweis auf die Anwendung der tarifvertraglichen Regelungen
Soweit in einem Ausbildungsvertrag Regelungen nicht getroffen worden sind, finden die Bestimmungen des Berufsbildungsgesetzes (BBiG) sowie der Mantel- und Gehaltstarif in der jeweils gültigen Fassung entsprechend Anwendung.

Rechte und Pflichten der Vertragspartner

Pflichten des ausbildenden Zahnarztes

- Ausbildungspflicht – Die Auszubildende ist entsprechend Berufsbild und Ausbildungsrahmenplan mit Prüfung der ordnungsgemäßen Führung des Berichtsheftes auszubilden.
- Ausbildungsmittel einschließlich Berufs- und Schutzkleidung sind kostenlos zur Verfügung stellen.
- Die Auszubildende ist zum Besuch der Berufsschule freizustellen.
- Der Auszubildenden die Verrichtungen übertragen, die dem Ausbildungszweck dienen, sie charakterlich fördern und dafür sorgen, dass die Auszubildende sittlich und körperlich nicht gefährdet wird.
- Die Auszubildende ist zur Teilnahme an der Zwischen- und Abschlussprüfung anzumelden und freizustellen.
- Bei Beendigung des Ausbildungsverhältnisses ist der Auszubildenden ein **schriftliches Zeugnis** auszustellen. Es muss Angaben enthalten über Art, Dauer und Ziel der Berufsausbildung sowie über die erworbenen beruflichen Fertigkeiten, Kenntnisse und Fähigkeiten der Auszubildenden, auf Verlangen der Auszubildenden auch Angaben über Verhalten und Leistung.

Pflichten der Auszubildenden

- Die Auszubildende hat die Pflicht, alle Fertigkeiten und Kenntnisse zu erwerben, um das Ausbildungsziel zu erreichen. In diesem Zusammenhang ist auch das Berichtsheft ordnungsgemäß zu führen und regelmäßig vorzulegen.
- Dienstleistungspflicht – alle übertragenen Aufgaben und Verrichtungen sind von der Auszubildenden sorgfältig auszuführen und die festgesetzten Arbeitszeiten zu beachten.
- Die Auszubildende hat die Pflicht zur Teilnahme am Berufsschulunterricht, an überbetrieblichen Ausbildungen und an Prüfungen.
- Die Auszubildende hat Weisungen zu befolgen, die ihr im Rahmen der Ausbildung von Weisungsberechtigten erteilt werden.
- Sorgfaltspflicht – Praxiseinrichtung und Arbeitsmaterial sind nur zu den übertragenen Arbeiten zu verwenden und es ist sorgfältig damit umzugehen.
- Die Auszubildende hat die Pflicht zur Sauberkeit und Hygiene.
- Schweigepflicht – die Auszubildende hat alle Praxisvorgänge sowie den Personenkreis der Patienten geheim zu halten.
- Wichtige Vorkommnisse in der Praxis sind unverzüglich dem Ausbilder mitzuteilen.

Klärung von Streitigkeiten

Trotz der arbeitsrechtlichen Regelungen im Ausbildungsvertrag kommt es in Einzelfällen zu Streitigkeiten zwischen dem Zahnarzt und der Auszubildenden. Der beste Weg ist eine gütliche Einigung. Die Verpflichtung zu einer gütlichen Einigung ist ausdrücklich im Ausbildungsvertrag festgelegt:

Bei Streitigkeiten aus dem Berufsausbildungsverhältnis ist vor Inanspruchnahme des Rechtsweges eine gütliche Einigung unter Mitwirkung der Zahnärztekammer anzustreben.

Scheitert eine gütliche Einigung, bleibt oft nur der Ausweg einer Klärung mithilfe des Arbeitsgerichts. Umfassende Beratung und Hilfen bieten hier die Berufsverbände und die Gewerkschaften.

Situationsaufgaben

- Suchen Sie im Internet nach dem Mantel- und Gehaltstarif für die Zahnmedizinische Fachangestellte und drucken Sie sich beide Tarife aus.
- Markieren Sie im Text alle Regelungen, die die Auszubildenden betreffen.
- Prüfen Sie, ob diese Bestimmungen so in Ihrem Ausbildungsvertrag übernommen worden sind.

Prüfungsvorbereitung

Folgende Karteikarte ist zur Ergänzung der Prüfungsvorbereitung zu erstellen:

Karteikarte 14:
Ausbildungsvertrag

1. Zustandekommen
2. Probezeit
3. Kündigung des Ausbildungsvertrages
4. Pflichten des ausbildenden Zahnarztes
5. Pflichten der Auszubildenden

8 Jugendarbeitsschutzgesetz

(Wichtige Regelungen des Jugendarbeitsschutzes kennen und deren Umsetzung in der eigenen Praxis beurteilen)

In Sarahs Ausbildungspraxis wird der Personaleinsatz der Zahnmedizinischen Fachangestellten für die in diesem Monat anfallenden Notfalldienste geplant. Die Erstkraft will Sarah ebenfalls einplanen. Der Ausbilder, Dr. Hubert Heine, weist ausdrücklich darauf hin, dass in seiner Praxis minderjährige Auszubildende nicht beim Notdienst eingesetzt werden.

Aufgaben

1. Welchen Anlass könnte in diesem Fall der ausbildende Zahnarzt haben, minderjährige Auszubildende nicht beim Notfalldienst einzusetzen?
2. Ist der Einsatz im zahnärztlichen Notfalldienst grundsätzlich nicht möglich? Prüfen Sie anhand der folgenden Basisinformationen im unten stehenden Text diese Frage.
3. Erläutern Sie weiterhin alle Bestimmungen des Jugendarbeitsschutzgesetzes zur Arbeits- und Freizeit.
4. Nennen Sie Beispiele für Beschäftigungsverbote und Beschränkungen bei Jugendlichen.
5. Welcher gesundheitlichen Betreuung unterliegen jugendliche Auszubildende?
6. Wer überwacht das Jugendarbeitsschutzgesetz? Wie werden Verstöße geahndet?

Das Jugendarbeitsschutzgesetz (JArbSchG) hat das Ziel, Jugendliche vor Überlastungen in der Arbeitswelt zu bewahren. Das Gesetz schützt deshalb junge Menschen vor Arbeit, die zu früh beginnt, die zu lange dauert, die zu schwer ist, die sie gefährdet oder die für sie ungeeignet ist. Jugendlicher im Sinne dieses Gesetzes ist, wer 15 und älter, aber noch nicht 18 Jahre alt ist.

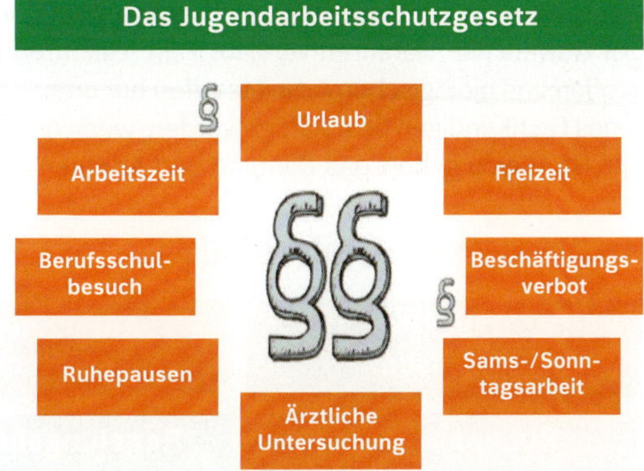

Folgende Regelungen sind in besonderer Weise zu beachten:

- Jugendliche dürfen nicht länger als acht Stunden täglich und 40 Stunden in der Woche arbeiten. Ausnahme: Wird beispielsweise in einer Zahnarztpraxis mittwochs nur bis 13:00 Uhr gearbeitet, dürfen die jugendlichen Auszubildenden an den übrigen Werktagen 8 1/2 Stunden arbeiten.
- Für Jugendliche gilt die Fünftagewoche. Der Samstag und der Sonntag sind arbeitsfrei. Eine Beschäftigung im ärztlichen Notdienst ist erlaubt. Die Auszubildende muss dann als Ausgleich an einem berufsschulfreien Arbeitstag freibekommen.
- Jugendliche dürfen nur in der Zeit zwischen 06:00 Uhr und 20:00 Uhr arbeiten.
- Zwischen Feierabend und Arbeitsbeginn am nächsten Tag müssen immer zwölf Stunden liegen.
- Zur Erholung haben Jugendliche das Recht auf geregelte Pausen. Bei einer Arbeitszeit von
  - über 4 1/2 bis sechs Stunden müssen diese 30 Minuten,
  - bei einer Arbeitszeit von über sechs Stunden insgesamt 60 Minuten andauern.

Die erste Pause muss spätestens nach 4 1/2 Stunden gemacht werden. Keine Pause darf kürzer als 15 Minuten sein.

- Der Anspruch Jugendlicher auf Jahresurlaub ist nach Alter gestaffelt:
  - 15-Jährige: 30 Werktage,
  - 16-Jährige: 27 Werktage,
  - 17-Jährige: 25 Werktage.

Für die Teilnahme am Unterricht der Berufsschule sind Jugendliche grundsätzlich freigestellt. Sie brauchen nach der Schule nicht mehr in ihren Ausbildungsbetrieb zur Arbeit zurückzukehren, wenn die Berufsschule länger als fünf Unterrichtsstunden dauert.

Die völlige Freistellung von der Arbeit im Betrieb gilt aber nur an einem Berufsschultag der Woche. Wer zweimal wöchentlich je sechs Stunden die Berufsschule besucht, muss an einem dieser Tage wieder an seinen Ausbildungsplatz zurück. Zusätzliche betriebliche Ausbildungsveranstaltungen sind bis zu zwei Stunden pro Woche zulässig.

Freigestellt werden müssen Auszubildende auch für die Zeit vor Unterrichtsbeginn, wenn die Berufsschule vor 09:00 Uhr beginnt. Gleiches trifft zu, wenn die Berufsschule zwar erst um 09:00 Uhr oder später anfängt, aber vorher nur eine kurze Anwesenheit am Ausbildungsplatz möglich ist.

Für die Prüfungen und den Tag vor der schriftlichen Abschlussprüfung sind die jugendlichen Auszubildenden ebenfalls von der Arbeit freizustellen.

Die Gesundheit der Jugendlichen wird durch ärztliche Untersuchungen geschützt. Kein Arbeitgeber darf Jugendliche ohne ein ärztliches Gesundheitszeugnis einstellen (Erstuntersuchung). Spätestens ein Jahr nach Beginn der Beschäftigung muss bei einem jugendlichen Auszubildenden eine Bescheinigung über die durchgeführte Nachuntersuchung vorliegen (Nachuntersuchung).

Der Zahnarzt muss vor Beginn der Beschäftigung eine jugendliche Auszubildende über die mit der Beschäftigung verbundenen Gefährdungen aufklären. Weiterhin muss sie mit allen Maßnahmen zur Abwehr der Gefahren vertraut sein (Gefahrenunterweisung). Jugendliche dürfen mit Gefahrstoffen und biologischen Arbeitsstoffen nur unter bestimmten Voraussetzungen und unter Aufsicht eines Fachkundigen beschäftigt werden, wenn dies zur Erreichung des Ausbildungszieles erforderlich ist. Hierzu gehört das Röntgen und Arbeiten mit giftigen, ätzenden oder reizenden Stoffen.

Bereiche, auf die sich der Schutz bezieht

Dauer der Arbeitszeit	Anrechnung der Berufsschulzeit	Regelungen zu Prüfungen
Ruhepausen und Aufenthaltsräume	**Regelungsbereiche im Jugendarbeitsschutzgesetz**	tägliche Freizeit
Nachtruhe	5-Tage-Woche	Samstags- und Sonntagsruhe
Urlaub	gefährliche Arbeiten	Erstuntersuchung und Nachuntersuchung

Situationsaufgaben

Claudia, eine Mitschülerin aus der Berufsschule, zeigt Sarah die Durchschrift von folgenden Bestätigungen, die sie in ihrer Ausbildungspraxis unterschreiben musste.

Unterweisung über Gefahren (vor Beginn der Beschäftigung)

Ich bestätige hiermit, dass ich heute bei Beginn meines Ausbildungsverhältnisses über die Unfall- und Gesundheitsgefahren, denen ich bei der Beschäftigung ausgesetzt bin, sowie über die Einrichtungen und Maßnahmen zur Abwendung dieser Gefahren durch meinen Ausbilder bzw. dessen Beauftragten ausdrücklich unterwiesen worden bin.

(Ort): ______________________ (Tag): ______________________

Unterschrift: ______________________________

Unterweisung über besondere Gefahren

Ich bestätige hiermit, dass ich heute vor der erstmaligen Beschäftigung

a) in der Zahnarztpraxis

b) mit Arbeiten, bei denen eine Berührung mit gesundheitsgefährdenden Stoffen möglich ist,

über die besonderen Gefahren dieser Arbeiten sowie über das bei ihrer Verrichtung erforderliche Verhalten von meinem Ausbilder bzw. dessen Beauftragten unterwiesen worden bin.

(Ort): ______________________ (Tag): ______________________

Unterschrift: ______________________________

- Beurteilen Sie Grund und Sinn dieser Bestätigungen. Lesen Sie hierzu den § 29 JArbSchG. Für die Zahnärzte stehen u. a. folgende Hinweise zur Verfügung:

☒ Checkliste

für Arbeitgeber und Ausbilder

1. Wird die zulässige tägliche Höchstarbeitszeit eingehalten? (§ 12) ja ☐ nein ☐
2. Wird die zulässige wöchentliche Höchstarbeitszeit eingehalten? (§ 8) ja ☐ nein ☐
3. Ist sichergestellt, dass Jugendliche an Tagen, an denen der Berufsschulunterricht vor 9 Uhr beginnt, nicht vor Beginn des Unterrichts beschäftigt werden? (§ 9) ja ☐ nein ☐
4. Ist sichergestellt, dass Jugendliche an einem Berufsschultag mit mehr als 5 Unterrichtsstunden nicht mehr im Betrieb beschäftigt werden? (§ 9) ja ☐ nein ☐
5. Werden die Jugendlichen für den Berufsschulunterricht, für Prüfungen und außerbetriebliche Ausbildungsmaßnahmen freigestellt? (§§ 9 u. 10) ja ☐ nein ☐
6. Erhalten die Jugendlichen rechtzeitig ihre Ruhepausen in der vorgeschriebenen Dauer? (§ 11) ja ☐ nein ☐
7. Wird die zulässige tägliche Schichtzeit eingehalten? (§ 12) ja ☐ nein ☐
8. Ist in jedem Fall eine tägliche ununterbrochene Freizeit von 12 Stunden gewährleistet? (§ 13) ja ☐ nein ☐
9. Werden Jugendliche vor 6 Uhr und nach 20 Uhr beschäftigt? Ist dies nach § 14 JArbSchG zulässig? ja ☐ nein ☐
10. Ist für Jugendliche die 5-Tage-Woche gewährleistet? (§ 15) ja ☐ nein ☐
11. Werden Jugendliche an Samstagen beschäftigt? Ist dies nach § 16 JArbSchG zulässig? ja ☐ nein ☐
12. Werden Jugendliche an Sonn- und Feiertagen beschäftigt? Ist dies nach den §§ 17 und 18 JArbSchG zulässig? ja ☐ nein ☐
13. Erhalten die Jugendlichen den ihnen zustehenden Urlaub? (§ 19) ja ☐ nein ☐
14. Ist sichergestellt, dass die Jugendlichen keine Arbeiten unter gesundheitsgefährdenden Einflüssen verrichten (Lärm, Hitze, Kälte, Nässe, Erschütterungen, Strahlen)? (§ 22) ja ☐ nein ☐
15. Ist sichergestellt, dass Jugendliche bei der Arbeit keinen schädlichen Einwirkungen von Gefahrstoffen im Sinne des Chemikaliengesetzes ausgesetzt sind? (§ 22) ja ☐ nein ☐
16. Ist sichergestellt, dass Jugendliche bei der Arbeit keinen schädlichen Einwirkungen von biologischen Arbeitsstoffen im Sinne der Richtlinie 90/679/EWG ausgesetzt sind? (§ 22) ja ☐ nein ☐
17. Ist gewährleistet, dass Jugendliche nicht mit Akkordarbeiten oder Arbeiten mit vorgegebenem Arbeitstempo beschäftigt werden? (§ 23) ja ☐ nein ☐
18. Wurden vor Beginn der Beschäftigung und bei wesentlicher Änderung der Arbeitsbedingungen die damit verbundenen Gefährdungen beurteilt? (§ 29) ja ☐ nein ☐
19. Wurden die Jugendlichen zu Beginn ihrer Ausbildung oder Beschäftigung über alle Unfall- und Gesundheitsgefahren unterwiesen? (§ 29) ja ☐ nein ☐
20. Werden die Jugendlichen in mindestens halbjährlichem Abstand über Maßnahmen zur Abwendung der Unfall- und Gesundheitsgefahren unterwiesen? (§ 29) ja ☐ nein ☐
21. Liegt für alle im Betrieb beschäftigten Jugendlichen die Bescheinigung über die ärztliche Erstuntersuchung vor? (§ 32 und § 41) ja ☐ nein ☐
22. Liegt für alle länger als 12 Monate beschäftigten Jugendlichen die Bescheinigung über die erste ärztliche Nachuntersuchung vor? (§ 33) ja ☐ nein ☐
23. Werden die in der ärztlichen Bescheinigung enthaltenen Gefährdungsvermerke beachtet und die damit ausgesprochenen Beschäftigungsverbote allen Mitarbeitern mitgeteilt, die den Jugendlichen ausbilden oder anweisen? (§ 40) ja ☐ nein ☐
24. Sind in einem Aushang die für die Jugendlichen gültigen regelmäßigen Arbeits- und Pausenzeiten bekannt gemacht? (§ 48) ja ☐ nein ☐
25. Ist ein Abdruck des Jugendarbeitsschutzgesetzes an geeigneter Stelle im Betrieb ausgelegt oder ausgehängt? (§ 47) ja ☐ nein ☐
26. Ist dem Abdruck des Jugendarbeitsschutzgesetzes die Anschrift des zuständigen Staatlichen Gewerbeaufsichtsamtes beigefügt? (§ 47) ja ☐ nein ☐
27. Sind Verzeichnisse aller in Ihrem Betrieb beschäftigten Jugendlichen angelegt? (§ 49) ja ☐ nein ☐

Quelle: https://www.heidelberg.de/site/Heidelberg_ROOT/get/documents_E-1810776264/heidelberg/Objektdatenbank/51/PDF/51_pdf_Arbeitgeber_Ausbilder_Lehrer_2007.pdf Seite 36, 01.05.2007 [02.11.2019].

- Prüfen Sie anhand dieser Hinweise, ob die Vorschriften des Jugendarbeitsschutzgesetzes in Ihrer Ausbildungspraxis entsprechend umgesetzt sind.
- Laden Sie aus dem Internet den Text des Jugendarbeitsschutzgesetzes herunter. Schauen Sie sich die in der Checkliste aufgeführten Paragrafen des Gesetzes an.

Prüfungsvorbereitung

Folgende Karteikarte ist zur Ergänzung der Prüfungsvorbereitung zu erstellen:

Karteikarte 15:
Jugendarbeitsschutzgesetz

1. Ziel
2. Wichtige Regelungen (mögliche Gliederung siehe Abbildung S. 46)

9 Arbeitssicherheit und Arbeitsschutz

(Die Bestimmungen zur Arbeitssicherheit und zum Arbeitsschutz in der täglichen Praxis umsetzen)

Sarah darf erstmals bei der Behandlung eines Patienten assistieren. Melanie schaut sich ganz genau an, ob Sarah auch den Mundschutz korrekt angelegt hat und ob die Handschuhe richtig sitzen. „Erinnert mich daran, dass wir demnächst mal wieder eine Personalbesprechung und -schulung zum Arbeitsschutz machen", merkt Dr. Heine an.

Aufgaben

1. Welche besondere Verantwortung hat der Zahnarzt im Zusammenhang mit dem Arbeitsschutz des Praxispersonals?
2. Was sind Gefahrstoffe? Geben Sie einige Beispiele für Gefahrstoffe in der Praxis.
3. Welche einzelnen Schritte sind bei der Gefahrstoffverwaltung im Einzelnen zu leisten?
4. Erläutern Sie aufgrund der Erfahrungen in Ihrer Ausbildungspraxis, welche Maßnahmen zur Sicherung der Hygiene dort ergriffen werden.

Der Zahnarzt hat als Arbeitgeber durch umfassenden Arbeitsschutz dafür zu sorgen, dass die Gesundheit aller Mitarbeiter vor Gefahren geschützt ist, die bei der Arbeit in der Praxis entstehen.

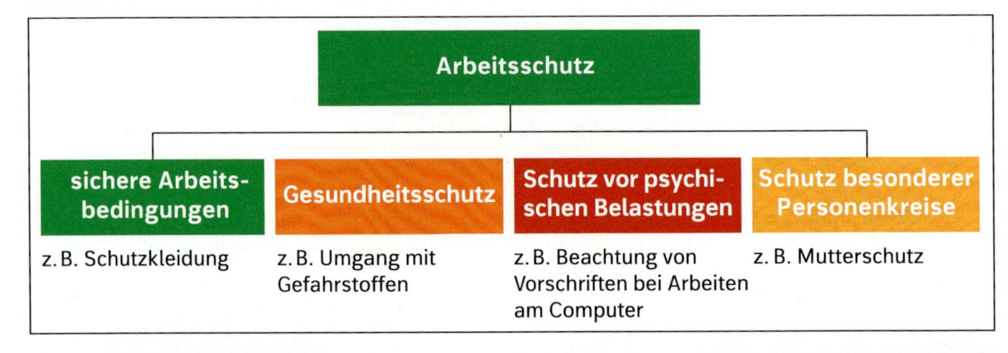

Arbeitsschutz und Arbeitssicherheit verfolgen das Ziel, Unfälle und Berufskrankheiten zu vermeiden. Um die Umsetzung in den Praxen sicherzustellen, haben Gesetzgeber und Berufsgenossenschaft arbeitsschutzrechtliche Mindeststandards festgelegt.

Die nachfolgende Übersicht zeigt praxisrelevante Gesetze, Verordnungen, Richtlinien und Regeln:

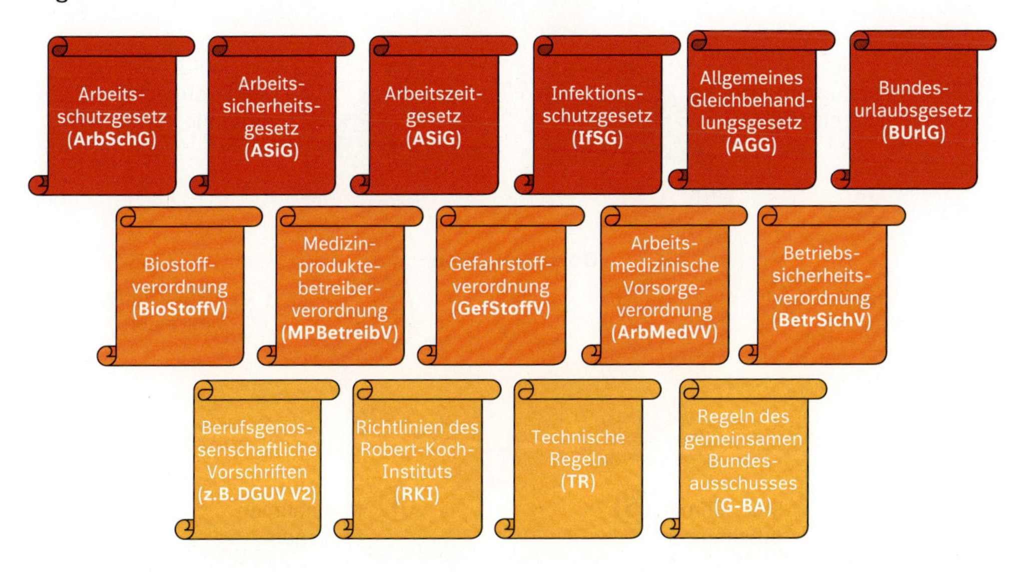

Verantwortlich für den Arbeitsschutz in der Praxis ist der Zahnarzt. Zur Umsetzung der Anforderungen zum Arbeitsschutz und zur Arbeitssicherheit müssen folgende Maßnahmen ergriffen werden:

- Benennung eines Betriebsarztes und einer Fachkraft für Arbeitssicherheit
- Durchführung der Vorsorgeuntersuchungen des Praxisteams
- Durchführung einer aktenkundigen Gefährdungsbeurteilung in der Praxis
- Festlegen entsprechender Schutzmaßnahmen
- Unterweisung des Teams hinsichtlich Gefährdungen und Schutzmaßnahmen
- Umsetzung der Erste-Hilfe-Anforderungen
- Erstellung einer Gefahrstoffdokumentation
- Prüfung der zahnmedizinischen Einrichtungen und Elektrogeräte

Eine zentrale Maßnahme ist die Gefährdungsbeurteilung der Praxis. Nur so können geeignete Schutzmaßnahmen zur Gefahrenabwehr geplant und umgesetzt werden. Bei der Erstellung einer Gefährdungsbeurteilung in einer Zahnarztpraxis leistet die Berufsgenossenschaft für Gesundheitsdienst und Wohlfahrtspflege (BGW) Hilfe (z. B. im Internet unter www.bgw-online.de). Um eine sichere Gefährdungsbeurteilung der Praxis durch den Zahnarzt zu gewährleisten, bietet sich das folgende systematische Vorgehen in sieben Schritten an:

Die sieben Schritte der Gefährdungsbeurteilung

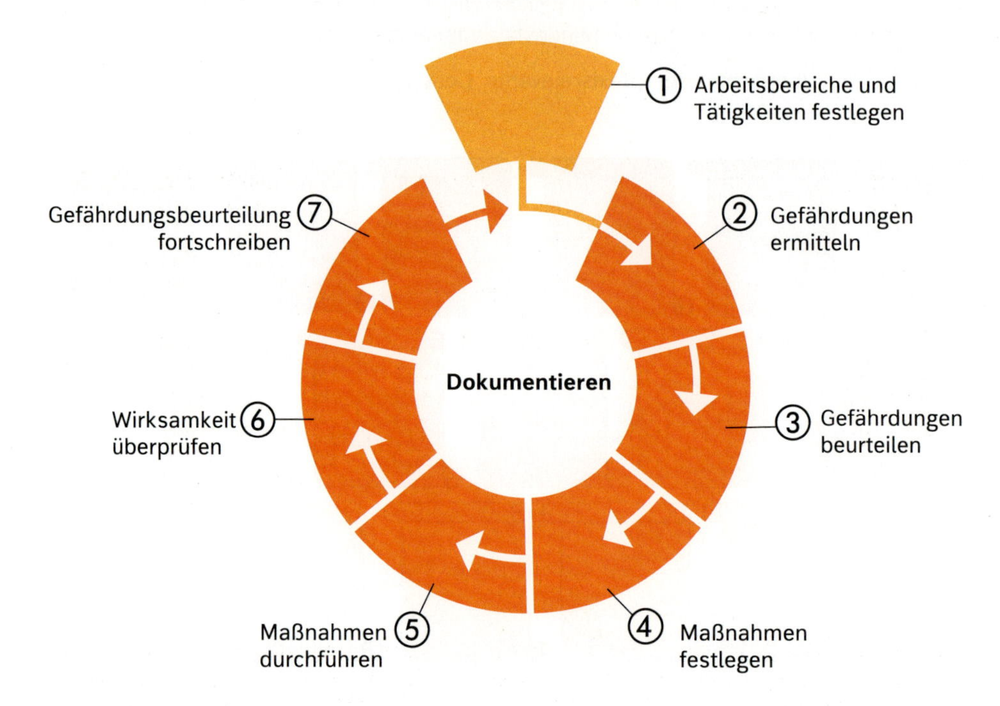

Eine erhebliche Gefährdung geht von dem in jeder Zahnarztpraxis notwendigen Umgang mit **Gefahrstoffen** aus. Hier ist eine geeignete Handhabung sicherzustellen, damit Arbeitsunfälle oder gar Berufskrankheiten vermieden werden und eine Schädigung der Umwelt ausgeschlossen werden kann.

Gefahrstoffe sind durch folgende Gefährdungsmerkmale gekennzeichnet:

Gefahrstoffe		
▪ sehr giftig ▪ giftig ▪ gesundheitsschädlich ▪ ätzend ▪ reizend ▪ sensibilisierend ▪ krebserregend ▪ fortpflanzungsgefährdend ▪ erbgutverändernd ▪ auf sonstige Weise chronisch schädigend	▪ explosionsgefährlich ▪ brandfördernd ▪ hochentzündlich ▪ leichtentzündlich ▪ entzündlich ▪ explosionsfähig	▪ umweltgefährlich

Um die Gefährdungsmerkmale auf den Packungen von Gefahrstoffen deutlich zu kennzeichnen, gibt es entsprechende Gefahrensymbole. Folgende Symbole werden nach dem „Global harmonisierten System zur Einstufung und Kennzeichnung von Chemikalien (GHS)“ unterschieden:

Explosive Stoffe

Entzündbare Stoffe

Entzündend (oxidierend) wirkende Stoffe (brandfördernde Stoffe)

Unter Druck stehende Gase

Hautätzend

Akute Toxizität (Giftigkeit)

Achtung gesundheitsschädlich

Umweltschädlich

Um möglichst jede Gefährdung beim Umgang mit Gefahrstoffen in einer Zahnarztpraxis zu vermeiden, wurden speziell für den medizinischen Bereich die „Technischen Regeln für Gefahrstoffe 525" (TRGS) erstellt.

Technische Regeln für Gefahrstoffe	**Umgang mit Gefahrstoffen in Einrichtungen zur humanmedizinischen Versorgung**	**TRGS 525**

Hier wird u. a. beschrieben, welche Aufgaben der Zahnarzt als Arbeitgeber beim Einsatz von Gefahrstoffen hat. Die Gefahrstoffverwaltung umfasst folgende Pflichten:

- Ermittlung von Gefahrstoffen,
- Prüfung, ob Ersatzstoffe oder andere Verfahren verwendet werden können,
- Erstellung eines Gefahrstoffverzeichnisses,
- Festlegung der notwendigen Schutzmaßnahmen beim Umgang mit Gefahrstoffen,
- Sorgfalt darüber, dass Luftgrenzwerte für Gefahrstoffe eingehalten werden,
- Erstellung entsprechender Betriebsanweisungen,
- Unterweisung aller Beteiligten über den Umgang mit Gefahrstoffen.

Die Zahnmedizinische Fachangestellte muss umfassend über den Umgang mit Gefahrstoffen informiert sein. Dabei hat sie alle entsprechenden Schutzmaßnahmen beachten. In regelmäßigen Abständen sollte eine erneute Unterweisung stattfinden, damit die Handhabung der Gefahrstoffe immer dem neuesten technischen Stand entspricht.

Ein wichtiger Gesichtspunkt des Arbeitsschutzes ist die Beachtung der Maßnahmen zum Infektionsschutz in einer Zahnarztpraxis. Dabei geht es auf der einen Seite darum, den Patienten vor den vielfältigen Infektionsgefahren bei einer zahnärztlichen Behandlung zu schützen. Andererseits sind aber auch der Zahnarzt und alle seine Beschäftigten einer starken Infektionsgefährdung ausgesetzt, sodass vorbeugende Maßnahmen unbedingt erforderlich sind.

Eine Grundvoraussetzung zur Vermeidung von Infektionen ist die ständige Sicherung der Hygiene in einer Praxis. Mögliche Infektionsquellen für das Praxispersonal sind der Kontakt mit

Blut, oder Speichel des Patienten. Insbesondere alle blut- und speichelbehafteten Instrumente müssen als mögliche Infektionsquellen angesehen werden. Der Umgang mit diesen Instrumenten beziehungsweise Materialien muss daher so erfolgen, dass das Verletzungs- und Infektionsrisiko auf ein Minimum reduziert wird.

Der Hygieneplan einer Praxis sollte folgende Sachverhalte umfassen:

- Händehygiene (Händereinigung, Händedesinfektion und Händepflege),
- Schutzkleidung (Handschuhe, Kittel, Schürze, Haarschutz, Schutzmaske),
- Entsorgungsvorrichtungen, z. B. für gebrauchte Kanülen,
- Reinigung, Desinfektion und gegebenenfalls Sterilisation von Instrumenten,
- Flächendesinfektion.

Händehygiene – eine grundlegende Vorsorge

Trotz aller Vorsorgemaßnahmen kommt es immer wieder zu Infektionen. Insbesondere Hepatitisinfektionen (B und A) stellen eine besondere Gefährdung dar. Daher sollte sich das gesamte Personal einer zahnärztlichen Praxis einer aktiven HBV-Immunisierung (Hepatitisimpfung) unterziehen. Wegen der besonderen Infektionsgefahr dürfen schwangere Angestellte nach dem Mutterschutzgesetz und nach der Mutterschutzrichtlinienverordnung in einer Zahnarztpraxis nur Arbeiten übernehmen, bei denen keine gesundheitliche Gefährdung zu erwarten ist.

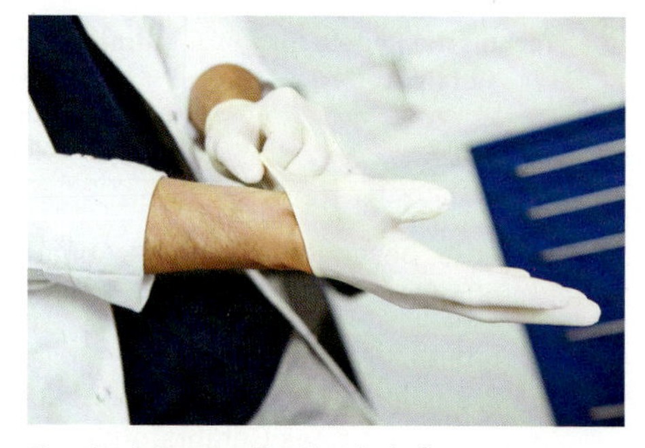

Das Anziehen steriler Handschuhe muss so erfolgen, dass keine Kontamination stattfindet.

Situationsaufgaben

- Besuchen Sie im Internet die Seite www.iww.de/ppz/archiv/praxissicherheit-was-ist-bei-der-durchfuehrung-der-gefaehrdungsbeurteilung-zu-beachten-f10971.
- Lassen Sie sich die Seite ausdrucken und markieren Sie wichtige Inhalte.
- Melden Sie sich auf dieser Seite beim IWW an und lassen Sie sich zur praktischen Durchführung einer Gefährdungsbeurteilung im Online-Service unter „Arbeitshilfen“ ein Muster zur Verfügung stellen.
- Schauen Sie sich im Internet einen Musterhygieneplan für die Zahnarztpraxis, z. B. der Bundeszahnärztekammer, an. Stellen Sie für sich Übersichtspläne zusammen über
  - Händehygiene,
  - Schutzkleidung,
  - Flächenreinigung und -desinfektion,
  - Instrumentenaufbereitung.

- Laden Sie aus dem Internet die Seite „Vireninfektionen in der Zahnarztpraxis" der Deutschen Gesellschaft für Zahn-, Mund- und Kieferheilkunde (DGZMK) und drucken Sie die Seite aus.
- Markieren Sie die Aussagen zu den Erkrankungen, die am ehesten das Personal und den Zahnarzt gefährden.
- Erstellen Sie eine Übersicht zu den wichtigsten Gegenmaßnahmen.

Prüfungsvorbereitung

Folgende Karteikarten sind zur Ergänzung der Prüfungsvorbereitung zu erstellen:

Karteikarte 16:
Umsetzung des Arbeitsschutzes und der Arbeitssicherheit in der Arztpraxis

1. *notwendige Maßnahmen*
2. *die einzelnen Schritte einer Gefährdungsbeurteilung*
3. *Gefährdungsmerkmale von Gefahrstoffen*
4. *Gefahrensymbole*
5. *Umgang mit Gefahrstoffen*

Karteikarte 17:
Infektionsschutz in der Zahnarztpraxis

1. *notwendige Maßnahmen*
2. *wichtige Inhalte des Hygieneplans*

10 Arbeitsschutzgesetze

(Wichtige Arbeitsschutzgesetze bezogen auf die eigene berufliche Situation reflektieren und anwenden)

Melanie: „Ich habe eine wunderbare Neuigkeit für euch, ich bin schwanger."
Sarah: „Herzlichen Glückwunsch, Melanie, ich wünsche dir alles Gute! Da wird sich ja nun einiges in unserer Praxis ändern. Weiß Dr. Heine schon Bescheid?"
„Ja, natürlich, ich habe zuerst mit ihm gesprochen. Ich arbeite ab jetzt nur noch in der Anmeldung und in der Verwaltung. Da kann ich Stefanie unterstützen, die ja seit ihrem schweren Autounfall aufgrund ihrer Schwerbehinderung nur noch in der Anmeldung tätig ist."
„Aber da arbeitet doch schon Britta. Was passiert mit ihr?" „Auch hier scheint sich alles sehr glücklich zu fügen. Brittas Mann arbeitet seit einiger Zeit in München und sie will nun auch nach München ziehen und dort in einer Zahnarztpraxis arbeiten. Vor 14 Tagen hat sie Dr. Heine ihre Kündigung überreicht und scheidet zum Ende dieses Monats aus der Praxis aus." „Aber hat sie denn nicht aufgrund ihrer langen Betriebszugehörigkeit eine längere Kündigungsfrist?" „Nein, die längeren Kündigungsfristen aufgrund einer längeren Beschäftigungsdauer gelten nur für den Arbeitgeber." „Und was machst du nach der Geburt deines Kindes? Wirst du weiter hier arbeiten?" „Zunächst einmal beginnt sechs Wochen vor dem voraussichtlichen Geburtstermin die

Mutterschutzfrist. Mit Dr. Heine habe ich vereinbart, dass ich vor dieser Frist noch meinen Jahresurlaub von 28 Tagen nehme. Nach dem Ende der Mutterschutzfrist weiß ich noch nicht, was ich mache. Vielleicht nehme ich Elternzeit in Anspruch. Ich muss das noch in Ruhe mit meinem Mann besprechen." „Und wer wird nun deine bisherigen Aufgaben übernehmen?" „Ja, Sarah, da hast du Glück, du wirst eine sehr nette und liebe Kollegin bekommen. Marietta und ich waren in der gleichen Klasse der Berufsschule. Sie war bisher in einer Arztpraxis, die von einem neuen Zahnarzt übernommen wurde. Mit ihrem neuen Chef kam sie überhaupt nicht zurecht. Daher hatte sie sich dummerweise auf einen Auflösungsvertrag eingelassen. Seit acht Wochen ist sie arbeitslos. Nun wird sie zum Ersten des nächsten Monats bei uns anfangen." „Na, das sind ja viele Neuigkeiten auf einmal. Die Hauptsache aber ist, dass du mir als Kollegin erhalten bleibst."

Aufgaben

1. Aus welchen Gründen sollte eine schwangere Zahnmedizinische Fachangestellte nicht mehr die Behandlungsassistenz übernehmen?
2. Welche Vorschriften beinhaltet das Mutterschutzgesetz bezüglich der Mutterschutzfrist?
3. Kann das Arbeitsverhältnis einer schwangeren Zahnmedizinischen Fachangestellten durch den Arbeitgeber gekündigt werden? Erläutern Sie den besonderen Kündigungsschutz schwangerer Arbeitnehmerinnen.
4. Welches Ziel wird mit der Elternzeit verfolgt?
5. Wer kann Elternzeit beanspruchen?
6. Über welchen Zeitraum kann Elternzeit beansprucht werden?
7. Eltern und Alleinerziehende erhalten finanzielle Unterstützung vom Staat durch die Zahlung von Elterngeld. Erläutern Sie die Voraussetzungen für die Zahlung von Elterngeld.
   - Wie viel Prozent des Einkommens beträgt das Elterngeld?
   - Über welchen Zeitraum wird diese Unterstützung gezahlt?
8. Welchem besonderen Schutz unterliegen schwerbehinderte Arbeitnehmer?
9. Welche Unterstützung erhält ein Arbeitgeber bei der Einrichtung von Arbeitsplätzen für Schwerbehinderte?
10. Auf welche Arten kann es zu einer Auflösung eines Arbeitsvertrages kommen? Erläutern Sie kurz die verschiedenen Möglichkeiten.
11. Welche Kündigungsfristen gelten für die Zahnmedizinische Fachangestellte bzw. für den Praxisinhaber nach dem Manteltarifvertrag?
12. Eine Zahnmedizinische Fachangestellte arbeitet in einem Praxiszentrum mit 18 Mitarbeiterinnen. Sie soll die Kündigung erhalten. Was ist in diesem Fall zu beachten?
13. Welchen Urlaubsanspruch hat eine Auszubildende in einer Zahnarztpraxis?
14. Eine Zahnmedizinische Fachangestellte hat am 31. Dezember des laufenden Jahres noch 14 Tage alten Urlaub zu bekommen. Kann sie diesen Urlaub im darauffolgenden Kalenderjahr in Anspruch nehmen?
15. Britta, die aus der Zahnarztpraxis ausscheidet, hat noch Anspruch auf 20 Tage Urlaub. Es besteht aber keine Möglichkeit, diesen Urlaub noch in Anspruch zu nehmen. Was passiert mit ihrem Urlaubsanspruch?

Ziel der Arbeitsschutzgesetze ist die Sicherheit und den Gesundheitsschutz der Beschäftigten zu sichern und zu verbessern. Neben dem eigentlichen Arbeitsschutzgesetz *(ArbSchG)* gibt es eine Vielzahl von Gesetzen und Verordnungen, bei der ein Beschäftigter leicht den Überblick verlieren kann. Im Bedarfsfall muss er um Beratung bitten, die u. a. von Berufsverbänden und Gewerkschaften geleistet wird.

Im Folgenden sind einige besonders wichtige Schutzgesetze für die Zahnmedizinische Fachangestellte dargestellt.

Mutterschutzgesetz

Der Schutz werdender Mütter am Arbeitsplatz wird vom Mutterschutzgesetz und der Verordnung zum Schutze der Mütter am Arbeitsplatz geregelt.

Gerade im Gesundheitsdienst gibt es verschiedene Gefahren für Schwangere und das werdende Kind: Infektionsgefahren, Röntgenstrahlen, Chemikalien (z. B. Desinfektionsmittel, Chemikalien des Zahnlabors), Heben und Tragen von Lasten sowie Nacht- und Schichtdienst.

Mutterschutz dient der Gesundheit des Kindes.

Das Mutterschutzgesetz und die Mutterschutzrichtlinienverordnung verpflichten den Praxisinhaber, seine Arbeitsplätze auf mögliche Gefährdungen werdender und stillender Mütter zu überprüfen. Gegebenenfalls sind geeignete Schutzmaßnahmen zu ergreifen, um das Leben und die Gesundheit von Mutter und Kind durch die berufliche Tätigkeit nicht zu gefährden. Hieraus ergibt sich:

- Überprüfung des Arbeitsplatzes auf mögliche gesundheitliche Gefährdung für die werdende oder stillende Mutter mit folgenden möglichen Maßnahmen:
  - Änderung der Arbeitsbedingungen,
  - Veranlassung eines Tätigkeitswechsels,
  - Freistellung von der beruflichen Tätigkeit.
- unverzügliche Mitteilung der Schwangerschaft einer Beschäftigten an die zuständige Behörde.

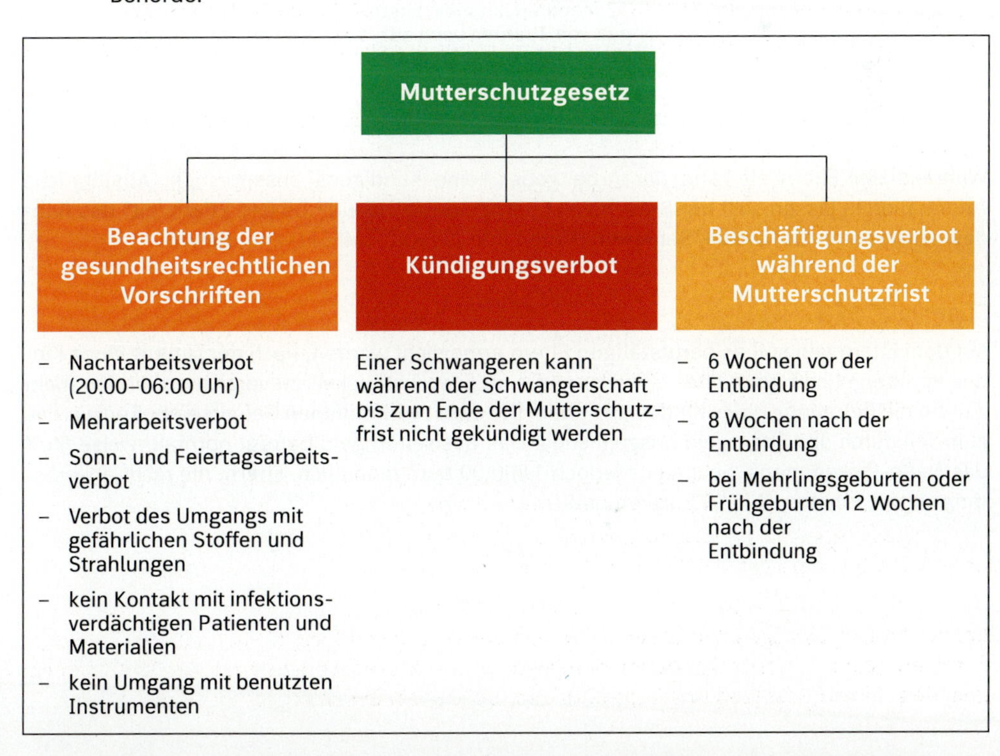

Daher dürfen Schwangere

- keine Entsorgung und Reinigung kontaminierter schneidender, stechender oder bohrender Instrumente vornehmen,
- keine Assistenz am Behandlungsstuhl leisten,
- keine nicht desinfizierten Abdrücke bearbeiten,
- keinen Kontakt mit bekannt infektiösen Personen haben.

Anhand der Gefährdungsanalyse ist dann zu prüfen, in welchem Teil der Praxis und mit welchen Aufgaben eine Weiterbeschäftigung möglich ist, z. B. in der Praxisverwaltung oder in der Anmeldung. Mit dem Beginn der **Mutterschutzfrist** darf die werdende Mutter nicht mehr beschäftigt werden, es sei denn, sie erklärt sich ausdrücklich bereit, weiterzuarbeiten.

Elternzeit

Die Elternzeit gibt Arbeitnehmerinnen und Arbeitnehmern die Möglichkeit, sich ihrem Kind zu widmen und gleichzeitig den Kontakt zum Beruf aufrechtzuerhalten.

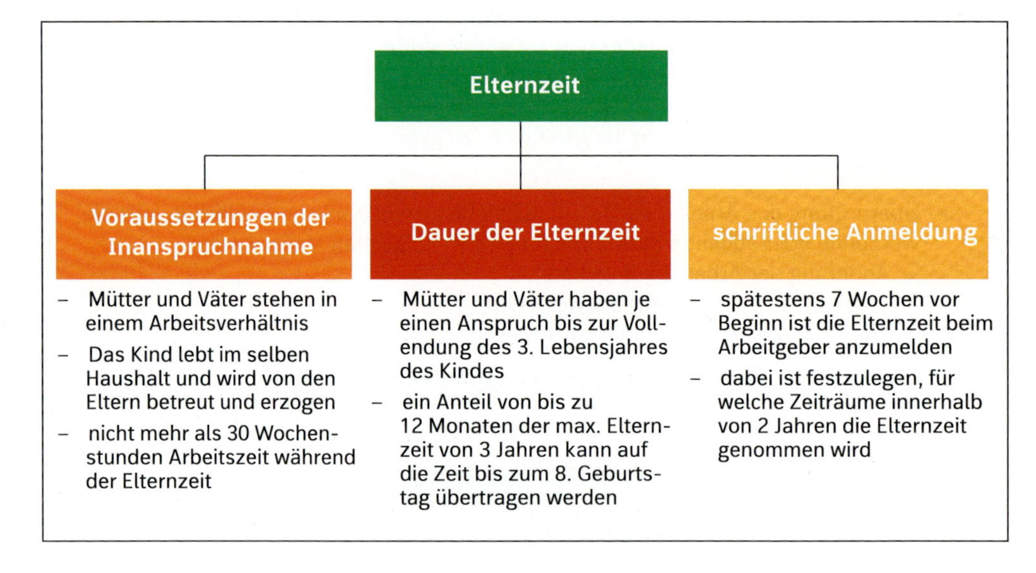

Während der Elternzeit kann der Arbeitgeber keine Kündigung aussprechen. Ausführliche Informationen lassen sich der Broschüre „Elterngeld, ElterngeldPlus und Elternzeit" des Bundesministeriums für Familie, Senioren, Frauen und Jugend (BMFSFJ) entnehmen.

Elterngeld

Mit dem Elterngeld soll es berufstätigen Eltern ermöglicht werden, nach der Geburt eines Kindes vorübergehend ganz oder teilweise auf eine Erwerbstätigkeit zu verzichten, um so mehr Zeit für die Betreuung eines Kindes zu haben. Die damit verbundenen Gehaltseinbußen werden zum Teil durch das Elterngeld ausgeglichen. Das Basiselterngeld beträgt normalerweise 65 % des Netto-Einkommens, höchstens jedoch 1 800,00 Euro monatlich. Eltern, die nicht erwerbstätig waren, erhalten 300,00 Euro monatlich.

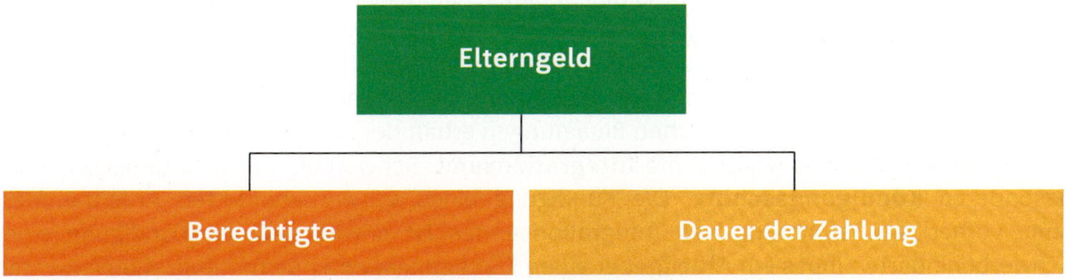

Elterngeld

Berechtigte	Dauer der Zahlung
Anspruch hat haben Mütter und Väter, die - ihre Kinder nach der Geburt selbst betreuen und erziehen, - nicht mehr als 30 Stunden in der Woche erwerbstätig sind, - mit ihren Kindern in einem Haushalt leben und - einen Wohnsitz oder ihren gewöhnlichen Aufenthalt in Deutschland haben	**Basiselterngeld** - Eltern haben Anspruch auf 12 Monatsbeiträge - Anspruch auf zwei zusätzliche Partnermonate, wenn der Partner für diese Zeit seine Erwerbstätigkeit reduziert - Alleinerziehende haben Anspruch auf 14 Monatsbeiträge **ElterngeldPlus** - die Monatsbeiträge können auf Antrag halbiert werden, wodurch sich der Auszahlungszeitraum verdoppelt (max. 28 Monate)

Partnerschaftsbonus

Mit dem Partnerschaftsbonus erhalten die Eltern einen finanziellen Ausgleich, wenn sie über die Elternzeit hinaus ihre Arbeitszeit reduzieren, um sich verstärkt ihrem Kind zu widmen. Beide Partner erhalten vier Monate lang finanzielle Unterstützung in Höhe der ElterngeldPlus-Monatsbeiträge, wenn sie in dieser Zeit gleichzeitig zwischen 25 und 30 Wochenstunden arbeiten.

Ob für Eltern Basiselterngeld, ElterngeldPlus, Partnerschaftsbonus oder die Kombination aller drei Gestaltungsmöglichkeiten in Frage kommt, hängt von den Lebensumständen ab. Wer von den Partnern ist in welchem Umfang erwerbstätig? Wer übernimmt verstärkt die Kinderbetreuung? Wie sieht es mit der finanziellen Absicherung aus? All dies sind Fragen, die die Entscheidung der Eltern beeinflussen. Auf der Internetseite des Bundesfamilienministeriums (www.bmfsfj.de bzw. www.familien-wegweiser.de) können Eltern mit dem **Elterngeldrechner** die verschiedenen Gestaltungsmöglichkeiten durchrechnen und so eine Einschätzung zur Höhe des Elterngeldanspruchs bekommen.

Verschiedene Träger im Internet bieten einen Antragsservice zum Elterngeld, der wegen der oft schwierigen Beantragung in Anspruch genommen werden kann.

Schwerbehindertenschutz

Der Schwerbehindertenschutz hat das Ziel, **schwerbehinderten Menschen Arbeitsplätze zu verschaffen**. Bei der Suche nach Arbeit sind sie oftmals wegen ihrer Behinderungen den nicht behinderten Arbeitnehmern unterlegen. Damit Arbeitgeber trotzdem Behinderte einstellen, bietet der Staat finanzielle Mittel für die Schaffung behindertengerechter Arbeitsplätze. Darüber hinaus besteht für Arbeitgeber mit mehr als 20 Beschäftigten die Verpflichtung, wenigstens 5 % der Arbeitsplätze für schwerbehinderte Menschen bereitzustellen. Das

Eingangsbeispiel zeigt, dass aufgrund des persönlichen Schicksals (Unfall) einer Zahnmedizinischen Fachangestellten der Praxisinhaber entschlossen war, diese auch als schwerbehinderte Arbeitnehmerin weiterzubeschäftigen. Die Einsatzmöglichkeiten begrenzen sich aber auf Tätigkeiten im Praxisempfang und in der Verwaltung. Bei notwendigen Umbauten in der Praxis und bei sonstigen außergewöhnlichen Belastungen erhält der Zahnarzt entsprechende Hilfen. Zuständig hierfür ist das sogenannte **Integrationsamt**. Schwerbehinderte unterliegen einem besonderen **Kündigungsschutz**. Die Kündigung eines schwerbehinderten Arbeitnehmers ohne vorherige Zustimmung des Integrationsamtes ist unwirksam. Vor Kündigung eines Schwerbehinderten muss ein Arbeitgeber einen Kündigungsantrag beim Integrationsamt stellen. Dieses entscheidet unter Abwägung der Arbeitnehmer- und Arbeitgeberinteressen über den Kündigungsantrag. Der schwerbehinderte Beschäftigte hat so im Arbeitsleben einen zusätzlichen Rechtsschutz.

Kündigungsschutzgesetz

Auch in einer Zahnarztpraxis kündigen erfahrungsgemäß hin und wieder Mitarbeiter. Manchmal lässt es sich auch nicht vermeiden, dass ihnen gekündigt wird. Da eine Kündigung des Arbeitnehmers durch den Arbeitgeber erhebliche soziale Folgen nach sich ziehen kann, gibt es in Deutschland einen besonderen Kündigungsschutz, der im Kündigungsschutzgesetz geregelt ist. Ziel ist es, den Arbeitnehmer vor einer unverhältnismäßig schnellen bzw. ungerechtfertigten Kündigung zu schützen.

Arbeitsverträge werden normalerweise ohne jede Fristbegrenzung abgeschlossen. Es gibt aber auch **befristete Arbeitsverträge**, z. B. Vertretung einer Zahnmedizinischen Fachangestellten während des Mutterschutzes oder der Elternzeit. Diese enden mit der vereinbarten Frist. Diese Vereinbarung muss schriftlich vorliegen.

Unbefristete Arbeitsverträge können folgendermaßen beendet werden:

- Aufhebungsvertrag,
- ordentliche Kündigung durch den Arbeitnehmer,
- ordentliche Kündigung durch den Arbeitgeber,
- außerordentliche Kündigung,
- Änderungskündigung.

Bei einem **Aufhebungsvertrag** wird der Arbeitsvertrag in beiderseitigem Einvernehmen beendet. Oft wird dies dem Arbeitnehmer durch die Zahlung einer Abfindung schmackhaft gemacht. Der Aufhebungsvertrag ist aber oft mit erheblichen Nachteilen verbunden.

Diese sind:

- Verzicht auf den allgemeinen Kündigungsschutz,
- Verlust eines besonderen Kündigungsschutzes, z. B. nach dem Mutterschutz- oder Schwerbehindertengesetz,
- Sperrzeit beim Bezug von Arbeitslosengeld; da der Arbeitnehmer durch einen Aufhebungsvertrag seine Arbeitslosigkeit herbeigeführt hat, muss er damit rechnen, dass eine zwölfwöchige Sperrzeit gegen ihn verhängt wird,
- Anrechnung einer Abfindung auf das Arbeitslosengeld.

Bei einer **ordentlichen Kündigung** durch den Arbeitnehmer muss eine Kündigungsfrist von vier Wochen zum 15. des Monats oder zum Monatsende eingehalten werden (**Grundkündigungsfrist**). Der Arbeitgeber hat somit Zeit, sich um einen neuen Beschäftigten zu bemühen. Ein Kündigungsgrund muss nicht angegeben werden. Die Kündigung ist immer eine einseitige, empfangsbedürftige Willenserklärung.

Bei einer Kündigung durch den Arbeitnehmer hat dieser sicherzustellen, dass der Arbeitgeber von der Kündigung nachweislich Kenntnis erlangt. Dies gilt umgekehrt auch bei der Kündigung durch den Arbeitgeber.

Auch bei einer **ordentlichen Kündigung durch den Arbeitgeber** sind die o.g. Kündigungsfristen einzuhalten. Allerdings verlängert sich hier die Kündigungsfrist in Abhängigkeit von der Dauer des Beschäftigungsverhältnisses des Arbeitnehmers. Es gelten nach § 622 BGB, Absatz 2, folgende Fristen:

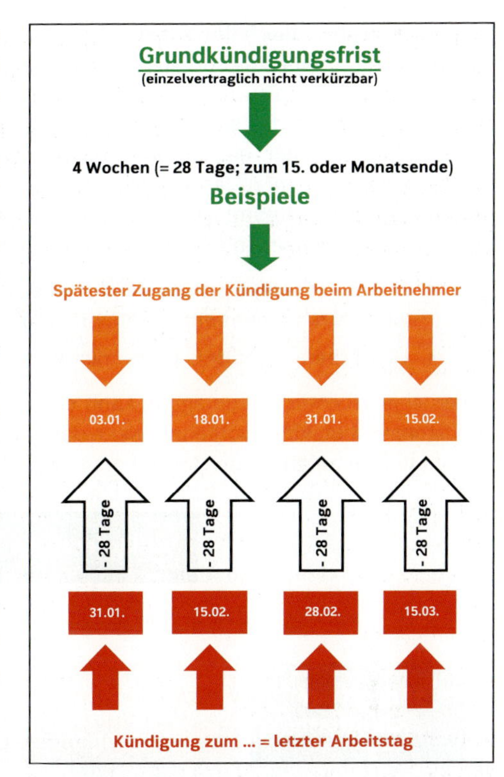

Dauer des Beschäftigungsverhältnisses	Kündigungsfrist zum Ende des Kalendermonats
2 Jahre	1 Monat
5 Jahre	2 Monate
8 Jahre	3 Monate
10 Jahre	4 Monate
12 Jahre	5 Monate
15 Jahre	6 Monate
20 Jahre	7 Monate

Nach § 19 des Manteltarifvertrags gelten folgende Fristen:

Dauer des Beschäftigungsverhältnisses	Kündigungsfrist zum Ende des Kalendermonats
2 Jahre	2 Monate
5 Jahre	3 Monate
8 Jahre	4 Monate
10 Jahre	5 Monate
12 Jahre und länger	6 Monate

Diese Fristen gelten nur für den Arbeitgeber. Bei einer Kündigung durch den Arbeitnehmer gilt die Grundkündigungsfrist. Bei der **Kündigung des Arbeitsverhältnisses einer Zahnmedizinischen**

Fachangestellten durch den Praxisinhaber ist eine Vielzahl gesetzlicher Vorschriften zu beachten. Die Vorschriften zum Kündigungsschutz sind sehr unübersichtlich und können teilweise auch von Experten im Kündigungsschutzrecht in den Einzelheiten kaum mehr überschaut werden. Es empfiehlt sich daher für eine von einer Kündigung betroffene Person, sich von Experten eines Berufsverbandes oder einer Gewerkschaft bzw. von einem arbeitsrechtlich spezialisierten Rechtsanwalt beraten zu lassen. Insbesondere soll der Arbeitnehmer vor einer **sozial ungerechtfertigten Kündigung** geschützt werden. Hier gelten allerdings für die Anwendung des Kündigungsschutzgesetzes folgende Voraussetzungen:

- Das Unternehmen muss mindestens zehn Arbeitnehmer beschäftigen (Teilzeitkräfte werden mit einem entsprechenden Anteil berücksichtigt).
- Das Arbeitsverhältnis muss mindestens sechs Monate bestehen.

Gegen eine ordentliche Kündigung kann ein/e Zahnmedizinische/r Fachangestellte/r mit einer Kündigungsschutzklage vorgehen, wenn das Kündigungsschutzgesetz gilt. Allerdings gilt in zahlreichen Praxen aufgrund der Anzahl der dort Beschäftigten das Kündigungsschutzgesetz nicht.

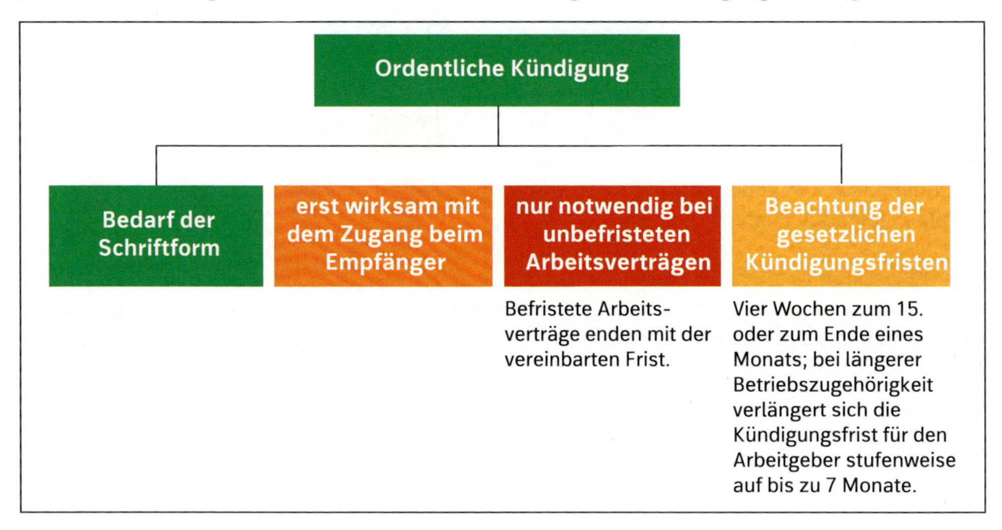

Ist das Kündigungsschutzgesetz zu beachten, z. B. in großen Zahnarztpraxen mit zehn und mehr Beschäftigten, muss der Arbeitgeber einen Grund zur Rechtfertigung der Kündigung angeben. Das Kündigungsschutzgesetz unterscheidet drei Gründe:

1. Verhaltensbedingte Kündigung

Verhält sich der Arbeitnehmer trotz mehrerer Abmahnungen weiterhin arbeitsvertragswidrig (z. B. durch wiederholtes Zuspätkommen, aufgrund wiederholter grob fahrlässiger Verursachung von Schäden, durch Störung des Betriebsfriedens) kann der Arbeitgeber ihm kündigen. Allerdings müssen die der Kündigung vorhergehenden Abmahnungen rechtswirksam sein, d. h.

- es muss eine genaue Tatbeschreibung des vertragswidrigen Verhaltens vorliegen,
- das vertragswidrige Verhalten muss ausdrücklich missbilligt werden,
- es muss ein Hinweis auf das erwartete korrekte Verhalten vorliegen,
- es muss ein Hinweis auf die arbeitsrechtlichen Konsequenzen bei einer Wiederholung des vertragswidrigen Verhaltens erfolgen.

2. Personenbedingte Kündigung

Hier liegen die Gründe in der Person des Arbeitnehmers, etwa bei einer lang anhaltenden Krankheit, die zur Arbeitsunfähigkeit führt und auch in Zukunft führen wird.

3. Betriebsbedingte Kündigung

Fallen beispielsweise Arbeitsplätze in der Praxis weg, weil der Patientenzuspruch erheblich abgenommen hat, wird der Praxisinhaber betriebsbedingte Kündigungen in Erwägung ziehen. Das Kündigungsschutzgesetz schreibt in diesem Fall vor, dass eine besondere **Sozialauswahl** getroffen wird.

Zu berücksichtigen sind demnach die Betriebszugehörigkeit, das Lebensalter und Unterhaltsverpflichtungen. Die Sozialauswahl soll verhindern, dass Mitarbeitern gekündigt wird, für die eine Kündigung eine besondere soziale Härte darstellt.

Von mehreren vergleichbaren Arbeitnehmern ist derjenige zu kündigen, für den die Kündigung die geringsten sozialen Folgen hat. Bei einer betriebsbedingten Kündigung trifft dies am ehesten auf eine junge, unverheiratete Mitarbeiterin ohne Kind zu.

Verhaltensbedingte Kündigung	Personenbedingte Kündigung	Betriebsbedingte Kündigung
Beispiele: ▪ unberechtigte Krankmeldung ▪ Störungen des Betriebsfriedens ▪ häufige Unpünktlichkeit ▪ unentschuldigtes Fehlen	Beispiele: ▪ fehlende Eignung ▪ mangelhafte Leistung ▪ häufige Erkrankung ▪ Suchtabhängigkeit	Beispiele: ▪ Personaleinsparungen sind durch Rationalisierung der Behandlungsabläufe möglich ▪ Rückgang des Patientenzuspruchs

Eine **außerordentliche Kündigung** liegt vor, wenn ein Arbeitgeber bzw. ein Arbeitnehmer aus einem wichtigen Grund **fristlos** kündigt. Wichtiger Grund heißt in diesem Zusammenhang, es kann dem Kündigenden nicht zugemutet werden, den Ablauf der regulären Kündigungsfrist abzuwarten. Kündigt der Arbeitgeber, muss dieser neben dem außerordentlichen Kündigungsgrund ein Verschulden des Arbeitnehmers beweisen. Außerdem ist zu prüfen, ob andere mögliche Mittel, z. B. eine Abmahnung, ausgereicht hätten.

Gründe für eine fristlose Kündigung:

- Arbeitsverweigerung
- grobe Beleidigungen
- sexuelle Belästigung
- Straftaten in der Praxis
- Trunk- und Drogensucht
- eigenmächtiger Urlaubsantritt
- Nichtzahlung des Gehaltes
- Verstoß gegen die Schweigepflicht

Auch bei einer **Änderungskündigung** handelt es sich um eine Kündigung des bestehenden Arbeitsverhältnisses. Die Kündigung ist aber verbunden mit dem Angebot, das Arbeitsverhältnis unter veränderten Bedingungen fortzusetzen. Üblicherweise trifft dies einen Arbeitnehmer nicht unvorbereitet. Die Gründe für eine Veränderung der Arbeitsbedingungen werden normalerweise zwischen dem Arbeitgeber und dem Arbeitnehmer besprochen. Für den Arbeitnehmer ergeben sich folgende Möglichkeiten, auf die Änderungskündigung zu reagieren:

- Der Arbeitnehmer nimmt die vom Arbeitgeber gewünschten Änderungen der Arbeitsbedingungen an. Das Arbeitsverhältnis wird dann unter geänderten Bedingungen fortgesetzt.
- Der Arbeitnehmer lehnt die vom Arbeitgeber gewünschten Änderungen der Arbeitsbedingungen ab. In diesem Fall erhält der Arbeitnehmer die Beendigungskündigung.
- Der Arbeitnehmer bittet um Bedenkzeit. In diesem Fall muss er innerhalb der Kündigungsfrist, spätestens aber innerhalb von drei Wochen nach Zustellung der Kündigung erklären, ob er die veränderten Bedingungen akzeptiert.

Droht eine Änderungskündigung, sollte sich der Arbeitnehmer von Fachleuten beraten lassen. Rat finden Sie bei Berufsverbänden und Gewerkschaften oder einem Rechtsanwalt für Arbeitsrecht.

243 810

Urlaubsanspruch

Urlaub dient der Gesundheitserhaltung des Arbeitnehmers. Die gesetzlichen Regelungen gehören somit zum Arbeitsschutz.

Der Urlaubsanspruch wird abgesichert über

- tarifvertragliche Regelungen,
- das Bundesurlaubsgesetz, wenn tarifvertragliche Regelungen fehlen,
- das Jugendarbeitsschutzgesetz für Arbeitnehmer bis zur Vollendung des 18. Lebensjahrs.

Nach dem Manteltarif beträgt der Urlaub für Zahnmedizinische Fachangestellte:

Bei einer Beschäftigungsdauer unter acht Jahren	27 Arbeitstage
Nach achtjähriger Beschäftigungsdauer	29 Arbeitstage
Nach sechzehnjähriger Beschäftigungsdauer	31 Arbeitstage

Die aufgezählte Dauer des jeweiligen Jahresurlaubs legt eine Fünf-Tage-Woche zugrunde. Beschäftigungsdauer ist die Zeit, die durch Ausbildung und Arbeitsverhältnisse in Zahnarztpraxen nachgewiesen wird. Die in Anspruch genommene gesetzliche Elternzeit ist zur Hälfte auf die Beschäftigungsdauer anzurechnen. Wird im Arbeitsvertrag zum Manteltarif kein Bezug genommen, gelten die Bestimmungen des Bundesurlaubsgesetzes. Demnach beträgt der Mindesturlaub 24 Werktage bzw. 20 Arbeitstage.

Für nicht volljährige Beschäftigte gelten die Bestimmungen des Jugendarbeitsschutzgesetzes. Ist, wie bei den Zahnmedizinischen Fachangestellten, die tarifvertragliche Regelung für die minderjährige Beschäftigte günstiger als das Jugendarbeitsschutzgesetz, gilt der Tarifvertrag.

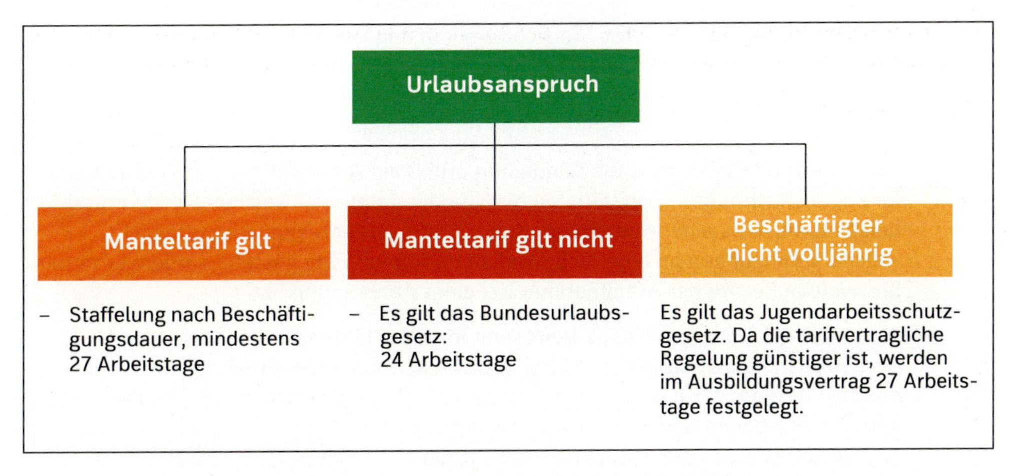

Bei der Planung des Jahresurlaubs sind folgende allgemeine Richtlinien zu beachten:

- Bei einem neuen Arbeitsverhältnis muss ein Arbeitnehmer eine Wartefrist von sechs Monaten einhalten, bevor er seinen Jahresurlaub in Anspruch nehmen darf.
- Der Urlaub sollte möglichst zusammenhängend gewährt werden. Es sind mindestens zwei Wochen hintereinander nach den Wünschen des Arbeitnehmers einzuplanen.
- Bei der zeitlichen Festlegung sollten die Urlaubswünsche des Arbeitnehmers möglichst berücksichtigt werden.
- Der Arbeitgeber hat das Recht, aus betrieblichen Gründen einen gewissen Anteil auf einen bestimmten Zeitpunkt festzulegen.
- In der innerbetrieblichen Planung ist eine soziale Rangfolge zu beachten. So haben beispielsweise Arbeitnehmer mit Kindern in der Planung Vorrang vor Arbeitnehmern ohne Kinder.
- Erkrankt ein Arbeitnehmer während des Urlaubes, so hat er dem Arbeitgeber eine Arbeitsunfähigkeitsbescheinigung vorzulegen. Der Urlaub wird damit unterbrochen und die Anzahl der Tage der Erkrankung zählen nicht als Urlaub.
- Wird Urlaub wegen Arbeitsunfähigkeit oder aus betrieblichen Gründen bis zum Ende eines Kalenderjahres nicht angetreten, so ist er innerhalb der nächsten drei Monate (31. März des Folgejahres) zu gewähren und zu nehmen.

Auszubildende sollten ihren Urlaub möglichst zusammenhängend in den Berufsschulferien nehmen. Beginnt oder endet das Arbeitsverhältnis im Laufe des Kalenderjahres, so beträgt der Urlaubsanspruch 1/12 für jeden vollen Beschäftigungsmonat.

Situationsaufgaben

- Eine Kollegin aus Ihrer Praxis informiert ihren Vorgesetzten, dass sie schwanger ist. Er bittet Sie, einen Katalog mit Maßnahmen zu erstellen, um den Schutz der werdenden Mutter bei der Arbeit in der Praxis sicherzustellen. Erstellen Sie eine Übersicht, in welchen Bereichen Ihrer Ausbildungspraxis keine Beschäftigung möglich ist. Erarbeiten Sie Vorschläge für einen möglichen Einsatz während der Schwangerschaft. Nutzen Sie hierzu u. a. die Broschüre „Die schwangere Praxismitarbeiterin“ der Zahnärztekammer Niedersachsen, die im Internet aufgerufen werden kann.
- Die Mitarbeiterin möchte nach der Entbindung Elternzeit in Anspruch nehmen. In der Praxis stellen sich bezüglich der Elternzeit eine Vielzahl von Fragen, beispielsweise über die Dauer, den Zeitpunkt, zu dem die Elternzeit in Anspruch genommen werden kann usw. Stellen Sie hierzu die wichtigsten Regeln zur Elternzeit zusammen.

- Mit Ihrer Kollegin informieren Sie sich über die Regelungen zum Elterngeld. Fassen Sie die wichtigsten Regeln in einer Übersicht zusammen. Helfen Sie Ihrer Kollegin bei der Berechnung des Elterngeldes, wenn diese entsprechend dem Gehaltstarif in der Tätigkeitsgruppe I eingestuft ist und fünf Berufsjahre nachweisen kann.
- Vor einer verhaltensbedingten Kündigung erhält ein Arbeitnehmer eine Abmahnung für sein Fehlverhalten. Ermitteln Sie mithilfe des Internets, welches Fehlverhalten beispielsweise zu einer Abmahnung führt. Erstellen Sie weiter eine Übersicht, welche Bedingungen an eine rechtswirksame Abmahnung gestellt werden. Ermitteln Sie, welche Rechte der Arbeitnehmer bei einer Abmahnung hat.
- Sarah hat am 1. August dieses Jahres mit ihrer Ausbildung begonnen. In den Herbstferien konnte sie aufgrund der Arbeitssituation in der Praxis keinen Urlaub nehmen. Ermitteln Sie, welchen Urlaubsanspruch Sarah für das laufende Kalenderjahr hat. Erarbeiten Sie einen Lösungsvorschlag unter Berücksichtigung der Situation, dass bis zum Ende des Jahres der Urlaub nicht in Anspruch genommen wurde.

Prüfungsvorbereitung

Folgende Karteikarten sind zur Ergänzung der Prüfungsvorbereitung zu erstellen:

Karteikarte 18:
Umsetzung des Mutterschutzes in der Arztpraxis

1. *besondere Gefahren in der Praxis*
2. *Maßnahmen zum Schutz der werdenden Mutter*
3. *besonderer Kündigungsschutz*
4. *Mutterschutzfristen*

Karteikarte 19:
Elternzeit

1. *Voraussetzungen der Inanspruchnahme*
2. *Dauer und Zeitpunkt der Inanspruchnahme*
3. *Regeln bei der Anmeldung*

Karteikarte 20:
Elterngeld

1. *Berechtigte*
2. *Dauer*
3. *Höhe*

Karteikarte 21:
Umsetzung des Kündigungsschutzes in der Zahnarztpraxis

1. *Mögliche Beendigungen eines unbefristeten Arbeitsvertrages*
2. *Kündigungsfristen*
3. *Voraussetzungen für die Wirksamkeit einer Kündigung*
4. *Besondere Regelungen bei Gültigkeit des Kündigungsschutzgesetzes*

Karteikarte 22:
Umsetzung des Urlaubsanspruchs in der Zahnarztpraxis

1. *Dauer des Urlaubs*
2. *Regelungen bei Arbeitsverträgen, die im Kalenderjahr geschlossen wurden*
3. *Regelungen bei Teilzeitverträgen*

11 Arbeitsgerichtsbarkeit

(Mögliche Verfahren zur Klärung von Streitigkeiten aus dem Arbeitsverhältnis kennen und deren Vor- und Nachteile abschätzen)

Sarah: „Julia, eine Mitschülerin aus meiner Berufsschulklasse, war heute völlig aufgelöst. Sie wollte, wie es eigentlich abgesprochen war, in den Herbstferien Urlaub nehmen. Dann hat ihr Chef ihr kurzfristig mitgeteilt, dass dies aufgrund der Erkrankung einer Zahnmedizinischen Fachangestellten aus seinem Team nicht möglich sei. Sie hat aber ihren Urlaub bereits gebucht. Nun hat sie den größten Ärger in der Praxis."

Melanie: „Ja, leider gibt es immer wieder einmal Ärger wegen solcher Dinge. Wir versuchen diesen Ärger vor allem durch Gespräche zu vermeiden. Außerdem haben wir das Glück, dass Dr. Heine ein ausgesprochen großzügiger Chef ist. Unsere neue Mitarbeiterin Marietta hat in der nächsten Woche noch einen Termin vor dem Arbeitsgericht. Ihr letzter Chef hat einen Teil des Lohnes nicht bezahlt. Lass uns bloß alles dafür tun, dass es in unserer Praxis weiterhin friedlich zugeht!"

Aufgaben

1. Konflikte, die sich mit dem Praxisinhaber aus dem Ausbildungs- oder Arbeitsvertrag ergeben, sollten möglichst durch Gespräche gelöst werden. Erläutern Sie die Voraussetzungen für ein erfolgreiches Gespräch.
2. Warum muss sich eine auszubildende Zahnmedizinische Fachangestellte bei Streitigkeiten, die sich mit dem Praxisinhaber bei der Ausbildung ergeben, zunächst an die Zahnärztekammer wenden?
3. Wer kann an einer außergerichtlichen Einigung arbeitsrechtlicher Konflikte noch mitwirken?
4. Scheitern die außergerichtlichen Versuche einer gütlichen Einigung, muss als letzte Möglichkeit der Weg eines Arbeitsgerichtsverfahrens beschritten werden. Beschreiben Sie kurz dieses Verfahren.

Streitigkeiten zwischen Auszubildenden und dem Praxisinhaber, aber auch zwischen den anderen Mitarbeitern und dem Arbeitgeber, lassen sich nie ausschließen. Der beste Weg, diese Streitigkeiten beizulegen, ist eine gütliche Einigung. So wird das für die Zusammenarbeit wichtige Betriebsklima am wenigsten belastet. Der erste Schritt ist die Lösung von Konflikten durch Gespräche. Um diese erfolgreich zu führen, sollte man Folgendes beachten:

- Überprüfen Sie mithilfe von Vertrauten Ihre eigene Wahrnehmung und Einstellung zum Konflikt. Ein objektiver Rat hilft in vielen Fällen.
- Versuchen Sie die körperlichen und verbalen Konfliktsignale zu erkennen und gegebenenfalls zu ändern. Zorn und verletzende Formulierungen helfen nicht, einen Konflikt zu lösen.
- Überprüfen Sie die Einstellung und Verhaltensmuster Ihres Gesprächspartners. Oft hilft es weiter, wenn man sich in die Rolle des anderen versetzt.

Wenn der Ort und der Zeitpunkt für das Gespräch richtig gewählt werden, das Gespräch durch eine klare Analyse der Konfliktsituation und das Angebot einer Lösung gut vorbereitet ist, dann sind alle Voraussetzungen für ein erfolgreiches Gespräch gegeben. Glaubt eine Auszubildende, dass sie bei der Lösung eines Konflikts nicht auf den objektiven Rat eines Dritten außerhalb der Praxis verzichten kann, so muss sie sich zunächst an die Zahnärztekammer wenden. **Mit dem Ausbildungsvertrag hat sich die Auszubildende verpflichtet, bei Streitigkeiten aus dem Berufsausbildungsverhältnis vor Inanspruchnahme des Rechtsweges eine gütliche Einigung unter Mitwirkung der Zahnärztekammer anzustreben.** Die entsprechende Bestimmung im Ausbildungsvertrag der Zahnärztekammer Niedersachsen lautet:

§ 8 Streitigkeiten

Bei allen aus diesem Vertrag etwa entstehenden Streitigkeiten ist vor Inanspruchnahme der Gerichte der zur Beilegung derartiger Streitigkeiten zuständige Ausschuss der Zahnärztekammer Niedersachsen anzurufen.

Außerdem sollte die Hilfe der von der Zahnärztekammer Niedersachsen benannten Ausbildungsberater vor einem Gerichtsverfahren in Anspruch genommen werden.

Quelle: ZAN – Zahnmedizinische Akademie Niedersachsen, Hannover, Zahnärztekammer Niedersachsen: Ausbildungsvertrag für den Ausbildungsberuf Zahnmedizinische Fachangestellte. In: http://zkn.de/fileadmin/user_upload/praxis-und-team/praxisfuehrung/arbeitsrecht-mustervertraege/Ausbildungsvertrag_zur_ZFA.pdf [26.04.2019].

Entsprechende Vereinbarungen finden sich in allen Ausbildungsverträgen.

Hilfe bieten auch die **Ausbildungsberater,** die aufgrund des Berufsbildungsgesetzes bei der Zahnärztekammer auf Bezirks- oder Kreisebene berufen sind. Ihre Hauptaufgabe ist es, die Durchführung der Berufsausbildung zu überwachen und Ausbilder und Auszubildende zu beraten. Gerade aufgrund dieser Aufgaben sind sie in der Lage, bei Streitigkeiten aus dem Ausbildungsverhältnis kompetent Rat zu geben.

Zahnmedizinische Fachangestellte, die Mitglied in einem **Berufsverband oder einer Gewerkschaft** sind, werden kostenlos in allen Fragen beraten, die das Arbeitsverhältnis betreffen. Ist bei Streitigkeiten keine gütliche Einigung zu erzielen, erhalten sie von ihrem Verband oder ihrer Gewerkschaft in der Regel Rechtsschutz bei Klagen vor einem Arbeitsgericht. Lassen sich Streitigkeiten durch außergerichtliche Bemühungen nicht beilegen, bleibt als letzte Möglichkeit die Einschaltung des **Arbeitsgerichts**. Ein Arbeitnehmer, der eine Klage vor dem Arbeitsgericht erheben will, sollte sich von seiner Gewerkschaft oder von einem Rechtsanwalt beraten lassen, die ihn auch vor Gericht vertreten. Es besteht aber kein Anwaltszwang, d. h., ein Arbeitnehmer kann seine Interessen auch selbst vertreten. Hiermit wird vor allem das Ziel verfolgt, dass mögliche Kosten niemanden hindern, sein Recht vor dem Arbeitsgericht zu suchen. Aus diesem Grunde sind auch die Gerichtskosten gering.

An den Arbeitsgerichten findet vor der eigentlichen Streitverhandlung ein **Güteverfahren** unter der Leitung eines Berufsrichters statt. Ziel ist eine Beilegung des Rechtsstreites auf der Basis einer gütlichen und zufriedenstellenden Einigung der beteiligten Parteien. Das Verfahren wird dadurch schnell und kostengünstig abgeschlossen. Es fallen keine Gerichtsgebühren an. Gelingt keine Einigung, kommt es zu einer **Streitverhandlung**, an der neben dem Berufsrichter zwei ehrenamtliche Richter mitwirken, ein Vertreter aus Kreisen des Arbeitgebers und ein Vertreter aus Kreisen des Arbeitnehmers. Am Ende des Verfahrens fällt das Gericht ein Urteil zu den Ansprüchen des Klägers. Gegen das Urteil kann die unterlegene Partei Berufung beim zuständigen **Landesarbeitsgericht** einlegen, wenn das Arbeitsgericht die Berufung zulässt oder wenn der Streitwert mehr als 600,00 EUR beträgt. Hier müssen sich die Parteien dann aber durch einen Rechtsanwalt oder den Vertreter einer Gewerkschaft oder eines Verbandes vertreten lassen. Gegen Urteile des Landesgerichtes ist unter bestimmten Voraussetzungen eine Revision beim **Bundesarbeitsgericht** zulässig.

Arbeitsgerichtsverfahren

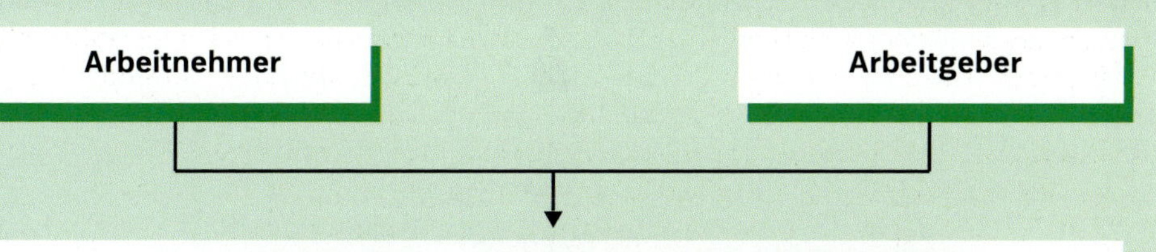

Klage bei Rechtsstreitigkeiten aus dem Arbeitsverhältnis

schriftlich oder mündlich zu Protokoll beim zuständigen Arbeitsgericht

Vertretung vor Gericht ist in folgender Form möglich:

1. persönlich
2. Vertreter von Gewerkschaften für Arbeitnehmer/
   Vertreter von Arbeitgeberverbänden für Arbeitgeber
3. Rechtsanwalt

Vor Beginn des Prozesses ist ein Güteverfahren dringend vorgeschrieben. Güteverfahren: Die Streitenden sollen sich durch einen Vergleich einigen, um Kosten zu sparen.

Arbeitsgericht (1. Instanz; kein Anwaltszwang)

Laienrichter (Arbeitnehmervertreter)

Berufsrichter

Laienrichter (Arbeitgebervertreter)

Urteil

Ab 600,00 EUR Streitwert ist eine Berufung möglich.

Berufung

Die Berufungsverhandlung erfolgt beim Landesarbeitsgericht.

Vertretung vor Gericht ist in folgender Form möglich:

1. Vertreter von Gewerkschaften für Arbeitnehmer/
   Vertreter von Arbeitgeberverbänden für Arbeitgeber
2. Rechtsanwalt

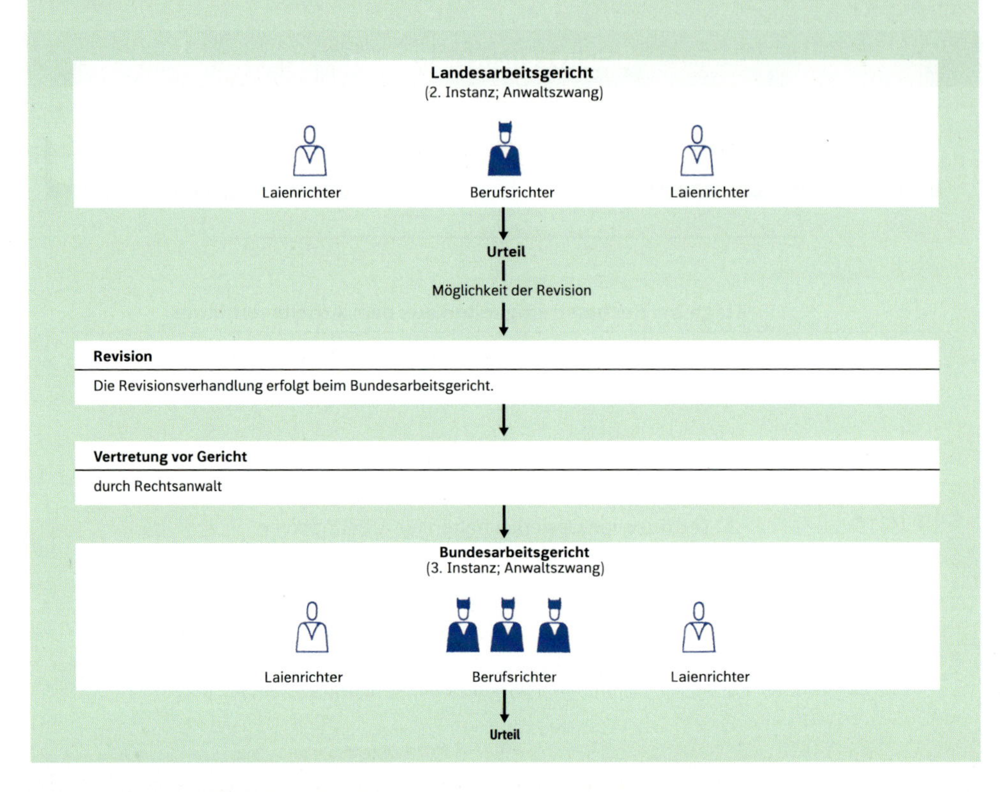

Situationsaufgabe

Marietta, die neue Mitarbeiterin in Sarahs Ausbildungspraxis, hatte bei ihrem alten Arbeitgeber einem Auflösungsvertrag zugestimmt. Bis zur Beendigung des Arbeitsverhältnisses war ihr der noch zustehende Jahresurlaub allerdings nicht gewährt worden. Nun besteht sie darauf, dass der ausstehende Urlaub in Geld zu ersetzen ist. Ihr alter Arbeitgeber beharrt darauf, dass mit dem Auflösungsvertrag alle Ansprüche, auch der Urlaubsanspruch, wegfallen. Schildern Sie, welche Möglichkeit Marietta wahrnehmen kann, um ihre Ansprüche durchzusetzen.

Ziehen Sie zur Beschreibung einer möglichen Durchsetzung der Ansprüche vor einem Arbeitsgericht folgendes Faltblatt zurate: „Die Arbeitsgerichte. Zuständigkeit, Verfahren, Rechtsmittel, Kosten", herausgegeben vom Justizministerium des Landes Nordrhein-Westfalen (https://broschueren.nordrheinwestfalendirekt.de/broschuerenservice/justizministerium/die-arbeitsgerichte/1).

Prüfungsvorbereitung

Folgende Karteikarte ist zur Ergänzung der Prüfungsvorbereitung zu erstellen:

Karteikarte 23:
Arbeitsgerichtsverfahren

1. Form der Klageerhebung
2. mögliche Vertretung vor Gericht
3. Güteverhandlung
4. Verhandlung des Rechtsstreits mit Urteil

12 Sozialversicherung und Möglichkeiten der privaten Absicherung

(Vor- und Nachteile der sozialen Sicherung einschätzen und die Notwendigkeit des eigenen Beitrags einsehen)

12.1 Gesetzliche Sozialversicherung

Sarahs Vater kommt mit sorgenvoller Miene nach Hause: „In unserer Firma sieht es im Augenblick nicht gut aus. Ein großer Auftrag, um den wir uns bemüht haben, ist an ein anderes Unternehmen gegangen. Ich befürchte, dass ich demnächst kurzarbeiten muss." „Ich habe den Eindruck, der Staat leistet nicht genug, um die Arbeitslosigkeit zu bekämpfen. Ach, hätte ich als Mädchen eine Ausbildung gemacht, vielleicht könnte ich jetzt mehr mitverdienen und wir hätten ein paar Sorgen weniger", antwortet Sarahs Mutter. Anne, Sarahs Freundin aus Amerika, kann dem Gespräch nicht recht folgen: „Was hat denn der Staat mit der Bekämpfung der Arbeitslosigkeit zu tun?" „In Deutschland haben wir eine soziale Marktwirtschaft. Der Staat versucht mit entsprechenden Maßnahmen zur Existenzsicherung seiner Bürger beizutragen und möglichst den Wohlstand zu fördern. Außerdem werden allen Freiheitschancen eingeräumt. Das war leider nicht immer so. Früher war es nicht selbstverständlich, dass Frauen eine Ausbildung machten. Außerdem sind wir im Fall von Krankheit, Pflegebedürftigkeit, im Alter und bei Arbeitslosigkeit abgesichert. Bis zum Beginn von Sarahs Ausbildung haben wir noch Kindergeld erhalten", erläutert Sarahs Mutter Anne die Situation in Deutschland. „Und was passiert mit denen, die nicht abgesichert sind? Bei uns in Amerika sind manche Leute ohne Job und ohne Geld froh, wenn sie in einer der Suppenküchen von Zeit zu Zeit eine warme Mahlzeit bekommen." „Bei uns erhält man wenigstens Sozialhilfe. Hungern muss glücklicherweise niemand."

Aufgaben

1. Was versteht man unter einer sozialen Marktwirtschaft?
2. Ermitteln Sie, welche Bereiche die staatliche Sozialpolitik umfasst. Geben Sie für alle Bereiche der staatlichen Sozialpolitik je ein Beispiel.
3. Welche Grundsätze der sozialen Sicherung lassen sich unterscheiden?
4. Erläutern Sie anhand eines Beispiels jeweils Grundgedanken, Anspruchsberechtigung und Finanzierung der jeweiligen sozialen Sicherung.
5. Welche Möglichkeiten einer zusätzlichen Absicherung durch private Vorsorge werden angeboten?
6. Stellen Sie die grundlegenden Unterschiede zwischen der Sozialversicherung und einer privaten Vorsorge durch Individualversicherungen dar.

Ziele staatlicher Sozialpolitik

Die **Sozialpolitik** umfasst **alle staatlichen Maßnahmen**, die dem **Ziel einer Verbesserung der sozialen Gerechtigkeit** dienen.

In der sozialen **Marktwirtschaft** besteht auf der einen Seite die Freiheit des Marktes. Hier werden Waren und Dienstleistungen angeboten. Im Idealfall sollte jeder, der es will, als Selbstständiger Waren und Dienstleistungen anbieten oder als Arbeitnehmer tätig sein können. Leider erzielen trotz großer Anstrengungen nicht alle ein ausreichendes Einkommen, um damit ein menschenwürdiges Leben zu führen. Insbesondere bei Krankheit, Arbeitslosigkeit und im Alter sollte eine ausreichende Absicherung vorhanden sein.

Der Staat sorgt für einen sozialen Ausgleich, er ist sozialpolitisch tätig. Die Verpflichtung des Staates, für einen sozialen Ausgleich zu sorgen, bezeichnet man als **Sozialstaatsprinzip.**

Dies ist u.a. im Grundgesetz verankert:

Art. 20 Abs. l GG
(1) Die Bundesrepublik Deutschland ist ein demokratischer und sozialer Bundesstaat.

Art. 28 Abs. l GG
(1) Die verfassungsmäßige Ordnung in den Ländern muss den Grundsätzen des republikanischen, demokratischen und sozialen Rechtsstaates im Sinne dieses Grundgesetzes entsprechen.

Die Sozialpolitik des Staates umfasst

- Existenzsicherung,
- Wohlstandsförderung,
- Angleichung von Freiheitschancen.

Existenzsicherung

Die Existenz des überwiegenden Teils der Bürger ist dadurch gesichert, dass sie Einkommen als Arbeitnehmer erzielen oder als Selbstständige entsprechende Einkünfte haben. Arbeitslosigkeit und viele andere Probleme auf dem Arbeitsmarkt können nur gelöst werden, wenn der Staat lenkend in diesen Markt eingreift. Die staatliche Arbeitsmarktpolitik, z.B. Aus-, Fort- und Weiterbildung, Berufsberatung und Arbeitsvermittlung, soll günstige Arbeitsbedingungen und möglichst viele Arbeitsplätze schaffen.

Im Alter, bei Krankheit, Pflegebedürftigkeit und Arbeitslosigkeit sichert der Staat über die Sozialversicherung die Bürger in bestimmtem Maße ab. Wem diese Sicherung nicht reicht, der muss zusätzlich aus eigenen Mitteln private Vorsorge betreiben.

Ist ein Bürger unzureichend abgesichert und gerät in Existenznot, wird ihm über die Sozialhilfe eine Grundsicherung gewährt.

Wohlstandsförderung

„Wohlstand für alle!" – Dieses Wahlversprechen kennzeichnet ein Ziel staatlicher Wirtschaftspolitik. Der Staat versucht Einfluss auf die Wirtschaft zur Erhaltung und Steigerung des Wohlstandes zu nehmen. Dabei verfolgt der Staat folgende Ziele:

- Senkung der Arbeitslosigkeit,
- geringe Preissteigerung (Inflationsrate),
- Förderung des Wirtschaftswachstums,
- Förderung des Umweltschutzes.

Angleichung der Freiheitschancen

Die Gleichstellung von Frau und Mann ist ein Thema, das im Beruf eine große Rolle spielt. Der Staat versucht über die Gesetzgebung, bestehende Ungleichheiten abzubauen. Werden beispielsweise bestimmte Ausbildungen nicht allen ermöglicht, weil sie zu teuer sind, oder werden Frauen nicht entsprechend ihrem Leistungsvermögen eingesetzt, nutzt man die vorhandenen Möglichkeiten nicht. Dies schadet der Wirtschaft.

Die Angleichung von Freiheitschancen steigert somit die Leistungsfähigkeit einer Volkswirtschaft. Es sollte daher für jeden die Chance bestehen, eine Ausbildung, die den eigenen Fähigkeiten entspricht, wählen zu können.

Aus der Sozialpolitik ergeben sich für den Staat Verpflichtungen gegenüber dem Bürger. Diese sind in einer Vielzahl von Gesetzen festgehalten. Das umfassendste Gesetzbuch, in dem eine Vielzahl von Ansprüchen der Bürger an den Staat festgeschrieben ist, ist das **Sozialgesetzbuch (SGB).** Es beinhaltet u. a. die Vorschriften zur Sozialversicherung, zur Sozialhilfe und zur Kinder- und Jugendhilfe.

Grundsätze der sozialen Sicherung

	Vorsorge	Versorgung	Fürsorge
Grundgedanke	Beiträge für die Sozialversicherung werden bei allen Arbeitern und Angestellten vom Lohn oder Gehalt einbehalten. Die Sozialversicherung umfasst ▪ Krankenversicherung, ▪ Rentenversicherung, ▪ Arbeitslosenversicherung, ▪ Pflegeversicherung, ▪ Unfallversicherung. Der Staat ermuntert darüber hinaus seine Bürger mit Steuervergünstigungen, individuelle Vorsorge durch Abschluss von Privatversicherungen zu betreiben. Die Beitragszahlungen sind in einem bestimmten Rahmen steuerlich abzugsfähig.	Der Staat entschädigt für Leistungen, Dienste und Opfer, die vom Bürger für die Allgemeinheit erbracht werden. Darüber hinaus hilft er benachteiligten Menschen. Zu den Versorgungsleistungen zählen beispielsweise: ▪ Kindergeld, ▪ Versorgung von Menschen mit Behinderung, ▪ Kriegs- und Wehrdienstopferversorgung, ▪ Versorgung von Menschen, die Opfer von Gewalttaten wurden.	Der Staat leistet einzelnen, in Not geratenen Menschen, die über keinerlei finanzielle Unterstützung verfügen, Hilfe. Insbesondere über die Sozialhilfe soll diesen Bürgern ein menschenwürdiges Leben ermöglicht werden.
Anspruchsberechtigung	durch Beitragszahlungen	durch Leistungen	alle Einwohner der Bundesrepu-blik Deutschland
Finanzierung	▪ durch Beiträge zur Sozialversicherung ▪ durch staatliche Hilfen ▪ Steuerersparnis für Beiträge zu Privatversicherungen	aus Steuermitteln	aus Steuermitteln

Die Absicherung der wirtschaftlichen und sozialen Existenzrisiken des Bürgers durch staatliche Maßnahmen der sozialen Sicherung bezeichnet man auch als **soziales Netz**.

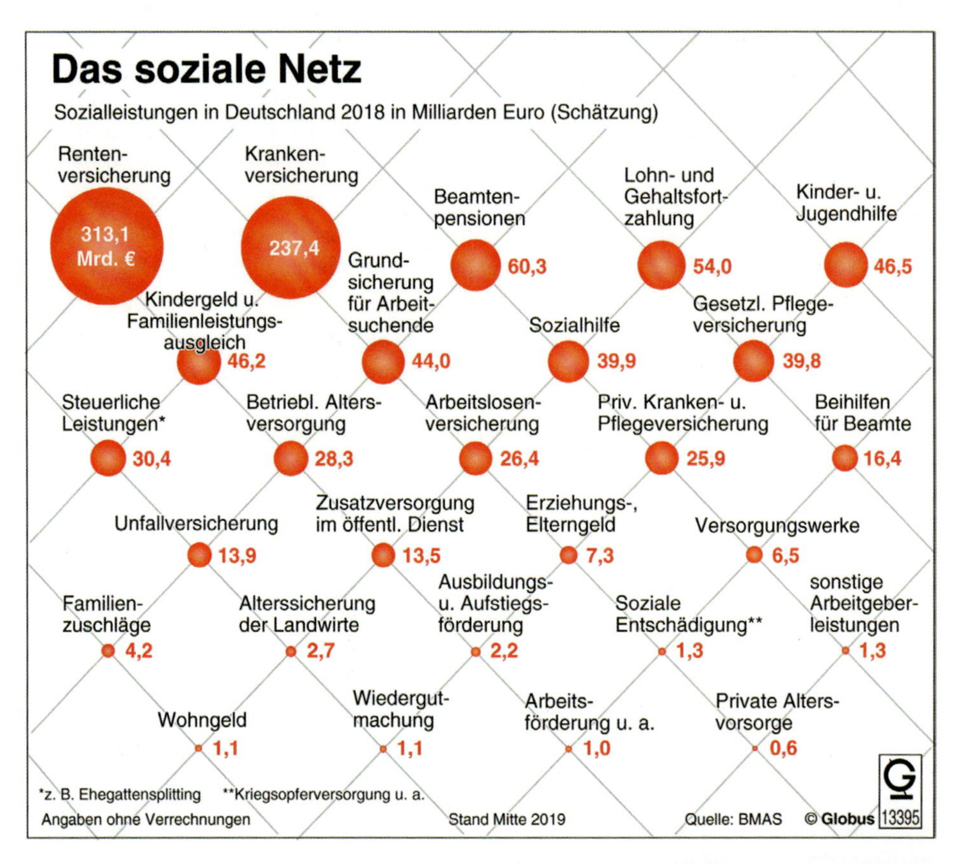

Die Finanzierung der Sozialleistungen in Deutschland ist aufgrund der gestiegenen Ausgaben zu einem immer größeren Problem geworden. Vor allem die Überalterung der Gesellschaft und die angespannte Finanzlage der öffentlichen Haushalte verstärken dieses Problem. Es sind daher Reformen notwendig. Eine Möglichkeit zur Lösung ist es, die Beiträge für die Sozialversicherung zu erhöhen und die Leistungen zu kürzen. So müssen beispielsweise in der gesetzlichen Krankenversicherung bei einer Vielzahl von Leistungen die Versicherten Zuzahlungen leisten, die Renten werden langsamer steigen und das Rentenalter wurde angehoben. Beim Arbeitslosengeld wurden Leistungen gekürzt. Dies sind Beispiele für erste Schritte auf dem Weg zu umfassenden Reformen. Diese Reformen sollten neben den wirtschaftlichen Gesichtspunkten auch die soziale Gerechtigkeit berücksichtigen.

Die Altersstruktur der Menschen in Deutschland wird sich weiter ändern.

Möglichkeiten der individuellen Sicherung

Neben der sozialen Absicherung durch die gesetzliche Sozialversicherung besteht die Notwendigkeit zu einer **privaten Vorsorge**. Die Sozialversicherung wird in Zukunft nur noch eine Grundabsicherung leisten. So werden beispielsweise die Renten zukünftig wesentlich niedriger sein als heute. Notwendig ist daher eine private Altersvorsorge. Der Staat fördert diese mit Steuervorteilen und Zulagen. Wichtige Beispiele sind die sogenannte „Riesterrente" und ergänzende private Pflegeversicherungen. Darüber hinaus bleibt es jedem überlassen, sich gegen Risiken des täglichen Lebens zu versichern, wie z. B.durch eine Haftpflicht-, Hausrat- oder Berufsunfähigkeitsversicherung.

Das folgende Schema zeigt den Unterschied zwischen privater und gesetzlicher Versicherung:

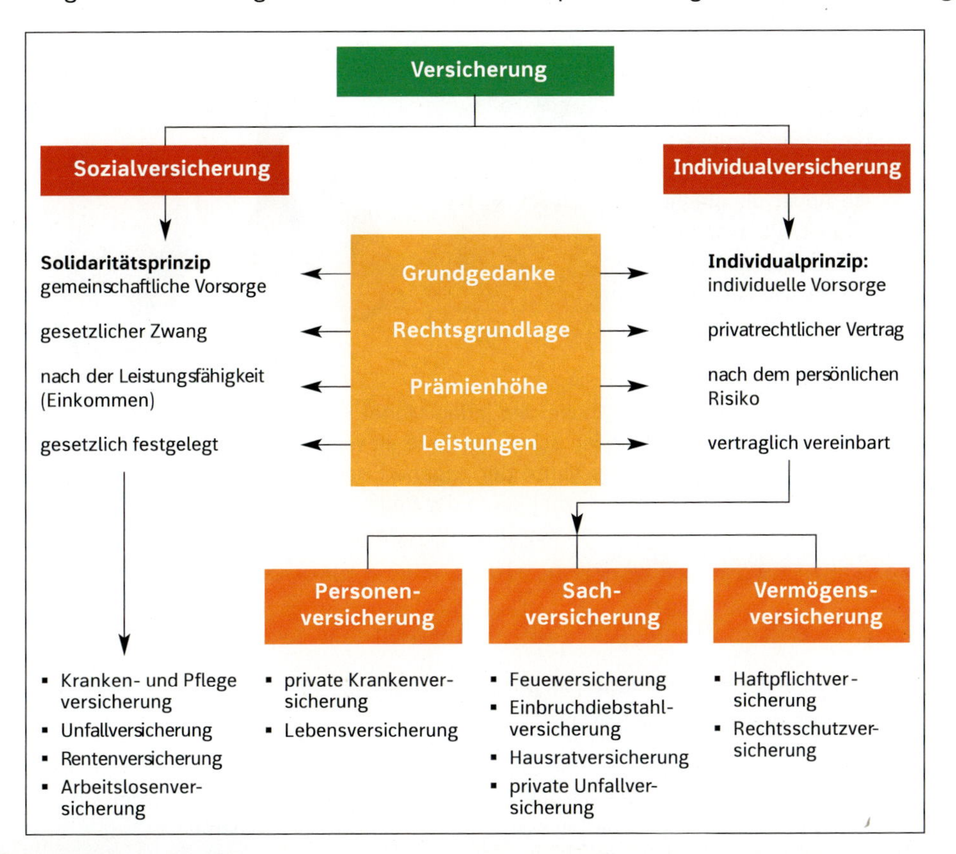

Situationsaufgabe

Verschaffen Sie sich mithilfe des Internets eine Übersicht über die staatliche Sozialpolitik. Eine für Auszubildende gestaltete Seite finden Sie unter www.sozialpolitik.com.

- Informieren Sie sich hier über die Grundlagen des Sozialstaates.
- Erstellen Sie eine Übersicht, in welchen Stufen die Sozialversicherung nach und nach in Deutschland entstanden ist.
- Fassen Sie zusammen, welche Probleme der Sozialstaat bei der Erfüllung seiner Aufgaben hat.

Prüfungsvorbereitung

Folgende Karteikarte ist zur Ergänzung der Prüfungsvorbereitung zu erstellen:

Karteikarte 24:
Staatliche Sozialpolitik

1. Ziel
2. Bereiche
3. Grundsätze der sozialen Sicherung
4. Vergleich Sozialversicherung – private Vorsorge durch Individualversicherungen

12.2 Grundzüge der Sozialversicherung

Sarah hat von ihrer Krankenversicherung die Versichertenkarte erhalten. Diese zeigt sie Anne, die staunt. „Damit kannst du dich bei jedem niedergelassenen Arzt behandeln lassen und du musst sein Honorar nicht selbst bezahlen?" „Ja, stattdessen werden jeden Monat Krankenversicherungsbeiträge vom Lohn einbehalten. Sobald ich achtzehn Jahre alt werde, muss ich darüber hinaus Zuzahlungen leisten." Sarahs Vater, der zugehört hat, wendet ein: „Die niedrigen Beiträge, die du zahlst, sind ja wohl kaum der Rede wert. Mir wird bei meinen Beiträgen zur Sozialversicherung schon schwindelig." „Dann erhältst du auch einmal eine gute Rente", antwortet Sarah.

Aufgaben

1. Wer ist in der Sozialversicherung pflichtversichert?
2. Wonach richten sich die Beiträge?
3. Ermitteln Sie, wer diese Beiträge zahlt.
4. Erläutern Sie die Prinzipien, die man bei der Sozialversicherung unterscheidet. Ordnen Sie den jeweiligen Prinzipien die jeweiligen Zweige der Sozialversicherung zu.

Die Sozialversicherung ist eine gesetzliche Pflichtversicherung, überwiegend für Angestellte und Arbeiter. Mit dem Abschluss eines Ausbildungs- bzw. Arbeitsvertrages wird man automatisch Mitglied in der gesetzlichen Kranken-, Pflege-, Renten-, Arbeitslosen- und Unfallversicherung. Die Aufgabe der Sozialversicherung ist es, die Arbeitnehmer bei Krankheit, Pflegebedürftigkeit, im Alter und bei einem Arbeitsunfall abzusichern. Die Beiträge zur Unfallversicherung zahlt der Arbeitgeber.

Die fünf Säulen der Sozialversicherung und ihre Träger sind folgende:

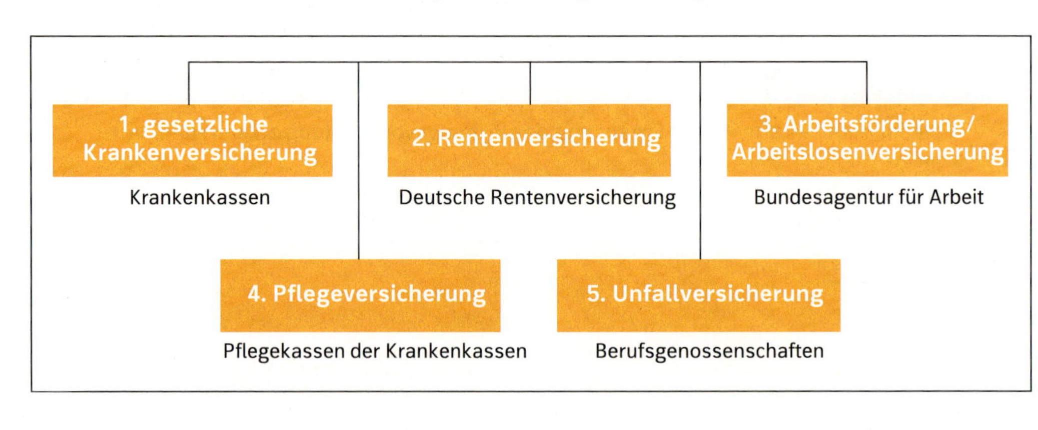

Dabei gelten folgende grundlegende Prinzipien in der Sozialversicherung:

Prinzip der Versicherungspflicht

In Deutschland ist die große Mehrheit der Bevölkerung in der Sozialversicherung pflicht- oder in Teilbereichen freiwillig versichert.

Prinzip der Beitragsfinanzierung

Die Beiträge zu den einzelnen Zweigen der Sozialversicherung finanzieren Arbeitnehmer und Arbeitgeber grundsätzlich zu gleichen Teilen. Nur in der Pflegeversicherung müssen kinderlose Arbeitnehmer, die älter als 23 Jahre alt sind, einen Zusatzbeitrag von 0,25 % leisten. Die Beiträge zur gesetzlichen Unfallversicherung zahlt der Arbeitgeber allein.

Prinzip der Solidarität

In der Kranken- und Pflegeversicherung richtet sich der Beitrag nach dem Einkommen. Jeder Versicherte erhält aber unabhängig von der Höhe seiner Beiträge die gleiche Leistung. Dies bezeichnet man als **Solidaritätsprinzip**. Auf diese Weise wird ein Ausgleich zwischen Kranken und Gesunden, zwischen weniger und gut Verdienenden, zwischen Familien- und Alleinstehenden geschaffen.

Prinzip der Äquivalenz

Das Äquivalenzprinzip gilt vor allem für die Rentenversicherung. Die Höhe der Beitragszahlungen zur Rentenversicherung richtet sich nach dem Einkommen. Die Leistungen sind wiederum abhängig von der Höhe der gezahlten Beiträge. Dies bezeichnet man als **Äquivalenzprinzip**, d.h. hohe Beiträge bewirken eine hohe Rente, niedrige Beitragszahlungen hingegen führen dazu, dass der Arbeitnehmer im Alter nur eine niedrige Rente bezieht.

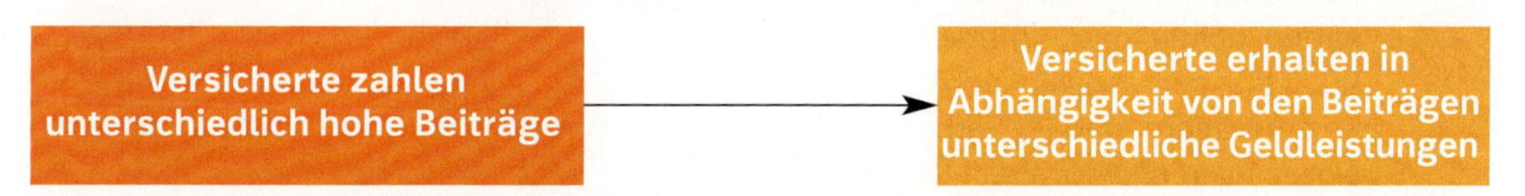

Prinzip der Selbstverwaltung

Die Träger der einzelnen Zweige der Sozialversicherung sind öffentlich-rechtliche Körperschaften. Der Staat hat die jeweilige Aufgabe und Verantwortung an sie übertragen. Sie übernehmen unter der Aufsicht des Staates die Steuerung und Verwaltung aller anfallenden Aufgaben. Arbeitnehmer und Arbeitgeber können sich in die Selbstverwaltungsorgane der jeweiligen Träger der Sozialversicherung wählen lassen. Sie sind dann unmittelbar an dieser Selbstverwaltung beteiligt.

Die Prinzipien der Sozialversicherung gestalten sich wie folgt:

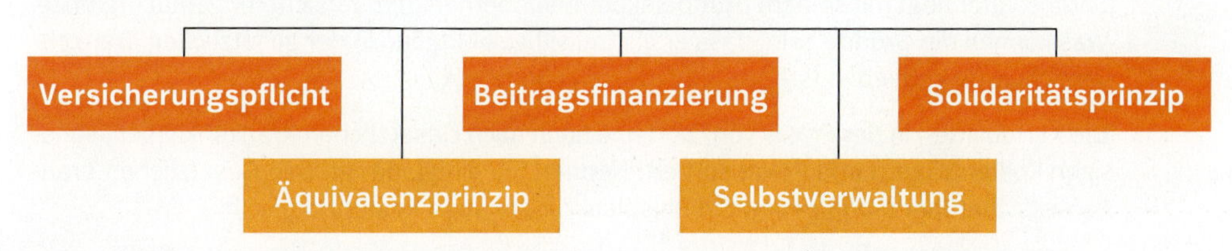

Situationsaufgabe

Beschaffen Sie sich weitere Informationen zu den Grundzügen der Sozialpolitik. Rufen Sie hierzu z. B. die Internetseite www.deutsche-sozialversicherung.de auf und drucken Sie sich die Informationen zu den Grundprinzipien der Sozialversicherung aus.

Prüfungsvorbereitung

Folgende Karteikarte ist zur Ergänzung der Prüfungsvorbereitung zu erstellen:

Karteikarte 25:
Prinzipien in der Sozialversicherung

1. *Versicherungspflicht*
2. *Beitragsfinanzierung*
3. *Solidaritätsprinzip*
4. *Äquivalenzprinzip*
5. *Selbstverwaltung*

12.3 Gesetzliche Krankenversicherung

„Heute bin ich geschafft. So viele Notfälle an einem Tag hatten wir noch nie", stöhnt Sarah.
„Ja, heute ist unsere gesamte Terminplanung durcheinandergeraten. Achte bitte darauf, alle Karteikarten richtig nach Primär- und Ersatzkassen sowie sonstigen Kostenträgern und Privatkassen einzusortieren", antwortet Melanie.

Aufgaben

1. Auf vielen Karteikarten für Patienten in der gesetzlichen Krankenversicherung sind als Status über die Mitgliedschaft die Buchstaben M, F und R vorgesehen. Sarah muss bei neuen Patienten den zutreffenden Buchstaben markieren. Was besagen diese Kennzeichnungen über den Status?
2. Sarahs Vater liegt mit seinem Bruttoeinkommen oberhalb der Versicherungspflichtgrenze. Was können die Gründe sein, dass er als freiwilliges Mitglied in der gesetzlichen Krankenversicherung geblieben ist?
3. Die Karteikarten in der Praxis von Dr. Heine noch nach Gesetzlichen Krankenkassen, sonstigen Kostenträgern und Privat sortiert. Nennen Sie einige der großen Gesetzlichen Krankenversicherungen und geben Sie Beispiele für sonstige Kostenträger.

4. Welchen Anteil am Beitrag zur gesetzlichen Krankenversicherung (GKV) hat der Arbeitnehmer, welchen Beitrag der Arbeitgeber zu tragen?
5. Melanie hat bei ihrer Krankenversicherung die hausarztzentrierte Versorgung gewählt. Welche weiteren verpflichtenden Tarifangebote müssen die gesetzlichen Krankenversicherungen ihren Mitgliedern anbieten?
6. Erläutern Sie kurz die wichtigsten Leistungen der GKV nach den Gesichtspunkten
   - Behandlung von Krankheiten,
   - Prävention,
   - Schwangerschaft und Mutterschaft.
7. Welche Zuzahlungen muss ein Patient üblicherweise leisten, der aufgrund eines Bandscheibenvorfalls
   - den ärztlichen Notdienst
   - ambulante Behandlung
   - Heilmittel (Krankengymnastik)
   - stationäre Behandlung
   - stationäre Rehabilitation

   in Anspruch genommen hat?

Ziele der gesetzlichen Krankenversicherung

Die Krankenversicherung als Solidargemeinschaft hat die Aufgabe, die Gesundheit der Versicherten zu erhalten, wiederherzustellen oder ihren Gesundheitszustand zu bessern. Das umfasst auch die Förderung der gesundheitlichen Eigenkompetenz und Eigenverantwortung der Versicherten. Die Krankenkassen erbringen die dafür erforderlichen Leistungen und helfen durch Aufklärung und Beratung.

Die Versicherten sind für ihre Gesundheit mitverantwortlich. Sie sollen durch eine gesundheitsbewusste Lebensführung, durch frühzeitige Beteiligung an gesundheitlichen Vorsorgemaßnahmen sowie durch aktive Mitwirkung an Krankenbehandlungen und Rehabilitation dazu beitragen, Krankheit und Behinderung zu vermeiden oder ihre Folgen zu überwinden.

Nach dem Recht der gesetzlichen Krankenversicherung können in Anspruch genommen werden:

- Leistungen zur Förderung der Gesundheit, zur Verhütung und zur Früherkennung von Krankheiten,
- Krankenbehandlung insbesondere ärztliche und zahnärztliche Behandlung, Versorgung mit Arznei-, Verband-, Heil- und Hilfsmitteln, häusliche Krankenpflege und Haushaltshilfe, Krankenhausbehandlung, medizinische und ergänzende Leistungen zur Rehabilitation, Betriebshilfe für Landwirte, Krankengeld,
- bei Schwangerschaft und Mutterschaft ärztliche Betreuung, Hebammenhilfe, stationäre Entbindung, häusliche Pflege, Haushaltshilfe, Betriebshilfe für Landwirte, Mutterschaftsgeld,
- Hilfe zur Familienplanung und Leistungen bei durch Krankheit erforderlicher Sterilisation und bei nicht rechtswidrigem Schwangerschaftsabbruch.

Alle Einwohner der Bundesrepublik Deutschland sind verpflichtet, sich zur Absicherung im Krankheitsfall in der gesetzlichen oder privaten Krankenversicherung zu versichern.

Grundlage für die gesetzliche Krankenversicherung ist das Fünfte Buch des Sozialgesetzbuches, das SGB V. Für besondere Personengruppen regeln auch andere Gesetze den Krankenversicherungsschutz (zum Beispiel das Gesetz über die Krankenversicherung der Landwirte oder das Künstlersozialversicherungsgesetz).

Quelle: Deutsche Rentenversicherung Bund: Unsere Sozialversicherung – Wissenswertes speziell für junge Leute, Berlin 06/2019. S. 132.

Versicherte Personen

In der Bundesrepublik Deutschland ist jeder Bürger verpflichtet, über eine Krankenversicherung im Krankheitsfall so abgesichert zu sein, dass mindestens die Kosten für die ambulante und stationäre Behandlung abgedeckt sind. Diese Absicherung erfolgt über

- die gesetzliche Krankenversicherung (GKV),
- die private Krankenversicherung (PKV) oder
- sonstige Kostenträger, wie beispielsweise die Unfallversicherung, die im Fall eines Arbeitsunfalls alle Behandlungskosten übernimmt.

Über 90 % der Bevölkerung (ca. 70 Mio. Menschen) sind Mitglied in einer GKV. Folgende Versicherte werden in der gesetzlichen Krankenversicherung unterschieden:

- Versicherungspflichtige,
- freiwillig Versicherte,
- Familienversicherte.

Die gesetzliche Krankenversicherung ist eine Zwangsversicherung. Ist man aufgrund seiner beruflichen oder privaten Lebenssituation versicherungspflichtig, muss man sich in einer gesetzlichen Krankenversicherung versichern. Da sich die Versicherungspflicht auf eine Vielzahl von Situationen bezieht und teilweise recht komplizierte Tatbestände umfasst, werden hier nur die großen Gruppen von versicherungspflichtigen Personen genannt. Auf die besonderen Voraussetzungen der Versicherungspflicht der einzelnen Gruppen wird dabei nicht eingegangen. Im Einzelfall geben die gesetzlichen Krankenversicherungen Auskunft, ob eine Versicherungspflicht vorliegt.

In der GKV sind versicherungspflichtig:

- Arbeiter, Angestellte und Auszubildende,
- Rentner, die während ihrer Erwerbstätigkeit gesetzlich krankenversichert waren,
- Empfänger von Arbeitslosengeld,
- Personen, die Arbeitslosengeld II beziehen,
- Landwirte und ihre mitarbeitenden Familienangehörigen,
- Menschen mit Behinderungen, die in anerkannten Werkstätten tätig sind,
- Studierende.

Von der **Pflichtversicherung ausgenommen** sind Angestellte, deren regelmäßiges Jahresarbeitsentgelt die **Jahresarbeitsentgeltgrenze** (Versicherungspflichtgrenze) übersteigt. Die Versicherungspflichtgrenze ändert sich jährlich. Die jeweilige Höhe kann im Internet abgerufen werden. Übersteigt das Einkommen die Versicherungspflichtgrenze, kann der Arbeitnehmer nach Ablauf des Kalenderjahres wählen, ob er freiwillig in einer gesetzlichen Krankenversicherung versichert sein möchte (freiwillig Versicherte) oder ob er in eine private Krankenversicherung wechselt. Versicherungsfrei sind alle Beschäftigten des Staates und staatlicher Einrichtungen, die als Beamte, Richter, Berufssoldaten usw. Beihilfe erhalten oder Anspruch auf freie Heilfürsorge haben (Polizeibeamte, Beamte der Berufsfeuerwehr, Justizvollzugsbeamte, u. a.). Wer eine geringfügige Beschäftigung mit einem Arbeitsentgelt bis zu 450,00 EUR monatlich ausübt, ist ebenfalls versicherungsfrei. **Familienversicherte Personen** zahlen zwar selbst keine Krankenkassenbeiträge, sind aber dennoch Mitglieder in einer gesetzlichen Krankenversicherung mit einer eigenen Krankenversichertenkarte. Mitversichert sind

- Ehepartner,
- eingetragene Lebenspartner,
- minderjährige Kinder,
- Kinder bis zum 23. Lebensjahr, wenn diese nicht erwerbstätig sind,
- Kinder bis zum 25. Lebensjahr, wenn diese in einer Schul- bzw. Berufsausbildung sind oder ein freiwilliges soziales oder ökologisches Jahr ableisten,

- Kinder ohne Altersbegrenzung, die wegen einer Behinderung nicht in der Lage sind, sich selbst zu unterhalten.

Weitere Voraussetzungen für familienversicherte Personen sind, dass sie

- ihren Wohnsitz in Deutschland haben,
- nicht selbst Mitglied in einer gesetzlichen Krankenkasse sind,
- nicht hauptberuflich tätig sind,
- über kein Gesamteinkommen verfügen, das monatlich 425,00 EUR übersteigt. Bei einer geringfügigen Beschäftigung liegt die Einkommensgrenze bei regelmäßig 450,00 EUR im Monat.

Kassenarten

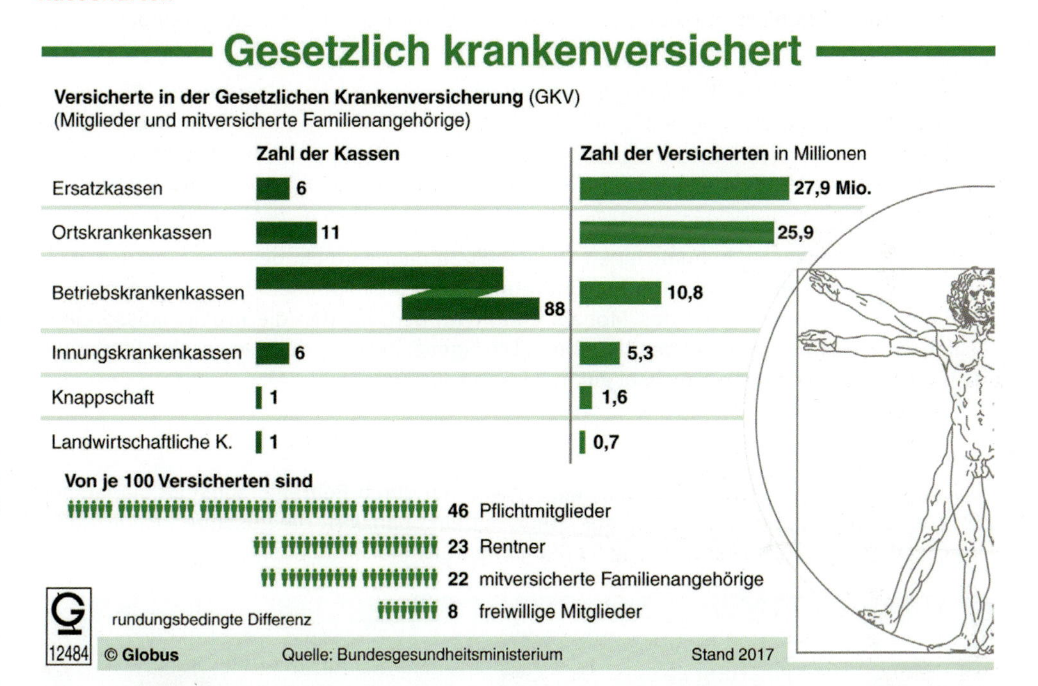

Aus der Grafik wird ersichtlich, welche Kassenarten die Versicherten in Deutschland wählen können.

Demnach bieten folgende Krankenkassen ihre Dienste an:

- die Ersatzkassen,
- die Allgemeinen Ortskrankenkassen,
- die Betriebskrankenkassen (BKK) oder Innungskrankenkassen (IKK) für Versicherte, die in einem Betrieb beschäftigt sind oder als Rentner vorher dort beschäftigt waren, für den eine BKK oder IKK besteht,
- eine Betriebskrankenkasse oder Innungskrankenkasse unabhängig von einer Betriebszugehörigkeit, sofern diese für alle Versicherten geöffnet worden ist,
- die Bundesknappschaft,
- die Landwirtschaftliche Krankenkasse.

Die Bundesknappschaft war früher nur für Beschäftigte des Bergbaus zuständig. Inzwischen ist sie für alle gesetzlich Krankenversicherten frei wählbar. Die frühere Seekrankenkasse schloss sich im Jahr 2008 der Bundesknappschaft an. Die Knappschaft Bahn See (KBS) ist als Minijob-Zentrale zuständig für den Einzug der Pauschalabgaben bei den Minijobs bis 450,00 EUR.

Die landwirtschaftliche Krankenkasse (LKK) ist eine berufsständische Krankenkasse. Sie fällt deshalb nicht unter das allgemeine Kassenwahlrecht. Den größten Anteil der Mitglieder der landwirtschaftlichen Krankenversicherung bilden hauptberufliche Landwirte, ihre mitarbeitenden Familienangehörigen und Bezieher einer Rente aus der Alterssicherung der Landwirte.

Da die gesetzlich Krankenversicherten ihre Krankenkasse frei wählen dürfen, müssen diese sich bemühen, für Mitglieder attraktiv zu sein. Mit einer besonderen Kundenorientierung, Wahltarifen, Zusatzleistungen und Bonusleistungen versuchen Krankenkassen sich auf die Wünsche und Bedürfnisse ihrer Versicherten einzustellen.

Versicherte können die Mitgliedschaft in einer gesetzlichen Krankenkasse mit einer Frist von zwei Monaten kündigen, d.h. die Mitgliedschaft endet am letzten Tag des übernächsten Monats. An diese Wahlentscheidung sind sie dann grundsätzlich 18 Monate gebunden.

Beispiel:

Kündigung der gesetzlichen Krankenversicherung am:	*im Januar*
Ende der Mitgliedschaft:	*31.03. in dem Jahr der Kündigung*
Beginn der Mitgliedschaft in der neu gewählten Krankenversicherung:	*01.04. im Jahr der Kündigung*

Erhebt die Krankenkasse erstmals einen Zusatzbeitrag oder wird ein bestehender Zusatzbeitrag erhöht, hat das Mitglied ein **Sonderkündigungsrecht**. Beim Sonderkündigungsrecht muss die Kündigung bis zum Ablauf des Monats erklärt werden, für den die Krankenkasse einen Zusatzbeitrag erstmals erhebt oder ihn erhöht. Die eigentlich geltende 18-monatige Bindungsfrist für einen Krankenkassenwechsel gilt in diesem Falle nicht.

Finanzierung

Die Ausgaben der gesetzlichen Krankenkassen werden durch Beiträge, sonstige Einnahmen (z.B. Zusatzbeiträge) und Zuschüsse aus Steuermitteln finanziert. Die gesamten Finanzmittel der gesetzlichen Krankenversicherung fließen in den Gesundheitsfonds.

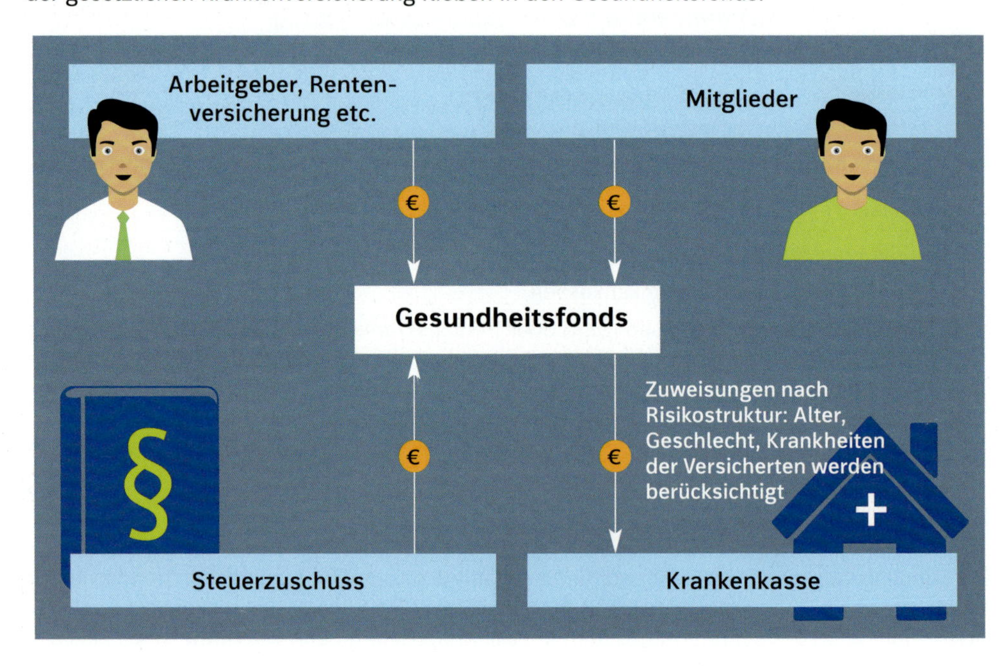

Die Finanzierung der gesetzlichen Krankenversicherung wurde mit der Einführung des Gesundheitsfonds neu gestaltet. So gilt in der gesetzlichen Krankenversicherung bundesweit ein einheitlicher Beitragssatz. Die Beiträge werden von den beitragspflichtigen Einnahmen berechnet und fließen gemeinsam mit Steuermitteln in den Gesundheitsfonds.

Die Krankenkassen erhalten vom Gesundheitsfonds eine einheitliche Grundpauschale pro Versichertem plus alters-, geschlechts- und risikobedingte Zu- und Abschläge zur Deckung ihrer Leistungsausgaben.

Hierdurch wird die unterschiedliche Risikostruktur der Versicherten berücksichtigt. Krankenkassen mit älteren und kranken Versicherten erhalten mehr Finanzmittel als Krankenkassen mit einer Vielzahl an jungen und gesunden Versicherten.

Der **allgemeine Beitragssatz** der Versicherten beträgt einheitlich 14,6 % vom Einkommen. Jede Krankenkasse kann darüber hinaus einen Zusatzbeitrag erheben. Arbeitnehmer und Arbeitgeber teilen sich die GKV Beitragskosten zu genau gleichen Teilen.

Hat ein Arbeitnehmer ein sehr hohes Einkommen wird der Beitrag nur bis zu einer bestimmten Höhe, der sogenannten **Beitragsbemessungsgrenze in der gesetzlichen Krankenversicherung**, berechnet. Diese wird jährlich neu festgelegt. Die Höhe kann im Internet abgefragt werden. Liegt das Einkommen über diesem Betrag werden die über diesen Betrag hinausgehenden Anteile des Einkommens bei der Berechnung des Krankenkassenbeitrages nicht berücksichtigt. Die Beitragsbemessungsgrenze darf nicht verwechselt werden mit der Versicherungspflichtgrenze, die über der Beitragsbemessungsgrenze liegt. Überschreitet ein Arbeitnehmer mit seinem Einkommen die Versicherungspflichtgrenze, kann er wählen, ob er freiwillig weiterhin in der gesetzlichen Krankenversicherung bleibt oder Mitglied in einer privaten Krankenversicherung wird. Auch die Versicherungspflichtgrenze wird jährlich neu berechnet.

In einem Minijob ist man nicht automatisch krankenversichert. Auch wenn Arbeitgeber bei Minijobs pauschale Beiträge zur Sozialversicherung abführen, besteht dadurch nicht eine Krankenversicherung. Minijobber bis 450,00 EUR Monatsverdienst müssen sich anderweitig krankenversichern. Erst ab einem Verdienst von mehr als 450,00 EUR führt der Arbeitgeber Beiträge zur Krankenversicherung ab. Bei einem Arbeitsentgelt eines Arbeitnehmers zwischen 450,01 EUR und 1 300,00 EUR (Übergangsbereich), gelten für den Arbeitnehmer niedrigere Beitragssätze zur GKV, der Arbeitgeber zahlt hingegen den vollen Beitragssatz. Auszubildende fallen nicht unter die Regelung der Gleitzone. Während einer Berufsausbildung hat der Arbeitgeber alle Sozialversicherungsbeiträge zu übernehmen, wenn der Auszubildende nicht mehr als 325,00 EUR im Monat verdient.

Sozialversicherung 2019

	Renten-Versicherung	Kranken-versicherung	Pflege-versicherung	Arbeitslosen-versicherung
Beitragsbemessungsgrenze	**6700,00 EUR** (West) **6150,00 EUR** (Ost)	**4537,50 EUR**	**4537,50 EUR**	**6700,00 EUR** (West) **6150,00 EUR** (Ost)
Beitragssatz	**18,6 %**	**14,6 %**	**3,05 %**	**2,5 %**
Arbeitgeberanteil	**9,3 %**	**7,3 %** + halber Zusatzbeitrag	**1,525 %**	**1,25 %**
Arbeitnehmeranteil	**9,3 %**	**7,3 %** + halber Zusatzbeitrag	**1,525 %** + 0,25 % Zuschlag für Kinderlose ab 23 Jahren	**1,25 %**

Bei der Pflegeversicherung gibt es für das Bundesland Sachsen eine Sonderregelung. Hier beträgt der Arbeitgeberanteil 1,025 % und der Arbeitnehmeranteil 2,025 % + 0,25 % Zuschlag für Kinderlose ab 23 Jahren.

Da die Krankenkassen mit den aus dem Gesundheitsfonds überwiesenen Pauschalen nicht aus kommen, erheben sie einen **Zusatzbeitrag**. Erhöht die Krankenkasse den Zusatzbeitrag haben die Mitglieder ein **Sonderkündigungsrecht**.

Wahltarife

Mit dem Krankenkassenbeitrag hat ein Versicherter Anspruch auf Leistungen entsprechend dem Standardtarif. Daneben haben die gesetzlichen Krankenkassen die Pflicht, auch Wahltarife anzubieten.

Obligatorische Angebote	Zusätzliche Angebote
Tarife für besondere Versorgungsformen ▪ **Hausarztzentrierte Versorgung:** Der Versicherte sucht bei einer Erkrankung als Erstes immer erst den Hausarzt auf.	**Tarife mit Selbstbehalt** ▪ Der Versicherte geht die Verpflichtung ein, im Krankheitsfall einen Teil der Behandlungskosten selbst zu tragen. Dafür erhält er von seiner Kasse eine Prämie.
▪ **Ambulante ärztliche Versorgung bei vertraglich gebundenen Leistungserbringern:** Die Krankenkasse hat mit niedergelassenen Ärzten und sonstigen Leistungserbringern der ambulanten Versorgung Sonderverträge abgeschlossen. Der Versicherte verzichtet auf seine Wahlfreiheit und sucht diese Anbieter auf und erhält im Gegenzug Vergünstigungen der gesetzlichen Krankenversicherung. ▪ **Strukturierte Behandlungsprogramme bei chronischen Krankheiten:** Beispielsweise verpflichtet sich ein an Diabetes erkrankter Patient an strukturierten Behandlungsprogrammen (DMP) teilzunehmen. Zurzeit gibt es DMP für Diabetes mellitus, koronare Herzkrankheit, Asthma bronchiale, chronisch obstruktive Lungenerkrankung (COPD) und Brustkrebs. ▪ **Integrierte Versorgung:** Hier werden Patientinnen und Patienten vernetzt behandelt, z. B. in medizinischen Zentren bzw. ambulant im Krankenhaus. Mehrfachuntersuchungen sollen so vermieden und die Behandlung verbessert werden.	**Tarife für Kostenerstattung** ▪ Der Versicherte erhält medizinische Leistungen wie ein Privatpatient gegen Rechnung und reicht diese bei der Krankenkasse ein. Kosten werden ihm entsprechend der Gebührenordnung für gesetzlich Versicherte erstattet, d. h. er muss einen Teil der Behandlungskosten selbst tragen oder eine Zusatzversicherung haben. Der Versicherte kann die Kostenerstattung auf ausgewählte Versorgungsbereiche begrenzen, beispielsweise auf ambulante, stationäre oder zahnärztliche Leistungen. **Tarife für Arzneimittel der besonderen Therapierichtungen** ▪ Die Krankenkassen übernehmen nicht oder nur sehr begrenzt die Kosten für alternative Therapien, zum Beispiel für homöopathische Arzneien. Wer solche Leistungen in Anspruch nehmen möchte, wählt diesen Tarif, für den aber eine zusätzliche Prämie zu zahlen ist. **Tarife mit eingeschränktem Leistungsumfang** ▪ Erhält der Versicherte einen Teil der Krankheitskosten von anderen Trägern, z. B. Beihilfe, kann er über die verbleibenden Teilkosten einen Vertrag mit einer gesetzlichen Krankenversicherung abschließen.

Leistungen der gesetzlichen Krankenversicherung

Die Mitglieder in der gesetzlichen Krankenversicherung können vielfältige Leistungen, u. a. Leistungen bei Krankheit oder Hilfen zur Familienplanung, in Anspruch nehmen.

Leistungen bei Krankheit/Hilfen zur Familienplanung

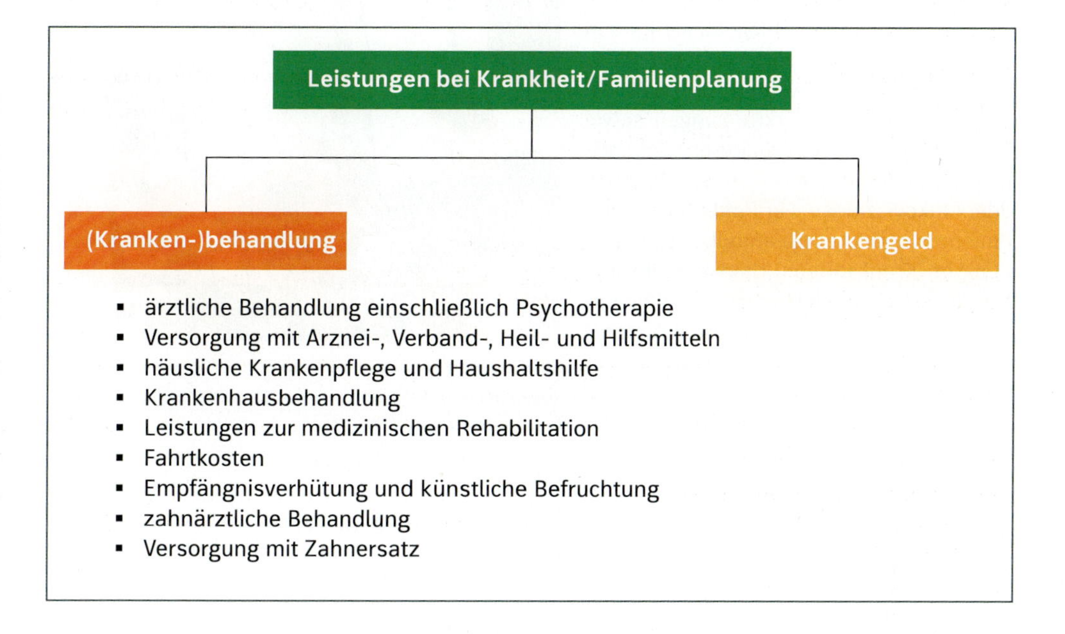

Ambulante Behandlung bei niedergelassenen Ärzten mit Kassenzulassung
Benötigt der gesetzlich Versicherte ärztliche Hilfe, kann er grundsätzlich jeden Arzt seines Vertrauens aufsuchen, der eine Kassenzulassung hat. Da der Hausarzt aber bei den meisten Patienten eine zentrale Stellung in der gesundheitlichen Versorgung einnimmt, müssen die Kassen die Möglichkeit einer hausarztzentrierten Versorgung anbieten. Die Versicherten verpflichten sich hierbei, zunächst ausschließlich ihren Hausarzt aufzusuchen, der erst bei Bedarf Fachärzte in eine Mit- und Weiterbehandlung einbindet.

Hausarztzentrierte Versorgung

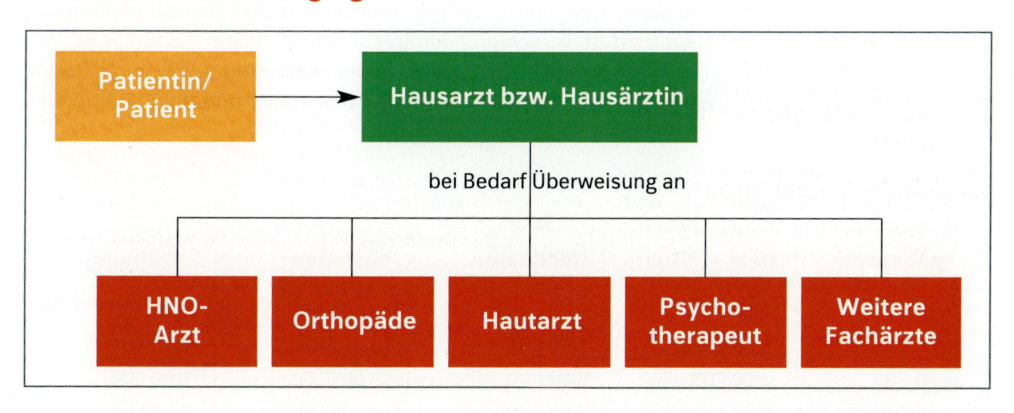

Ambulante Behandlung im Krankenhaus

Krankenhäuser sind insbesondere in die ambulante Behandlung eingebunden, wenn bestimmte hoch spezialisierte fachärztliche Leistungen benötigt werden. Dies trifft bei besonders seltenen Erkrankungen sowie Erkrankungen mit besonderen Behandlungsverläufen zu, z. B. Krebs, HIV/AIDS oder Mukoviszidose. Für Patientinnen und Patienten bedeutet die ambulante Versorgung im Krankenhaus, dass ein Hin und Her zwischen möglicherweise notwendigen Krankenhausaufenthalten und regelmäßigen Besuchen beim niedergelassenen Facharzt entfällt und die Behandlung abgestimmt aus einer Hand erfolgt.

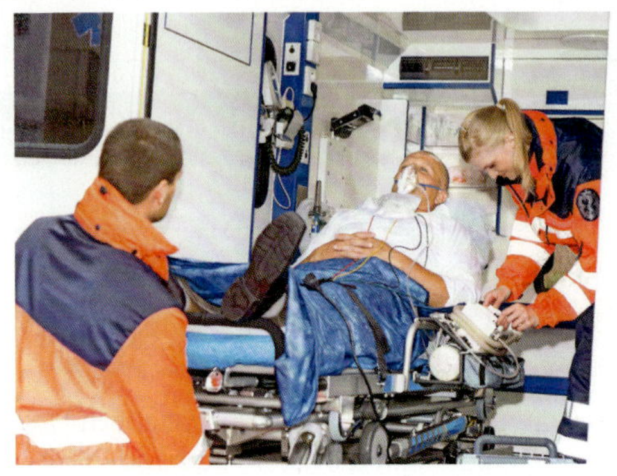

Bei manchen schwerwiegenden Erkrankungen ist ein spezieller Krankentransport zur ambulanten Behandlung im Krankenhaus notwendig.

Medizinische Versorgungszentren

In medizinischen Versorgungszentren findet der Versicherte Ärzte verschiedener Fachrichtungen, Therapeutinnen und Therapeuten u. a. unter einem Dach, die bei der Behandlung eng zusammenarbeiten und sich gemeinsam über Krankheitsverlauf, Behandlungsziele und Therapie verständigen. Von dieser koordinierten Behandlung verspricht man sich eine besser aufeinander abgestimmte Therapie und somit die Chance auf verbesserte Therapieerfolge.

Arznei-, Verband-, Heil- und Hilfsmittel

Die gesetzlichen Krankenkassen übernehmen die Kosten für verschreibungspflichtige Arzneien und Verbandmittel. Für jedes Medikament mit einem Abgabepreis bis zum Festbetrag und ohne Festbetrag leistet der Patient – sofern er das 18. Lebensjahr vollendet hat – eine gesetzlich festgelegte Zuzahlung in Höhe von 10 % der Kosten, mindestens 5 EUR, höchstens jedoch 10 EUR. Die Zuzahlung ist allerdings auf die tatsächlichen Kosten begrenzt.

Definition – Was versteht man unter einem Festbetrag?

Festbeträge werden für einzelne Gruppen vergleichbarer Arzneimittel festgelegt. Die gesetzlichen Krankenkassen zahlen für diese Arzneimittel mit Festbetrag nur diesen Betrag, unabhängig wie teuer das Medikament tatsächlich ist. Verschreibt der Arzt ein Medikament, dessen Preis über dem Festbetrag liegt, muss der Versicherte den Betrag über dem Festbetrag aus eigener Tasche zusätzlich zur Zuzahlung leisten. Der Arzt muss den Patienten aber zuvor darüber informieren.

Beispiele für Zuzahlungen

Abgabepreis	10 %	mindestens	höchstens	Zuzahlung
125,00 EUR	12,50 EUR	5,00 EUR	10,00 EUR	10,00 EUR
68,00 EUR	6,80 EUR	5,00 EUR	10,00 EUR	6,80 EUR
35,00 EUR	3,50 EUR	5,00 EUR	10,00 EUR	5,00 EUR
4,50 EUR	0,45 EUR	5,00 EUR	10,00 EUR	4,50 EUR

Krankenkassen können mit den Herstellern von Arzneimitteln Rabattverträge abschließen. In der Apotheke besteht die Verpflichtung, die Versicherten mit den Vertragsarzneimitteln der jeweiligen Krankenkasse zu versorgen. Die Krankenkasse kann für diese Arzneimittel die Zuzahlung halbieren oder ganz wegfallen lassen.

Weiterhin können die Krankenkassen Arzneimittel von der Zuzahlung ausnehmen, wenn der Preis 30 % unter dem Festbetrag liegt.

Kosten für nicht verschreibungspflichtige Arzneimittel übernehmen die gesetzlichen Krankenkassen für versicherte Kinder bis zur Vollendung des zwölften und für versicherte Jugendliche mit Entwicklungsstörungen bis zur Vollendung des 18. Lebensjahres.

Die gesetzliche Krankenversicherung zahlt die Kosten für **Heilmittel**. Hierzu gehören u. a. medizinische Bäder, Massagen, Krankengymnastik, Bestrahlung, Ergo- und Sprachtherapie. Versicherte über 18 Jahre haben die gesetzlich vorgeschriebene Zuzahlung in Höhe von 10 % der Kosten sowie zusätzlich 10,00 EUR pro Verordnung zu leisten.

Die gesetzlichen Krankenkassen kommen für **Hilfsmittel** auf, die im Einzelfall erforderlich sind, um den Erfolg einer Krankenbehandlung zu sichern, einer drohenden Behinderung vorzubeugen oder eine bereits vorhandene Behinderung auszugleichen. Sie übernehmen die Kosten bis zur Höhe bestimmter Festbeträge oder vertraglich vereinbarter Preise, soweit die Hilfsmittel nicht von der Kostenübernahme ausgeschlossen sind, wie beispielsweise bei Brillen und Kontaktlinsen. Kosten für Sehhilfen tragen die gesetzlichen Krankenversicherungen nur in bestimmten Ausnahmefällen. Die Zuzahlungen bei Hilfsmitteln betragen 10 % des von der Krankenkasse zu übernehmenden Betrages, mindestens 5,00 EUR, maximal 10,00 EUR. Ausnahme: Bei Hilfsmitteln, die zum Verbrauch genutzt werden, z. B. Windeln bei Inkontinenz, liegt die Zuzahlung bei 10 % pro Packung, maximal aber 10,00 EUR für den gesamten Monatsbedarf.

Häusliche Krankenpflege

Häusliche Krankenpflege erhalten Versicherte, wenn eine Krankenhausbehandlung nicht möglich ist oder durch häusliche Pflege zu vermeiden ist. Neben der ärztlichen Behandlung (Behandlungspflege) umfasst sie Pflege durch geeignete Pflegekräfte (Grundpflege) und Übernahme der hauswirtschaftlichen Versorgung. Voraussetzung ist, dass im Haushalt keine Personen leben, die im erforderlichen Umfang die Pflege übernehmen können.

Haushaltshilfe

Eine Haushaltshilfe wird von der gesetzlichen Krankenversicherung gestellt, wenn der Versicherte den Haushalt aufgrund einer Krankenhausbehandlung, einer häuslichen Krankenpflege oder im Rahmen einer Rehabilitationsmaßnahme nicht führen kann. Voraussetzung ist, dass im Haushalt ein Kind unter zwölf Jahren lebt oder behindert und auf Hilfe Dritter angewiesen ist.

Krankenhausbehandlung

Anspruch auf eine stationäre Behandlung besteht, wenn das Behandlungsziel nicht durch ambulante ärztliche Behandlung einschließlich häuslicher Krankenpflege erreicht werden kann. Es ist eine vollstationäre, teilstationäre, vor- und nachstationäre sowie ambulante Behandlung möglich. Bei einer vollstationären Behandlung zahlen Versicherte über 18 Jahre für längstens 28 Tage je Kalendertag 10,00 EUR.

Leistungen zur medizinischen Rehabilitation

Leistungen zur medizinischen Rehabilitation werden ambulant oder stationär in anerkannten Rehabilitationseinrichtungen durchgeführt. Stationäre Leistungen werden nur erbracht, wenn ambulante Leistungen nicht ausreichen. Versicherte, die älter als 18 Jahre sind, haben für jeden Tag der stationären Leistung 10,00 EUR zu zahlen.

Fahrtkosten

Die gesetzliche Krankenversicherung zahlt Fahrtkosten:

- bei stationär erbrachten Leistungen für die Fahrten zur entsprechenden Einrichtung,
- für Rettungsfahrten zum Krankenhaus,

- für andere Fahrten, wenn während der Fahrt eine fachliche Betreuung oder die Gerätschaften eines Krankenwagens erforderlich sind,
- bei vor- und nachstationärer Krankenhausbehandlung,
- bei ambulanten Operationen, wenn dadurch eine voll- oder teilstationäre Krankenhausbehandlung vermieden oder verkürzt werden kann.

Fahrtkosten zu ambulanten Behandlungen dürfen nur noch in besonderen medizinischen Ausnahmefällen und mit vorheriger Genehmigung der Krankenkasse übernommen werden. Bei Fahrten zur ambulanten oder stationären Behandlung ist für jede Fahrt eine Zuzahlung zu leisten. Die Selbstbeteiligung beträgt grundsätzlich 10 % der notwendigen Fahrkosten, mindestens jedoch 5,00 EUR und höchstens 10,00 EUR je einfacher Fahrt.

Empfängnisverhütung/künstliche Befruchtung
Die gesetzliche Krankenversicherung übernimmt die Kosten für die ärztliche Beratung und Untersuchung zur Empfängnisverhütung. Dazu gehören ärztliche Untersuchungen und die Verordnung von Mitteln zur Empfängnisverhütung. Für Frauen bis zum vollendeten 20. Lebensjahr werden die Kosten der sogenannten Pille übernommen. Frauen ab Vollendung des 18. Lebensjahres müssen jedoch die Zuzahlung für das verordnete Arzneimittel leisten.

Die gesetzliche Krankenversicherung übernimmt anteilig 50 % der mit dem Behandlungsplan genehmigten Kosten für medizinische Maßnahmen zur Herbeiführung einer Schwangerschaft. Voraussetzung ist, dass die Maßnahmen der künstlichen Befruchtung nach ärztlicher Feststellung erforderlich sind und eine hinreichende Aussicht auf Erfolg versprechen.

Zahnärztliche Behandlung/Versorgung mit Zahnersatz
Die gesetzliche Krankenversicherung übernimmt die Kosten für zahnärztliche Untersuchungen und Behandlung von Zahn-, Mund- und Kiefererkrankungen, Vorsorge, Zahnersatz sowie kieferorthopädische Leistungen.

Sie übernimmt in den meisten Fällen die Kosten für Zahnfüllungen und beteiligt sich an den Kosten für Zahnersatz. Beim Zahnersatz wird ein befundbezogener Festzuschuss gezahlt. Aufgrund des zahnärztlichen Befundes und der hierfür vorgesehenen Regelversorgung ergibt sich der Festzuschuss. Dieser wird unabhängig von den Kosten für den dann tatsächlich eingesetzten Zahnersatz gezahlt.

Der Festzuschuss der Regelversorgung erhöht sich, wenn der Versicherte über einen bestimmten Zeitraum regelmäßig die zahnärztlichen Vorsorgeuntersuchungen wahrgenommen hat.

Krankengeld
Zunächst zahlt der Arbeitgeber bei Arbeitsunfähigkeit des Arbeitnehmers für sechs Wochen dessen Lohn oder Gehalt weiter. Anschließend erhält der gesetzlich Krankenversicherte von seiner Krankenkasse ca. 70 % des regelmäßig erzielten Bruttoarbeitsentgeltes. Bei gesetzlich Versicherten mit einem Einkommen, das oberhalb der Beitragsbemessungsgrenze liegt, wird ein Krankengeld von maximal bis 70 % der Beitragsbemessungsgrenze gezahlt. Das Krankengeld ist weiterhin auf maximal 90 % des letzten Nettoarbeitsentgeltes begrenzt. Krankengeld kann der Versicherte für höchstens 78 Wochen innerhalb von drei Jahren erhalten.

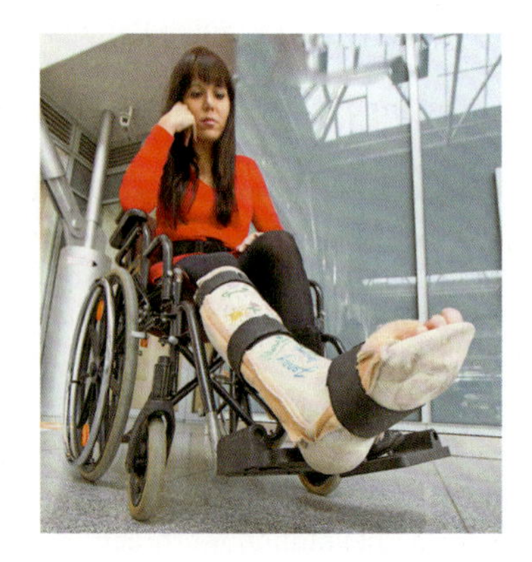

Krankengeld bei Erkrankung eines Kindes
Versicherte in der gesetzlichen Krankenversicherung erhalten für jedes gesetzlich versicherte Kind bis zu 10 Tage Krankengeld (Alleinerziehende: 20 Tage) pro Jahr, wenn

- das Kind unter 12 Jahre alt ist und ein ärztliches Attest die Notwendigkeit einer Pflege bescheinigt,
- der Krankenversicherte trotz Erwerbstätigkeit diese Pflege übernehmen muss und daher nicht arbeiten kann,
- keine andere im Haushalt lebende Person die Betreuung und Pflege übernehmen kann.

Leistungen zur Prävention

Die persönliche Gesundheit und ihr Erhalt ist für alle Menschen ein Grundbedürfnis. Die gesetzlichen Krankenversicherungen unterstützen ihre Versicherten bei diesem Grundbedürfnis mit einer Vielzahl von Maßnahmen zur Krankheitsverhütung und Früherkennung.

Bei vielen Erkrankungsrisiken ist durch eine entsprechende Verhaltensweise eine aktive Vorbeugung möglich **(primäre Prävention)**. Beispielsweise kann man Risiken wie einen erhöhten Cholesterinwert und Bluthochdruck durch gesunde Ernährung und Sport verringern.

Die **Untersuchungen zur Früherkennung** von Krankheiten **(sekundäre Prävention)** haben das Ziel, Krankheiten möglichst früh zu erkennen und zu behandeln. Folgende **Früherkennungsuntersuchungen** werden von der GKV empfohlen, ihre Kosten werden übernommen:

Untersuchungen	Alter	Häufigkeit
Krebsfrüherkennung Frauen	ab dem 20. Lebensjahr	jährlich
Krebsfrüherkennung Männer	ab dem 45. Lebensjahr	jährlich
Check-up	ab dem 35. Lebensjahr	alle zwei Jahre
Untersuchungen auf Zahn- Mund- und Kieferkrankheiten	bis 6 Jahre 6 bis 18 Jahre	dreimal bis 6 Jahre einmal je Kalenderhalbjahr ab 6 Jahre
Zahnvorsorgeuntersuchung	ab dem 18. Lebensjahr	einmal je Kalenderhalbjahr
Kinder- und Jugenduntersuchungen:		
U-Untersuchungen	von Geburt bis zum 6. Lebensjahr	U1 bis U9 nach Vorgaben des Untersuchungsheftes
J-Untersuchungen	zwischen dem 13. und 14. Lebensjahr	eine Untersuchung
Schwangerschaftsvorsorgeuntersuchung	während der gesamten Schwangerschaft	Untersuchung entsprechend den Vorgaben im Mutterpass

Eine erhebliche Vorsorge stellen auch **Schutzimpfungen** dar. Sie sind Bestandteil des Leistungskatalogs der gesetzlichen Krankenversicherung. Auf der Grundlage der Empfehlungen der Ständigen Impfkommission (STIKO) werden die Einzelheiten der Leistungen der Krankenkassen festgelegt. Über diesen für alle Versicherten bestehenden Impfanspruch hinaus können die Krankenkassen weitere Impfungen für ihre Versicherten übernehmen, z. B. Impfungen für private Auslandsreisen.

Vorsorgeleistungen (Kuren) dienen entweder der Vorsorge oder der Rehabilitation. **Vorsorgekuren** sollen eine geschwächte Gesundheit verbessern und dadurch drohende Krankheit verhindern. Die **Rehabilitationskur** soll die durch schwere Erkrankungen eingeschränkte Gesundheit verbessern und verhindern, dass die Beschwerden sich verschlimmern.

Bei einer Kur übernimmt die Krankenkasse die Kosten für ärztliche Behandlungen einschließlich der verordneten Arzneimittel, spezifische Heilmittel und die Maßnahmen zur Gesundheitsförderung. Für die über 18-jährigen Patienten fallen die üblichen Zuzahlungen für Heilmittel und Arzneimittel an. Wird die ambulante Kur nicht vor Ort sondern in einem anerkannten Kurort wahrgenommen, zahlt die Krankenkasse einen Zuschuss für Unterkunft, Verpflegung und Fahrtkosten. Eine Wiederholungsmaßnahme in Form einer Kur ist grundsätzlich nach Ablauf von drei Jahren möglich.

Im Fall von **stationären Vorsorge- und Rehabilitationsmaßnahmen,** die in speziellen Einrichtungen (Kurkliniken) stattfinden, übernehmen die Krankenkassen die Kosten mit Unterkunft und Verpflegung in der Regel für einen Zeitraum von drei Wochen. Bei begründeter medizinischer Notwendigkeit ist eine Verlängerung möglich.

Versicherte, die mindestens 18 Jahre alt sind, leisten eine Zuzahlung von 10,00 EUR pro Tag, höchstens für eine Dauer von 28 Tagen.

Viele Krankenkassen bieten ihren Versicherten, die regelmäßig die Vorsorge- und Früherkennungsuntersuchungen wahrnehmen, spezielle **Bonusprogramme**. Diese Programme kann jede Kasse selbst gestalten. Die Spannbreite reicht von der Ermäßigung bzw. dem Erlass von Zuzahlungen bis hin zu Modellen mit Beitragsrückerstattung.

Leistungen bei Mutterschaft

Schwangerschaft und Mutterschaft unterliegen einem besonderen Schutz. Folgende zuzahlungsfreie Leistungen erhalten die gesetzlich Krankenversicherten:

- ärztliche Betreuung einschließlich Schwangerschaftsvorsorge,
- Versorgung mit Arznei-, Verband-, Heil- und Hilfsmitteln, die im Rahmen der Schwangerschaft erforderlich sind, bei Erkrankungen gelten die üblichen Zuzahlungen,
- Leistungen im Zusammenhang mit der Entbindung, beispielsweise Übernahme aller Kosten für die stationäre Entbindung in einem Krankenhaus,
- Hebammenhilfe,
- häusliche Pflege und Haushaltshilfe, die wegen der Schwangerschaft oder Entbindung erforderlich sind, vorausgesetzt, dass im Haushalt keine Person lebt, die diese Aufgaben übernehmen kann,
- Mutterschaftsgeld wird sechs Wochen vor und acht Wochen nach der Geburt gezahlt, bei Mehrlings- und Frühgeburten erhöht sich der Zeitraum auf zwölf Wochen nach der Entbindung. Die Höhe der Leistungen richtet sich nach dem durchschnittlichen Entgelt der letzten drei Monate bzw. der letzten 13 Wochen vor Beginn der gesetzlichen Schutzfrist. Die Krankenkasse zahlt maximal 13,00 EUR je Kalendertag, der Arbeitgeber zahlt den Differenzbetrag zum durchschnittlichen Nettolohn.

Übersicht über die Zuzahlungen

Als Mittel zur Kostendämpfung hat der Gesetzgeber festgelegt, dass grundsätzlich alle Patienten über 18 Jahre Zuzahlungen für medizinische Leistungen zu tragen haben. Diese Zuzahlung beträgt 10 % der Kosten, höchstens 10,00 EUR, mindestens 5,00 EUR. Bei Kosten unter 5,00 EUR muss der Patient nur den tatsächlichen Preis bezahlen. Um finanzielle Überforderungen der Versicherten auszuschließen, sind Belastungsobergrenzen festgelegt worden. Die jährliche Eigenbeteiligung darf 2 % der Bruttoeinnahmen zum Lebensunterhalt nicht überschreiten. Für chronisch Kranke gilt eine Grenze von 1 % der Bruttoeinnahmen.

Aus diesem Grund sollten alle Zuzahlungsbelege eines Jahres gesammelt werden. Wird die Belastungsgrenze innerhalb eines Kalenderjahres erreicht, stellt die Krankenkasse eine Bescheinigung darüber aus, dass für den Rest des Kalenderjahres keine Zuzahlungen mehr zu leisten sind. Hierzu müssen alle Belege über geleistete Zuzahlungen bei der Krankenkasse eingereicht und ein Befreiungsantrag gestellt werden.

Leistung	Zuzahlung des Patienten
Rezeptpflichtige Arznei- und Verbandmittel	10 % des Abgabepreises pro Arzneimittel, mindestens 5,00 EUR, Höchstbetrag 10,00 EUR. Mittlerweile haben die Krankenkassen Verträge mit Pharmaunternehmen abgeschlossen, bei denen dann die Zuzahlung ganz entfällt.
Nicht verschreibungspflichtige Medikamente	Müssen vom Patienten selbst bezahlt werden. Ausnahmen: Kinder bis 12 Jahren, Jugendliche bis zum 18. Lebensjahr mit Entwicklungsstörungen. Außerdem zur Behandlung schwerwiegender Erkrankungen, wenn das Medikament zum Therapiestandard der jeweiligen Therapierichtung gehört.
Krankenhaus	Pro Tag 10,00 EUR direkt an das Krankenhaus, maximal jedoch für 28 Tage pro Kalenderjahr. Kinder unter 18 Jahren sind befreit.
Häusliche Krankenpflege	10,00 EUR pro Verordnung und 10 % der täglichen Kosten. Gilt maximal für die ersten 28 Tage der häuslichen Krankenpflege pro Kalenderjahr. Bei Minderjährigen entfällt die Zuzahlung.
Heilmittel (z. B. physikalische Therapie, Ergotherapie, Sprachtherapie)	Je Verordnung 10,00 EUR und 10 % der Kosten.
Hilfsmittel (z. B. Gehhilfe, Hörgerät)	Versicherte ab 18 Jahren zahlen 10 % des Abgabepreises (mindestens 5,00 EUR und höchstens 10,00 EUR für jedes Hilfsmittel).
Zahnersatz	Festzuschuss (ca. 50 % der durchschnittlichen zahnärztlichen und zahntechnischen Kosten). Bei regelmäßiger Vorsorge (Nachweis durch das Bonusheft) liegt der Zuschuss zusätzlich bei 20 bis 30 %.
Kieferorthopädie	Die Kasse übernimmt zunächst 80 % der vertragszahnärztlichen Kosten, bei erfolgreichem Abschluss der Behandlung werden auch die restlichen 20 % erstattet. Sind mehrere Kinder einer Familie in kieferorthopädischer Behandlung, übernimmt die Kasse 90 % der Kosten.
Haushaltshilfe	10 % der täglichen Kosten der Haushaltshilfe (mindestens 5,00 EUR, höchstens 10,00 EUR).
Mutter-/Vater-Kind-Kur	Der Eigenanteil beträgt 10,00 EUR pro Tag. Kinder und Jugendliche unter 18 Jahren müssen nichts dazuzahlen.
Brillen/Sehhilfen	Kosten für Brillengläser werden für fehlsichtige Kinder und Jugendliche übernommen. Die Kasse übernimmt die Kosten für Brillengläser auch bei Erwachsenen, wenn eine schwere Sehbeeinträchtigung vorliegt (weniger als 30 % Sehleistung des besseren Auges). Brillengestelle und Pflegemittel müssen selbst bezahlt werden.

Leistung	Zuzahlung des Patienten
Fahrtkosten	Wenn die medizinischen Voraussetzungen für die Übernahme der Kosten vorliegen, zahlt der Patient 10 % (mindestens 5,00 EUR, höchstens 10,00 EUR). Auch Minderjährige müssen diesen Eigenanteil leisten.
Sterilisation	Sofern die Sterilisation wegen einer schweren Krankheit notwendig ist, werden die Kosten von der Krankenkasse übernommen.
Künstliche Befruchtung	50 % der Kosten für höchstens drei Versuche werden übernommen. Altersgrenzen: Frauen ab dem 25. bis zum 40. Lebensjahr, Männer bis zum 50. Lebensjahr.

Situationsaufgaben

- Lesen Sie den folgenden Text zu den Problemen des demografischen Wandels.

Die Folgen des demografischen Wandels

Die Bevölkerung in Deutschland wird in den nächsten Jahrzehnten immer kleiner und dabei gleichzeitig immer älter werden. Diese Entwicklung betrifft jedoch nicht Deutschland allein, vielmehr sind mehrere westliche Länder sowie Japan ebenfalls davon betroffen.

Die Folgen des demografischen Wandels sind bereits abzusehen. Die Alterung der Gesellschaft hat weitreichende Auswirkungen auf das Wirtschafts- und Sozialsystem. Im Mittelpunkt des öffentlichen Interesses stehen aber vor allem die Folgen der demografischen Entwicklung für die sozialen Sicherungssysteme in Deutschland. [...]

Die Auswirkungen auf die sozialen Sicherungssysteme

Die Funktionsfähigkeit der sozialen Sicherungssysteme ist aufgrund der dramatischen demografischen Entwicklung schon heute nicht mehr gewährleistet. Grundsätzlich stellt sich die Frage nach der Finanzierbarkeit der sozialen Sicherungssysteme in ihrer bestehenden Form.

In Deutschland liegt sowohl der gesetzlichen Krankenversicherung als auch der gesetzlichen Rentenversicherung das Umlageverfahren zugrunde. Das bedeutet, dass die einbezahlten Beiträge unmittelbar für die Finanzierung der erbrachten Leistungen herangezogen werden. Im Umlageverfahren wird davon ausgegangen, dass die Einnahmen gegenüber den Ausgaben über einen langen Zeitraum konstant bleiben.

In Zukunft muss aber eine immer kleiner werdende Gruppe von Einzahlern eine immer größer werdende Anzahl von Rentnern mitfinanzieren. Um dies zu erreichen, müssten die Beiträge deutlich über dem heutigen Niveau liegen. [...]

Gesetzliche Krankenversicherung und Pflegeversicherung

Bei der umlagefinanzierten gesetzlichen Krankenversicherung ergeben sich ähnliche Probleme wie bei der Rentenversicherung. Der demografische Wandel wird sich aber auch auf die Finanzierung der Pflegeversicherung auswirken.

Der demographische Wandel wird bei der gesetzlichen Krankenversicherung sowie bei der Pflegeversicherung dazu führen, dass die Zahl der Beitragszahler immer weiter sinken wird. In zwanzig bis dreißig Jahren werden mehr Menschen zwischen 60 und 80 Jahre alt sein als zwischen 20 und 40. Bei einem 60-Jährigen sind die Gesundheitsausgaben im Vergleich zu denen eines 20-Jährigen im Durchschnitt mehr als doppelt so hoch. Zudem werden die Menschen auch immer älter werden. Ein Anstieg der Ausgaben ist daher unvermeidbar. Hinzu kommt auch der Kostenanstieg aufgrund des voranschreitenden medizinisch-technischen Fortschritts. Diese Entwicklung trifft die gesetzliche Krankenversicherung ebenso wie die Pflegeversicherung.

Der zukünftige Ausgabenanstieg wird zu weiteren Anhebungen der Beitragssätze und damit ebenfalls zu einer Belastung der Lohnnebenkosten führen. Um dem entgegenzuwirken, muss auch hier über Alternativen nachgedacht werden. Eine Möglichkeit wäre, die gesetzliche Krankenversicherung zu einer solidarischen Grundsicherung umzugestalten, die dann durch private Vorsorgemaßnahmen ergänzt wird. Eine weitere diskutierte Möglichkeit ist die Privatisierung des medizinischen Alltagsbedarfs und die solidarische Finanzierung überdurchschnittlicher Krankenkosten.

Quelle: förderland: Wie definiert man den demographischen Wandel?. In: www.foerderland.de/1070.0.html, (geändert und gekürzt) [26.04.2019].

- Erstellen Sie für jeden Absatz eine eigene Überschrift.
- Was versteht man unter demografischem Wandel?
- Wie wirkt sich dieser Wandel in der Krankenversicherung aus?
- Welche Lösungen werden im Text angeboten, um die Folgen des demografischen Wandels aufzufangen?

- Lesen Sie die folgenden beiden Texte zum Solidaritätsprinzip und zum Äquivalenzprinzip.

Solidaritätsprinzip

Das Solidaritätsprinzip ist ein Strukturmerkmal der gesetzlichen Krankenversicherung (GKV): Die Beiträge für den Krankenversicherungsschutz richten sich – anders als beim Äquivalenzprinzip der privaten Krankenversicherung – nach der finanziellen Leistungsfähigkeit und nicht nach dem Versicherungsrisiko des Versicherten. Sie werden bis zur Beitragsbemessungsgrenze nach einem Prozentsatz (Beitragssatz) des Arbeitsentgelts bemessen. Der Anspruch auf medizinische Leistungen ist unabhängig von der jeweiligen Beitragshöhe. Es gilt das Bedarfsprinzip, d. h. die Leistungen richten sich nach den medizinischen Erfordernissen. Nur bei Leistungen mit Lohnersatzfunktion (zum Beispiel Krankengeld) spielt die Höhe des beitragspflichtigen Arbeitsentgelts eine Rolle. Hierüber findet in der GKV als Solidargemeinschaft ein sozialer Ausgleich zwischen besser und schlechter verdienenden Versicherten statt. Ausdruck des Solidaritätsprinzips ist auch die beitragsfreie Familienversicherung.

Quelle: AOK Bundesverband: Solidaritätsprinzip, 2016 In: http://aok-bv.de/lexikon/s/index_00112.html [26.04.2019].

Das Äquivalenzprinzip – die private Krankenversicherung

In der privaten Krankenversicherung (PKV) bestimmt das versicherte Risiko die Höhe der Beiträge (Äquivalenzprinzip). Das Einkommen spielt hierbei keine Rolle. Die Unternehmen der PKV ermitteln für jeden Versicherten die Beiträge bzw. Prämien individuell – je nach Alter, Geschlecht, Gesundheitszustand und den Leistungen, die der Versicherte in Anspruch nehmen möchte.

Ein alter und kranker Mensch zahlt höhere Prämien als ein junger und gesunder Mensch. Je höher die sogenannten Risikofaktoren (zum Beispiel bereits bestehende Krankheiten) und der Leistungsumfang sind, desto höher sind auch die Versicherungsprämien. Die Risikofaktoren werden vor Versicherungseintritt durch eine Gesundheitsprüfung ermittelt. Für Partner und Kinder müssen eigene Versicherungsprämien gezahlt werden.

Die Leistungen sind vertraglich (privatrechtlich) geregelt und nicht gesetzlich. Die Versicherten können selbst entscheiden und vereinbaren, bis zu welchem Betrag sie Gesundheitsleistungen selber tragen wollen (Selbstbeteiligung) und ab wann die Versicherung einspringen soll.

- Erläutern Sie anhand der Texte das Solidaritäts- und Äquivalenzprinzip.

Beispiel: *Melanie hat vor ihrer Schwangerschaft sorgfältig die von der gesetzlichen Krankenversicherung angebotenen Leistungen zur Früherkennung von Krankheiten wahrgenommen. Im letzten Jahr beanspruchte sie einmal in erheblichem Umfang Leistungen der Krankenkasse. Wegen einer Blinddarmentzündung (Appendizitis) behandelte sie zunächst kurzfristig ihr Hausarzt, bevor sich eine dringend notwendige Operation im Krankenhaus anschloss. Insgesamt war sie drei Wochen arbeitsunfähig. Nun ist sie wegen ihrer Schwangerschaft regelmäßig bei ihrem Gynäkologen in Behandlung.*

- Erläutern Sie, welche Leistungen die gesetzliche Krankenversicherung in jedem der geschilderten Fälle bei Melanie zu erbringen hatte.
- Welche Zahlungen musste Melanie in diesem Zusammenhang selbst leisten?
- Aufgrund einer Erkältung erhält Melanie ein Medikament verordnet. Gleichzeitig verschreibt ihr der Arzt ein Mittel zur Linderung von Schwangerschaftsbeschwerden. Welche Zuzahlungen sind in diesem Fall zu leisten?

Prüfungsvorbereitung

Folgende Karteikarten sind zur Ergänzung der Prüfungsvorbereitung zu erstellen:

Karteikarte 26:
Krankenversicherungsschutz in der Bundesrepublik Deutschland

1. *Kostenträger*
2. *Status der Versicherten in der GKV*
3. *wichtige Gruppen Versicherungspflichtiger*
4. *Kassenarten in der GKV*

Karteikarte 27:
Finanzierung der GKV/Gesundheitsfonds

1. *Finanzierung durch die Arbeitgeber*
2. *Finanzierung durch die Versicherten*
3. *Staatliche Zuschüsse*
4. *Beitragsobergrenzen (Beitragsbemessungsgrenze Krankenversicherung)*
5. *Ausgaben des Gesundheitsfonds*

Karteikarte 28:
Tarife und Leistungen in der GKV

1. *Standardtarif*
2. *obligatorische Tarifangebote*
3. *zusätzliche Tarifangebote*
4. *Leistungen bei Krankheit*
5. *Leistungen bei Prävention*
6. *Leistungen bei Mutterschaft*
7. *wichtige Zuzahlungen*

12.4 Gesetzliche Pflegeversicherung

Sarahs Opa ist, seitdem er einen Schlaganfall hatte, auf häusliche Pflege angewiesen. „Welch ein Glück, dass es die Pflegeversicherung gibt", meint Sarahs Mutter. „So können wir wenigstens einen großen Teil der Pflege vom Pflegedienst durchführen lassen, und Opa muss nicht in ein Pflegeheim."

Aufgaben

1. Welche Personenkreise sind über die gesetzliche Krankenversicherung pflegeversichert?
2. Wie müssen sich die Personen versichern, die nicht über die gesetzliche Krankenversicherung pflegeversichert sind?
3. Wie hoch sind die Beiträge zur Pflegeversicherung?
4. Sarahs Großvater ist im Pflegegrad 3 eingestuft.
   a) Wer übernimmt die Feststellung des Pflegegrades? Wovon ist diese Feststellung abhängig?
   b) Wie kann sich Sarahs Großvater informieren, welche Leistungen der Pflegeversicherung in seinem Fall am besten sind?
   c) Welche Leistungen kann ein Pflegebedürftiger mit Pflegegrad 3 in Anspruch nehmen?

Aufgabe der Pflegeversicherung

Die Pflegeversicherung dient dazu, die häusliche wie auch stationäre Pflege von pflegebedürftigen Personen finanziell zu unterstützen. Ohne die Leistungen der Pflegeversicherung könnten viele Pflegebedürftige die Kosten für Pflege nicht tragen. In vielen Fällen ist so eine Pflege im eigenen Haushalt möglich. Somit können die Pflegebedürftigen länger ein selbstständiges und selbstbestimmtes Leben führen.

Versicherte

Da prinzipiell jeder einmal auf die Hilfe durch die Pflegeversicherung angewiesen sein könnte, legte der Gesetzgeber eine Versicherungspflicht für alle gesetzlich und privat Versicherten fest. Das bedeutet: Jeder, der gesetzlich krankenversichert ist, ist automatisch in der sozialen Pflegeversicherung versichert, und jeder privat Krankenversicherte muss eine private Pflegeversicherung abschließen.

Familienversicherte

Unterhaltsberechtigte Kinder, Ehegatten und Lebenspartner sind im Rahmen der Familienversicherung mitversichert. Es gelten aber Einkommensgrenzen für die Familienversicherung. Wird ein bestimmtes monatliches Einkommen überschritten, ist keine Familienversicherung möglich. Kinder sind nur bis zu bestimmten Altersgrenzen familienversichert (nicht berufstätige Kinder bis zum 23. Lebensjahr, bis zum 25. Geburtstag bei Schulausbildung, Berufsausbildung, Studium). Sie brauchen keine Beiträge zur Pflegeversicherung zu zahlen.

Freiwillig Versicherte

Auch für freiwillig Versicherte in der gesetzlichen Krankenversicherung besteht eine Versicherungspflicht in der sozialen Pflegeversicherung. Als Freiwillig Versicherter können sich von der Versicherungspflicht aber befreien lassen und privat versichern.

Weiterversicherte

Für diejenigen, die aus der Versicherungspflicht ausscheiden, z. B. beim Erlöschen der Familienversicherungspflicht, besteht die Möglichkeit, sich als freiwillig Versicherter in der sozialen Pflegeversicherung abzusichern. Bedingung ist, dass man in den vorherigen fünf Jahren mindestens 24 Monate oder in den vorherigen zwölf Monaten ununterbrochen Mitglied der Pflegeversicherung war.

Versicherte der privaten Krankenversicherung

Mitglieder einer privaten Krankenversicherung müssen eine private Pflege-Pflichtversicherung abschließen. Die Leistungen sind denen der sozialen Pflegeversicherung gleichwertig. An die Stelle der Sachleistungen tritt jedoch, wie bei der privaten Krankenversicherung, die Kostenerstattung.

Eigenvorsorge/Zusatzversicherung

In der Regel reichen die Rente und die Leistungen der gesetzlichen Pflegeversicherung nicht aus, um die Kosten für eine Versorgung im Pflegefall zu decken. Daher ist eine zusätzliche private Vorsorge mit einer privaten Pflegezusatzversicherung sinnvoll.

Folgende Arten von Pflegezusatzversicherungen werden angeboten:

- Pflegerentenversicherung: Die Pflegerentenversicherung ist eine Lebensversicherung. Wenn der Versicherte pflegebedürftig wird, zahlt die Versicherung je nach Hilfebedarf eine monatliche Rente aus.

- Pflegekostenversicherung: Die Pflegekostenversicherung erstattet ganz oder teilweise die Restosten, die nach Vorleistung der Pflegeversicherung noch vom Versicherten zu tragen sind.
- Pflegetagegeldversicherung: Bei Nachweis der Pflegebedürftigkeit wird ein vereinbarter fester Geldbetrag für jeden Pflegetag gezahlt. Dieser Tagessatz wird unabhängig von den tatsächlichen Kosten durch die Pflege überwiesen.

Unter bestimmten Voraussetzungen erhält der Versicherte, der ergänzend zur gesetzlichen Pflegeversicherung privat für den Pflegefall vorsorgt, eine staatliche Zulage von 60,00 EUR im Jahr. Das soll den Anreiz zur Eigenvorsorge erhöhen.

Finanzierung

Die Beiträge zur Pflegeversicherung werden **je zur Hälfte von Arbeitnehmern und Arbeitgebern** aufgebracht. Der Gesamtbeitragssatz zur Pflegeversicherung beträgt 3,05 % vom Einkommen. Es gilt die Beitragsbemessungsgrenze der gesetzlichen Krankenversicherung, d. h., Einkommen über dieser Grenze bleiben bei der Berechnung der Beiträge beitragsfrei. Für **kinderlose Arbeitnehmer,** die das 23. Lebensjahr vollendet haben, erhöht sich der Anteil des Beitragssatzes zur Pflegeversicherung um 0,25 % (1,525 % + 0,25 % = 1,775 %). Für das Bundesland Sachsen gibt es eine Sonderregelung. Hier beträgt der Arbeitgeberanteil 1,025 % und der Arbeitnehmeranteil 2,025 % + 0,25 % Zuschlag für Kinderlose ab 23 Jahren.

Beiträge zur Pflegeversicherung

Arbeitnehmer	Kinderloser Arbeitnehmer ab dem 23. Lebensjahr	Arbeitgeber
1,525 %	1,775 %	1,525 %

Leistungen

Pflegeleistungen werden in Abhängigkeit von der Pflegebedürftigkeit gewährt. Die Feststellung der Pflegebedürftigkeit erstreckt sich auf folgende Bereiche:

1. **Mobilität**
2. **Kognitive und kommunikative Fähigkeiten**
3. **Verhaltensweisen und psychische Problemlagen**
4. **Selbstversorgung**
5. **Umgang mit krankheits-/therapiebedingten Anforderungen**
6. **Gestaltung des Alltagslebens und soziale Kontakte**

Für jedes Kriterium in den oben genannten Lebensbereichen ermitteln die Gutachter des medizinischen Dienstes der Krankenversicherung den Grad der Selbstständigkeit der pflegebedürftigen Person, anhand eines Punktwerts zwischen 0 (Person kann Aktivität ohne eine helfende Person durchführen, jedoch gegebenenfalls allein mit Hilfsmitteln) und 3 (Person kann die Aktivität nicht durchführen, auch nicht in Teilen). So wird in jedem Bereich der Grad der Beeinträchtigung sichtbar. Am Ende fließen die Punkte mit unterschiedlicher Gewichtung zu einem Gesamtwert zusammen.

Bei der Festlegung des Pflegegrades fließen die zuvor genannten Module in unterschiedlicher Wertigkeit bzw. Prozentsätzen ein.

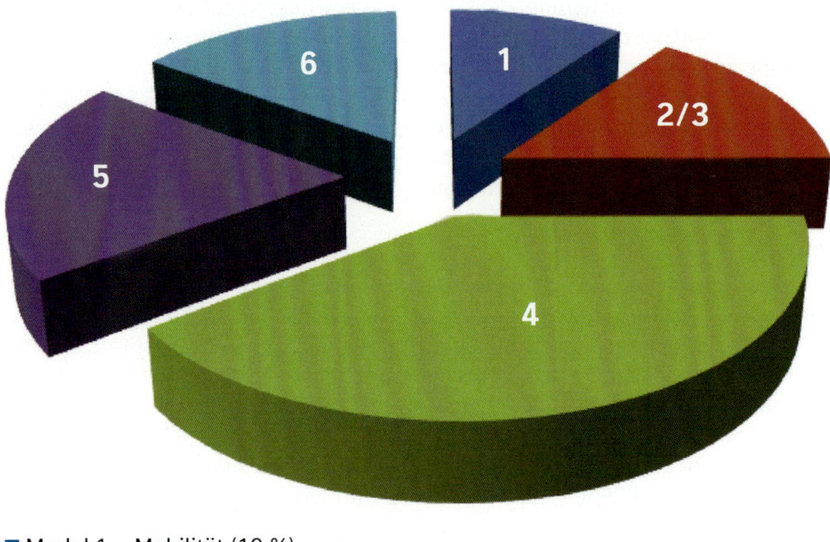

- Modul 1 – Mobilität (10 %)
- Modul 2 oder 3 – Kognitiv / Verhalten (15 %)
- Modul 4 – Selbstversorgung (40 %)
- Modul 5 – Behandlung / Therapie (20 %)
- Modul 6 – Alltagsgestaltung (15 %)

Eigene Darstellung nach Daten von: http://www.kv-media.de/pflegereform-2016-2017.php [29.04.2019].

Der führt dann zur Zuordnung zu einem der fünf Pflegegrade.

1. Pflegegrad 1: geringe Beeinträchtigung der Selbstständigkeit (ab 12,5 bis unter 27 Gesamtpunkte)
2. Pflegegrad 2: erhebliche Beeinträchtigung der Selbstständigkeit (ab 27 bis unter 47,5 Gesamtpunkte)
3. Pflegegrad 3: schwere Beeinträchtigung der Selbstständigkeit (ab 47,5 bis unter 70 Gesamtpunkte)
4. Pflegegrad 4: schwerste Beeinträchtigung der Selbstständigkeit (ab 70 bis unter 90 Gesamtpunkte)
5. Pflegegrad 5: schwerste Beeinträchtigung der Selbstständigkeit mit besonderen Anforderungen an die pflegerische Versorgung (ab 90 bis 100 Gesamtpunkte)

Ob und im welchem Umfang jemand pflegebedürftig ist, wird im Rahmen eines Gutachtens durch den medizinischen Dienst der Krankenversicherung festgestellt. Die Leistungen richten sich nach dem Pflegegrad und danach, ob jemand häusliche, teilstationäre, Kurzzeitpflege oder stationäre Pflege in Anspruch nimmt. Dabei gelten die beiden folgenden Grundsätze:

- **Vorsorge** und **Rehabilitation** vor Pflege (alle Maßnahmen, die helfen, Pflegebedürftigkeit zu verhindern, zu überwinden und zu mindern),
- **ambulante Pflege vor stationärer Pflege**.

Pflegeberatung

Bevor ein Pflegebedürftiger sich aufgrund seiner Situation für eine dieser Arten von Betreuung entscheidet, hat er Anspruch auf eine umfassende **Pflegeberatung** durch Pflegeberater der Pflegekasse. Die Beratung kann auch in unabhängigen neutralen Beratungsstellen oder in Pflegestützpunkten erfolgen.

Auf diese Art soll sichergestellt werden, dass jemand, der neu pflegebedürftig wird, in dieser Situation keine falschen Entscheidungen trifft.

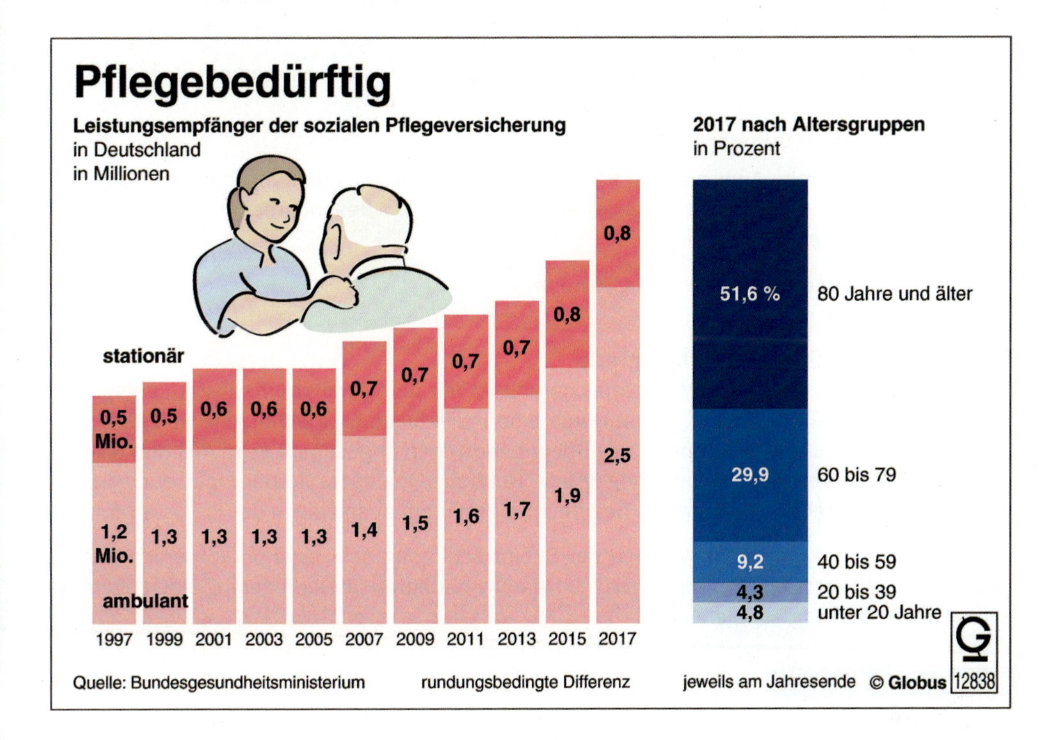

Leistungen bei häuslicher Pflege

- **Pflegesachleistungen** – Bereitstellung von Mitteln für hauptamtliche Pflegekräfte, z. B. ambulanter Pflegedienst.
- **Pflegegeld** – für eine selbst beschaffte Pflegekraft, z. B. Pflege durch Angehörige; auch eine Kombination von Pflegesachleistungen und Pflegegeld ist möglich.
- **Pflegevertretung** – die Kosten für eine Ersatzpflegekraft werden unter bestimmten Voraussetzungen für bis zu sechs Wochen übernommen, wenn eine Pflegeperson beispielsweise durch Urlaub, Krankheit oder aus anderen Gründen verhindert ist.

Einen Überblick über die monatlichen Leistungen der Pflegeversicherung in den einzelnen Pflegestufen bietet der „Ratgeber Pflege" des Bundesministeriums für Gesundheit (https://www.bundesgesundheitsministerium.de/service/publikationen/pflege/details.html?bmg%5Bpubid%5D=13).

Leistungen bei teilstationärer und Kurzzeitpflege

Teilstationäre Pflege
Ist die häusliche Pflege nicht in ausreichendem Umfang sichergestellt, kann der Pflegebedürftige teilstationär in Einrichtungen der Tages- und Nachtpflege betreut werden. Pflegesachleistungen können neben der teilstationären Pflege in Anspruch genommen werden.

Kurzzeitpflege
Pflege in einer vollstationären Einrichtung für eine Übergangszeit nach einer stationären Behandlung oder in einer sonstigen Situation, in der vorübergehend häusliche oder teilstationäre Pflege nicht möglich oder ausreichend ist.

Die Leistungen je Monat können ebenfalls dem „Ratgeber Pflege“ entnommen werden.

Leistungen bei vollstationärer Pflege

Pflegebedürftige haben Anspruch auf Pflege in vollstationären Einrichtungen, wenn häusliche oder teilstationäre Pflege nicht möglich ist oder wegen der Besonderheiten des Pflegefalls nicht in Betracht kommen.

(Zu den monatlichen Leistungen, siehe „Ratgeber Pflege“.)

Pflegebedürftigkeit – neue Pflegegrade
Eine Reform der gesetzlichen Pflegeversicherung ist mit dem zweiten Pflegestärkungsgesetz geplant. Bei Pflegebedürftigkeit sollen durch eine individuellere Einstufungen die Leistungen möglichst genau auf die Bedürfnisse des Pflegebedürftigen abgestimmt sein. Aus den bisherigen drei Pflegestufen werden fünf Pflegegrade. Um hohe Qualitätsanforderungen auch weiterhin zu gewährleisten, wird ein neues Begutachtungssystem ausgiebig in der Praxis erprobt.

Entscheidend soll künftig das Ausmaß der Beeinträchtigung sein, egal ob körperlich, geistig oder psychisch. Vor allem für Menschen mit Demenz bedeutet die Neuregelung eine angemessenere Unterstützung als bisher.

Situationsaufgaben

Lesen Sie den folgenden Text zur Pflegeversicherung.

Was ist die Pflegeversicherung?

Die Pflegeversicherung wurde am 1. Januar 1995 als eigenständiger Zweig der Sozialversicherung eingeführt. Es gilt eine umfassende Versicherungspflicht für alle gesetzlich und privat Versicherten. Alle, die gesetzlich krankenversichert sind, sind automatisch in der sozialen Pflegeversicherung versichert. Privat Krankenversicherte müssen eine private Pflegeversicherung abschließen.

Die Leistungen der sozialen Pflegeversicherung werden durch Beiträge finanziert, die Arbeitnehmer und Arbeitgeber größtenteils paritätisch entrichten. Wann und welche Leistungen Pflegebedürftige aus der Versicherung bekommen, hängt von der Dauer der Pflegebedürftigkeit, vom Pflegegrad und der Art der Pflege ab. Braucht jemand nur Hilfe beim täglichen Waschen und Einkaufen? Kann die Person sich gut orientieren? Kann sie zu Hause wohnen oder braucht sie rund um die Uhr Betreuung in einem Pflegeheim? Je nach Umfang der Einschränkungen der Selbständigkeit und der Fähigkeiten gibt es verschiedene Pflegegrade.

Die Pflegeversicherung gibt den Pflegebedürftigen dabei die Möglichkeit, selbst zu entscheiden, wie und von wem sie gepflegt werden wollen. Sie haben die Wahl, ob sie Hilfe von professionellen

Fachkräften in Anspruch nehmen oder aber Geld beziehen wollen, welches sie zum Beispiel pflegenden Angehörigen als finanzielle Anerkennung geben können. Oberstes Ziel ist es, den pflegebedürftigen Menschen weitestgehend ein selbstbestimmtes Leben zu ermöglichen. Allerdings deckt die soziale Pflegeversicherung häufig nicht alle Kosten der Pflege ab. Den Rest tragen die Pflegebedürftigen selbst, ggf. auch direkte Angehörige oder – im Falle finanzieller Hilfebedürftigkeit – die Sozialhilfe. Die Pflegeversicherung wird deshalb auch als „Teilkostenversicherung“ bezeichnet. Im Elften Buch Sozialgesetzbuch (SGB XI) finden sich alle wichtigen Regelungen zur Pflegeversicherung.

Warum ist die Pflegeversicherung notwendig?

Alle Industrienationen haben eines gemeinsam: Ihre Gesellschaften werden immer älter. Nach den Vorausschätzungen zur Bevölkerungsentwicklung wird in Deutschland die Anzahl älterer Personen (67 Jahre und älter) bis zum Jahr 2040 voraussichtlich auf knapp 21,5 Millionen steigen. Sie wird damit um 6,3 Millionen oder um 42 Prozent höher sein als die Anzahl der über 67-Jährigen im Jahr 2013. Ein heute sieben Jahre altes Mädchen hat gute Chancen, das 22. Jahrhundert zu erleben. Diese positive Entwicklung hat jedoch auch eine Kehrseite. Ab dem 80. Lebensjahr steigt die statistische Wahrscheinlichkeit, auf fremde Hilfe angewiesen zu sein, rapide an – auf rund 32 Prozent. Das heißt: je älter die Bevölkerung, desto höher die Zahl der Pflegebedürftigen. Pflegebedürftigkeit bedeutet für Betroffene und ihre Angehörigen große physische, psychische und finanzielle Belastungen. Zumal sich Familienstrukturen verändert haben: In den Familien gibt es weniger Kinder, oft sind diese berufstätig und können sich nicht so intensiv um ihre Eltern kümmern, wie es früher einmal der Fall war.

Quelle: Bundesministerium für Gesundheit: Ratgeber Pflege – Alles, was Sie zum Thema Pflege wissen sollten, Berlin, 20. aktualisierte Auflage: Stand März 2019, S. 23

- Markieren Sie die Kernaussagen des Textes.
- Erstellen Sie eine Übersicht mit den wichtigsten Aussagen des Textes.

Prüfungsvorbereitung

Folgende Karteikarten sind zur Ergänzung der Prüfungsvorbereitung zu erstellen.

Karteikarte 29:
Versicherte in der Pflegeversicherung

1. *Status der Versicherten, die in der GKV versichert sind*
2. *sonstige Versicherte*

Karteikarte 30:
Finanzierung und Leistungen in der Pflegeversicherung

1. *Beiträge der Versicherten*
2. *Bereiche, die für die Feststellung der Pflegebedürftigkeit zugrunde gelegt werden*
3. *Pflegegrade*
4. *Aufgaben der Pflegeberatung*
5. *Formen der Pflegeleistung*

12.5 Gesetzliche Unfallversicherung

Sarah arbeitet das erste Mal im Labor. An der Wand hängt eine Tafel mit den Unfallverhütungsvorschriften. Daneben befindet sich ein großes Plakat mit Hinweisen und Abbildungen zu Vorsichtsmaßnahmen bei Laborarbeiten. Melanie, die sieht, wie Sarah die Abbildungen betrachtet, bemerkt: „Man kann nie vorsichtig genug sein. Ein Unfall ist schnell passiert. Bisher hatten wir in unserer Praxis glücklicherweise noch nie einen Unfall. Nur ich bin im letzten Herbst auf dem Weg zur Arbeit ausgerutscht. Dabei habe ich mir einen bösen Bluterguss im linken Knie zugezogen und den rechten Arm gebrochen. Da habe ich erst einmal die Vorteile der gesetzlichen Unfallversicherung schätzen gelernt. Unsere Berufsgenossenschaft hat alle Behandlungskosten, die Kosten für die Medikamente und den Krankengymnasten übernommen."

Aufgaben

1. Die Ausgangssituation zeigt, dass Arbeitnehmer bei der Arbeit und auf dem Wege zur Arbeit unfallversichert sind. Welche Personen sind außerdem in der Unfallversicherung pflichtversichert? Wer kann sich freiwillig versichern lassen?
2. Wer zahlt die Beiträge zur Berufsgenossenschaft?
3. Welche Anstrengungen unternehmen die Berufsgenossenschaften, damit es erst gar nicht zu Arbeitsunfällen kommt? Geben Sie hierzu Beispiele aus Ihrer Ausbildungspraxis.
4. Erläutern Sie anhand der folgenden Informationen die Leistungen der Unfallversicherung im Fall eines Arbeitsunfalls.

Aufgabe der Unfallversicherung ist es

- Arbeitsunfälle, Berufskrankheiten sowie arbeitsbedingte Gesundheitsgefahren zu verhüten (**Prävention**).
- bei Arbeitsunfällen oder Berufskrankheiten die Gesundheit und Leistungsfähigkeit der Versicherten wiederherzustellen (**Rehabilitation**) sowie diese oder ihre Hinterbliebenen durch Geldleistungen zu entschädigen (**Entschädigung durch Geldleistungen**).

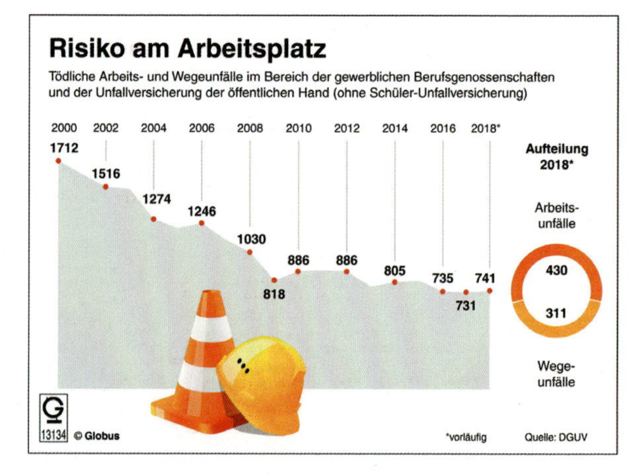

Versicherte Personen

Die gesetzliche Unfallversicherung ist Sache des Arbeitgebers. Er hat seinen Betrieb bei der zuständigen Berufsgenossenschaft angemeldet und zahlt für die versicherungspflichtigen Beschäftigten den kompletten Beitrag. Somit ist jeder, der in einem Arbeits-, Ausbildungs- oder Dienstverhältnis steht, versichert. Außerdem sind Fahrgemeinschaften auf dem Hin- und Rückweg zur Arbeit versichert. Die gesetzliche Unfallversicherung schützt zudem u. a.:

- Landwirte,
- Kinder, die Kindergärten und Kindertagesstätten besuchen,
- Schüler,
- Studierende,
- Helfer bei Unglücksfällen,
- Zivil- und Katastrophenschutzhelfer,
- Blut- und Organspender.

Unternehmer, Selbstständige und Freiberufler können, wenn sie nicht bereits gesetzlich versichert sind, sich und ihren mitarbeitenden Ehepartner freiwillig versichern. Beamte unterliegen der Unfallfürsorge durch ihre Behörde.

Quelle: Deutsche Rentenversicherung: Unsere Sozialversicherung, Berlin, 47. überarbeitete Auflage 2019, S. 163 (verändert)

Finanzierung

Die Beiträge zur gesetzlichen Unfallversicherung zahlen **allein** die Unternehmen. Die Höhe der Beiträge richtet sich u. a. nach der Höhe der jährlichen Bruttolohnsumme und nach der Gefahrenklasse, die für die jeweilige Branche festgelegt wird, zu der der Betrieb gehört.

Träger

Zuständig für die Leistungen der gesetzlichen Unfallversicherung sind die:

- gewerblichen Berufsgenossenschaften,
- landwirtschaftlichen Berufsgenossenschaften,
- Unfallversicherungsträger der öffentlichen Hand (Staat, staatliche Einrichtungen).

Für die Gesundheitsberufe ist die Berufsgenossenschaft für Gesundheitsdienst und Wohlfahrtspflege (BGW) zuständig.

Leistungen

Die Leistungen der gesetzlichen Unfallversicherung werden unabhängig davon erbracht, wer an einem Arbeitsunfall schuld ist. Mit ihnen werden folgende Ziele verfolgt:

- Wiederherstellung der Erwerbsfähigkeit,
- Arbeits- und Berufsförderung,
- Linderung von Verletzungsfolgen.

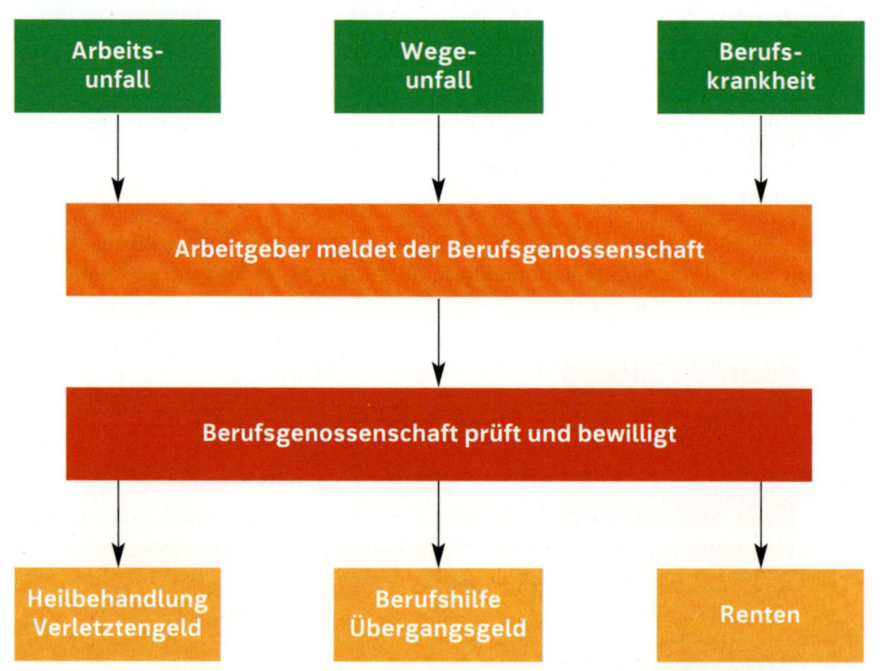

Quelle: Deutsche Rentenversicherung: Unsere Sozialversicherung, Berlin, 06/2019, 47. überarbeitete Auflage 2019, S. 169.

Heilbehandlung
Diese umfasst

- ärztliche Behandlung,
- stationäre Behandlung,
- Übernahme der Kosten für Arznei-, Verband-, Heil- und Hilfsmittel.

Verletztengeld
Ist ein Versicherter aufgrund eines Arbeitsunfalls länger arbeitsunfähig, erhält er nach Ende der sechswöchigen Lohnfortzahlung Verletztengeld.

Leistungen zur Teilhabe am Arbeitsleben (Berufshilfe)
Kann der Versicherte aufgrund seiner Verletzung nur unter erschwerten Bedingungen seinen bisherigen Beruf ausüben (z. B. nach Umbau seines Arbeitsplatzes) oder ist ein Berufswechsel notwendig, zahlt die Unfallversicherung berufsfördernde Maßnahmen wie eine Umschulung oder eine Ausbildung in einem anderen Beruf.

Übergangsgeld
Übergangsgeld wird während der Leistungen zur Teilhabe am Arbeitsleben gezahlt, z. B. während der Zeit einer Umschulung.

Leistungen zur Teilhabe am Leben in der Gemeinschaft und ergänzende Leistungen
Hierbei übernimmt die Berufsgenossenschaft solche Leistungen, die Einschränkungen einer Teilhabe am Leben in der Gemeinschaft ausgleichen. Beispiele hierfür sind Übernahme der Kosten für eine Haushaltshilfe und Kinderbetreuung, Übernahme der Kosten für eine behindertengerechte Zusatzausstattung eines Pkw usw.

Leistungen bei Pflegebedürftigkeit
Solange Versicherte infolge eines Arbeitsunfalls pflegebedürftig sind, wird Pflegegeld bezahlt, eine Pflegekraft gestellt oder Heimpflege gewährt.

Renten an Versicherte
Renten an Versicherte werden gezahlt, wenn infolge des Arbeitsunfalls die Erwerbsfähigkeit nicht wiederhergestellt werden kann. Bei einem Teilverlust der Erwerbsfähigkeit wird eine Teilrente, bei vollem Verlust der Erwerbsfähigkeit die entsprechende Vollrente gezahlt.

Leistungen an Hinterbliebene
Stirbt ein Versicherter infolge eines Arbeitsunfalls, haben die Hinterbliebenen Anspruch auf **Sterbegeld** und **Hinterbliebenenrente** (Witwen-/Witwerrente, Waisenrente für Kinder unter 18 Jahren, bis zum 27. Lebensjahr bei Schul- bzw. Berufsausbildung).

Situationsaufgaben

In Sarahs Berufsschulklasse berichtet eine Auszubildende, dass eine Angestellte in ihrer Ausbildungspraxis den Beruf aufgeben musste, da diese über zunehmende Hautprobleme geklagt hatte. Ein Allergietest ergab, dass die Ursache eine allergische Reaktion auf verschiedene, in der Praxis verwendete Stoffe, war.

- Ermitteln Sie, welche Leistungen die Berufsgenossenschaft im Einzelnen für diese Zahnmedizinische Fachangestellte erbringt, um einen neuen Start in einem anderen Beruf zu ermöglichen.
- Besuchen Sie zu diesem Zweck auch die Internetseiten der Berufsgenossenschaft für Gesundheitsdienst und Wohlfahrtspflege (unter www.bgw-online.de).
  Laden Sie die Broschüre „BGW kompakt – Angebote – Informationen – Leistungen“ herunter (https://www.bgw-online.de/SharedDocs/Downloads/DE/Medientypen/BGW%20Grundlagen/BGW03-03-020_Zahnmedizin_Download.pdf?__blob=publicationFile). Lesen Sie ab Seite 34 das Kapitel „Medizinische Rehabilitation“.

Prüfungsvorbereitung

Folgende Karteikarten sind zur Ergänzung der Prüfungsvorbereitung zu erstellen:

Karteikarte 31:
Aufgaben und versicherte Personen in der Unfallversicherung

1. Aufgaben
2. Pflichtversicherte
3. freiwillig Versicherte

Karteikarte 32:
Finanzierung und Leistungen in der Unfallversicherung

1. Beitragszahler
2. Faktoren, die die Höhe der Beiträge beeinflussen
3. Leistungen bei einer Verletzung infolge eines Arbeitsunfalls
4. Berufshilfe und Übergangsgeld
5. Leistungen zur Teilhabe am Leben in der Gemeinschaft
6. Leistungen bei Pflegebedürftigkeit
7. Renten an Versicherte, Leistungen an Hinterbliebene

12.6 Gesetzliche Rentenversicherung

„Kann Opa denn mit seiner Rente und den Leistungen der Pflegeversicherung all seine Kosten bezahlen?" Diese besorgte Frage stellt Sarah ihrer Mutter. „Doch, Opa war leitender Angestellter im Bergbau. Er hat immer gut verdient, sodass er auch eine gute Rente bekommt. Ich hingegen werde einmal nur eine kleine eigene Rente beziehen, weil ich nur bis zu deiner Geburt gearbeitet habe." „Schon die Abzüge für die Rentenversicherung sind mittlerweile enorm hoch, und dann weiß man nicht genau, ob wir überhaupt einmal eine Rente beziehen", bemerkt Sarah. „Sicher wirst du einmal Rente erhalten, aber nun finanzierst du erst einmal mit deinen Abzügen die Rente der jetzigen Rentner. Ob in Zukunft jedoch noch Steigerungen bei der Rente möglich sind, weiß ich auch nicht. Wir haben uns jedenfalls noch zusätzlich abgesichert", antwortet Sarahs Mutter.

Aufgaben

1. Welcher Personenkreis wird über die gesetzliche Rentenversicherung für den Rentenfall abgesichert?
2. Wie hoch ist der Beitrag zur Rentenversicherung? Welchen Anteil haben Arbeitnehmer und Arbeitgeber zu übernehmen?
3. Erläutern Sie die Bedeutung der Beitragsbemessungsgrenze bei der Berechnung der Beiträge zur Rentenversicherung.
4. „Die Rentenversicherung finanziert sich im Umlageverfahren". Erläutern Sie kurz, was darunter zu verstehen ist.
5. Welche grundsätzlichen Rentenarten lassen sich unterscheiden?
6. Welche Möglichkeiten der Alterssicherung gibt es neben der gesetzlichen Rentenversicherung?
7. Warum ist diese Art der Alterssicherung trotz der erheblichen Beiträge, die ein Arbeitnehmer aufwenden muss, ausgesprochen attraktiv?

Versicherte Personen

Bundesträger der deutschen Rentenversicherung sind die Deutsche Rentenversicherung Bund und die Deutsche Rentenversicherung Knappschaft-Bahn-See. Regionalträger sind die Deutschen Rentenversicherungen der jeweiligen Bundesländer.

Die gesetzliche Rentenversicherung ist eine Versicherung für alle. Jeder kann, viele müssen ihr beitreten. Es gibt nämlich zwei Möglichkeiten, Mitglied in der gesetzlichen Rentenversicherung zu werden, durch Pflichtversicherung oder freiwillige Versicherung.

Pflichtversichert sind Arbeitnehmer und Auszubildende mit Ausnahme der Beamten, Richter, Berufssoldaten und sonstiger Beschäftigter öffentlich rechtlicher Körperschaften, die Anspruch auf eine Versorgung im Alter haben (Pension).

Zu den Pflichtversicherten in der gesetzlichen Rentenversicherung gehören insbesondere:

- Arbeitnehmer, die in einem versicherungspflichtigen Beschäftigungsverhältnis bei einem privaten, öffentlichen oder kirchlichen Arbeitgeber beschäftigt sind.
- Personen, die in einer Berufsausbildung beschäftigt sind.
- Menschen mit Behinderung, die in anerkannten Werkstätten für Menschen mit Behinderung tätig sind.
- Rentenversicherungspflichtige Selbstständige.
- Kindererziehende für die Dauer der Kindererziehungszeit.
- Geringfügig beschäftigte Personen, die eine Beschäftigung mit einem Verdienst bis zu 450,00 EUR aufnehmen. Sie können sich aber von der Versicherungspflicht auf Antrag befreien lassen.
- Personen, die einen Pflegebedürftigen nicht erwerbsmäßig wenigstens 14 Stunden wöchentlich in seiner häuslichen Umgebung pflegen.
- Personen, die von einem Leistungsträger Krankengeld, Verletztengeld, Versorgungskrankengeld, Übergangsgeld oder Arbeitslosengeld beziehen, wenn sie im letzten Jahr vor Beginn der Leistung zuletzt versicherungspflichtig in der gesetzlichen Rentenversicherung waren oder auf Antrag versicherungspflichtig werden.
- Bezieher von Vorruhestandsgeld, wenn sie unmittelbar vor Beginn der Leistung versicherungspflichtig waren.

Personen, die nicht pflichtversichert sind, können der Rentenversicherung freiwillig beitreten (**Freiwillig Versicherte**). Sinn ist es, jedem Bürger die Möglichkeit zu geben, eine ausreichende Grundsicherung zur Altersversorgung aufzubauen.

Finanzierung

Finanziert werden die Renten überwiegend durch die Beiträge, die von den Versicherungspflichtigen erhoben werden. Arbeiter und Angestellte, die alle pflichtversichert sind, haben ihren Beitrag zur Rentenversicherung nicht allein zu tragen. Arbeitgeber und Arbeitnehmer tragen den Beitrag je zur Hälfte. Der Beitragsanteil des Arbeitnehmers wird sofort vom Gehalt abgezogen, der Arbeitgeber legt seinen Anteil dazu. Beide Anteile zusammen ergeben den Pflichtbeitrag, den der Arbeitgeber wie alle anderen Sozialversicherungsbeiträge auch an die jeweilige Krankenkasse des Arbeitnehmers abführt. Diese leitet die Rentenversicherungsbeiträge an die Deutsche Rentenversicherung weiter. Da die Beitragseinnahmen der gesetzlichen Rentenversicherung zur Finanzierung der Ausgaben der Rentenversicherung nicht ausreichen, zahlt der Staat **Bundeszuschüsse** aus Steuermitteln.

Die Höhe des Beitrages richtet sich nach dem Arbeitsverdienst. Der jeweils aktuelle Beitragssatz kann im Internet abgerufen werden. Er wird allerdings nur bis zur Beitragsbemessungsgrenze erhoben. Darüber hinaus wird kein Rentenversicherungsbeitrag erhoben, da über die Rentenversicherung die Altersversorgung von Normalverdienern geregelt wird.

Die Rentenversicherung finanziert sich im **Umlageverfahren**. Die von Arbeitnehmern und Arbeitgebern gezahlten Beiträge werden nicht zur Deckung der späteren Renten angespart, sondern an die heutigen Rentner ausgezahlt. Diese sind in ihrem Berufsleben für die Altersversorgung ihrer Eltern aufgekommen. Nun werden ihre Renten von den heute Erwerbstätigen finanziert. Jung und Alt, Erwerbstätige und Rentner sind somit in einem **Generationenvertrag** verbunden. Dies funktioniert nur, wenn genügend Beitragszahler nachwachsen. Ansonsten bekommt die Rentenversicherung Probleme.

Generationenvertrag: Die demografische Krise der Rentenversicherung

Die gesetzliche Rente steckt in einer demografischen Krise. Das Hauptproblem: Immer weniger Beitragszahler müssen zu viele Rentner und Pensionäre finanzieren. Die Bundesbürger werden immer älter und beziehen immer länger Rente. Der so genannte Generationenvertrag funktioniert nicht mehr.

Viele Probleme und keine Lösung in Sicht

Die Probleme der gesetzlichen Rentenversicherung sind vielfältig: Geburtenrückgänge, höhere Lebenserwartung, längere Rentenbezugsdauer, gesunkenes Renteneintrittsalter und zunehmend atypische Beschäftigungsformen mit unregelmäßigen Rentenbeitragszahlungen. Die Einnahmen der Rentenversicherung reichen bereits jetzt nicht mehr aus, um die monatlichen Rentenzahlungen zu begleichen. Der Staat finanziert das Defizit aus dem Bundeshaushalt und eine Lösung der Probleme ist nicht in Sicht.

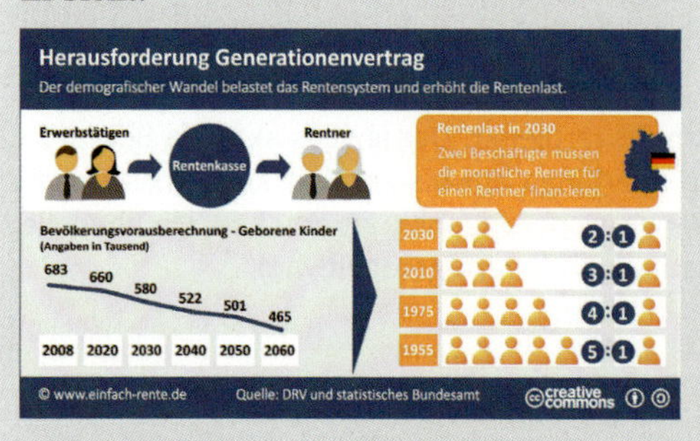

Diese Infografik ist von www.einfach-rente.de.

So funktioniert der Generationenvertrag

Die Beschäftigten zahlen Monat für Monat Beiträge an die Rentenkasse, das Geld wird nicht angespart, sondern gleich wieder an die Rentner ausbezahlt. Reichen die Einnahmen nicht aus, springt der Staat ein. Allein im Jahr 2012 hat der Bund einen Zuschuss von 82 Milliarden in die Rentenkasse überwiesen. Doch wie lange geht das noch, bei einer klammen Staatskasse, hohen Belastungen durch die Eurokrise und einer ausufernden Staatsverschuldung?

Ein weiteres Problem: Immer weniger Kinder und der damit verbundene Bevölkerungsrückgang erhöhen die Rentenlast der künftigen Erwerbstätigen. Die Bevölkerungsvorausberechnung des statistischen Bundesamtes geht davon aus, dass die Anzahl der geborenen Kinder in Deutschland von Jahr zu Jahr sinken wird. In 2060 wird es nur noch 465.000 geborene Kindern geben. Parallel zum Rückgang der Neugeborenen verändert sich das Verhältnis Beschäftigte zu Rentenempfängern. Haben in 1955 noch 5 Beschäftigte die monatliche Rente für einen Rentner finanziert, so werden in 2030 nur noch 2 Beschäftigte den Rentenlast von einem Rentner schultern müssen.

Quelle: einfachrente: Generationenvertrag einfach erklärt, Pajoas GmbH, 08.04.2013, In: https://www.einfach-rente.de/finanzmagazin/generationenvertrag.php [29.04.2019].

Generationenvertrag

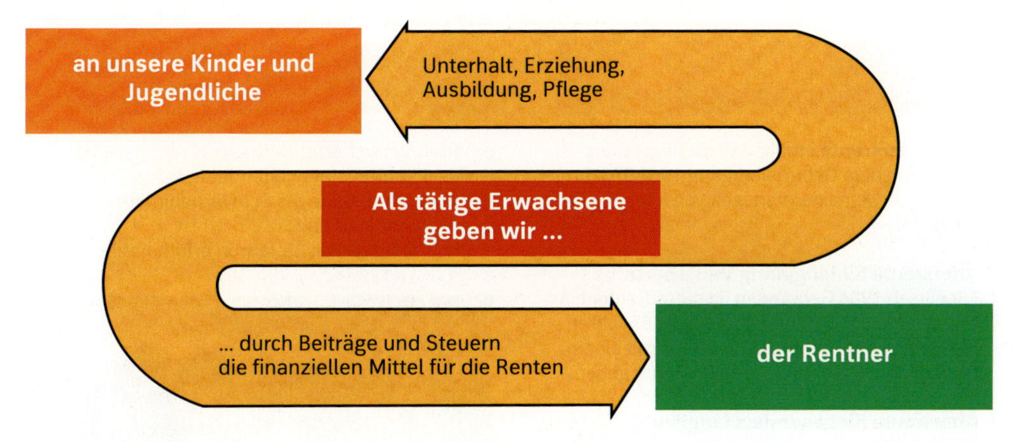

Leistungen

Neben der Zahlung von Renten hat die Rentenversicherung noch weitere, gesetzlich vorgeschriebene Leistungen zu erbringen. Die wichtigsten Leistungen zeigt die folgende Übersicht.

Leistungen zur Rehabilitation	Zahlung von Renten	Kranken- und Pflegeversicherung	Aufklärung und Beratung der Versicherten und Rentner
Ziel der Rehabilitationsleistungen der Rentenversicherung ist es, Beeinträchtigungen durch Krankheit oder Behinderungen bei den Erwerbstätigen entgegenzuwirken. So soll ein vorzeitiges Ausscheiden aus dem Erwerbsleben möglichst verhindert werden.	Die Rentenversicherung zahlt Renten ▪ wegen Alters, ▪ wegen verminderter Erwerbsfähigkeit, ▪ im Todesfall.	Rentner, die mindestens neun Zehntel in der zweiten Hälfte ihres Arbeitslebens Mitglied in einer gesetzlichen Krankenkasse waren, sind in der gesetzlichen Krankenversicherung und damit auch in der Pflegeversicherung pflichtversichert.	Die Rentenversicherungsträger gewährleisten eine flächendeckende Auskunft und Beratung der Versicherten, Rentner und Arbeitgeber zu allen Fragen der gesetzlichen Rentenversicherung.

Renten werden gezahlt, wenn

- der Rentenfall eingetreten und
- die Wartezeit erfüllt ist.

Die Rentenversicherung unterscheidet folgende **Rentenarten:**

Altersrente

Regelaltersrente erhält, wer die Regelaltersgrenze (ab dem Geburtsjahrgang 1964 67 Jahre) und die allegemeine Wartezeit von fünf Jahren erfüllt hat.

Altersrente für langjährig Versicherte
Für alle ab 1964 Geborenen liegt das Renteneintrittsalter nach 35 Beitragsjahren bei 67 Jahren. Sie können aber schon ab 63 Jahren mit einem Abzug von bis zu 14,4 Prozent in Rente gehen.

Altersrente für besonders langjährig Versicherte
Für die heutige Generation der Auszubildenden und beruflich Tätigen gilt, dass sie als Versicherte in der gesetzlichen Rentenversicherung mit 65 ohne Abschläge Altersrente beziehen, wenn sie 45 Jahre mit Pflichtbeiträgen für eine versicherte Beschäftigung oder Berücksichtigungszeiten vorweisen können.

Altersrente für Schwerbehinderte

erhalten Versicherte, wenn sie
- das 65 Lebensjahr vollendet haben,
- bei Rentenbeginn als Schwerbehindert anerkannt sind und
- die Wartezeit von 35 Jahren erfüllt haben.

Erwerbsminderungsrente

Rente wegen teilweiser Erwerbsminderung
Vor dem Erreichen der Regelaltersgrenze erhält ein Versicherter Rente wegen teilweiser Erwerbs-
minderung, wenn er nicht mehr voll arbeiten kann (mindestens drei Stunden, aber weniger als sechs Stunden täglich).
Rente wegen voller Erwerbsminderung
Die Rente wegen voller Erwerbsminderung ersetzt vor dem Erreichen der Regelaltersgrenze den Verdienst, wenn die Erwerbsfähigkeit auf dem allgemeinen Arbeitsmarkt auf weniger als drei Stunden täglich gesunken ist.
Die Renten wegen teilweiser oder voller Erwerbs- minderung werden auf Zeit geleistet. Es wird geprüft, ob die Erwerbsminderung noch

Hinterbliebenenrente

Witwen bzw. Witwer haben nach dem Tod des Versicherten Anspruch auf **Witwenrente** bzw. **Witwerrente,** wenn der Ehegatte die allgemeine Wartezeit erfüllt hat und die Ehe mindestens seit einem Jahr besteht.
Eingetragene Lebenspartner haben ebenfalls Anspruch auf eine Rente, wenn die Wartezeit und die Dauer der Lebenspartnerschaft den oben genannten Voraussetzungen entsprechen.
Kinder haben nach dem Tod von Vater oder Mutter einen Anspruch auf **Waisenrente,** wenn der Verstorbene die allgemeine Wartezeit von fünf Jahren erfüllt hat. Der Anspruch besteht bis zur Vollendung des 18. Lebensjahres. Bei Schul- und Berufsausbildung verlängert er sich bis zum 27. Lebensjahr.

Private Altersvorsorge

Die gesetzliche Rentenversicherung wird zukünftig nur für eine Grundabsicherung im Alter sorgen. Um einen angemessenen Lebensstandard zu halten, ist eine zusätzliche private Altersvorsorge notwendig.

Die Grundlage für die Planung einer zusätzlichen privaten Altersvorsorge setzt umfassende Information und unabhängige Beratungen voraus. Folgende Informationen bietet hierzu das Bundesministerium für Arbeit und Soziales auf seiner Internetseite an:

Herausforderungen für die Altersvorsorge

Die Menschen in Deutschland werden immer älter. Eine 60jährige Frau lebt heute – statistisch gesehen – noch weitere 25 Jahre; ein Mann im Durchschnitt noch 22 Jahre. Das ist erfreulich, bringt jedoch Herausforderungen in allen Lebensbereichen mit sich. Besonders für die Finanzierung der Alterssicherungssysteme bedeutet dies eine zusätzliche Belastung.

Gleichzeitig werden immer weniger Kinder geboren. Bei der derzeitigen Geburtenrate von 1,5 Kindern pro Frau wird jede nachwachsende Generation zahlenmäßig kleiner sein als die vorangegangene Generation. Das bedeutet für die Sozialversicherungssysteme, dass den Leistungsbeziehern immer weniger Menschen im Erwerbsalter gegenüberstehen.
[...]

Drei Säulen für ein finanziell gesichertes Alter

Das deutsche System der Alterssicherung beruht auf drei Säulen. Die wichtigste, stärkste Säule ist und bleibt die gesetzliche Rentenversicherung. Sie hat in Deutschland eine lange Tradition und ist eine der großen sozialen Errungenschaften. Sie funktioniert im Umlageverfahren: Aus den Einzahlungen der heute Arbeitenden werden direkt die Renten der heutigen Rentner bezahlt. Im Unterschied zu privaten Versicherungen, die man freiwillig abschließt, ist die gesetzliche Rentenversicherung eine Pflichtversicherung für alle abhängig Beschäftigten und für bestimmte Selbstständige sowie weitere besondere Personengruppen. [...]

Die betriebliche und die private Altersvorsorge bilden im deutschen System der Alterssicherung die zweite und die dritte Säule. Eine zusätzliche Absicherung ist sinnvoll und notwendig, um den im Berufsleben erreichten Lebensstandard auch im Alter aufrechterhalten zu können. Im Unterschied zum Umlageverfahren der gesetzlichen Rentenversicherung wird bei der zusätzlichen Altersvorsorge in der Regel ein Kapitalstock zur Finanzierung der Leistungen gebildet (Kapitaldeckungsverfahren). Außerdem kann jeder frei wählen, ob und wie er sich zusätzlich absichert. Staatlich geförderte Zusatzvorsorge ist attraktiv und lohnend – aber keine Pflicht. Der Staat fördert den Aufbau einer solchen Zusatzrente, indem er Zahlungen von der Steuer und Beitragspflicht befreit und Zulagen gewährt. [...]

Zusätzliche Altersvorsorge lohnt sich

Wer über die gesetzliche Rente hinaus für das Alter vorsorgen will, hat die Wahl. Zusätzliche Altersvorsorge ist über den Betrieb bzw. den Arbeitgeber und privat möglich. Beide Wege fördert der Gesetzgeber in erheblichem Umfang. [...] Unter anderem stehen dabei folgende Fragen im Vordergrund:

- Wer wird gefördert?
- Was wird gefördert?
- Wie funktioniert die staatliche Förderung im Einzelnen?
- Wo kann man sich beraten lassen und weitere Informationen erhalten?

[...]

Quelle: Bundesministerium für Arbeit und Soziales: Zusätzliche Altersvorsorge, Berlin, Stand Januar 2018. In: https://www.bmas.de/SharedDocs/Downloads/DE/PDF-Publikationen/a817-zusaetzliche-altersvorsorge.pdf?__blob=publicationFile&v=3 [08.08.2019].

Für die Zahnmedizinischen Fachangestellten gibt es einen eigenen Tarifvertrag zur betrieblichen Altersvorsorge und Entgeltumwandlung.

Tarifvertrag zur betrieblichen Altersversorgung und Entgeltumwandlung

Präambel

Durch diesen Tarifvertrag wollen die Tarifvertragsparteien einen Beitrag zur Zukunftssicherung von Zahnmedizinischen Fachangestellten/Zahnarzthelferinnen im Alter leisten, indem sie die Möglichkeit zum Aufbau einer zusätzlichen kapitalgedeckten Altersversorgung schaffen.

Quelle: VMF: Tarifvertrag. In: www.vmf-online.de/mfa/mfa-tarife [29.04.2019].

Situationsaufgaben

Ein Vertrag zwischen den Generationen

In Deutschland finanzieren die Arbeitnehmer und Arbeitgeber mit ihren Beiträgen, die sie in die gesetzliche Rentenversicherung einzahlen, die Renten der Rentner von heute. Man spricht daher auch vom Generationenvertrag. Er ist nirgendwo schriftlich festgehalten, sondern vielmehr ein unausgesprochenes gesellschaftliches Abkommen zwischen Jung und Alt.

Die gesetzliche Rentenversicherung

Die Rentenversicherung ist der umfassendste Zweig der Sozialversicherung. Sie übernimmt die Kosten zur Alterssicherung und zur Teilhabe am Arbeitsleben bei gesundheitlichen Einschränkungen [...] Die gesetzliche Rentenversicherung wird aus Beiträgen von Arbeitnehmern und Arbeitgebern gemeinsam getragen. Beide zahlen jeweils 9,3 Prozent des monatlichen Bruttoeinkommens des Arbeitnehmers (Stand 2019..). Die gesetzliche Rentenversicherung deckt zwei Drittel aller Altersvorsorgeausgaben in Deutschland ab.

Voraussetzungen und Leistungen:

- Frauen und Männer zahlen gleiche Beiträge.
- Die Beiträge sind nicht nach Alter oder Zahl der selbst erzogenen Kinder gestaffelt.
- Der Rentenversicherungsschutz besteht auch in Zeiten von Krankheit, Arbeitslosigkeit, Kindererziehung und Pflege von Angehörigen.
- Wer aus gesundheitlichen Gründen seinen Beruf nicht mehr ausüben kann, wird von der Rentenkasse unterstützt, um seine Erwerbsfähigkeit zu verbessern oder wieder zu erreichen.
- Es gibt eine **Rente** bei Erwerbsminderung, im Alter und für die Hinterbliebenen.
- Rentner erhalten einen Zuschuss zum Beitrag für die Krankenversicherung.

Wer ist in der gesetzlichen Rentenversicherung pflichtversichert?

- **Angestellte und Arbeiter:** Dazu gehören auch Auszubildende, Entwicklungshelfer, **Menschen mit Behinderung**, die in anerkannten Behindertenwerkstätten arbeiten, freiwillig Wehrdienstleistende und Bundesfreiwilligendienstleistende.
- **Erziehende:** Auch Mütter und Väter sind in Zeiten, in denen sie Kinder erziehen, pflichtversichert. Bis zu drei Jahre werden bei der Rente berücksichtigt. In dieser Zeit müssen sie keine Beiträge zahlen, das übernimmt der Staat für sie.
- **Pflegende:** Menschen, die mindestens 14 Stunden pro Woche einen pflegebedürftigen Angehörigen betreuen und nicht mehr als 30 Stunden wöchentlich nebenbei arbeiten, sind ohne eigene Beitragszahlung pflichtversichert. Ihre Beiträge übernehmen die Pflegekassen.

- **Selbstständige:** Nur bestimmte Berufsgruppen wie Handwerksmeister, Künstler und Hebammen sind laut Sozialgesetzgebung pflichtversichert. Alle anderen Selbstständigen können sich freiwillig versichern und erwerben dann ebenfalls Rentenansprüche. Viele Selbstständige zahlen den Mindestbeitrag von monatlich etwa 84 EUR, den sie bis auf einige Ausnahmen allein tragen müssen.

Die drei Säulen der Alterssicherung

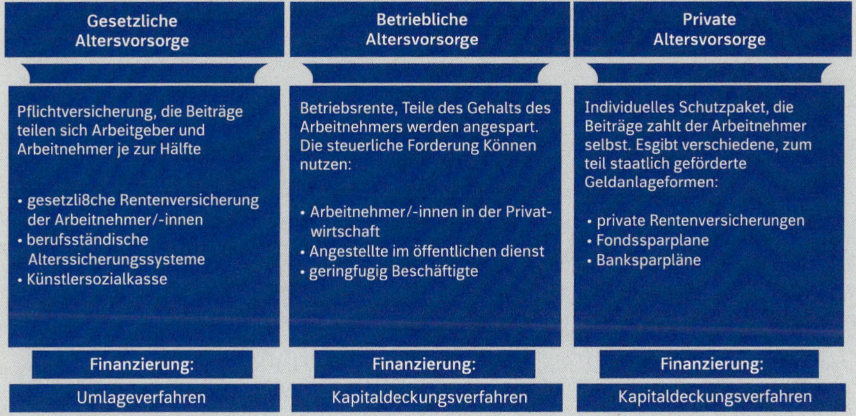

Quelle: eignene Darstellung

Das Umlageverfahren

Die gesetzliche Rentenversicherung wird seit dem Jahr 1957 über das so genannte Umlageverfahren finanziert. Das bedeutet, dass das Geld der Beitragszahler direkt für die Zahlung der Renten des nächsten Monats verwendet wird. Ein Rentner erhält sein Altersgeld also aus den Beiträgen, welche die Erwerbstätigen und Arbeitgeber je zur Hälfte im Vormonat gezahlt haben. Wie hoch die Rente ausfällt, hängt davon ab, wie lange der Betreffende vorher berufstätig war und wie viel er verdient und an Beiträgen eingezahlt hat: je länger das Erwerbsleben und je höher der Verdienst, desto höher die Rente.

Die Beiträge zur gesetzlichen Rentenversicherung reichen jedoch schon seit längerer Zeit nicht mehr, um alle Renten auszuzahlen. Deshalb muss der Staat zusätzlich Steuergelder als Bundeszuschuss zur Verfügung stellen. Im Jahr 2014 waren das rund 61 Milliarden EUR.

Das Kapitaldeckungsverfahren

Für zukünftige Rentner werden die Zahlungen aus der gesetzlichen Rentenversicherung allein nicht mehr genügen, um den gewohnten Lebensstandard aufrechtzuerhalten. Dafür müssen die heutigen Arbeitnehmer selbst vorsorgen und zusätzlich in eine der beiden Säulen der Alterssicherung einzahlen: die betriebliche oder die private Altersvorsorge. Diese beruhen auf dem so genannten Kapitaldeckungsverfahren: Jeder spart für seine eigene Rente. Die Höhe der Rente hängt vom angesparten Kapital und dessen Anlageertrag ab. Der Anlageertrag ist wiederum abhängig vom Zinsniveau. Der Staat unterstützt die betriebliche und private Altersvorsorge durch Zulagen und Steuervorteile.

Quelle: http://www.sozialpolitik.com/artikel/rentenversicherung-1, 09/2018 [05.11.2019]

- Lesen Sie den obigen Text sorgfältig und markieren Sie die wichtigen Aussagen.
- Diskutieren Sie in Gruppen, warum Sie bestimmte Aussagen markiert haben.
- Ermitteln Sie anhand des Textes, welche erheblichen Vorteile die gesetzliche Rentenversicherung bietet.
- Warum ist eine zusätzliche Altersversorgung notwendig? Wo finden sich im Text Hinweise für die Notwendigkeit dieser Vorsorge?
- Stellen Sie anhand des drei Säulen-Modells die Möglichkeiten der Altersabsicherung dar.

Prüfungsvorbereitung

Folgende Karteikarten sind zur Ergänzung der Prüfungsvorbereitung zu erstellen:

Karteikarte 33:
Die gesetzliche Rentenversicherung – Träger, Pflichtversicherte, Finanzierung

1. *Träger der eigenen Rentenversicherungsbeiträge*
2. *Sonstige Rentenversicherungsträger*
3. *Pflichtversicherte*
4. *Möglichkeiten einer freiwilligen Versicherung*
5. *Beiträge der Pflichtversicherten*
6. *Umlageverfahren*

Karteikarte 34:
Die gesetzlich vorgeschriebenen Aufgaben der Rentenversicherung

1. *Rehabilitation*
2. *Zahlung von Kranken- und Pflegeversicherungsbeiträgen*
3. *Aufklärung und Beratung*
4. *Zahlung von Renten (Voraussetzungen der Rentenzahlung, Rentenarten)*

Karteikarte 35:
Private Altersvorsorge

1. *Drei-Schichten-Modell*
2. *Staatlich geförderte Möglichkeiten der Zusatzversorgung (Riester-Rente, betriebliche Altersvorsorge durch Entgeltumwandlung)*

12.7 Arbeitsförderung – Arbeitslosenversicherung

Sarah und Michaela, die alten Schulfreundinnen, treffen sich wieder einmal. Michaela besucht die Höhere Handelsschule. Sie berichtet: „Heute war ein Berufsberater der Agentur für Arbeit da. Er hat uns einen Überblick über die Ausbildungsberufe gegeben, die für uns infrage kommen. Dann hat er mit einigen schon einen Termin für ein Beratungsgespräch ausgemacht." „Ach ja", entgegnet Sarah, „ich glaube, die wären froh, wenn die nur so dankbare Aufgaben wie die Berufsberatung hätten. Bei meinem Vater in der Firma wird mittlerweile kurzgearbeitet. Gut, dass es das Kurzarbeitergeld gibt." „Ja, manchmal ist die Situation ausgesprochen blöd", sagt Michaela. „Mein Freund ist im Augenblick arbeitslos, obwohl er eine ausgezeichnete Prüfung als Elektroniker für Energie- und Gebäudetechnik abgelegt hat. Leider hat seine Firma nicht alle Auszubildenden übernommen. Aber wir sind optimistisch, dass er über die Arbeitsagentur sehr schnell eine neue Stelle vermittelt bekommt."

Aufgaben

1. In der Ausgangssituation wird dargestellt, dass die Aufgaben der Bundesagentur nicht auf die Arbeitslosenversicherung begrenzt sind. Welche wichtigen Aufgaben nimmt sie neben der Arbeitslosenversicherung wahr? Schauen Sie hierzu auf die Internetseite der Bundesagentur für Arbeit.
2. Erläutern Sie, warum gerade die Arbeitsmarkt- und Berufsforschung eine wichtige Voraussetzung für eine vernünftige Berufsberatung ist.
3. Nennen Sie weitere Aufgaben der Arbeitsförderung.
4. In der Ausgangssituation wird eine Maßnahme zur Sicherung von Arbeitsplätzen genannt. Nennen Sie die vorhandenen Möglichkeiten der Bundesagentur für Arbeit zur Sicherung von Arbeitsplätzen und erläutern Sie den Sinn dieser Maßnahmen.
5. Die Arbeitslosenversicherung sorgt für die finanzielle Absicherung im Fall von Arbeitslosigkeit. Unter welchen Voraussetzungen erhält man Arbeitslosengeld?
6. Wann erhält man Arbeitslosengeld II? Welche Voraussetzungen müssen dazu erfüllt sein?
7. Wie werden die Ausgaben der Bundesagentur für Arbeit überwiegend finanziert?

Aufgaben der Bundesagentur für Arbeit

Der Schwerpunkt der Aufgaben hat sich im Laufe der Jahre erheblich verschoben. Wurde früher die Arbeitslosenversicherung als Hauptaufgabe im Rahmen der Sozialversicherung gesehen, so liegt heute das Hauptaugenmerk auf der **Arbeitsförderung.** Die Arbeitsförderung soll dazu beitragen, dass ein hoher Beschäftigungsstand erreicht wird. Mit den Instrumenten der Arbeitsförderung soll gerade das Entstehen von Arbeitslosigkeit vermieden werden. Kommt es trotzdem zur Arbeitslosigkeit, sollen diese Instrumente helfen, die Dauer der Arbeitslosigkeit möglichst zu verkürzen.

Versicherte

In der Arbeitslosenversicherung sind alle Arbeiter, Angestellten und Auszubildenden pflichtversichert.

Finanzierung

Die Bundesagentur für Arbeit finanziert sich überwiegend aus Beiträgen der Arbeitnehmer und Arbeitgeber. Arbeitnehmer und Arbeitgeber tragen den Beitrag je zur Hälfte. Der Beitragssatz beträgt 2,5 % des Bruttoeinkommens.

Leistungen

Die angebotenen Leistungen der Bundesagentur für Arbeit und der örtlichen Arbeitsagenturen sind sehr umfangreich. Für einen Arbeitnehmer ist es daher bei Bedarf wichtig, bezogen auf seine Situation die entsprechende Beratung in den örtlichen Arbeitsagenturen in Anspruch zu nehmen. Wie umfassend der Leistungskatalog der Bundesagentur für Arbeit ist, zeigt die folgende Internetseite.

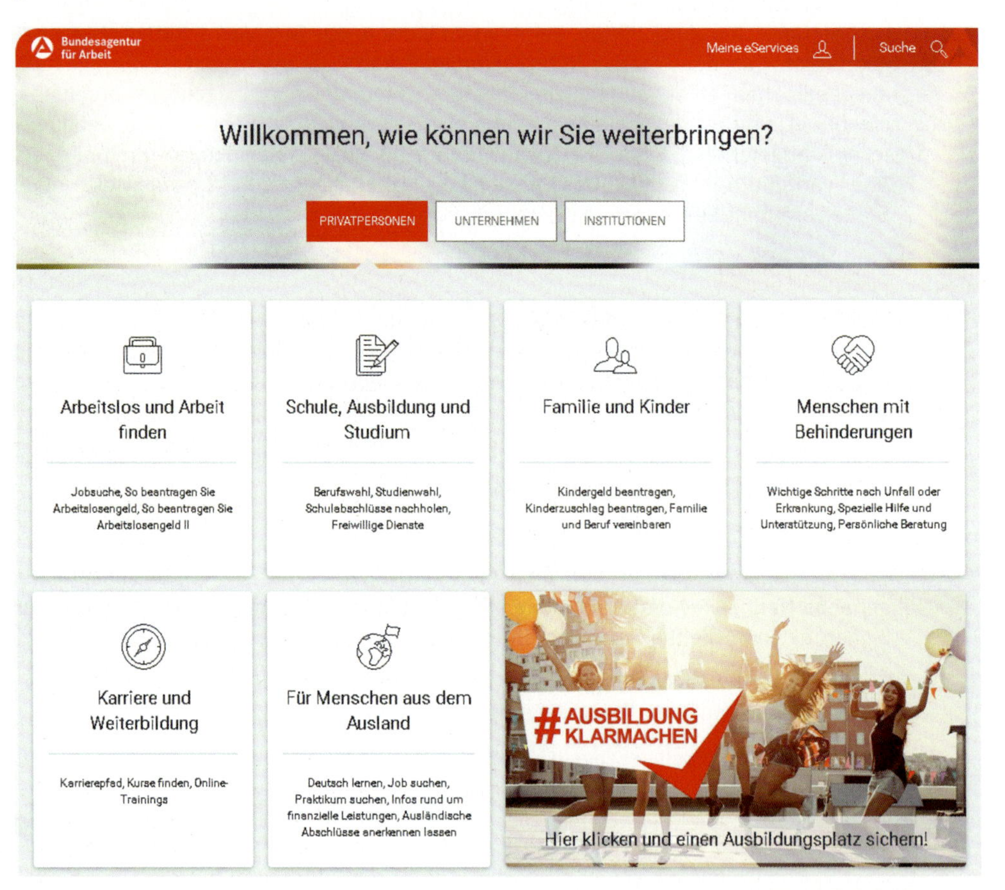

Arbeitslosigkeit, Kurzarbeit oder Insolvenz des Arbeitgebers bedeutet für den betroffenen Arbeitnehmer den Verlust des Einkommens. In diesen Fällen sorgt unter bestimmten Voraussetzungen die Agentur durch folgende Leistungen für einen finanziellen Ausgleich:

- Arbeitslosengeld
- Kurzarbeitergeld
- Insolvenzgeld

Durch die Zahlung von Arbeitslosengeld wird für das finanzielle Auskommen des Arbeitssuchenden über einen begrenzten Zeitraum gesorgt. So kann der Versicherte sich eine neue Arbeit suchen, ohne dass er sich ständig um die Absicherung seiner Existenz bemühen muss.

Voraussetzung für die Zahlung von Arbeitslosengeld ist:

- Der Versicherte ist arbeitslos.
- Er muss die Anwartschaftszeit erfüllt haben, d. h., er muss eine Mindestzeit an Versichertenjahren haben.
- Er muss sich persönlich arbeitslos melden.

Die **Arbeitslosmeldung** dient der Sicherung der finanziellen Ansprüche. Sie ist Voraussetzung für die Zahlung des Arbeitslosengeldes. Die Zeit, für die Arbeitslosengeld gezahlt wird, ist abhängig vom Lebensalter und davon, wie lang ein Arbeitssuchender in den letzten fünf Jahren arbeitslosenversicherungspflichtig war. Die Zeitspanne reicht von sechs bis achtzehn Monaten.

Dauer des Anspruchs

Die Anspruchsdauer ist aus der nachstehenden Tabelle ersichtlich.

Nach Versicherungspflichtverhältnissen mit einer Dauer von insgesamt mindestens		und nach Vollendung des	Anspruchsdauer in	
Monaten*)	Kalendertagen*)	Lebensjahres	Monaten	Kalendertagen
12	360		6	180
16	480		8	240
20	600		10	300
24	720		12	360
30	900	50.	15	450
36	1080	55.	18	540
48	1440	58.	24	720

**) Innerhalb der letzten fünf Jahre. Es wird aber nicht weiter zurückgerechnet als bis zur Entstehung eines früheren Arbeitslosengeldanspruches.*

Quelle: Arbeitsagentur: Merkblatt für Arbeitslose. Ihre Rechte – Ihre Pflichten 1. In: https://con.arbeitsagentur.de/prod/apok/ct/dam/download/documents/Merkblatt-fuer-Arbeitslose_ba015368.pdf (verändert) [29.04.2019].

Hat beispielsweise ein Arbeitsloser nach dem Ende der Zahlungen des Arbeitslosengeldes trotz aller Bemühungen noch keine Arbeit gefunden, hat er Anspruch auf **Grundsicherung für Arbeitssuchende** (Arbeitslosengeld II). Die Grundsicherungsleistung wird an erwerbsfähige Hilfsbedürftige gezahlt. In diesem Fall ist der Arbeitslose arbeitsfähig, kann aber den Lebensunterhalt nicht selbst bestreiten, da er über kein Erwerbseinkommen und kein Vermögen verfügt. Die Grundsicherung wird so lange gewährt, wie die Voraussetzungen für den Bezug erfüllt sind. Sie ist jedoch keine „Hilfe auf Dauer". Die arbeitssuchende Person soll, entsprechend dem Grundsatz „Fördern und Fordern" durch eigene Initiative und verschiedene Maßnahmen wieder in ein Beschäftigungsverhältnis gebracht werden. Aus diesem Grund müssen Empfänger der Grundsicherung ein zumutbares Beschäftigungsverhältnis, das von der Bundesagentur für Arbeit angeboten wird, auch annehmen.

Anders als bei der Beantragung des Arbeitslosengeldes werden bei der Bewilligung der Grundsicherung Teile des Vermögens des Antragsstellers (Sparbuch, Immobilien usw.) angerechnet und einbezogen. Davon ausgenommen sind Freibeträge bei der Vermögensanrechnung („Schonvermögen“).

Das Arbeitslosengeld

Angaben für Alleinstehende mit eigenem Haushalt pro Monat

Arbeitslosengeld I

Leistung für Personen, die in den vergangenen 2 Jahren vor der Arbeitslosigkeit mindestens **12 Monate versicherungspflichtig beschäftigt waren** (Regelanwartschaftszeit) und sich arbeitslos gemeldet haben

Dauer des Bezugs*

bis 49-Jährige:	6 bis 12 Monate
50- bis 54-Jährige:	6 bis 15 Monate
55- bis 57-Jährige:	6 bis 18 Monate
ab 58-Jährige:	6 bis 24 Monate

Höhe des Arbeitslosengeldes

- 60 % des errechneten letzten Nettogehalts**
- eigenes Nebeneinkommen wird berücksichtigt***, eigenes Vermögen nicht

Zusätzliche Leistungen

- keine; bei Bedarf kann zusätzlich ein Antrag auf Arbeitslosengeld II gestellt werden

*je nach Dauer der Einzahlung in die Arbeitslosenversicherung in den vergangenen 5 Jahren
**berücksichtigt werden Gehälter der letzten 12 Monate
***jeweils abzgl. eines bzw. mehrerer Freibeträge; beim ALG I ist eine Tätigkeit unter 15 Stunden wöchentlich erlaubt

Quelle: Bundesagentur für Arbeit

Arbeitslosengeld II („Hartz IV“)

Grundsicherung für erwerbsfähige Personen im Alter von mindestens 15 Jahren bis zur gesetzlich festgelegten Altersgrenze (zwischen 65 u. 67 Jahren), die ihren **Lebensunterhalt nicht aus eigener Kraft und eigenen Mitteln** decken können

Höhe des Regelsatzes

- 424 Euro
- eigenes Einkommen und Vermögen werden bei der Höhe der Leistung mitberücksichtigt***

Zusätzliche Leistungen

- Übernahme der Kosten für Unterkunft und Heizung soweit angemessen
- eventuell Einmalleistungen als Darlehen oder Geld-/Sachleistung für Wohnungs-, Bekleidungserstausstattung und/oder Kosten für medizinische/therapeutische Geräte
- eventuell Mehrbedarf für besondere Lebenslagen (z. B. Alleinerziehende)

Stand August 2019

Situationsaufgaben

- Besuchen Sie im Internet die Internetseite www.sozialpolitik.com. Geben Sie als Suchbegriff „Arbeitslosenversicherung“ ein. Wählen Sie aus den angezeigten Ergebnissen den Punkt „Hintergrund Arbeitslosenversicherung“ aus. Drucken Sie sich den Text aus und unterstreichen Sie die wichtigsten Aussagen. Erstellen Sie anschließend eine Gliederung.
- Die folgende Tabelle zeigt, dass in der Sozialversicherung zurzeit einige Probleme zu bewältigen sind. Welche Reformansätze wurden bisher umgesetzt? Rufen Sie hierzu die Internetseite „http://www.safety1st.de/files/483/Sozialversicherungen_Ueberblick.jpg“ auf.

Reformen der Sozialversicherung

	Rentenversicherung	Krankenversicherung	Pflegeversicherung	Arbeitslosenversicherung
Beitragssatz in % des Bruttoverdienstes	18,6 % zur Hälfte von Arbeitgeber (AG) und Arbeitnehmer (AN)	14,6 %, davon 7,3 % von AG und 7,3 % und den jeweiligen Zusatzbeitrag der Krankenkasse von AN und AG je zur Hälfte	3,05 %, zur Hälfte von AG und AN + 0,25 % für Kinderlose, Rentner zahlen den vollen Beitrag allein.	2,5 %, zur Hälfte von AG und AN

	Rentenversicherung	Krankenversicherung	Pflegeversicherung	Arbeitslosenversicherung
Leistungen	Renten bei verminderter Erwerbsfähigkeit und im Alter, Finanzierung von Rehabilitationsmaßnahmen, Hinterbliebenenrenten	medizinische Hilfe*), Maßnahmen zur Vermeidung und Früherkennung von Krankheiten, Krankengeld	Geld- und Sachleistungen je nach Grad der Pflegebedürftigkeit	Arbeitslosengeld, berufliche Aus- und Fortbildung, Umschulung, Arbeitsvermittlung
Gründe für Reformbedarf	mehr Ausgaben und weniger Einnahmen durch den demografischen Wandel	Die Ausgaben steigen durch die Alterung der Bevölkerung und den medizinischen Fortschritt.	Die Ausgaben steigen durch die Alterung der Bevölkerung und den medizinischen Fortschritt.	Je höher die Arbeitslosigkeit ist, desto höher sind die Kosten.
Reformansätze				

**)Ausgenommen: Leistungen nach einem Arbeitsunfall oder infolge einer Berufskrankheit – hier greift die gesetzliche Unfallversicherung, die der Arbeitgeber komplett finanziert.*

- Die nachfolgende Übersicht zeigt alle Zweige der gesetzlichen Sozialversicherung mit ihren Trägern. Ergänzen Sie die Spalte Aufgaben und Leistungen zunächst mit Ihren eigenen Vorschlägen auf einem separaten Blatt. Überprüfen Sie anschließend Ihre Vorschläge mit den Eintragungen auf der Seite *www.safety1st.de/files/478/249/source_4d667e43ac75c_Die_gesetzliche_Sozialversicherung.jpg*

Die gesetzliche Sozialversicherung

	Träger	Aufgaben und Leistungen
Unfallversicherung	Gewerbliche und landwirtschaftliche Berufsgenossenschaften sowie die Unfallversicherungsträger der Öffentlichen Hand (Gemeindeunfallversicherungsverbände und Unfallkasse)	
Krankenversicherung	Gesetzliche Krankenkassen (u. a. Ortskrankenkassen, Betriebskrankenkassen, Innungskrankenkassen, Ersatzkassen)	

	Träger	Aufgaben und Leistungen
Pflegeversicherung	Pflegekassen der Krankenkassen	
Rentenversicherung	Bundesweite Träger (Deutsche Rentenversicherung Bund, Deutsche Rentenversicherung Knappschaft, Bahn, See) Regionalträger („Deutsche Rentenversicherung" und Regionalname)	
Arbeitslosenversicherung	Bundesagentur für Arbeit	

Prüfungsvorbereitung

Folgende Karteikarten sind zur Ergänzung der Prüfungsvorbereitung zu erstellen:

Karteikarte 36:
Wichtige Aufgaben der Bundesagentur für Arbeit im Rahmen der Arbeitsförderung und der Arbeitslosenversicherung

1. *Wichtige Instrumente der Arbeitsförderung für Schüler und Arbeitnehmer*
2. *Arbeitslosenversicherung – Wichtige Voraussetzungen für die Zahlung von Arbeitslosengeld*
3. *Grundsicherung für Arbeitssuchende*

Karteikarte 37:
Reformen der Sozialversicherung

1. *Gründe für den Reformbedarf*
2. *mögliche Reformansätze*
3. *Auswirkungen auf die eigene Situation*

12.8 Versorgungs- und Fürsorgeleistungen des Staates

Sarah und Michaela tauschen den neuesten Klatsch aus. „Hast du schon gehört, Manuelas Bruder, der in Kiel lebt, ist aufgrund einer Erkrankung völlig erwerbsunfähig. Er erhält nun Sozialhilfe." „Aber müssen dann die Eltern nicht die Kosten für den Unterhalt übernehmen?", fragt Sarah. „Das Sozialamt hat bei den Eltern Manuelas Einkommens- und Vermögensnachweise gefordert. Dabei stellte sich heraus, dass sie nicht in der Lage sind, ihren Sohn finanziell zu unterstützen." „Gut, dass es in solchen Fällen eine Unterstützung in Form der Sozialhilfe gibt."

Aufgaben

1. Was ist der Unterschied zwischen der hier dargestellten Versorgungsleistungen und den Fürsorgeleistungen des Staates?
2. Welche Aufgabe hat die Sozialhilfe?
3. In welcher Form wird Sozialhilfe gewährt?
4. Zu welchem Zweck und unter welchen Bedingungen wird Wohngeld gewährt?

Die Leistungen, die der deutsche Sozialstaat seinen Bürgern gewährt, lassen sich in drei Bereiche einteilen: Versicherungsleistungen (Sozialversicherung), Versorgungsleistungen und Fürsorgeleistungen.

Der deutsche Sozialstaat

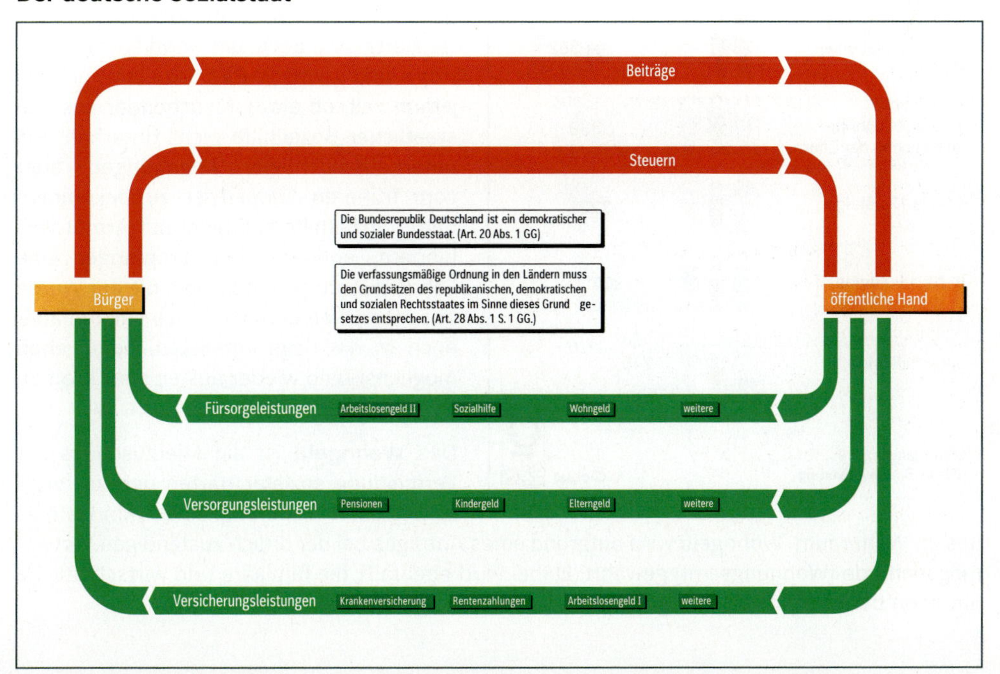

Versorgungsleistungen

Zu den Versorgungsleistungen gehören die staatlichen Leistungen für Bürger, die entweder Opfer oder besondere Leistungen für die Gemeinschaft erbracht haben. Die Solidarität der staatlichen Gemeinschaft ist Grundlage des Versorgungsprinzips. Die Versorgungsleistungen, die der Staat erbringt, werden aus Steuermitteln finanziert. Hierzu gehören u.a.:

- Kindergeld
- Elterngeld
- Versorgung der Kriegs- und Wehrdienstopfer
- Entschädigung der Opfer von Gewalttaten
- Versorgung von Behinderten

Fürsorgeleistungen

Die Fürsorgeleistungen umfassen staatliche Hilfen für bedürftige Bürger, wie z.B. Wohngeld, Arbeitslosengeld II oder auch Sozialhilfe. Das Recht der **Sozialhilfe** ist mit den sogenannten Hartz-Reformen neu geordnet worden. Kern der Neuregelung war die Zusammenlegung der Sozialhilfe, d.h. der Hilfe zum Lebensunterhalt und der Arbeitslosenhilfe zur Grundsicherung für Arbeitssuchende. Personen, die noch in der Lage sind, an mindestens drei Stunden täglich erwerbstätig zu sein, erhalten diese Grundsicherung für Arbeitssuchende in Form des neuen Arbeitslosengeldes II (ALG II) und Sozialgeldes (für unterhaltsbedürftige Angehörige) und keine Hilfe zum Lebensunterhalt (Sozialhilfe). Zuständig ist dann die Bundesagentur für Arbeit bzw. sind dies die örtlichen Arbeitsagenturen. Wo sich diese mit den örtlichen Sozialämtern zu einer sogenannten Arbeitsgemeinschaft (ARGE) zusammengeschlossen haben, bleibt das Sozialamt zuständiger Ansprechpartner.

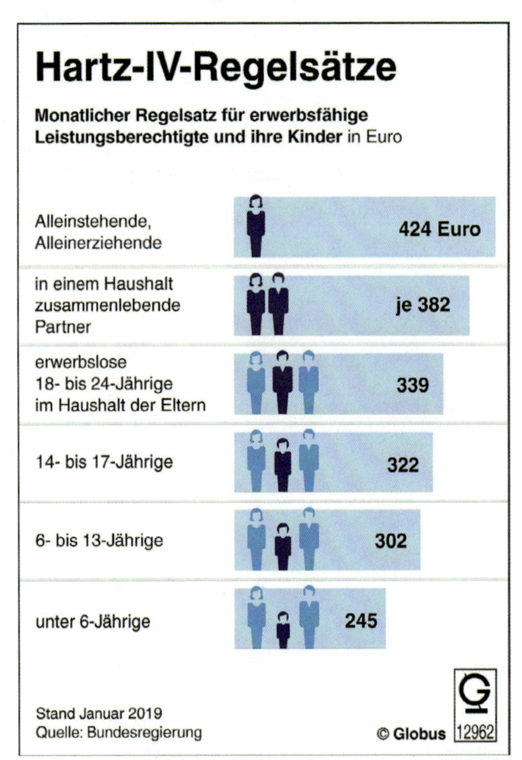

Sozialhilfe bekommt derjenige, der nicht erwerbsfähig ist und nicht in einer Bedarfsgemeinschaft mit einem Erwerbsfähigen lebt. Dazu zählen Menschen, die wegen Krankheit oder Behinderung nicht mehr als drei Stunden/Tag arbeiten können. Weiterhin erhalten bedürftige Personen ab dem 65. Lebensjahr Sozialhilfe. Es gelten die gleichen Sätze wie beim Arbeitslosengeld II (Hartz IV), doch die Vermögensfreibeträge sind geringer. Das Sozialamt prüft in jedem Fall, ob ein Hilfesuchender anstelle staatlicher Sozialhilfe nicht Unterhalt von unterhaltspflichtigen Angehörigen oder vom früheren Ehepartner zu bekommen hätte. Sozialhilfe soll nicht nur Armut verhindern, sondern dem Empfänger eine Lebensführung ermöglichen, die der Würde des Menschen entspricht. Sie soll ihn aber auch in die Lage versetzen, sein Leben möglichst bald wieder aus eigener Kraft zu gestalten.

Das **Wohngeld** ist ein Mietzuschuss zur Vermeidung sozialer Härten und zur wirtschaftlichen Sicherung eines Mindestmaßes an Wohnraum. Wohngeld wird aufgrund eines Antrages bei der örtlich zuständigen Verwaltungsbehörde (Wohnungsamt) gewährt. Dabei wird ebenfalls die familiäre und wirtschaftliche Situation berücksichtigt. Wohngeld muss nicht zurückgezahlt werden.

Situationsaufgaben

Sozialhilfe – Hilfe zum Lebensunterhalt

Sozialhilfe ist ein Auffangnetz für Menschen, die – aus welchen Gründen auch immer – in materielle Not geraten sind und ihren Bedarf weder aus eigener Kraft noch durch andere, vorgeordnete Sozialleistungen bestreben können. Seit der Neuregelung des Sozialhilferechts zum 01.01.2005 sorgt sie im Wesentlichen für die **Existenzsicherung nicht erwerbsfähiger Personen** und ihrer Haushalte.

Ihre **Leistungen** umfassen die *Hilfe zum Lebensunterhalt* (Sozialhilfe im engeren Sinn) und die *Grundsicherung für alte und dauerhaft erwerbsunfähige Menschen*, darüber hinaus im Bedarfsfall auch Hilfen zur Gesundheit, zur Eingliederung behinderter Menschen, zur Pflege oder zur Überwindung besonderer sozialer Schwierigkeiten.

Die Sozialhilfe soll den Hilfebedürftigen ein menschenwürdiges Leben ermöglichen und sie so weit als möglich befähigen, auf eigenen Füßen zu stehen. Sie ist in erster Linie also **Hilfe zur Selbsthilfe** und schließt dazu Beratung und Unterstützung der Betroffenen ein. Die Leistungsberechtigten ihrerseits sollen nach Kräften zur Überwindung ihrer Notlage beitragen und aktiv am Leben in der Gemeinschaft teilnehmen. Soweit zumutbar, sollen sie einer Tätigkeit nachgeben. Überhaupt besteht ein Merkmal des neuen Sozialhilferechts darin, dass es die Leistungsberechtigten aktivieren will und ihnen mehr Eigenverantwortung zuweist.
In Form der **Hilfe zum Lebensunterhalt** soll die Sozialhilfe den grundlegenden Bedarf an Essen, Kleidung, Wohnung, Haushaltsenergie, Hausrat und Körperpflege decken und auch Kontakte zur Umwelt und die Teilnahme am kulturellen Leben ermöglichen. Sie umfasst also – wenn auch in beschränktem Rahmen – die wichtigsten Dinge, die der Mensch zum Leben braucht. Abgesehen von den Wohn- und Heizkosten werden die dafür erforderlichen Mittel nach **Regelsätzen** gewährt, die auch einen Anteil für wiederkehrende größere Anschaffungen enthalten. Die Regelsätze orientieren sich am statistisch feststellbaren Verbrauch von Haushalten der untersten Einkommensschichten. Wie beim ALG II sind sie nach Stellung und Alter der Haushaltsmitglieder abgestuft.

... Kosten für **Unterkunft und Heizung** werden, soweit angemessen, vom Sozialamt zusätzlich übernommen.

Bestimmte Personengruppen (Alleinerziehende, werdende Mütter, gehbehinderte ältere Menschen, Behinderte) haben darüber hinaus Anspruch auf **Mehrbedarfszuschläge**. Für bedürftige Kinder und Jugendliche ist ein „Bildungspaket" vorgesehen.

Lesen Sie den zuvor abgebildeten Text und erläutern Sie anhand des Textes

- den Sinn der Sozialhilfe,
- welcher Personenkreis Anspruch auf Sozialhilfe hat,
- welche Leistungen der Sozialhilfe hier benannt sind.

Prüfungsvorbereitung

Folgende Karteikarte ist zur Ergänzung der Prüfungsvorbereitung zu erstellen:

Karteikarte 38:
Bereiche sozialstaatlicher Leistungen

1. *Versicherungsprinzip (Sozialversicherung): Prinzip und Zweige*
2. *Versorgungsleistungen: Begriff und Beispiele*
3. *Fürsorgeleistungen: Begriffe Sozialhilfe (berechtigte Empfänger, Ziel, Umfang der Leistungen) und Wohngeld*

12.9 Möglichkeiten der privaten Absicherung

Sarah berichtet: „Gestern habe ich mich mit meinen Eltern beraten. Ich hatte bisher keine Versicherung. Nun habe ich eine Unfall ersicherung abgeschlossen. Meine ehemalige Klassenkameradin Alexandra ist letzten Sommer so schwer in den Bergen verunglückt, dass sie ihr ganzes Leben lang mit einer Behinderung leben wird. Jetzt hat sie Schwierigkeiten, überhaupt eine Arbeit zu finden. Für die Folgen der nur noch beschränkten Arbeitsfähigkeit steht niemand gerade, denn sie hatte leider keine Unfallversicherung abgeschlossen." „Ja, in solchen Fällen ist es gut, wenn man versichert ist. Man schimpft zwar oft über die Höhe der Beiträge, aber wenn etwas passiert, ist man froh, wenn jemand für den Schaden aufkommt", antwortet Melanie. „Allerdings darf ich gar nicht daran denken, was wir alles an Versicherungsbeiträgen zahlen. Beiträge für Hausratversicherung, Rechtsschutzversicherung, Haftpflichtversicherung, Unfallversicherung und für eine Risiko-Lebensversicherung müssen aufgebracht werden. Außerdem habe ich für den Fall einer stationären Behandlung im Krankenhaus noch eine private Krankenzusatzversicherung abgeschlossen."

Aufgaben

1. Welchen Sinn haben Privatversicherungen?
2. Wie kommt es zu einem Versicherungsverhältnis in einer Privatversicherung?
3. Welche Arten von Privatversicherungen lassen sich unterscheiden?
4. Erläutern Sie anhand von Beispielen, in welchen Fällen der Abschluss einer privaten Krankenversicherung notwendig ist.
5. Geben Sie Beispiele für Angebote der privaten Krankenversicherungen, die Versicherte in der gesetzlichen Krankenversicherung wählen können.
6. Welcher Personenkreis sollte eine Krankenhaus-Tagegeld- und eine Verdienstausfall-Versicherung abschließen?
7. Welchen Sinn hat eine private Unfallversicherung?
8. Nennen Sie Leistungen der privaten Unfallversicherung.
9. Welche Arten von Lebensversicherungen lassen sich unterscheiden?
10. Warum wird der Abschluss einer Berufsunfähigkeitsversicherung immer wichtiger?
11. Über welche Sachversicherung sollte eine Zahnmedizinische Fachangestellte verfügen, die einen eigenen Haushalt führt?
12. Die Zahnmedizinische Fachangestellte Angelika hat einige Jahre nach der Geburt ihrer Kinder eine Haftpflichtversicherung abgeschlossen. Begründen Sie, warum Angelika gerade im Hinblick auf die Kinder eine solche Vorsorge getroffen hat.
13. Welche Versicherung ist zwingend vorgeschrieben, sobald man ein eigenes Auto fährt?
14. Welche weiteren Absicherungen sind in diesem Fall möglich und sinnvoll?

Die Sozialversicherung bietet den gesetzlich Versicherten Schutz im Fall von Krankheit, Pflegebedürftigkeit, bei einem Arbeitsunfall, im Alter und bei Arbeitslosigkeit. Darüber hinaus kann der Einzelne Vorsorge für Risiken treffen, die nur privat abgesichert werden können, beispielsweise eine Versicherung gegen die Folgen von Privatunfällen, von Berufsunfähigkeit sowie für den Fall, dass man für einen Schaden haften muss. Ferner kann über zusätzliche private Versicherungen der staatliche Schutz ergänzt werden, wenn dieser als unzureichend angesehen wird.

Die Möglichkeiten der privaten Vorsorge sind vielfältig. Aber Vorsicht, oft werden aufgrund von Werbung und über geschickte Vertreter schnell unnötige und teure Versicherungen abgeschlossen.

Bei den Privatversicherungen (Vertragsversicherungen) entsteht das Versicherungsverhältnis durch einen Vertrag zwischen einem Versicherungsunternehmen und dem Versicherungsnehmer. Der Versicherungsnehmer verpflichtet sich, die vereinbarte Prämie zu zahlen. Der Versicherer zahlt im Versicherungsfall die vereinbarte Leistung. Die vertraglichen Vereinbarungen werden in einer Urkunde, dem Versicherungsschein (Police), festgehalten.

In welchen Bereichen Versicherungen sinnvoll sind
1. Für fast alle Schadenfälle gibt es Versicherungen. Doch die meisten braucht man nicht. Besonders wichtig sind eine private Haftpflicht-, Berufsunfähigkeits- und Unfallversicherung sowie für junge Familien eine Risiko-Lebensversicherung und für Hausbesitzer eine Wohngebäudeversicherung.
2. Für alle weiteren Policen gilt: Sinnvoll sind Versicherungen, wenn sie große finanzielle Risiken abdecken, die im Schadenfall die materielle Existenz bedrohen können; wenn sie vor Risiken schützen, die man trotz vorsichtigen Verhaltens selbst kaum reduzieren kann (Unfälle, Feuer im Haus); wenn sie nicht schon in anderen Versicherungen enthalten sind und wenn sie zum eigenen Verhalten passen. Wer kaum verreist, braucht keinen umfassenden Reiseschutz.
3. Vorsicht bei Versicherungspaketen: Sie enthalten neben passenden Policen auch viele unnötige Versicherungen.
4. Wer überflüssige Versicherungen hat, kann sie normalerweise mit einer Frist von drei Monaten zum Ende der Versicherungsperiode kündigen. Eine Kündigung ist auch bei Beitragserhöhungen und nach einem Schadenfall meist innerhalb von einem Monat möglich.

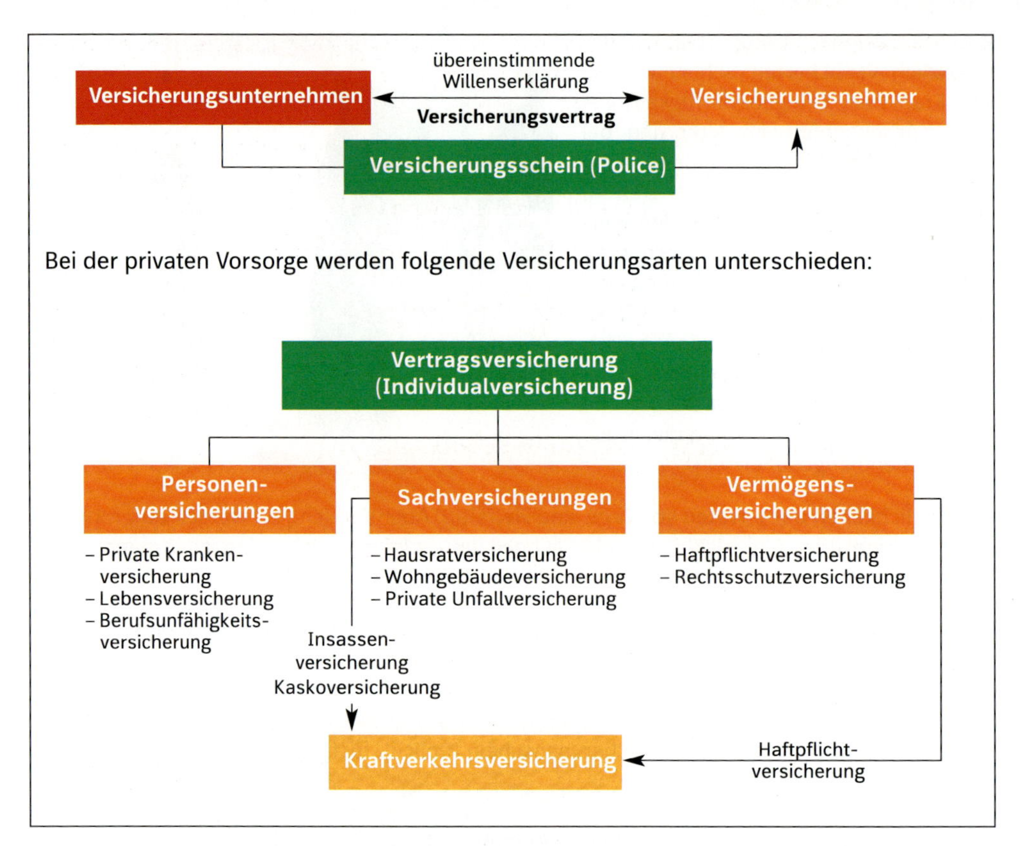

Personenversicherungen sichern Risiken ab, die die Person des Versicherten betreffen. Sachversicherungen dienen dem Ersatz von Sachschäden, die durch einen Versicherungsfall entstanden sind. Vermögensversicherungen übernehmen die Regulierung von berechtigten Haftpflichtforderungen und bei Prozessen für den Versicherungsnehmer die Prozesskosten.

Personenversicherungen

Private Krankenversicherung

Alle Personen, die nicht in der gesetzlichen Krankenversicherung versichert sind, z. B. Selbstständige und Beamte, müssen sich privat versichern. Pflichtversicherte können bei einer privaten Krankenversicherung ihren Versicherungsschutz ergänzen, z. B. im Falle eines Krankenhausaufenthaltes.

Die **Höhe der Beiträge** richtet sich u. a. nach dem Risiko. So spielen das Eintrittalter und der Gesundheitszustand eine Rolle. Versicherte mit Vorerkrankungen müssen Risikozuschläge zahlen. Versicherungsnehmer, die über einen bestimmten Zeitraum keine Versicherungsleistungen in Anspruch genommen haben, erhalten häufig einen Teil der Beiträge zurück **(Beitragsrückerstattung).**

Die Unternehmen der privaten Krankenversicherung müssen darüber hinaus einen **Basistarif** anbieten. Es besteht Aufnahmezwang, d. h. Versicherte dürfen in diesem Tarif nicht abgewiesen werden. Es dürfen keine Zuschläge wegen eines erhöhten gesundheitlichen Risikos erhoben werden. Der Basistarif entspricht in seinem Leistungsumfang dem Leistungskatalog der gesetzlichen Krankenversicherung (GKV). Er darf den jeweiligen GKV-Höchstbeitrag nicht überschreiten. So können beispielsweise Versicherte in den Basistarif wechseln, wenn ihnen ihr privater Krankenversicherungsbeitrag zu hoch wird.

Die **Krankheitskosten-Vollversicherung** erstattet dem Versicherten je nach Tarif die Kosten bei Krankheit, Vorsorgeuntersuchungen, Mutterschaft, Zahnersatz, Heil- und Hilfsmitteln.

Krankheitskosten-Teilversicherungen dienen u. a. zur Deckung von Zusatzleistungen, die ein Versicherter in einer gesetzlichen Krankenkasse in Anspruch nehmen will. Ein Beispiel hierfür ist die privatärztliche stationäre Behandlung im Fall eines Krankenhausaufenthalts.

Selbstständige und beruflich Tätige ohne Gehaltsfortzahlung im Krankheitsfall können eine **Verdienstausfall-Versicherung** abschließen. Für jeden Tag der Arbeitsunfähigkeit wird dann ein vertraglich vereinbarter Betrag an den Versicherten gezahlt.

Bei einem Urlaub im Ausland bietet sich der Abschluss einer **Auslandsreisekrankenversicherung** an. Diese übernimmt alle Kosten infolge einer Erkrankung im Ausland, gegebenenfalls auch die Kosten für einen Rücktransport. Auch für Versicherte in der gesetzlichen Krankenversicherung ist dieses Angebot sinnvoll, da die Krankenkassen nur die Sätze erstatten, die bei einer Behandlung im Inland entstanden wären. Kosten für einen Rücktransport werden von der gesetzlichen Krankenversicherung grundsätzlich nicht übernommen.

Welche Versicherung brauche ich bei einem Sportunfall?
Die Behandlungskosten übernehmen grundsätzlich die gesetzlichen Krankenkassen. Für längerfristige Folgen hingegen, z. B. Berufsunfähigkeit, kommt die Krankenkasse nicht auf. Dieses Risiko kann nur durch eine private Berufsunfähigkeitsversicherung abgedeckt werden. Vereinssportler sind bei allen Veranstaltungen des Vereins versichert. Allerdings ist diese Versicherung in den meisten Fällen unzureichend. Daher sollten alle Sportler, egal ob sie den Sport in der Freizeit oder im Verein betreiben, über eine Unfallversicherung verfügen. Riskante Sportarten, wie Drachenfliegen, Bungee-Jumping usw. sind jedoch hier nicht versichert.

Lebensversicherung
Bei der Lebensversicherung unterscheidet man drei Arten von Versicherungen. Zum einen ist dies die **Risikolebensversicherung**, die zur Absicherung der Hinterbliebenen dient. Die Unterschiede werden im folgenden Text der Verbraucherzentrale deutlich.

Lebensversicherungen: Schutz im Todesfall und Geldanlage

Stand: 11.09.2019

Eine Lebensversicherung kann in drei verschiedenen Formen abgeschlossen werden. Welche die richtige ist, hängt vor allem von der individuellen Lebenssituation ab.

Risiko-Lebensversicherung

Anders als bei der Kapital-Lebensversicherung ist bei der Risiko-Lebensversicherung nur das Risiko des Todes versichert. Das heißt, die Versicherungssumme wird nur ausgezahlt, wenn die versicherte Person stirbt. Insbesondere Familien mit Kindern stehen oftmals vor dem finanziellen Chaos, wenn ein Partner stirbt. Eine Risiko-Lebensversicherung ist immer dann dringend erforderlich, wenn der Tod eines Elternteils oder Partners eine finanzielle Lücke reißen könnte, die weder durch Renten noch durch eigenes Vermögen zu schließen wäre. Die Laufzeit kann so vereinbart werden, dass die Versicherung endet, wenn andere Rentenansprüche greifen oder/und die Kinder finanziell auf eigenen Beinen stehen.

- Die zu vereinbarende Versicherungssumme wird anhand der individuellen Einkommens- und Vermögenslage ermittelt.
- Vorsicht Vertreter: Viele Versicherungsvertreter wollen ihren Kunden statt einer Risiko-Lebensversicherung eine Kapital-Lebensversicherung aufschwatzen, mit der gleichzeitig Geld angespart werden soll. Grund hierfür ist, dass die Vermittler für diese Verträge wesentlich höhere Provisionen erhalten. Für die Sicherung der Altersvorsorge gibt es allerdings rentablere Möglichkeiten.
- Die Versicherer unterscheiden sich weniger durch ihre Leistungen, als vielmehr durch die Höhe des Beitrags. Also Preise vergleichen!

Kapital-Lebensversicherung

Eine Kapital-Lebensversicherung besteht immer aus zwei Leistungen. Zum einen bietet sie finanzielle Absicherung für Hinterbliebene, wenn der Versicherte stirbt. Dann wird die vereinbarte Versicherungssumme ausgezahlt. Zum anderen ist sie ein Sparplan. Wie der Beitrag allerdings aufgesplittet wird, erfährt der Kunde nicht. Weiterhin ist nur die garantierte Erlebensfallsumme und die garantierte Überschussbeteiligung (für Neuabschlüsse ab 1. Januar 2017 nur noch 0,9 Prozent) sicher. Darüber hinausgehende Überschüsse sind nicht gewährleistet und vom Geschäftserfolg der Versicherungsgesellschaft abhängig. Hier können sich Kunden nur auf die Prognosen der Versicherer „verlassen". Hohe Erträge sind allerdings in naher Zukunft nicht zu erwarten.

- Wer sich nicht sicher ist, ob er die Laufzeit durchhalten kann, sollte keine Kapital-Lebensversicherung abschließen. Denn: Vorher kündigen bedeutet Verlust!
- Hinterbliebenenschutz kann auch durch eine erheblich günstigere Risiko-Lebensversicherung aufgestockt werden.
- Eine Kapital-Lebensversicherung kann im Rahmen einer betrieblichen Altersversorgung, zum Beispiel als Direktversicherung, sinnvoll sein. Dann winken dem Versicherten Steuervorteile.
- Wer sich trotz dargestellter Nachteile für eine kapitalbildende Lebensversicherung entscheidet, sollte die Beiträge jährlich bezahlen. Das spart Zuschläge. Auf eine eingeschlossene Unfalltod-Zusatzversicherung kann verzichtet werden. Sie ist überflüssig und zu teuer.
- Zum Abschluss einer Versicherung sollten immer leistungsstarke Versicherer gewählt werden. Einen Marktüberblick gibt die Versicherungsberatung der Verbraucherzentrale.

Fondsgebundene-Lebensversicherung

Die fondsgebundene Lebensversicherung ist eine Kombination von Risikolebensversicherung und Fondssparplan. Das eingezahlte Geld wird in Investmentfonds, zum Beispiel Aktien-, Renten – oder Immobilienfonds investiert. Eine Mindestauszahlung, wie bei der Kapital-Lebensversicherung gibt es nicht. Ausgezahlt wird, was der Fonds erwirtschaftet hat.

Quelle: Verbraucherzentrale: Kapital-Lebensversicherung. In: https://www.verbraucherzentrale.de/wissen/geld-versicherungen/weitere-versicherungen/lebensversicherungen-schutz-im-todesfall-und-geldanlage-13887#Kapital-Lebensversicherung [30.05.2019].

Sachversicherungen

Zu den Sachversicherungen gehören alle Versicherungen, die einen durch einen Schaden entstandenen Verlust an der Einrichtung bzw. der Wohnung oder des Hauses absichern. Wichtige Zweige sind Feuer-, Einbruchdiebstahl-, Leitungswasser-, Sturm- und Glasversicherungen sowie Versicherungen, über die Schäden an technischen Geräten abgesichert werden. Während in der ärztlichen Praxis die oben genannten Versicherungen entweder einzeln oder als Gewerbesachversicherung abgeschlossen werden, bieten die Versicherungsunternehmen für Privathaushalte die Hausratversicherung an.

Sachversicherungen für Wohnung oder Haus.

Sie sichert gleichzeitig den gesamten Hausrat gegen verschiedene Gefahren, wie Brand, Blitzschlag, Explosion, Einbruchdiebstahl, Beraubung, Leitungswasser, Sturm und Glasbruch ab. Wichtig ist der Abschluss einer Neuwertversicherung, d.h., bei einem Schaden erhält man den Neuwert der beschädigten Sachen ersetzt.

Private Unfallversicherung

Die private Unfallversicherung dient zur Absicherung der wirtschaftlichen Folgen bei einem privaten Unfall. Wenn beispielsweise aufgrund eines Unfalls der Versicherte nur noch beschränkt arbeitsfähig ist, können teilweise die Einkommenseinbußen über die Leistungen der Unfallversicherung aufgefangen werden. Mit einer privaten Unfallversicherung können zwar Schäden an Personen abgesichert werden, aber versicherungstechnisch gesehen zählt diese nicht zu den Personenversicherungen, sondern zu den Sachversicherungen.

Vermögensversicherungen

Wichtige Vermögensversicherungen sind die Haftpflicht- und die Rechtsschutzversicherung. Die **private Haftpflichtversicherung** ersetzt dem Versicherten die Aufwendungen, die er für andere Personen leisten muss, weil sie durch sein Verschulden oder durch ein Verschulden der Mitversicherten (z.B. Ehefrau oder Kinder) zu Schaden gekommen sind. Der Versicherungsschutz erstreckt sich auf Personenschäden wie Tod, Verletzungen oder Gesundheitsschädigungen und Sachschäden. Die **Rechtsschutzversicherung** übernimmt für die Versicherten die erheblichen Kosten, die eine Rechtsberatung und eine Prozessführung nach sich ziehen können. Insbesondere sollten die Teilnehmer am Kraftverkehr über eine Rechtsschutzversicherung verfügen.

Kraftverkehrsversicherung

Die Kraftverkehrsversicherung ist eine kombinierte Versicherung, die gegen alle Risiken, die sich aus der Teilnahme am Kraftverkehr ergeben, absichert.

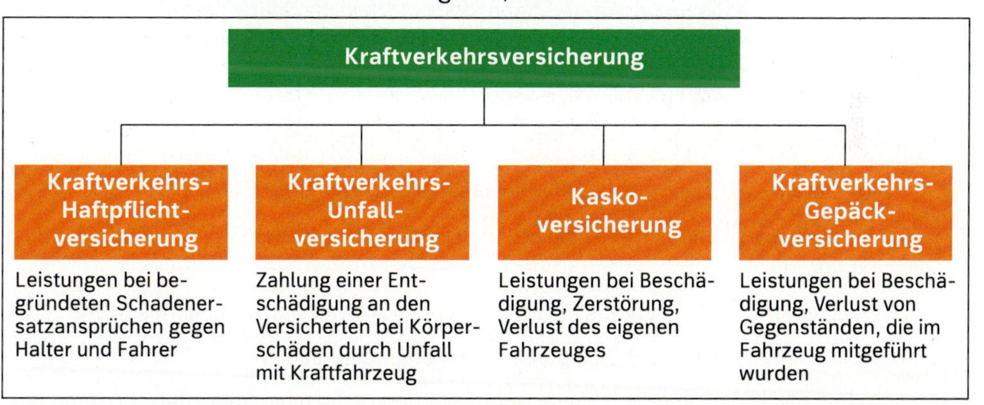

Situationsaufgaben

- Ermitteln Sie anhand von Unterlagen von Versicherungsunternehmen und mithilfe des Internets, welche Versicherungen Sie als Auszubildende unbedingt abschließen sollten. Führen Sie für diese Versicherungen einen Angebotsvergleich durch.
- Erstellen Sie eine Übersicht, welche Angebote Versicherungsunternehmen zur Absicherung im Alter bereithalten. Versuchen Sie mithilfe des Internets die Vor- und Nachteile dieser Angebote zu ermitteln.

Prüfungsvorbereitung

Folgende Karteikarte ist zur Ergänzung der Prüfungsvorbereitung zu erstellen:

Karteikarte 39:
Privatversicherungen

1. *Entstehung des Versicherungsverhältnisses*
2. *Personenversicherungen: Private Krankenversicherung, Lebensversicherung*
3. *Sachversicherungen: Hausratversicherung, Wohngebäudeversicherung, Unfallversicherung*
4. *Vermögensversicherung: Haftpflichtversicherung, Rechtsschutzversicherung*
5. *KFZ-Versicherung*

13 Gehaltsabrechnung

(Eine Gehaltsabrechnung nachvollziehen können und die einzelnen Abzüge zuordnen)

Sarah: „Mein Ausbildungsgehalt ist mit 800,00 EUR im ersten Ausbildungsjahr nicht gerade üppig. Davon gehen dann ungefähr noch 160,00 EUR an Abzügen ab." „Die Absicherung, die wir alle über die Sozialversicherung erhalten, ist nun einmal nicht umsonst zu haben. Immerhin zahlst du nur den Arbeitnehmeranteil zur Sozialversicherung. Ich muss zusätzlich noch Lohnsteuer, Kirchensteuer und den Solidaritätszuschlag zahlen, sodass die Abzüge ungefähr ein Drittel des Gehaltes ausmachen", entgegnet Melanie. „Trotzdem steht in meiner Abrechnung, dass ich die Steuerklasse I habe, obwohl ich keine Steuer zahle."
„Ja, die Steuerklasse wird immer vermerkt. Du hast die Steuerklasse I, weil du nicht verheiratet bist. Ich habe dagegen die Steuerklasse IV."

Aufgaben

1. Welche Abzüge vom Gehalt fallen bei der Gehaltsabrechnung an?
2. Welche Abzüge dienen der Finanzierung staatlicher Aufgaben, wie Straßenbau, Schulen, usw.?
3. Welche besonderen Aufgaben werden mit dem Solidaritätszuschlag finanziert?
4. Wovon hängt die Höhe der einbehaltenen Lohnsteuer ab?
5. Geben Sie Beispiele für kirchliche Gemeinschaften, die berechtigt sind, von ihren Mitgliedern Kirchensteuern einzuziehen.
6. Begründen Sie, warum Sarah noch von der Zahlung der Lohnsteuer, Kirchensteuer und des Solidaritätszuschlags befreit ist.
7. Überprüfen Sie bei beiden folgenden Gehaltsabrechnungen die Beiträge zur Sozialversicherung.

Beispiel: *Gehaltsabrechnungen, die Melanie und Sarah monatlich erhalten:*

Sarah	Monat
Gehalt betriebliche Altersvorsorge	**845,00 EUR** 45,00 EUR
Zu versteuerndes Brutto	**800,00 EUR**
Abgaben	
– Rentenversicherung (1/2 von 18.6 %) – Arbeitslosenversicherung (1/2 von 2,5 %) – Pflegeversicherung (1/2 von 3,05 %) – Krankenversicherung (1/2 von 15,5 %)	74,40 EUR 10,00 EUR 12,20 EUR 62,00 EUR
Summe Sozialabgaben	**158,60 EUR**

Sarah	Monat
Steuern	
– Lohnsteuer – Solidaritätszuschlag – Kirchensteuer	0,00 EUR 0,00 EUR 0,00 EUR
Summe Steuern	**0,00 EUR**
Netto – Überweisung BAV	686,40 EUR – 45,00 EUR
Auszahlungsbetrag	**641,40 EUR**

Sarahs Gehalt, Berechnungsmöglichkeit im Internet unter: www.nettolohn.de/brutto-netto-ergebnis

Melanie	Monat
Gehalt betriebliche Altersvorsorge	**2133,50 EUR** 45,00 EUR
Zu versteuerndes Brutto	**2088,50 EUR**
Abgaben	
– Rentenversicherung (1/2 von 18.6 %) – Arbeitslosenversicherung (1/2 von 2,5 %) – Pflegeversicherung (0,25 % + 1/2 von 3,05 %) – Krankenversicherung (1/2 von 15,50 %)	194,23 EUR 26,11 EUR 37,07 EUR 161,86 EUR
Summe Sozialabgaben	**419,27 EUR**
Steuern	
– Lohnsteuer – Solidaritätszuschlag – Kirchensteuer	199,83 EUR 10,99 EUR 17,98 EUR
Summe Steuern	**228,80 EUR**
Netto – Überweisung BAV	1 485,43 EUR – 45,00 EUR
Auszahlungsbetrag	**1 440,43 EUR**

Melanies Gehalt, Berechnungsmöglichkeit im Internet unter: www.nettolohn.de/brutto-netto-ergebnis

Vom monatlichen Bruttogehalt sind vom Arbeitgeber die Lohnsteuer, der Solidaritätszuschlag und die Kirchensteuer einzubehalten und an das Finanzamt abzuführen. Die **Höhe der Lohnsteuer** ist abhängig von der **Höhe des Bruttoverdienstes** und von der **Lohnsteuerklasse**.

Diese berücksichtigt die vorgesehenen Vergünstigungen, die insbesondere Familien mit Kindern gewährt werden. So zahlt beispielsweise ein verheirateter Arbeitnehmer bei gleichem Verdienst weniger Steuern als ein Lediger.

Welche Steuerklasse für einen Arbeitnehmer infrage kommt, zeigt die folgende Tabelle:

Steuerklasse	Arbeitnehmergruppe
I	▪ ledig ▪ verheiratet mit im Ausland lebendem Ehegatten oder dauernd getrennt lebend ▪ in eingetragener Lebenspartnerschaft lebend ▪ verwitwet oder geschieden ▪ die Voraussetzungen für Lohnsteuerklasse III oder Lohnsteuerklasse IV werden nicht erfüllt
II	▪ alleinerziehend und es liegen die Voraussetzungen für Lohnsteuerklasse I vor ▪ mindestens ein Kind muss in der Wohnung gemeldet sein
III	▪ verheiratet, nicht dauerhaft getrennt lebend ▪ der Ehegatte ist nicht berufstätig ▪ die Steuerklassenkombination III/V wurde gewählt
IV	▪ verheiratet, nicht dauerhaft getrennt lebend ▪ beide Ehegatten sind berufstätig
V	▪ verheiratet, nicht dauerhaft getrennt lebend ▪ beide Ehegatten sind berufstätig ▪ die Steuerklassenkombination III/V wurde gewählt
VI	▪ es bestehen mehrere Arbeitsverhältnisse ▪ die Lohnsteuerkarte wurde beim aktuellen Arbeitgeber nicht abgegeben

Für jeden Arbeitnehmer ist es ganz selbstverständlich, dass der Arbeitgeber die Lohnsteuer, die Kirchensteuer und den Solidaritätszuschlag automatisch an die Finanzverwaltung abführt. Um diese Beiträge korrekt zu berechnen und weiterzuleiten benötigt der Arbeitgeber jedoch einige Informationen. Er muss die sogenannten Lohnsteuerabzugsmerkmale von seinen Arbeitnehmern kennen, wie zum Beispiel die Steuerklasse oder die Höhe bestimmter Freibeträge. Diese Informationen werden mittlerweile von der Finanzverwaltung elektronisch bereitgestellt und dem Arbeitgeber direkt übermittelt.

Nach Ablauf eines Jahres erhält der Arbeitnehmer dann einen Ausdruck der elektronischen Lohnsteuerbescheinigung mit allen Daten, die der Arbeitgeber dem Finanzamt übermittelt hat. Auf dieser sind u.a. der Jahresbruttolohn, die einbehaltenen Steuern und die Sozialversicherungsbeiträge eingetragen. Der Arbeitnehmer benötigt die Lohnsteuerbescheinigung als einen Beleg für seine Steuererklärung. Eine Einkommensteuererklärung ist beispielsweise verpflichtend für Arbeitnehmer, die noch weitere Einkünfte, z.B. aus einer vermieteten Eigentumswohnung haben. Ein Arbeitnehmer sollte sie freiwillig durchführen, wenn zu erwarten ist, dass er einen Teil der einbehaltenen Steuern erstattet bekommt, z.B. wenn er aufgrund der Entfernung der Wohnung zur Arbeitsstätte hohe Werbungskosten für die Fahrten geltend machen kann.

Neben der Lohnsteuer wird der **Solidaritätszuschlag** einbehalten. Er beträgt zurzeit 5,5 % der Lohnsteuer und dient in den neuen Bundesländern u.a. zur Stärkung der Infrastruktur, beispielsweise zum Bau und Ausbau von Straßen.

Kirchensteuer zahlen Arbeitnehmer, wenn sie Mitglied in einer Religionsgemeinschaft sind, die aufgrund gesetzlicher Bestimmungen befugt ist, entsprechende Beiträge zu erheben. Weiterhin werden vom Lohn die **Beiträge** des Arbeitnehmers **zur Sozialversicherung** einbehalten. Folgende Beiträge werden vom Arbeitnehmer zurzeit erhoben:

Krankenversicherung	7,3 % + der halbe kassenindividueller Zusatzbeitrag im Beispiel 0,45 % = insgesamt 7,75 %
Pflegeversicherung	1,525 % (kinderlose Beschäftigte tragen ab dem 23. Lebensjahr einen Zuschlag von 0,25 %)
Rentenversicherung	9,3 %
Arbeitslosenversicherung	1,25 %

Situationsaufgaben

- Suchen Sie im Internet nach einem Gehaltsrechner. Überprüfen Sie mit diesem Rechner Ihre eigene Gehaltsabrechnung.
- Ermitteln Sie, an wen und bis zu welchem Termin der Arbeitgeber die einbehaltene Lohnsteuer, Kirchensteuer, den Solidaritätszuschlag und die Sozialversicherungsbeiträge abzuführen hat.

Prüfungsvorbereitung

Folgende Karteikarte ist zur Ergänzung der Prüfungsvorbereitung zu erstellen:

Karteikarte 40:
Gehaltsabrechnung

1. *Faktoren, die die Höhe der Lohnsteuer beeinflussen*
2. *Lohnsteuerklassen*
3. *Solidaritätsbeitrag*
4. *Kirchensteuer*
5. *Sozialversicherungsbeiträge*

14 Kommunikationstechniken

(Aktuelle Kommunikationstechniken für die Informationsbeschaffung nutzen und hinsichtlich ihrer Zweckmäßigkeit bewerten)

Melanie: „Heute ist in der Praxis wieder einmal die Hölle los. Das Telefon steht überhaupt nicht still." Sarah: „Ja, ich habe schon zwischenzeitlich im Empfang ausgeholfen, da ihr ja kaum Zeit hattet, die Patienten anzunehmen. Dann sollen noch Gutachten per E-Mail versandt werden und für Dr. Heine soll ich noch die Tagungsunterlagen für den Kongress in Heidelberg aus dem Internet abrufen und ausdrucken."

Aufgaben

1. Erläutern Sie, wie mithilfe von technischen Hilfsmitteln die praxisinterne Kommunikation über größere Entfernungen erleichtert wird.
2. Was versteht man unter Telekommunikation?
3. Erläutern Sie die wichtigen Endgeräte, die eine Zahnarztpraxis für die Wahrnehmung der Telekommunikationsdienste benötigt.
4. Wie lassen sich Kosten der Telekommunikation senken?

14.1 Kommunikationstechniken für den praxisinternen Informationsaustausch

In einer Zahnarztpraxis sind vielfältige Informationen auszutauschen. Weiterhin muss die Praxis mit dem Telefon für die Patienten erreichbar sein. In beiden Fällen werden entsprechende Geräte eingesetzt, die den Austausch von Informationen über größere Entfernungen ermöglichen.

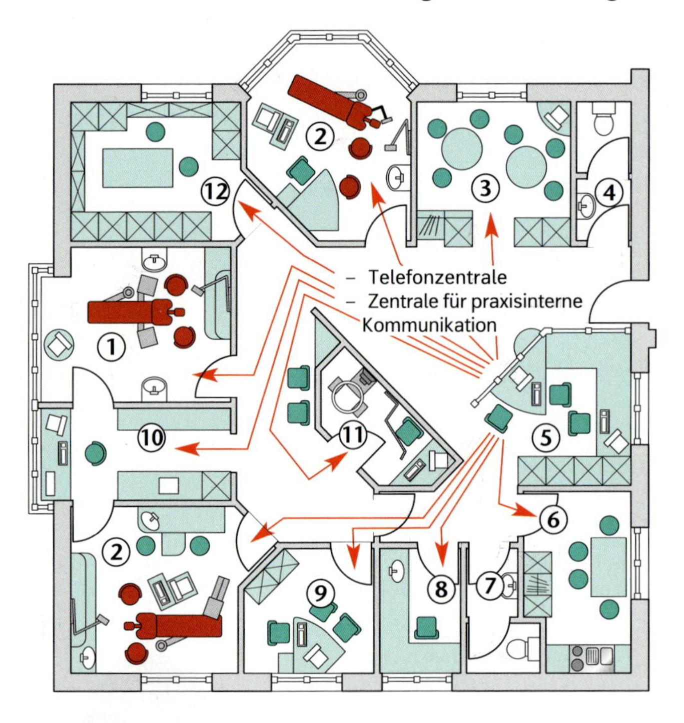

(1) Prophylaxeraum
(2) Behandlungsraum
(3) Wartezimmer
(4) Patienten-WC
(5) Anmeldung
(6) Personalraum
(7) Personal-WC
(8) Praxislabor
(9) Büro
(10) Hygienebereich
(11) Röntgenraum
(12) Lagerraum

In der Praxis müssen die Patienten vom Wartezimmer in die entsprechenden Behandlungsbereiche der Praxis gerufen werden. Ferner muss ein schneller Informationsaustausch des Personals untereinander und mit dem Arzt möglich sein. Für die **praxisinterne Kommunikation** können eingesetzt werden:

Lautsprechanlagen

Lautsprechanlagen ermöglichen beispielsweise Durchsagen vom Praxisempfang oder aus dem Behandlungsbereich in das Wartezimmer. Man spricht hier von einer eine einseitigen Kommunikation. Nachrichten werden nur in eine Richtung übermittelt.

Sprechanlagen

Neben der Telefonanlage bietet eine Sprechanlage eine Ergänzung für den Austausch von Kurzinformationen innerhalb der Praxis. Hierbei unterscheidet man zwei Formen. Bei einer **Wechselsprechanlage** kann, während ein Teilnehmer spricht, der andere nur die Nachricht empfangen. Will er antworten, muss er erst auf „Senden" umschalten. Bei einer **Gegensprechanlag** entspricht die Art der Kommunikation der des Telefons. Die Teilnehmer können nach Belieben sprechen und direkt antworten.

Nebenstellenanlagen des Telefons

Für die praxisinterne Kommunikation können auch die Nebenstellen des Telefons genutzt werden. In diesem Fall ist die praxisinterne Nebenstellennummer des jeweiligen Apparates der Praxis zu wählen.

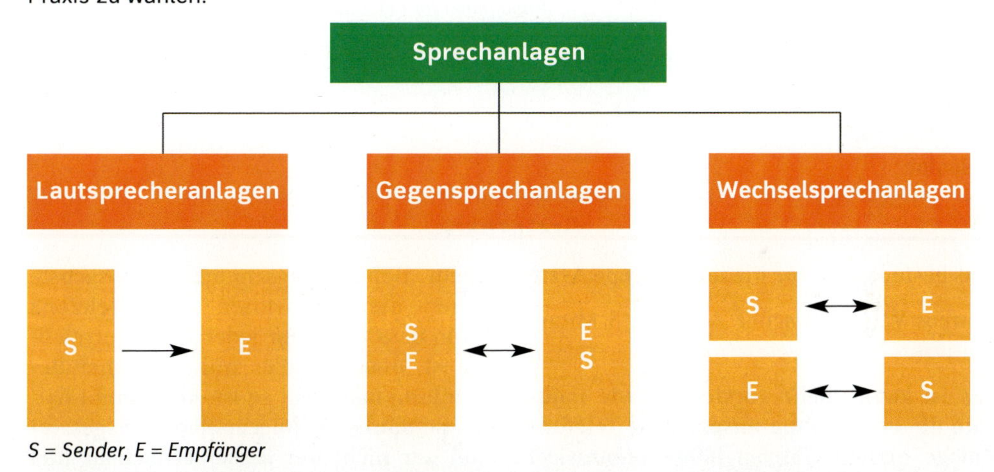

S = Sender, E = Empfänger

Sprechanlagen – Einsatzbereiche und Vorteile

- schnelle und händefreie Kommunikation zwischen Arzt, Assistenz, Labor und Anmeldung
- Hintergrundmusik in Warte- und Behandlungsräumen
- Notruf- und Beruhigungssprechstellen in Therapieräumen
- Türsprechsystem [...]
- Belegtanzeige von Behandlungs- und Arzträumen
- Patientenaufrufanlage
- blitzschnelle Kommunikation von Raum zu Raum
- einfachste und unproblematische Bedienung

- die Telefonanlage bleibt frei für Patientenanrufe und Terminkoordination
- effektiveres Arbeiten durch bessere Teamkommunikation möglich
- ein System für alles: Sprechen, Hintergrundmusik, Patientenaufrufe, Belegtanzeigen, Beruhigungs- und Notrufsystem, Türsprechanlage

14.2 Telekommunikation

Die Zahnarztpraxis muss für den Patienten während der Sprechstunden jederzeit telefonisch erreichbar sein. Angesichts steigender Ansprüche der Patienten, ist die Kommunikation ein wichtiger Grund, dass sich Patienten für eine Praxis entscheiden. Um den Patienten das sichere Gefühl guter Betreuung zu geben, sind die Erreichbarkeit sowie die rasche Erledigung telefonisch vorgebrachter Anliegen besonders wichtig. Hierzu bedarf es moderner Telekommunikationsanlagen, die weit mehr können als nur Telefonate annehmen oder Informationen über Sprechzeiten weiterzugeben, wie das folgenden Beispiel zeigt.

Die Telefonzentrale in der Anmeldung - der erste Anlaufpunkt für Patienten

Telefonanlage

Beispiel:

Arztpraxis

Das beste Rezept für niedergelassene Ärzte

Marcus W., Praktischer Arzt mit 5 Mitarbeitern:

„Es ist kaum mehr vorstellbar, wie mühsam die Praxis ohne unsere neue Telefonanlage – eine COMpact 4000 – organisiert werden musste: Wenn heute ein Patient anruft, öffnet sich automatisch dessen Kartei auf dem Computer-Monitor. Auch für den Patienten ist es angenehm, gleich durchzukommen, denn ein „Besetzt“ gibt es faktisch nicht mehr. Dinge wie das Öffnen der Tür oder Umstellen des Anrufbeantworters erfordern keinerlei Handgriffe mehr, und für Durchsagen in die Warte- und Behandlungszimmer ist kein Extragerät mehr nötig. Das übernimmt das COMfortel 3200, das wir am Empfang stehen haben, einfach mit. Über die angeschlossenen Kameras zeigt es übrigens auf einen Blick, wie es in den beiden Wartezimmern aussieht. Beim ständigen Wechsel von einem Behandlungszimmer ins nächste sorgen die schnurlosen DECT-Telefone dafür, dass trotzdem jeder immer erreichbar ist, und falls dies während einer Behandlung mal nicht so ist, übernimmt halt die persönliche Voicemailbox. Insgesamt sind wir nicht nur besser erreichbar und dadurch flexibler geworden, sondern es geht auch viel weniger Zeit für administrative Aufgaben verloren. Besonders praktisch finde ich, dass sich die Türsprechanlage – [...] – aufs Handy umschalten bzw. so programmieren lässt, dass z. B. eine Ansage abgespielt wird. Und wenn – was Gott sei Dank selten vorkommt – mal ein Notruf abgesetzt werden muss, kann ich mich darauf verlassen, dass die Anlage dafür sogar ein Amtgespräch sofort unterbrechen würde.“

Quelle: Auerswald: Gesundheitswesen. In: www.auerswald.de/de/loesungen/zielgruppen-branchen-1/gesundheitswesen/arztpraxis.html, Marcus W. [30.04.2019].

Das Beispiel zeigt, der Austausch von Informationen über das Telefon ist in der Arztpraxis immer noch am umfangreichsten. Es werden daneben zunehmend technische Einrichtungen genutzt, mit deren Hilfe man Texte, Daten und Bilder übermitteln und empfangen kann. Über folgende Endgeräte verfügen die meisten Arztpraxen:

Telefonsystem	Mobiltelefon	Internetanschluss

Wichtig ist, dass die **Erreichbarkeit der Praxis** gewährleistet ist. Hat eine Mitarbeiterin in einer Ausnahmesituation einen Anruf in der Praxis einmal nicht angenommen, speichern moderne Telekommunikationsanlagen die Telefonnummer und weitere Daten des Anrufers. So kann man ihn möglichst unverzüglich zurückrufen. In vielen Praxen schaltet sich nach mehrmaligem Klingeln, oder wenn im Patientenempfang die Telefone der Zentrale besetzt sind, eine Banddurchsage zu. Der Patient wird um Geduld gebeten. Weiterhin folgt ein Hinweis, dass eine Vermittlung erfolgt, sobald eine Leitung frei ist. Manche Praxen bieten dem Patienten direkt ein sogenanntes Tonwahlmenü, bei der der Patient z. B. mit seiner Telefontastatur wählen kann zwischen

- #1 Informationsansage zu Sprechzeiten und Erreichbarkeit
- #2 Anforderung eines Rezepts oder einer Überweisung
- #3 Verbindung mit dem Patientenempfang

Für eine noch schnellere Abwicklung der Verwaltungsabläufe sorgt die **Einbindung des Computers in das Telekommunikationssystem.** Das Wählen einer Telefonnummer erfolgt durch Mausklick am Bildschirm. Bei einem Anruf erkennt das System gespeicherte Anrufer. Ruft ein Patient an, werden zu Beginn des Gesprächs die Stamm- und Bewegungsdaten auf dem Bildschirm angezeigt. Um eine sichere Erreichbarkeit des Arztes, z. B. während seiner Abwesenheit bei Hausbesuchen zu gewährleisten, lassen sich Anrufe automatisch auf sein Mobiltelefon weiterschalten.

Eine weitere Beschleunigung und Vereinfachung der Arbeitsabläufe biete der **Internetanschluss**. Schriftliche Informationen und Dokumente können schnell über für Zahnarztpraxen besonders gesicherte E-Mail-Verbindungen übermittelt werden. Mittlerweile ist das Internet in den meisten Praxen umfassend in die Praxisverwaltung eingebunden. Internetbanking, Austausch von Daten mit dem Labor und Onlineeinkauf von Praxisbedarf sind Beispiele für eine rationale Praxisverwaltung.

Das Telefon in der Praxis ist häufig eine Quelle des Vertrauensbruches. Alle Mitarbeiter müssen sich immer bewusst sein, das **Patientengeheimnis gilt auch bei der Nutzung des Telekommunikationssystems**. Bei vertraulichen Telefonaten muss sichergestellt sein, dass niemand mithören kann. Gerade am Patientenempfang sind Telefongespräche so zu führen, dass selbst bei einem zufälligen Mithören keine Rückschlüsse auf den anrufenden Patienten möglich sind. Diskretionszonen und eventuell bauliche Maßnahmen können dazu beitragen, ein Mithören zu erschweren bzw. zu verhindern.

Die Sicherung aller Daten gegenüber Unberechtigten gelten auch bei der Nutzung des Internets. Ein Zugriff auf Patientendaten durch Unbefugte ist unbedingt zu verhindern. Der Zugang zum Computersystem in der Praxis wird üblicherweise erst nach Eingabe eines Passwortes möglich. Bildschirme sind so aufzustellen, dass Patienten keine Einsicht haben. Wird das Computersystem über einen bestimmten Zeitraum nicht genutzt, schaltet sich automatisch ein Bildschirmschoner ein. Bei der Nutzung des Internets muss über ein stets aktualisiertes Sicherungsprogramm (Firewall) sichergestellt sein, dass ein Zugriff von Internetnutzern außerhalb der Praxis auf die gespeicherten Daten nicht möglich ist. E-Mails mit Patientendaten dürfen nur verschlüsselt versendet werden.

Maßnahmen am Patientenempfang	Maßnahmen im Computersystem	Maßnahmen im Internet
– Diskretionszone – bauliche Maßnahmen (z. B. eigener Raum für vertrauliche Telefongespräche)	– keine Einsichtsmöglichkeit auf Bildschirme für Patienten – Zuschaltung von Bildschirmschonern nach einer vorgegebenen Zeit – Zugangssicherung durch Passwort	– Sicherungsprogramme (Firewall) lassen einen Zugriff auf Daten über andere Computersysteme nicht zu – Das Computersystem ist über ein stets aktuelles Antivirenprogramm vor Computerviren geschützt – Verschlüsselung der Daten bei Versand von Patientendaten

Die **Kommunikation mit dem Patienten** über das Telefon hat entscheidenden Einfluss auf den Patientenzuspruch. Sie ist ein **Teil des Praxismarketings**. Oberstes Gebot ist die Erreichbarkeit der Praxis. Weiterhin sind bestimmte Grundregeln zu beachten, wie

- die einheitliche Begrüßung des Anrufers mit Nennung des Praxisnamens und dem Namen des Mitarbeiters;
- die Verwendung möglichst positiver Formulierungen;
- die Namensansprache des Patienten (ideales Mittel um eine Brücke zum Gesprächspartner zu bauen, aber Vorsicht, der Datenschutz muss gewährleistet sein);
- Höflichkeit und Freundlichkeit.

Angesichts stets steigender Praxiskosten müssen der Zahnarzt und die Mitarbeiter die **Kosten für die Telekommunikation** stets im Blick halten. Da mittlerweile viele Telekommunikations-Unternehmen miteinander konkurrieren, sollte man sich einen möglichst kostengünstigen Anbieter heraussuchen. Gewährleistet sein muss aber die Zuverlässigkeit der angebotenen Dienstleistungen. Hier ist der preiswerteste Anbieter nicht immer der Beste.

Viele Telekommunikationsunternehmen bieten ihren Kunden mittlerweile Flatrates an, bei denen pro Monat ein Pauschaltarif in Rechnung gestellt wird. Dieser Tarif beschränkt sich auf bestimmte Dienstleistungen, wie Gespräch über das Festnetz im Inland, Nutzung des Internets und Anrufe zu Mobiltelefonen, die das Netz dieses Anbieters nutzen.

Situationsaufgaben

- Erläutern Sie, wie in Ihrer Praxis die technischen Lösungen zur praxisinternen Kommunikation zwischen
  - den verschiedenen Behandlungs- und Prophylaxebereichen,
  - zum Wartezimmer

  aussehen. Ermitteln Sie, warum man sich für die vorhandene Lösung entschieden hat, und welche Vor- und Nachteile diese mit sich bringt.
- Stellen Sie anhand einer Skizze mit dem Grundriss Ihrer Praxis die verwendete Telekommunikationstechnik dar. Bewerten Sie, wie sich diese Einrichtung bewährt hat unter den Gesichtspunkten
  - Erreichbarkeit,
  - Schutz der Patientendaten,
  - Sicherheit im Internet.
- Informieren Sie sich im Internet über die Angebote und die Zuverlässigkeit der Anbieter für Telekommunikation. Erstellen Sie eine Tabelle, aus der die jeweils günstigsten Anbieter zu ersehen sind.

- Rufen Sie die Internetseiten Ihrer Ausbildungspraxis und anderer Zahnarztpraxen auf. Drucken Sie die Seiten mehrerer Praxen aus. Beurteilen Sie die Internetseiten hinsichtlich der zahnmedizinischen Informationen für den Patienten und hinsichtlich der Gestaltung.
- Suchen Sie im Internet Seiten zum Thema „Telefonieren über das Internet". Erstellen Sie eine Liste mit allen Voraussetzungen, die gegeben sein müssen, um das Telefonieren über das Internet zu ermöglichen.
- Ermitteln Sie mithilfe des Internets die amtliche Buchstabiertafel und drucken Sie diese aus. Halten Sie diese Tafel für Telefongespräche bereit. Erläutern Sie kurz, wie diese und weitere Maßnahmen zu einer effektiven Gestaltung von Telefongesprächen beitragen.

Prüfungsvorbereitung

Folgende Karteikarten sind zur Ergänzung der Prüfungsvorbereitung zu erstellen:

Karteikarte 41:
Geräte zur praxisinternen Kommunikation

1. *Lautsprechanlagen*
2. *Gegensprechanlagen*
3. *Wechselsprechanlagen*
4. *Telefonnebenstellen*
5. *Vergleich der Gerätetypen, Vor- und Nachteile*

Karteikarte 42:
Telekommunikation in der Arztpraxis

1. *Telefonanlage mit Nebenstellen*
2. *sonstige Geräte*
3. *Einbindung von Mobiltelefonen*
4. *Einbindung des Computers*
5. *Internet*

Karteikarte 43:
Anforderungen an die Telekommunikation und an das Personal bei der Kommunikation über das Telefon

1. *Erreichbarkeit*
2. *Schutz der Patientendaten*
3. *Sicherungen im Internet*
4. *Kommunikation über das Telefon als Teil des Praxismarketings*
5. *Kosten der Telekommunikation und Beiträge der Personals zur Kostensenkung*

Lernfeld 2: Patienten empfangen und begleiten

Zielformulierung

Die Schülerinnen und Schüler tragen durch ihr Auftreten dazu bei, ein positives Erscheinungsbild der Praxis zu entwickeln mit dem Ziel, ein langfristiges Vertrauensverhältnis zwischen Praxis und Patient aufzubauen. Sie beobachten ihr eigenes Verhalten, unterscheiden und bewerten verschiedene Umgangsformen und setzen diese bewusst zur Gestaltung der Patienten-Praxis-Beziehung und der Atmosphäre in der Praxis ein. Unter Berücksichtigung von Patientenverhalten, -interessen und -alter planen und führen sie das Gespräch mit dem Patienten. Auf der Basis der Rechtsbeziehungen zwischen Patient und Zahnarzt erfassen die Schülerinnen und Schüler Patientendaten mit aktuellen Medien und prüfen sie auf Vollständigkeit. Sie planen die Vorbereitung der Untersuchung und dokumentieren Befunde und die zahnärztliche Aufklärung. Die aufgenommenen Daten und Datenträger ordnen sie unter abrechnungs- und verwaltungstechnischen Gesichtspunkten. Dazu beschreiben sie die Abrechnungswege, unterscheiden verschiedene Ordnungssysteme und prüfen deren Anwendbarkeit für die Zahnarztpraxis. Sie treffen Vorkehrungen zur Datensicherung und beachten die Schweigepflicht und die rechtlichen Bestimmungen des Datenschutzes. Die Schülerinnen und Schüler bedienen eine Datenverarbeitungsanlage, nutzen Branchen- und Standardsoftware zur Datenerfassung und -aufbereitung und wenden Möglichkeiten aktueller Telekommunikation an.

Inhalte

Gestaltung des Empfangs- und Wartebereichs
Verbale und nonverbale Kommunikation
Patientengruppen
Anamnesebogen
Grundlagen des Vertragsrechts
Behandlungsvertrag
Versichertennachweis
Versichertengruppen, Kostenträger
Grundlagen der vertrags- und privatzahnärztlichen Abrechnung
Anatomischer Aufbau des Zahnes und der Mundhöhle
Zahnbezeichnungen, Lage- und Flächenbezeichnungen der Zähne

1 Praxismarketing

(Das notwendige Bewusstsein für Praxismarketing entwickeln und dessen Möglichkeiten mitgestalten und situationsgerecht einsetzen)

„Ich hätte nie gedacht, dass die Informationsbroschüre über unsere Praxis bei unseren Patienten so eine Zuspruch findet“, meint Sarah zu Melanie. „Ja, ich bin auch positiv überrascht. Hinzu kommt, dass viele Fragen, z.B. zu Sprechzeiten und Terminen oder besonderen Untersuchungen nun entfallen, weil die Patienten diese Informationen der Broschüre entnehmen können. Nur mein Foto finde ich nicht so gelungen“, antwortet Melanie. „Das kann ich aber nicht bestätigen. Mir gefällt die gesamte Aufmachung. Außerdem ist diese sehr gut abgestimmt mit der Internetseite der Arztpraxis. Durchweg die gleichen Farben und das gleiche Logo für unsere Praxis. Farben und Logo finden sich jetzt auf jeder Visitenkarte, auf jedem Briefbogen und auf jeder Information für Patienten. Es fehlt nur noch, dass wir auch Praxiskleidung in dieser Farbe bekommen.“ „Warum eigentlich nicht? Zumindest hast du an deinem Namensschild schon das Logo und den passenden farblichen Hintergrund“, meint Melanie.

Aufgaben

1. Welche Maßnahmen des Praxismarketings setzt Ihre Ausbildungspraxis ein, um in der Öffentlichkeit und von Patienten positiv wahrgenommen zu werden?
2. Wodurch unterscheiden sich internes, externes und mediales Praxismarketing?
3. Erläutern Sie kurz, welche Anforderungen an die Internetseite einer Praxis zu stellen sind. Prüfen Sie anhand der Internetseite Ihrer Praxis, ob diese den gestellten Anforderungen gerecht wird.
4. Die Musterberufsordnung für Ärzte und Zahnärzte erlaubt eine sachgerechte und angemessene Information der Patienten im Rahmen des Marketings. Listen Sie in einer Übersicht auf, worüber ein Zahnarzt beim Praxismarketing informieren darf und was als berufswidrige Werbung verboten ist.

Über die Praxis eines Zahnarztes bilden sich die Mitarbeiter, die Öffentlichkeit und vor allem die Patienten eine Meinung. Das Praxismarketing hat in diesem Zusammenhang die wichtige Aufgabe, dass die Praxis im Wettbewerb mit anderen Praxen positiv wahrgenommen wird. Gezielt muss der niedergelassene Zahnarzt mit allen Möglichkeiten des Praxismarketings dafür sorgen, dass die Patienten immer wieder seine Praxis aufsuchen (Patientenbindung) und dass neue Patienten hinzugewonnen werden. Dies beginnt mit den Maßnahmen, die sich nicht direkt an den Patienten richten. Dieser erste Bereich, das **interne Praxismarketing**, umfasst u.a. folgende Maßnahmen:

- Qualitätsmanagement
- Art der Praxisausstattung
- Fortbildungen von Zahnarzt und Mitarbeitern
- Mitarbeiterführung
- Mitarbeitermotivation

- Teamentwicklung
- Servicedenken der Praxismitarbeiter

Im zweiten Bereich, dem **externen Praxismarketing,** richten sich die Marketingmaßnahmen an die Patienten und an die Öffentlichkeit. Sie dienen dazu, Patienten zu binden, neue Patienten zu gewinnen und das Bild der Praxis in der Öffentlichkeit zu pflegen. Hierzu gehören u. a.:

- Pressearbeit
- Öffentlichkeitsarbeit
- Praxisinformationen mit der Darstellung von Behandlungskonzepten
- einheitliches Erscheinungsbild durch ein Corporate Design

Ein Schwerpunkt des externen Praxismarketings ist die einheitliche Außendarstellung der Praxis. Die Praxis, alle Informationsbroschüren und alle praxisinternen Vordrucke, wie z. B. die Terminzettel und Visitenkarten, aber auch Briefe haben ein einheitliches Erscheinungsbild in Form eines praxisspezifischen Designs (Corporate Design). Dies steigert den Wiedererkennungswert der Praxis.

Der dritte Bereich, das **mediale Praxismarketing**, beinhaltet die Nutzung verschiedener Medien zur Darstellung sämtlicher Informationen über den Zahnarzt und seine Praxis. Hierzu gehören gedruckte Medien, aber auch digitale Medien, z. B. die Internetseite der Zahnarztpraxis. Beispiele für mediales Praxismarketing:

- Veröffentlichung von Praxisinformationen in Printmedien wie Zeitungen und Broschüren
- Visualisierung der Praxis im Internet, z. B. durch eine eigene Praxis-Homepage oder einen Eintrag in einem Zahnärzteverzeichnis
- Kommunikation mit Patienten mithilfe moderner Medien wie z. B. SMS, E-Mail, und soziale Netzwerke wie Twitter und Facebook.

Um ein erfolgreiches internes, externes und mediales Praxismarketing zu erreichen, muss eine Praxis einen unverwechselbaren Gesamteindruck, eine Corporate Identity entwickeln. Die Corporate Identity beinhaltet drei große Bereiche: Corporate Behaviour, Corporate Communication und Corporate Design.

- Das **Corporate Behaviour** bezeichnet die einheitlichen Verhaltensregeln nach außen, an die sich alle Mitglieder des Praxisteams in allen Situationen halten. Alle zusammen vermitteln bei jedem Außenkontakt ein Bild der Praxis. Das Ziel ist es, möglichst positiv wahrgenommen zu werden.
- Die **Corporate Communication** umfasst die Kommunikation des Praxisteams nach außen und nach innen. Nach außen sollten alle Teammitglieder unbedingt mit einer Stimme sprechen und sich an feste Sprachregelungen, zum Beispiel bei der Terminvergabe, halten. Intern ist es wichtig, dass alle Teammitglieder regelmäßig auf den aktuellen Wissensstand gebracht werden. Nur so ist eine einheitliche Kommunikation möglich.
- Das **Corporate Design** wurde als Schwerpunkt des externen Praxismarketings bereits angesprochen. Es bezieht sich auf das einheitliche optische Erscheinungsbild der Praxis. Durch das Corporate Design wird eine Praxis unverwechselbar und fördert deren eindeutige Identifikation.

Einen besonderen Stellenwert hat die Nutzung des Internets. Die Suche nach beispielsweise Informationen zu Behandlungsmethoden und zum Zahnersatz erfolgt zunehmend über das Internet. Auch über Zahnärzte, das Angebot der Praxen und Bewertung der Praxen werden Auskünfte im Internet gesucht. Es ist daher für niedergelassene Zahnärzte unverzichtbar über eine eigene Praxishomepage zu verfügen.

Beispiel für eine Webseite

An eine professionelle Internetpräsentation sind allerdings hohe Anforderungen zu stellen:

- Die Präsentation im Internet muss Teil eines Gesamtkonzepts zum Praxismarketing sein. Erscheinungsbild, Aussagen und Informationen müssen abgestimmt sein mit den gedruckten Patienteninformationen und übrigen Praxisdrucksachen.
- Die Internetseiten müssen professionell gestaltet und benutzerfreundlich sein. Aus der Art des Internetauftritts ziehen die Patienten eine Vielzahl von Rückschlüssen.
- Es ist genau zu überlegen, welche Patientengruppen angesprochen und erreicht werden sollen. Informationen zu allgemein üblichen Behandlungsstandards reichen nicht aus. Patienten sind kritisch und wünschen mehr, als „nur einen Standardzahnersatz zu erhalten“. Informationen über Angebote der Praxis dürfen nicht fehlen.

Zu den Inhalten der Internetseite und der Informationsschriften sind umfassende rechtliche Vorschriften, insbesondere das Telemediengesetz zu beachten. Bei allen Werbemaßnahmen im Rahmen des Praxismarketings gilt die Berufsordnung für Zahnärztinnen und Zahnärzte. Weiterhin sind u. a. das Heilmittelwerbegesetz (HWG) und das Gesetz gegen den unlauteren Wettbewerb zu berücksichtigen. Grundlegend für das ärztliche Werberecht ist die Musterberufsordnung für Zahnärzte (MBO) der Bundeszahnärztekammer, dort insbesondere der § 21. Hier wird ausdrücklich die „sachgerechte und angemessene Information“ der Patienten gestattet. Diese grenzt sich ab von jeglicher berufswidriger Werbung.

§ 21 Information

(1) Dem Zahnarzt sind sachliche Informationen über seine Berufstätigkeit gestattet. Berufswidrige Werbung ist dem Zahnarzt untersagt. Berufswidrig ist insbesondere eine anpreisende, irreführende, herabsetzende oder vergleichende Werbung. Der Zahnarzt darf eine berufswidrige Werbung durch Dritte weder veranlassen noch dulden und hat dem entgegenzuwirken.

(2) Der Zahnarzt darf auf besondere, personenbezogene Kenntnisse und Fertigkeiten in der Zahn-, Mund- und Kieferheilkunde hinweisen. Hinweise nach Satz 1 sind unzulässig, soweit sie die Gefahr einer Verwechslung mit Fachgebietsbezeichnungen begründen oder sonst irreführend sind.

(3) Der Zahnarzt, der eine nicht nur vorübergehende belegzahnärztliche oder konsiliarische Tätigkeit ausübt, darf auf diese Tätigkeit hinweisen.

(4) Es ist dem Zahnarzt untersagt, seine zahnärztliche Berufsbezeichnung für gewerbliche Zwecke zu verwenden oder ihre Verwendung für gewerbliche Zwecke zu gestatten.

(5) Eine Einzelpraxis sowie eine Berufsausübungsgemeinschaft darf nicht als Akademie, Institut, Poliklinik, Ärztehaus oder als ein Unternehmen mit Bezug zu einem gewerblichen Betrieb bezeichnet werden.

Demnach gilt:

Was darf ein Zahnarzt beim Praxismarketing?

- sachgerechte Informationen über die Praxis und das Leistungsangebot verbreiten
- Schwerpunkte und Spezialisierungen nennen
- besondere Versorgungsleistungen angeben, wie z. B. Wochenendsprechstunden, Notfallsprechstunden, Hausbesuche, kassengünstige Leistungsangebote usw.
- Hinweise auf Zertifizierungen der Praxis geben
- Praxisbroschüren mit zahnmedizinischen und organisatorischen Informationen bereitstellen
- sachliches Praxislogo verwenden
- Gebäude, Praxisräume und technische Geräte (auch im Einsatz) zeigen

Was darf ein Zahnarzt beim Praxismarketing nicht?

- anpreisende und irreführende Aussagen oder Alleinstellungsbehauptungen machen
- nicht durch die Berufsordnung geregelte Berufsbezeichnung verwenden
- Erfolgsgarantien geben, Heilungsversprechen und unsichere Prognosen machen
- vergleichende Darstellungen zeigen (vorher/nachher-Bilder)
- Dankes- oder Empfehlungsschreiben von Patienten veröffentlichen
- mit Sonderangeboten, vergünstigten Leistungen oder Privatkundenpreisen werben
- allgemeingültig verfügbare Leistungen bewerben, wie z. B. Vorsorgeuntersuchungen, Zahnersatz usw.
- Direct-Mailing, d. h. der Versand von Informationen per Post oder E-Mail
- Bewerbung der eigenen Tätigkeiten bei anderen Unternehmen des Gesundheitswesens, z. B. Apotheken, Wellnesseinrichtungen etc.
- jegliche Art von Werbebannern und Pop-up-Fenster

Quelle: G16 Media GmbH: Die Praxis im Recht. In: www.g16.net/themen-loesungen/medizinmarketing/rechtliche-grundlagen.html [30.04.2019].

Situationsaufgaben

- Erstellen Sie zur Überprüfung des Praxismarketings eine Checkliste, mit der Sie die Umsetzung aller möglichen Maßnahmen zum internen, externen und medialen Praxismarketing erfassen können.
- Entwerfen Sie eine Praxisbroschüre in Form eines Leporellos mit den wichtigsten Informationen über Ihre Praxis.
- Informieren Sie sich auf der Seite http://www.g16.net/themen-loesungen/medizinmarketing/rechtliche-grundlagen.html über berufswidrige Werbung.

Prüfungsvorbereitung

Folgende Karteikarte ist zur Ergänzung der Prüfungsvorbereitung zu erstellen:

Karteikarte 44:
Praxismarketing

1. Begriff
2. internes Praxismarketing
3. externes Praxismarketing
4. mediales Praxismarketing
5. Corporate Identity mit allen Bereichen
6. erlaubte Informationen
7. berufswidrige Werbung

2 Gestaltung des Empfangs- und Wartebereichs

(Die Funktionen und Gestaltung des Empfangs- und Wartebereichs als ein wichtiges Element des Praxismarketings und Instrument zur Patientenbindung analysieren)

Sarah: „Unser Patientenempfang gefällt mir wirklich gut. Er passt toll in das Gesamtbild der Praxis Ich glaube, dass sich die Patienten hier wohl fühlen." „Ja, dass stimmt. Dass der Empfang mit dem warmen Licht gefällt den Patienten. Auch das Wartezimmer wirkt ausgesprochen beruhigend auf die Patienten. Wir müssen im Empfang nur aufpassen, dass keine Namen laut genannt werden und die Patienten niemals auf den Bildschirm schauen können. Vertraulichkeit geht hier über alles", bemerkt Melanie.

Aufgaben

1. Was erwarten Sie von der Gestaltung des Praxisempfangs in einer Zahnarztpraxis?
2. Welche Bedeutung hat nach Ihrer Einschätzung der Empfangsbereich für die Patienten?
3. Listen Sie die Aufgaben auf, die der Wartebereich einer Praxis unbedingt erfüllen muss. Prüfen Sie, ob Ihre Ausbildungspraxis diese Aufgaben so leistet.
4. Offenheit und Vertraulichkeit sind zwei widersprüchliche Anforderungen, die an den Praxisempfang gestellt werden. Erläutern Sie kurz die Maßnahmen, die in Ihrer Ausbildungspraxis ergriffen werden, damit der Datenschutz der Patienten gewährleistet ist.
5. Welche Anforderungen stellen Sie an sich im Umgang mit Patienten, wenn Sie diese in der Zahnarztpracis empfangen?

Der **Empfangsbereich** gibt dem Patienten einen **ersten entscheidenden Eindruck**. Daher ist dieser Bereich so zu gestalten, dass sich die Patienten willkommen, wohl und aufgehoben fühlen. Er soll somit die Patienten an die Praxis binden. Entsprechend sind Form, Licht und Farben sorgfältig auszuwählen. Aber der Empfang ist nur ein Teil der Praxis. Mit allen anderen Teilbereichen der Praxis zusammen sollte sich ein harmonisches, unverwechselbares Gesamtbild ergeben. Ein solches Gesamtbild wirkt nicht nur auf den Patienten, sondern motiviert auch das Praxisteam.

In allen Teilbereichen der Praxis sind Funktion und Gestaltung aufeinander abzustimmen. Der **Wartebereich ist so zu gestalten**, dass der **Patient** die notwendige Wartezeit nicht als unangenehm empfindet. Er **soll sich so weit wie möglich entspannen**.

Im Gegensatz zum oben abgebildeten Praxisempfang, der sehr modern, funktional, aber trotzdem warm und ansprechend gestaltet ist, zeigt diese Abbildung einen modernen Wartebereich mit Designmöbeln. Er würde zum oben abgebildeten Praxisempfang nicht passen. Deutlich erkennbar ist, dass sich die Gestaltung von Praxen **erheblich voneinander unterscheidet. Die Einrichtung erfordert ein schlüssiges Gesamtkonzept,** das sich den Patienten vermittelt. Dieses Konzept wird immer erheblich mitbestimmt vom Praxisinhaber und muss daher zu seiner Persönlichkeit, aber auch zu seinen Patienten passen. Die eigenen Vorstellungen lassen sich dabei mithilfe professioneller Beratung umsetzen.

Vom **Empfangsbereich** aus wird der gesamte **Praxisablauf gesteuert**. Die Zahnmedizinischen Fachangestellten müssen jedes Kommen und Gehen von Patienten sehen können. Sie sind dafür verantwortlich, dass die Patienten in die entsprechenden Praxisräume geleitet werden. Hier sind folgende Arbeiten zu leisten:

- Telefondienst,
- Terminplanung,
- Patientenannahme,
- Weiterleiten der Patienten in die einzelnen Praxisbereiche,
- Abwicklung aller Verwaltungsarbeiten,
- Steuerung der gesamten Abrechnung.

Entsprechend offen zugänglich ist in den Zahnarztpraxen der Empfangsbereich gestaltet. Damit trotzdem der **Datenschutz der Patienten** gewahrt bleibt, sollten in diesem Bereich folgende Punkte beachtet werden:

- Der Empfangsbereich sollte mit einer **Diskretionszone** ausgestattet sein. So kann die **Patientenannahme ohne ungebetene Zuhörer** abgewickelt werden. Eventuell sind die Patientenangaben schriftlich einzuholen. Nicht mehr benötigte Zettel oder falsch ausgefüllte Formulare sind zu schreddern.
- **Der Empfangstresen ist so zu gestalten, dass der Bildschirm nicht eingesehen werden kann.** Auch Kalender oder Akten mit Patientendaten dürfen nicht einsehbar sein. Bei kurzfristiger Abwesenheit der Angestellten sollte auf dem **Bildschirm ein Bildschirmschoner zugeschaltet** werden. Die Rückkehr zur Bearbeitung von Daten ist mit einem **Passwort zu sichern.**
- Die Anweisungen zu Weiterbehandlungen dürfen nicht laut und für alle Anwesenden vernehmbar an Mitarbeiter weitergegeben werden. Eventuell sind sie schriftlich auf einem Formblatt zu veranlassen.
- Das Telefon darf keine Quelle des Vertrauensbruchs sein. Namensnennungen dürfen andere Patienten nicht mitbekommen. Befunde sollten nur aus einem geschlossenen Raum durchgegeben werden.
- Der Wartebereich ist zumindest akustisch vom übrigen Praxisgeschehen abzuschirmen.
- Wartet ein Patient im Behandlungsraum auf den Beginn der Behandlung, dürfen nur seine Daten in diesem Raum offen zugänglich sein.
- Nach Dienstschluss gilt das Prinzip einer aufgeräumten Praxis. Nirgendwo dürfen dann noch Patientendaten offen zugänglich sein.

Das Verhalten der Angestellten gegenüber dem einzelnen Patienten ist von entscheidender Bedeutung. Dies beginnt mit der Art des Auftretens. Erforderlich ist höfliche und geduldige Aufmerksamkeit für die Belange des Patienten. Verlangt werden zudem Kenntnisse über eine angstmindernde Gesprächsführung. Ein gelungener Empfang erhöht den Zuspruch durch Patienten und ist ein Baustein zum Erfolg einer Praxis.

Geduldige und freundliche Aufmerksamkeit erfreuen den Patienten.

Situationsaufgaben

- Viele Zahnarztpraxen informieren über sich und ihre Leistungen im Internet. Sehen Sie sich die Internetseiten einiger Praxen an und drucken Sie Abbildungen möglichst verschiedener Empfangs- und Wartebereiche aus. Wie ist Ihre Meinung zu deren Gestaltung?
- Neben Licht, Form und Farbe ist für die tägliche Arbeit im Empfangsbereich die ergonomische Gestaltung von Arbeitsplätzen von Bedeutung. Ermitteln Sie mithilfe des Internets wichtige ergonomische Gestaltungsprinzipien für Stühle, Schreibtische und Bildschirmarbeitsplätze.

Prüfungsvorbereitung

Folgende Karteikarten sind zur Ergänzung der Prüfungsvorbereitung zu erstellen:

Karteikarte 45:
Aufgaben am Praxisempfang

1. *Aufgaben im Rahmen der allgemeinen Praxisverwaltung*
2. *Aufgaben bei der Steuerung des Patientendurchlaufs*
3. *Aufgaben im Rahmen der Abrechnung*

Karteikarte 46:
Datenschutz am Praxisempfang

1. *Bauliche Maßnahmen*
2. *Organisatorische Maßnahmen*

3 Verbale und nonverbale Kommunikation

(Die verbale und nonverbale Kommunikation in ihrer Bedeutung als Grundlage für jeglichen Informationsaustausch einschätzen und die eigenen Möglichkeiten der Kommunikation weiterentwickeln)

Frau Klemmer kommt mit erheblichen Zahnschmerzen in die Praxis. Ihre ganze Körperhaltung zeigt, wie sehr sie leidet. Sarah begrüßt Frau Klemmer am Patientenempfang. „Guten Tag, Frau Klemmer. Sie haben angerufen wegen Ihrer Zahnschmerzen. Nehmen Sie noch einen Augenblick im Wartezimmer Platz. Dr. Heine wird Sie dann als Nächste behandeln.“ „Ja, vielen Dank! Ich habe wirklich schlimme Schmerzen. Also lassen Sie mich nicht allzu lange warten. Sie wissen doch, ich bin eine alte Bekannte von Dr. Heine.“ „Frau Klemmer, selbstverständlich tun wir immer, was wir können.“

Aufgaben

1. Nennen Sie anhand der Abbildung zum Modell der Kommunikation auf dieser Seite die verschiedenen Ebenen, die in jeder Nachricht enthalten sind. Geben Sie Beispiele aus Ihrer Ausbildungspraxis, wie in der Kommunikation mit den Patienten diese Ebenen zutreffen.
2. Prüfen Sie bei den in diesem Kapitel genannten Regeln für einen konfliktfreien und verständnisvollen Umgang mit dem Patienten, ob diese sinnvoll und zweckmäßig sind. Ergänzen Sie gegebenenfalls diesen Katalog mit zusätzlichen Regeln.

Die kurze Unterhaltung zeigt, dass neben der Sachinformation („Ich habe Schmerzen und muss dringend behandelt werden.") eine Menge anderer Informationen verbal und nonverbal, beispielsweise durch Gestik, Mimik und Körperhaltung, übermittelt werden. Die hierbei ablaufenden Vorgänge verdeutlicht das folgende Modell zur Kommunikation:

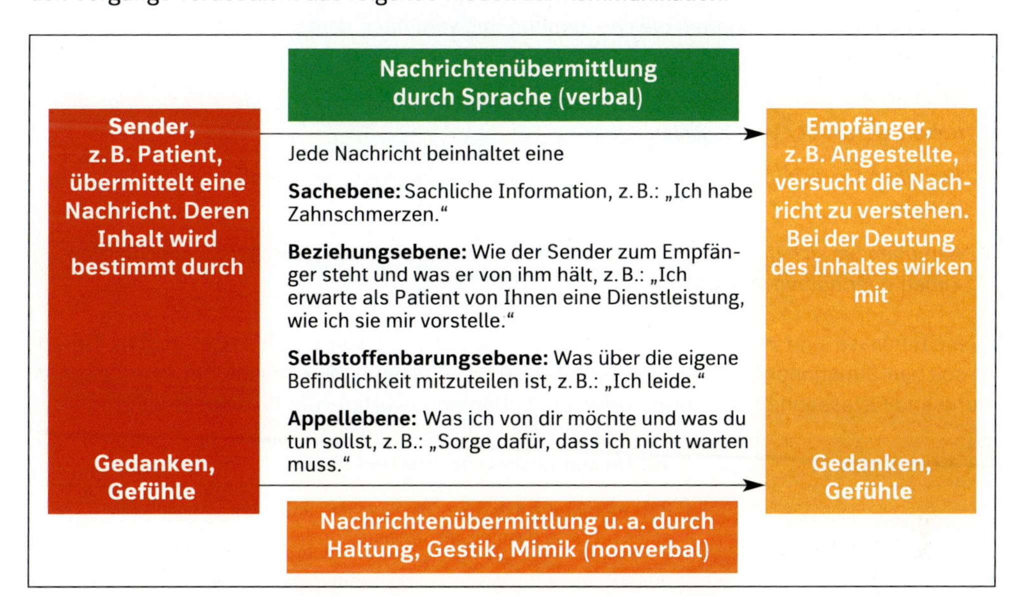

Ist man sich darüber im Klaren, wie viele Botschaften eine Nachricht enthält, kann man die **Kommunikation in der Praxis bewusster gestalten** und auf diese Weise dazu beitragen, **Ängste und Aggressionen beim Patienten abzubauen.** Dabei sind bestimmte Regeln für die Gesprächsführung zu beachten und zu üben. Vor allem das **aktive Zuhören**, eine besondere Form der personenorientierten Gesprächsführung, **sollte beherrscht** werden. Im Mittelpunkt steht hierbei das **Aufmerksamkeitsverhalten,** das aus folgenden Hauptkomponenten besteht:

Häufig befindet sich der Patient in einer Ausnahmesituation. Dies macht ihn nervös, ängstlich und überempfindlich. Zuhören und Anteilnahme helfen, Ängste abzubauen. Die nachfolgenden Regeln für die Gesprächsführung sollten beachtet werden. Hier gilt: Wichtig ist es, in der Praxis aus verschiedenen Situationen Erfahrungen zu sammeln, diese mit den Kolleginnen und dem Zahnarzt durchzusprechen und gegebenenfalls die eigene Haltung zu ändern.

Merksätze

- *Geben Sie Patienten nicht zu verstehen, dass Sie eigentlich keine Zeit haben, auch nicht durch Blicke zu Kolleginnen, Weiterarbeiten während des Gesprächs usw.*
- *Geben Sie den Patienten das Gefühl persönlicher Zuwendung. Zeigen Sie durch Äußerungen bzw. Ihr Verhalten Mitgefühl und Verständnis.*
- *Benutzen Sie keine zahnmedizinischen Fachausdrücke. Patienten kennen diese normalerweise nicht und vermuten leicht besonders schlimme Krankheiten bzw. unangenehme Behandlungsformen hinter solchen Begriffen.*
- *Versuchen Sie, keine Angst auslösenden Formulierungen zu benutzen, wie z. B. „schlimme Parodontose" oder „schreckliche Schmerzen".*
- *Behandeln Sie alle Patienten gleich – unabhängig vom Alter, dem Beruf, dem Benehmen, dem Aussehen usw.*
- *Machen Sie sich grundsätzlich nicht über Patienten lustig und vor allem nicht über ältere, unbeholfene oder vergessliche.*
- *Bemühen Sie sich, alle Mitteilungen an Patienten in einfachen, verständlichen Sätzen zu übermitteln.*
- *Bemühen Sie sich um eine möglichst deutliche Aussprache (kein „Nuscheln", Verschlucken von Silben oder halben Worten).*

Diese Hinweise sind insbesondere dann schwer einzuhalten, wenn es hektisch zugeht. Gerade in solchen Situationen sollte die Zahnmedizinische Fachangestellte gegenüber dem Patienten Ruhe und Gelassenheit bewahren. Denn die Patienten erwarten vom Praxispersonal:

Verbindlichkeit	Sichere und verlässliche Aussagen machen.
Feedback	Rückmeldung geben über die jeweilige Situation, z. B. was wird gemacht, was passiert als nächstes.
Taktgefühl	Insbesondere Rücksicht auf die Intimsphäre und die Gefühle des Patienten nehmen.
Gleichberechtigung	Alle Patienten werden freundlich behandelt, es gibt möglichst keine Bevorzugungen.
Einfühlungsvermögen	Besonders in schwierigen Lebenssituationen ist Verständnis angebracht.
Hilfsbereitschaft	Insbesondere bei alters- und krankheitsbedingten Einschränkungen Hilfe anbieten.
Atmosphäre	Auf alle Faktoren achten, die das Wohlfühlen beeinflussen, wie Ruhe und Gelassenheit auch in schwierigen Situationen ausstrahlen, Freundlichkeit und respektvoller Umgang.
Harmonie	Bei Konflikten und Beschwerden sollen diese möglichst durch freundliches Entgegenkommen entschärft werden.
Organisation	Gut strukturierte Abläufe sind in der gesamten Behandlung sichtbar. So erwarten den Patienten mit Termin kurze Wartezeiten und aufeinander abgestimmte Behandlungsabläufe. Bei unvorhergesehenen Störungen erfolgt unverzüglich eine entsprechende Information.

Situationsaufgabe:

Zu den Grundlagen der Kommunikation findet man im Internet einen Beitrag von Dr. Urs-Peter Oberlin mit dem Titel „Das Sender-Empfänger-Modell". Suchen Sie diesen Beitrag und drucken Sie ihn aus.

- Nehmen Sie zu den Inhalten des Beitrages Stellung.
- Tragen Sie vor, welche Aussagen zur Kommunikation in einem globalen und multikulturellen Umfeld getroffen werden.

Prüfungsvorbereitung

Folgende Karteikarten sind zur Ergänzung der Prüfungsvorbereitung zu erstellen:

Karteikarte 47:
Das Sender-Empfänger-Modell

1. *Wie werden Nachrichten übermittelt?*
2. *Die einzelnen Ebenen der Kommunikation*

Karteikarte 48:
Kommunikation mit Patienten

1. *Aktives Zuhören – Komponenten des Aufmerksamkeitsverhaltens*
2. *Wichtige beachtenswerte Regeln beim Patientenkontakt*
3. *Erwartungen der Patienten*

4 Grundlagen des Vertragsrechts

(Die Grundlagen des Vertragsrechts als Basis für alle in der Praxis und im privaten Bereich anfallenden Verträge anwenden und umsetzen)

Der 10-jährige Manuel kommt mit Schmerzen in die Praxis von Dr. Heine. Melanie, die am Patientenempfang die Krankenversichertenkarte entgegennimmt, fragt: „Wissen deine Eltern, dass es dir nicht gut geht und du deshalb unsere Praxis aufsuchst?" „Nein, ich hatte solche Schmerzen, dass ich mich in der Schule abgemeldet habe, um zum Arzt zu gehen." „Setz dich erst einmal ins Wartezimmer. Ich werde Dr. Heine informieren, der nimmt dich sicher gleich dran."

Aufgaben

1. Sarah hat ein Verwarnungsgeld von 10,00 EUR bezahlen müssen, weil sie beim Abbiegen nicht geblinkt hat.

   a) Wie ist eine solche Verkehrsordnungswidrigkeit rechtlich einzuordnen?

b) Wer ist bei dieser Rechtsbeziehung beteiligt?

c) In welchem Verhältnis stehen die Beteiligten zueinander?

2. Sarah war beim Kauf ihres gebrauchten Motorrollers 17 Jahre alt. Sie hat sich das Geld für den Kauf zusammengespart.

a) Zu welchem Teil des Rechts gehören Kaufverträge?

b) Wer ist bei diesem Kauf Vertragspartner?

c) Wie ist die Stellung der Vertragspartner in diesem Fall rechtlich geregelt?

d) Begründen Sie, warum Sarah die Zustimmung ihrer Eltern für den Kauf des Rollers benötigte, obwohl sie diesen vom selbst ersparten Geld kaufte.

e) Erläutern Sie in diesem Zusammenhang die Begriffe „Rechtsfähigkeit" und „Geschäftsfähigkeit".

3. Einer Zahnmedizinischen Fachangestellten wurde von ihrem Arbeitgeber am Ende des Arbeitstages mündlich mitgeteilt, dass er ihr aus wirtschaftlichen Gründen zum Ende des Monats kündige.

a) Um welche Art der Willenserklärung handelt es sich bei einer Kündigung?

b) Warum ist die Kündigung in diesem Fall rechtsunwirksam?

4. a) Welche Form ist beim Kauf eines Motorrollers für einen Kaufvertrag vorgeschrieben?

b) Welche Form ist in diesem Fall zu empfehlen?

5. Melanie hat eine neue Einbauküche gegen Ratenzahlung gekauft. In welcher Form ist ein Ratenkaufvertrag abzuschließen?

6. Dr. Heine hat seinem Sohn für dessen Studium in Würzburg ein Apartment gekauft. Welche Form muss in diesem Fall der Abschluss des Kaufvertrages haben?

7. Bei einer Inspektion von Sarahs Roller stellt sich heraus, dass der Roller nicht, wie im Kaufvertrag festgehalten, 4000 km, sondern bereits ca. 9000 km gelaufen hat. Was kann Sarah in diesem Fall unternehmen?

8. Der 5-jährige Jan hat sich am Kiosk ein Comic-Heft gekauft. Leider hat er es mit Eis bekleckert. Seine Eltern sind verärgert, dass ihrem Sohn ein Heft verkauft worden ist.

a) Wie können sie in diesem Fall reagieren?

b) Haben sie ein Recht auf Rückgabe des Heftes und Herausgabe des Kaufpreises, obwohl das Heft verunreinigt ist? Begründen Sie Ihre Antwort.

Rechtsgrundlagen des Vertragsrechts

Melanie hat einen Augenblick gezögert, ob Manuel ohne Einwilligung der Eltern behandelt werden darf. Dann war sie sich aber sicher, dass dies möglich ist. Dieses Beispiel zeigt, dass in einer Zahnarztpraxis im Zusammenhang mit dem Behandlungsvertrag viele Rechtsvorschriften zu beachten sind. Dies trifft auch auf unser alltägliches Leben zu. Tag für Tag schließen wir eine Vielzahl von Verträgen. Solange alles gut geht, sind wir uns der vielen Rechtsvorschriften, die damit verbunden sind, nicht bewusst. Erst, wenn etwas schief gelaufen ist, versuchen wir, Recht zu bekommen. Die **Kenntnisse über** die **Grundlagen des Vertragsrechts** sind somit ein **Teil der täglichen Lebensbewältigung.**

Ein geordnetes Zusammenleben der Menschen hat zu allen Zeiten und in allen Lebensbereichen Regeln erfordert. Zum einen wird dieses Zusammenleben durch **Sitte**, **Gewohnheit** und **Brauch** geregelt, die sich im Laufe der Zeit entwickelten. Zum anderen sorgt der Staat durch die Festlegung von Rechtsvorschriften für eine weitere Grundlage des geordneten Zusammenlebens. Rechtsvorschriften finden sich u. a. in Gesetzen, Verordnungen, Erlassen usw.

Definition: *Die Gesamtheit der in einem Staat gültigen Rechtsvorschriften bezeichnet man als Rechtsordnung.*

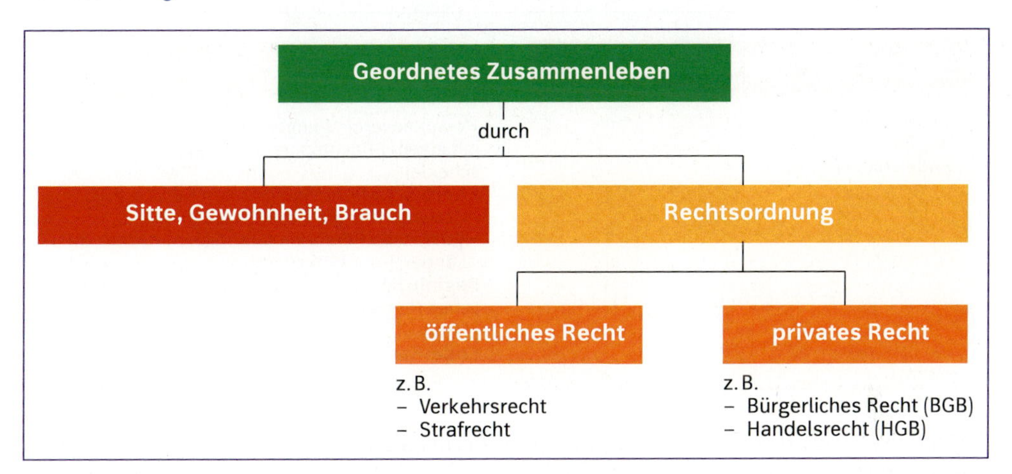

Das **öffentliche Recht** regelt die Rechtsbeziehung des Staates zu seinen Bürgern. Verkehrsrecht und Strafrecht gehören zum Bereich des öffentlichen Rechts. In dieser Rechtsbeziehung ist **der Staat,** vertreten durch einen Beauftragten wie beispielsweise einen Polizeibeamten. Öffentliches Recht ist **zwingendes Recht**, d. h. es hat für alle Bürger allgemeine Geltung und kann nicht durch Vereinbarungen von Bürgern abgeändert werden.

Beispiel: *Sarahs Vater wird von einem Polizisten nach einer Tempomessung angehalten. Er muss ein Verwarnungsgeld von 35,00 EUR zahlen, weil er zu schnell gefahren ist.*

Das **private Recht** regelt die Rechtsbeziehung zwischen den einzelnen Bürgern sowie die Rechtsverhältnisse der Unternehmen. So gehören beispielsweise alle Rechtsregeln zum Abschluss von Verträgen zum Privatrecht. Für diesen Teil des Rechts gilt, dass **alle Beteiligten gleichrangig** sind und grundsätzlich freien Gestaltungsspielraum in ihren Vereinbarungen haben.

Beispiel: *Sarahs volljährige Schwester kauft von ihrem ersparten Taschengeld einen DVD-Player.*

Den größten Teil der gesetzlichen Regeln für den Abschluss von Verträgen enthalten das **Bürgerliche Gesetzbuch (BGB)** und das **Handelsgesetzbuch (HGB)**. Überwiegend haben die hier enthaltenen Regelungen **Ersatzcharakter**. Sie gelten nur, wenn von den Vertragsparteien nicht ausdrücklich etwas anderes vereinbart wurde.

Beispiel: *In einem Kaufvertrag hat man bezüglich der Art und Güte der Ware keine Vereinbarung getroffen. In diesem Fall gelten deshalb die Vorschriften von HGB und BGB (§ 243 Abs. 1 BGB, § 360 HGB). Der Verkäufer muss eine Ware mittlerer Art und Güte liefern.*

Da es den Vertragsparteien überlassen ist, den Inhalt der Verträge weitgehend frei zu bestimmen, gilt der **Grundsatz der Vertragsfreiheit.**

Rechts- und Geschäftsfähigkeit

Ein rechtsgültiger Abschluss von Verträgen setzt voraus, dass die Vertragspartner rechts- und geschäftsfähig sind.

Definition: *Rechtsfähigkeit ist die Fähigkeit von natürlichen und juristischen Personen, Träger von Rechten und Pflichten zu sein. Natürliche Personen sind alle Menschen.*

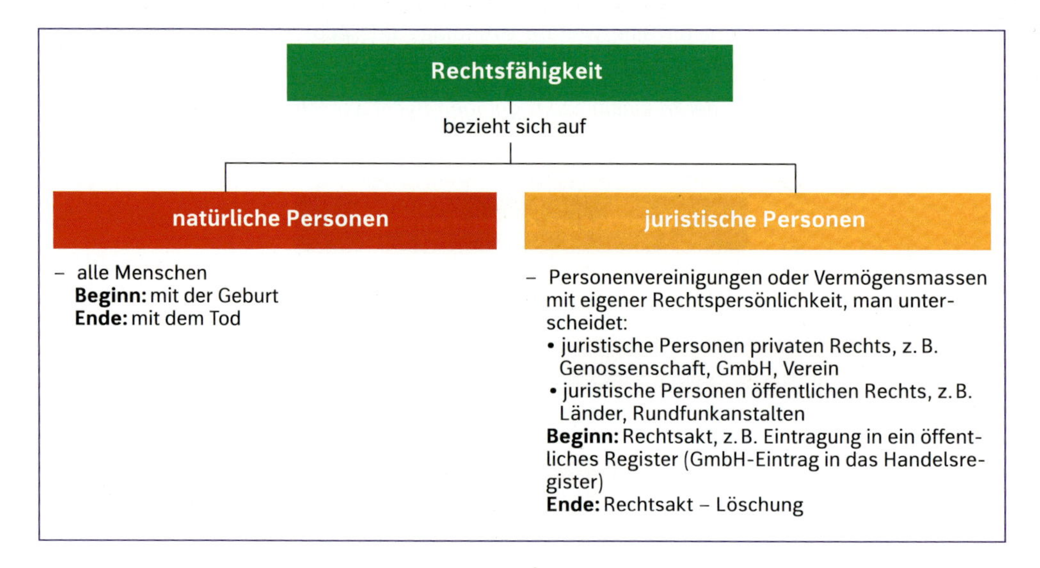

Definition: *Geschäftsfähigkeit ist die Fähigkeit, Rechtsgeschäfte selbstständig und vollgültig abzuschließen.*

Im BGB werden **drei** Stufen der Geschäftsfähigkeit unterschieden:

1. Geschäftsunfähigkeit – Kinder unter sieben Jahren sowie Personen im Zustand des verminderten Bewusstseins. Rechtsgeschäfte, die ein Geschäftsunfähiger abschließt, sind nichtig. Ausnahme: Wird ein geschäftsunfähiges Kind zum Einkaufen geschickt, handelt es als Bote, d. h., es überbringt die Willenserklärung eines gesetzlichen Vertreters. Der abgeschlossene Kaufvertrag ist voll gültig.
2. Beschränkte Geschäftsfähigkeit – Minderjährige zwischen sieben und 18 Jahren. Sie können Rechtsgeschäfte nur mit Zustimmung eines gesetzlichen Vertreters abschließen.

   Ohne Zustimmung ist ein Rechtsgeschäft schwebend unwirksam. Es wird gültig, wenn es nachträglich genehmigt, und wird nichtig, wenn die Zustimmung verweigert wird. Bei folgenden Ausnahmen benötigt ein beschränkt Geschäftsfähiger keine Zustimmung:

   a) Geschäfte, die mit dem monatlichen Taschengeld beglichen werden;

   b) Geschäfte, die nur Vorteile bringen, Schenkungen ohne weitere Verpflichtungen (Geld, Schmuck ...);

   c) Geschäfte, die ein von den Eltern erlaubtes Arbeitsverhältnis betreffen, z. B. Kauf von Berufsbekleidung, von Essenmarken;
   Auflösung des Ausbildungsverhältnisses nur mit Zustimmung der Eltern;

   d) Geschäfte aus dem selbstständigen Betrieb eines Erwerbsgeschäftes, das der Minderjährige mit Einwilligung der gesetzlichen Vertreter und der Genehmigung des Vormundschaftsgerichtes betreibt.
3. Volle Geschäftsfähigkeit – Alle Personen ab 18 Jahren.

Eigentum und Besitz

Eine Sache kann, je nachdem was vertraglich vereinbart wurde, als Eigentum oder Besitz erworben werden. Bei Kaufverträgen erwirbt der Käufer üblicherweise Eigentum und Besitz der gekauften Sache.

***Definition:** Eigentum ist die rechtliche Herrschaft über eine Sache, d.h. der Eigentümer kann nach Belieben darüber verfügen.*

Beispiel: *Ein Pharmaunternehmen stellt einem Pharmareferenten seinen Firmenwagen zur freien Verfügung. Das Unternehmen hat als Eigentümer festgelegt, dass das Auto bei Erreichen eines Kilometerstandes von 80000 km, spätestens jedoch zwei Jahre nach Erwerb verkauft wird.*

Übertragen wird Eigentum durch die Übergabe der Sache und die Einigung darüber, dass das Eigentum auf den Erwerber übergehen soll.

***Definition:** Besitz ist die tatsächliche Herrschaft über eine Sache. Er wird durch die Übergabe der Sache an den Besitzer erworben.*

Beispiel: *Dem Pharmareferenten wird das Fahrzeug übergeben. Er nutzt das Fahrzeug betrieblich und privat.*

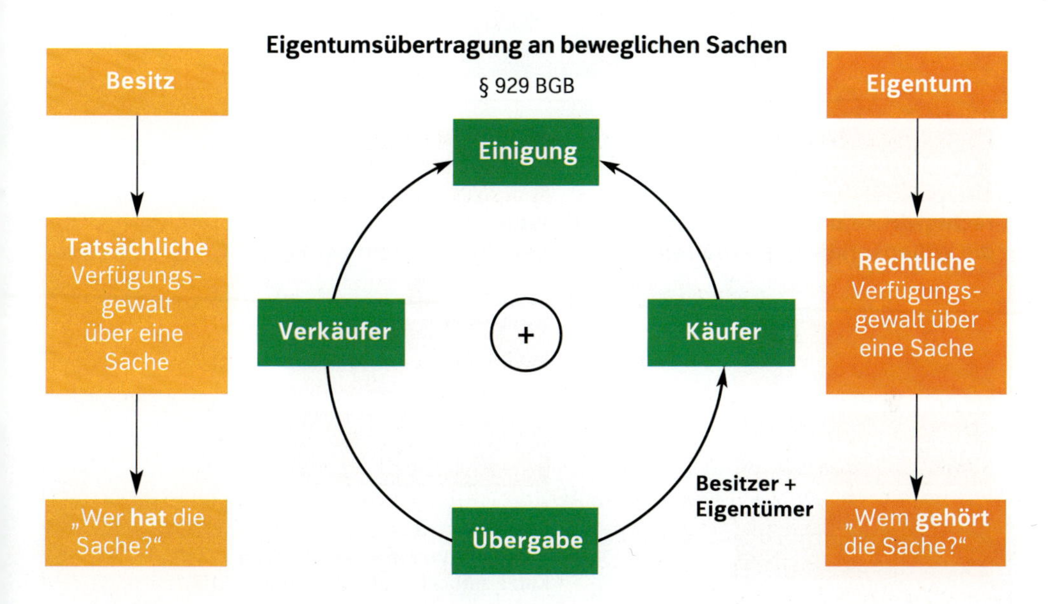

Rechtsgeschäfte

Ein Rechtsgeschäft besteht aus mindestens **einer** Willenserklärung, die rechtliche Folgen hat. Wird zum Beispiel in einem Testament festgelegt, wer was erbt, ist dies eine Willenserklärung. Eine Willenserklärung wird abgegeben

- durch eine ausdrückliche mündliche oder schriftliche Erklärung,
- durch schlüssiges (konkludentes) Handeln, z.B. ein Patient sucht die Zahnarztpraxis auf und legt seine Versichertenkarte vor.

Gibt nur eine Person eine Willenserklärung ab, liegt ein **einseitiges Rechtsgeschäft** vor. Eine einseitige Willenserklärung ist rechtswirksam, wenn sie **nicht empfangsbedürftig** ist, wie beispielsweise ein Testament oder das Angebot einer Ware. Es gibt aber auch Willenserklärungen, die erst dann rechtswirksam sind, wenn der Empfänger diese nachweislich erhalten hat. Hierbei handelt es sich dann um **empfangsbedürftige Willenserklärungen.**

Rechtsgeschäfte setzen Rechtskenntnisse voraus

Beispiel: *Eine Kündigung ist nur rechtswirksam, wenn der Gekündigte schriftlich fristgemäß von der Kündigung in Kenntnis gesetzt wird. Eine Kündigung sollte daher entweder persönlich ausgesprochen werden, wobei der Gekündigte den Empfang der Kündigung schriftlich bestätigen muss, oder per Einschreiben eigenhändig mit Rückschein versandt werden.*

Einseitiges Rechtsgeschäft

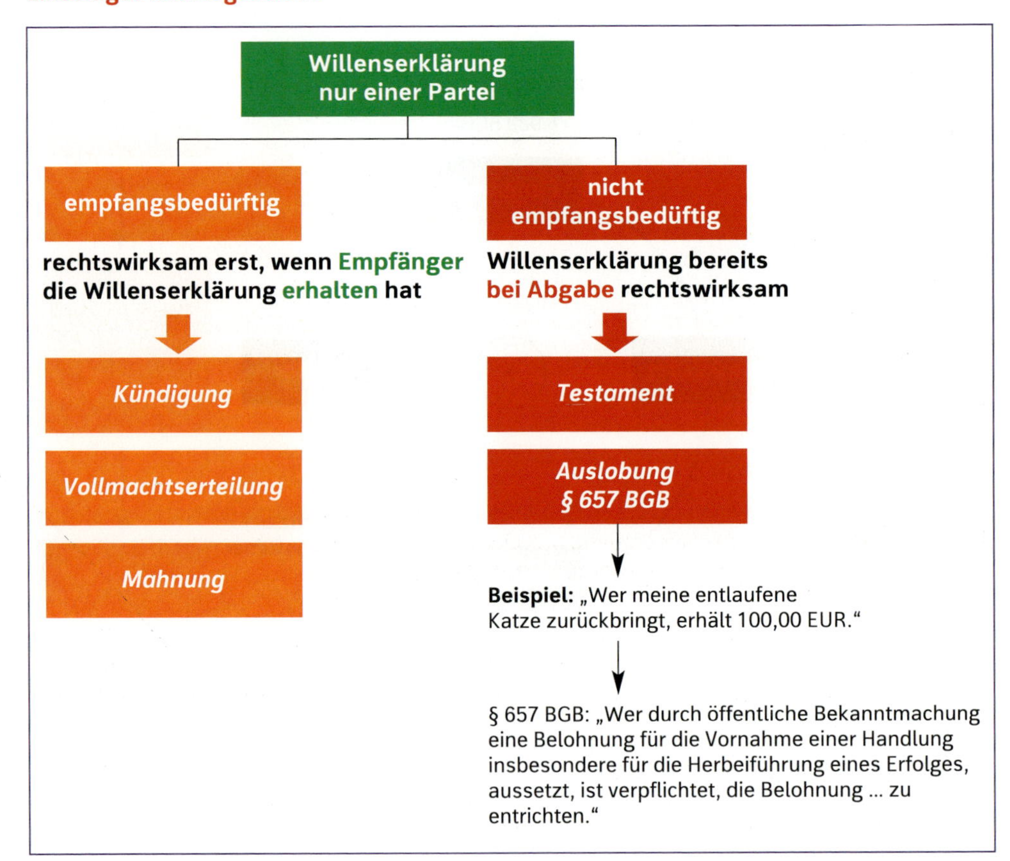

Zweiseitige bzw. mehrseitige Rechtsgeschäfte bezeichnet man als **Verträge**. Sie entstehen durch übereinstimmende Willenserklärungen von mindestens zwei Beteiligten. Die zuerst abgegebene Willenserklärung heißt **Antrag**, die Zustimmungserklärung bezeichnet man als **Annahme**. Verträge können einen der Beteiligten einseitig verpflichten, z. B. bei einer Schenkung, oder sie beinhalten Verpflichtungen für beide Vertragsparteien, z. B. beim Kaufvertrag.

Mehrseitiges Rechtsgeschäft

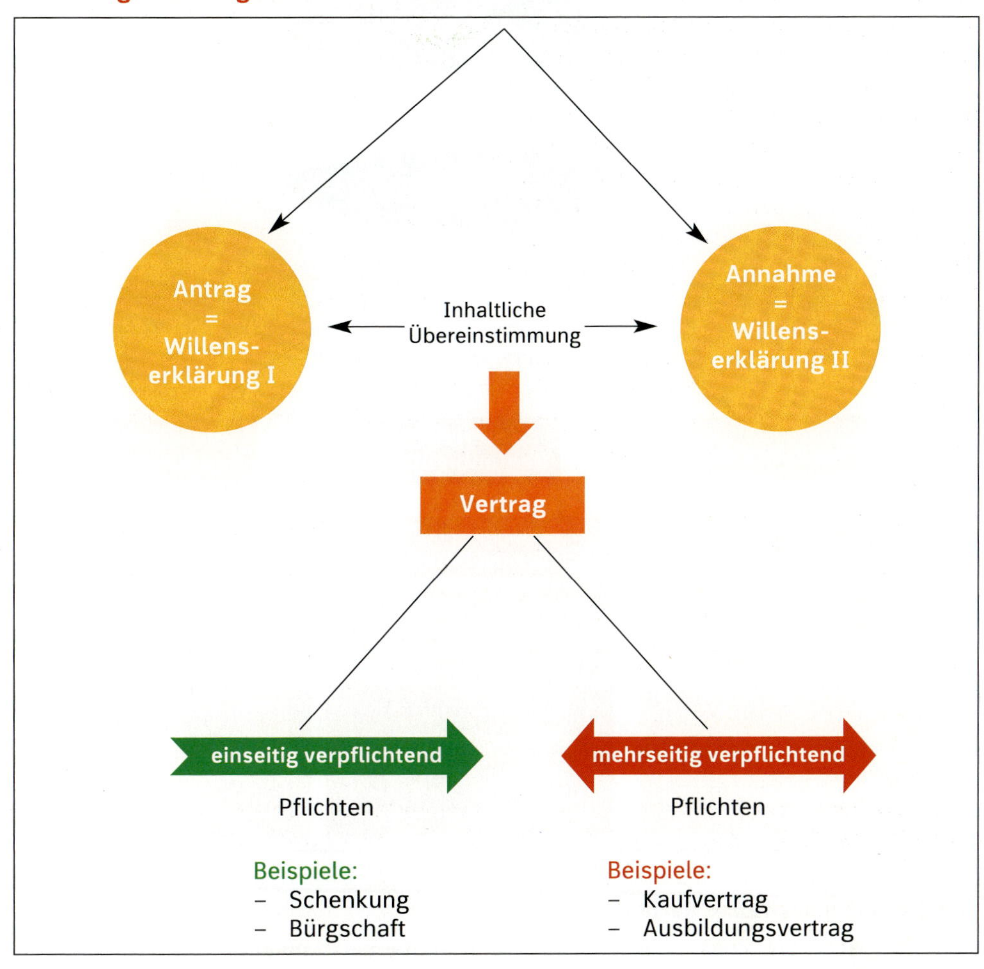

Form der Rechtsgeschäfte

Rechtsgeschäfte können in beliebiger Form abgeschlossen werden (**Grundsatz der Formfreiheit**). Für einige wichtige Rechtsgeschäfte schreibt das Gesetz jedoch eine bestimmte Form vor. Wird dieser **Formzwang** nicht eingehalten, ist das jeweilige Rechtsgeschäft nichtig. Folgende Formvorschriften sind zu unterscheiden:

- **Schriftliche Form** – ein schriftlicher Vertrag muss vorliegen, z. B. bei Ausbildungsverträgen, Ratenkäufen, Mietverträgen (die länger als ein Jahr gelten), Kündigungen.
- **Notarielle Beglaubigung** – die Echtheit der Unterschrift ist durch einen Notar zu bestätigen, z. B. bei Anträgen auf Eintragung in das Grundbuch, Handelsregister oder Vereinsregister. Erst dann ist die entsprechende Willenserklärung gültig, und die Eintragung kann somit durch die Behörde erfolgen.
- **Notarielle Beurkundung** – ein Notar verfasst den Vertragsinhalt in einer Urkunde. Die Vertragsparteien bestätigen den Inhalt des Vertragsgegenstandes ausdrücklich durch Unterschriften. Die Unterschriften der Vertragspartner werden durch den Notar beglaubigt. Diese Form des Vertragsabschlusses ist vorgeschrieben z. B. bei Verträgen zum Kauf eines Grundstücks, Eheverträgen, Schenkungsversprechen, Eintragung einer Hypothek oder Erbschaftsverträgen.

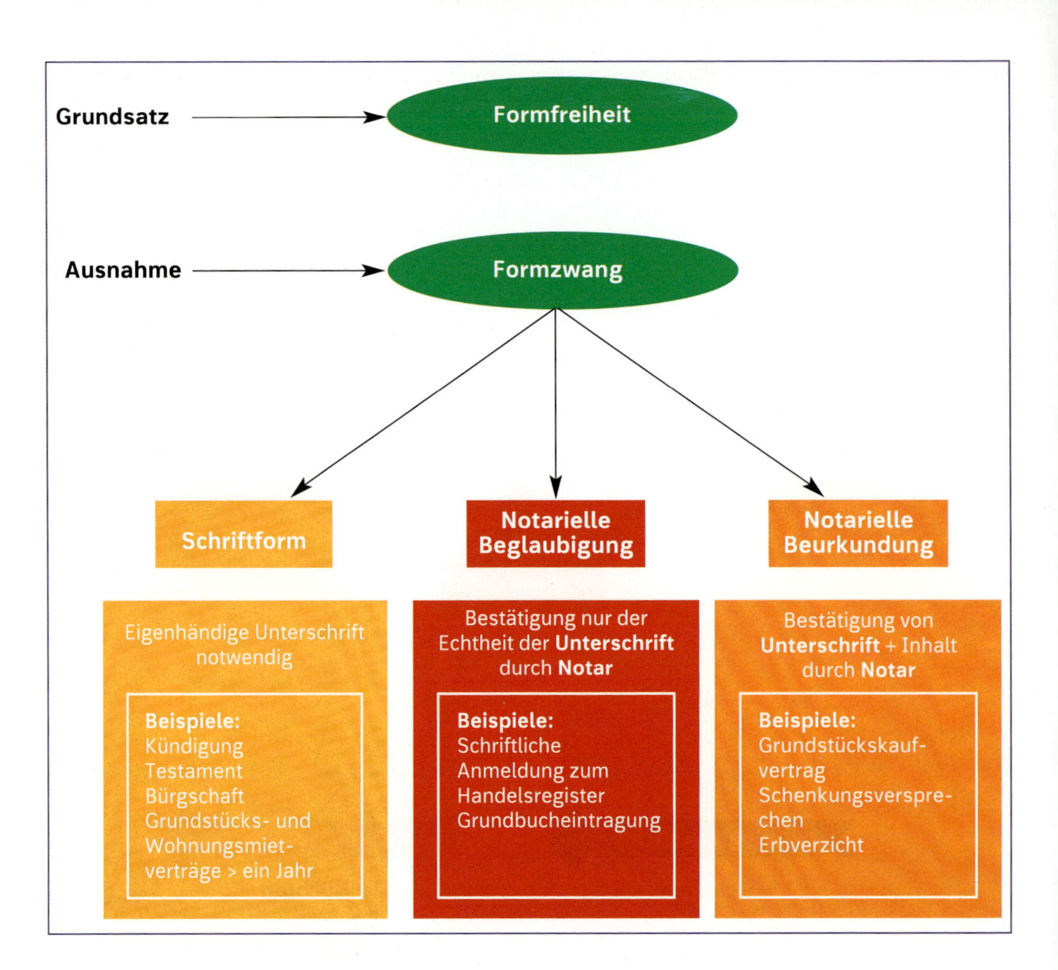

Nichtige und anfechtbare Rechtsgeschäfte

Ein Vertragsabschluss kommt durch mindestens zwei **übereinstimmende** Willenserklärungen zustande. Liegt keine Übereinstimmung der beiden Willenserklärungen bei einem wesentlichen Bestandteil der Vereinbarung vor, so kommt der Vertrag gar nicht erst zustande, er ist **nichtig.**

Nichtige Rechtsgeschäfte	
Nichtig sind Geschäfte:	**Beispiele:**
– bei einem Verstoß gegen die gesetzlichen Formvorschriften,	– Kauf eines Grundstückes ohne notarielle Beurkundung des Vertrages
– von geschäftsunfähigen Personen	– Ein sechsjähriger Junge kauft ein Spielzeugauto.
– die gegen Gesetze und gute Sitten verstoßen,	– Rauschgifthandel
– bei denen die beiderseitigen Willenserklärungen nur zum Schein abgegeben wurden,	– Bei einem vereinbarten Kaufpreis von 300 000,00 EUR für ein Grundstück werden im Kaufvertrag nur 250 000,00 EUR angegeben. Die Kaufpreisdifferenz ist bar zu zahlen, sodass die auf den Kaufpreis bezogene Grunderwerbssteuer niedriger ist.
– bei denen eine Willenserklärung nur zum Scherz abgegeben wurde.	– Hausverkauf gegen regelmäßiges Rasenmähen

Ein **anfechtbares** Rechtsgeschäft ist zunächst gültig. Bei bestimmten Gründen kann es angefochten werden. Das Rechtsgeschäft wird dann rückwirkend unwirksam, sofern diese Gründe beweisbar sind.

Anfechtbare Rechtsgeschäfte	
Anfechtungsgründe und Fristen:	**Beispiele:**
– Irrtum (unverzüglich nach Entdeckung)	– Bei der Bestellung des Praxisbedarfs wurden irrtümlich statt 250 Einmalspritzen 2500 bestellt.
– arglistige Täuschung (innerhalb eines Jahres nach Kenntnisnahme)	– Beim Kauf eines Pkw wurde die Motorleistung mit 60000 km bestätigt. Die tatsächliche Kilometerleistung betrug aber 160000 km.
– widerrechtliche Drohung (innerhalb eines Jahres nach Beendigung)	– Zwang zur Unterschrift unter einen Vertrag

Situationsaufgaben

- Personen mit einem verminderten Bewusstsein können Rechtsgeschäfte nicht selbst schließen. In diesem Fall ist eine Betreuung notwendig. Ermitteln Sie mithilfe des Internets Antworten zu folgenden Fragen:
  - Was ist eine gesetzliche Betreuung?
  - Wann ist eine Betreuung notwendig?
  - Wer kann eine Betreuung beantragen?
  - Wer kann Betreuer sein?
  - Wie lange bleibt eine Betreuung bestehen?
- Der Albtraum vieler Eltern: Der Sprössling hat hinter ihrem Rücken Schulden gemacht. Er hat allzu sorglos telefoniert. Entsprechend hoch fiel die Telefonrechnung aus. Nun stellt sich die Frage: Wer muss zahlen?
  - Versuchen Sie zu begründen, ob eine Pflicht der Eltern zur Zahlung der Rechnung besteht.
  - Wie kann man eine solche Situation vermeiden?
- Mittlerweile wird eine Vielzahl von Geschäften bereits über das Internet geschlossen. Welche Probleme sehen Sie im Zusammenhang mit dem Abschluss von Kaufverträgen im Internet?

Prüfungsvorbereitung

Folgende Karteikarten sind zur Ergänzung der Prüfungsvorbereitung zu erstellen:

Karteikarte 49:
Grundlagen des Vertragsrechts

1. Rechtsordnung
2. öffentliches Recht
3. privates Recht
4. Rechtsfähigkeit
5. Geschäftsfähigkeit
6. Eigentum
7. Besitz

Karteikarte 50:
Rechtsgeschäfte

1. Einseitige Rechtsgeschäfte
2. Mehrseitige Rechtsgeschäfte
3. Formvorschriften
4. Nichtige Rechtsgeschäfte
5. Anfechtbare Rechtsgeschäfte

5 Behandlungsvertrag

(Den Behandlungsvertrag als umfassende Rechtsgrundlage zahnärztlicher Tätigkeit kennen und im Rahmen der eigenen Tätigkeit in der Zahnarztpraxis anwenden)

Herr Ritter hat vor einem halben Jahr eine Parodontose-Behandlung von Herrn Dr. Heine vornehmen lassen. Dabei hat Dr. Heine auf die Notwendigkeit und Technik einer besonderen Zahnpflege hingewiesen. Bei dem heutigen routinemäßigen Termin zur Zahnhygiene stellt Dr. Heine fest, dass Herr Ritter offensichtlich die notwendige Zahnpflege sehr vernachlässigt hat. Dr. Heine führt deshalb das folgende Gespräch mit Herrn Ritter: „Sie haben mich aufgesucht und erwarten von mir, dass ich Ihnen helfe. Der Erfolg der Behandlung hängt aber wesentlich davon ab, dass Sie aktiv Ihre Zähne pflegen", äußert Herr Dr. Heine unmissverständlich. „Es tut mir leid, ich bin aber beruflich so eingespannt, dass ich nicht immer die notwendige Zeit für eine so umfangreiche und gründliche Zahnpflege habe", antwortet Herr Ritter. „Ich habe Sie ausführlich über die Gefahren der Parodontose aufgeklärt. Weiterhin sind Sie umfassend informiert worden, welche Folgen eine mangelnde Zahnhygiene nach sich ziehen kann. Ich muss Sie bitten, in Zukunft trotz aller Belastungen mit mehr Sorgfalt auf die Pflege Ihrer Zähne zu achten", fährt Herr Dr. Heine fort. „Ich werde mich bessern", verspricht Herr Ritter ausdrücklich.

Aufgaben

1. Im Gespräch zwischen Herrn Dr. Heine und Herrn Ritter geht es um den von den beiden geschlossenen Behandlungsvertrag. Wie kommt ein solcher Behandlungsvertrag zustande?
2. Das obige Beispiel zeigt, dass auch ein Patient Pflichten aus dem Behandlungsvertrag zu beachten hat. Welche Pflichten muss der Patient beachten?
3. Herr Dr. Heine beendet die Behandlung eines Patienten, der wiederholt seinen Termin versäumt hat.
   a) Kann Dr. Heine aufgrund dieses Sachverhaltes den Behandlungsvertrag beenden? Begründen Sie Ihre Antwort.
   b) Welche Voraussetzungen müssen erfüllt sein, damit ein Zahnarzt einen Behandlungsvertrag kündigen kann?
   c) Welche Voraussetzungen sind zu beachten, wenn ein Patient den Behandlungsvertrag beenden will?
4. Ein Zahnarzt übernimmt aufgrund eines Behandlungsvertrages eine Vielzahl von Pflichten. Erläutern Sie, was man unter der Sorgfaltspflicht versteht.
5. Unter welchen Voraussetzungen dürfen Leistungen an die Zahnmedizinische Fachangestellte übertragen werden?
6. Auf welchen Rechtsgrundlagen beruht die Schweigepflicht?
7. In welchen Fällen dürfen Informationen, die der ärztlichen Schweigepflicht unterliegen, weitergegeben werden?

8. Welche Folgen hat der Bruch der Schweigepflicht für eine Zahnmedizinische Fachangestellte?

9. Was versteht man unter Meldepflicht im Zusammenhang mit einem Behandlungsvertrag?

10. „Aber ich habe Sie doch ausführlich über die Gefahren dieser Erkrankung und über die notwendige Änderung Ihrer Zahnhygiene aufgeklärt", heißt es in dem Gespräch zwischen Herrn Dr. Heine und Herrn Ritter.

    a) Ist ein Zahnarzt zu dieser Aufklärung verpflichtet? Begründen Sie Ihre Antwort.

    b) In welchem Umfang ist der Patient über seine Erkrankung aufzuklären?

11. Warum bedarf jedes zahnärztliche Handeln der Einwilligung durch den Patienten?

12. Der Zahnarzt ist zu einer ausreichenden und sorgfältigen Dokumentation verpflichtet.

    a) Nennen Sie die Rechtsgrundlagen der Dokumentationspflicht.

    b) Unter welchen Voraussetzungen darf ein Patient in die Dokumentation des Zahnarztes Einsicht nehmen?

13. Einer Zahnmedizinischen Fachangestellten unterläuft bei der Prophylaxe ein Behandlungsfehler. Wer übernimmt in diesem Fall die Haftung?

14. Wann verjähren Schadenersatzansprüche des Patienten aus dem Behandlungsvertrag?

15. Wer trägt in einem Arzthaftungsprozess die Beweislast, dass ein Behandlungsfehler vorliegt?

16. In welchen Fällen kommt es zu einer Beweislastumkehr?

Gestärkte Patientenrechte – Das Patientenrechtegesetz

Patienten, die einen Zahnarzt aufsuchen und somit einen Behandlungsvertrag abschließen, befinden sich außer bei den Vorsorgeuntersuchungen in einer behandlungsbedürftigen Situation. Dies führt oft dazu, dass sie dem Zahnarzt und seinen Behandlungsvorschlägen vorbehaltlos vertrauen. Allerdings nimmt die Zahl der Patienten zu, die aufgrund der Vielzahl, auch dem medizinischen Laien verständlichen Informationen, selbstbewusst und kritisch die vorgeschlagene Behandlung hinterfragen und prüfen. Die stärkere Position des Patienten gegenüber Ärzten, Zahnärzten, Krankenhäusern und anderen Leistungserbringern sowie gegenüber den Krankenkassen wird gestützt und gefördert durch das Patientenrechtegesetz. Zwar sind die Rechte der Patienten umfassend im deutschen Recht verankert, aber sie sind verteilt auf die unterschiedlichsten Gesetze. Durch die Bündelung der bisher verstreuten Patientenrechte, insbesondere durch eine Einfügung im Bürgerlichen Gesetzbuch (§§ 630 a–630 h BGB), wird die Rechtslage für den Patienten eindeutiger und überschaubarer. Seine Stellung im Gesundheitssystem ist damit erheblich gestärkt.

Im Patientenrechtegesetz gelten folgende Neuregelungen:

Grundlagen des Behandlungsvertrages im BGB

Das Arzt-Patienten-Verhältnis ist im Behandlungsvertrag zusammengefasst. Das bedeutet, dass alle Rechte und Pflichten, die mit einer ärztlichen Behandlung im Zusammenhang stehen, zusammengestellt und im Bürgerlichen Gesetzbuch (BGB) verankert sind. [...]

Behandlungsfehler

Niedergelassene Ärzte und Krankenhäuser sind verpflichtet, Fehler, die bei der Behandlung unterlaufen oder beinahe unterlaufen sind, zu dokumentieren und auszuwerten. Auf diese Weise soll man Risiken erkennen und minimieren können. [...]

Arzthaftung

Das Haftungssystem ist gesetzlich niedergelegt worden. [...] Durch die Einfügung der gerichtlich entwickelten Beweislastregeln ins BGB wird mehr Rechtssicherheit erreicht.

Aufklärung

Patienten müssen künftig verständlich und umfassend über Behandlungen und Diagnosen aufgeklärt werden. Es muss rechtzeitig vorher ein persönliches Gespräch geführt werden.

Patientenakten

Jeder Patient hat ein Recht auf Einsicht in seine Patientenakte.

Beweislastumkehr

Grundsätzlich muss der Patient beweisen, dass ein Behandlungsfehler vorliegt und dieser für den Gesundheitsschaden ursächlich ist. Bei groben Behandlungsfehlern hingegen muss der Arzt bzw. Behandelnde beweisen, dass der nachgewiesene Fehler nicht den Schaden verursacht hat.

Mehr Rechte gegenüber den Krankenkassen

In Genehmigungsverfahren (z. B. für Rehabilitationsmaßnahmen) erhalten die Krankenkassen eine gesetzliche Frist. Wenn sie innerhalb dieser Frist nicht handeln, wird der Antrag als genehmigt gelten.

Patientenbeteiligung

Die Patienten werden verstärkt an wichtigen Entscheidungen der Gesundheitsversorgung beteiligt.

Patienteninformation

Der Patientenbeauftragte der Bundesregierung hat genau spezifizierte Aufgaben. Er sorgt für mehr Informationsangebote und damit für mehr Transparenz hinsichtlich der Rechte der Patienten.

Quelle: Patientenrechte: Patientenrechtegesetz: In: www.patienten-rechte-gesetz.de, © 2018, (verändert) [30.04.2019].

Zustandekommen des Behandlungsvertrages

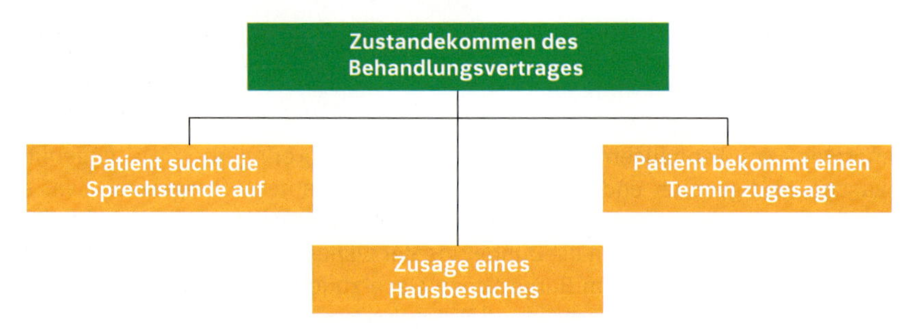

Für Minderjährige vor Vollendung des 7. Lebensjahres schließen die Sorgeberechtigten den Behandlungsvertrag ab. Zwischen dem 7. und 18. Lebensjahr bedarf der Vertrag der vorherigen oder nachträglichen Zustimmung der Sorgeberechtigten. Kassenpatienten können ab dem 15. Lebensjahr ärztliche Leistungen in Anspruch nehmen. Dem Kind eine notwendige ärztliche Behandlung zu ermöglichen, gehört zu den elterlichen Sorgepflichten. Unterlassungen können zum Entziehen des elterlichen Sorgerechtes führen.

Aus dem Behandlungsvertrag ergeben sich für den Zahnarzt und den Patienten folgende Vertragspflichten:

§ 630 a BGB: Vertragstypische Pflichten beim Behandlungsvertrag

(1) Durch den Behandlungsvertrag wird derjenige, welcher die medizinische Behandlung eines Patienten zusagt (Behandelnder), zur Leistung der versprochenen Behandlung, der andere Teil (Patient) zur Gewährung der vereinbarten Vergütung verpflichtet, soweit nicht ein Dritter zur Zahlung verpflichtet ist.

(2) Die Behandlung hat nach den zum Zeitpunkt der Behandlung bestehenden, allgemein anerkannten fachlichen Standards zu erfolgen, soweit nicht etwas anderes vereinbart ist.

Mit der Übernahme der Behandlung entsteht zwischen dem Zahnarzt und dem Patienten automatisch ein **Dienstvertrag**, der keine ausdrücklichen schriftlichen Vereinbarungen haben muss. **Der Zahnarzt schuldet gemäß § 630 a BGB nicht den Heilerfolg, sondern eine ordnungsgemäße medizinische Behandlung.** Der Patient sucht in den meisten Fällen die Zahnarztpraxis mit der Bitte um Behandlung auf. Der Zahnarzt hat bei der Behandlung die Schwere der Erkrankung und den mutmaßlichen Patientenwillen zu berücksichtigen. Diagnose, Beratung und Therapie müssen dem Stand der medizinischen Wissenschaft zum Zeitpunkt der Behandlung entsprechen.

§ 630 a BGB besagt, dass der Patient mit Abschluss des Behandlungsvertrages ebenfalls **Pflichten** übernimmt. Seine Hauptpflicht ist, das Honorar für die Behandlung zu begleichen.

- Privatpatienten zahlen die Liquidation, die nach der Gebührenordnung für Zahnärzte (GOZ) erstellt wird, direkt an den Zahnarzt. Ihre private Krankenversicherung erstattet ihnen die Behandlungskosten.
- Bei den Kassenpatienten erfolgt die Honorarzahlung der gesetzlichen Krankenversicherung über die Kassenzahnärztlichen Vereinigungen (KZV).

Darüber hinaus trifft den Patienten die Vertragspflicht, die zahnärztlichen Maßnahmen zu unterstützen und die gegebenen Hinweise zu befolgen, z. B. nach einer Zahnbehandlung mehrere Stunden nicht zu essen, Zahnspangen nach den zahnärztlichen Vorgaben zu tragen, usw.

Hauptpflichten aus dem Behandlungsvertrag	
für den Zahnarzt	für den Patienten
Behandlung nach dem neuesten Stand der zahnmedizinischen Wissenschaft	Zahlung des Honorars ▪ Privatpatienten – direkt an den Arzt ▪ Kassenpatienten – über die gesetzliche Krankenversicherung

Behandlungspflicht des Zahnarztes

Beim Behandlungsvertrag gilt der **Grundsatz der Abschlussfreiheit**. Das bedeutet, dass der Zahnarzt grundsätzlich nicht verpflichtet ist, einen Patienten zu behandeln, es sei denn, es handelt sich um einen **Notfall**. Hat der Zahnarzt eine kassenzahnärztliche Zulassung, so besteht bei Kassenpatienten wegen der Verpflichtung zur vertragszahnärztlichen Versorgung eine Behandlungspflicht. Diese darf nur in begründeten Fällen abgelehnt werden, beispielsweise

- bei einem gestörten Vertrauensverhältnis (z. B. der Patient befolgt die zahnärztlichen Anordnungen nicht),
- wenn die Praxis aufgrund des Patientenzuspruchs so ausgelastet ist, dass eine ausreichende Versorgung aller Patienten nicht mehr gewährleistet werden kann.

Die Ablehnung einer Behandlung darf einen Patienten aber nicht in eine Notsituation bringen. Es muss gewährleistet sein, dass der Patient bei einem anderen Zahnarzt eine entsprechende Behandlung erhält.

Für den Patienten gilt der **Grundsatz der freien Arztwahl**. Ein Kassenpatient sollte allerdings einen Zahnarzt in einem Kalendervierteljahr nicht ohne triftigen Grund wechseln. Ein triftiger Grund wäre beispielsweise ein nachhaltig gestörtes Vertrauensverhältnis.

Der Behandlungsvertrag endet normalerweise mit dem Ende der Behandlung. Der Patient kann mit den oben genannten Einschränkungen den Vertrag jederzeit kündigen.

Pflichten des Zahnarztes und des Praxispersonals

Mit dem Abschluss des Behandlungsvertrages übernimmt der Zahnarzt die Pflicht,

- eine sorgfältige und ordnungsgemäße, den anerkannten Regeln der zahnärztlichen Wissenschaft entsprechende Behandlung durchzuführen;
- den Patienten über den Verlauf und die Risiken der Behandlung sachgemäß aufzuklären und die Einwilligung des Patienten für die Behandlung einzuholen;
- eine ordnungsgemäße Dokumentation der gesamten Behandlung zu erstellen und über die Behandlung und den Inhalt der Dokumentation gegenüber allen unberechtigten Personen Stillschweigen zu bewahren.

Hieraus ergeben sich für den Zahnarzt im Einzelnen die folgenden Pflichten:

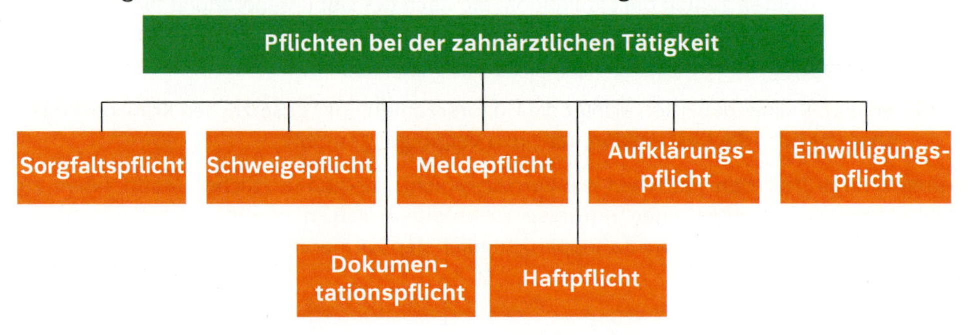

Im Rahmen der von der Zahnmedizinischen Fachangestellten übernommenen Aufgaben sind diese Pflichten auch für sie bindend.

Sorgfaltspflicht

Der **Patient muss** darauf **vertrauen können**, dass der **Zahnarzt** ihn **mit** der **Sorgfalt behandelt**, die von einem ordnungsgemäß arbeitenden Zahnarzt erwartet wird. Ein Verstoß gegen die Sorgfaltspflicht liegt vor, wenn der Zahnarzt aufgrund mangelnder Kenntnisse neue und wirksame Behandlungsmethoden nicht anwendet. Ein Zahnarzt ist zur ständigen beruflichen Fortbildung verpflichtet.

Zur zahnärztlichen Tätigkeit gehören auch alle vom Zahnarzt angeordneten und von ihm überwachten Tätigkeiten der Zahnmedizinischen Fachangestellten. Voraussetzungen für die Übertragung von Leistungen sind:

- Die Schwierigkeit und die mit der Leistung verbundene Gefahr für den Patienten setzt kein unmittelbares ärztliches Tätigwerden voraus.
- Die Zahnmedizinische Fachangestellte ist aufgrund ihrer Ausbildung und ihrer beruflichen Erfahrung in der Lage, diese Leistung zu übernehmen.
- Die Leistung muss vom Zahnarzt angeordnet, überwacht und kontrolliert werden.

***Merksatz:** Der Zahnarzt trägt für alle geleisteten Dienste, auch für die auf Mitarbeiter übertragenen Dienstleistungen, die Gesamtverantwortung.*

Schweigepflicht

Das Vertrauensverhältnis zwischen Zahnarzt und Patient setzt voraus, dass sich der Patient auf die Verschwiegenheit des Zahnarztes und seiner Mitarbeiterinnen verlassen kann. Die Schweigepflicht bezieht sich dabei auf alle Angelegenheiten des Patienten, auch auf familiäre, berufliche und wirtschaftliche Dinge. Selbst der Name des Patienten ist geschützt.

Rechtsgrundlagen der Schweigepflicht:

- der Behandlungsvertrag,
- die ärztliche Berufsordnung,
- das Strafgesetzbuch.

Im Strafgesetzbuch wird in § 203 ausdrücklich festgehalten, dass **Verstöße gegen die Schweigepflicht ein Straftatbestand** sind.

Eine berechtigte Weitergabe von Informationen über Patienten, die sogenannte **berechtigte Offenbarung,** ist kein Verstoß gegen die Schweigepflicht. Die folgende Übersicht zeigt alle Fälle einer berechtigten Weitergabe.

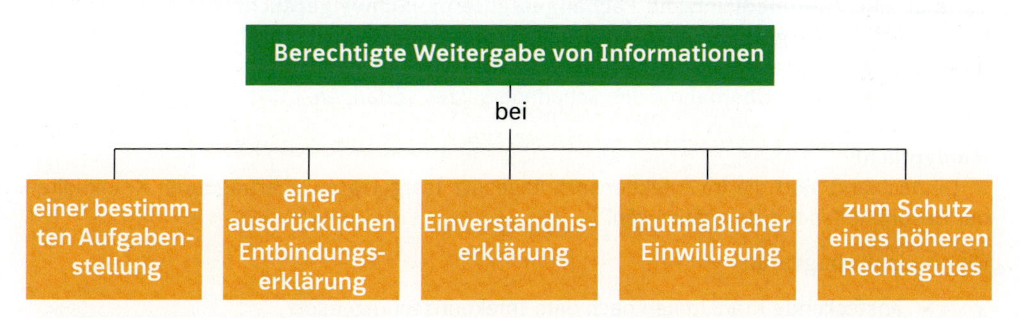

Mit **bestimmten Aufgabenstellungen** ist von vornherein eine Einschränkung der Schweigepflicht verbunden.

Beispiel: *Bei einem Patienten hat der Zahnarzt ein Gutachten zu erstellen, ob die geplante Prothetik in der Form notwendig ist.*

Der Zahnarzt ist aber nur im Rahmen des erteilten Auftrages von der Schweigepflicht entbunden. Weitergehende Erkenntnisse, die er aufgrund der Untersuchung gewinnt, unterliegen der Schweigepflicht.
Der Zahnarzt ist von der Schweigepflicht befreit, wenn der Patient durch eine **ausdrückliche Entbindungserklärung** in die Weitergabe von Informationen einwilligt.

Beispiel: *Ein Patient ist damit einverstanden, dass die vom Zahnarzt gewonnenen Erkenntnisse für eine wissenschaftliche Untersuchung zur Verfügung gestellt werden.*

Jeder Kassenpatient willigt durch **schlüssiges Handeln** ein, dass die zahnärztlichen Leistungen im Rahmen der Abrechnung an die KZV weitergegeben werden.

Eine **mutmaßliche Einwilligung des Patienten** in die Entbindung von der Schweigepflicht liegt vor, wenn er nicht in der Lage ist, eine solche Entscheidung selbst zu treffen, die Umstände aber dafür sprechen, dass diese Einwilligung seinen Interessen entspricht.

Beispiel: *Der Zahnarzt einer Zahnklinik gibt einem Angehörigen eines Patienten, der bei einer Narkose in ein Koma gefallen ist, Auskunft über dessen Gesundheitszustand.*

Ohne Einwilligung des Patienten darf der Zahnarzt nach den Vorschriften der Berufsordnung Informationen über einen Patienten weitergeben, wenn dies zum **Schutz eines höheren Rechtsgutes** geschieht.

Beispiel: *Bei der Untersuchung eines Kindes stellt der Zahnarzt fest, dass dass dem Kind mehrere Zähne ausgeschlagen wurden. Aufgrund seiner Kenntnisse des familiären Umfeldes sieht er die Gefahr, dass eine Misshandlung vorliegt. Er informiert die entsprechenden Behörden.*

Aufgrund der verschiedenen Rechtsgrundlagen ergeben sich unterschiedliche **Folgen bei der Verletzung der Schweigepflicht** durch den Zahnarzt:

strafrechtliche Folgen	Die unbefugte Weitergabe von Patienteninformationen wird mit Freiheits- oder Geldstrafe geahndet.
Folgen aus dem Behandlungsvertrag	Der Patient hat aufgrund des Behandlungsvertrages einen Anspruch auf Schadenersatz.
Folgen aus der ärztlichen Berufsordnung	Es kann ein berufsgerichtliches Verfahren eingeleitet werden.

Verletzt eine **Zahnmedizinische Fachangestellte** die **Schweigepflicht**, hat das für sie **arbeitsrechtliche Folgen**. In den meisten Fällen wird ihr fristlos gekündigt. Erhält ein Patient in diesem Zusammenhang einen Schadenersatz, kann der Zahnarzt von der Zahnmedizinischen Fachangestellten die Übernahme des Schadenersatzes verlangen.

Meldepflicht

In Deutschland sind die im Infektionsschutzgesetz festgelegten übertragbaren Krankheiten der Gesundheitsbehörde anzuzeigen.

Die Meldepflicht gilt für:

- ansteckende Krankheiten nach dem Infektionsschutzgesetz,
- Geschlechtskrankheiten,
- Berufskrankheiten,
- erkennbare Fehlbildungen bei der Geburt,
- Schwangerschaftsabbruch,
- geplante Straftaten.

Aufklärungspflicht

Die Aufklärungspflicht wurde im Rahmen des Patientenrechtegesetzes umfassend in das Bürgerliche Gesetzbuch aufgenommen. Es gilt:

§ 630c BGB: Mitwirkung der Vertragsparteien; Informationspflichten

(1) Behandelnder und Patient sollen zur Durchführung der Behandlung zusammenwirken.

(2) Der Behandelnde ist verpflichtet, dem Patienten in verständlicher Weise zu Beginn der Behandlung und, soweit erforderlich, in deren Verlauf sämtliche für die Behandlung wesentlichen Umstände zu erläutern, insbesondere die Diagnose, die voraussichtliche gesundheitliche Entwicklung, die Therapie und die zu und nach der Therapie zu ergreifenden Maßnahmen. [...]

(3) Weiß der Behandelnde, dass eine vollständige Übernahme der Behandlungskosten durch einen Dritten nicht gesichert ist oder ergeben sich nach den Umständen hierfür hinreichende Anhaltspunkte, muss er den Patienten vor Beginn der Behandlung über die voraussichtlichen Kosten der Behandlung in Textform informieren. Weitergehende Formanforderungen aus anderen Vorschriften bleiben unberührt.

(4) Der Information des Patienten bedarf es nicht, soweit diese ausnahmsweise aufgrund besonderer Umstände entbehrlich ist, insbesondere wenn die Behandlung unaufschiebbar ist oder der Patient auf die Information ausdrücklich verzichtet hat.

Gemäß § 630 c BGB muss der Zahnarzt den Patienten über alles informieren und aufklären, was für die Behandlung wichtig ist. Dazu zählen sämtliche wesentliche Umstände der Behandlung, wie Diagnose, Folgen, Risiken und mögliche Alternativen der Behandlung.

§ 630 c Abs. 3 verpflichtet den Zahnarzt ausdrücklich, vor Beginn der Behandlung seinem Patienten einen schriftlichen Kostenvoranschlag über die voraussichtlichen Kosten der Behandlung zu unterbreiten, wenn die vollständige Übernahme der Behandlungskosten durch einen Kostenträger (z. B. die Krankenkasse) nicht sicher ist (Heil- und Kostenplan). Sollte ein Patient ausdrücklich auf eine Information des Zahnarztes verzichten, so muss sich der Zahnarzt dies schriftlich bestätigen lassen.

§ 630e BGB: Aufklärungspflichten

(1) Der Behandelnde ist verpflichtet, den Patienten über sämtliche für die Einwilligung wesentlichen Umstände aufzuklären. Dazu gehören in der Regel insbesondere Art, Umfang, Durchführung, zu erwartende Folgen und Risiken der Maßnahme sowie ihre Notwendigkeit, Dringlichkeit, Eignung und Erfolgsaussichten im Hinblick auf die Diagnose oder die Therapie. Bei der Aufklärung ist auch auf Alternativen zur Maßnahme hinzuweisen, wenn mehrere medizinisch gleichermaßen indizierte und übliche Methoden zu wesentlich unterschiedlichen Belastungen, Risiken oder Heilungschancen führen können.

(2) Die Aufklärung muss

1. mündlich durch den Behandelnden oder durch eine Person erfolgen, die über die zur Durchführung der Maßnahme notwendige Befähigung verfügt; ergänzend kann auch auf Unterlagen Bezug genommen werden, die der Patient in Textform erhält,
2. so rechtzeitig erfolgen, dass der Patient seine Entscheidung über die Einwilligung wohlüberlegt treffen kann,
3. für den Patienten verständlich sein.

Dem Patienten sind Abschriften von Unterlagen, die er im Zusammenhang mit der Aufklärung oder Einwilligung unterzeichnet hat, auszuhändigen.

(3) Der Aufklärung des Patienten bedarf es nicht, soweit diese ausnahmsweise aufgrund besonderer Umstände entbehrlich ist, insbesondere wenn die Maßnahme unaufschiebbar ist oder der Patient auf die Aufklärung ausdrücklich verzichtet hat.

(4) Ist nach § 630d Absatz 1 Satz 2 die Einwilligung eines hierzu Berechtigten einzuholen, ist dieser nach Maßgabe der Absätze 1 bis 3 aufzuklären.

Jegliche zahnärztliche Untersuchung und Behandlung ist nur rechtmäßig, wenn der Patient über Verlauf und Risiken der Behandlung sachgemäß aufgeklärt wurde, und zwar durch eine

- Verlaufsaufklärung,
- Risikoaufklärung,
- therapeutische Aufklärung,
- Aufklärung über wirtschaftliche oder versicherungsrechtliche Umstände der Behandlung,
- Krankheits- und Befindlichkeitsaufklärung.

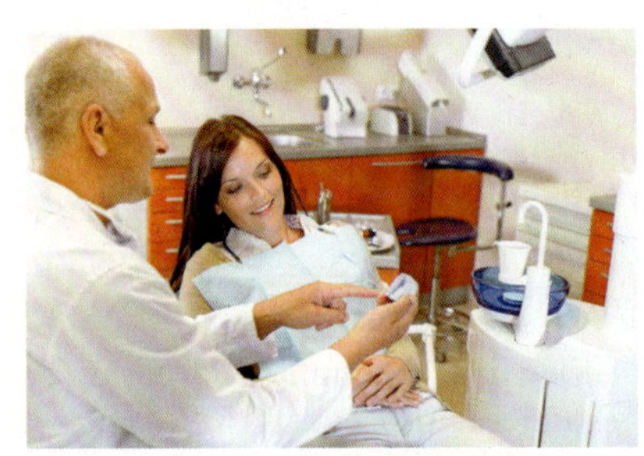

Ein nachvollziehbares Aufklärungsgespräch erleichtert die Behandlung.

Merksatz: *Jeder zahnärztliche Eingriff, der ohne sachgemäße Aufklärung und ohne die ausdrückliche Zustimmung des Patienten erfolgt, ist eine Körperverletzung.*

Voraussetzungen für die Rechtmäßigkeit einer zahnärztlichen Behandlung

- **sachgemäße Aufklärung des Patienten durch den Zahnarzt**
- **ausdrückliche Einwilligung des Patienten**

Gegen seinen erklärten Willen darf der Patient nicht behandelt werden, selbst wenn er sich dadurch erheblich gefährdet.

Merksatz: *Die Aufklärung darf nur in Form eines Aufklärungsgespräches durch den Zahnarztes erfolgen.*

Schriftliche Informationen zu bestimmten Erkrankungen, z. B. zur Parodontose, ergänzen lediglich die notwendige Aufklärung durch den Zahnarzt. Er muss im Zweifel beweisen, dass er seiner Aufklärungspflicht nachgekommen ist. Daher ist die Aufklärung sorgfältig zu dokumentieren.

Bei Eingriffen und Behandlungen mit erhöhtem Risiko ist eine schriftliche Bestätigung des Patienten einzuholen, dass er sachgemäß über die Bedeutung und Tragweite der zahnärztlichen Behandlung aufgeklärt wurde.

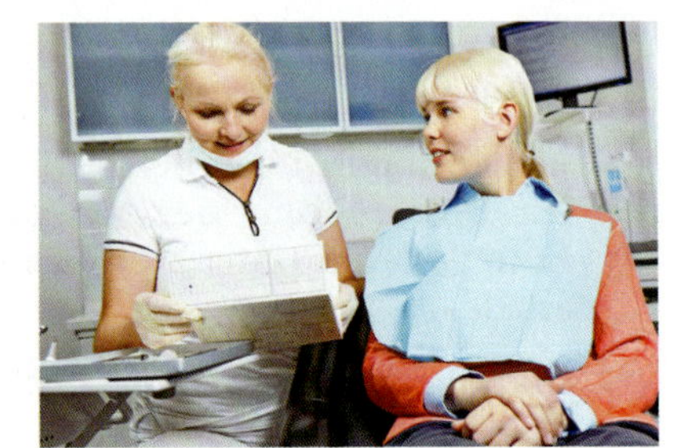

Der **Umfang der Aufklärung** ist abhängig von der

- **Verständigkeit** des **Patienten**,
- **Dringlichkeit** des **Eingriffes**.

Alle Umstände, die ein durchschnittlich vernünftiger Patient verstehen kann, sind mitzuteilen. Allerdings sind dabei die individuellen Möglichkeiten des Patienten, einem Aufklärungsgespräch zu folgen, zu berücksichtigen.

Auch wenn Art und Schwere der Erkrankung schlimmste Konsequenzen erwarten lassen, ist der Patient aufzuklären. Es gibt keine generelle Anerkennung des sogenannten **therapeutischen Privilegs,** d. h. dass ein Zahnarzt zur Schonung des Patienten schwerwiegende Mitteilungen über den Gesundheitszustand verschweigt. Eine **Unterlassung der Aufklärungspflicht** ist nur dann **nicht rechtswidrig,** wenn durch die Aufklärung ein ernster, nicht behebbarer gesundheitlicher Schaden beim Patienten bewirkt wird oder der Patient einer nicht tragbaren psychischen Belastung ausgesetzt wird. Eine Aufklärung kann unterbleiben, wenn der Patient ausdrücklich auf diese Aufklärung verzichtet. Ein solcher Verzicht muss dokumentiert werden.

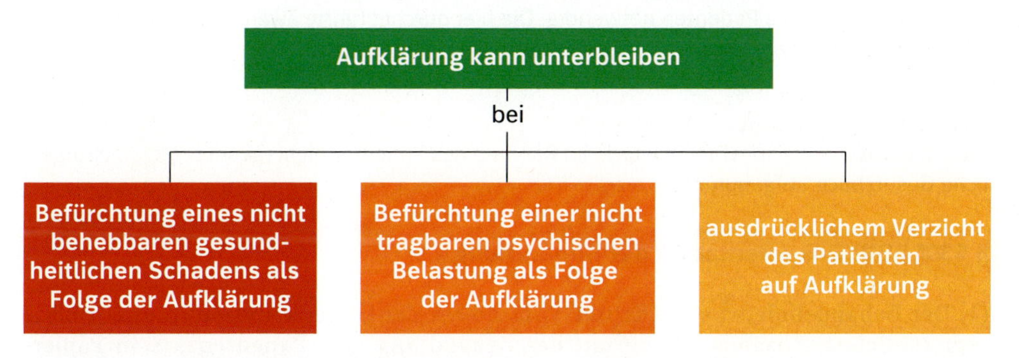

Einwilligung des Patienten in die Behandlung (Einwilligungspflicht)

§ 630d BGB: Einwilligung

(1) Vor Durchführung einer medizinischen Maßnahme, insbesondere eines Eingriffs in den Körper oder die Gesundheit, ist der Behandelnde verpflichtet, die Einwilligung des Patienten einzuholen. Ist der Patient einwilligungsunfähig, ist die Einwilligung eines hierzu Berechtigten einzuholen, soweit nicht eine Patientenverfügung nach § 1901a Absatz 1 Satz 1 die Maßnahme gestattet oder untersagt. Weitergehende Anforderungen an die Einwilligung aus anderen Vorschriften bleiben unberührt. Kann eine Einwilligung für eine unaufschiebbare Maßnahme nicht rechtzeitig eingeholt werden, darf sie ohne Einwilligung durchgeführt werden, wenn sie dem mutmaßlichen Willen des Patienten entspricht.

(2) Die Wirksamkeit der Einwilligung setzt voraus, dass der Patient oder im Falle des Absatzes 1 Satz 2 der zur Einwilligung Berechtigte vor der Einwilligung nach Maßgabe von § 630e aufgeklärt worden ist.

(3) Die Einwilligung kann jederzeit und ohne Angabe von Gründen formlos widerrufen werden.

Für einen Eingriff in den Körper, die Gesundheit, in ein sonstiges Recht des Patienten muss der Zahnarzt oder ein sonstiger Behandelnder die Einwilligung vorher einholen. Damit ist die Rechtsvoraussetzung für eine Behandlung gegeben. Bei beschränkt geschäftsfähigen Patienten ist die Einwilligung von ihrer Einsichtsfähigkeit abhängig. **Auch Patienten unter 18 Jahren können rechtswirksam in eine zahnärztliche Behandlung einwilligen, wenn sie die Einsichtsfähigkeit in die Tragweite ihrer Entscheidung haben.** Im Zweifelsfall ist die Zustimmung des gesetzlichen Vertreters einzuholen.

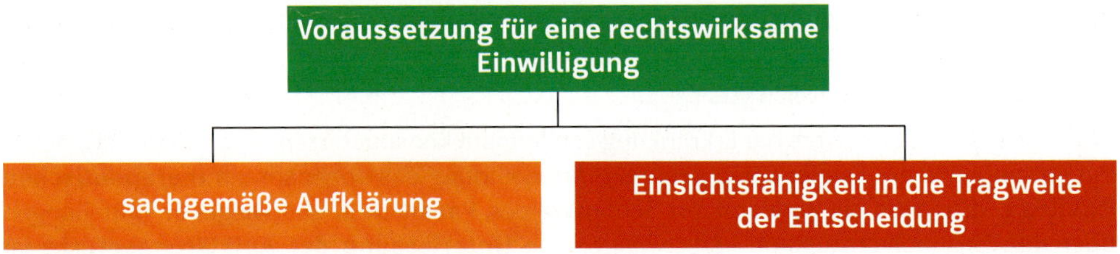

Voraussetzung für eine rechtswirksame Einwilligung

sachgemäße Aufklärung

Einsichtsfähigkeit in die Tragweite der Entscheidung

Die Einwilligung zu einer zahnärztlichen Behandlung kann der Patient jederzeit widerrufen. Der Zahnarzt **muss** dem Wunsch des Patienten entsprechen. **Bei erzwingbaren Eingriffen,** z. B. Behandlung von Krankheiten nach dem Bundesseuchengesetz, Behandlung von Geschlechtskrankheiten, Entnahme einer Blutprobe, ist für die Rechtmäßigkeit einer ärztlichen Behandlung keine Einwilligung des Patienten notwendig. Die hier durchgeführte Zwangsbehandlung beruht auf gesetzlichen Regelungen und Vorschriften.

Dokumentationspflicht

Auch die Dokumentationspflicht wurde im Rahmen des Patientenrechtegesetzes in das Bürgerliche Gesetzbuch aufgenommen.

§ 630f BGB: Dokumentation der Behandlung

(1) Der Behandelnde ist verpflichtet, zum Zweck der Dokumentation in unmittelbarem zeitlichem Zusammenhang mit der Behandlung eine Patientenakte in Papierform oder elektronisch zu führen. Berichtigungen und Änderungen von Eintragungen in der Patientenakte sind nur zulässig, wenn der ursprüngliche Inhalt erkennbar bleibt.

(2) Der Behandelnde ist verpflichtet, in der Patientenakte sämtliche aus fachlicher Sicht für die derzeitige und künftige Behandlung wesentlichen Maßnahmen und deren Ergebnisse aufzuzeichnen, insbesondere die Anamnese, Diagnosen, Untersuchungen, Untersuchungsergebnisse, Befunde, Therapien und ihre Wirkungen, Eingriffe und ihre Wirkungen, Einwilligungen und Aufklärungen. Arztbriefe sind in die Patientenakte aufzunehmen.

(3) Der Behandelnde hat die Patientenakte für die Dauer von zehn Jahren nach Abschluss der Behandlung aufzubewahren, soweit nicht nach anderen Vorschriften andere Aufbewahrungsfristen bestehen.

Die Pflicht einer umfassenden und sorgfältigen Dokumentation ist:

Vertragspflicht	Die Dokumentation gemäß BGB gehört zur ordnungsgemäßen Erfüllung eines Behandlungsvertrages.
Berufspflicht	Die ärztliche Berufsordnung schreibt eine Dokumentation zwingend vor.
Pflicht im Zusammenhang mit der Abrechnung	Die Aufzeichnungen dienen u. a. auch zum Nachweis einer ordnungsgemäßen Abrechnung der erbrachten ärztlichen Leistungen.
Voraussetzung für die Rechtssicherheit	Die Dokumentation dient als Beweismittel bei Rechtsstreitigkeiten.

Bei einer Vielzahl von Untersuchungen ist die Dokumentation durch Gesetze, Verordnungen oder durch entsprechende Rahmenvereinbarungen vorgeschrieben.

Beispiel: *Die Dokumentation der Röntgenuntersuchung ist eine Pflicht nach der Röntgenverordnung.*

Die Dokumentation muss alle wesentlichen Ergebnisse der ärztlichen Behandlung wie Untersuchungsergebnisse und Diagnosen, Therapiemaßnahmen und Medikamentenverordnungen enthalten. Die Dokumentation und Durchschriften aller im Rahmen der zahnärztlichen Behandlung ausgefüllten Formulare sind sorgfältig und unter Beachtung der Aufbewahrungsfristen aufzubewahren. Folgende **Aufbewahrungsfristen** sind zu beachten:

Art der Aufzeichnungen/ Unterlagen	Rechtsgrundlage	Aufbewahrungsfrist nach Abschluss der Behandlung
Krankenblatt/Karteikarte mit Aufzeichnungen über: – Patientendaten – Behandlungstage – Befunde Behandlungsmaßnahmen mit Zahnbezug	**PKV:** § 12 Abs. 1 Satz 1 MBO	Mindestens **10 Jahre**
	GKV: § 5 Abs. 2 Satz 1 BMV-Z, § 7 Abs. 3 Satz 2 EKVZ	**4 Jahre** nach Abschluss der Behandlung, Empfehlung: **10 Jahre** aus forensischen Gründen
	BGB: § 199 Abs. 2	**Empfehlung: 30 Jahre** wegen Verjährungsfrist für Schadenersatzansprüche bei Körper-/Gesundheitsverletzung
Sonstige Befund-/Behandlungsunterlagen, Analysen, Fotografien, Befunde (HNO) bei kieferorthopädischen Behandlungen	**PKV:** § 12 Abs. 1 Satz 1 MBO	Mindestens **10 Jahre**
	GKV: § 5 Abs. 2 Satz 1 BMV-Z, § 7 Abs. 3 Satz 2 EKVZ	**4 Jahre** nach Abschluss der Behandlung
Situations- und Planungsmodelle für: – Parodontologie – Zahnersatz – Kieferbruchbehandlung – Kieferorthopädie	**PKV:** § 12 Abs. 1 Satz 2 MBO	Mindestens **2 Jahre**
	GKV: § 5 Abs. 2 Satz 1 BMV-Z, § 7 Abs. 3 Satz 2 EKVZ	**4 Jahre** nach Abschluss der Behandlung
Anfangs- und Endmodelle Kieferorthopädie	Keine gesetzliche Regelung	Empfehlung: **4 Jahre**; längere Aufbewahrungsfrist empfohlen, wenn aus medizinischen Gründen angezeigt
Gutachterunterlagen	Regionale KZV-Vereinbarungen	z. B. **3 Jahre** nach Fertigstellung des Gutachtens
Heil- und Kostenpläne, Kopien	Keine gesetzliche Regelung	Empfehlung: mindestens **2 Jahre** wegen der Gewährleistung
Laborrechnungen	Keine gesetzliche Regelung	Empfehlung: mindestens **2 Jahre** wegen der Gewährleistung
Konformitätserklärungen Zahnersatz und Kieferorthopädie	§ 14 MPG – Chargen-Nr. vom am Patienten verwendeten Material	**5 Jahre** nach Eingliederung
Arbeitsunfähigkeitsbescheinigungen, Durchschriften	§ 12 Abs. 2 Satz 2 BMV-Z	**1 Jahr**
Röntgenaufnahmen und Aufzeichnungen über Röntgenuntersuchungen	§ 28 Abs. 3 Sätze 2 und 3 RöV	**10 Jahre** nach der letzten Untersuchung Bei Kindern und Jugendlichen unter 18 Jahren **bis zur Vollendung des 28. Lebensjahres**
Aufzeichnungen über Röntgenbehandlungen (z.B. bei Strahlentherapie)	§ 28 Abs. 3 Satz 1 RöV	**30 Jahre** nach der letzten Behandlung

Quelle: Arbeitsgemeinschaft Zahngesundheit für die Stadt Heidelberg und den Rhein-Neckar-Kreis: Aufbewahrungsfristen für zahnärtzliche Unterlagen, Niekusch, Uwe, et al., 14.11.2010. In: www.agz-rnk.de/agz/content/8/8_8/8_8_2/AufbewahrungsfristenfrzahnrztlicheUnterlagen.pdf [30.04.2019].

Für das **Einsichtsrecht** des Patienten in die Patientenakte gilt:

§ 630g BGB: Einsichtnahme in die Patientenakte

(1) Dem Patienten ist auf Verlangen unverzüglich Einsicht in die ihn betreffende Patientenakte zu gewähren, soweit der Einsichtnahme nicht erhebliche therapeutische oder sonstige erhebliche Gründe entgegenstehen. [...]

(2) Der Patient kann Abschriften von der Patientenakte verlangen. Er hat dem Behandelnden die entstandenen Kosten zu erstatten.

(3) Im Fall des Todes des Patienten stehen die Rechte aus den Absätzen 1 und 2 zur Wahrnehmung der vermögensrechtlichen Interessen seinen Erben zu. Gleiches gilt für die nächsten Angehörigen des Patienten, soweit sie immaterielle Interessen geltend machen. Die Rechte sind ausgeschlossen, soweit der Einsichtnahme der ausdrückliche oder mutmaßliche Wille des Patienten entgegensteht

Der Patient hat einen **Anspruch auf Einsichtnahme** in seine **Patientenakte** und kann **Abschriften von Unterlagen gegen Kostenerstattung** verlangen. Zudem hat er das Recht auf die **Herausgabe von Röntgenaufnahmen und Laborbefunden**. Hat der Zahnarzt subjektive Wertungen zur besseren Beurteilung von Erkrankungen vermerkt, beispielsweise ob eine Erkrankung in den Lebensumständen des Patienten ihre Ursache hat, so muss er diese dem Patienten nicht zur Einsicht überlassen.

Haftpflicht

Nach dem Patientenrechtegesetz gilt:

§ 630h BGB: Beweislast bei der Haftung für Behandlungs- und Aufklärungsfehler

(1) Ein Fehler des Behandelnden wird vermutet, wenn sich ein allgemeines Behandlungsrisiko verwirklicht hat, das für den Behandelnden voll beherrschbar war und das zur Verletzung des Lebens, des Körpers oder der Gesundheit des Patienten geführt hat.

(2) Der Behandelnde hat zu beweisen, dass er eine Einwilligung gemäß § 630d eingeholt und entsprechend den Anforderungen des § 630e aufgeklärt hat. Genügt die Aufklärung nicht den Anforderungen des § 630e, kann der Behandelnde sich darauf berufen, dass der Patient auch im Fall einer ordnungsgemäßen Aufklärung in die Maßnahme eingewilligt hätte.

(3) Hat der Behandelnde eine medizinisch gebotene wesentliche Maßnahme und ihr Ergebnis entgegen § 630f Absatz 1 oder Absatz 2 nicht in der Patientenakte aufgezeichnet oder hat er die Patientenakte entgegen § 630f Absatz 3 nicht aufbewahrt, wird vermutet, dass er diese Maßnahme nicht getroffen hat.

(4) War ein Behandelnder für die von ihm vorgenommene Behandlung nicht befähigt, wird vermutet, dass die mangelnde Befähigung für den Eintritt der Verletzung des Lebens, des Körpers oder der Gesundheit ursächlich war.

(5) Liegt ein grober Behandlungsfehler vor und ist dieser grundsätzlich geeignet, eine Verletzung des Lebens, des Körpers oder der Gesundheit der tatsächlich eingetretenen Art herbeizuführen, wird vermutet, dass der Behandlungsfehler für diese Verletzung ursächlich war. Dies gilt auch dann, wenn es der Behandelnde unterlassen hat, einen medizinisch gebotenen Befund rechtzeitig zu erheben oder zu sichern, soweit der Befund mit hinreichender Wahrscheinlichkeit ein Ergebnis erbracht hätte, das Anlass zu weiteren Maßnahmen gegeben hätte, und wenn das Unterlassen solcher Maßnahmen grob fehlerhaft gewesen wäre.

Ein **Behandlungsfehler** liegt vor, wenn ein Zahnarzt gegen die anerkannten Regeln der zahnärztlichen Wissenschaft verstößt oder wenn er eine Behandlung nicht mit der notwendigen Sorgfalt durchführt und der Patient gesundheitliche Schäden erleidet oder sogar stirbt.

Arten von Behandlungsfehlern

- Diagnosefehler,
- Therapiefehler,
- Verletzung der anerkannten Regeln der ärztlichen Wissenschaft,
- Verletzung der Sorgfaltspflicht,
- Überschreiten der Grenzen der zahnärztlichen Behandlungsfreiheit (z.B. unerprobte Heilmethoden).

Überträgt der Zahnarzt Leistungen an die Zahnmedizinische Fachangestellte, verbleibt die Gesamtverantwortung beim Zahnarzt. Bei **Behandlungsfehlern durch die Mitarbeiter haftet der Zahnarzt** für seine Mitarbeiter wie für eigenes Verschulden. Bei einem Behandlungsfehler ist der Zahnarzt aufgrund des Behandlungsvertrages zum Ersatz der unmittelbaren Schadenfolgen verpflichtet, z.B. Übernahme aller Behandlungskosten. Ein weitergehender **Entschädigungsanspruch,** z.B. auf Schmerzensgeld, besteht aufgrund des Behandlungsvertrages nicht. Die gesundheitliche Schädigung oder der Tod eines Patienten durch einen Behandlungsfehler ist aber auch eine unerlaubte Handlung (Körperverletzung).

§ 823 BGB – Schadenersatzpflicht

(1) Wer vorsätzlich oder fahrlässig das Leben, den Körper, die Gesundheit, die Freiheit, das Eigentum oder ein sonstiges Recht eines anderen widerrechtlich verletzt, ist dem anderen zum Ersatz des daraus entstandenen Schadens verpflichtet.

Der Zahnarzt kann somit nicht nur aufgrund des Behandlungsvertrages, sondern auch nach dem Bürgerlichen Gesetzbuch wegen Körperverletzung haftbar gemacht werden. Dies bezeichnet man als **deliktische Haftung**. Bei der deliktischen Haftung ist der **Schadenersatzanspruch** wesentlich weiter gefasst als bei den Ansprüchen aus dem Behandlungsvertrag. Der Patient hat Anspruch auf die Erstattung aller sich aus dem Behandlungsfehler ergebenden Nachteile, z.B. auch auf Schmerzensgeld.

Begeht eine Zahnmedizinische Fachangestellte einen **Behandlungsfehler** aufgrund von **Fahrlässigkeit**, haftet auch der Zahnarzt. Weist er jedoch nach, dass er die größte Sorgfalt hat walten lassen bei der Auswahl der Angestellten, der Bereitstellung von Vorrichtungen und Geräten, der Leitung und Überwachung der Zahnmedizinischen Fachangestellten, und dass der Schaden trotz dieser Sorgfalt nicht zu vermeiden war, haftet die Zahnmedizinische Fachangestellte. Allerdings ist die Haftung der Zahnmedizinischen Fachangestellten üblicherweise über die Haftpflichtversicherung des Zahnarztes mit abgedeckt.

Die Ansprüche eines Patienten **verjähren** bei der Haftung aus dem Behandlungsvertrag erst nach 30 Jahren. Ansprüche aufgrund der deliktischen Haftung verjähren bereits nach drei Jahren. Allerdings setzt die dreijährige Verjährungsfrist erst in dem Augenblick ein, in dem der Patient Kenntnis von dem Behandlungsfehler erhält, d.h. wenn gutachterlich nachgewiesen wird, dass ein Behandlungsfehler vorliegt.

Klärung von Arzthaftungsfragen
Ein Behandlungsfehler wird normalerweise durch ein ärztliches Gutachten festgestellt. Für den Patienten ist es oft sehr schwer, einen entsprechenden Gutachter zu finden. Außerdem sind Gutachten mit erheblichen Kosten verbunden. Daher gibt es **Gutachter- und Schlichtungsstellen bei allen Landeszahnärztekammern.** Deren Aufgabe ist zu prüfen, ob ein Behandlungsfehler vorliegt. Die Schlichtungsstellen schlagen bei einem Behandlungsfehler eine

außergerichtliche Regulierung des Schadens vor. Für die Beteiligten entstehen keinerlei Kosten. Die außergerichtliche Einigung hat den Vorteil, dass die Schadenregulierung relativ schnell und ohne langwierige und teure Prozesse erfolgt. Scheitert die außergerichtliche Einigung, muss der Patient zur Durchsetzung seiner Ansprüche klagen.

In dem folgenden Gerichtsverfahren muss der Patient nachweisen, dass

- ein Behandlungsfehler vorliegt,
- dieser Behandlungsfehler zu einem Schaden geführt hat,
- der Zahnarzt den Behandlungsfehler mindestens fahrlässig verschuldet hat.

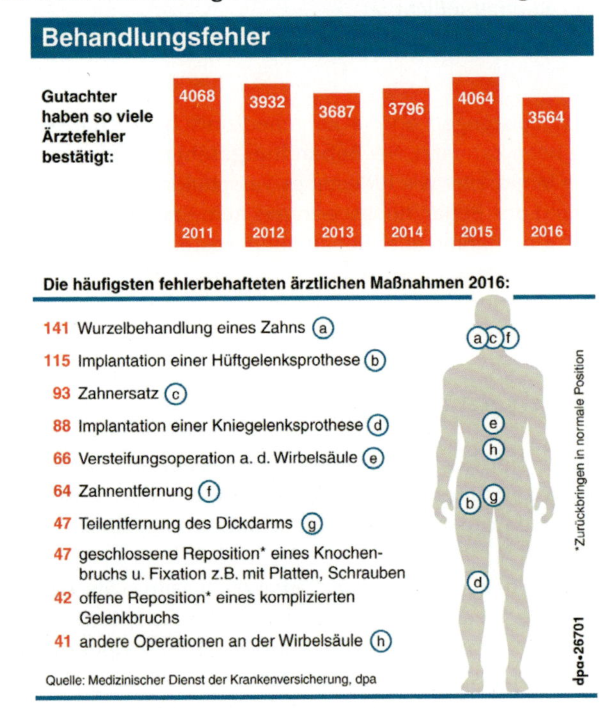

Eine außergerichtliche Klärung bei Behandlungsfehlern bietet auch der Medizinische Dienst der Krankenkassen an.

Die Beweislast im Arzthaftungsprozess liegt beim Patienten. Die Beweislast kehrt sich gemäß § 630 h Abs. 5 BGB allerdings um, wenn dem Zahnarzt

- grobe Behandlungsfehler,
- ein grober Verstoß gegen die Sorgfaltspflicht bzw.
- eine mangelhafte oder pflichtwidrige Dokumentation

nachgewiesen werden können. Bei der **Beweislastumkehr** muss nun der Zahnarzt beweisen, dass er keinen Behandlungsfehler begangen hat.

Versichertenrechte in der gesetzlichen Krankenversicherung

Im Zusammenhang mit den Neuregelungen zum Patientenrecht hat der Gesetzgeber die Rechtsposition der Versicherten gegenüber den gesetzlichen Krankenkassen gestärkt. Bei einem Behandlungsfehler müssen die Krankenkassen ihre Versicherten bei der Durchsetzung ihrer Schadenersatzansprüche unterstützen (§ 66 SGB V). Dies kann zum Beispiel durch medizinische Gutachten geschehen, mit denen die Beweisführung der Versicherten erleichtert wird. Entscheidet eine Krankenkasse ohne hinreichende Begründung nicht innerhalb von drei, bei Einschaltung des Medizinischen Dienstes innerhalb von fünf Wochen über eine Leistung, können sich Versicherte die Leistung nach Ablauf dieser Frist selbst beschaffen. Die Krankenkasse ist dann zur Erstattung dieser Kosten in der entstandenen Höhe verpflichtet.

Situationsaufgaben

- Bei der Behandlung Minderjähriger ist es immer umstritten, inwieweit der gesetzliche Vertreter eingebunden werden muss. Hierzu findet man im Internet einige Beiträge. Rufen Sie diese Beiträge unter dem Suchbegriff „Rechtsfragen bei der Behandlung Minderjähriger" auf. Stellen Sie anhand der vorliegenden Beiträge thesenartig Aussagen zu den Problemen „Behandlung Minderjähriger" und „Schweigepflicht" bzw. „Einwilligung" in die Behandlung durch die gesetzlichen Vertreter zusammen.
- Bei Nichteinhaltung eines Zahnarzttermins durch einen Patienten ergibt sich die Frage, inwieweit dem Zahnarzt ein Ausfallhonorar oder Schadenersatzanspruch zusteht. Recherchieren Sie im Internet, ob ein solcher Anspruch berechtigterweise besteht und in welchem Umfang Schadenersatz geltend gemacht werden kann.
- Bringen Sie aus Ihrer Praxis Broschüren mit, die Informationen für Patienten zu allen angebotenen Behandlungen enthalten. Alternativ können Sie die auf der Homepage Ihrer Praxis vorhandenen Informationen hierzu abrufen und ausdrucken. Beurteilen Sie aus der Sicht der Praxis, ob diese Informationen für den Patienten verständlich und nachvollziehbar sind und ob sie eine umfassende Aufklärung ersetzen.

Prüfungsvorbereitung

Folgende Karteikarten sind zur Ergänzung der Prüfungsvorbereitung zu erstellen:

Karteikarte 51:
Behandlungsvertrag

1. *Zustandekommen*
2. *Art des Vertrages*
3. *Behandlungspflicht des Zahnarztes*
4. *Pflichten des Patienten*

Karteikarte 52:
Zahnärztliche Pflichten und Haftungsfragen

1. *Sorgfaltspflicht*
2. *Schweigepflicht*
3. *Meldepflicht*
4. *Aufklärungspflicht*
5. *Einwilligung des Patienten*
6. *Dokumentationspflicht*
7. *Haftpflicht*
8. *Klärung von Haftungsfragen*

6 Führung der Patientendatei

(Die Bedeutung der Erfassung der Patientendaten vor allem hinsichtlich der abrechnungs- und verwaltungstechnischen Gesichtspunkte einschätzen)

Sarah: „Jetzt haben wir an jedem Behandlungsplatz einen Bildschirm, auf den wir die Patientendaten übertragen. Wir können beispielsweise die Abrechnungsdaten direkt dort eingeben. Ist das nicht gefährlich? Steht bei einem Ausfall der DV-Anlage nicht alles still?" „Nein", antwortet Melanie. „Als kürzlich der Server ausfiel, konnten wir binnen kürzester Zeit auf ein Reservegerät umschalten. Der Wartungsdienst ist wirklich ausgezeichnet und bei einer Störung sehr schnell vor Ort."

Aufgaben

1. Drucken Sie die Erfassungsmasken für die Aufnahme der Patientendaten aus. Geben Sie mithilfe der Erfassungsmasken eine Erläuterung für die Begriffe Stamm- und Bewegungsdaten.
2. Wie werden in Ihrer Praxis Unterlagen zu Patienten, die auf Papier vorliegen, in die Patientenakte eingefügt?
3. Welche Anforderungen sind aufgrund der Dokumentationspflicht an ein Computerprogramm zur Verwaltung der Patientendaten zu stellen?
4. Welche Sortierungen der Patientenakten leistet die Praxissoftware im laufenden Quartal?

Wie wichtig eine umfassende Dokumentation aller Daten eines Patienten ist, hat das Thema „Behandlungsvertrag" gezeigt. In den meisten Praxen erfolgt die Dokumentation mithilfe des Computers, denn in Praxen mit Kassenzulassung ist die Abrechnung mit der KV nur noch mit dem Computer möglich. Der Einsatz des Computers in den Praxen hat dazu geführt, dass die Patientenkartei durch die im Computersystem gespeicherte Patientendatei ersetzt wurde. Fallen dennoch Daten aus anderen Praxen auf Papier an, z. B. Berichte von anderen Ärzten, werden diese gescant, d. h. eine elektronisch speicherbare Abbildung wird erstellt. Diese Abbildung ist dann Teil der Patientenakte. Sie kann jederzeit auf dem Bildschirm angezeigt und ausgedruckt werden.

Bei der Aufnahme eines neuen Patienten werden in der Erfassungsmaske auf dem Bildschirm folgende Stammdaten eingegeben:

- Name und Vorname,
- Anschrift,
- Telefonnummer,
- Geburtsdatum,
- Kassenzugehörigkeit,
- Arbeitgeber,
- Dauerdiagnosen,
- Allergien und Risikofaktoren.

Da sich diese Daten nie oder selten ändern, bezeichnet man sie als **Stammdaten.**
Während und nach der Behandlung erfasst man alle Behandlungsdaten, z. B.

- Behandlungsdatum,
- Diagnose,
- vorgenommene Behandlungen, evtl. mit Bemerkungen,
- Abrechnungsdaten.

Da bei jeder Behandlung unterschiedliche Daten vorliegen, spricht man in diesem Zusammenhang von sogenannten **Bewegungsdaten.**

Insgesamt unterstützt die Software die folgenden Anforderungen einer ordnungsgemäßen Dokumentation. Fehlen Eintragungen oder können Eintragungen offensichtlich nicht zutreffen, werden auf dem Bildschirm entsprechende Meldungen angezeigt.

- **Vollständigkeit:** Alle Stamm- und Bewegungsdaten eines Patienten müssen erfasst werden können.

- **Übersichtlichkeit:** Die Bildschirmausgabe der Daten muss so aufgebaut sein, dass alle wichtigen Informationen schnell erkennbar sind.
- **Schnelligkeit:** Die Daten der Patienten müssen schnell in den entsprechenden Bereichen der Praxis zur Verfügung stehen.
- **Aktualität:** Die Behandlungsdaten müssen jederzeit aktuell sein. Sucht der Patient die Praxis auf, werden alle Behandlungs- und Abrechungsdaten eingegeben und zentral gespeichert.

Die über einen Patienten gespeicherten Daten bezeichnet man als Patientenakte. Alle Patientenakten zusammen sind die Patientendatei.

Um die Arbeit mit der Praxissoftware und der Patientendatei überschaubar zu halten, arbeitet man im jeweiligen Quartal mit der **laufenden Patientendatei.** In dieser Datei befinden sich die Patientenakten der Patienten, die in diesem Quartal behandelt wurden. Die Praxissoftware sortiert dabei selbstständig die unterschiedlichen Patientengruppen, wie Kassen- und Privatpatienten, wegen der unterschiedlichen Abrechnungssysteme (EBM und GOÄ). Weitere Gruppierungen sind je nach Bedarf der Praxis möglich.

Nach der Abrechnung erstellt der Praxiscomputer eine aktualisierte Patientendatei, in der sich die Patientenakten aller Patienten befinden. Im neuen Quartal werden dann wieder die Patientenakten der behandelten Patienten bis zur Abrechnung in einer laufenden Patientendatei erfasst. Patientenakten müssen **zehn Jahre** gespeichert werden. Üblicherweise werden die Patientendaten nach zehn Jahren, obwohl keine weiter Pflicht zur Speicherung besteht, oft noch archiviert Man speichert sie auf einem externen Datenträger (z. B. externe Festplatte).

Situationsaufgaben

- An die Sicherung von Patientenakten werden in der Praxis bestimmte Anforderungen gestellt. Prüfen Sie, inwieweit die Dokumente brandsicher und geschützt vor dem Zugang durch Unbefugte untergebracht sind. Stellen Sie die Art der Unterbringung kurz dar.
- Überprüfen Sie, auf welchen Datenträgern die Patientendatei bei der Verarbeitung mit dem Computer sinnvollerweise gespeichert und archiviert wird. Welche Gefahren drohen bei der Archivierung von Dateien über einen langen Zeitraum?

Prüfungsvorbereitung

Folgende Karteikarten sind zur Ergänzung der Prüfungsvorbereitung zu erstellen:

Karteikarte 53:
Führung von Patientendaten

1. Aufgabe
2. Aufbau und Inhalt einer Patientenakte
3. Anforderungen an eine Patientendatei
4. Möglichkeiten der Archivierung der Patientendatei

7 EDV für den Zahnarzt – die digitale Praxis

(Die in der Praxis vorhandenen Möglichkeiten der elektronischen Datenverarbeitung im Rahmen der delegierbaren Aufgaben nutzen und deren Wirkung hinsichtlich einer Rationalisierung der Praxisabläufe einschätzen)

Melanie: „Zwei Tage die Praxis schließen. Sich Tag und Nacht durch Behandlungsscheine wühlen, Befunde und erbrachte Leistungen übertragen, die Scheine nummerieren und mit Banderolen versehen: Diese aufregenden Abrechnungszeiten hast du nicht mehr kennengelernt. Heute erfolgt die Abrechnung mithilfe des Computers und als Ergebnis haben wir eine Datei, die an die KZV übermittelt wird." „Noch aufregender finde ich unser digitales Röntgengerät und die interorale Kamera. Die Bilder sind direkt auf dem Bildschirm zu sehen und die Beratung der Patienten ist erheblich vereinfacht", bemerkt Sarah. „Ja, der Computer ist aus unserer Praxis nicht mehr wegzudenken. Es ist unglaublich, wie die Entwicklung in den letzten Jahren verlaufen ist."

Aufgaben

1. Erstellen Sie eine Übersicht, welche Verwaltungs- und Beratungsaufgaben in Ihrer Praxis mithilfe der EDV gelöst werden.
2. Zeichnen Sie in den Grundriss Ihrer Ausbildungspraxis ein, an welchen Stellen Computer und zugehörige Geräte installiert sind.
3. Welche Daten unterscheidet man nach der Art der verwendeten Zeichen, der Verwendung bei der Verarbeitung, der Häufigkeit ihrer Verwendung sowie der Stellung im Datenverarbeitungsprozess?
4. Erläutern Sie am Beispiel einer Patientendatei die Begriffe „Zeichen", „Datenfeld", „Datensatz" und „Datei".
5. Ordnen Sie entsprechend dem EVA-Prinzip den Bereichen Eingabe, Verarbeitung und Ausgabe die Geräte der EDV Ihrer Ausbildungspraxis zu.
6. Welches Betriebssystem wird in Ihrer Ausbildungspraxis eingesetzt?
7. Welche Aufgaben hat ein Betriebssystem?
8. Was versteht man unter einer „Standardsoftware"? Geben Sie einige Beispiele für typische Anwendungen der Standardsoftware.
9. Welche technischen Möglichkeiten bietet die EDV dem Zahnarzt zur Erleichterung der Beratungs- und Behandlungsmöglichkeiten?
10. Welches Ziel wird mit der elektronischen Gesundheitskarte verfolgt?
11. Welche Daten sind auf der elektronischen Gesundheitskarte gespeichert?
12. Wie ist zu verfahren, wenn der Zahnarzt Einsicht in Arzneimittelrisiken und -unverträglichkeiten des Patienten, die dieser freiwillig auf der Gesundheitskarte gespeichert hat, nehmen will? Erstellen Sie einen entsprechenden Ablaufplan.
13. Welche Aufgaben hat der Datenschutzbeauftragte in einer Zahnarztpraxis?

14. Erstellen Sie am Beispiel Ihrer Praxis eine Übersicht, welche Datenschutzmaßnahmen dort umgesetzt werden.
15. Erläutern Sie Maßnahmen, die eine Zugangs- und Zugriffskontrolle auf Patientendaten in der Zahnarztpraxis sicherstellen.
16. Erläutern Sie Form und Notwendigkeit der täglichen Datensicherung in der Praxis.
17. Fassen Sie die Aufgaben, für die das Internet in der Arztpraxis genutzt wird, unter folgenden Gesichtspunkten zusammen:
    - Verwaltungsaufgaben und kaufmännische Verwaltung
    - berufsbezogene Inhalte
    - sonstige Inhalte
18. Welche Gefahren bestehen für eine Zahnarztpraxis, deren Computer einen Internetzugang haben?
19. Wie kann man sich vor dem unberechtigten Zugriff auf die eigenen Daten im Internet schützen?
20. Welche Möglichkeiten bietet das Internet, Informationen zu bestimmten Begriffen bzw. Themen zu bekommen.

Einsatzbereiche

Jede zahnmedizinische Behandlung ist verbunden mit einer Vielzahl von Verwaltungsarbeiten. Vom Einsatz des Computers erhofft man sich eine wesentliche Erleichterung und umfassende Zeitersparnis bei der Bewältigung dieser Arbeiten.

Die **Einsatzbereiche der Praxis-EDV** sind breit gefächert. Zu den Standards gehört heute

- Abrechnung,
- Erstellung und Abwicklung der Privatliquidationen,
- Abwicklung der gesamten Praxiskorrespondenz,
- Terminplanung,
- Einbindung von zahnmedizinischen Geräten, deren Untersuchungsergebnisse direkt im Computer abrufbar sind,
- praxisbezogene Nutzung des Internets.

Einsatzbereiche der Praxis-EDV

Computerarten

Je nach dem Umfang der Leistungsanforderungen sind eine geeignete Praxis-Software und die passende Ausstattung auszuwählen. Zunehmend werden Komplettlösungen gewählt, die in einer vernetzten Praxis den EDV-Einsatz an jedem Platz ermöglichen.

Durch Vernetzung kann eine Produktivitätssteigerung und Qualitätssicherung im medizinischen Alltag gewährleistet werden. Voraussetzung hierzu ist ein **Mehrplatzsystem**. Bei Mehrplatzsystemen mit einem Zentralcomputer erfolgen die Informationsabfrage und die Dateneingabe an Terminals.

Der Zentralcomputer in der Zahnarztpraxis muss über ein großes Leistungsvermögen verfügen. Davon zu unterscheiden sind Mehrplatzsysteme, die mehrere Computer in ein lokales **Netzwerk** einbinden. Dies ermöglicht es den Nutzern, an verschiedenen Rechnern Informationen und Rechnerkapazitäten gleichzeitig zu verwenden und miteinander zu kommunizieren, wobei sich die Arbeitslast auf mehrere Computer verteilt. Ein **Server** steuert dabei das gesamte Netzwerk.

Im privaten Bereich arbeiten Nutzer überwiegend mit einem Computer. In der Zeit, in der eine Person diesen Computer nutzt, kann kein weiterer Nutzer über diesen Computer verfügen (**Einplatzsystem**).

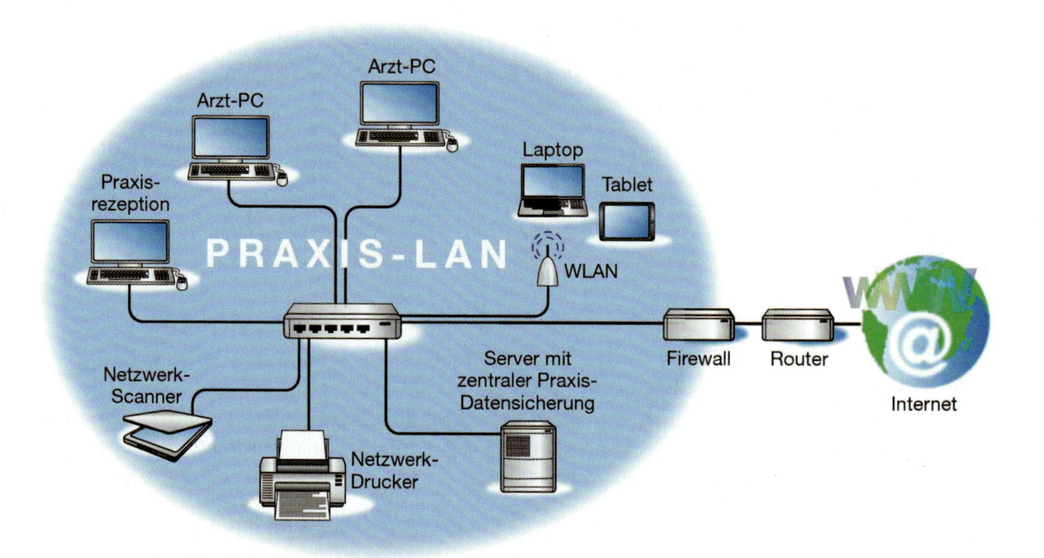

Datenarten/Datenbank

Der Prozess der Informationsverarbeitung (Datenverarbeitung) mithilfe des Computers vollzieht sich immer nach dem gleichen Prinzip:

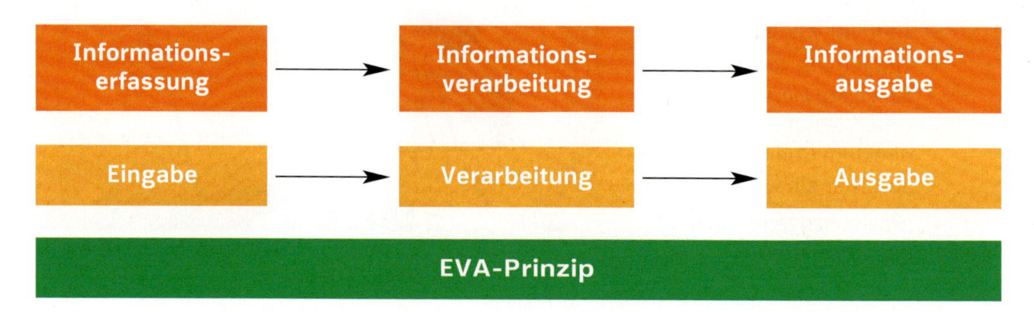

In der Datenverarbeitung unterscheidet man Daten nach folgenden Gesichtspunkten:

- nach der Art der verwendeten Zeichen
  - alphabetische Daten (Groß- und Kleinbuchstaben des Alphabets)
  - numerische Daten (Ziffern des dezimalen Zahlensystems)
  - Sonder- und Grafikzeichen (z. B., &, @, €, ☺)
  - alphanumerische Daten (z. B. 120/80 mmHg)

- nach der Verwendung bei der Verarbeitung
  - Rechendaten (mit den Eingabedaten wird ein Ergebnis errechnet)
  - Ordnungsdaten (die Eingabedaten dienen zur Sortierung von Daten, z. B. Patientennamen, Krankenkasse usw.)
- nach der Häufigkeit ihrer Verwendung
  - Stammdaten (Daten, die sich über einen längeren Zeitraum nie oder selten ändern, z. B. Vor- und Nachname, Geburtsdatum, Krankenkasse)
  - Bewegungsdaten (Daten, die im Rahmen eines Vorgangs erfasst, bearbeitet und ausgewertet werden, z. B. alle Behandlungsdaten, wie harte Beläge auf den Zähnen vor der Behandlung)
- nach der Stellung im Datenverarbeitungsprozess
  - Eingabedaten
  - Ausgabedaten

Ein Schwerpunkt der Datenverarbeitung in Zahnarztpraxen ist die Patientendatei. Hierzu benötigt die Praxis eine Praxissoftware. Dies sind Programme zur Bearbeitung umfangreicher Dateien in der Zahnarztpraxis zur Verwaltung der Patientendatei. Im Zusammenhang mit der Verarbeitung von Dateien im Computer unterscheidet man folgende Begriffe:

- **Zeichen:** Die kleinste Dateneinheit, die der Computer erfassen, speichern und verarbeiten kann. Für sich allein gesehen haben Zeichen in der Patientendatei, bis auf Ausnahmen, keinen Sinn. Eine bekannte Ausnahme ist beispielsweise die Kennzeichnung des Versichertenstatus des Patienten, die auf der Karteikarte durch Markierung der Buchstaben M (Mitglied – selbst versichert), F (Familienversichert) und R (Rentner) erfolgt. In der EDV entsprechen diesem Status die numerischen Daten 1, 3 und 5.
- **Datenfeld:** In den meisten Fällen sind Zeichen Teil eines logischen Ganzen, wie Name, Vorname, Wohnort, Straße usw. Logisch zusammengehörige Zeichen, die eine sinnvolle Information wie in den genannten Beispielen ergeben, bezeichnet man als Datenfeld.
- **Datensatz:** Mehrere Datenfelder, die Informationen zu einem Datenobjekt enthalten, werden zu einem Datensatz zusammengefasst. So ergeben alle Informationen zu einem Patienten, wie Vorname, Nachname, Wohnort, Straße, Krankenkasse, Versichertenstatus usw. den Datensatz Patient.
- **Datei:** Alle Datensätze, die in gleicher Weise aufgebaut sind und unter einem bestimmten Gesichtspunkt geordnet sind, werden zu einer Datei zusammengefasst, z. B. die Patientendatei.

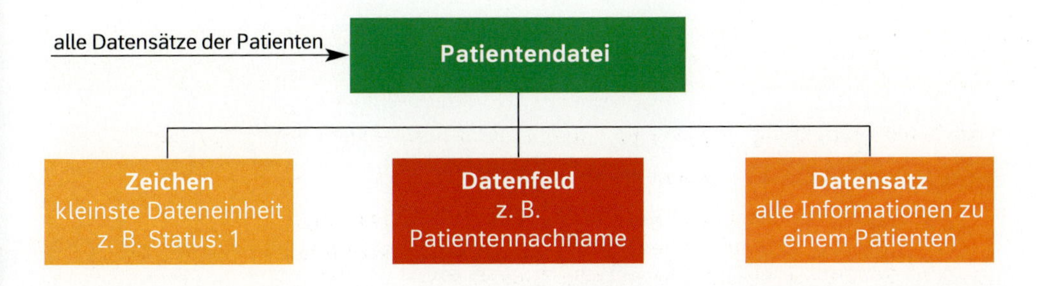

Computer können darüber hinaus verschiedene Formen **multimedialer Daten** verarbeiten, wie

- Tondokumente/Sprache,
- Bilder,
- Videos.

Dies wird in Praxen, in denen Untersuchungsgeräte direkt in das Computersystem eingebunden sind, genutzt. So können beispielsweise Röntgenaufnahmen und Untersuchungen mit der interoralen Kamera direkt am Bildschirm ausgewertet werden.

Hardware

Um Daten mit einem Computersystem zu verarbeiten, muss eine Arztpraxis über die entsprechende **Hardware** verfügen.

In einer modernen Zahnarztpraxis fallen eine Fülle von Verwaltungsaufgaben an, die mit der entsprechenden Hardware gut gelöst werden können.

Nach dem EVA-Prinzip unterscheidet man folgende für Arztpraxen typische Hardware:

Eingabe

Tastatur

Maus

Kartenlesegerät

Scanner

Verarbeitung

Software

Damit alle Geräte des Computers im Zusammenspiel mit dem Prozessor problemlos betrieben werden können, ist eine entsprechende Software, das **Betriebssystem** notwendig. Das bekannteste und führende Betriebssystem ist **Windows**.

Für die Patientenverwaltung und zur Abrechnung muss der Zahnarzt eine **Branchensoftware**, d.h. in diesem Fall eine **Praxissoftware**, erwerben. Für die Abrechnung muss das Programm von der Kassenzahnärztlichen Bundesvereinigung zugelassen sein (KZBV-Zulassung). Die marktführenden Programme verfügen über eine entsprechende Zulassung.

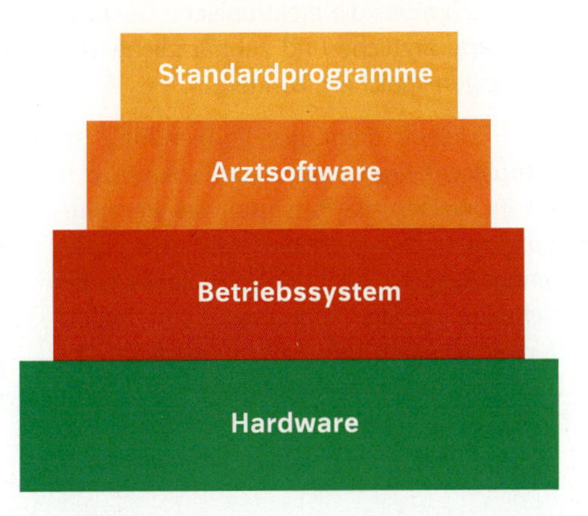

Daneben verwenden die Praxen noch **Standardsoftware**. Die meistgenutzte Standardsoftware ist ein Textverarbeitungsprogramm. Daneben gibt es noch Standardsoftware für die Bearbeitung von Tabellen, Bildern und Grafiken, Verwaltung von Dateien, Kommunikation usw.

Konsequente Digitalisierung

Bei einer konsequenten Digitalisierung der Zahnarztpraxis werden alle Patientendateien – einschließlich der Behandlungsdaten, Rezepte, Befunde, Röntgenaufnahmen usw. digital, d.h. in einem EDV-System gespeichert und verwaltet. Viele Untersuchungsgeräte sind direkt mit dem Computer verbunden. Ein typisches Beispiel ist das Digitalröntgen. Die Bilder werden vom Röntgengerät direkt an den Computer übertragen und dort gespeichert. Unterstützt wird diese Entwicklung mit der Einführung der elektronischen Gesundheitskarte.

Elektronische Gesundheitskarte

Mit der elektronischen Gesundheitskarte soll eine **bessere Versorgung der Patienten** durch eine Speicherung von medizinischen Daten gewährleistet werden. Sind beispielsweise die verschreibungspflichtigen Medikamente, die ein Patient nimmt, gespeichert, lassen sich bei Verschreibung eines neuen Medikamentes dann mögliche und gefährliche Wechselwirkungen mit den bisher eingenommenen Medikamenten feststellen und vermeiden.

Die elektronische Gesundheitskarte enthält folgende Daten (**Pflichtteil**):

1. Die Bezeichnung der ausstellenden Krankenkasse, einschließlich eines Kennzeichens für die Kassenärztliche Vereinigung, in deren Bezirk der Versicherte seinen Wohnsitz hat,
2. Familienname und Vorname des Versicherten,
3. Geburtsdatum,
4. Geschlecht,
5. Anschrift,
6. Krankenversichertennummer,
7. Versichertenstatus, für Versichertengruppen in einer verschlüsselten Form,
8. Zuzahlungsstatus,
9. Tag des Beginns des Versicherungsschutzes,
10. bei befristeter Gültigkeit der Karte das Datum des Fristablaufs.

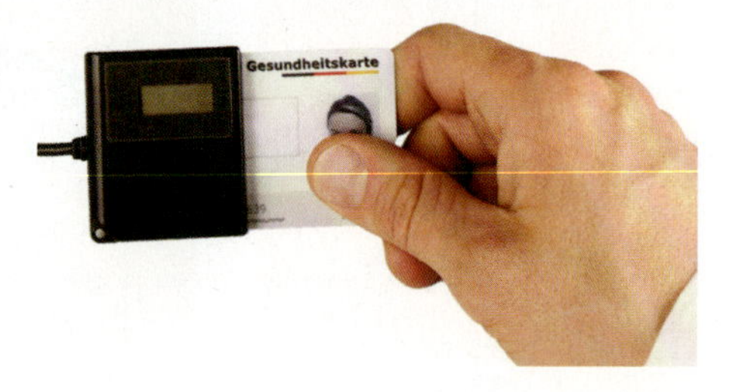

Zusätzlich muss die elektronische Gesundheitskarte ärztliche und zahnärztliche Verordnungen speichern können.

Die Rückseite dient der Verwendung als Europäische Krankenversichertenkarte, d.h. mit ihr weisen die Patienten die Berechtigung nach, sich im Bedarfsfall im europäischen Ausland behandeln zu lassen. Ein Lichtbild auf der Vorderseite soll helfen, Verwechslungen und eine missbräuchliche Inanspruchnahme zu vermeiden.

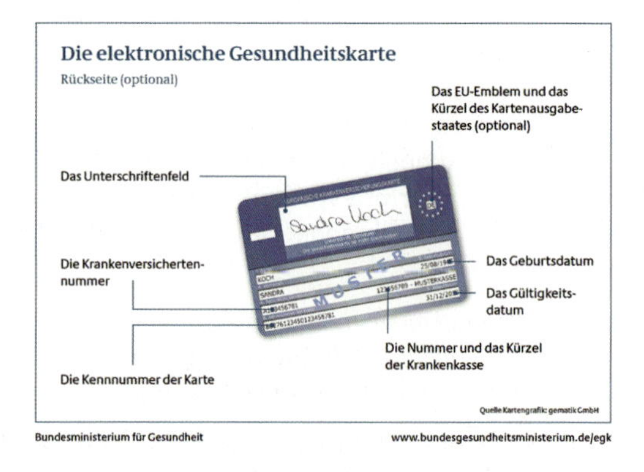

Weiterhin ist die Gesundheitskarte geeignet, folgende **freiwillige Anwendungen** zu unterstützen. Speichern von:

- medizinischen Daten, soweit sie für die Notfallversorgung erforderlich sind (Notfallversorgungsdaten),
- sogenannten elektronischen Arztbriefen,
- Daten zur Prüfung der Arzneimitteltherapiesicherheit (persönliche Arzneimittelrisiken und -unverträglichkeiten),
- der sogenannten elektronischen Patientenakte,
- weiteren von Versicherten selbst oder für sie zur Verfügung gestellte Daten (Patientenfach), sowie
- Daten über in Anspruch genommene Leistungen und deren vorläufige Kosten.

Da der Speicherplatz auf der Gesundheitskarte begrenzt ist, ist für diese Anwendungen eine Speicherung auf der Karte direkt nicht möglich. Sie werden auf Servern einer sogenannten Telematik-Infrastruktur abgelegt. Im Bedarfsfall wird in der Praxis mit der Karte über das Internet eine Verbindung zu diesen Datenservern hergestellt. Der Zugriff auf diese Patientendaten wird durch den Patienten selbst und durch das medizinische Fachpersonal freigegeben. Hierzu muss

- der Patient einen PIN eingeben,
- der Arzt seine Zugangsberechtigung über seinen elektronischen Heilberufeausweis nachweisen.

Um in einem Notfall bei einem nicht ansprechbaren Patienten auf die Notfallversorgungsdaten zugreifen zu können, reicht in diesem Fall der elektronische Heilberufeausweis. Zur Sicherheit sind mindestens die letzten 50 Zugriffe für die Datenschutzkontrolle zu protokollieren. Jeder Versicherte entscheidet selbst, ob und in welchem Umfang er von den neuen Möglichkeiten der elektronischen Gesundheitskarte in Zukunft Gebrauch machen möchte. Er hat die Freiheit zu entscheiden, dass auf seiner Karte nur die Daten des sogenannten Pflichtteils gespeichert sind.

Datenschutz

Das Vertrauen des Patienten in seinen Zahnarzt ist eine unabdingbare Grundlage für die erfolgreiche Behandlung. Der Patient vertraut darauf, dass der Zahnarzt mit seinen Patientendaten verantwortungsvoll umgeht, dass er den Schutz seiner Daten sicherstellt. Der Datenschutz umfasst ganz allgemein alle Maßnahmen zum Schutz personenbezogener Daten. Der Begriff des Datenschutzes wird allerdings noch weiter gefasst. Ziel des Datenschutzes ist es auch, jede einzelne Person davor zu schützen, dass durch den personenbezogenen Umgang mit ihren Daten ihr Recht auf informationelle Selbstbestimmung beeinträchtigt wird. Jeder soll grundsätzlich selbst entscheiden, wem wann welche seiner persönlichen Daten zur Verfügung gestellt werden.

Beispiel: *Ein Nutzer startet eine Suchanfrage im Netz. Das Programm hat, vom Nutzer unbemerkt, Daten aus den bisherigen Anfragen gesammelt und über den Nutzer ein Profil erstellt. Zu den Ergebnissen seiner Anfrage wird auf ihn abgestimmte Werbung am Bildschirm angezeigt. Das informelle Selbstbestimmungsrecht des Nutzers wird damit verletzt.*

In Deutschland unterliegt die Verarbeitung personenbezogener Daten zahlreichen gesetzlichen Auflagen. Für die niedergelassenen Zahnärzte sind u. a. insbesondere die Vorgaben des Bundesdatenschutzgesetzes zu beachten.

Neben vielen anderen Regelungen und Auflagen verpflichtet es den niedergelassenen Zahnarzt, einen **Datenschutzbeauftragten** zu bestellen, wenn ständig mehr als neun Personen mit der automatisierten Verarbeitung von personenbezogenen Daten beschäftigt sind. Diese Begrenzung auf eine bestimmte Personenzahl entfällt aber, wenn ein bestimmtes Risiko vermutet werden kann, das die Bestellung eines Datenschutzbeauftragten erforderlich macht. Bei den äußerst sensiblen Patientendaten bietet sich somit generell die Bestellung eines Datenschutzbeauftragten an. Bestellt werden kann nur, wer für die Erfüllung der Aufgaben die erforderlichen Kenntnisse besitzt. Entsprechende Fachkenntnisse kann ein Mitarbeiter auch über Schulungen, die beispielsweise von den Zahnärztekammern und Kassenzahnärztlichen Vereinigungen angeboten werden, erwerben.

Ansonsten sind im Rahmen des Datenschutzes in einer Zahnarztpraxis folgende Maßnahmen umzusetzen:

- **Schutz vor Einsichtnahme** (Dritte dürfen keinen Einblick in die Patientendaten erhalten.)
- **Schutz vor unberechtigtem Zugriff** (Es ist sicherzustellen, dass kein Unbefugter auf die Patientendaten zugreifen kann. Dies geschieht üblicherweise durch eine Sicherung des Zugangs über Passwörter.)
- **Sicherung des Computers durch Begrenzung der Datenzugriffsmöglichkeiten** (Jeder Nutzer des Computersystems hat ausschließlich Zugriff bzw. Ausführungsrechte in seinem Tätigkeitsfeld. So kann es beispielsweise sein, dass eine Zahnmedizinische Fachangestellte nicht berechtigt ist, mit dem installierten Buchführungsprogramm oder dem Programm zur Lohn- und Gehaltsabrechnung zu arbeiten. Sie hat nur die Berechtigung, patientenbezogene Daten zu verarbeiten.)
- **Schutz vor einer Veränderung bzw. Zerstörung der Daten durch Viren** (Auf den in der Zahnarztpraxis verwendeten Rechnern muss ein stets laufend aktualisiertes Virenschutzprogramm installiert sein.)
- **Schutz vor einem Zugriff auf die Daten des Praxiscomputers über das Internet** (Ist der Praxiscomputer mit dem Internet verbunden, muss sichergestellt sein, dass kein Unberechtigter über das Internet auf diese Daten zugreifen kann. Dies geschieht sowohl über technische Sperren (Hardware-Firewall) als auch über stets aktualisierte Programme (Software- bzw. Desktop-Firewall.)

- **Sicherung der externen elektronischen Kommunikation** (Bei einer Einbindung des Praxisrechners in das Internet sollten die Patientendaten verschlüsselt gespeichert werden. Übermittelt der Zahnarzt Dokumente über das Internet, z. B. an das Praxislabor oder die KZV, muss sichergestellt sein, dass ein Zugriff auf die Daten durch Unberechtigte ausgeschlossen ist. Die zu übermittelnden Daten müssen mit einem möglichst sicheren Verfahren verschlüsselt werden.)

Datensicherung

Der Zahnarzt ist verpflichtet, alle dokumentierten Daten über die gesetzlich vorgeschriebenen Fristen aufzubewahren. Von daher ist durch eine Reihe von organisatorischen Maßnahmen sicherzustellen, dass kein Datenverlust die Praxis trifft. Im Einzelnen ist zu beachten, dass

- zur Sicherung der Patientendaten täglich Sicherungskopien auf geeignete externe Datenspeicher erstellt werden (DVD, externe Festplatte, USB-Stick usw.),

- der Zahnarzt während der vorgeschriebenen Aufbewahrungsfristen in der Lage ist, auch bei einem Wechsel des EDV-Systems oder der Programme die digital dokumentierten Informationen lesbar und verfügbar zu machen.

Zahnarztpraxis und Internet

Immer mehr Patienten suchen die Praxis auf und fragen den Zahnarzt aufgrund der bei ihnen vorliegenden Beschwerden gezielt nach Krankheitsbildern, die auf sie zutreffen könnten. Sie haben sich vorab auf entsprechenden Internetseiten über Gesundheitsthemen umfassend informiert. Zahnarzt und Praxispersonal müssen sich auf diese Situation einstellen und sie in die Aufklärung des Patienten mit einbeziehen.

Das Internet spielt bei der Suche nach einem Zahnarzt oder einer Zahnklinik zunehmend eine wesentliche Rolle. Dem Patienten ist es wichtig, dass er Informationen über die Behandlungsmöglichkeiten des Zahnarztes erhält. Weiterhin wünschenswert für den Patienten sind Informationen über Spezialgebiete des Zahnarztes, Angaben über freie Termine und eine Zahnarztbewertung durch andere Patienten. Für die Bewertung der Zahnärzte durch Patienten gibt es spezielle Internetportale. Niedergelassene Zahnärzte verfügen in der Regel über eine eigene Praxis-Homepage. (siehe S. 142). Mit ihrer Hilfe bietet sich die Möglichkeit, erste Informationen über die Praxis zu bieten. Weiterhin kann mit den Patienten über das Internet Kontakt aufgenommen und ein Teil der Kommunikation abgewickelt werden.

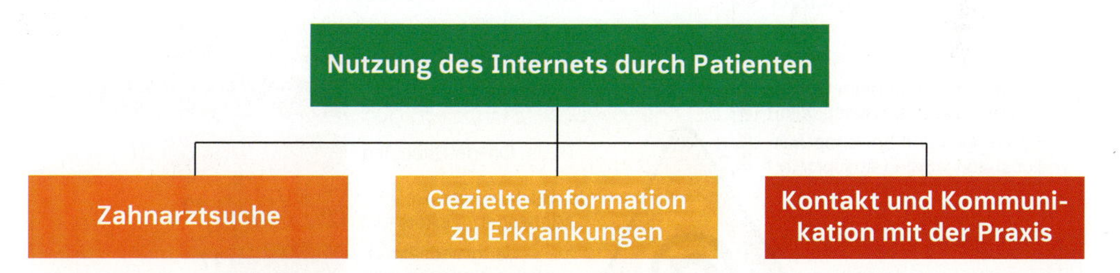

Aber auch für den niedergelassenen Zahnarzt bietet das Internet eine Vielzahl berufsbezogener Inhalte, die den Praxisalltag erleichtern. Hierzu gehören u. a. Informationen zu:

- Krankheiten/Indikationen
- neuen Behandlungsmethoden
- Medikamenten
- Fachliteratur/medizinische Lexika
- Fort- und Weiterbildungen
- Gesundheitspolitik
- Expertenforen

Daneben erleichtern viele Internetdienste die kaufmännische Leitung und Verwaltung einer Praxis, z. B. durch

- Versenden/Empfangen von E-Mails,
- Angebotssuche und Onlineeinkäufe von Praxisbedarf und Praxisausstattung,
- Homebanking.

Bei der privaten Nutzung stehen in vielen Fällen die Unterhaltungs- und Freizeitangebote des Internets im Vordergrund. So werden in diesem Bereich u. a. angeboten:

- Gesprächsforen, Newsgroups und Chats
- Onlinecommunities
- Audiodateien
- Videodateien
- Computerspiele/Onlinespiele
- Internetradio/Internetfernsehen

Wichtig für die Nutzung des Internets ist, die damit verbundenen Gefahren zu kennen und im Auge zu behalten. Wer sich als Nutzer in Onlinecommunitys oder Foren bewegt, muss wissen, dass alles, was man dort von sich preisgibt, auf lange Zeit abrufbar ist („Das Internet vergisst nichts!"). Und wer Dateien oder Computerspiele aus dem Internet herunterlädt, muss auf die Urheberrechte achten. Downloads sind nur dann erlaubt, wenn eine entsprechende Berechtigung gegeben ist. Peinliche Internetauftritte und Abmahnungen wegen Urheberrechtsverletzungen können ungeahnte Folgen haben.

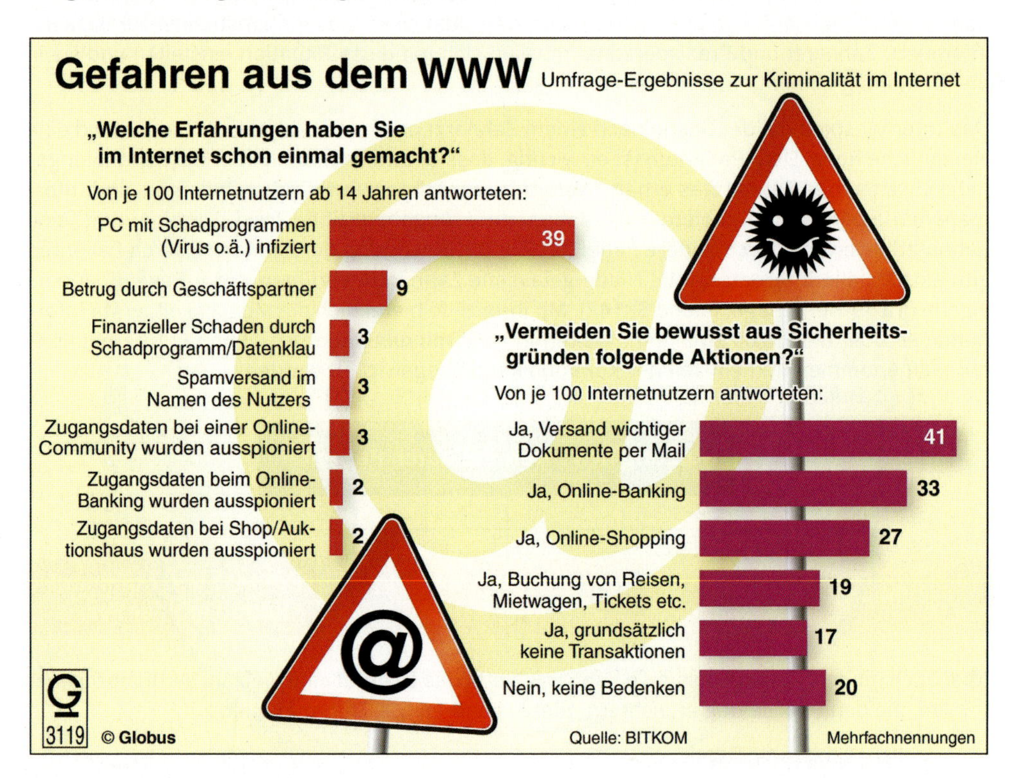

Situationsaufgaben

- Suchen Sie unter dem Stichwort „digitale Zahnarztpraxis" Beiträge im Internet.
  - Drucken Sie zwei Ihrer Meinung nach aussagekräftige Beiträge aus.
  - Erstellen Sie ein Plakat mit Aussagen darüber, welche neuen Möglichkeiten diese Form der Praxis bietet.
- Erkundigen Sie sich mithilfe des Internets nach Inhalt und Sinn der elektronischen Gesundheitskarte.
  - Die freiwilligen Anwendungen werden in vielen Beiträgen als kritisch angesehen. Fassen Sie die wichtigsten Aussagen zur Kritik an der Datensicherheit der Gesundheitskarte zusammen.
  - Stellen Sie dar, welche Hardwarekomponenten hierfür in der EDV vorhanden sein müssen.
  - Prüfen Sie, ob im Zusammenhang mit der elektronischen Gesundheitskarte eine Einbindung der EDV in das Internet zwingend notwendig ist.

- Laden Sie sich im Internet die Broschüre „Datenschutz und Datensicherung in der Zahnarztpraxis" der Bundeszahnärztekammer herunter. Erarbeiten Sie eine anhand des Kapitels „Grundsätze beim Einsatz von EDV in der Zahnarztpraxis" eine Checkliste mit den wichtigsten Grundätzen. Prüfen Sie, ob diese so in Ihrer Praxis umgesetzt werden.
- Sie erhalten die Aufgabe, ein Referat zu dem Thema „Zahnstein" zu halten. Sammeln Sie mithilfe des Internets wichtige Informationen zu diesem Thema.

Prüfungsvorbereitung

Folgende Karteikarten sind zur Ergänzung der Prüfungsvorbereitung zu erstellen:

Karteikarte 54:
Datenarten in der EDV

1. *nach der Art der verwendeten Zeichen*
2. *nach der Verwendung bei der Verarbeitung*
3. *nach der Häufigkeit der Verwendung*
4. *nach der Stellung im Datenverarbeitungsprozess*
5. *bei der Verarbeitung von Dateien*

Karteikarte 55:
Hardware

1. *EVA-Prinzip*
2. *Eingabegeräte*
3. *Geräte die der Verarbeitung dienen*
4. *Geräte die der externen Speicherung dienen*
5. *Ausgabegeräte*

Karteikarte 56:
Software

1. *Aufgaben des Betriebssystems*
2. *Praxissoftware*
3. *Standardsoftware*

Karteikarte 57:
Die elektronische Gesundheitskarte

1. *Ziel und Aufgabe*
2. *die im Pflichtteil gespeicherten Daten*
3. *freiwillige Anwendungen*
4. *Sicherungen beim Zugang zu den freiwilligen Anwendungen*

Karteikarte 58:
Datenschutz und Datensicherung

1. *Datenschutz – Begriff*
2. *der Datenschutzbeauftragte*
3. *Maßnahmen des Datenschutzes*
4. *Datensicherung – Begriff*
5. *Maßnahmen zur Datensicherung*

Karteikarte 59:
Nutzung des Internets in der Zahnarztpraxis

1. *Aufgaben der Homepage*
2. *Nutzung im Rahmen der Praxisverwaltung*
3. *Nutzung berufsbezogener Inhalte*
4. *Nutzung zur Gewinnung von Informationen zu Begriffen und Themen*
5. *Gefahren bei der Nutzung des Internets*
6. *Sicherungsmaßnahmen*

Lernfeld 3: Praxishygiene organisieren

Zielformulierung:

Die Schülerinnen und Schüler informieren sich über Infektionsgefahren in der Zahnarztpraxis. Sie beschreiben Infektionswege und planen fachgerecht Desinfektions- und Sterilisationsmaßnahmen zur Minimierung des Infektionsrisikos. Zur Vermeidung der Weiterverbreitung von Krankheitserregern planen sie Schutzmaßnahmen und treffen fallbezogen eine begründete Auswahl auch unter Berücksichtigung wirtschaftlicher und umweltgerechter Aspekte. Sie organisieren, dokumentieren und überprüfen die Durchführung von Hygienemaßnahmen im Team unter Beachtung der Unfallverhütungsvorschriften. Vor ökonomischem und ökologischem Hintergrund planen die Schülerinnen und Schüler die Pflege und Wartung von Instrumenten und Geräten und zeigen Wege für die umweltgerechte Entsorgung von Praxismaterialien auf.

Inhalte:

Persönliche Hygiene
Immunisierungen
Postexpositionsprophylaxe
Mikroorganismen
Hygienekette
Hygieneplan
Arbeitsmittel
Berufsrelevante Infektionskrankheiten
Meldepflichtige Krankheiten
Wartungsvertrag
Praxiskosten
Abfallsammlung, Abfalltrennung

1 Der Wartungsvertrag

(Wartungsverträge als die wirtschaftlichste Möglichkeit erfassen, um den gesetzlichen Prüfpflichten bei der technischen Ausstattung der Praxis nachzukommen und vorbeugend für einen reibungslosen Praxisablauf zu sorgen)

Dr. Heine: „Um Himmels willen! Im Behandlungszimmer 2 ist die komplette Druckluftzufuhr ausgefallen!" „Ich habe vor einigen Augenblicken noch einmal bei der Firma angerufen, mit der wir einen Wartungsvertrag abgeschlossen haben. Ein Techniker ist schon unterwegs und dürfte jeden Moment hier eintreffen. Immerhin haben wir einen Wartungsvertrag mit 24-Stunden-Service und Sofort-Reparatur-Dienst beim Ausfall der Anlage", antwortet Sarah.

Aufgaben

1. Aus welchen Gründen ist in der Zahnarztpraxis ein störungsfreier Betrieb der technischen Geräte unbedingt erforderlich?
2. Wie kann sich der Praxisinhaber gegen Stillstandzeiten bei technischen Geräten absichern?
3. Welche Ziele verfolgt man mit einem Wartungsvertrag?
4. Wie kommt ein Wartungsvertrag zustande?
5. Erläutern Sie möglichst an einem praktischen Beispiel den Inhalt eines Wartungsvertrages.
6. Welche Pflichten übernehmen die Vertragspartner mit einem Wartungsvertrag?

Eine Zahnarztpraxis ist mit einer Vielzahl technischer Geräten ausgestattet. Diese können auch die Quelle einer Gefährdung für Patienten und Personal sein. Daher gibt es eine Reihe **gesetzlicher Prüfvorschriften** mit dem Ziel, einen möglichst einwand- und störungsfreien Einsatz zu gewährleisten, um so Patienten und Personal vor Gefährdungen zu schützen. Aber auch der Praxisinhaber hat ein besonderes Interesse an einem reibungslosen Praxisablauf, denn Stillstandszeiten aufgrund technischer Defekte sind kostspielig. Die Anbieter technischer Medizinprodukte werben daher oft mit ihren Service-Angeboten:

Der Wartungsvertrag

Wir sind ein autorisierter Service-Partner, der Ihre Kompressoren oder Ihre komplette Druckluftanlage aufstellt, abnimmt und instand hält. Sie sparen Zeit und Kosten und es verlängert sich die Garantie.

Sollte die Druckluftanlage einmal nicht ordnungsgemäß funktionieren, so ist schnell umfassende und kompetente Hilfe zur Stelle. Wir garantieren mit dem Sofort-Service eine umgehende Reparatur und stellen Ihnen, falls nötig, ein Ersatzgerät zur Verfügung.

Beim Kauf technischer Einrichtungen bietet es sich an, einen Wartungsvertrag mit dem Anbieter des Produktes abzuschließen. Es gibt aber auch Anbieter von Praxiseinrichtungen, die nicht selbst die Wartung übernehmen, sondern auf spezielle fachbezogene Servicefirmen verweisen. Eine **vorsorgliche (präventive) Wartung** gewährleistet, dass die gewarteten Einrichtungen störungsfrei funktionieren. Stillstandszeiten in einer Zahnarztpraxis führen zu Einnahmeausfällen bei weiterlaufenden Kosten. Daher ist vorsorglich alles zu unternehmen, um solche Ausfälle zu vermeiden. Kommt es zum Ausfall eines für den Praxisbetrieb unbedingt erforderlichen Gerätes, beispielsweise der oben genannten Drucklufteinrichtung oder des Praxiscomputers, vereinbart man vertraglich sicherheitshalber den Einsatz eines Sofort-Reparaturdienstes.

Wie jeder Vertrag kommt auch der Wartungsvertrag durch zwei übereinstimmende Willenserklärungen zustande. Der Zahnarzt erhält von einer Firma ein verbindliches Wartungsangebot (1. Willenserklärung = Antrag) und erteilt einen Wartungsauftrag (2. Willenserklärung = Annahme).

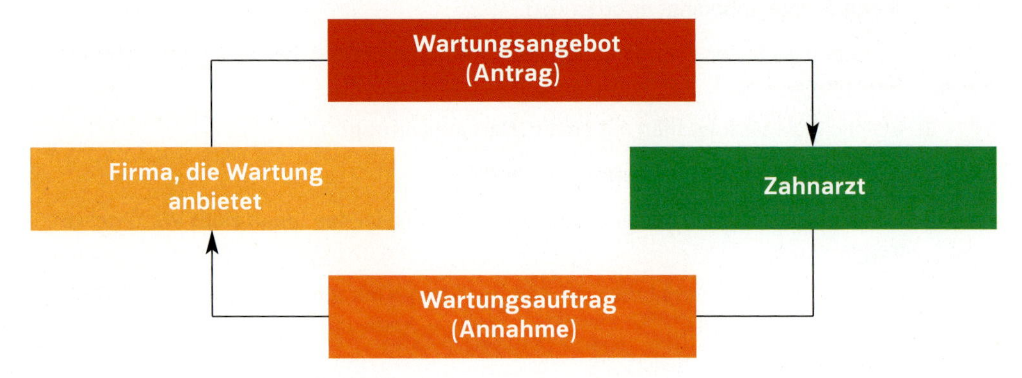

Der Wartungsvertrag regelt den Wartungsservice für die im Vertrag beschriebene Anlage. Zur Sicherheit beider Vertragspartner wird die zu wartende technische Einrichtung genau beschrieben und der dabei notwendige Wartungsservice festgelegt. Der Vertrag beinhaltet im Einzelnen:

- Vertragsgegenstand,
- Umfang der Wartung,
- Pflichten des Auftraggebers,
- Wartungsentgelt,
- Vertragsdauer und Kündigung,
- Mithaftung des Auftraggebers, Gewährleistung und Haftungsbegrenzungen.

Die Auflistung zeigt, dass mit dem Abschluss des Wartungsvertrages nicht jede Verantwortung für Wartung und Pflege auf die Wartungsfirma übertragen wird. Der Zahnarzt hat selbstverständlich zusammen mit seinem Praxispersonal die Pflicht dafür zu sorgen, dass die übliche Pflege und Sauberhaltung der entsprechenden Praxiseinrichtung laufend stattfindet (Pflichten des Auftraggebers). Bei Vernachlässigung dieser Pflichten kann im schlimmsten Fall ein sicheres Betreiben des Gerätes nicht mehr erfolgen. Dann muss der Praxisinhaber für die Kosten dieser Vernachlässigung aufkommen.

Im Einzelnen ergeben sich für die Vertragspartner folgende Verpflichtungen:

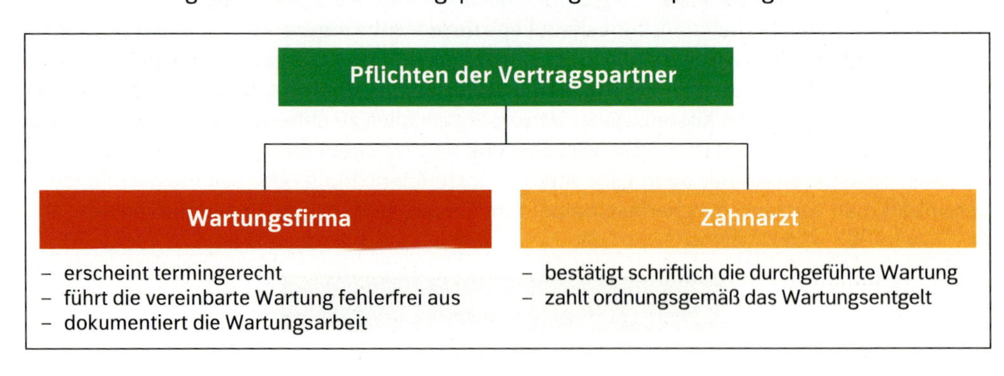

Situationsaufgabe

- Erstellen Sie anhand eines konkreten Wartungsvertrages aus der zahnärztlichen Praxis auf einem Plakat eine Übersicht über den Inhalt eines Wartungsvertrages.

Prüfungsvorbereitung

Folgende Karteikarte ist zur Ergänzung der Prüfungsvorbereitung zu erstellen:

Karteikarte 60:
Wartungsvertrag

1. Ziele
2. Zustandekommen und Inhalt
3. Pflichten der Vertragspartner

2 Praxiseinnahmen und Praxisausgaben

(Anhand der betrieblichen Gegebenheiten einer Zahnarztpraxis die verschiedenen Praxiseinnahmen und -ausgaben analysieren und den eigenen Beitrag zu einer Senkung der Praxisausgaben beurteilen)

Sarah: „So missgestimmt habe ich Herrn Dr. Heine noch nie erlebt. Erst fällt gestern im Behandlungszimmer 2 die komplette Druckluftzufuhr aus, sodass wir hier nicht behandeln konnten. Dann stellte er heute Morgen fest, dass im Praxislabor über Nacht das Licht gebrannt hat." „Bei dem Ausfall der Druckluftanlage war ja der Wartungsdienst schnell zur Stelle, sodass wir kaum Ausfälle bei den Praxiseinnahmen hatten. Das Licht über Nacht brennen zu lassen ist eine Nachlässigkeit, die nur unnötige Praxisausgaben verursacht. Auch in einer Zahnarztpraxis muss wirtschaftlich gearbeitet werden. Zumal durch die Sparmaßnahmen im Gesundheitswesen die Praxisgewinne in den letzten Jahren gesunken sind", antwortet Melanie.

Aufgaben

1. Warum hat der niedergelassene Zahnarzt eine gesetzlich vorgeschriebene Aufzeichnungspflicht für alle betrieblichen Einnahmen und Ausgaben?
2. Was versteht man unter Betriebseinnahmen und ausgaben?
3. Welche Praxiseinnahmen lassen sich bei einem Vertragszahnarzt unterscheiden?
4. Geben Sie zu den auf ab S. 200 aufgeführten Praxisausgaben jeweils konkrete Beispiele.
5. Welche Sonderrolle spielen dabei die Abschreibungen?

6. Ein Zahnarzt kauft ein Kartenlesegerät zum Preis von 170,00 EUR einschließlich Mehrwertsteuer und einen Laserdrucker zum Preis von 560,00 EUR einschließlich Mehrwertsteuer.
   a) Welche dieser Ausgaben kann er in seiner Buchführung als Betriebsausgaben direkt erfassen?
   b) Was wird als Abschreibungen des Anlagevermögens jährlich erfasst?
7. Wie wird der Praxisgewinn ermittelt?
8. Wodurch unterscheiden sich variable und fixe Ausgaben?

Der niedergelassene Zahnarzt zählt zu den freien Berufen. Als Selbstständiger erzielt er aus der Tätigkeit in seiner Praxis ein Einkommen, das zu versteuern ist. Er bezieht aber nicht wie seine Angestellten ein festes monatliches Einkommen. Bei ihm muss das Einkommen durch Erfassung der Einnahmen und Ausgaben erst ermittelt werden. Aufgrund steuerrechtlicher Bestimmungen hat der Zahnarzt hierzu die Einnahmen und Ausgaben in einer Buchführung zu erfassen. Die einfachste Form der Buchführung ist die **Einnahmenüberschussrechnung**. Hier werden alle Einnahmen und Ausgaben erfasst und der Einnahmenüberschuss (Gewinn) bzw. der Ausgabenüberschuss (Verlust) ermittelt. **Der vorgeschriebenen Aufzeichnungspflicht (Buchführung) kommt der niedergelassene Zahnarzt nach, indem er eine lückenlose, ordnungsgemäße Aufzeichnung aller Betriebseinnahmen und -ausgaben vornimmt.** Vielfach ermitteln Zahnärzte ihre Gewinne mithilfe der sogenannten **doppelten Buchführung**, die aber keine gesetzliche Pflicht ist. Einnahmen und Ausgaben werden dann auf Konten sachbezogen erfasst.

Man unterscheidet folgende **Praxiseinnahmen**:

Einnahmen aus der Kassenpraxis
Hierzu gehören alle Einnahmen aus Behandlungen von Patienten, die entweder in der gesetzlichen Krankenversicherung versichert sind oder deren Behandlungskosten über sogenannte sonstige Kostenträger abgerechnet werden. Die Abrechnung erfolgt über die Kassenzahnärztliche Vereinigung (KZV).

Einnahmen aus der Privatpraxis
Alle zahnärztlichen Leistungen, die nach der GOZ und GOÄ direkt mit den Patienten abgerechnet werden, zählen zu den privatzahnärztlichen Einnahmen.

Einnahmen aus zahnärztlicher Nebentätigkeit
Hierzu gehören beispielsweise Einnahmen, die ein Zahnarzt für die Erstellung eines Gutachtens erhält.

Einnahmen aus dem praxiseigenen Labor
Unterhält der niedergelassene Zahnarzt ein eigenes Dentallabor, so erhöhen die hier erzielten Einnahmen die Praxiseinnahmen.

Praxisausgaben sind:

Ausgaben für Praxispersonal
Hierzu gehören die **direkten Ausgaben für Löhne** wie Bruttoentgelte, vermögenswirksame Leistungen, Urlaubsgeld, Weihnachtsgeld und einmalige Zuwendungen.

Weiterhin zählen dazu **die Lohnnebenkosten**, z. B. Arbeitgeberanteil zur Sozialversicherung, Beiträge zur gesetzlichen Unfallversicherung, freiwillige soziale Leistungen, wie Urlaubs- und Weihnachtsgeld sowie Prüfungsgebühren für Auszubildende.

Ausgaben für Praxisräume
Hierzu gehören die Miete und die Mietnebenkosten, z. B. die Ausgaben für Energie und Wasser.

Ausgaben für Bürobedarf und Verwaltung
Zu diesem Ausgabenbereich gehören u. a. das Porto, Gebühren der Telekommunikation, alle Materialausgaben für die Praxisverwaltung (Bürobedarf), Ausgaben für Wartezimmerlektüre, Verwaltungsausgaben, die von der KZV und bei Abrechnung der Privatpatienten über eine privatärztliche Verrechnungsstelle berechnet werden, Ausgaben für Fachliteratur, Programmpflege der Praxisprogramme, Wartung und Reparaturen der Büro- und Kommunikationseinrichtungen.

Ausgaben im Zusammenhang mit der Behandlung
Hierzu gehören alle eingesetzten Materialien wie Desinfektionsmittel, Abformmassen, Füllungsmaterialien, Spritzen, Kanülen, Mundspülbecher. Weiterhin zählen dazu Medikamente, Röntgenmaterialien, Praxiswäsche, Berufskleidung und die Wartung und Reparatur aller zahnmedizinischen Geräte und Instrumente.

Ausgaben für Praxisversicherungen, Beiträge und Gebühren
Jeder niedergelassene Zahnarzt benötigt eine Vielzahl von Sach- und Vermögensversicherungen, beispielsweise Praxisinventar-, Feuer-, Einbruch-, Diebstahl- und Betriebsunterbrechungsversicherungen (Sachversicherungen) sowie Berufsrechtschutz- und Berufshaftpflichtversicherungen (Vermögensversicherungen). Beiträge sind die Ausgaben, die an die berufsständischen Organisationen zu zahlen sind. Gebühren fallen z. B. an bei einem gerichtlichen Mahnverfahren, bei Zahlungsklagen, aber auch für den Steuerberater und Rechtsanwalt.

Sonstige Ausgaben
Hier werden u. a. Ausgaben für einen Praxis-Pkw, Ausgaben für Fort- und Weiterbildungsmaßnahmen sowie Ausgaben für betriebsbedingte Fahrten erfasst.

Ausgaben für Praxiseinrichtung und Ausstattung
Gegenstände der Praxiseinrichtung und -ausstattung, für die nicht mehr als ein Betrag bis zu 250,00 EUR ohne Mehrwertsteuer aufzuwenden war, dürfen im Jahr der Anschaffung mit ihrem vollen Betrag als Ausgaben gebucht werden. Wirtschaftsgüter mit einem Anschaffungspreis von mehr als 250,00 EUR bis 800,00 EUR ohne Mehrwertsteuer können im Jahr der Anschaffung sofort abgeschrieben werden. Alternativ zur Sofort- und Regelabschreibung können Wirtschaftsgüter über 250,00 EUR (ohne Umsatzsteuer) bis einschließlich 1 000,00 EUR (ohne Umsatzsteuer) über fünf Jahre abgeschrieben werden (sog. Poollösung). Alle im Anschaffungspreis darüber liegenden Wirtschaftsgüter sind in einem gesetzlich festgelegten Zeitraum (Nutzungsdauer) jährlich abzuschreiben.

Abschreibungen
Mit den **Abschreibungen** werden die jährlichen Wertminderungen während der gesetzlich festgelegten Nutzungsdauer von **Anlagegegenständen,** wie die Praxiseinrichtung, Computer, medizinische Geräte usw., erfasst. Sie vermindern den steuerlichen Gewinn der Praxis. Kauft ein Zahnarzt beispielsweise einen neuen Aktenschrank für 1 300,00 EUR, so ist dies bei der Anschaffung eine Ausgabe. Das Steuerrecht erlaubt es aber nicht, den Anschaffungsbetrag als Betriebsausgabe im Jahr der Anschaffung geltend zu machen. Die 1 300,00 EUR sind mit 100,00 EUR jährlich auf die in diesem Fall geltende gesetzliche Nutzungsdauer von 13 Jahren zu verteilen.

Alle Einnahmen und alle Ausgaben aus der Praxistätigkeit einschließlich der Abschreibungen auf das Anlagevermögen sind aufzuzeichnen. Der Praxisgewinn, der die Grundlage für die Einkommensbesteuerung bildet, lässt sich dann folgendermaßen ermitteln:

Praxiseinnahmen
– Praxisausgaben (einschließlich Abschreibungen)
= Praxisgewinn

Sollten die Praxisausgaben größer sein als die Praxiseinnahmen, würde ein Verlust entstehen. Aus der Aufstellung über die Praxiseinnahmen und -ausgaben lassen sich Rückschlüsse ziehen, wie man die Einnahmen eventuell noch verbessern kann und die Praxisausgaben möglichst gering hält. Weiterhin macht die Übersicht deutlich, wie viel **Mitverantwortung das gesamte Praxispersonal** dabei trägt. Alle können beim Einsatz von Materialien auf einen möglichst sparsamen Verbrauch achten. Regelmäßige Personalbesprechungen, in denen alle in der Praxis Beschäftigten Vorschläge zur Senkung der Praxisausgaben vortragen, sind daher ein wichtiges Instrument. Einfluss nehmen kann man kurzfristig auf die Ausgaben, die bei Behandlungen anfallen, wie beispielsweise der Materialverbrauch. Man bezeichnet diese Ausgaben als **variable Ausgaben**. Ausgaben für Personal, Miete, Praxisversicherungen, Gebühren, Beiträge usw. lassen sich nicht kurzfristig ändern. Sie stellen die Betriebsbereitschaft der Praxis sicher und fallen unabhängig von der Anzahl der Behandlungen an. Deshalb bezeichnet man diese auch als **fixe Ausgaben.** Sie entstehen selbst dann, wenn kein Patient behandelt wird. Je mehr Patienten zur Behandlung erscheinen, umso leichter ist es, diese fixen Ausgaben zu bezahlen. Längerfristig lassen sich diese senken, beispielsweise durch Minderung der Personalkosten.

Langfristig muss die Summe der Praxiseinnahmen eines Jahres die gesamten Praxisausgaben einer Zahnarztpraxis übersteigen. Die Praxis kann nur existieren, wenn auf Dauer Praxisgewinn anfällt.

Situationsaufgabe

Übertragen Sie die hier aufgeführten Praxisausgaben auf ein großes Blatt.

- Schreiben Sie darunter für jede Praxisausgabe Vorschläge, die nach Ihrer Meinung zu einer Minderung der Praxisausgaben führen.
- Tragen Sie zum Schluss ein, ob die jeweiligen Praxisausgaben kurzfristig, nur über einen längeren Zeitraum oder gar nicht zu beeinflussen sind.

Prüfungsvorbereitung

Folgende Karteikarte ist zur Ergänzung der Prüfungsvorbereitung zu erstellen:

Karteikarte 61:
Praxiseinnahmen und -ausgaben

1. Praxiseinnahmen
2. Praxisausgaben
3. Abschreibungen
4. Praxisgewinn
5. fixe Ausgaben
6. variable Ausgaben

Lernfeld 6: Praxisabläufe organisieren

Zielformulierung:

Die Schülerinnen und Schüler analysieren die im Zusammenhang mit der Verfolgung von Praxiszielen auftretenden zeitlichen Abläufe in der Praxisorganisation und -verwaltung. Sie verschaffen sich einen Überblick über Möglichkeiten der Terminplanung und nutzen ihre Kenntnisse über Bestellsysteme bei der Terminvereinbarung unter Berücksichtigung von Patienten- und Praxisinteressen. Auf die im Zusammenhang mit der zahnärztlichen Behandlung relevanten Regelungen der Sozialgesetzgebung weisen sie den Patienten hin. Darüber hinaus informieren sie ihn über den auf den Behandlungsfall bezogenen Praxisablauf, nehmen Fragen und Beschwerden entgegen und entwickeln fallbezogene Lösungsmöglichkeiten. Sie erkennen und schätzen Konfliktpotenzial ein, vermeiden durch vorbeugendes Verhalten dessen Entfaltung und tragen durch situationsgerechtes Verhalten zur Konfliktlösung bei. Die Schülerinnen und Schüler reflektieren Verwaltungsabläufe unter den Gesichtspunkten Zeitmanagement und Qualitätssicherung und entwickeln und erstellen für standardisierte Arbeitsabläufe Formulare und Pläne. Sie organisieren die Archivierung von Behandlungsunterlagen und Dokumentationen zu Rechtsverordnungen unter Beachtung der Aufbewahrungsfristen und des Datenschutzes und beurteilen Ablagesysteme unter Kosten-Nutzen-Aspekten. Sie überwachen den Posteingang, bewerten ihn im Hinblick auf die weitere Bearbeitung und bereiten unter begründeter Auswahl der Versendungsform den Postausgang vor. Auf der Grundlage der gesetzlichen und vertraglichen Bestimmungen stellen sie die Abrechnungsunterlagen für die Leistungsabrechnung mit den Kostenträgern zusammen und erledigen den damit im Zusammenhang stehenden Schriftverkehr. Sie nutzen aktuelle Medien der Informationserfassung, -bearbeitung und -übertragung.

Inhalte:

Ablauforganisation
Terminvergabe
Sozialgesetzbuch V
Praxisteam
Konfliktmanagement
Telefonnotiz, Praxisinformationen
Schriftgutablage
Besondere Versendungsarten
Checklisten
Zahnärztliche Software

1 Praxisorganisation

(Die Praxisorganisation als Instrument zur Optimierung der Praxisabläufe und als einen Beitrag zur Patientenzufriedenheit erfassen und den eigenen Beitrag analysieren)

Sarah erinnert sich an ihren ersten Arbeitstag in der Zahnarztpraxis von Dr. Heine. Den Vormittag verbrachte sie in der Anmeldung und half bei der Anmeldung von Patienten. Nach der Sprechstunde zeigte ihr Melanie die gesamte Praxis und erläuterte, welche Untersuchungen, Behandlungen oder sonstige Tätigkeiten in den verschiedenen Räumen stattfinden. „Das ist ja eine tolle Organisation", hatte Sarah gegenüber Melanie geäußert. „Der Erfolg einer Praxis hängt in vielerlei Hinsicht auch von deren Organisation ab", hatte Melanie geantwortet.

Aufgaben

1. Welche Aufgabenbereiche, in denen Sie als Zahnmedizinische Fachangestellte tätig sind, gibt es in Ihrer Praxis?
2. Erstellen Sie eine Übersicht über die Arbeiten, die in diesen Bereichen anfallen.
3. Wie wird in Ihrer Praxis sichergestellt, dass Aufgaben nicht doppelt oder gar nicht erledigt werden?
4. Wie sorgen Sie und das Praxisteam dafür, dass alle Abläufe, insbesondere wenn sie den Patienten direkt betreffen, in immer gleich hoher Qualität erbracht werden?
5. Was versteht man unter einer Stelle?
6. Welche Gesichtspunkte sind bei der Zuweisung einer Stelle an eine Zahnmedizinische Fachangestellte zu beachten?
7. Erläutern Sie kurz die Punkte einer Stellenbeschreibung.
8. Beschreiben Sie die drei unterschiedlichen Regelungsarten, die in jeder Zahnarztpraxis zum Tragen kommen.

Eine reibungslose Praxisorganisation erhöht die Patientenzufriedenheit und ist Grundlage für den wirtschaftlichen Erfolg einer Praxis. Ziel ist eine optimale Arbeitsteilung und die Übertragung (Delegierung) von Aufgaben an das Praxispersonal. In der zahnmedizinischen Praxis niedergelassener Zahnärzte ergibt sich folgende sinnvolle arbeitsteilige Gliederung:

Patientenannahme und allgemeine Praxisverwaltung	Assistenz bei der Behandlung	Betreuung und Durchführung von Diagnosehilfen einschließlich Praxislabor	Abrechnung

Diese im Rahmen einer Organisationsanalyse ermittelten Hauptaufgaben stellen die **Aufbauorganisation** dar. Bei diesen Hauptaufgaben ist nun genau festzulegen, welche Tätigkeit, in welcher Weise, wann, von wem, wie ausgeführt wird. Die Ermittlung, Beschreibung und Regelung aller Arbeiten im Rahmen der delegierbaren Leistungen bezeichnet man als **Ablauforganisation**. Eine erste Ermittlung dieser Arbeiten kann beispielsweise zu folgendem Ergebnis führen:

Patientenannahme und allgemeine Verwaltung	Assistenz bei der Behandlung	Betreuung und Durchführung von Diagnosehilfen einschließlich Praxislabor	Abrechnung
▪ Telefondienst ▪ Terminplanung ▪ Patientenannahme mit allen notwendigen Verwaltungsarbeiten ▪ Weiterleiten der Patienten in die Behandlungsbereiche ▪ Bearbeiten des Posteingangs ▪ Abwicklung des Schriftverkehrs einschl. Bearbeitung des Postausgangs ▪ Überwachung der Zahlungseingänge ▪ Abwicklung der Beschaffung des Praxisbedarfs ▪ Belegorganisation	▪ Assistenz bei der Behandlung ▪ Erfassen der Behandlungsdaten ▪ Durchführung aller Hygienemaßnahmen	▪ Mithilfe beim Einsatz diagnostischer Hilfsmittel, wie Röntgen ▪ Arbeiten im Praxislabor, z. B. Erstellen und Bearbeiten von Provisorien	▪ Abrechnung der kassenzahnärztlichen Leistungen ▪ Abrechnung der privatzahnärztlichen Leistungen ▪ Erstellen von Heil- und Kostenplänen ▪ Abwicklung der Abrechnung mit der KZV

Mit der Aufgabenanalyse erhält man somit eine Übersicht aller Teilaufgaben einer Praxis. Diese Aufgaben müssen sinnvoll auf die einzelnen Zahnmedizinischen Fachangestellten (Einzelzuordnung) oder auf einen Bereich (z. B. Aufgaben des Praxisempfangs = Gruppenzuordnung) aufgeteilt werden. Eine exakt geregelte **Aufgabenteilung** trägt dazu bei, dass Aufgaben nicht doppelt oder gar nicht erledigt werden. Daher ist es für den Zahnarzt sinnvoll, beim Festlegen dieser Aufteilung das Praxispersonal mit einzubeziehen. Aufgrund ihrer Erfahrungen können Zahnmedizinische Fachangestellte wertvolle Beiträge zur Planung, Organisation, Gestaltung und Kontrolle der Praxisabläufe beitragen. Die Aufgabenteilung wird sinnvollerweise in einer **Zuständigkeitsmatrix** dokumentiert. Dann ist für jeden direkt einsehbar, wer für welche Aufgaben die Verantwortung trägt. Damit sich diese Praxisabläufe unabhängig vom jeweiligen Mitarbeiter immer gleich mit einem hohen Qualitätsstandard durchführen lassen, legt man im Rahmen des **Qualitätsmanagements** (siehe S. 317) **Ablaufpläne** fest.

Aufbauorganisation	Ablauforganisation
Bildung der Organisationsstruktur einer Praxis mit allen grundlegenden Regeln	Ermittlung, Ordnung und Beschreibung der Teilaufgaben mit allen Arbeitsinhalten
Bereiche, in denen die ZFA arbeitsteilig arbeiten, werden gebildet	Arbeitszuordnung an einzelne ZFA oder Gruppenzuordnung

Ziel der Praxisorganisation ist die

- Optimierung der vorhandenen Personalkapazität und effektive Nutzung der Räume und der Ausstattung einer Praxis,
- Reduktion von Wartezeiten und Optimierung der Behandlungsabläufe für Patienten.

Um eine übersichtliche, umfassende und überschneidungsfreie Zusammenarbeit zu gewährleisten, erstellen manche Praxen Stellenbeschreibungen für alle Arbeitsplätze wenn eine neue Medizinische Fachangestellte eingestellt werden soll. Mit einer Kurzform der Stellenbeschreibung, der Stellenanzeige, wird dann nach entsprechenden Bewerbern gesucht. Die Zusammenfassung von Teilaufgaben zu einem Aufgabenbereich, den eine Zahnmedizinische Fachangestellte übernimmt, bezeichnet man als **Stelle**. Dabei sind folgende Gesichtspunkte zu beachten:

- Eine Stelle muss dem Leistungsvermögen einer Zahnmedizinischen Fachangestellten entsprechen. Sie darf weder über- noch unterfordert sein.
- Die Zuordnung der Teilaufgaben muss eindeutig und überschaubar sein. Damit ist auch eindeutig die Verantwortlichkeit für die ordnungsgemäße Erfüllung dieser Aufgaben festgelegt.
- Mit der Zuordnung der Teilaufgaben ist eine Spezialisierung verbunden. Dadurch wird die Leistungserstellung in der Zahnarztpraxis effektiver und damit wirtschaftlicher.

Eine Stellenbeschreibung beinhaltet folgende Angaben:

- **Stellenaufgabe:** Detaillierte Beschreibung aller Teilaufgaben, die von der Zahnmedizinischen Fachangestellten in dieser Stelle zu übernehmen sind.
- **Stellenanforderungen:** Es werden die Fertigkeiten, Fähigkeiten und Kenntnisse benannt, über die eine Zahnmedizinische Fachangestellte bei dieser Stelle verfügen muss.
- **Stelleneingliederung:** Welche Verantwortlichkeiten umfasst die Stelle, welche Weisungsbefugnisse sind gegenüber Mitarbeitern mit dieser Stelle verbunden?
- **Besondere Kompetenzen:** Welche körperlichen, geistigen aber auch charakterlichen Kompetenzen werden bei dieser Stelle vorausgesetzt (Belastbarkeit, Flexibilität, Höflichkeit usw.)?
- **Entlohnung:** Gehalt, soziale Leistungen, sonstige Vergütungen, aber auch berufliche Perspektiven und Aufstiegsmöglichkeiten werden benannt.

Wir suchen ab sofort für die moderne und innovative Zahnarztpraxis im Zentrum von Köln eine/n

Zahnmedizinische/n Fachangestellte/n (w/m) Vollzeit

Ihre Aufgaben

- Empfang und erster Ansprechpartner für die Patienten
- Begrüßung der Patienten und Aufnahme ihrer Daten
- Erledigung von administrativen Aufgaben
- Mitwirkung bei der Abrechnung
- Assistenz bei der Behandlung

Ihr Profil

- abgeschlossene Ausbildung als Zahnmedizinische/r Fachangestellte/r/Zahnarzthelfer/in
- zuverlässiges und strukturiertes Arbeiten
- teamfähig, serviceorientiert, höfliches Auftreten

Ihre Perspektiven

- Es erwartet Sie ein vielseitiges Beschäftigungsfeld.
- Sie arbeiten in einem freundlichen und aufgeschlossenen Team.
- leistungsgerechte Bezahlung

Mit der Zuweisung der Stellen sind die immer wiederkehrenden Arbeitsvorgänge, die die Zahnmedizinischen Fachangestellten übernehmen, festgelegt. Dies bezeichnet man als **generelle Regelungen**. Oft ergeben sich aber Situationen, in denen von Fall zu Fall eine Regelung zu treffen ist.

Beispiel: *In der Praxis mussten mehr Patienten als sonst notfallmäßig behandelt werden. Die eingeplanten Pufferzeiten reichen nicht aus. Die Terminverschiebung beträgt bereits 60 Minuten. In diesem Fall sind aufgrund einer Anweisung des Zahnarztes die späteren Patienten zu benachrichtigen und eventuell umzubestellen.*

Diese Art der Regelung bezeichnet man als **fallweise Regelung bzw. Disposition**. Manchmal ergibt es sich, dass aufgrund einer völlig unerwarteten Situation spontan reagiert werden muss, beispielsweise wenn ein Patient in der Praxis kollabiert. In diesem Fall spricht man von **Improvisation**.

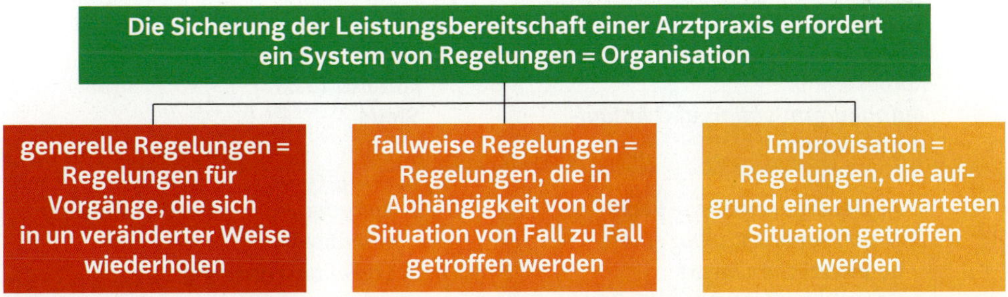

Die Sicherung der Leistungsbereitschaft einer Arztpraxis erfordert ein System von Regelungen = Organisation

generelle Regelungen = Regelungen für Vorgänge, die sich in un veränderter Weise wiederholen	fallweise Regelungen = Regelungen, die in Abhängigkeit von der Situation von Fall zu Fall getroffen werden	Improvisation = Regelungen, die aufgrund einer unerwarteten Situation getroffen werden

Situationsaufgaben

Erstellen Sie mithilfe der folgenden Schritte eine übersichtliche Strukturierung aller delegierbaren Tätigkeiten Ihrer Praxis und ordnen Sie diese sinnvoll der vorhandenen Aufbauorganisation zu.

- Lassen Sie sich auf der Internetseite der Bundesagentur für Arbeit die Informationen zum Beruf Zahnmedizinische Fachangestellte anzeigen.
- Drucken Sie die „Arbeiten und Tätigkeiten im Einzelnen" aus.
- Übernehmen Sie aus der Liste die Tätigkeiten, die in Ihrer Praxis anfallen.

- Ergänzen Sie diese Liste eventuell um die Tätigkeiten, die darüber hinaus in Ihrer Praxis anfallen.
- Ordnen Sie die Tätigkeiten den Hauptaufgabenbereichen Ihrer Praxis zu.

Lesen Sie den folgenden Text.

Die Möglichkeiten einer optimierten Praxisorganisation

Welchen Nutzen bringt eine Optimierung der Praxisorganisation und welche Vorteile hat dies für die Praxis und die Patienten?

Es kann die für die Struktur der Praxis (Personal, Räume, Ausstattung und Leistungsangebot) optimale Patientenanzahl behandelt werden. Im Regelfall ergibt sich, dass die Anzahl der zu behandelnden Patienten deutlich steigerbar ist, ohne dass es zu einer spürbaren Mehrbelastung kommt. Gerade das Belastungsempfinden des Praxisteams entsteht oftmals durch Störungen im Praxisablauf durch organisatorische Mängel, nicht durch die eigentliche Arbeit.

- Welche Aussagen zum Nutzen einer optimierten Praxisorganisation werden hier gemacht?
- Schreiben Sie diese Aussagen auf.
- Erläutern Sie, ob sich diese Aussagen mit Ihren Erfahrungen in der Praxis decken.
- Erstellen Sie eine Übersicht, wo Sie in Ihrer Praxis noch Verbesserungen in der Praxisorganisation sehen.

Prüfungsvorbereitung

Folgende Karteikarten sind zur Ergänzung der Prüfungsvorbereitung zu erstellen:

Karteikarte 62:
Aufbauorganisation und Ablauforganisation

1. *Aufbauorganisation – Begriff*
2. *Organisationsstruktur einer zahnärztlichen Praxis*
3. *Ablauforganisation – Begriff*
4. *Notwendigkeit einer Aufgabenzuordnung*
5. *Ziele der Praxisorganisation*

Karteikarte 63:
Stelle

1. *Begriff*
2. *Anforderungen bei der Zuweisung einer Stelle*
3. *Stellenbeschreibung*

Karteikarte 64:
System von Regelungen in einer Praxis

1. generelle Regelungen
2. fallweise Regelungen
3. Improvisation

2 Einbindung des Praxispersonals

(Die Nutzung der Kompetenzen des Praxispersonals als Chance sehen, die Organisation und die Qualität aller Praxisabläufe und -vorgänge nachhaltig zu verbessern und zu sichern)

Nachdem Melanie an einigen Fortbildungen zum Praxismanagement teilgenommen hat, wird ihr von Herrn Dr. Heine die Gesamtleitung der Praxisverwaltung übertragen. Sarah gratuliert Melanie zu ihrer neuen Aufgabe. „Herzlichen Glückwunsch! Nun haben wir ja in allen Fragen zur Verwaltung und Abrechnung dich als Ansprechpartnerin. Das macht die Sache doch erheblich leichter. Vorher wusste man nicht, ob man bei Vorschlägen nur Herrn Dr. Heine ansprechen durfte oder ob du als Ersthelferin zuständig warst. Wie kommst du denn bei deiner neuen Aufgabe mit Marietta klar? Diese ist als Datenschutzbeauftragte auch für die gesamte Organisation der EDV zuständig." „Nun, wie du weißt, kennen wir uns schon aus der Berufsschule und kommen gut miteinander aus. Herr Dr. Heine hat sich, bevor er mir die Aufgabe übertragen hat, mit uns beiden zusammengesetzt. Wir haben über die Aufteilung unserer Aufgaben gesprochen. Dabei war klar, dass Dr. Heine nicht auch noch die zentrale Anlaufstelle für alle Fragen zur Praxisverwaltung sein konnte. Weiterhin sollte ein so umfangreicher Bereich wie die EDV weiterhin von Marietta organisiert werden. Ich bin aber ihre Ansprechpartnerin und wir beraten Maßnahmen in diesem Bereich gemeinsam. Danach wurden alle Mitarbeiter im Rahmen einer Teambesprechung informiert." „Ja, Herr Dr. Heine ist schon ein toller Chef. Er bindet uns, so weit es möglich ist, in viele Fragen zur Praxisorganisation mit ein."

Aufgaben

1. Welcher Zusammenhang besteht zwischen Führungsstil und Arbeitsklima?
2. Wodurch ist ein autoritärer Führungsstil gekennzeichnet?
3. Ist ein autoritärer Führungsstil in jeder Hinsicht von Nachteil?
4. Was sind Kennzeichen für einen kooperativen Führungsstil?

5. Beschreiben Sie, welche Unterscheidungen man hinsichtlich der an die Zahnmedizinische Fachangestellte übertragenen Befugnisse trifft. Geben Sie jeweils Beispiele für diese Befugnisarten.
6. Neben den Befugnisarten sind auch Leitungsaufgaben im delegierbaren Bereich wahrzunehmen. Welche grundsätzlichen Modelle lassen sich dabei unterscheiden?
7. Erläutern Sie kurz Vor- und Nachteile dieser Modelle.
8. Wie kann man frühzeitig Konflikte erkennen?
9. Welche Grundsätze sollte man zur Vermeidung von Konflikten in der Praxis beachten?
10. Welche Arten von Besprechungen lassen sich im Rahmen der Personalführung, welche im Rahmen der Praxisorganisation und Konfliktlösung unterscheiden?

Führungsstile

Der niedergelassene Zahnarzt muss sich in seiner Praxis verschiedenen Herausforderungen stellen. Er ist als Zahnarzt tätig, muss sich als Selbstständiger um die Finanzen und den Praxisgewinn kümmern, er ist als Chef verantwortlich für die Praxisorganisation und er ist Arbeitgeber. Bei der Vielzahl der Aufgaben ist er sicherlich gut beraten, die Kompetenzen des Personals umfassend einzubinden. Dies gelingt eher mit einem kooperativen Führungsstil. Hinsichtlich der Art der Führungsstile gibt es folgende Unterscheidung.

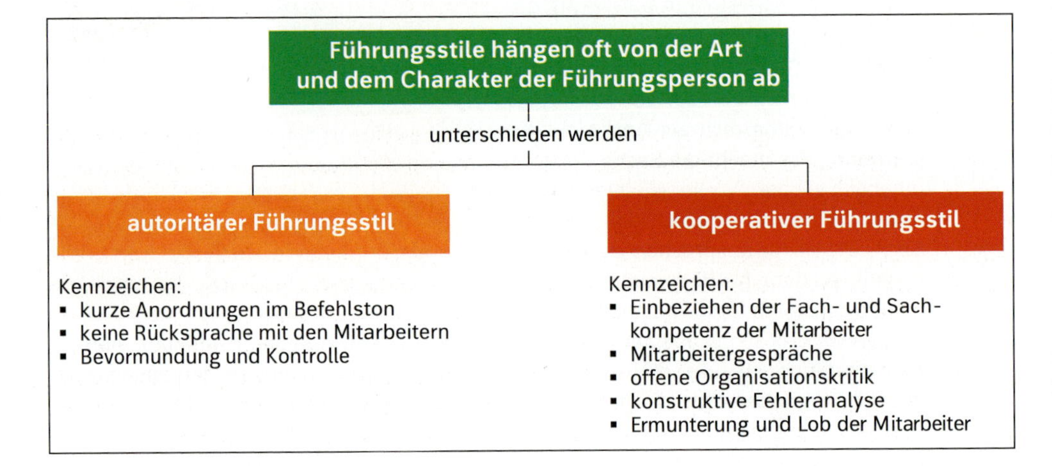

Leitungs- und Entscheidungsbefugnisse der Zahnmedizinischen Fachangestellten

In der Praxis von Herrn Dr. Heine ist Melanie Ersthelferin, Marietta Datenschutzbeauftragte und für die Organisation der EDV zuständig. Neben den üblichen Aufgaben einer Zahnmedizinischen Fachangestellten übernehmen beide besondere Leitungs- und Entscheidungsbefugnisse. Aber auch im Rahmen des normalen Praxisalltags wird eine Vielzahl von Befugnissen an die Zahnmedizinische Fachangestellten übertragen. Sie könnten sonst ihre Aufgaben nicht erfüllen. Je nach Umfang der übertragenen Befugnisse unterscheidet man:

- **Verfügungsbefugnisse:** Die Zahnmedizinische Fachangestellte darf im Rahmen ihrer Aufgaben über Teile der Praxisausstattung verfügen.

  Beispiel: *Sarah gibt im Rahmen der Behandlung eines Patienten die von Herrn Dr. Heine genannten Abrechnungsdaten am Computer ein. Sie druckt entsprechend den Anweisungen von Herrn Dr. Heine ein Rezept über ein Schmerzmittel aus.*

- **Entscheidungsbefugnisse:** Die Zahnmedizinische Fachangestellte darf im Rahmen ihrer Aufgaben selbstständige Entscheidungen treffen.

  Beispiel: *Melanie entscheidet bei der Erstellung des Personaleinsatzplans, wer wo wann eingesetzt wird.*

- **Anordnungsbefugnisse:** Im Rahmen ihrer Aufgaben hat die Zahnmedizinische Fachangestellte das Recht, anderen Zahnmedizinischen Fachangestellten Weisungen zu erteilen.

  Beispiel: *Jennifer hat sich krankgemeldet. Melanie ordnet an, dass Sarah deren Assistenzaufgaben übernimmt.*

Der Praxisinhaber ist für die Gesamtleitung der Praxis verantwortlich. Er kann aber Leitungsaufgaben zur Organisation und Verwaltung der Praxis an eine Zahnmedizinische Fachangestellte übertragen. In der Praxis von Dr. Heine ist Melanie verantwortlich für die gesamte Personaleinsatzplanung, die Abrechnung und die Verwaltung. Es ergibt sich somit folgendes Bild hinsichtlich der Leitung im delegierbaren Bereich:

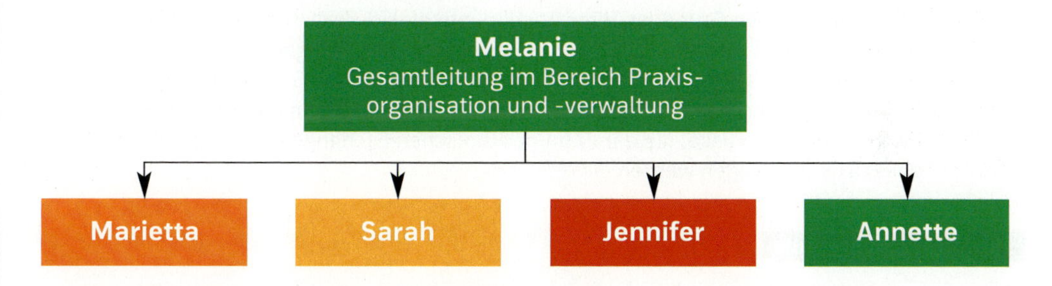

Ein solches Leitungssystem bezeichnet man als **Einliniensystem**. Es hat den **Vorteil**, dass die Verantwortlichkeiten eindeutig festgelegt sind. Alle Angestellten wissen, wer neben dem Praxisinhaber berechtigt ist, Anweisungen zu geben. Allerdings hat dieses System den **Nachteil**, dass sich die gesamte Verantwortung im delegierbaren Bereich auf eine einzige Zahnmedizinische Fachangestellte konzentriert. Dieses Leitungssystem ist umsetzbar in Praxen mit einem Zahnarzt und einer überschaubaren Anzahl an Zahnmedizinischen Fachangestellten. In Praxen mit mehreren Zahnärzten oder bei Zahnmedizinischen Versorgungszentren mit einer Vielzahl an Zahnmedizinischen Fachangestellten wäre eine Angestellte mit der Gesamtleitung der Praxisverwaltung überfordert. Teilt man die Leitungsaufgaben im delegierbaren Bereich auf, beispielsweise in „Leitung des Bereiches Praxisverwaltung und Abrechnung“ und „Leitung des Bereichs Assistenz, Praxislabor und Prophylaxe“, ergibt sich folgendes Leitungssystem:

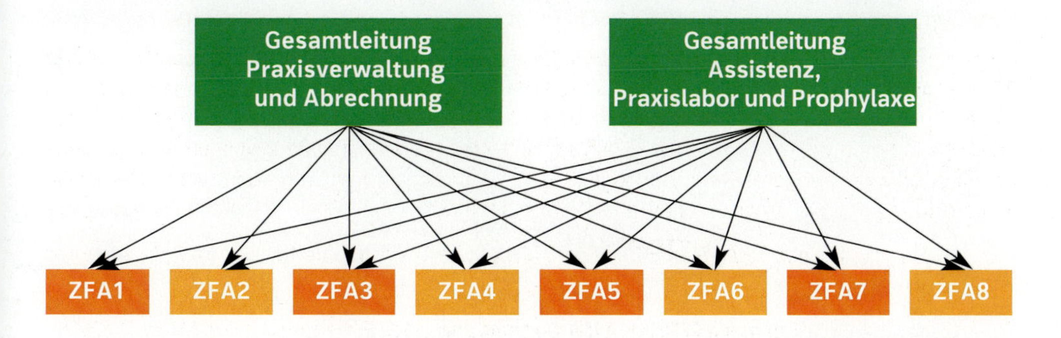

Diese Art des Leitungssystems wird als **Mehrliniensystem** bezeichnet. Ein **Vorteil** ist sicherlich die Spezialisierung. Von **Nachteil** ist, dass ein erheblicher Aufwand notwendig ist, um eine klare Abgrenzung der Kompetenzen und eine Koordination der Anweisungen zu erreichen. In der Praxis von Herrn Dr. Heine ist Marietta Datenschutzbeauftragte und verantwortlich für die Organisation der EDV. Sie ist somit außerhalb des Liniensystems zuständig für alle Fragen zum Datenschutz und zur EDV. Eine solche Stelle bezeichnet man als Stabsstelle. Liniensysteme, die ergänzt werden um Spezialisten mit Leitungsaufgaben in ihrem Bereich, bezeichnet man als **Stab-Linien-System**.

Situationsaufgaben

- Suchen Sie im Internet nach dem Beitrag „Gibt es den richtigen Führungsstil in der Zahnarztpraxis" (www.iww.de/ppz/archiv/personalfuehrung-teil-2-gibt-es-den-richtigen-fuehrungsstil-in-der-zahnarztpraxis-f11109). Markieren Sie im Text die wichtigsten Aussagen zu den beschriebenen Führungsstilen. Stellen Sie in einer Übersicht die im Text genannten Vor- und Nachteile zu den einzelnen Führungsstilen dar.
- Erstellen Sie einen Grundriss Ihrer Ausbildungspraxis. Zeichnen Sie in diesen Grundriss ein, in welchen Teilen der Praxis delegierbare Aufgaben von Zahnmedizinischen Fachangestellten übernommen werden. Beschreiben Sie, wer für die Aufgabenverteilung verantwortlich ist. Schreiben Sie in jeden Raum des Grundrisses ein Beispiel für Befugnisse, die der Zahnmedizinischen Fachangestellten in diesem Teil der Praxis übertragen werden.

Prüfungsvorbereitung

Folgende Karteikarten sind zur Ergänzung der Prüfungsvorbereitung zu erstellen:

Karteikarte 65:
Führungsstile

1. Arten
2. Vor- und Nachteile des jeweiligen Führungsstils

Karteikarte 66:
Leitungs- und Entscheidungsbefugnisse einer ZFA

1. Verfügungsbefugnis
2. Entscheidungsbefugnis
3. Anordnungsbefugnis
4. Liniensystem
5. Stab-Linien-System
6. Mehrliniensystem

3 Terminvergabe – die Kunst eines effizienten Terminmanagements

(Das Terminmanagement als gut durchorganisierten Ablauf im Bestellsystem patientenorientiert mitgestalten)

Zum wiederholten Male beschwert sich ein Patient, Herr Heiner Schäfer, bei Sarah über eine Wartezeit von 45 Minuten – trotz eines zugesagten Termins. Er will wissen, wie lange er noch warten muss, und verweist dabei auf einen dringenden geschäftlichen Termin. Nach Rücksprache mit Herrn Dr. Heine erklärt Sarah dem Patienten, dass diese Verspätung aufgrund eines Notfalles zustande gekommen sei. Herr Schäfer könne schon im Behandlungszimmer 2 Platz nehmen. Herr Dr. Heine werde in den nächsten fünf Minuten mit der Behandlung beginnen.

Aufgaben

1. Welche grundlegenden Bedingungen sind bei der Einrichtung eines Praxisinformationssystems unbedingt zu beachten?
2. Erläutern Sie kurz die Schritte, die zur Einführung eines funktionierenden Bestellsystems sinnvollerweise eingehalten werden sollten.
3. Wann ist ein Behandlungsplan zu erstellen?
4. Was versteht man unter einem Recall-System? Welche Voraussetzungen sind hierbei zu beachten?
5. Wie ist das Terminbuch in Ihrer Praxis aufgebaut?
6. Welche Vorteile bietet das Terminmanagement mithilfe des Computers?
7. Erläutern Sie Vor- und Nachteile einer Bestellpraxis.
8. Was versteht man im Zusammenhang mit dem Terminmanagement unter einer offenen und halb offenen Sprechstunde?

Die Auslastung und Patientenzufriedenheit hängt in hohem Maße davon ab, ob eine Praxis mit einem funktionierenden Bestellsystem arbeitet. In Praxen mit einer offenen Sprechstunde, mit einer halboffenen Sprechstunde (Praxis mit Bestellsystem, Patienten ohne Termin werden eingeschoben) oder mit einem schlecht funktionierenden Bestellsystem zeigt sich oft, dass

- die Zufriedenheit der Patienten,
- die Mitarbeiterzufriedenheit,
- die Effizienz der Behandlungsabläufe

mangelhaft ist.

Ein erfolgreiches Bestellsystem muss die **grundlegenden Bedingungen** der jeweiligen Zahnarztpraxis berücksichtigen. Hierzu gehören die **räumlichen und personellen Gegebenheiten**:

- Behandlungsräume
- Prophylaxeräume
- Praxislabor
- Röntgenräume u. a.

Zahnmedizinische Fachangestellten

Die Ausstattung der Praxis mit ihren Räumen und Personal ist die Grundlage für das sogenannte **Mengengerüst**: Wie viele Behandlungen können unter Berücksichtigung der räumlichen und personellen Vorgaben in der Sprechstunde untergebracht werden? Damit ein Terminsystem funktioniert sind folgende Schritte einzuhalten:

1. **Entwicklung eines Terminrasters**
   Je nach Art der Praxis und dem zeitlichen Umfang der Behandlung der Patienten sind unterschiedliche Terminlängen vorzusehen. Dies ist allerdings in Zahnarztpraxen teilweise sehr schwierig, da die Zeitdauer der Behandlung je nach Situation bei einzelnen Patienten stark voneinander abweicht. Oft legt der Zahnarzt die Dauer der Behandlung für die Folgetermine fest und gibt diese an die Terminplaner weiter. Üblicherweise unterscheidet man u.a. folgende Terminlängen:

   - Beratung: ca. 10 Minuten
   - Erstbehandlung: ca. 30 Minuten
   - Füllungen: ca. 30 Minuten
   - Präparation eines Zahnes mit Abdruck: ca. 60 Minuten

2. **Terminierung von gleichartigen Behandlungen in einem Block**
   Vorsorgeuntersuchungen, Beratung und Prophylaxe usw. werden nur zu bestimmten Terminen eingeplant.

3. **Einplanen von ausreichenden Pufferzeiten**
   Wie viele Pufferzeiten nötig sind, lässt sich aus den Erfahrungen und der ständigen Überprüfung der Terminplanung ableiten. Die Pufferzeiten können vermindert werden, wenn eine **Akutsprechstunde** für Notfallpatienten (z.B. eine Stunde vor der regulären Sprechstunde) angeboten wird.

4. **Klare Kompetenzen bei der Terminvergabe**
   Die Verantwortung für die Terminvergabe muss klar geregelt sein. Oft ist es vorteilhaft, wenn eine Zahnmedizinische Fachangestellte mit entsprechender Erfahrung zuständig ist.

In einer Terminpraxis müssen Patienten nachhaltig dazu angehalten werden, sich einen Termin geben zu lassen. Erscheinen sie in der Praxis ohne Termin, dürfen sie nicht zulasten der Patienten mit Termin dazwischen geschoben werden. Dies gilt allerdings nicht für akute Notfälle. Führen Notfälle trotz aller Planung zu einer zeitlichen Verzögerung, sind die Patienten im Wartezimmer umfassend zu informieren.

Bei längerfristigen Behandlungen eines Patienten ist es sinnvoll, einen **Behandlungsplan** mit entsprechenden Terminen aufzustellen. Die Zahnmedizinische Fachangestellte muss dem Patienten die Wichtigkeit des Termins, die Notwendigkeit eines pünktlichen Erscheinens und die Folgen der Nichtwahrnehmung deutlich machen. Der Patient selbst erhält eine schriftliche Terminübersicht mit Datum und Uhrzeit der nächsten Behandlungstermine. Manche Praxen erinnern den Patienten am Vortag noch einmal an den Termin. Denn für eine Praxis ist das Nichterscheinen eines Patienten oft eine nicht zu schließende Lücke, die einen mit erheblichen Kosten verbundenen Leerlauf verursacht.

Patienten, die ihre Vorsorgeuntersuchungen regelmäßig wahrnehmen, sollten in ein sogenanntes **Recall-System** eingebunden werden. Sie erhalten direkt nach einer Vorsorgeuntersuchung ihren nächsten Termin. Kurz vor diesem Termin erhält der Patient dann telefonisch eine Erinnerung. Mithilfe des Praxiscomputers kann diese Erinnerung automatisiert werden. Routinemäßig wird eine SMS oder eine Benachrichtigung per E-Mail an den Patienten übermittelt. Die Aufnahme des Patienten in das Recall-System setzt allerdings dessen ausdrückliches schriftliches **Einverständnis** voraus.

Das Führen eines **Terminbuchs** ist Voraussetzung für eine erfolgreiche Bestellpraxis. Das Terminbuch ist so zu gestalten, dass die freien Termine auf einen Blick sichtbar sind. Aufwendige Behandlungen, die eine längere Behandlungszeit beanspruchen, sind zu kennzeichnen, damit der Patient an den Termin erinnert wird. Praxisprogramme für Zahnärzte enthalten üblicherweise ein Modul für die Terminplanung. Die Bildschirmausgabe orientiert sich dabei am Aufbau herkömmlicher Terminplaner. Ein Nachteil ist, auf dem Bildschirm ist immer nur ein begrenzter Ausschnitt des Terminplanes sichtbar. Vorteilhaft ist, dass vor Beginn der Sprechstunde schon ein Einsatzplan mit Namen und Uhrzeit je Patient für jeden Behandlungsraum vorliegt.

Beispiel für einen Praxisterminkalender

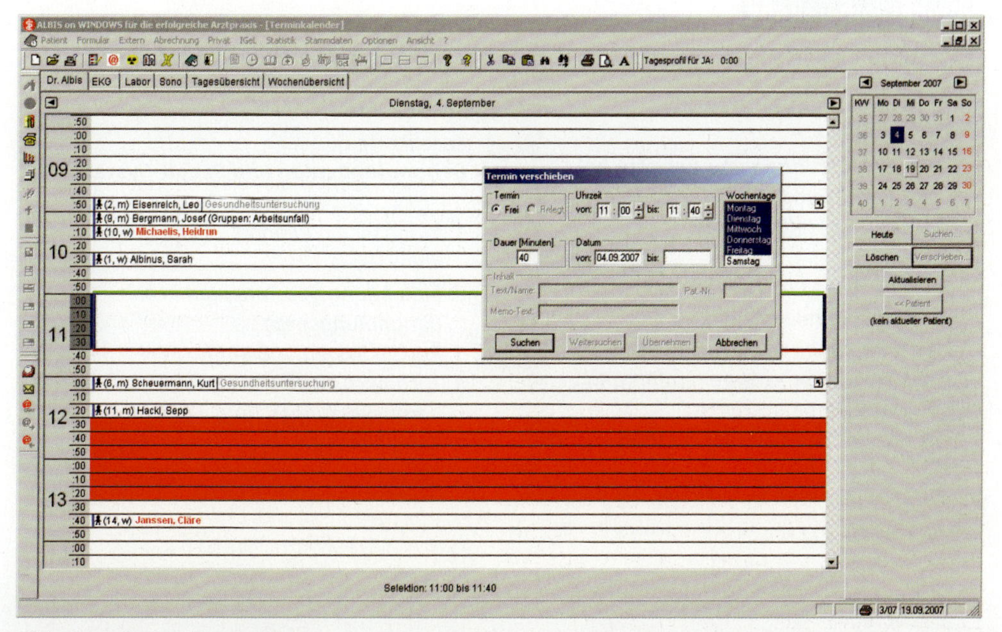

Albis-Arztsoftware, Terminplanung

Ein gutes Terminmanagement ist ein sehr wichtiger Faktor für eine effektive Praxisführung, denn sie sichert die Patientenbindung.

Vor- und Nachteile des Bestellsystems	
Vorteile für die Praxis – Die Auslastung der Praxis ist gleichmäßiger. – Es steigert die Zufriedenheit der Angestellten. – Es entlastet den Arzt. – Es sichert einen möglichst reibungslosen Praxisablauf.	**Nachteile für die Praxis** – Es können Ausfallzeiten entstehen, wenn Patienten nicht oder unpünktlich erscheinen. – Müssen mehr Schmerz- oder Notfallpatienten versorgt werden, als durch Pufferzeiten vorgesehen sind, entsteht ein erheblicher Zeitdruck.
Vorteile für die Patienten – Die Wartezeiten sind erheblich verkürzt. – Es steigert die Zufriedenheit der Patienten.	**Nachteile für die Patienten** – Probleme bei kurzfristiger Terminvergabe sind möglich. – Eventuell muss der Patient auch auf einen Ersttermin lange warten.

Situationsaufgaben

- Erläutern Sie anhand des Bestellsystems Ihrer Ausbildungspraxis, wie im Einzelnen die Terminplanung durchgeführt wird. Nehmen Sie Stellung dazu, wie zufrieden die Patienten mit dieser Handhabung sind und wie störungsfrei dieses System in Ihrem Fall ist.
- Laden Sie aus dem Internet den Aufsatz „Terminmanagement in der Zahnarztpraxis" (www.bzb-online.de/dez07/34_35.pdf).
  - Markieren Sie im Text die wichtigsten Aussagen zur Ausgangssituation eines nicht funktionierenden Terminmanagements.
  - Erfassen Sie die Maßnahmen zur Optimierung des Terminmanagements übersichtlich auf eine Seite.
  - Prüfen Sie, ob einige dieser Maßnahmen auch in Ihrer Praxis umgesetzt werden.

Prüfungsvorbereitung

Folgende Karteikarten sind zur Ergänzung der Prüfungsvorbereitung zu erstellen:

Karteikarte 67:
Voraussetzungen und Schritte bei der Einführung eines funktionierenden Bestellsystems

1. *räumliche und personelle Gegebenheiten*
2. *Mengengerüst*
3. *sinnvolle Schritte zur Einführung eines Bestellsystems*
4. *Vor- und Nachteile des Bestellsystems*

Karteikarte 68:
Behandlungsplan und Recall-System

1. *Wann ist ein Behandlungsplan sinnvoll?*
2. *Einbindung des Patienten in den Behandlungsplan*
3. *Recall-System – Begriff*
4. *Technische Umsetzung*
5. *Voraussetzungen für die Einbindung eines Patienten in ein Recall-System*

Karteikarte 69:
Terminbuch/Terminmanagement mithilfe des Praxisprogramms

1. Aufbau des Terminbuchs
2. Vor- und Nachteile der Terminplanung mit dem Terminbuch
3. Vor- und Nachteile der Terminplanung mithilfe des Computers

4 Konfliktmanagement

(Konflikte als Chance für neue Entwicklungen begreifen, die das Praxisteam umsetzt, um somit erfolgreiche Praxisarbeit sicherzustellen)

Melanie erlebt heute in der Anmeldung einen unruhigen Tag. In der Terminplanung sind Fehler aufgetreten, sodass Patienten ungewöhnlich lange warten müssen. Zusätzlich sind noch einige Anträge und Berichte fertigzustellen. Zwischenzeitlich stellen die Kolleginnen Fragen und Melanie merkt mehr und mehr, dass sie trotz ihrer Erfahrung langsam die Übersicht verliert. Als Sarah fragt, welches Behandlungszimmer für Frau Röttger vorgesehen sei, reagiert Melanie ziemlich ungehalten: „Wir haben einen Tagesplan. Auch du musst in der Lage sein, diesen zu lesen. Du siehst doch, was ich im Augenblick zu tun habe." Sarah ist völlig verblüfft über die Reaktion ihrer Kollegin.

Schweigend entnimmt sie aus dem Terminplan, in welches Behandlungszimmer sie Frau Röttger führen muss. Während der Behandlung ist sie in ihrer Assistenz teilweise so unkonzentriert, dass Herr Dr. Heine erstaunt fragt: „Sarah, was ist los? Du bist mit deinen Gedanken ganz woanders!"

Aufgaben

1. Zählen Sie aufgrund Ihrer bisherigen Erfahrungen Konfliktursachen auf, die sich im täglichen Praxisablauf ergeben.
2. Wie kann man frühzeitig Konflikte erkennen?
3. Welche Grundsätze sollte man zur Vermeidung von Konflikten in der Praxis beachten?
4. Welche Arten von Besprechungen lassen sich im Rahmen der Personalführung, welche im Rahmen der Praxisorganisation und Konfliktlösung unterscheiden?

Konflikte frühzeitig erkennen

Im Eingangsbeispiel zeigt sich, dass durch Konflikte die Arbeitsleistung erheblich gemindert wird. Konfliktmanagement ist daher eine Voraussetzung, im Praxisteam einen dauerhaften Praxiserfolg zu sichern. Eine der wichtigsten Grundlagen des Konfliktmanagements ist **Kommunikation**.

Im Beispiel beruht der Konflikt auf einem Fehler in der Organisation. Melanies Aufgabe ist so gestaltet, dass sie trotz ihrer umfassenden Erfahrung nicht zu bewältigen ist. Ein solcher Konflikt ist nur durch eine Neugestaltung der Aufgaben zu bewältigen. Allerdings müssen die Pro-bleme auch bekannt sein. Durch Kommunikation muss deutlich werden, dass die Vielzahl der Aufgaben in der Anmeldung für eine Person zu einer Überforderung führt. Viel schwerer fällt die Bewältigung von Konflikten, die aufgrund der Eigenarten der Teammitglieder entstehen.

Solche Konflikte zu lösen gehört zu den wichtigsten Aufgaben des Zahnarztes. Um erfolgreich Konflikte zu lösen, muss er auch das Praxispersonal einbinden. Voraussetzung ist eine positive, wertschätzende Kommunikation zwischen Mitarbeiterinnen, Zahnarzt und mit den Patienten. Bezogen auf das Team gilt der Grundsatz:

Jede Mitarbeiterin ist auf ihre persönliche Art einzigartig, wichtig und unverzichtbar für das Team.

Die unterschiedlichsten Charaktere mit ganz verschiedenen Fähigkeiten müssen in einem Team zusammenarbeiten. Um Konflikte frühzeitig wahrzunehmen, sollten folgende Fragen offen erläutert werden:

- Werden in der Praxis die verschiedenen Mitarbeiterinnen und ihre Aufgaben von allen Beteiligten akzeptiert und geschätzt?
- Hilft man einander in schwierigen Situationen?
- Geht man entspannt und wertschätzend miteinander um?

Anzeichen für schwelende Konflikte sind:

- mangelnde Motivation,
- Kündigungen von Mitarbeiterinnen,
- hoher Krankenstand,
- lautstarke Auseinandersetzungen in der Praxis,
- Unzufriedenheit der Patienten.

Personalführung und Konfliktmanagement

Kommunikation ist ein wichtiger Bestandteil zur Lösung von Konflikten. Sie ist aber insbesondere für den Zahnarzt auch ein Mittel der **Personalführung**. Eine gute Personalführung ist eine Grundlage für die Vermeidung von Konflikten.

Im Zusammenhang mit der Personalführung lassen sich folgende Gesprächsarten unterscheiden:

- **Zielgespräche**
  Der Praxisinhaber diskutiert mit einer Mitarbeiterin, ob und wie die mit ihr vereinbarten Ziele erreicht wurden. Neue Ziele werden festgelegt. Dabei ist zu beachten, dass diese Ziele überprüfbar, realistisch und angemessen sind.
  Zielgespräche haben den Vorteil, dass die Mitarbeiterin besser einschätzen kann, was man von ihr erwartet.

- **Feedbackgespräche**
  Bei diesem Gespräch gibt der Zahnarzt einer Praxismitarbeiterin eine Rückmeldung über ihre Leistung und ihr Verhalten. Durch dieses Gespräch erhält der Arbeitnehmer die Chance, bei einer eher kritischen Rückmeldung seine Arbeits- und Verhaltensweise zu verändern.
  In der Praxis werden oft Ziel- und Feedbackgespräche miteinander verknüpft.

Folgende Gesprächstypen lassen sich zur Sicherung eines reibungslosen Praxisablaufs und zur Lösung von Konflikten unterscheiden:

- **Eilige Teambesprechungen**
  Bei aktuellen Konflikten im Team sollten zeitnah Teambesprechungen angesetzt werden. Nur so können Probleme, Missverständnisse und andere Konfliktursachen unverzüglich bereinigt werden.

- **Organisationsbesprechungen**
  Kurze Organisationsbesprechungen vor oder nach der Sprechstunde sind ein bewährtes Instrument, um wichtige Praxisabläufe oder Klärungen im Bereich der delegierbaren Aufgaben zu erläutern. Wenn jedes Teammitglied seine Aufgaben kennt, die Aufgaben des anderen einzuschätzen weiß, dann ist der Umgang miteinander entspannter.

- **Regelmäßige Teambesprechungen**
  Auch bei eingespielten Praxisteams gibt es immer mal Störungen und Probleme, die bereinigt werden müssen. Regelmäßige Teambesprechungen sind ein Instrument, um alle Probleme des Praxisalltags zur Sprache zu bringen und nach Lösungen zu suchen, die für alle Beteiligten tragbar sind.

- **Besprechungen bei Veränderungen im Praxisablauf**
  Der Fortschritt in der Medizin führt dazu, dass neue Behandlungsmethoden und Geräte zu erheblichen Veränderungen im Praxisablauf führen. Hinzu kommt, dass Zahnärzte ihren Patienten zusätzlich immer mehr medizinische Versorgungsleistungen anbieten. Diese sind in der Regel zwar sinnvoll, müssen vom Patienten aber oft selbst getragen werden. Hier ist umfassende Beratung notwendig. Das gesamte Praxisteam muss auf Veränderungen eingestellt und umfassend geschult werden. Entsprechende Termine sind außerhalb der Sprechstunden einzuplanen. Unterbleibt ein solches Training, ist dies oft die Ursache für Fehler und Unzufriedenheit.

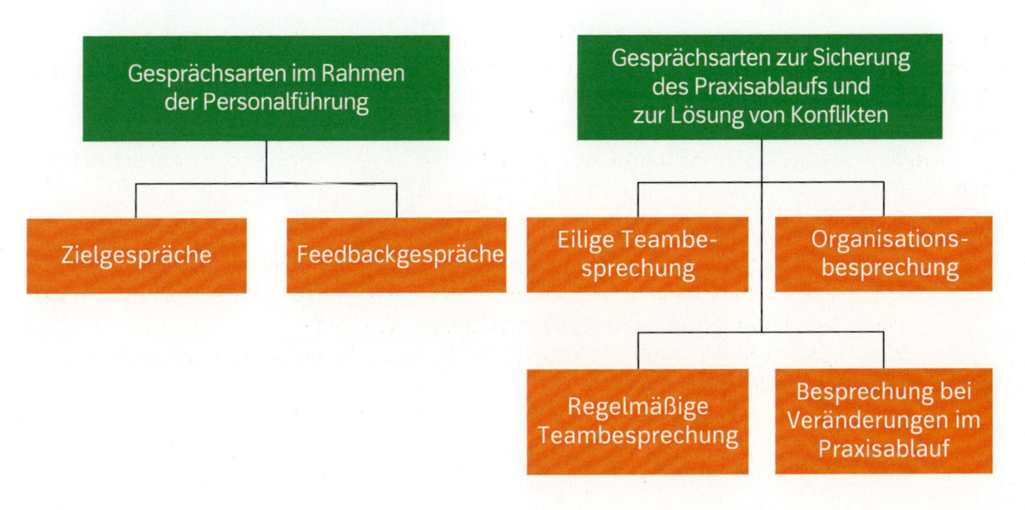

Situationsaufgaben

Zufriedenheit mit dem Arbeitsklima und der Arbeitsorganisation ist immer ein wichtiges Thema. Fragebögen ermöglichen es, Schwierigkeiten, Probleme und Missstände offen zu erheben, aber auch Gutes anzuerkennen und Verbesserungsvorschläge zu machen. Durch die Anonymität der Erhebung ist gewährleistet, dass Mitarbeiter unbefangen antworten.

- Laden Sie aus dem Internet den „Fragebogen zur Durchführung einer Mitarbeiterbefragung“. (http://www.ageingatwork.eu/resources/fragebogen_mitarbeiterbefragung_tool-baua.pdf [05.11.2019]) herunter.
- Füllen Sie den Fragebogen aus.
- Erstellen Sie eine kurze Übersicht, wie Sie die Qualität des Fragebogens einschätzen und ob aus Ihrer Sicht solche Fragebögen sinnvoll sind.

Prüfungsvorbereitung

Folgende Karteikarte ist zur Ergänzung der Prüfungsvorbereitung zu erstellen:

Karteikarte 70:
Gesprächsarten

1. *Gesprächsarten im Rahmen der Personalführung: Zielgespräche, Feedback-Gespräche*
2. *Gesprächsarten zur Praxisorganisation und Konfliktlösung: Eilige Teambesprechung, Organisationsbesprechung, regelmäßige Teambesprechung, Besprechungen bei Veränderungen des Praxisablaufs*

5 Organisation von Posteingang- und -ausgang einschließlich der elektronischen Nachrichtenübermittlung

(Schriftliche Kommunikation als Basis der Dokumentation von Praxisabläufen erfassen, die verschiedenen Möglichkeiten situationsgerecht anwenden und deren Wirtschaftlichkeit abschätzen)

Melanie hat sich für heute einen nicht zu übersehenden Merkzettel in den Terminplaner gelegt. Herr Moll, der heute einen Termin hat, hat bisher den längst fälligen Eigenanteil einer Brücke noch nicht bezahlt. Als Melanie ihn darauf anspricht, bemerkt er: „Es tut mir wirklich leid. Aber ich habe bisher keine Rechnung erhalten." „Das kann ich mir überhaupt nicht vorstellen! Wir haben den ausstehenden Betrag mehrmals angemahnt. Die letzte Mahnung ist Ihnen per Einschreiben zugestellt worden." Melanie präsentiert Herrn Moll den Einlieferungsschein des Einschreiben und eine Kopie dieser Mahnung.
„Das tut mir leid. In diesem Fall scheint bei mir etwas schief gelaufen zu sein. Sie können sich darauf verlassen, dass ich unverzüglich den Betrag überweisen werde."

Aufgaben

1. Ermitteln Sie, welche Unternehmen neben der Deutschen Post Briefdienste bei Ihnen vor Ort anbieten. Erfragen Sie, zu welchen Bedingungen z. B. eine Zahnarztpraxis ihre Briefsendungen verschicken kann.
2. Welche Arbeitsschritte sind bei der Bearbeitung der eingehenden Post zu beachten?
3. Erstellen Sie eine Checkliste für die Bearbeitung der Ausgangspost.
4. Erkundigen Sie sich mithilfe des Internets über die Möglichkeiten, die Frankierung der ausgehenden Post zu automatisieren.
5. Welche Versendungsform ist in den folgenden Fällen zu wählen?
   a) An 89 Patienten sind Privatliquidationen zu senden.
   b) 15 Patienten bekommen eine erste Mahnung zugesandt.
   c) Drei Patienten erhalten eine letzte Mahnung, bevor deren ausbleibende Zahlung gerichtlich eingeklagt wird.
   d) Eine Auszubildende erhält nach drei Abmahnungen wegen unentschuldigten Fehlens in der Berufsschule und in der Praxis die Kündigung schriftlich über die Post zugestellt.
   e) Unterlagen, die das Finanzamt anforderte, wurden aus Versehen noch nicht abgeschickt. Sie müssen am nächsten Tag beim Finanzamt eintreffen.
   f) Acht Patienten werden im Rahmen des Recall-Systems an ihren Termin in den nächsten Tagen erinnert.

g) Fünf Patienten erhalten eine Privatliquidation. Da sie in den letzten Tagen Geburtstag hatten, werden eine Glückwunschkarte, eine Probetube Zahnpasta und eine Zahnbürste hinzugefügt. Das Gewicht der Sendungen beträgt jeweils zwischen 30 und 50 g.

h) Ein Gutachten mit Anlagen ist an das Sozialamt zu senden. Das Gesamtgewicht der Sendung beträgt 80 g.

i) Der Sohn des Zahnarztes sendet an einen Studienkollegen Unterlagen mit einem Gesamtgewicht von 600 g. Da dieser die Unterlagen dringend für eine Seminararbeit benötigt, sollen diese möglichst am nächsten Tag zugestellt werden.

6. Melanie hat von Dr. Heine eine Postvollmacht erhalten. Aus welchem Grund ist die Erteilung einer Postvollmacht an eine Zahnmedizinische Fachangestellte sinnvoll?

7. In welchem Umfang haftet die Post, wenn ein Übergabe-Einschreiben verloren geht?

8. In der Praxis von Herrn Dr. Heine ist eine E-Mail von einem unbekannten Absender mit einer umfassenden Anlage eingegangen. Wie sollte Melanie, die den E-Mail-Eingang bearbeitet, reagieren?

5.1 Postbearbeitung

Die Übermittlung schriftlicher Dokumente an Patienten erfolgt überwiegend durch Briefe. Modernere technische Möglichkeiten, wie E-Mail kommen oft zum Einsatz, wenn Schreiben beispielsweise an andere Zahnärzte, Geschäftspartner oder Dentallabore zu übermitteln sind. Bei der Versendung von Briefen wird überwiegend der Briefdienst der Deutschen Post genutzt. Zunehmend gibt es aber weitere kostengünstige Anbieter in diesem Dienstleistungsbereich.

Neben der Bearbeitung der Ausgangspost muss täglich die Vielzahl der eingehenden Sendungen bearbeitet werden. Folgende Regeln sind dabei zu beachten:

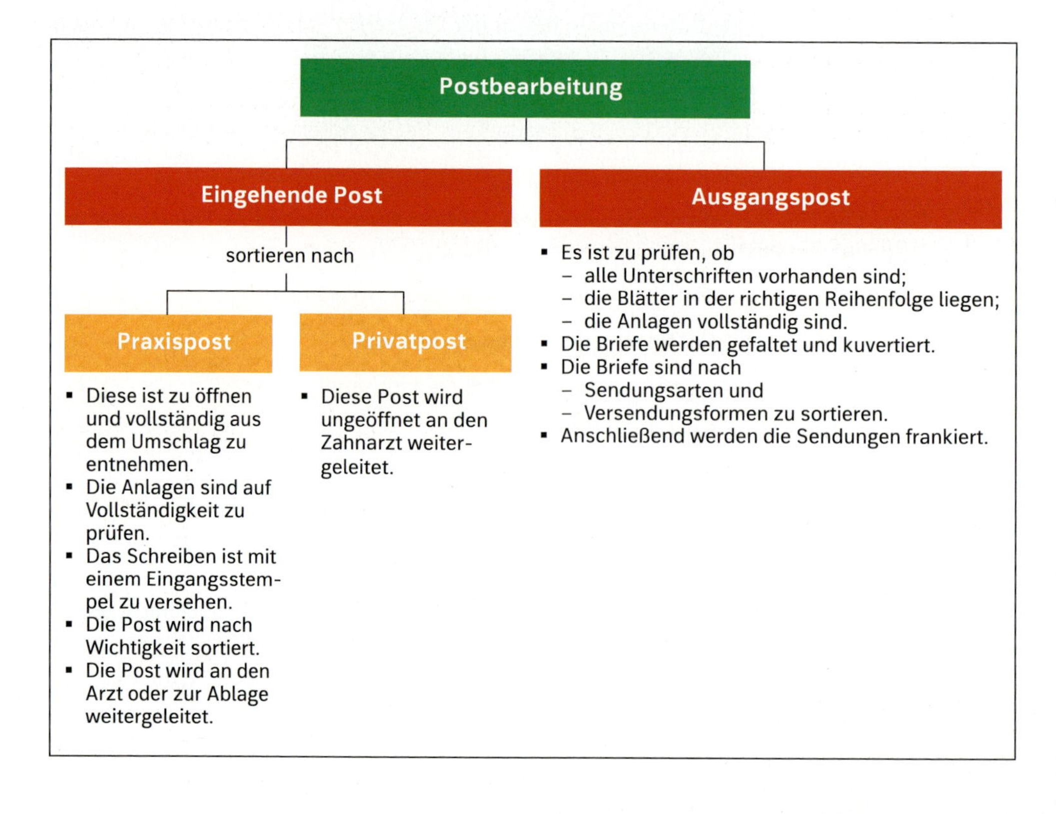

5.2 Briefdienste

Bei den Briefdiensten bietet die Post folgende Möglichkeiten an:

Preise Brief/Postkarte			
Art der Sendung	**Maße**	**Gewicht**	**Porto**
Postkarte*)**	L: 140–235 mm**) B: 90–125 mm	Flächengewicht 150–500 g/qm	0,60 EUR*)
Standardbrief*)**	L: 140–235 mm**)B: 90–125 mm H: bis 5 mm	bis 20 g	0,80 EUR*)
Kompaktbrief	L: 100–235 mm**) B: 70–125 mm H: bis 10 mm	bis 50 g	0,95 EUR*)
Großbrief	L: 100–353 mm B: 70–250 mm H: bis 20 mm	bis 500 g	1,55 EUR*)
Maxibrief	L: 100–353 mm B: 70–250 mm H: bis 50 mm	bis 1 000 g	2,70 EUR*)

*) Alle Preise sind Endpreise und nach UStG umsatzsteuerfrei.
**) Die Länge muss mindestens das 1,4-fache der Breite betragen.
*****) Postkarten und Standardbriefe müssen sich maschinell verarbeiten lassen. Hinweise siehe Broschüre „Automationsfähige Briefsendungen"**

Eigene Darstellung nach Daten von: Deutsche Post AG: Preise für Porto Brief/Postkarte. In: www.deutschepost.de/de/b/brief_postkarte.html [08.08.2019].

Bei Briefsendungen bietet die Post die Zusatzleistung Einschreiben an.

Quelle: Deutsche Post AG: Einschreiben. In: www.deutschepost.de/de/e/einschreiben.html [08.08.2019].

Die Leistungen der Post bei Verlust eines Einschreibens und die zusätzliche Varianten sind:

Einschreiben – Leistungen

Der Absender erhält einen Einlieferungsnachweis. Im Fall von Verlust oder Beschädigung innerhalb Deutschlands haftet die Post mit bis zu 25,00 EUR. Das Entgelt für das *EINSCHREIBEN* wird zum Porto addiert.

Rückschein

Zusätzlich zum Einlieferungsnachweis erhält der Absender eine Empfangsbestätigung mit der Originalunterschrift des Empfängers/Empfangsberechtigten, die den Erhalt der Sendung dokumentiert.

Eigenhändig

Die Sendung wird nur an den Empfänger persönlich oder an einen von ihm ausgewählten besonders Bevollmächtigten übergeben. In Deutschland gilt dies nur in Verbindung mit *EINSCHREIBEN*, international in Verbindung mit *EINSCHREIBEN* oder Wert International.

Einschreiben Einwurf

Es wird dokumentiert, dass Ihre Sendung in den Briefkasten oder das Postfach des Empfängers eingeworfen wurde. Bei Verlust oder Beschädigung haften die Post mit bis zu 20,00. Das Entgelt für *EINSCHREIBEN* Einwurf wird zum Porto addiert.

Die **Nachnahme** garantiert eine Zustellung von kostenpflichtigen Waren und Dokumenten an den Empfänger nur gegen Bezahlung der Sendung, z. B. Zustellung einer bereits mehrmals angemahnten Liquidation. Das eingezogene Geld, abzüglich der Kosten für die Geldübermittlung, wird anschließend umgehend auf das Konto des Absenders überwiesen. Der Höchstbetrag für eine Sendung per Nachnahme beträgt 3 500,00 EUR.

Ganz eilige Briefe aber auch Pakete können mit dem Dienst Expresseasy National der DHL über Nacht an jeden Ort Deutschlands zugestellt werden.

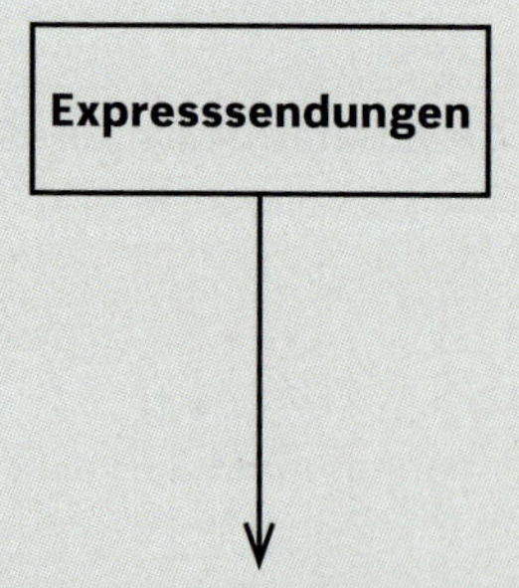

Nutzung bei besonders eiligen Sendungen

Die Sendungen erreichen den Empfänger innerhalb Deutschlands am nächsten Tag

Folgende Wahlmöglichkeiten zur Zustellzeit sind mit einem Aufpreis möglich:

vor 9.00 Uhr vor 10.00 Uhr vor 12.00 Uhr

Folgende Zusatzleistungen sind bei Expresssendungen möglich:

ZUSATZSERVICES EXPRESSEASY NATIONAL

Zusatzservices[1,3] für ExpressEasy National & Prepaid National	
Samstagszustellung*	Zustellung am Samstag
Transportversicherung bis 2.500 EUR	Transportversicherung gegen Güterschäden (Verlust oder Beschädigung). Die Versicherungssumme bezieht sich immer auf die gesamte Sendung.
Transportversicherung bis 25.000 EUR	
Eigenhändig	Die Sendung wird nur an den Empfänger persönlich oder an einen schriftlich Bevollamächtigten übergeben.

vgl. https://www.dhl.de/de/privatkunden/pakete-versenden/deutschlandweit-versenden/express-easy.html [05.11.2019]

Die hier dargestellten Briefsendungen fallen üblicherweise in einer Zahnarztpraxis an. Darüber hinaus bietet die Post eine Vielzahl von Produkten und Diensten. Umfassende Informationen erhält man im Internet unter www.deutschepost.de. Alternativ sollten in einer Zahnarztpraxis auch die Leistungen und Preise der konkurrierenden privaten Briefdienste geprüft werden.

5.3 Postvollmacht

Briefe und Postkarten stellt die Post üblicherweise unter der auf der Sendung angegebenen Anschrift zu. In besonderen Fällen erfolgt die Zustellung durch Aushändigung an

- den Empfänger,
- seinen Ehegatten,
- **einen Empfangsbevollmächtigten**/Postempfangsbeauftragten, der eine schriftliche Vollmacht zum Empfang der für den Empfänger bestimmten Sendungen vorweisen kann,
- **einen Ersatzempfänger**, das sind Angehörige des Empfängers oder andere in den Räumen des Empfängers anwesende Personen sowie Hausbewohner und Nachbarn des Empfängers. Bei ihnen unterstellt man, dass sie aus Gefälligkeit für den Empfänger die Sendung annehmen und zu der Annahme der Sendung berechtigt sind.

Sendungen mit den Zusatzleistungen *EINSCHREIBEN*, *NACHNAHME* und *EIGENHÄNDIG* übergibt der Zusteller nur gegen Empfangsbestätigung und Nachweis der Empfangsberechtigung. Sendungen mit der Zusatzleistung *EIGENHÄNDIG* erhält nur der Empfänger oder ein dazu besonders Bevollmächtigter. Sendungen, die nicht ausgeliefert werden können, hält die Deutsche Post sieben Werktage zur Abholung bereit.

Um den Praxisinhaber bei Sendungen, die eigentlich nur er annehmen darf, im laufenden Praxisbetrieb nicht zu stören, ist es üblich, dass Mitarbeiter über eine **Postvollmacht** verfügen. Damit ist sichergestellt, dass befugte Angestellte für den Zahnarzt bestimmte Sendungen entgegennehmen.

Postvollmacht mit eigenhändig entgegenzunehmender Post

Hiermit bevollmächtige ich

als Vollmachtgeber	**den Vollmachtnehmer**	
Dr. med. dent. Heine, Hubert	Schneider, Melanie	geb. Thiemer
Steeler Straße 128	Bochumer Straße 14	
45138 Essen	45276 Essen	

für den Zeitraum von 1. März 20.. **bis** 31. Dez. 20.. **an mich gerichtete gewöhnliche Postsendungen entgegenzunehmen oder bei den zuständigen Poststellen abzuholen.**

Essen, 28. Febr. 20..

Dr. Heine

Der Bevollmächtigte ist auch befugt, Sondersendungen und eigenhändig auszuliefernde Sendungen entgegenzunehmen und den Empfang dieser zu quittieren.

Essen, 28. Febr. 20..

Dr. Heine

5.4 E-Mail

E-Mail (Electronic-Mail) ist ein viel genutzter Dienst. Dateien, die im Computer gespeichert sind (digitale Dokumente), lassen sich blitzschnell weltweit an Empfänger übermitteln. Die E-Mail ersetzt immer mehr andere Formen der schriftlichen Nachrichtenübermittlung, wie Briefe. Um eine E-Mail zu erstellen, benötigt man einen Computer mit Internetanschluss und ein E-Mail-Programm. Weiterhin ist eine Anmeldung bei einem E-Mail-Anbieter (E-Mail-Provider) erforderlich. Mit der bei der Anmeldung gewählten E-Mail-Adresse erhält der Nutzer ein Postfach im E-Mail-Server des Anbieters reserviert. Hier werden die an den E-Mail-Teilnehmer gesendeten E-Mails abgelegt. Der E-Mail-Teilnehmer wird über jeden Posteingang umgehend informiert. Den Weg einer E-Mail verdeutlicht das folgende Beispiel:

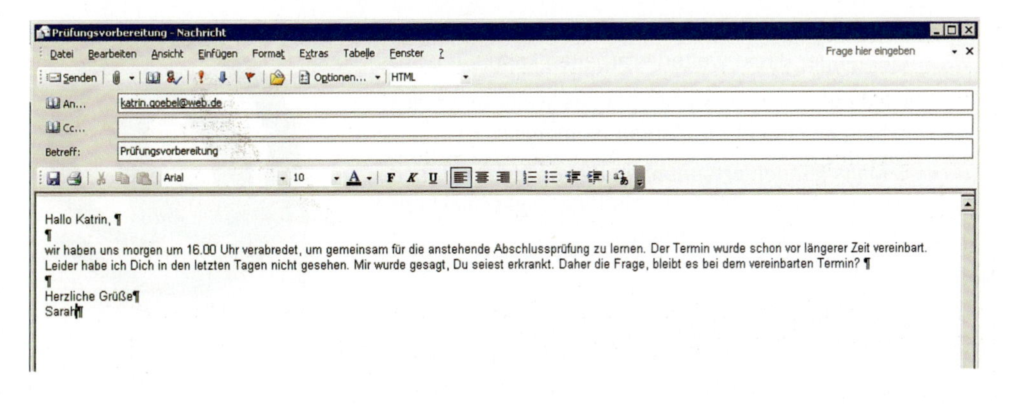

1. Sarah schreibt auf ihrem Computer in ihrem E-Mail-Programm eine Nachricht an Katrin.
2. Über das Programm gesteuert wird die Nachricht an den Mailserver von Sarahs E-Mail-Anbieter (z. B. t-online.de) gesendet.
3. Der Mailserver von t-online sendet die Nachricht über das Internet an den Mailserver von Katrins Provider web.de.
4. Die eingehende Nachricht wird vom Mailserver im Postfach katrin.goebel gespeichert.
5. In Katrins Computer wird der Eingang einer E-Mail umgehend im Posteingang gemeldet. Die Meldung kann zusätzlich auf einem Mobiltelefon erfolgen.
6. Katrin öffnet und liest die im Postfach gespeicherte E-Mail von Sarah.

Die E-Mail, die Katrin empfängt, besteht aus zwei Teilen. Die **Kopfzeilen** (header) geben Auskunft u. a. über den Absender, den Empfänger, den Betreff und eventuell beigefügte Anlagen. Der **Inhaltsteil** (body) enthält den Nachrichtentext. Den Abschluss bildet die Unterschrift in normaler Textform. Bei Geschäftspost oder wichtigen Mitteilungen zwischen Zahnärzten und anderen Einrichtungen des Gesundheitswesens wird oft eine **digitale Signatur** eingefügt. Bei dieser Signatur würden Verfälschungen der E-Mail direkt sichtbar.

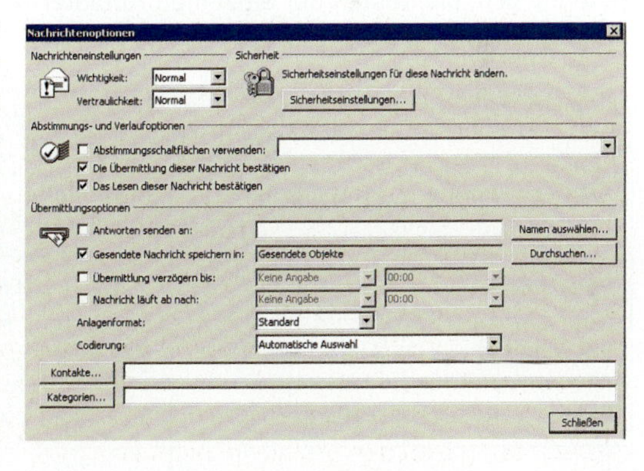

Dateianhänge können als Anlage mit einer E-Mail verschickt werden. Beim Empfänger ist vor dem Öffnen eines Dateianhangs größte Vorsicht geboten. Dateianhänge können Computerviren enthalten. Daher sollte man nur Anhänge von absolut vertrauenswürdigen Absendern öffnen. Der Absender kann eine **Zustellbestätigung** anfordern. Sobald die E-Mail im Postfach des Empfängers angekommen ist, erhält er eine Nachricht. Weiterhin ist die Anforderung einer **Lesebestätigung** möglich. In diesem Fall erhält der Absender eine Nachricht, wenn der Empfänger die E-Mail öffnet und der Lesebestätigung zustimmt.

Die E-Mail hat folgende **Vorteile**:

- sie ist schnell,
- erfordert einen geringen Aufwand (kein Ausdrucken, Kuvertieren, Adressieren und Frankieren, wie bei einem Brief),
- verursacht geringe Kosten (z. B. keine Material- und Portokosten),

- es besteht die Möglichkeit Dateien anzufügen, die der Empfänger direkt weiterverarbeiten kann,
- ein direktes Beantworten und das Weiterleiten der E-Mail an andere Empfänger ist möglich,
- E-Mails können ortsunabhängig von jedem Platz der Welt mit einer Internetverbindung abgeschickt und überall empfangen werden.

Nachteile sind:

- **Authentizität:** bei normalen E-Mails ist es schwierig auf den ersten Blick sicherzustellen, ob die E-Mail wirklich vom Absender stammt, also ein Original ist und keine betrügerische Fälschung.
- **Datenschutz:** Es ist nicht gewährleistet, dass Dritte bei der Übertragung keine Möglichkeit haben, die E-Mail zu lesen. Unverschlüsselte E-Mails sind vergleichbar mit einer Postkarte. Verschlüsselte E-Mails entsprechen einem Brief. Verschlüsselungen sind im privaten Bereich die Ausnahme, bei Nachrichten zwischen Zahnärzten und anderen Partnern im Gesundheitswesen sollten sie Standard sein.
- **Integrität:** Das Schutzziel, dass eine E-Mail bei der Übertragung vollständig und unverändert bleibt, kann bei normalen E-Mails nicht garantiert werden.
- **Spam:** Oft bekommt man als Nutzer massenhaft unverlangte Werbungen per E-Mail zugestellt. Abhilfe schaffen hier Spam-Filter in den E-Mail-Programmen, die unerwünschte Werbung filtern und aussortieren.

5.5 Paketdienste

Sind ganze Akten oder im Bedarfsfall auch einmal Waren zu versenden, wird das höchstmögliche Gewicht von 1 000 g für einen Briefversand schnell überschritten. Bei schweren Sendungen kann der Paketdienst DHL oder ein anderer Paketdienstleister den Versand übernehmen. Es lohnt sich, die Kosten der einzelnen Anbieter zu vergleichen. Folgende Produkte bietet das Unternehmen DHL an:

Päckchen und Pakete – Versand national				
Art der Sendung	**max. Gewicht**	**max. Maße (L x B x H)**	**Online Frankierung**	**Filiale**
Päckchen S	2 kg	35 x 25 x 10 cm	3,79 EUR	3,79 EUR
Päckchen M	2 kg	60 x 35 x 15 cm	4,39 EUR	4,50 EUR
Paket	bis 2 kg	60 x 30 x 15 cm	4,99 EUR	–
Paket	bis 5 kg	120 x 60 x 60 cm	5,99 EUR	7,49 EUR
Paket	bis 10 kg	120 x 60 x 60 cm	8,49 EUR	9,49 EUR
Paket	bis 31,5 kg	120 x 60 x 60 cm	16,49 EUR	16,49 EUR

Eigene Darstellung nach Daten von: DHL Paket GmbH: Preise für Päckchen und Pakete Versand national. In: https://www.dhl.de/de/privatkunden/preise/preise-national.html [08.08.2019].

Die DHL bietet eine Reihe von zusätzlichen Leistungen, wie Expresspaket, Transportversicherungen, Rückschein usw. an. Alle entsprechenden Informationen findet man auf den Internetseiten von DHL.

Situationsaufgabe

Besuchen Sie die Internetseiten der Deutschen Post und der DHL. Informieren Sie sich über die Angebote für Briefe und Pakete.

Prüfungsvorbereitung

Folgende Karteikarte ist als Ergänzung der Prüfungsvorbereitung zu erstellen:

Karteikarte 71:
Postbearbeitung

1. *Eingangspost*
2. *Ausgangspost*
3. *mögliche Briefsendungen*
4. *E-Mail*
5. *Paketdienste*

6 Ordnungsgemäße Schriftgutablage

(Die Notwendigkeit einer ordnungsgemäßen Schriftgutablage bewerten und für das anfallende Schriftgut begründet die richtige Ablageart wählen)

Herr Moll, der in der Praxis von Herrn Dr. Heine bezweifelte, je eine Mahnung zu einer noch nicht bezahlten Liquidation erhalten zu haben, ist beeindruckt, wie schnell Melanie eine Kopie der letzten Mahnung aus den Akten heraussucht. „Wenn ich eine solche Ordnung in meinen Unterlagen hätte, wäre es sicherlich nicht passiert, dass eine Rechnung von Ihnen trotz Mahnung nicht bezahlt worden ist“, merkt Herr Moll in diesem Zusammenhang an.

Aufgaben

1. Wie sind in Ihrer Ausbildungspraxis

   a) Gutachten und Berichte,

   b) Privatliquidationen

   geordnet?

2. Entwickeln Sie für alle in der Berufsschule erarbeiteten Unterlagen einen Ablageplan. Stellen Sie diesen Plan vor und begründen Sie seinen Aufbau.
3. Geben Sie Beispiele aus der Zahnarztpraxis für den Einsatz sogenannter „sprechender Zahlen".
4. Welche Belege in Ihrem privaten Bereich ordnen Sie chronologisch?
5. In welchen Fällen kommt in der Praxis eine Ordnung nach Farben vor?
6. Was versteht man unter „Mnemotechnik"? Welchen Nutzen bietet diese Technik bei der Ordnung von Schriftgut?
7. Erläutern Sie den Begriff „dekadische Ordnung" und geben Sie Beispiele für eine Ablage nach dieser Ordnung.
8. Welche grundlegenden Ablagesysteme lassen sich unterscheiden?
9. Welche von diesen Ablagesystemen setzen Sie in Ihrer Ausbildungspraxis ein?
10. Beurteilen Sie Vor- und Nachteile der in Ihrer Ausbildungspraxis zum Einsatz kommenden Ablagesysteme.

6.1 Ordnungssysteme

Bei dem umfassenden Schriftgut in einer Zahnarztpraxis ist es notwendig, Schriftstücke bei Bedarf schnell zu finden. Dies ist nur möglich, wenn sie geordnet abgelegt wurden. Bei der Vielzahl von Schriftstücken empfiehlt sich für die Zahnarztpraxis die Erstellung eines Aktenplans. Dies ist eine für alle Beschäftigten zugängliche Aufstellung über das Ordnungssystem der Aktenablage.

Beispiel:
Ein Ausschnitt aus dem Aktenplan kann folgendermaßen aussehen:

- *Berichte*
- *Schriftverkehr mit Krankenkassen*
- *Schriftverkehr mit den Berufsgenossenschaften*
- *Privatliquidationen*
- *Durchschriften von Arbeitsunfähigkeitsbescheinigungen*

Um innerhalb eines Ablagebereichs Ordnung zu halten, setzt man verschiedene Ordnungssysteme ein. Das am häufigsten verwendete Ordnungssystem ist die Ordnung nach Alphabet. Aber auch andere Ordnungssysteme werden zur Sortierung eingesetzt.

Alphabetische Ordnung

Die wichtigste Kartei der Praxis – die Patientendatei – wird von der Software automatisch nach dem Alphabet geordnet. Sind andere Unterlagen von Hand alphabetisch zu ordnen, ist es unerlässlich, die alphabetische Ordnung nach den gültigen Sortierregeln einzuhalten. So gelten beispielsweise ä, ö, ü als ae, oe und ue. Bei gleichen Nachnamen wird als zweiter Ordnungswert der Vorname herangezogen.

Numerische Ordnung

Eine Ordnung nach fortlaufenden Zahlen ist beispielsweise sinnvoll bei der Sortierung der Rechnungen eines Lieferanten nach Rechnungsnummern.

Beispiel:

111271/07	11226/08
112282/07	11559/08
114413/07	11665/08
...	...
11997/07	11889/08

Sprechende Zahlen

Dieser etwas befremdlich klingende Begriff weist darauf hin, dass die Zahlen eines bestimmten Ordnungsmerkmals nicht willkürlich gewählt wurden, sondern dass ihnen eine Bedeutung zukommt. So hat z. B. in der Krankenversichertenkarte die erste Ziffer im Versichertenstatus folgende Bedeutung:

Beispiel:
1 = Versicherter
3 = Mitversicherter (Kinder/Ehegatte)
5 = Rentner

Ein weiteres Beispiel hierfür sind die Versicherungsnummern in der Sozialversicherung.

Beispiel:
Helmut Müller 53 040548 M 83 9

Die ersten beiden Ziffern geben das Gebiet an, in dem der Versicherte bei der Erstanmeldung zur Sozialversicherung wohnte. Dann folgen die Zahlen des Geburtsdatums sowie der Anfangsbuchstabe des Nachnamens. Die nächsten beiden Ziffern weisen auf das Geschlecht hin (0–49 = weiblich, 50–99 = männlich). Die letzte Ziffer ist eine Prüfziffer.

Chronologische Ordnung

Hier erfolgt eine Ordnung nach der zeitlichen Reihenfolge. Dies ist sinnvoll für das Einordnen von Liquidationen (um zu entsprechender Zeit Mahnungen schreiben zu können), von Kontoauszügen oder von Laboraufträgen.

Alphanumerische Ordnung

Hierbei handelt es sich um eine Kombination von alphabetischer und numerischer Ordnung. Sinnvoll eingesetzt werden kann dies z. B. beim Einordnen von Liquidationen oder Röntgenaufnahmen.

Beispiel:

Röntgenaufnahmen	Liquidationen
RÖ ...	Li ...
RÖ 134	Li 1582
RÖ 135	Li 1583

Ordnung nach Farben

Früher waren die Patienten-Karteikarten häufig nach Kassengruppen geordnet:

Beispiel:

gesetzliche Krankenkassen	weiße Karteikarten
Privatkassen	hellblaue Karteikarten

Mnemotechnische Ordnung

Darunter versteht man eine Ordnung nach einem System, das Merkhilfen bietet. Zwischen den Ordnungsbuchstaben und den betreffenden Sachgebieten wird bewusst eine Verbindung hergestellt, die die Orientierung erleichtert.

Beispiel:

Li – *für Liquidationen*
Bube – *für Buchführungsbelege*
PerP – *für Personalpapiere*

Dekadische Ordnung

In diesem Fall wird das Ablagesystem nach einem Dezimalklassensystem aufgebaut. Im Alltag begegnet uns dieses System bei den Postleitzahlen. In Zahnarztpraxen wird es beispielsweise eingesetzt beim Kontenrahmen der doppelten Buchführung.

Beispiel:

0010 Grund und Boden 0100 Praxis- und Laborräume 0200 Medizinische Geräte 0400 Praxiseinrichtung	1000 Kasse 1100 Postbank 1200 Bank 1400 Forderungen 1600 Verbindlichkeiten	3000 Einkauf Praxisbedarf 3200 Einkauf Labormaterial 3250 Einkauf Röntgenmaterial 3300 Einkauf Behandlungsmaterial

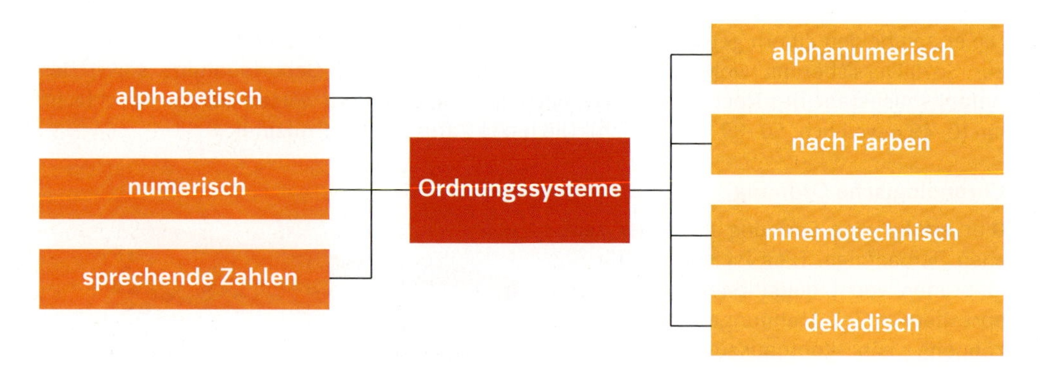

6.2 Ablagesysteme

Schriftgut muss so aufbewahrt werden, dass man einen möglichst schnellen Zugriff auf einzelne Unterlagen hat. Die Ablage soll kostengünstig sein, wenig Raum einnehmen und ein Optimum an Übersicht gewährleisten. In der Praxis haben sich drei Systeme bewährt:

Liegende Ablage

Die für die Ablage vorgesehenen Unterlagen werden in Schnellheftern, Aktendeckeln, bzw. Ordnungsmappen abgelegt. Diese lassen sich in offenen Regalen oder Schränken mit Facheinteilung, liegend übereinander gestapelt aufbewahren.

Vorteile:

- Die Behälter für die Schriftgutablage sind preiswert.
- Nummeriert man die einzelnen Akten fortlaufend, ist eine gute Raumausnutzung gewährleistet, d. h., zur Aufbewahrung benötigt man wenig Platz.

Nachteile:

Aktenregale für die liegende Ablage. Ein Fädelstabregal mit variablen Höhen und Fachbreiten.

- Sobald die anfallenden Akten nicht fortlaufend nummeriert abgelegt werden können, bedeutet der ungleichmäßige Schriftgutanfall ständige Verschiebungen der einzelnen Akten von Fach zu Fach. Dies ist sehr zeitaufwendig. Will man das Umräumen der Akten von Fach zu Fach vermeiden, muss man wiederum sehr viel Platz freihalten. Dies macht den Vorteil der guten Raumausnutzung wieder zunichte.
- Da man nur die vordere Schmalseite der Aktenbehälter sieht, hat man keine Übersicht über den Inhalt der Akten. Heraushängende Aktenfahnen helfen nur begrenzt.
- Will man nur einen bestimmten Mappen herausnehmen, muss man immer ganze Aktenstapel bewegen. Das ist zeitaufwendig.

Stehende Ablage

Bei der stehenden Ablage verwendet man Ordner. Diese lassen sich in Schränken und Regalen aufbewahren.

Ordnerregale für die stehende Ablage

Vorteile:

- Das Einsortieren und Entnehmen von Schriftgut ist schnell möglich.
- Die breiten Ordnerrücken gestatten eine ausführliche, gut lesbare Beschriftung. Man kann sich schnell über den Inhalt der Akten orientieren.
- Das Einrichten einer Ablage in Ordnern ist einfach und schnell möglich. Mit alphabetischen Registerblättern, Trennblättern usw. ist leicht eine übersichtliche Ablage einzurichten.

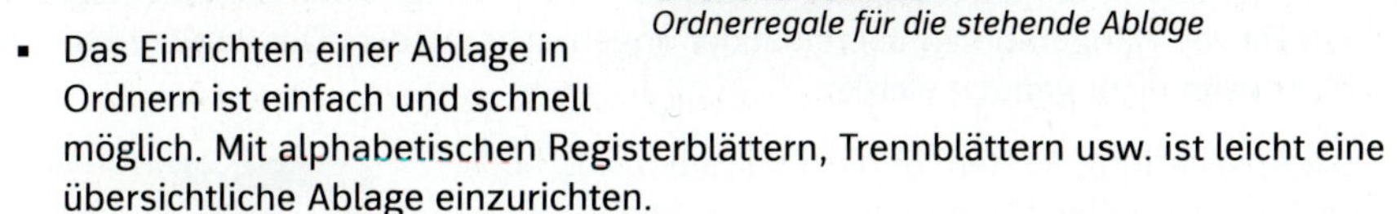

- Die Ordner sind preiswert zu beschaffen.

Nachteile:

- Ist der Schriftgutanfall schlecht voraussehbar, können nur halb gefüllte Ordner zur Verschwendung von Raum in einem Regal oder Schrank führen.
- Müssen Schriftstücke am Ende eines schon gut gefüllten Ordners eingefügt werden, dauert das Umlegen des gesamten Ordnerschriftgutes relativ lange.
- Das Lochen der Schriftstücke ist zeitaufwendig.

Hängende Ablage

In der Zahnarztpraxis haben sich zwei Systeme bewährt, die Hängeregistratur und die Pendelregistratur. Bei der Hängeregistratur befinden sich auf beiden Seiten der Schriftgutmappe überstehende „Hänge-Nasen". An diesen lassen sich die Mappen in entsprechende Rahmen von speziellen Karteischränken einhaken. Oft sind in Schreibtischen Hängerahmen eingebaut, sodass man die Schriftgutbehälter dort hängend unterbringen kann. Es ist möglich, die einzelnen Mappen mit aufgesetzten Reitern und Beschriftungen zum Inhalt zu versehen.

Vorteile:

- Die Reiter ermöglichen eine gute Übersicht über den Inhalt der einzelnen Mappen.
- Das Einlegen neuen Schriftgutes in die Mappen ist von oben schnell möglich, ohne dass die Mappe aus dem Hängerahmen herausgenommen werden muss.
- Es ist jederzeit möglich, in den Hängerahmen an jeder beliebigen Stelle neue Mappen einzuhängen.
- Hierbei lässt sich das Schriftgut entweder einheften oder aber lose einlegen.

Nachteile:

- Weil der Zugriff auf die Hängeregistratur von oben erfolgt, kann nur eine begrenzte Anzahl von Hängerahmen übereinander angebracht werden. Der darüber befindliche Platz kann nicht genutzt werden.
- Die Anschaffungskosten für dieses System sind hoch, weil die speziellen Hängerahmen teuer sind.

Die Schriftgutmappen der **Pendelregistratur** haben an der Oberkante eine Metallvorrichtung, mit der man sie auf speziellen Schienen einhängt. Diese Schienen sind in Büroschränken für Pendelregistratur vorhanden.

Vorteile:

- Die Anschaffungskosten sind gering.
- Günstig ist die Tatsache, dass Pendelregistraturen nicht an ein bestimmtes Format gebunden sind, sondern hiervon problemlos auch Sonderformate gefertigt werden können (z. B. für die Aufbewahrung von Röntgenbildern).
- Deckenhohe Schränke ermöglichen selbst ein Aufbewahren in kleinen Räumen. Dies ist möglich, da man keine Auszüge benötigt.
- Diese Registraturform ist flexibel, da an jeder beliebigen Stelle problemlos neue Mappen eingehängt werden können.

Nachteile:

- Da man nur auf die Schmalseiten der Mappen blicken kann, ist ein Zugriff auf das gesuchte Schriftstück oft mit längerem Suchen verbunden.
- Das Lochen der Schriftstücke ist zeitaufwendig.
- Das Einlegen und Herausnehmen ist zeitraubend.

Situationsaufgabe

- Erstellen Sie eine Übersicht, welche Ordnungssysteme beim Schriftgut in Ihrer Praxis angewendet werden.
- Ordnen Sie in diesem Zusammenhang dem jeweiligen Schriftgut zu, in welcher Art von Ablagesystem es aufbewahrt wird.

Prüfungsvorbereitung

Folgende Karteikarten sind zur Ergänzung der Prüfungsvorbereitung zu erstellen:

Karteikarte 72:
Ordnungssysteme

1. *alphabetische Ordnung*
2. *numerische Ordnung*
3. *sprechende Zahlen*
4. *chronologische Ordnung*
5. *alphanumerische Ordnung*
6. *mnemotechnische Ordnung*
7. *dekadische Ordnung*

Karteikarte 73:
Ablagesysteme

1. *Arten von Ablagesystem*
2. *Vor- und Nachteile der jeweiligen Ablagesysteme*
3. *Ablagesysteme, die in der Arztpraxis zur Anwendung kommen*

Lernfeld 9:
Waren beschaffen und verwalten

Zielformulierung:

Die Schülerinnen und Schüler planen die bedarfs- und umweltgerechte Versorgung der Praxis mit Waren. Sie erkunden Beschaffungsmöglichkeiten, holen Informationen ein und bereiten die gewonnenen Daten auf. Sie analysieren und vergleichen Angebote unter qualitativen und quantitativen Aspekten und treffen eine ökonomisch und ökologisch begründete Auswahl zur Vorbereitung von Kaufentscheidungen. Sie überwachen und erfassen den Wareneingang. Sie identifizieren auftretende Erfüllungsstörungen und damit verbundene Konflikte. Sie verdeutlichen Praxisinteressen und vertreten diese unter Berücksichtigung rechtlicher und wirtschaftlicher Gesichtspunkte gegenüber dem Kaufvertragspartner. Unter Nutzung ihrer Kenntnisse über Zahlungsbedingungen und aktuelle Zahlungsformen bereiten sie Zahlungsvorgänge vor, erfassen und überwachen diese. Beim Umgang mit Belegen wenden sie relevante Rechtsvorschriften an. Die Schülerinnen und Schüler organisieren die Lagerung der Waren unter Beachtung der rechtlichen Vorschriften und berücksichtigen dabei die mit der Aufbewahrung verbundenen Besonderheiten. Hierzu informieren sie sich auch über die Grundsätze der Lagerung von Arzneimitteln. Sie nutzen Möglichkeiten der Energieeinsparung und planen die umweltgerechte Wiederverwertung und Entsorgung von Materialien und Geräten entsprechend den rechtlichen Vorschriften. Sie nutzen die Formen mündlicher und schriftlicher Kommunikation mit aktuellen Medien.

Inhalte:

Kaufvertrag
Schlechtleistung, Nicht-Rechtzeitig-Lieferung
Checklisten
Grundsätze der Lagerhaltung
Sprechstundenbedarf

1 Bezugsquellenermittlung – das Angebot – Kaufvertrag

(Die Inhalte von Anfragen gestalten, Inhalte des Angebotes bewerten und die rechtliche Wirkung von beiden beurteilen)

Dr. Heine hat sich entschlossen, die Praxis in der Zeit vom 15. Juli bis zum 26. Juli zu schließen. In dieser Zeit soll die gesamte Praxis renoviert werden. Außerdem wird das Wartezimmer komplett mit neuen Möbeln ausgestattet. Zahlreiche Anfragen nach neuen Wartezimmermöbeln wurden an die verschiedenen Anbieter geschickt. Eine Reihe von interessanten Angeboten liegt nun vor. Das gesamte Praxisteam begutachtet diese Angebote.Schließlich entscheidet man sich für ein

Angebot der Praxisausstattung-GmbH aus Stuttgart. Zehn Vietus-Sessel, Modell-Nr. 101, zum Preis von 324,00 EUR je Sessel, zwei Lindus-Tische, Modell-Nr. 124, zum Preis von 285,00 EUR je Tisch und die dazu passende Lindus-Garderobe, Modell Nr. 132, zum Preis von 425,00 EUR sollen gekauft werden. Die Preise gelten frei Haus, die Montage der Garderobe ist kostenlos. Bei einem Auftragswert über 3000,00 EUR wird ein Rabatt von 5% gewährt. Die Rechnung ist binnen sechs Wochen nach Lieferung zahlbar, bei Zahlung innerhalb 14 Tagen dürfen 2% Skonto vom Rechnungsbetrag abgezogen werden. Normalerweise beträgt die Lieferzeit ab dem Tag der Bestellung vier Wochen. Da Herr Dr. Heine zur Wiedereröffnung der renovierten Praxis das Wartezimmer neu eingerichtet haben möchte, verständigt er sich mit der Praxisausstattung-GmbH auf einen festen Lieferzeitpunkt, den 25. Juli 2019.

Aufgaben

1. Die Ausgangssituation zeigt, dass Kaufverträge im Rahmen der Beschaffung von Praxisinventar eine große Rolle spielen. Welche anderen Güter muss eine Praxis zur Sicherung des Praxisbetriebes kaufen?
2. Kaufverträge sind grundsätzlich an keine Form gebunden. Begründen Sie, warum sich bei bestimmten Kaufverträgen dennoch die schriftliche Form empfiehlt.
3. Anfragen an Lieferanten dienen dazu, Informationen über die zu beschaffenden Güter zu erhalten.
   a) Welche Arten von Anfragen lassen sich unterscheiden?
   b) Welche rechtliche Wirkung hat die Anfrage?
4. Mehrere Firmen haben Herrn Dr. Heine zur Einrichtung des Wartezimmers Angebote zugesandt.
   a) Handelt es sich schon um ein Angebot, wenn Firmen nur Prospekte mit Abbildungen ihrer Wartezimmermöbel schicken?
   b) Was ist im rechtlichen Sinne ein Angebot?
   c) Ist der Anbieter an sein Angebot gebunden?
   d) Wie lange besteht eventuell solch eine Bindung?

   Begründen Sie Ihre jeweilige Antwort.
5. Damit Herr Dr. Heine sich ein Bild von den angebotenen Wartezimmermöbeln, den damit verbundenen Kosten, der Lieferzeit und der Art der Zahlung machen kann, muss ein Angebot eine Vielzahl von Details enthalten.
   a) Nennen Sie alle Punkte, die ein ausführliches Angebot enthalten soll.
   b) Mit dem Preis je Möbelstück ist noch nicht angegeben, was die Möbel kosten, wenn sie endgültig im Wartezimmer stehen. Erläutern Sie, welche Bedingungen des Kaufvertrages den endgültigen Preis beeinflussen.
   c) Welche Lieferungsbedingungen sind für die Beschaffung von technischen Geräten, z. B. Sonografiegeräten, üblich?
6. Beim Kauf der Wartezimmermöbel wurden zwischen der Praxisausstattung-GmbH und Herrn Dr. Heine bestimmte Zahlungsbedingungen vereinbart.
   a) Erläutern Sie die vereinbarten Zahlungsbedingungen.
   b) Welche weiteren Zahlungsbedingungen gibt es?

7. Bei jedem Kaufvertrag hofft man, dass die beteiligten Vertragsparteien ihre Pflichten aus dem Vertrag ordnungsgemäß erfüllen. Leider trügt diese Hoffnung manchmal. Besonders wichtig in diesem Zusammenhang sind der Erfüllungsort und der Gerichtsstand.

   a) Erläutern Sie Begriff und Bedeutung des Erfüllungsortes.

   b) Was versteht man unter einem „Gerichtsstand"?

8. Sarah überlegt, ob sie sich für ihr Zimmer eine Stereoanlage auf Raten kaufen soll. Ihre Eltern haben erhebliche Bedenken.

   a) Erläutern Sie die Besonderheiten des Ratenkaufs.

   b) Welche Bedenken könnten wohl Sarahs Eltern gegen einen Ratenkauf haben?

   c) Zu welcher Handlungsweise würden Sie Sarah raten, wenn sie zurzeit noch nicht über genügend Geld für die Stereoanlage verfügt?

9. Sarah kauft bei einem bekannten Rundfunk- und Fernsehhändler die ersehnte Stereoanlage. Zwecks Abschluss des Kaufvertrages legt ihr der Verkäufer ein vorgedrucktes Vertragsexemplar vor und bittet sie, die allgemeinen Geschäftsbedingungen (AGB) auf der Rückseite zu lesen und deren Kenntnisnahme schriftlich zu bestätigen.

   a) Aus welchem Grund ist eine Bestätigung der Kenntnisnahme der AGB notwendig?

   b) In den Bedingungen steht u.a., dass die Ware ca. vier Wochen nach Bestellung geliefert wird. Da aber die gewünschte Stereoanlage am Lager vorhanden ist, möchte Sarah diese gleich mitnehmen. Der Verkäufer ändert daher den Vertrag handschriftlich mit dem Vermerk: „Die Ware wurde der Kundin bei Vertragsabschluss ausgehändigt". Ist eine solche persönliche Absprache bei vorgedruckten Kaufverträgen erlaubt? Begründen Sie Ihre Antwort.

10. Stefanie, eine befreundete Zahnmedizinische Fachangestellte, berichtet, dass in ihrer Praxis Monteure erschienen sind, um die vor einem Jahr gekaufte Sprech- und Radioanlage in der Praxis zu warten. Ihr Chef war völlig überrascht und habe die Wartung abgelehnt. Die Monteure hätten darauf hingewiesen, dass er beim Kauf die allgemeinen Geschäftsbedingungen unterschrieben habe und diese eine Wartung vorsähen. Ansonsten verliere er alle Garantieansprüche.

    a) Warum kann der Arzt zu Recht die Wartung der Anlage ablehnen?

    b) Nennen Sie je zwei Beispiele für absolut verbotene bzw. bedenkliche Klauseln in AGB.

11. Herr Dr. Heine erhält von der Praxisausstattung-GmbH aufgrund seiner Bestellung eine Auftragsbestätigung.

    a) Entscheiden Sie, ob diese Auftragsbestätigung für den Abschluss des Kaufvertrages zwingend erforderlich ist?

    b) In welchen Fällen wird erst durch eine Auftragsbestätigung ein Kaufvertrag geschlossen?

12. Im Kaufvertrag mit der Praxisausstattung-GmbH ist festgelegt: „Gerichtsstand sowohl für die Waren als auch für die Zahlungsklage ist Stuttgart". Eine solche Festlegung ist nur zwischen Kaufleuten möglich.

    a) Warum ist Herr Dr. Heine nicht als Kaufmann einzustufen?

    b) Um welche Art von Kaufvertrag handelt es sich, bezogen auf die Rechtsstellung der Vertragspartner?

    c) Nennen Sie drei weitere Vertragsformen nach der Rechtsstellung der Vertragspartner und geben Sie jeweils ein Beispiel.

Bedeutung des Kaufvertrages in der Zahnarztpraxis

Bei der Beschaffung von Praxisinventar und Praxisbedarf schließen Zahnärzte eine Vielzahl von Kaufverträgen. Beim Kauf von **Praxisinventar** werden, wegen der meist hohen Beträge, die Verträge **schriftlich** geschlossen. Außerdem sind damit die Vertragsinhalte eindeutige geregelt. Beim Kauf von **Praxisbedarf** schließt man viele Verträge auch **mündlich.**

Beispiel: *Eine Vielzahl von Verbrauchsmaterialien kauft Herr Dr. Heine direkt in der nahe gelegenen Stern-Apotheke.*

Beim Kauf von Medikamenten für den Praxisbedarf ist zu beachten, dass bei der Lagerung Vorschriften zu berücksichtigen sind. Betäubungsmittel müssen beispielsweise zugangs- und einbruchsicher aufbewahrt, Sera und Impfstoffe gekühlt gelagert werden.

Anfrage als Bezugsquellenermittlung

Bei der Beschaffung von Praxisinventar, wie beispielsweise Kauf einer Wartezimmereinrichtung, ist es notwendig, Preise, Lieferungs- und Zahlungsbedingungen zu vergleichen. Dazu fordert man entsprechende Angebote an.

Definition: *Die Bitte um Informationen zu Gütern, die die Praxis beschaffen will, bezeichnet man als Anfrage.*

Eine **Anfrage** ist im rechtlichen Sinne keine Willenserklärung, sie **hat daher keine recht-liche Wirkung.** Enthält eine Anfrage nur allgemeine Hinweise hinsichtlich des zu beschaffenden Gutes, liegt eine allgemeine Anfrage vor.

Beispiel: *„Ich habe die Absicht, mein Wartezimmer neu einzurichten. Bitte senden Sie mir Informationen zu dem von Ihnen angebotenen Möbelprogramm."*

Bittet der Zahnarzt um genaue Angaben bezüglich Art, Güte, Beschaffenheit, Preis, Lieferungs- und Zahlungsbedingungen von Waren, so handelt es sich um eine **bestimmte** Anfrage.

Beispiel: *„Aus Ihrem Katalog gefallen mir für die Neueinrichtung des Wartezimmers besonders die Vietus-Sessel, Modell-Nr. 101, die Lindus-Tische, Modell-Nr. 124 und die dazu passende Lindus-Garderobe, Modell Nr. 132. Bitte senden Sie mir ein Angebot mit Preisen, Lieferungs- und Zahlungsbedingungen. Allerdings müsste die Lieferung wegen der Renovierung der Praxis genau am 25. Juli 2019 stattfinden."*

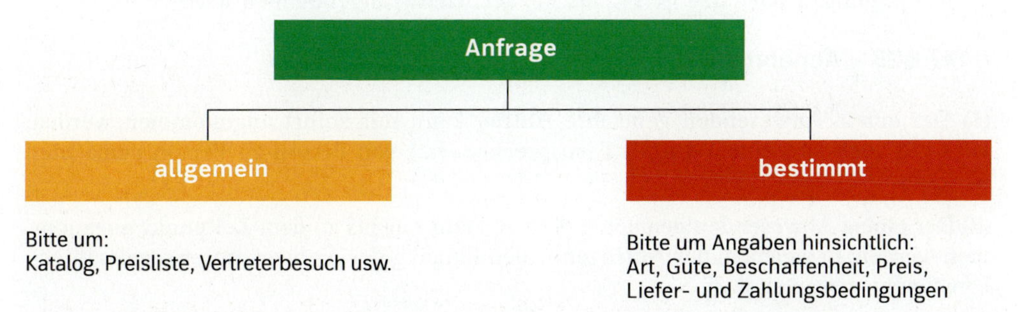

Das Angebot als Grundlage für das Zustandekommen eines Kaufvertrages

Sendet ein Anbieter einem Praxisinhaber **persönlich** ein Angebot, in dem er sich verpflichtet, eine genau beschriebene Ware unter genau genannten Bedingungen zu liefern, liegt im rechtlichen Sinne eine **Willenserklärung** vor. Der Anbieter ist an diese Willenserklärung gebunden. Das Angebot hat somit eine rechtliche Wirkung. Um Irrtümer zu vermeiden, wird ein Angebot häufig schriftlich erteilt, es ist aber gesetzlich keine bestimmte Form vorgeschrieben.

Folgt ein Angebot auf eine Anfrage, liegt ein **verlangtes Angebot** vor. Da Verkäufer das Interesse für die Beschaffung von Gütern wecken wollen, erreichen die Praxen auch viele **unverlangte Angebote,** d.h. Angebote ohne vorherige Anfrage. Der Verkäufer ist auch bei diesen Angeboten verpflichtet, die aufgeführten Leistungen zu erbringen. **Angebote sind grundsätzlich rechtsverbindlich.** Sie sind deshalb nicht zu verwechseln mit **Prospekt- und Werbematerialien.** Diese dienen nur der **unverbindlichen Information**.

Bindung an ein Angebot
Da mit dem Angebot eine erste Willenserklärung zur Anbahnung eines Vertrages vorliegt, handelt es sich juristisch um einen Antrag. Die entsprechende Bindung des Antragstellers, hier des Verkäufers, ist im BGB genau festgelegt.

§ 145 BGB – Bindung an den Antrag

Wer einem anderen die Schließung eines Vertrages anträgt, ist an den Antrag gebunden, es sei denn, dass er die Gebundenheit ausgeschlossen hat.

Die Bindung an das Angebot kann man teilweise begrenzen oder ganz ausschließen durch sogenannte **Freizeichnungsklauseln.** Klauseln, die eine **Bindung** an ein Angebot **einschränken**, sind beispielsweise

- „solange der Vorrat reicht",
- „Preise freibleibend".

Soll die **Bindung** an ein Angebot **ganz ausgeschlossen** werden, so ist eine der nachfolgenden Freizeichnungsklauseln wahlweise in einem Angebot zu vermerken:

- „unverbindlich",
- „freibleibend".

Ein Anbieter ist **nicht für alle Zeit** an ein Angebot gebunden. Im BGB finden sich hierzu folgende Vorschriften:

§ 146 BGB – Erlöschen des Antrags

Der Antrag erlischt, wenn er dem Antragenden gegenüber abgelehnt oder wenn er nicht diesem gegenüber nach den §§ 147 bis 149 rechtzeitig angenommen wird.

§ 147 BGB – Annahmefrist

(1) Der einem Anwesenden gemachte Antrag kann nur sofort angenommen werden. Dies gilt auch von einem mittels Fernsprechers [...] von Person zu Person gemachten Antrage.

(2) Der einem Abwesenden gemachte Antrag kann nur bis zu dem Zeitpunkt angenommen werden, in welchem der Antragende den Eingang der Antwort unter regelmäßigen Umständen erwarten darf.

Bei einem Angebot, das keine Frist zur Annahme enthält (**unbefristetes Angebot**), gilt somit die im Gesetz festgeschriebene Regelung: Ein Angebot ist unverzüglich auf dem gleichen Weg anzunehmen, wie es abgegeben wurde. Mündliche Angebote müssen sofort, schriftliche Angebote müssen auf dem gleichen Weg schriftlich angenommen werden.

Art der Zustellung des Angebots	Art der Annahme des Angebots
– Brief – E-Mail	– Brief – E-Mail

Hat der Verkäufer im Angebot eine Frist für die Annahme des Angebots eingeräumt, so gilt Folgendes:

§ 148 BGB – Bestimmung einer Annahmefrist

Hat der Antragende für die Annahme des Antrags eine Frist bestimmt, so kann die Annahme nur innerhalb der Frist erfolgen.

Es liegt ein **befristetes Angebot** vor, d.h., der Anbieter hat durch die Angabe eines Termins bzw. eines Zeitraums die Dauer der Bindung an das Angebot festgelegt. Bestellt ein Käufer die angebotene Ware zu spät oder mit Abänderungen von im Angebot genannten Bedingungen, gilt folgende gesetzliche Regelung:

§ 150 BGB – Verspätete und abändernde Annahme

(1) Die verspätete Annahme eines Antrags gilt als neuer Antrag.

(2) Eine Annahme unter Erweiterungen, Einschränkungen oder sonstigen Änderungen gilt als Ablehnung verbunden mit einem neuen Antrage.

In diesen Fällen kommt ein Kaufvertrag erst zustande, wenn der Verkäufer ausdrücklich bestätigt, dass er trotz der verspäteten Annahme bzw. auch zu den abgeänderten Bedingungen liefern will.

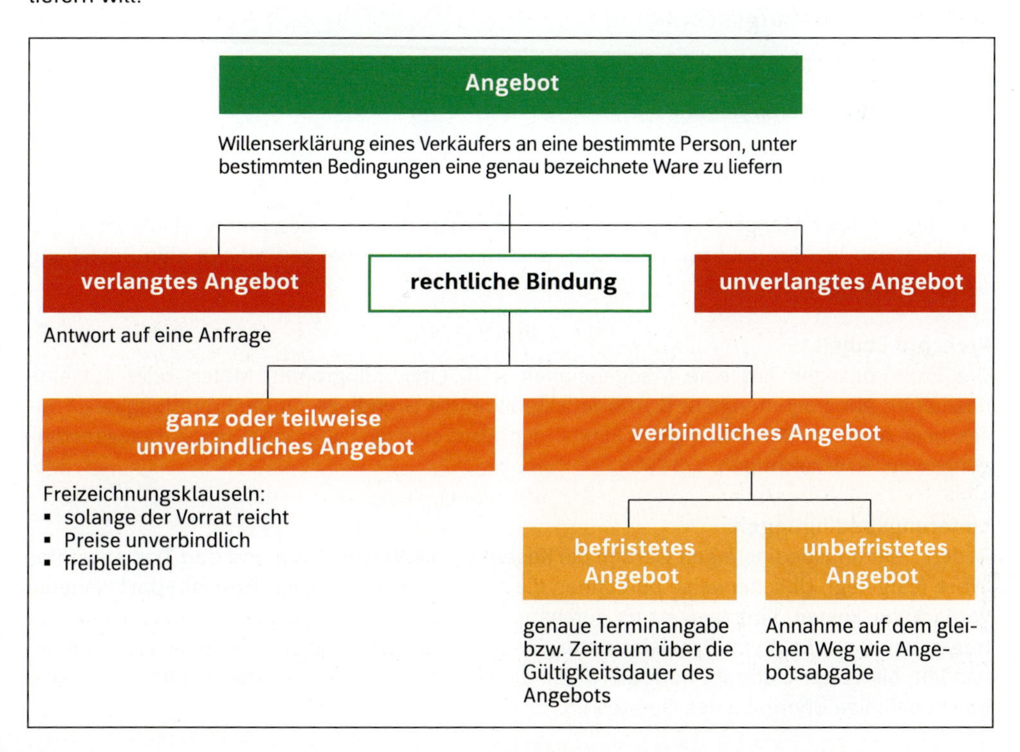

Inhalt des Angebots

Ein ausführliches Angebot muss genaue Angaben über folgende Punkte enthalten:

1. Beschreibung der Ware
2. Menge
3. Preis pro Einheit
4. Lieferungsbedingungen
5. Zahlungsbedingungen
6. Erfüllungsort und Gerichtsstand

Beschreibung der Ware

Art, Güte und Beschaffenheit der Ware sind so genau beschrieben, dass sich der Käufer von der Qualität der angebotenen Ware ein Bild machen kann. Insbesondere beim Praxisbedarf stellen Anbieter häufig zunächst Muster und Proben zur Verfügung. Praxisinventar wird sowohl in Katalogen abgebildet als auch auf Messen gezeigt. Bekannte Hersteller verwenden Warenzeichen, um ihre Produkte ständig in Erinnerung zu halten.

Das Symbol® hinter dem Produktnamen ist ein Hinweis, dass dieser als eingetragenes Warenzeichen geschützt ist.

Elastomull®

***Merksatz:** Fehlen im Angebot Angaben über die Art und Güte der Ware, so ist laut BGB eine Ware mittlerer Art und Güte zu liefern.*

Die entsprechende Vorschrift lautet:

§ 243 BGB – Gattungsschuld

(1) Wer eine nur der Gattung nach bestimmte Sache schuldet, hat eine Sache von mittlerer Art und Güte zu leisten.

Menge

Die Angabe einer Menge im Angebot ist nur erforderlich, wenn bestimmte Mindestmengen abgenommen werden müssen bzw. über bestimmte Höchstmengen hinaus eine Bestellung nicht mehr möglich ist.

Preis pro Einheit

Der Preis, bezogen auf eine Mengeneinheit (z. B. Liter, Kilogramm, Meter) oder auf eine bestimmte Abnahmemenge (z. B. 100 Stück), bildet die Grundlage für die Ermittlung des Preises einer Ware. Zur Berechnung des Einstandspreises sind die Lieferungs- und Zahlungsbedingungen zu berücksichtigen.

Lieferungsbedingungen

In den Lieferungsbedingungen werden die Kosten für die **Verpackung und den Transport der Ware** festgelegt. Üblicherweise berechnen die Anbieter beim Kauf von **Praxisbedarf** keinerlei Verpackungskosten, hingegen ist es durchaus normal, dass die Praxis die Versandkosten zu tragen hat. Beim Kauf von **Praxisinventar,** insbesondere wenn es sich um technische Geräte handelt, bietet der Lieferant normalerweise die kostenfreie Lieferung, das Aufstellen und die funktionsfähige Übergabe des Gerätes an.

Im Allgemeinen lassen sich, bezogen auf die **Verpackungskosten,** folgende Vereinbarungen unterscheiden:

Sind keine besonderen Vereinbarungen hinsichtlich der **Versandkosten** getroffen, hat der Käufer die Kosten der Beförderung zu tragen, da **Warenschulden nach BGB Holschulden** sind. Die entsprechende Regelung lautet:

§ 448 BGB – Kosten

(1) Die Kosten der Übergabe der verkauften Sache, insbesondere die Kosten des Messens und Wägens, fallen dem Verkäufer, die Kosten der Abnahme und der Versendung der Sache nach einem anderen Orte als dem Erfüllungsorte fallen dem Käufer zur Last.

Die Lieferung von Praxisinventar erfolgt meistens mit den eigenen Transportmitteln des Verkäufers bzw. teilweise auch über Spediteure sowie die Deutsche Bahn. Die Versendung von Gegenständen des Praxisbedarfs geschieht hingegen vielfach über die Deutsche Post sowie deren Tochterfirma DHL und anderen Versanddienstleistern wie DPD, UPS usw. Es ist dann eine vertragliche Regelung zwischen Verkäufer und Käufer darüber zu treffen, wer die Transportkosten ganz oder teilweise übernimmt.

Lieferzeit

Fehlt eine Vereinbarung der Lieferzeit, gilt folgende Regelung des BGB:

§ 271 BGB – Leistungszeit

(1) Ist eine Zeit für die Leistung weder bestimmt noch aus den Umständen zu entnehmen, so kann der Gläubiger die Leistung sofort verlangen, der Schuldner sie sofort bewirken.

Der Käufer kann demnach die sofortige Lieferung des Gutes verlangen. Üblicherweise wird eine Lieferzeit vereinbart. Ist ein kalendermäßig genau festgelegter Liefertermin vereinbart, spricht man von einem **Fixkauf.**

Beispiel: *Da Herr Dr. Heine zur Wiedereröffnung der renovierten Praxis das neue Wartezimmer zur Verfügung haben möchte, verständigt er sich mit der Praxisausstattung-GmbH auf einen festen Lieferzeitpunkt, den 25. Juli 2019.*

Wird hingegen eine bestimmte Lieferfrist vereinbart, spricht man von einem **Terminkauf.**

Beispiel: *Die Lieferzeit beträgt vier Wochen nach Eingang der Bestellung.*

Zahlungsbedingungen

Die Zahlungsbedingungen regeln den Zeitpunkt der Zahlung. Fehlt eine entsprechende Vereinbarung, so gilt ebenfalls § 271 BGB. Dann ist eine sofortige Zahlung ohne Abzüge zu leisten.

Häufig wird der **Barkauf** ausdrücklich im Angebot festgelegt. Wird einem Käufer die Ware per Post zugestellt, so erfolgt die Abwicklung eines Barkaufs über eine **Nachnahme.** Der Postbote übergibt die Ware nur an den Käufer, wenn er von ihm das Geld in Höhe des Nachnahmebetrages erhält. Zahlungen innerhalb von acht bis 14 Tagen gelten noch als Barkauf. Bei den täglichen Geschäften, z. B. Einkauf von Lebensmitteln, ist der Barkauf üblich.

Bei einem **Zielkauf** bekommt der Käufer ein Zahlungsziel eingeräumt. Er muss bis zu diesem vereinbarten Zahlungstermin die gelieferte Ware bezahlen. Bei dieser Vereinbarung muss der Verkäufer darauf vertrauen, dass der Käufer zahlungsfähig ist. Daher behält sich der Verkäufer aus Sicherheitsgründen das Eigentumsrecht an der Ware bis zur vollständigen Bezahlung vor. Diese Sicherung bezeichnet man als **Eigentumsvorbehalt.**

Oftmals erhält der Käufer bei einem vereinbarten Zahlungsziel einen Anreiz zur vorzeitigen Zahlung. Zahlt er den Rechnungsbetrag vorzeitig, so darf er **Skonto** vom vereinbarten Kaufpreis abziehen.

Beispiel: *Die Rechnung ist binnen sechs Wochen nach Lieferung netto zahlbar, bei Zahlung innerhalb 14 Tagen dürfen 2 % Skonto vom Rechnungsbetrag abgezogen werden.*

Definition: *Skonto ist ein Nachlass für vorzeitige Zahlung.*

Fehlt dem Käufer das Geld um innerhalb der Skontofrist die Rechnung zu zahlen, lohnt sich in den meisten Fällen ein Kredit. Die Kreditzinsen sind normalerweise niedriger als der Skontoertrag.

Beispiel: *Ein Zahnarzt nimmt einen kurzfristigen Konto-Überziehungskredit in Höhe von 10 000,00 EUR bei seiner Bank auf, um einen Skonto von 2 % bei Barzahlung für die Anschaffung eines Gerätes in Anspruch nehmen zu können. Trotz der zu zahlenden Kreditzinsen erzielt er folgenden Gewinn:*

Die Bedingungen im Vertrag lauteten: 6 Wochen Zahlungsziel = 42 Tage, Zahlung mit Skontoabzug nach 14 Tagen
Für die Kreditaufnahme ergibt sich folgender Zeitraum: 28 Tage (= 42 Tage – 14 Tage)

Skontoertrag: 2 % von 10 000,00 EUR = 200,00 EUR Skontoertrag
Kreditkosten: 10 % von 9 800,00 EUR für 28 Tage = 76,22 EUR Kreditkosten

$$Z = \frac{K \cdot P \cdot T}{100 \cdot 360} \qquad Z = \frac{9800{,}00 \cdot 10 \cdot 28}{100 \cdot 360} \qquad Z = 76{,}22 \text{ EUR}$$

Gewinn: 123,78 EUR *(= 200,00 EUR – 76,22 EUR)*

Im Eingangsbeispiel findet sich noch folgende Vereinbarung: „Bei einem Auftragsvolumen über 3 000,00 EUR wird ein Rabatt von 5 % gewährt.“

Definition: *Rabatt ist ein Preisnachlass, der aus besonderen Gründen gewährt wird.*

Folgende Gründe für die Gewährung von Rabatten sind üblich:

Rabattgrund	Erläuterung
Mengenrabatt	Wird beim Bezug einer großen Menge gewährt.
Treuerabatt	Laufender Bezug bei einem Lieferanten, wird oft am Ende des Jahres gewährt.
Sonderrabatt	Wird aus besonderen Anlässen gewährt, wie Firmenjubiläum, Räumungsverkauf usw.
Personalrabatt	Die Angestellten eines Unternehmens erhalten beim Einkauf einen besonderen Rabatt.
Naturalrabatt	Dies ist eine Sonderform des Mengenrabatts. Bei Abnahme einer bestimmten Menge erhält der Käufer kostenlos zusätzlich eine bestimmte Menge der bestellten Ware.

Bei größeren Anschaffungen, wie Praxisinventar oder Anschaffungen für den privaten Haushalt, bieten Verkäufer die Möglichkeit des **Ratenkaufs** an. Der Käufer leistet eine Anzahlung. Den Rest des Kaufpreises tilgt er in gleichen Raten zu festgelegten Zahlungsterminen. Dabei behält sich der Verkäufer das Eigentumsrecht bis zur Begleichung der letzten Rate vor (siehe Besonderheiten des Ratenkaufs, S. 242).

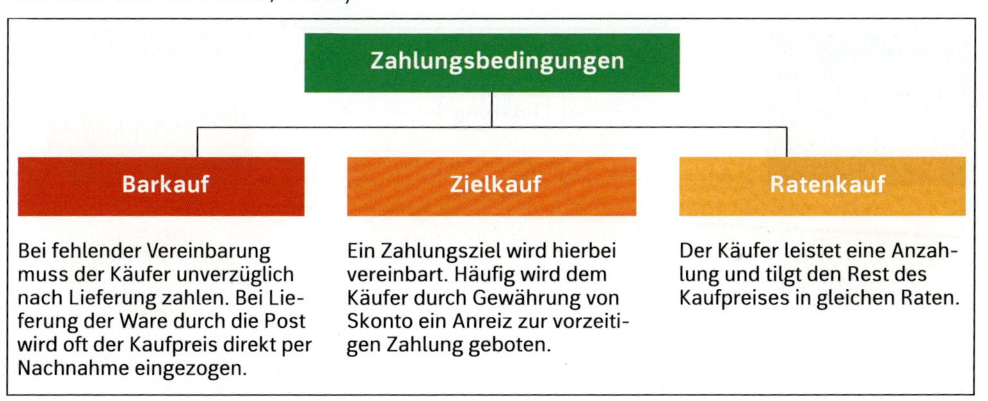

Erfüllungsort und Gerichtsstand

Kommt ein Kaufvertrag zustande, haben Verkäufer und Käufer ihre im BGB festgelegten Vertragspflichten zu erfüllen. Damit gibt es zwei Schuldner.

Definition: *Der Verkäufer schuldet die fristgerechte Lieferung mangelfreier Ware sowie deren Eigentumsübertragung. Der Käufer schuldet die fristgerechte Annahme der Ware sowie deren fristgerechte Bezahlung.*

Den Ort, an dem der Verkäufer bzw. der Käufer seine Vertragspflicht zu erfüllen hat, bezeichnet man als **Erfüllungsort.** Bei zwei Vertragsparteien gibt es demnach entsprechend den gesetzlichen Regelungen **zwei gesetzliche Erfüllungsorte:**

1. Erfüllungsort für die mangelfreie und rechtzeitige Lieferung ist der Wohn- oder Geschäftssitz des Verkäufers: Die Ware muss, wenn nichts anderes vereinbart wurde, am Wohn- oder Geschäftssitz des Verkäufers an den Käufer übergeben werden. **Warenschulden sind Holschulden.** Der Verkäufer hat mit der Übergabe der Ware den Vertrag erfüllt. Wird die Ware beim Transport beschädigt oder gar vernichtet, trägt der Käufer das Risiko. Abweichend von der gesetzlichen Regelung liefert der Verkäufer beim Kauf von Praxisinventar üblicherweise die

Ware bis in die Praxis. Beim Kauf von technischen Geräten erfolgt oft sogar eine kostenfreie Übergabe und Einweisung des Praxispersonals in die Bedienung der Geräte. Transportiert der Verkäufer Praxisinventar mit eigenen Transportmitteln, trägt er auch das Risiko bei einer Beschädigung der Ware. Die Lieferung von Praxisbedarf erfolgt oft frei Haus über den Verkäufer selbst, oder über die Post bzw. ein anderes Versanddienstleistungsunternehmen. Entsprechend sind der Verkäufer, bzw. die an der Auslieferung beteiligten Unternehmen auch verantwortlich für entstandene Transportschäden.

2. Erfüllungsort für die fristgemäße Annahme und Zahlung der Ware ist der Wohn- oder Geschäftssitz des Käufers. Geldschulden sind Schickschulden. Daher muss der Käufer das Geld auf seine Kosten und Gefahr an den Verkäufer übermitteln. Da die Kreditinstitute die Abwicklung der Zahlungsvorgänge und die damit verbundene Haftung für eine mangelfreie Geldübermittlung übernehmen, spielt das Risiko der Geldübermittlung für den Käufer keine Rolle.

Verkäufer und Käufer haben die Möglichkeit, abweichend von der gesetzlichen Regelung **einen Erfüllungsort vertraglich zu vereinbaren (vertraglicher Erfüllungsort).** Der Vertragspartner mit der wirtschaftlich stärkeren Position wird normalerweise seinen Firmensitz als Erfüllungsort einsetzen, um den Gefahrenübergang für sich günstig zu regeln. Damit gibt es zwei Schuldner aber nur einen Erfüllungsort.

Beispiel: *Die Post AG kauft 100 Paketauslieferungswagen bei der Autohersteller XY AG. Im Vertrag wurde vereinbart: „Erfüllungsort für beide Vertragsparteien ist Frankfurt/M.“.*

Der Gesetzliche Erfüllungsort

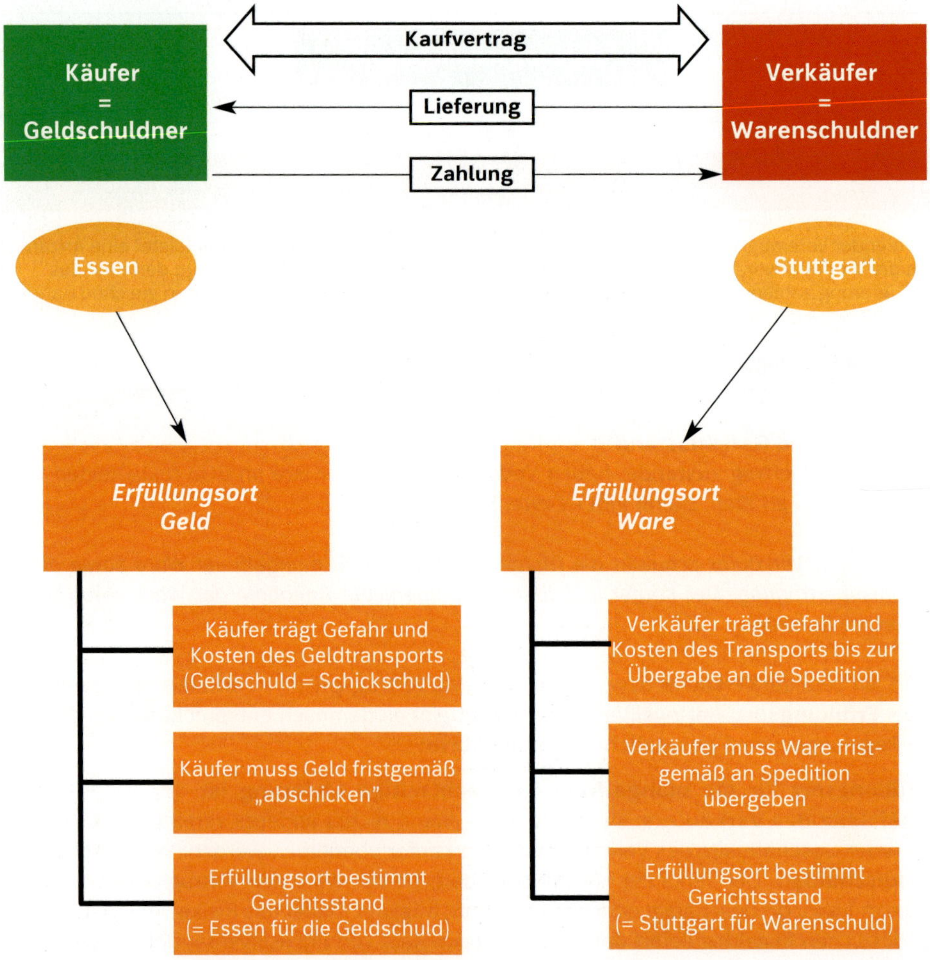

Kaufvertrag

Käufer = Geldschuldner

Lieferung

Zahlung

Verkäufer = Warenschuldner

Essen

Stuttgart

Erfüllungsort Geld

Käufer trägt Gefahr und Kosten des Geldtransports (Geldschuld = Schickschuld)

Käufer muss Geld fristgemäß „abschicken“

Erfüllungsort bestimmt Gerichtsstand (= Essen für die Geldschuld)

Erfüllungsort Ware

Verkäufer trägt Gefahr und Kosten des Transports bis zur Übergabe an die Spedition

Verkäufer muss Ware fristgemäß an Spedition übergeben

Erfüllungsort bestimmt Gerichtsstand (= Stuttgart für Warenschuld)

Erfüllt einer der Vertragspartner seine Vertragspflichten nicht, kann der andere Partner auf Erfüllung des Vertrages klagen. Den Ort, an dem diese Klage erhoben werden muss, bezeichnet man als **Gerichtsstand.** Erfüllt der Verkäufer seine Vertragspflichten nicht, muss der Käufer am Wohn- oder Geschäftssitz des Verkäufers die Klage einreichen. Bei einer Verletzung der Vertragspflichten durch den Käufer muss der Verkäufer am Wohn- oder Geschäftssitz des Käufers Klage erheben. Da sowohl der Zahnarzt beim Kauf von Gütern für die Praxis als auch die Zahnmedizinische Fachangestellte beim Kauf von Gütern für ihren privaten Bedarf immer **Privatpersonen** (Verbraucher) und keine Kaufleute sind, **gilt immer der gesetzliche Gerichtsstand.** Sind beide Vertragspartner sogenannte **Vollkaufleute** (Unternehmen) oder **juristische Personen**, wie z. B. eine Aktiengesellschaft, können die Vertragspartner einen **vertraglichen Gerichtsstand** vereinbaren.

Bestellung und Zustandekommen des Kaufvertrages

Nach einer sorgfältigen Angebotsprüfung besteht für den Käufer die Möglichkeit, mit seiner Willenserklärung den Abschluss eines Kaufvertrages über eine Bestellung zu tätigen. Dabei lassen sich folgende Möglichkeiten (Alternativen) unterscheiden.

Abschluss des Kaufvertrages

Alternative 1

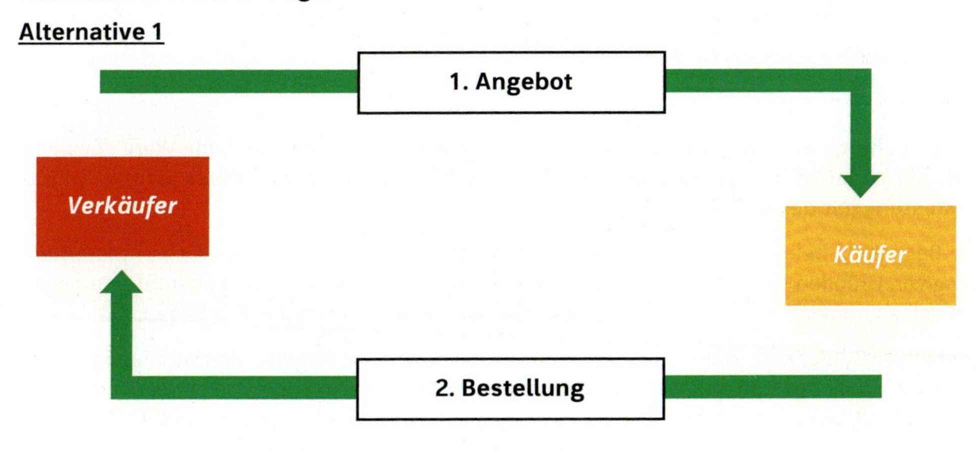

Alternative 2

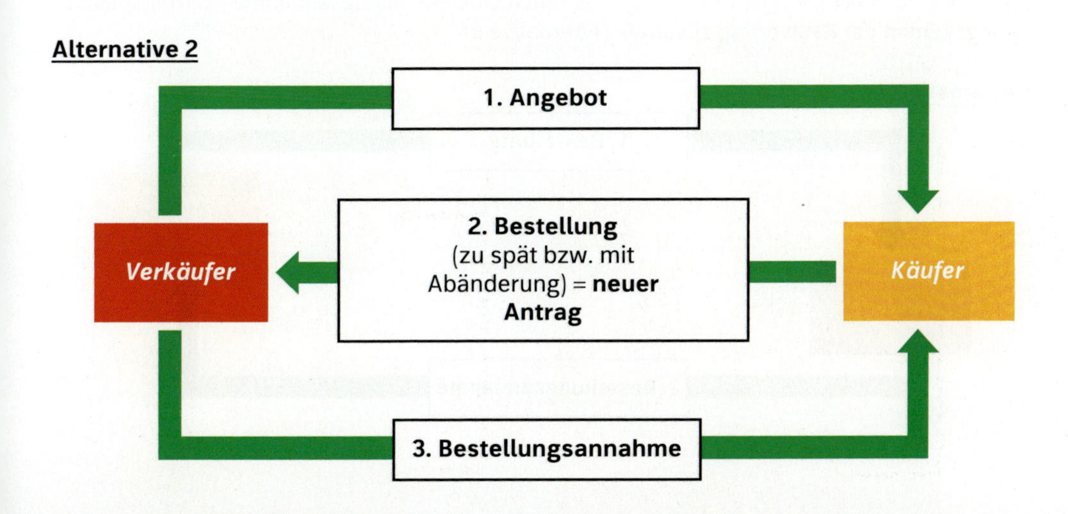

Alternative 3

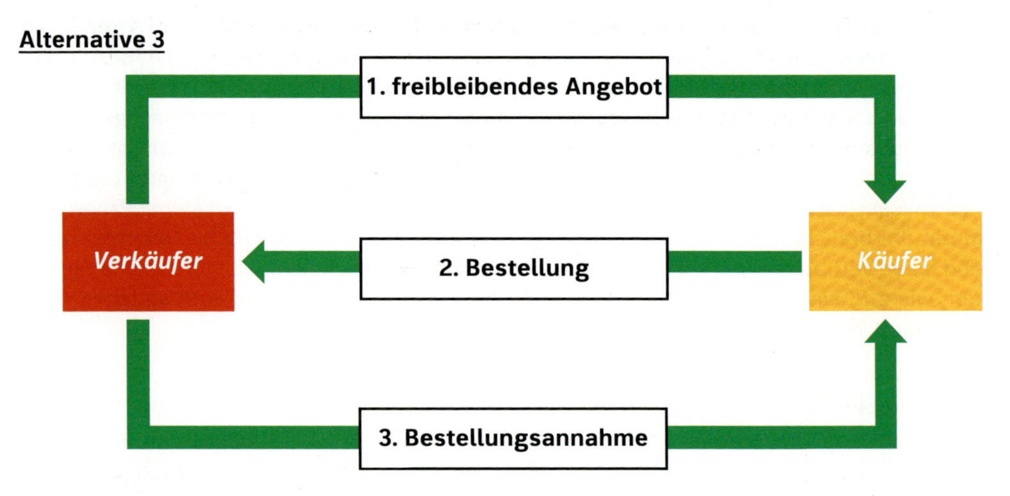

Bestellt der Käufer rechtzeitig und ohne Änderung aufgrund eines verbindlichen Angebots, so ist ein Kaufvertrag zustande gekommen. Zwei übereinstimmende Willenserklärungen liegen vor (Alternative 1).

***Definition:** Die Bestellung ist die Willenserklärung des Käufers, die im Angebot bestimmte Ware zu den dort angegebenen Bedingungen zu kaufen.*

Sie ist **rechtlich bindend**, d. h. der Käufer ist verpflichtet, die von ihm bestellte Ware abzunehmen. Ein **Widerruf der Bestellung** durch den Käufer ist möglich. Dieser **muss** jedoch vor bzw. **spätestens mit der Bestellung** beim Verkäufer eintreffen.

Die Bestellung bei einem **Abzahlungsgeschäft** kann innerhalb von zwei Wochen ohne Nennung von Gründen widerrufen werden (**Widerrufsfrist**). Für die Bestellung besteht grundsätzlich keine Formvorschrift. Aus Beweisgründen sollte sie jedoch schriftlich erfolgen.

Bestellt ein Käufer eine Ware, indem er in der Bestellung die im Angebot des Verkäufers aufgeführten Bedingungen abändert oder zu spät bestellt, so liegen keine übereinstimmenden Willenserklärungen vor. Die Bestellung gilt vertragsrechtlich als ein Antrag des Käufers. Damit ein Kaufvertrag zustande kommt, muss der Verkäufer diesen Antrag annehmen. Oft geschieht dies durch Versendung einer Bestellungsannahme an den Käufer.

Das Gleiche gilt bei Bestellungen aufgrund eines teilweise oder ganz unverbindlichen Angebots bzw. bei nicht rechtzeitiger Bestellung. Erst durch eine Bestellungsannahme (Auftragsbestätigung) kommt der Kaufvertrag zustande (Alternative 3).

Alternative 4

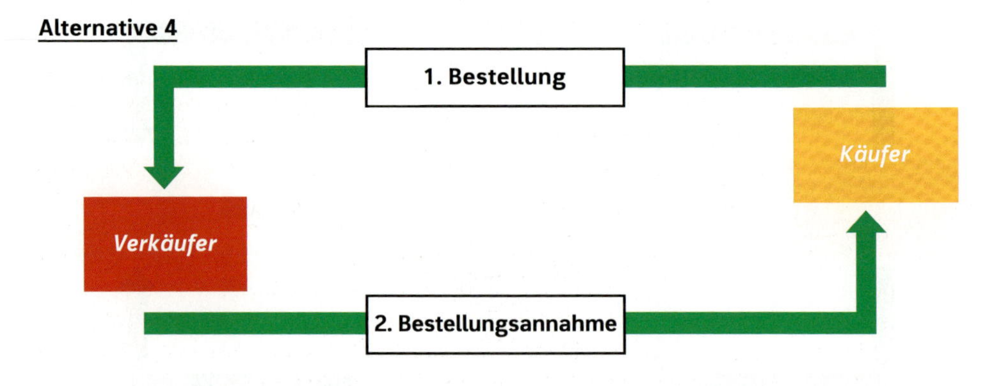

Eine Bestellung **ohne vorausgegangenes Angebot stellt einen Antrag dar.** Sie ist nur üblich bei langjährigen Geschäftsbeziehungen. Der Käufer geht davon aus, dass die bisherigen Vertragsbedingungen auch weiterhin gelten. Ein Kaufvertrag kommt auch hier erst durch eine Bestellungsannahme des Verkäufers oder durch dessen Zusendung der bestellten Ware zustande (Alternative 4).

Alternative 5

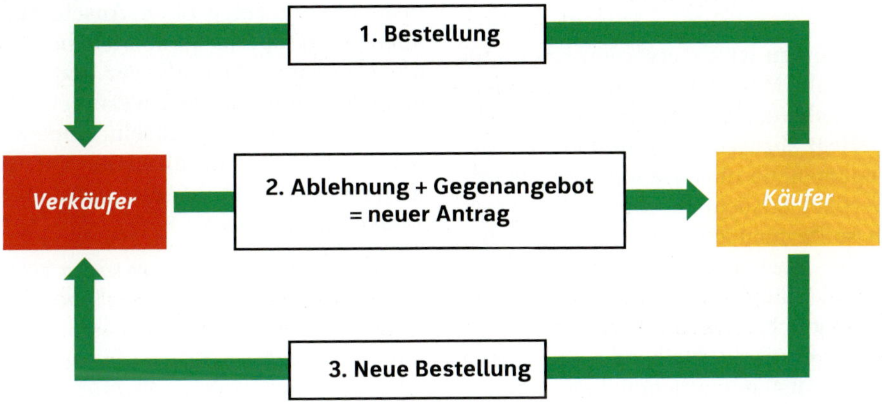

1. Bestellung

Verkäufer

2. Ablehnung + Gegenangebot = neuer Antrag

Käufer

3. Neue Bestellung

Bestellt ein Kunde ohne vorausgegangenes Angebot Waren bei einem Verkäufer, kann es vorkommen, dass die bisher üblichen Vertragsbedingungen sich geändert haben. Beispielsweise kann sich der Preis einer Ware erhöht haben. Es kommt dann zu keinem Vertragsabschluss. Üblicherweise sendet der Verkäufer dann ein neues Angebot (Antrag) an den Käufer. Nimmt er dieses Angebot durch eine Bestellung an, ist ein Kaufvertrag geschlossen (Alternative 5).

Besonderheiten des Ratenkaufs

Beim Ratenkauf einigen sich die Vertragsparteien darauf, dass der Käufer den Kaufpreis nicht auf einmal, sondern in Teilzahlungen erbringen muss. Üblicherweise übernimmt der Händler oder ein Dritter, z. B. eine Bank, die Finanzierung. So werden eigentlich zwei Verträge geschlossen, ein Kaufvertrag und ein Darlehensvertrag. In der Regel hat der Käufer, sofern er Verbraucher ist und sein Vertragspartner Unternehmer, bei Darlehensverträgen ein zweiwöchiges Widerrufsrecht. Er kann also innerhalb dieser Frist einen bereits geschlossenen Ratenkaufvertrag widerrufen. Der Ratenkauf ist aus der Sicht des Käufers eine scheinbar attraktive Möglichkeit, Waren zu kaufen, obwohl er zum Zeitpunkt des Kaufs nicht über das notwendige Geld verfügt. Der folgende Artikel weist auf die Vorteile und Gefahren des Ratenkaufs hin.

Welche Vorteile hat der Kauf auf Raten?

Der grundlegende Vorteil des Ratenkaufs liegt auf der Hand: Man kann Dinge erwerben und sofort nutzen, die man bar zum Zeitpunkt des Kaufes nicht bezahlen könnte. Das macht zum Beispiel dann Sinn, wenn man über die für den Kauf nötigen finanziellen Mittel zwar bereits verfügt, diese jedoch anderweitig fest angelegt hat und erst zu einem späteren Zeitpunkt abrufen kann. Auch wer über ein festes und auch in Zukunft gesichertes, ausreichend hohes Einkommen verfügt, kann ruhigen Gewissens Ratenkäufe tätigen. Andererseits kann ein Ratenkauf auch dann empfehlenswert sein, wenn ein dringend benötigtes Gerät wie etwa die Waschmaschine oder das Auto unerwartet kaputtgehen. Hier hat man oft nicht ausreichend Zeit, genügend Geld für einen Barkauf anzusparen, sondern benötigt sofort ein neues Gerät, sodass sich ein Kauf auf Raten anbietet.

Welche Nachteile und Gefahren birgt die Ratenzahlung?

Grundsätzlich birgt ein Ratenkauf die selben Gefahren und Risiken wie andere Kreditformen. Beim Ratenkauf kommt hierbei hinzu, dass dieser häufig einfacher abzuschließen ist und mit weniger Formalitäten verbunden ist als etwa ein Kredit bei einer Bank. Man sollte daher besonders darauf achten, Ratenkaufverträge nicht unüberlegt abzuschließen und genau vorauszuplanen, ob und wie man die gekauften Artikel tatsächlich abbezahlen kann. Auch sollte man darauf achten, nie den Überblick über getätigte Ratenkäufe zu verlieren. Unter keinen Umständen sollte man so viele Ratenkäufe tätigen, dass der vom Gehalt übrig bleibende Teil knapp wird, um den monatlichen Lebensunterhalt zu bestreiten. Unerwartete zusätzliche Kosten oder Verdienstausfälle können sonst schnell zu einer finanziellen Katastrophe führen. Nicht selten führen unüberlegte Ratenkäufe letztlich in die Privatinsolvenz. Des Weiteren sollte man insbesondere bei großen Anschaffungen überprüfen, ob ein herkömmlicher Kredit nicht günstiger ist als der Ratenkredit beim Verkäufer. Beispielsweise beim Autokauf kann es vorteilhaft sein, einen Kredit bei einem großen Kreditinstitut aufzunehmen und beim Autohändler selbst als Barzahler aufzutreten.

Quelle: FinanzNewsOnline: Heute kaufen, nächstes Jahr bezahlen? Die Vor- und Nachteile der Ratenzahlung. In: https://www.finanznewsonline.de/vorteile-und-nachteile-der-ratenzahlung/, Johannes H., 10.06.2012. [09.08.2019].

***Merksatz:** Wegen der Risiken beim Ratenkauf gilt: Ein Ratenkauf ist immer schriftlich abzuschließen und hat zwingend vorgeschriebene Inhalte.*

Inhalte des Ratenkaufs

- schriftlicher Hinweis auf das Widerrufsrecht des Käufers. Über dieses Rücktrittsrecht muss der Käufer gesondert belehrt werden.
- Barzahlungspreis,
- Teilzahlungspreis (Gesamtpreis aller Raten),
- Höhe der einzelnen Raten,
- effektiver Jahreszins. (Bei der Berechnung dieses Zinssatzes werden alle gegenüber dem Barkauf anfallenden Kosten berücksichtigt.)

Besonderheiten von Haustürgeschäften

Bei Vertragsabschlüssen, die im privaten Bereich, z. B. an der Haustür, bei Verkaufsveranstaltungen (sogenannten Kaffeefahrten), stattfinden, werden Verbraucher oft übervorteilt. Der Gesetzgeber (§§ 312, 312 b BGB) bietet aus diesem Grund einen besonderen Schutz für den Verbraucher. Ihm steht ein längeres Widerrufsrecht zu. Die Dauer der Frist hängt davon ab, ob der Käufer **umfassend** über das Widerrufsrecht aufgeklärt wurde.

Diese Aufklärung beinhaltet

- die schriftliche Belehrung über das Widerrufsrecht in inhaltlich verständlicher Form und drucktechnisch deutlich lesbar,
- den Hinweis auf eine Widerspruchsfrist von 14 Tagen mit dem Datum des Fristbeginns, einschließlich der Bedingungen bei der Wahrnehmung des Widerrufsrechts, z. B. dass der Käufer die Kosten der Rücksendung zu tragen hat.
- Name und Anschrift des Verkäufers und einen Hinweis auf den abgeschlossenen Vertrag,
- die Unterschrift des Käufers, um diese ausdrückliche Belehrung zu bestätigen,
- die Aushändigung eines Exemplars der Belehrung an den Käufer.

Beispiel: *Ein Teilnehmer einer Kaffeefahrt kauft bei der damit verbundenen Verkaufsveranstaltung ein zwölfteiliges Besteck zum Preis von 250,00 EUR. Neben dem unterschriebenen Kaufvertrag hat der Käufer die ebenfalls unterschriebene Widerrufsbelehrung erhalten. Ein Widerruf dieses Vertrages muss innerhalb von 14 Tagen nach der Verkaufsveranstaltung erfolgen.*

Unterbleibt diese umfassende Aufklärung, erlischt das Widerrufsrecht des Käufers erst einen Monat, nachdem die Ware geliefert und der Kaufpreis bezahlt wurde.

Beispiel: *Angenommen, der Teilnehmer der Kaffeefahrt hat das Besteck bestellt, eine Widerrufsbelehrung fand nicht statt. Zehn Tage nach der Verkaufsveranstaltung wird das Besteck geliefert. Der Käufer zahlt nach weiteren acht Tagen den Kaufpreis. Der Käufer hat in diesem Fall vier Wochen, nachdem er die Ware bezahlt hat, Zeit, den Kaufvertrag zu widerrufen.*

Der Widerruf eines Haustür- oder ähnlichen Geschäftes muss schriftlich erfolgen. Ein mündlicher oder telefonischer Widerruf ist unwirksam.

Bei Bagatellgeschäften, d. h. bei Geschäften mit einem Warenwert, der geringer ist als 40,00 EUR, bei denen der Käufer die Ware sogleich erhalten und bezahlt hat, besteht kein Widerrufsrecht. Außerdem besteht kein Widerrufsrecht wenn der Käufer einen Vertreter ins Haus bestellt hat.

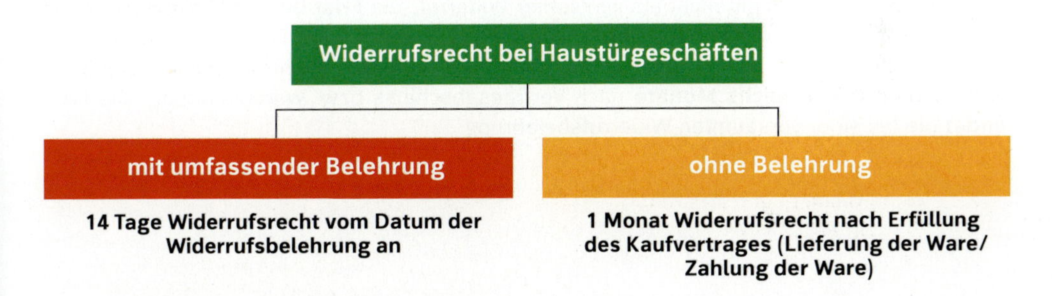

Versandhandelskauf und Fernabsatzrecht

Das **Fernabsatzrecht** regelt **die Vertragsbeziehungen zwischen Unternehmern und Verbrauchern** beim Vertrieb von Waren und Dienstleistungen **ohne direkten Kontakt** zwischen den Vertragsparteien (§ 312 b, c, d und g BGB). Verträge kommen hier ausschließlich unter Nutzung von Fernkommunikationsmitteln zustande, z. B. Internet.

Beispiel: *Ein Versandhandelsunternehmen bietet über das Internet ein besonderes Warensortiment an. Ein Verbraucher bestellt per E-Mail einen entsprechenden Artikel.*

Die Bestellung stellt hierbei den Antrag auf einen Kaufvertragsabschluss dar. Nimmt der Verkäufer diesen Antrag an, indem er ihn per E-Mail bestätigt oder liefert, ist ein **Fernabsatzvertrag** (Kaufvertrag) geschlossen. **Verbraucher**, die mit herkömmlichen Kommunikationsmitteln, z. B. Brief, Telefon, oder mit modernen Kommunikationstechniken, wie E-Mail, SMS, Waren oder Dienstleistungen bestellen, **werden in besonderer Weise über das Fernabsatzrecht geschützt**. Danach muss der Unternehmer von Versandwaren und Dienstleistungen den Käufer umfassend informieren. Dies beinhaltet u. a. folgende Angaben:

- genaue Anschrift des Verkäufers mit Telefon- und Faxnummer sowie Internetadresse,
- Beschreibung der wesentlichen Merkmale der Ware bzw. Dienstleistung (z. B. durch Abbildung und Beschreibung der Ware auf den entsprechenden Internetseiten),
- Zeitpunkt, wann der Vertrag zustande kommt, z. B. durch eine Auftragsbestätigung per E-Mail,
- Endpreis der Ware, d. h. Preis der Ware einschließlich aller Steuern, Liefer- und Versandkosten sowie sonstiger zusätzlicher Kosten – Umfassende Informationen zum Widerrufsrecht mit einer entsprechenden Belehrung; eine Unterschrift des Käufers über die Kenntnisnahme der Belehrung ist beim Versandhandelskauf nicht erforderlich,
- falls das Recht eines anderen Landes bei dem Vertrag angewendet wird, ist der Verbraucher darüber zu informieren. Die Sprache, in der Vertragsbedingungen, Vorabinformationen und Abwicklung des Vertrages erfolgen, ist ebenfalls anzugeben.

Der Widerruf ist, ohne Begründung schriftlich zu erklären. Die **Widerrufsfrist betragt 2 Wochen**, wenn die Widerrufsbelehrung rechtsgültig dem Käufer zur Verfügung gestellt wurde. Die Widerrufsfrist beginnt am Tag, nach dem der Käufer die bestellten Waren vollständig erhalten hat. Online-Händler sind verpflichtet, dem Käufer eine Musterwiderrufserklärung zukommen zu lassen, die er ausgefüllt zurückschicken kann. Die kommentarlose Rücksendung des Warenpakets gilt nicht als wirksamer Widerruf. Die **Frist betragt 4 Wochen**, wenn die Widerrufsbelehrung erst nach Vertragsabschluss bekannt wird. Dies ist oft der Fall bei Internetauktionen. Bei einer fehlerhaften oder unterlassenen nachträglichen Information endet die **Frist erst sechs Monate** nach Vertragsabschluss bzw. Warenlieferung. Die **Frist endet nie** bei einer versäumten Widerrufsbelehrung.

Widerrufsrecht bei Fernabsatzverträgen

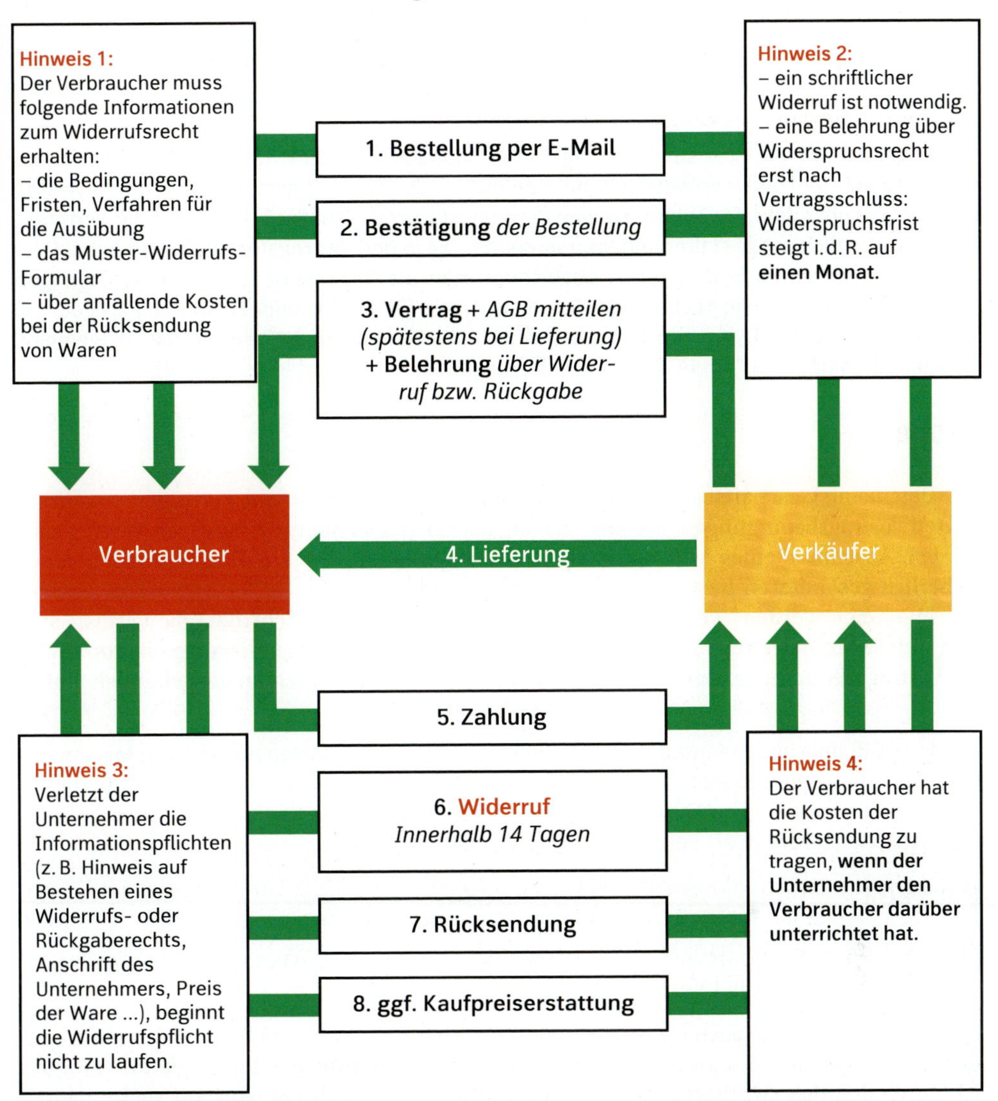

Gefällt dem Käufer die gelieferte Ware nicht, so hat er grundsätzlich die Möglichkeit, die Ware innerhalb von **2 Wochen** zurückzugeben.

Nicht unter das Fernabsatzrecht mit den §§ 312b–312d BGB fallen z. B. Verträge über

- die Lieferung von Lebensmitteln, Speisen und Getränken,
- Bank-, Versicherungs- und Wertpapiergeschäfte.

Vom Ruckgaberecht ausgeschlossen sind

- Audio-, Videoaufzeichnungen, Software, sobald die Datenträger entsiegelt wurden,

- Zeitungen, Zeitschriften und Illustrierte,
- Waren, die speziell für den Kunden angefertigt wurden oder die aufgrund ihrer schnellen Verderblichkeit nicht für eine Rücksendung geeignet sind, z. B. Blumen.

Allgemeine Geschäftsbedingungen (AGB)

Unternehmen, wie die Praxisausstattung-GmbH, Möbelhäuser, Elektrohändler usw., schließen jeden Tag eine Vielzahl von Verträgen mit Käufern ab. Dabei ist es nicht möglich, jeden Vertrag einzeln auszuhandeln. Im Interesse eines reibungslosen Geschäftsablaufs sind die Vertragsinhalte einheitlich ausgestaltet und standardisiert. Die in den Vertragsformularen meist auf der Rückseite gedruckten Bedingungen bezeichnet man als allgemeine Geschäftsbedingungen (AGB). In ihnen sind die rechtlichen Verpflichtungen für Käufer und Verkäufer geregelt. Im Abschnitt „Gestaltung der rechtsgeschäftlichen Schuldverhältnisse durch Allgemeine Geschäftsbedingungen" im BGB ist u. a. festgelegt:

§ 305 BGB

(1) Allgemeine Geschäftsbedingungen sind alle für eine Vielzahl von Verträgen vorformulierten Vertragsbedingungen, die eine Vertragspartei (Verwender) der anderen Vertragspartei bei Abschluss eines Vertrages stellt. Gleichgültig ist, ob die Bestimmungen einen äußerlich gesonderten Bestandteil des Vertrages bilden oder in die Vertragsurkunde selbst aufgenommen werden, welchen Umfang sie haben, in welcher Schriftart sie verfasst sind und welche Form der Vertrag hat. Allgemeine Geschäftsbedingungen liegen nicht vor, soweit die Vertragsbedingungen zwischen den Vertragsparteien im Einzelnen ausgehandelt sind.

Mit den AGB, dem sogenannten „Kleingedruckten", wurde oft zulasten des Kunden Missbrauch getrieben. Mit den gesetzlichen Vorschriften verfolgt man das Ziel, den **Verbraucher** zu **schützen**. So werden die AGB nicht automatisch Bestandteil des Vertrages, vielmehr müssen sie ausdrücklich vereinbart sein. Das Gesetz schreibt hierzu vor:

§ 305 BGB

(2) Allgemeine Geschäftsbedingungen werden nur dann Bestandteil eines Vertrages, wenn der Verwender bei Vertragsabschluss

1. die andere Vertragspartei ausdrücklich oder, wenn ein ausdrücklicher Hinweis wegen der Art des Vertragsabschlusses nur unter unverhältnismäßigen Schwierigkeiten möglich ist, durch deutlich sichtbaren Aushang am Ort des Vertragsabschlusses auf sie hinweist

und

2. der anderen Vertragspartei die Möglichkeit verschafft, in zumutbarer Weise, die auch eine für den Verwender erkennbare körperliche Behinderung der anderen Vertragspartei angemessen berücksichtigt, von ihrem Inhalt Kenntnis zu nehmen,

und wenn die andere Vertragspartei mit ihrer Geltung einverstanden ist.

Weiterhin gilt, dass die AGB-Klauseln für den Käufer in verständlicher Form formuliert sind. **Ist eine Klausel unverständlich, so ist sie unwirksam.**

Voraussetzung für die Einbeziehung der AGB

- ausdrücklicher Hinweis auf die AGB
- in zumutbarer Weise vom Inhalt Kenntnis nehmen
- ausdrückliches Einverständnis, dass AGB gelten

Voraussetzungen für die Einbeziehung
Persönliche Absprachen haben Vorrang vor AGB-Regelungen. Die allgemeinen Geschäftsbedingungen **ergänzen** den zwischen den Vertragsparteien **geschlossenen Vertrag.** Ist beispielsweise ein Lieferdatum, wie zwischen Dr. Heine und der Praxisausstattungs-GmbH, fest vereinbart (25. Juli 2015), so gilt diese Absprache und nicht eine abweichende AGB-Regelung. Allerdings müssen solche Nebenabsprachen aus Beweisgründen im Vertrag schriftlich festgehalten werden.

Das Gesetz legt hierzu fest:

§ 305b BGB – Vorrang der Individualabrede

Individuelle Vertragsabreden haben Vorrang vor Allgemeinen Geschäftsbedingungen.

Der **Käufer** wird **weiterhin** dadurch **geschützt**, dass **überraschende Klauseln nicht Bestandteil des Vertrages** werden. Das Gesetz schreibt hierzu vor:

§ 305c BGB – Überraschende und mehrdeutige Klauseln

(1) Bestimmungen in Allgemeinen Geschäftsbedingungen, die nach den Umständen, insbesondere nach dem äußeren Erscheinungsbild des Vertrags, so ungewöhnlich sind, dass der Vertragspartner des Verwenders mit ihnen nicht zu rechnen braucht, werden nicht Vertragsbestandteil.

Beispiel: *Ein Zahnarzt hat eine kombinierte Radio- und Sprechanlage in der Praxis installieren lassen. Nach einem Jahr erscheint ein Mitarbeiter der Lieferfirma, um die Anlage zu warten. Der Zahnarzt ist völlig überrascht und erhält den Hinweis, dass in den AGB eine jährliche Wartung für die nächsten zehn Jahre festgeschrieben ist. Der Zahnarzt lehnt die Wartung mit der Begründung ab, dass nach dem BGB eine solche überraschende Klausel keinerlei Gültigkeit habe.*

Nicht immer sind AGB-Regelungen völlig klar und eindeutig abgefasst. Gibt es hinsichtlich der Auslegung der AGB **Unklarheiten**, so **gehen** diese **zulasten des Verkäufers. Für den Käufer ist immer die günstige Auslegung zu wählen.** Die entsprechende gesetzliche Regelung lautet:

§ 305c BGB

(2) Zweifel bei der Auslegung Allgemeiner Geschäftsbedingungen gehen zulasten des Verwenders.

Weiterhin regelt das BGB, dass übermäßig benachteiligende Bestimmungen für den Käufer **unwirksam sind.** Kernstück ist dabei die folgende Generalklausel:

§ 307 BGB – Inhaltskontrolle

(1) Bestimmungen in Allgemeinen Geschäftsbedingungen sind unwirksam, wenn sie den Vertragspartner des Verwenders entgegen den Geboten von Treu und Glauben unangemessen benachteiligen. Eine unangemessene Benachteiligung kann sich auch daraus ergeben, dass die Bestimmungen nicht klar und verständlich sind.

Ein großer Teil von Bestimmungen in AGB, die in besonders drastischer Weise den Kunden benachteiligen, ist im BGB in einer Liste zusammengefasst. Dabei werden zwei Arten von Klauseln unterschieden:

1. Absolut verbotene Klauseln: Diese sind ohne Einschränkungen unwirksam. Allerdings bleibt der abgeschlossene Vertrag wirksam. Anstelle der unwirksamen AGB-Klauseln treten dann die gesetzlichen Regelungen.

Beispiele:

- *Preiserhöhungsklauseln bei Verträgen, die innerhalb von vier Monaten erfüllt werden,*
- *Einschränkung von dem Vertragspartner zustehenden Gegenrechten, z. B. Zurückbehaltung der Miete eines gemieteten Praxiscomputers, wenn dieser defekt ist,*
- *Ausschluss der Gewährleistungsansprüche,*
- *überhöhte Schadenersatzansprüche,*
- *Ausschluss oder Beschränkung der Haftung bei grobem Verschulden,*
- *Ausschluss oder Beschränkung der Rechte des Käufers, wenn der Verkäufer nicht oder nur verspätet leistet.*

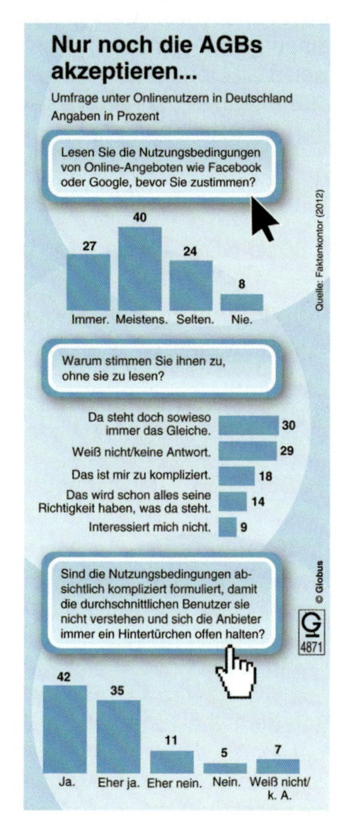

2. Bedenkliche Klauseln: Hierbei ist im Einzelfall zu prüfen, ob eine unangemessene Benachteiligung vorliegt, die dazu führt, dass die Klauseln unwirksam sind, oder ob sie trotz der Schlechterstellung des Kunden noch hinnehmbar sind.

Beispiele:

- *zu lange oder zeitlich nicht abschätzbare Annahme- oder Lieferfristen, z. B. wenn bei Bestellung im Versandhandel festgelegt wird: „Der Kunde ist an seine Bestellung gebunden, bis das Versandhaus über die Annahme oder Absage der Bestellung eine Mitteilung zustellt“,*
- *Rücktrittsvorbehalte, die dem Verkäufer ein einseitiges Rücktrittsrecht ohne sachlichen Grund zubilligen, beispielsweise die Klausel: „Der Reiseveranstalter ist berechtigt, die Reise ohne Angabe von Gründen abzusagen“,*
- *unzumutbare Änderungsvorbehalte des Verkäufers, beispielsweise sind Farbabweichungen bei Möbeln zulässig, die Lieferung von Birken- statt Eichenmöbeln ist aber unzulässig.*

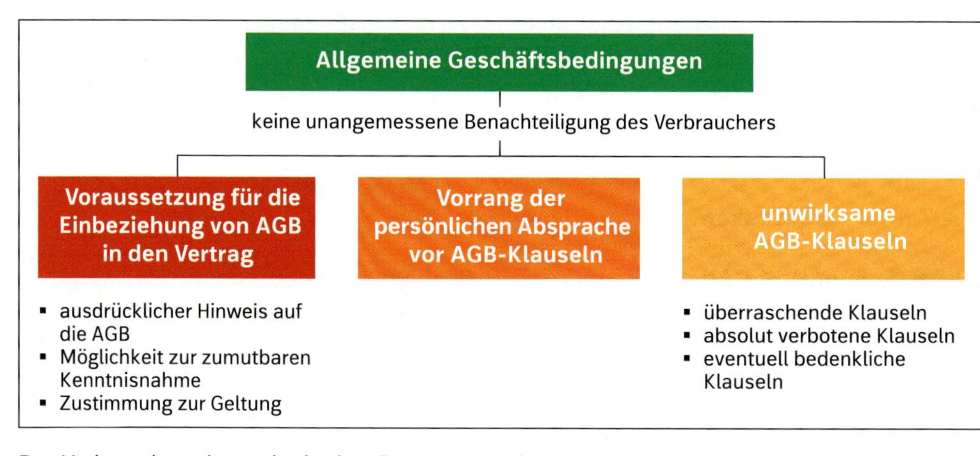

Der Verbraucherschutz, der in den Gesetzen zu den AGB geregelt ist, gilt auch für Internetgeschäfte. Allerdings kommt es hier zu zusätzlichen Rechtsfragen und Problemen, die sich allein durch die Onlinevertriebsform und die Besonderheiten der Internetmarktplätze ergeben (siehe Kapitel „Fernabsatzverträge“). Für jeden Verbraucher ist es deshalb immer ratsam, sich vor einem Kauf im Internet über die entsprechenden Anbieter zu informieren.

Zusendung unbestellter Ware

Nicht selten wird Verbrauchern **Ware unbestellt** ins Haus **geliefert**, obwohl dies gegen das **„Gesetz gegen den unlauteren Wettbewerb" (UWG)** verstößt. In einem Begleitschreiben mit einem beigefügten Überweisungformular, fordert der Verkäufer den Empfänger auf, die gelieferte Ware zu prüfen. Bei Nichtgefallen wird er gebeten, die Ware innerhalb einer bestimmten Frist zurückzusenden. Überschreitet der Empfänger diese Frist, erfolgt häufig eine Mahnung zur sofortigen Bezahlung der Ware. Es ist daher wichtig, dass der Verbraucher seine Rechte kennt, damit er nicht durch falsches Verhalten mit nachteiligen Folgen zu rechnen hat.

Unbestellte Ware muss nicht bezahlt werden. Die Sendung stellt lediglich ein Angebot (Antrag) dar. Bezahlt der Empfänger den Kaufpreis oder benutzt er die Ware, hat er das **Angebot angenommen.** Auch ein versehentliches In-Gebrauch-Nehmen der Ware bedeutet rechtlich eine Annahme des Angebots. Ein Kaufvertrag ist dann zustande gekommen. **Reagiert der** Empfänger nicht, bedeutet dies eine Ablehnung des Angebots. In diesem Zusammenhang ist der Empfänger auch nicht verpflichtet, eine Absage zu schreiben bzw. die Ware zurückzusenden. Der Empfänger ist lediglich verpflichtet, die Ware eine angemessene Zeit aufzubewahren.

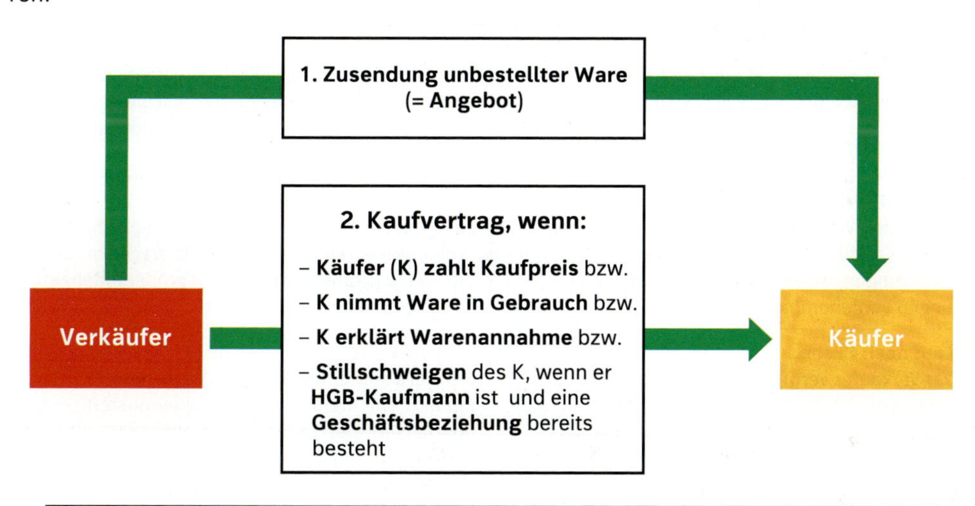

Kein Kaufvertrag, wenn:
- **Stillschweigen** des **HGB-Kaufmanns** K bei **fehlender bisheriger Geschäftsbeziehung**
- **Stillschweigen** des **Privatmanns K** (Zusendung der Ware ist ein Verstoß gegen UWG)

Produkthaftung

Das Produkthaftungsgesetz (ProdHaftG) stellt die besondere Verantwortung des Herstellers für seine Ware heraus. Zudem ergänzt das **Geräte- und Produktsicherheitsgesetz (GPSG)** das Produkthaftungsgesetz. **Entstehen Sach- oder Personenschäden** durch den Gebrauch eines fehlerhaften Produktes beim Verbraucher, so **haftet der Hersteller für den entstandenen Schaden. Diese Haftung gilt nur für den privaten Nutzer** der Ware. Bei einem Schaden durch Nutzung der Ware in einem Gewerbebetrieb gilt das Produkthaftungsgesetz nicht. Ebenfalls ausgenommen sind landwirtschaftliche Erzeugnisse sowie Arzneimittel.

Bei der Klärung der Haftungsfrage ist es unerheblich, ob ein Verschulden des Produzenten vorliegt oder nicht. Die verschuldensunabhängige Gefährdungshaftung des Herstellers ist im Fall der Verletzung von Personen auf einen Höchstbetrag von 85 Millionen EUR begrenzt, **unabhängig** von der Zahl der Geschädigten. Bei Sachschäden hat der Geschädigte den Schaden bis zu einer Höhe von 500,00 EUR selbst zu tragen. Eine Haftungshöchstgrenze besteht nicht.

Kaufvertragsarten

Kaufverträge lassen sich nach verschiedenen Merkmalen bzw. Vereinbarungen unterscheiden. Hier werden die für jeden Verbraucher sowie den Zahnarzt und die Zahnmedizinische Fachangestellte wichtigen Kenntnisse der folgenden drei Vertragsarten dargestellt.

Vertragsarten nach Bestimmung von Art, Güte und Beschaffenheit der Ware

Art des Vertrages	Beispiel
Stückkauf Gegenstand des Kaufvertrages ist eine nicht vertretbare Ware, d. h., die Ware gibt es in dieser Form nur einmal.	Einmalige Sonderanfertigungen, wie beispielsweise die Anfertigung eines Praxisempfangs nach Maß.
Gattungskauf Hierbei wurde ein Kaufvertrag über eine vertretbare Ware abgeschlossen, d. h., die Ware ist in dieser Form überall erhältlich.	Kauf von Verbandmaterial für den Praxisbedarf.
Kauf nach Besichtigung Der Käufer erhält die Möglichkeit, die Ware vor Vertragsabschluss zu besichtigen.	Eine Zahnmedizinische Fachangestellte möchte einen Gebrauchtwagen kaufen. Nach eingehender Besichtigung eines Fahrzeugs entschließt sie sich zum Kauf.
Kauf zur Probe Eine kleine Warenmenge wird zunächst gekauft und ausprobiert. Entspricht die Ware den Erwartungen, werden größere Nachbestellungen vorgenommen.	Ein Zahnarzt hat bei einem Winzer zunächst ein Probierpaket mit Weinen bestellt. Nachdem er die Weine probiert hat, kauft er größere Mengen der angebotenen Weine.
Kauf nach Probe Der Verkäufer verpflichtet sich, eine Ware entsprechend einer vom Käufer vorgelegten Probe bzw. einer vorher dem Käufer überlassenen Probe zu liefern.	Der Vertreter einer Druckerei hat einem Zhnarzt eine Reihe von Briefbogenmustern überlassen. Der Zahnarzt bestellt 1 000 Briefbögen und Umschläge mit seinem Namensaufdruck gemäß eines der vorgelegten Muster.
Kauf auf Probe Dem Käufer wird eine Ware probeweise überlassen. Innerhalb der vereinbarten Frist hat der Käufer das Recht zur Rückgabe, wenn die Ware nicht seinen Erwartungen entspricht.	Ein Zahnarzt kauft ein Fotokopiergerät mit der Vereinbarung, dass eine Rückgabe des Gerätes innerhalb von drei Monaten jederzeit möglich ist.

Vertragsformen nach der Bestimmung der Lieferzeit

Art des Vertrages	Beispiel
Sofortkauf Die Lieferung muss unmittelbar nach Bestellung erfolgen.	Mit dem Lieferanten für Praxisbedarf wurde bei der Bestellung vereinbart: „Lieferung sofort."
Kauf auf Abruf Zwecks Einsparung von Lagerkosten wird im Kaufvertrag festgehalten, dass innerhalb einer vereinbarten Frist der Käufer die zu liefernde Ware nach seinem Bedarf abruft.	Ein Krankenhaus kauft bei einem Gemüsegroßhändler 100 Zentner Kartoffeln. Es wird vereinbart, dass die Kartoffeln in beliebigen Teilmengen binnen eines Monats abgerufen werden können.

Art des Vertrages	Beispiel
Fixkauf Im Kaufvertrag ist der Liefertag genau bestimmt. Der Fixkauf ist üblich, wenn beispielsweise eine Praxiseröffnung oder -renovierung genau pünktlich erfolgen soll, aber auch bei Saisonwaren.	Lieferung der Wartezimmermöbel am 10. Juni fix.
Termin- oder Zeitkauf Im Kaufvertrag wird die Lieferung zu einem späteren Termin bzw. innerhalb einer bestimmten Frist vereinbart.	„Lieferung Ende Februar" „Lieferung innerhalb 6 Wochen"

Vertragsformen nach der Rechtsstellung der Vertragspartner
Beim Abschluss von Kaufverträgen sind die Rechtsvorschriften, je nachdem ob die Vertragspartner Unternehmer (Kaufmann) oder Verbraucher (Nichtkaufmann) sind, unterschiedlich. Entscheidend ist, ob der jeweilige Vertragspartner **als Unternehmer bzw. Verbraucher handelt.** So ist beispielsweise der Kaufmann, der eine Ware zur privaten Nutzung kauft, als Vertragspartner Verbraucher. Kauft er hingegen ein Gut für sein Unternehmen, so handelt er als Kaufmann. Nach dem Handelsgesetzbuch ist derjenige Kaufmann, der ein Handelsgewerbe (§ 1 HGB) betreibt. Alle Freiberufler **(Ärzte, Zahnärzte, Steuerberater, Rechtsanwälte** usw.) **betreiben kein Gewerbe. Sie handeln auch beim Abschluss von Kaufverträgen über Güter für die eigene Praxis immer als Verbraucher**.

Je nach den beteiligten Partnern unterscheidet man zwischen einem Privatkauf, Verbrauchsgüterkauf, sonstigen einseitigen Handelskauf und zweiseitigen Handelskauf.

Insbesondere beim Verbrauchsgüterkauf gelten besondere Garantien beim Auftreten eines Sachmangels. Innerhalb der ersten sechs Monate gilt, dass die Ware von Anfang an mangelhaft war. Die regelmäßige kaufrechtliche Verjährungsfrist beträgt zwei Jahre.

Verkäufer / Käufer	Unternehmer	Verbraucher
Verbraucher	**Verbrauchsgüterkauf,** z. B. Zahnmedizinische Fachangestellte kauft einen Kühlschrank im Elektrogroßhandel	**Privatkauf,** z. B. Zahnmedizinische Fachangestellte kauft einen Gebrauchtwagen von einem Privatmann
Unternehmer	**zweiseitiger Handelskauf,** z. B. Elektrofachgeschäft kauft Kühlschränke im Großhandel	**sonstiger einseitiger Handelskauf,** z. B. Zahnmedizinische Fachangestellte verkauft einen Gebrauchtwagen an einen Gebrauchtwagenhändler

Situationsaufgaben

In Ihrer Ausbildungspraxis soll ein Dampfsterilisator angeschafft werden.

- Besorgen Sie sich Unterlagen von entsprechenden Anbietern, eventuell auch durch Anfragen.
- Vergleichen Sie die Angebote hinsichtlich
  - der technischen Möglichkeiten,
  - der Lieferungs- und Zahlungsbedingungen.

- Entscheiden Sie sich für einen Anbieter. Begründen Sie Ihre Entscheidung und entwerfen Sie eine Bestellung. Drucken Sie die Allgemeinen Geschäftsbedingungen eines Anbieters für Praxisbedarf im Internet aus.
- Erstellen Sie eine Übersicht über die wichtigsten Vertragsbedingungen, die darin festgelegt sind.
- Prüfen Sie, ob in den AGB überraschende, absolut verbotene oder bedenkliche Klauseln vorhanden sind.
- Geben Sie jeweils für diese Arten von Klauseln ein Beispiel und erläutern Sie, was das BGB vorsieht, wenn entsprechende Klauseln in Verträgen enthalten sind.

Prüfungsvorbereitung

Folgende Karteikarten sind zur Ergänzung der Prüfungsvorbereitung zu erstellen:

Karteikarte 74:
Abschluss des Kaufvertrages

1. *Anfrage als Bezugsquelle*
2. *Angebot als Willenserklärung*
3. *Arten des Angebotes*
4. *Bestellung*

Karteikarte 75:
Inhalte des Angebotes

1. *Beschreibung der Ware*
2. *Menge*
3. *Preis pro Einheit*
4. *Lieferungsbedingungen*
5. *Zahlungsbedingungen*
6. *Erfüllungsort und Gerichtsstand*

Karteikarte 76:
Besonderheiten beim Kaufvertragsabschluss

1. *Ratenkauf*
2. *Haustürgeschäfte*
3. *Versandhandelskauf/Fernabsatzrecht*
4. *Zusendung unbestellter Ware*
5. *Produkthaftung*

Karteikarte 77:
Allgemeine Geschäftsbedingungen (AGB)

1. *Sinn der AGB*
2. *Voraussetzungen für deren Gültigkeit*
3. *Unwirksame AGB-Klauseln*

Karteikarte 78:
Kaufvertragsarten nach Bestimmung von Art, Güte und Beschaffenheit

1. *Stückkauf*
2. *Gattungskauf*
3. *Kauf nach Besichtigung*
4. *Kauf zur Probe*
5. *Kauf nach Probe*
6. *Kauf auf Probe*

Karteikarte 79:
Kaufvertragsarten nach Bestimmung der Lieferzeit

1. *Sofortkauf*
2. *Kauf auf Abruf*
3. *Fixkauf*
4. *Termin- oder Zeitkauf*

Karteikarte 80:
Kaufvertragsarten nach Bestimmung Rechtsstellung der Vertragspartner

1. *Verbrauchsgüterkauf*
2. *Privatkauf*
3. *zweiseitiger Handelskauf*
4. *sonstiger einseitiger Handelskauf*

2 Störungen bei der Erfüllung des Kaufvertrages

(Auf Kaufvertragsstörungen angemessen reagieren und die Interessen der Praxis wahrnehmen)

Die Praxisausstattung-GmbH in Stuttgart liefert die bestellten Wartezimmermöbel an Herrn Dr. Heine nicht am 25. Juli 2019 Auf Nachfrage erfährt er, dass man aus Versehen den 25. August 2019 als Liefertermin notiert hatte. Da die alten Wartezimmermöbel mit Beginn der Renovierung der Praxis entsorgt worden waren, stehen Dr. Heine keine Möbel für das neu renovierte Wartezimmer zur Verfügung. Nach einer Anfrage beim örtlichen Möbelhaus Beermann werden Herrn Dr. Heine einige Ausstellungsmöbel gegen ein Entgelt von 900,00 EUR für vier Wochen leihweise zur Verfügung gestellt.

Bei der Anlieferung der bestellten Möbel am 25. August 20.. stellt Herr Dr. Heine auf einem der Tische einen deutlich sichtbaren Kratzer fest, der quer über die Tischoberfläche verläuft. Der Zahnarzt ist zunächst so verärgert, dass er die gesamten Wartezimmermöbel nicht annehmen will. Nach einem Telefongespräch mit dem Geschäftsführer der Praxisausstattung-GmbH sichert dieser zu, dass man in den nächsten Tagen den offensichtlichen Transportschaden ausbessern werde. Infolge dieser Nachbesserung kommt es zu erheblichen Farbabweichungen zwischen der nachgebesserten Tischoberfläche und dem übrigen Teil des Tisches. Dr. Heine schreibt am 2. September 2019 an die Praxisausstattung-GmbH und teilt mit, dass er auf eine Neulieferung des Tisches bestehe. Mit der Praxisausstattung-GmbH hatte sich Herr Dr. Heine darauf geeinigt, dass der Rechnungsbetrag für die Leihmöbel direkt von dem Unternehmen an das Möbelhaus Beermann überwiesen wird. Am 5. September 2019 erhält Dr. Heine vom Möbelhaus Beermann eine Mahnung über die noch ausstehende Leihgebühr. Daraufhin überweist er diese, zieht aber vom Rechnungsbetrag der Praxisausstattung-GmbH die Leihgebühr ab.

Aufgaben

1. Das Beispiel oben zeigt, dass es bei der Erfüllung von Verträgen zu erheblichen Störungen kommen kann. Zunächst liegt bei der Praxisausstattung-GmbH offensichtlich eine Nicht-Rechtzeitig-Lieferung (Lieferungsverzug) vor.

   a) Beschreiben Sie die Voraussetzungen für eine Nicht-Rechtzeitig-Lieferung.

   b) Welches Recht nimmt Herr Dr. Heine aufgrund der Nicht-Rechtzeitig-Lieferung für sich in Anspruch?

   c) Erläutern Sie anhand von Beispielen alternative Rechte des Käufers bei einer Nicht-Rechtzeitig-Lieferung.

   d) Um welche Art von Schaden handelt es sich, wenn Herr Dr. Heine die Leihgebühr für die ausgeliehenen Wartezimmermöbel der Praxisausstattung-GmbH in Rechnung stellt?

2. Bei Lieferung der Praxismöbel stellte Herr Dr. Heine fest, dass ein Tisch einen Kratzer aufweist, der quer über die Tischfläche verläuft.

   a) Um welche Art von Mangel handelt es sich hier?

   b) Erläutern Sie anhand von Beispielen weitere Mangelarten.

   c) Was versteht man im Zusammenhang mit einer Schlechtleistung (Mängelrüge) unter „Rügepflicht"?

   d) Erläutern Sie anhand von Beispielen die Rechte des Käufers, wenn der Verkäufer mangelhafte Ware geliefert hat.

3. Herr Dr. Heine ist über die Vielzahl der Probleme, die sich beim Kauf der Wartezimmermöbel mit der Praxisausstattung-GmbH ergeben haben, so verärgert, dass er zunächst die Möbel insgesamt nicht annehmen will.

   a) Würde Herr Dr. Heine durch die Ablehnung der Annahme der Wartezimmermöbel in Gläubigerverzug (Annahmeverzug) geraten? Begründen Sie Ihre Antwort.

   b) Erläutern Sie anhand von Beispielen die Rechte des Verkäufers beim Gläubigerverzug (Annahmeverzug).

4. Das Möbelhaus Beermann mahnt bei Herrn Dr. Heine die Zahlung der Leihgebühr an.

   a) Unter welchen Voraussetzungen gerät ein Vertragspartner in Zahlungsverzug?

   b) Erläutern Sie die Rechte des Verkäufers, wenn bei einem Kaufvertrag der Käufer in Zahlungsverzug gerät.

Mögliche Erfüllungsstörungen beim Kaufvertrag

Halten die Vertragspartner eines Kaufvertrages ihre Verpflichtungen nicht ein, ergeben sich folgende Erfüllungsstörungen:

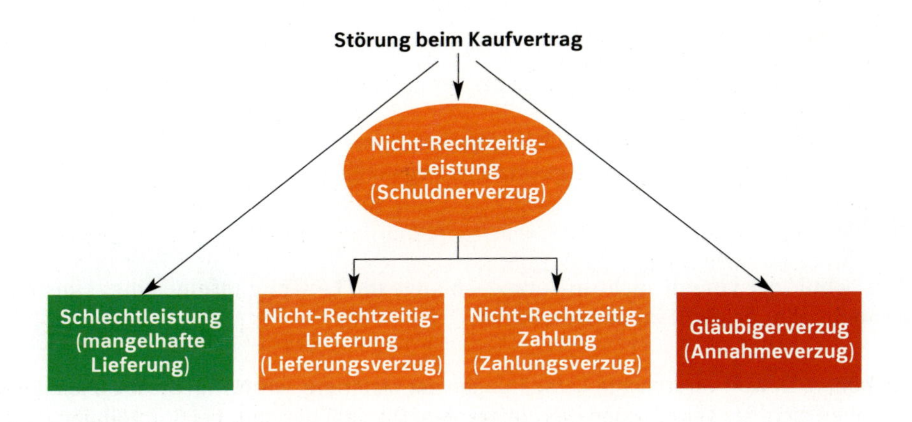

2.1 Nicht-Rechtzeitig-Lieferung (Lieferungsverzug)

Definition: *Der Verkäufer hat die Pflicht, dem Käufer die bestellte Ware innerhalb der vereinbarten Lieferzeit bzw. zum vereinbarten Liefertermin zu liefern. Hat der Verkäufer schuldhaft, d. h. vorsätzlich oder fahrlässig, nicht oder nicht rechtzeitig geliefert, gerät er in Lieferungsverzug.*

Voraussetzungen für das Vorliegen der Nicht-Rechtzeitig-Lieferung

Der Verkäufer befindet sich in Lieferungsverzug, wenn folgende Voraussetzungen gegeben sind:

- Die Lieferung muss fällig sein.
- Den Lieferanten trifft ein Verschulden.

Fälligkeit der Lieferung
Häufig ist der Liefertermin aufgrund der Vereinbarungen im Kaufvertrag nicht genau bestimmt.

Beispiele: *„Lieferung ab November", „Lieferung frühestens in etwa sechs Wochen"*

Bei einem nicht genau bestimmten Liefertag muss der Käufer ermitteln, ob eine vom Verkäufer verschuldete Verzögerung vorliegt. Um einen ausdrücklichen Hinweis auf die Fälligkeit zu geben, mahnt nach Überschreiten der vereinbarten Frist der Käufer den Lieferanten. Die entsprechende Regelung im BGB lautet:

§ 286 BGB – Verzug des Schuldners

(1) Leistet der Schuldner auf eine Mahnung des Gläubigers nicht, die nach dem Eintritt der Fälligkeit erfolgt, so kommt er durch die Mahnung in Verzug [...].

(2) Der Mahnung bedarf es nicht, wenn

1. für die Leistung eine Zeit nach dem Kalender bestimmt ist,
2. [...]
3. der Schuldner die Leistung ernsthaft und endgültig verweigert [...].

Bei einem genau bestimmten bzw. bestimmbaren Liefertag gerät der Lieferant ohne Mahnung in Verzug. In der vorliegenden Ausgangssituation kommt die Praxisausstattung-GmbH ohne Mahnung in Lieferungsverzug, da sie nicht am 25. Juli 2019 liefert und sie außerdem das Verschulden für die Verspätung trägt. Weitere Klauseln, die eine Bestimmung des Liefertermins ermöglichen, können lauten:

- „Lieferung noch im November“,
- „Lieferung in sechs Wochen“,
- „Lieferung Mitte des Monats“.

Eine wichtige Voraussetzung für den Lieferungsverzug ist neben der Fälligkeit das Verschulden des Lieferanten. Die entsprechende gesetzliche Regelung lautet:

§ 286 BGB

(4) Der Schuldner kommt nicht in Verzug, solange die Leistung infolge eines Umstandes unterbleibt, den er nicht zu vertreten hat.

Durch höhere Gewalt verursachte Verspätungen der Lieferung, wie Naturkatastrophen, Streiks usw., gelten nicht als Verschulden des Lieferanten. Dies gilt aber nur bei Stückkäufen (Einzelprodukt bzw. Ware, die speziell für den Käufer angefertigt wurde). Bei **Gattungskäufen**, z. B. Konsumgüterkäufen, kommt der Lieferant auch **ohne Verschulden** in Verzug.

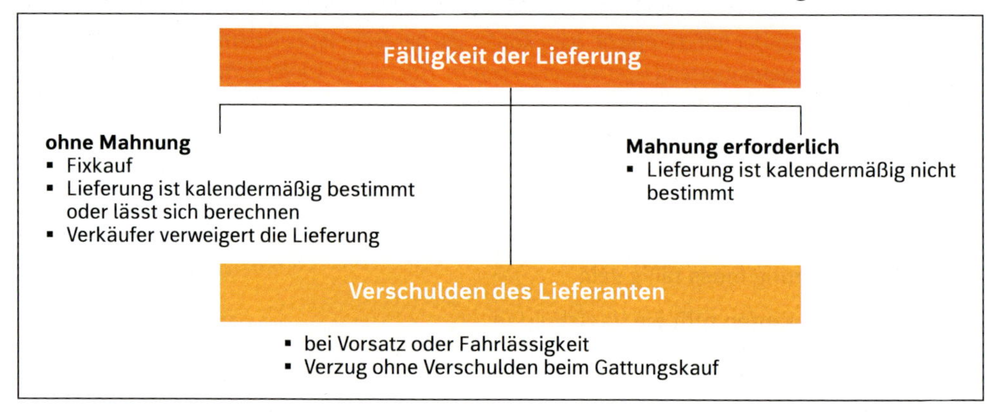

Rechte des Käufers

Lieferung verlangen und eventuell Schadenersatz
Die jeweilige Situation des Käufers beeinflusst entscheidend, welches Recht er beansprucht. Ist er noch an einer Lieferung interessiert, weil er in absehbarer Zeit keine gleichwertige Ware anderweitig kaufen kann oder die Preise für diese Ware gestiegen sind, so wird er **auf Lieferung bestehen.** Entsteht aus der verspäteten Lieferung ein Schaden, so kann der Käufer **zusätzlich Schadenersatz** verlangen.

Beispiel: *Herr Dr. Heine zieht die Leihgebühr von 900,00 EUR für das Möbelhaus Beermann von der Rechnung der Praxisausstattung-GmbH ab.*

Rücktritt vom Vertrag und/oder Schadenersatz statt Leistung
Beabsichtigt der Käufer, auf die Lieferung zu verzichten, so muss er dem Verkäufer eine letzte angemessene Frist zur Lieferung setzen. Eine **angemessene Nachfrist** ist dann gegeben, wenn der Verkäufer die Möglichkeit hat, die Ware zu liefern, ohne sie anzufertigen bzw. zu beschaffen. Diese Fristsetzung ist entbehrlich, wenn der Schuldner die Leistung verweigert oder aufgrund der Umstände sofort Schadenersatz geltend gemacht werden kann.

Der Käufer lehnt nach Ablauf der Nachfrist die Lieferung ab und tritt vom Vertrag zurück. Dieses Recht nimmt er immer dann in Anspruch, wenn er inzwischen ein günstigeres Angebot erhalten hat oder wenn die Preise des entsprechenden Gutes gesunken sind.

Benötigt der Käufer die Ware dringend, so ist er nach Ablauf der Nachfrist gezwungen, sich die Ware zu einem in der Regel höheren Preis bei einer anderen Firma zu beschaffen (**Deckungskauf**). Die Preisdifferenz stellt der Käufer dem säumigen Lieferanten in Rechnung.

Beispiel: *Der Zahnarzt Dr. Jürgens hat bei der Druckerei Gutenberg Broschüren bestellt. Die Lieferung wurde zum 31. Juli 2019 zugesichert. Am 2. August mahnt Dr. Jürgens die Broschüren an und setzt eine Nachfrist bis zum 10. August. Am 12. August kauft Dr. Jürgens die Broschüren bei der Medizindruck-KG zu einem wesentlich höheren Preis. Er teilt der Druckerei Gutenberg mit, dass er auf die Lieferung verzichtet und fordert als Schadenersatz die Erstattung der Preisdifferenz.*

Ersatz vergeblicher Aufwendungen
Anstelle von Schadenersatz kann der Käufer die Erstattung der Kosten vom Verkäufer verlangen, die im Vertrauen auf eine rechtzeitige Lieferung entstanden sind.

Beispiel: *Ein Zahnarzt hat bei einer Galerie ein Bild für ein Wartezimmer im Wert von 800,00 EUR gekauft. Das Bild soll am 20.10. geliefert werden. Aufgrund einer Mahnung vom 28.10. erklärt die Galerie, dass das Bild durch eine Unachtsamkeit zerstört wurde und somit nicht lieferbar sei. Der Zahnarzt hat einen Rahmen im Wert von 200,00 EUR anfertigen lassen, der nicht umgetauscht werden kann. Er verlangt zu Recht die Erstattung der Kosten für den Rahmen.*

Die zu ersetzenden Kosten müssen allerdings in einem vertretbaren Verhältnis zum Kaufpreis stehen. Im vorhergehenden Beispiel wäre die Forderung zur Erstattung der Kosten für einen handgefertigten Rahmen im Wert von 1 000,00 EUR unangemessen.

Nicht-Rechtzeitig-Lieferung–Rechte des Käufers

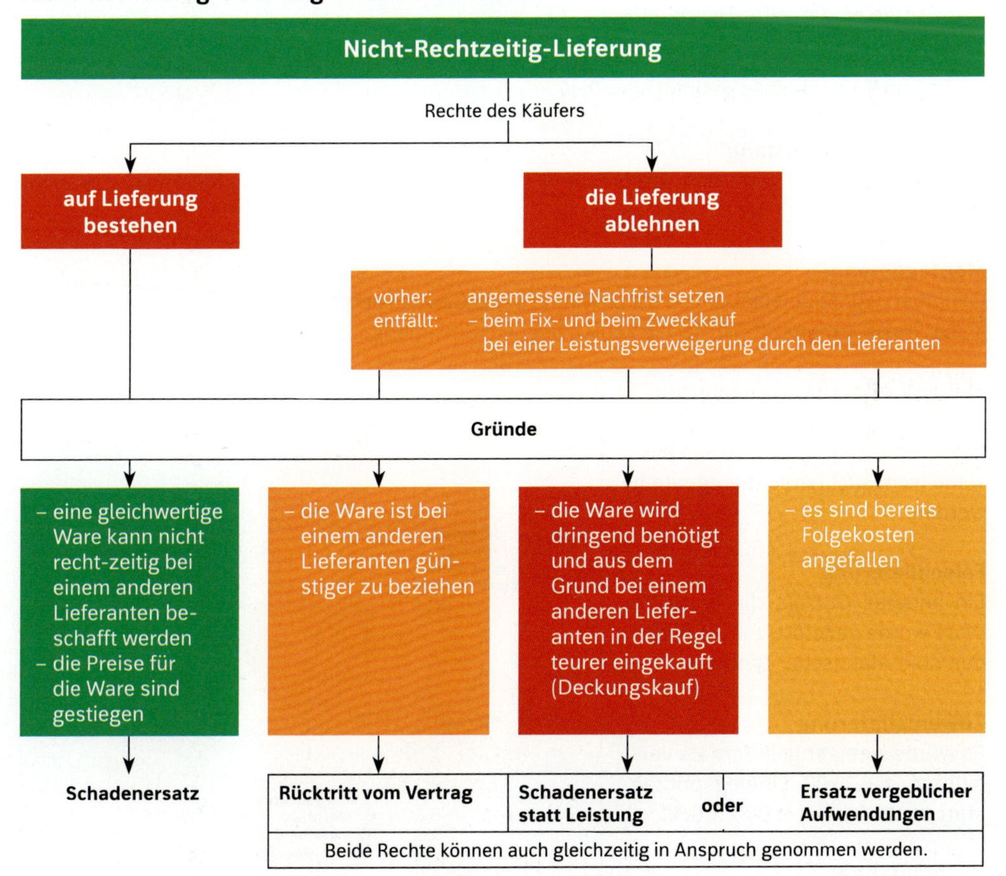

Schadenberechnung und Haftung bei Nicht-Rechtzeitig-Lieferung
Hat der Käufer sich die Ware zu einem höheren Preis beschafft oder fällt, wie in der Ausgangssituation beschrieben, eine Leihgebühr an, so lässt sich ein **konkreter Schaden** nachweisen. Den entsprechenden Schaden hat der Lieferant zu tragen.

Beispiel: *Ein Zahnarzt hat wegen verspäteter Lieferung von Geräten Behandlungen nicht durchführen können, sodass ihm durch den Honorarausfall ein konkreter Schaden entstanden ist. Zusätzlich kann noch der Ruf des Zahnarztes geschädigt sein, weil er aufgrund fehlender Geräte Behandlungen nicht vornehmen konnte. Ein solcher* ***abstrakter Schaden*** *ist schwer nachzuweisen und daher noch schwerer zu berechnen.*

2.2 Schlechtleistung (Lieferung mangelhafter Ware)

Definition: *Der Verkäufer ist verpflichtet, die Ware frei von Sach- und Rechtsmängeln zu liefern.*

Daher muss der Käufer beim Eintreffen der Ware prüfen, ob Mängel festzustellen sind. Folgende Mängelarten können auftreten:

Sachmängel

Sache hat nicht die vereinbarte Beschaffenheit (fehlerhafte Ware)
Bei fehlerhafter Ware unterscheidet man hinsichtlich der **Erkennbarkeit**:

- **offene Mängel**: sofort erkennbar, z. B. ein Kratzer auf einem Möbelstück,
- **versteckte Mängel**: erst bei Gebrauch erkennbar, z. B. ein Sterilisator erreicht nicht die eingestellte Temperatur,
- **arglistig verschwiegene Mängel:** z. B. absichtliche Nichtangabe eines Unfallschadens beim Kauf eines gebrauchten Pkw.

Ware ungleich Werbung
Die Ware entspricht nicht den Versprechungen der Werbung, z. B. das Dreiliterauto verbraucht tatsächlich fünf Liter Benzin je 100 km.

Montagemangel
Vereinbart wurde beispielsweise die Lieferung eines Gerätes einschließlich Aufstellung (Montage) in der Praxis. Unterläuft hierbei ein Fehler, liegt ein Sachmangel vor, für den der Verkäufer haftet.

Mangelhafte Montageanleitung
Aufgrund einer fehlerhaften Montageanleitung kann z. B. eine Schrankwand nicht sachgerecht aufgestellt werden.

Falschlieferung
Ein anderes Gut als die bestellte Ware wurde geliefert, z. B. Mullbinden statt elastischer Binden.

Zuweniglieferung
Es wurde weniger geliefert als vereinbart, z. B. 100 Einwegspritzen statt der bestellten 1 000 Stück.

Rechtsmängel

Ein Rechtsmangel liegt beispielsweise vor, wenn der Verkäufer nicht Eigentümer der verkauften Ware ist. Gestohlene Ware kann

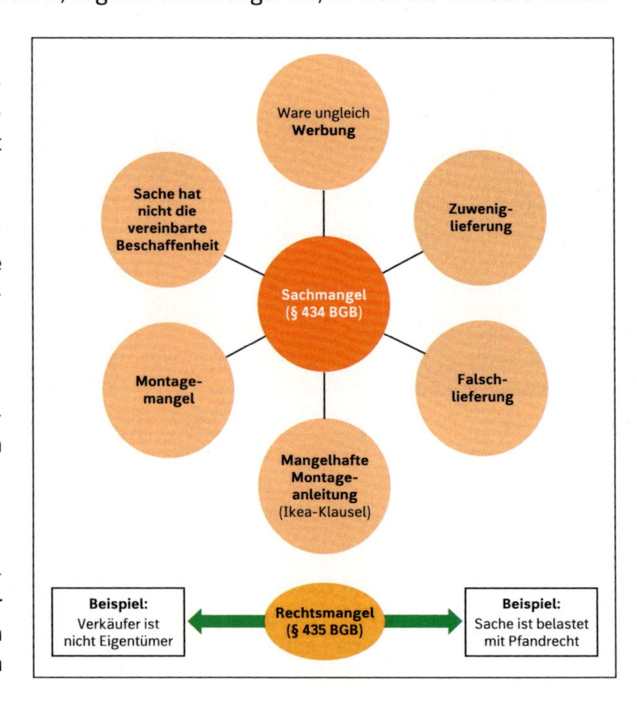

somit niemals rechtmäßig erworben werden, auch wenn der Käufer selbst nicht wusste, dass es sich um gestohlene Ware handelt.

Hinsichtlich der Prüfungspflicht räumt der Gesetzgeber beim Privatkauf und beim Verbrauchsgüterkauf dem Käufer eine längere Frist ein. Er muss innerhalb der Gewährleistungsfrist die Ware auf Mängel prüfen. Beim zweiseitigen Handelskauf und beim sonstigen einseitigen Handelskauf ist die Ware hingegen unverzüglich auf Mängel zu untersuchen. Es empfiehlt sich aber immer, eine Ware unverzüglich auf ihre Mangelfreiheit hin zu überprüfen.

Kaufvertragsart	Offene Mängel	Versteckte Mängel	Arglistig verschwiegene Mängel
Privatkauf und Verbrauchsgüterkauf	innerhalb der Gewährleistungspflicht		innerhalb von drei Jahren, ab Beginn des Folgejahres nach Entdeckung
Zweiseitiger Handelskauf und sonstiger einseitiger Handelskauf	unverzüglich	unverzüglich nach Entdeckung, spätestens in der Gewährleistungsfrist	unverzüglich nach Entdeckung, innerhalb von drei Jahren, ab Beginn des Folgejahres nach Entdeckung

In einer **Mängelrüge** sind die Mängel genau zu beschreiben. Sind die Mängel bereits bei Lieferung sichtbar, ist entweder die Annahme zu verweigern oder die Annahme erfolgt nur mit dem schriftlichen Hinweis, dass man sich alle Rechte vorbehält, die sich aus dem Mangel an der Ware ergeben. Zudem hat der Käufer beim Verbrauchsgüterkauf sowie beim bürgerlichen Kauf die **Aufbewahrungspflicht** für die Ware, d. h. er muss diese wegen der Beweisgründe, der Prüfung sowie der Mängelbeseitigung aufbewahren.

Vorrangiges Recht des Käufers: Nacherfüllung

Erhält der Käufer eine mangelhafte Sache, hat er das Recht auf Nacherfüllung und somit ein Wahlrecht zwischen Nachbesserung und Neulieferung der Ware. Der Verkäufer kann aber eine Neulieferung verweigern, wenn unverhältnismäßig hohe Kosten anfallen.

Beispiel: *Bei einem Neuwagen ist ein Außenspiegel defekt. Eine Neulieferung wäre in diesem Fall unverhältnismäßig.*

Durch eine **Nachbesserung** muss der Verkäufer den Mangel an der Ware beseitigen und alle damit verbundenen Kosten übernehmen. Nach zwei erfolglosen Nachbesserungen ist die Nacherfüllung fehlgeschlagen. Trifft den Verkäufer ein Verschulden am Mangel der Ware, so kann der Käufer **zusätzlich** Schadenersatz geltend machen.

Die mangelhafte Lieferung (Schlechtleistung) Rechte des Käufers – Nacherfüllungsanspruch

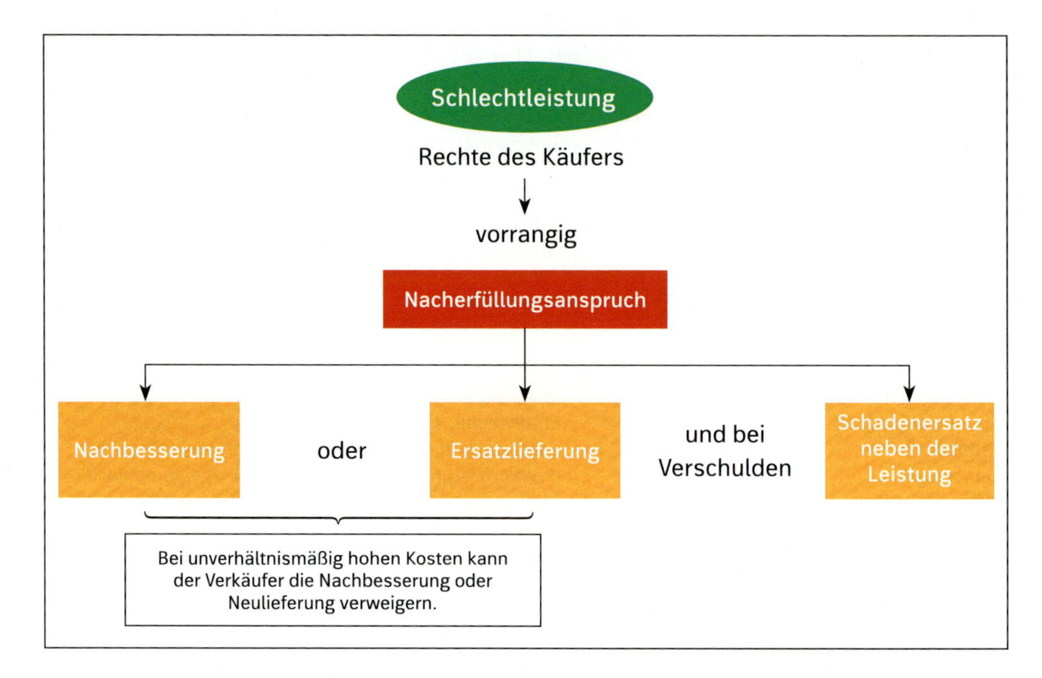

Nachrangige Rechte des Käufers

Läuft eine angemessene Frist zur Nacherfüllung ab oder ist eine Nacherfüllung nicht möglich, kann der Käufer die folgenden **nachrangigen Rechte** geltend machen:

- Rücktritt vom Kaufvertrag
- Minderung
- Schadenersatz statt Leistung
- Ersatz vergeblicher Aufwendungen

Bei der Sachmängelgewährleistung entfällt für den Käufer das Setzen einer Nachfrist, wenn der Verkäufer beide Arten der Nacherfüllung verweigert oder zwei Nacherfüllungsversuche fehlschlagen.

Rücktritt vom Kaufvertrag

Nach einer angemessenen Nachfrist zur Beseitigung der Mängel bzw. Neulieferung der Ware kann der Käufer vom Vertrag zurücktreten, wenn der Verkäufer nicht ordnungsgemäß leistet. Dies gilt allerdings nur für **erhebliche Mängel** und nicht bei unerheblichen (geringfügigen) Mängeln.

Beispiel: *An der Rückseite eines Fernsehers sind durch den Transport mehrere Kratzer sichtbar. Ein Rücktritt des Käufers vom Vertrag ist hierbei ausgeschlossen.*

Bei einem Rücktritt muss der Verkäufer den Kaufgegenstand zurücknehmen und den eventuell schon bezahlten Kaufpreis zurückerstatten.

Minderung

Die Minderung des Kaufpreises nimmt der Käufer üblicherweise bei unerheblichen Mängeln in Anspruch. Bei diesen Mängeln ist die Ware in der Regel noch verwertbar, d. h. der Kaufvertrag bleibt bestehen und der Käufer erhält eine Herabsetzung des Kaufpreises zugebilligt.

Schadenersatz statt Leistung
Dieses Recht des Käufers steht im Zusammenhang mit dem Rücktritt vom Kaufvertrag, wenn ein Verschulden des Verkäufers vorliegt und es sich um einen erheblichen Mangel handelt. Der Käufer gibt die gekaufte Sache zurück und fordert den Ersatz für den entstandenen Schaden.

Beispiel: *Ein Zahnarzt hat ein Röntgengerät gekauft. Bedingung war die Aufstellung des Gerätes in der Praxis einschließlich Einhaltung eines Qualitätsstandards der Aufnahmen und eines technisch einwandfreien Funktionierens. Das Gerät liefert mangelhafte Aufnahmen. Trotz zweimaliger Nachbesserungen entspricht die Qualität der Aufnahmen nicht dem allgemeinen Standard. Der Zahnarzt tritt vom Vertrag zurück und verlangt gleichzeitig den Ersatz des Ausfalls der aus den Röntgenaufnahmen entstandenen Einnahmen.*

Ersatz vergeblicher Aufwendungen
In diesem Fall verlangt der Käufer den Ersatz der Aufwendungen, die er im Vertrauen auf eine einwandfreie Lieferung gemacht hat.

Beispiel: *Hat im oben genannten Beispiel der Zahnarzt in seiner Praxis einen Raum zu einem Röntgenraum umbauen lassen, so kann er in diesem Fall nach dem Scheitern der Nacherfüllung die Erstattung der Umbaukosten vom Verkäufer verlangen.*

Die mangelhafte Lieferung (Schlechtleistung) Rechte des Käufers – nachrangige Rechte

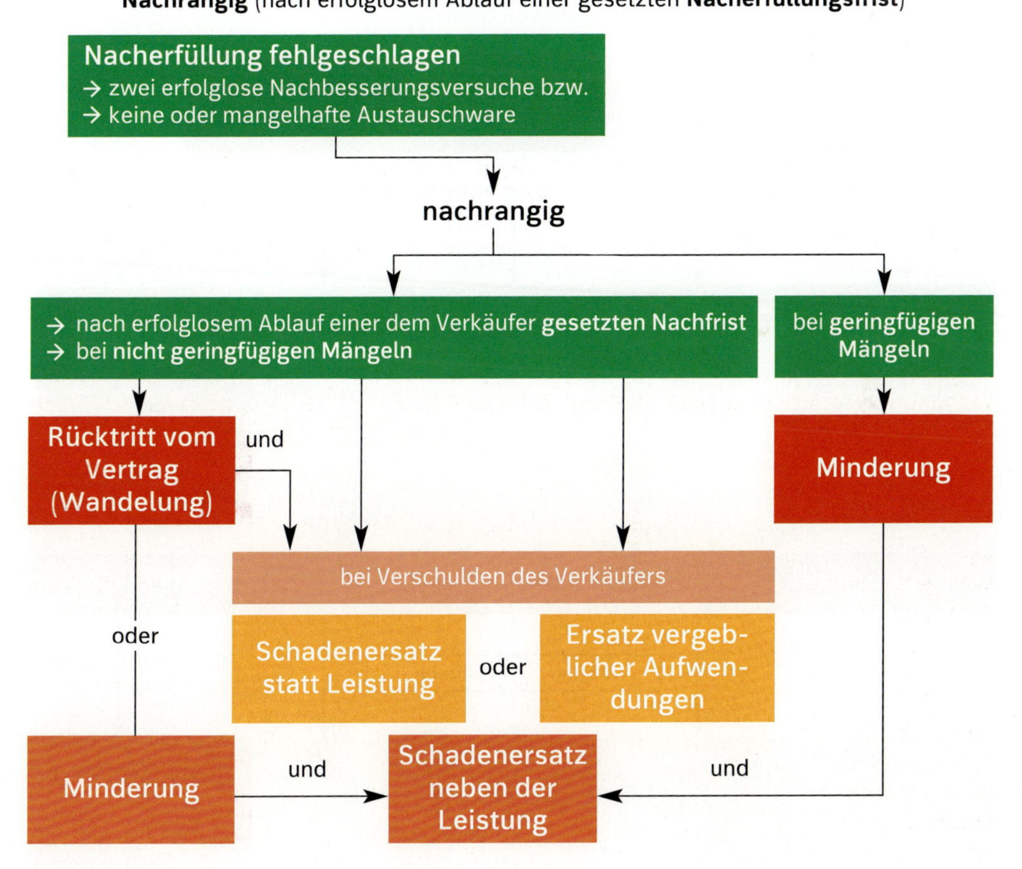

Haftung und Garantie bei Schlechtleistung

Kennt der Käufer den Mangel bereits bei Vertragsabschluss oder wird die Sache wegen eines Pfandrechts öffentlich versteigert, so entfällt die Haftung des Verkäufers. Dem Käufer stehen nur dann Rechte wegen des Mangels zu, wenn dieser arglistig verschwiegen wurde.

Verjährung der Mängelansprüche

Rügt der Käufer Mängel innerhalb von sechs Monaten nach dem Kauf, so wird unterstellt, dass der Mangel bereits bei der Lieferung der Ware bestand. Lehnt der Verkäufer die Mängelrüge eines Verbrauchers ab, so muss er nachweisen, dass der Käufer die Ware beschädigt hat. Nach Ablauf von sechs Monaten liegt die Beweislast beim Käufer. Im Fall einer Mängelrüge muss er nun nachweisen, dass dieser Mangel bereits bei der Lieferung vorhanden war.

Die **gesetzliche Gewährleistungsfrist** für Mängel beträgt **zwei Jahre**. Beim Erwerb **gebrauchter Güter** kann sie auf **ein Jahr** verkürzt werden. Fehlt eine Vereinbarung, gilt die gesetzliche Gewährleistungsfrist von zwei Jahren.

Neben der regelmäßigen kaufrechtlichen Verjährungsfrist von zwei Jahren gelten folgende Fristen:

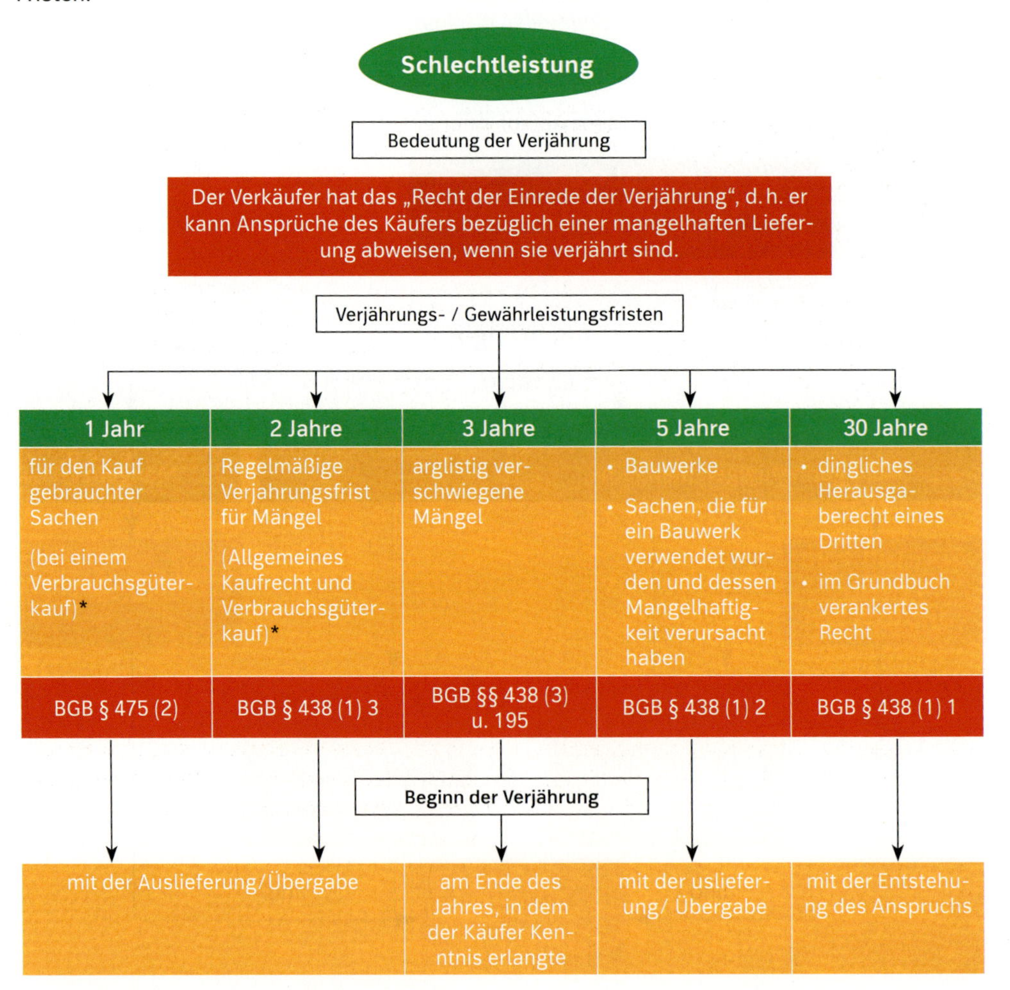

* **Beweislastumkehr beim Verbrauchsgüterkauf:**
Innerhalb der ersten 6 Monate wird angenommen, dass der Mangel bereits bei Übergabe bestanden habe (§ 476 BGB). Will der Verkäufer den Gewährleistungsanspruch des Käufers abweisen, dann muss er – der Verkäufer – beweisen, dass der Mangel bei Übergabe nicht vorlag. Nach Ablauf der 6 Monate muss der Käufer beweisen, dass der Mangel bereits bei der Übergabe des Gutes vorhanden war!

Sonderbestimmungen für Garantien
Gerade beim Verkauf von Konsumgütern werben die Händler mit Garantie. An diese Erklärungen hat der Gesetzgeber strenge Maßstäbe gestellt. Sie müssen

- so einfach und verständlich formuliert sein, dass sie der Käufer verstehen kann,
- Hinweise enthalten, dass eine Einschränkung der gesetzlichen Rechte unzulässig ist, beispielsweise eine Einschränkung der Garantiezeit auf weniger zwei Jahre,
- alle wesentlichen Angaben enthalten, die bei Mängeln der Ware eine problemlose Abwicklung ermöglichen.

2.3 Annahmeverzug

Die entsprechende gesetzliche Regelung lautet:

§ 293 BGB – Annahmeverzug

Der Gläubiger kommt in Verzug, wenn er die ihm angebotene Leistung nicht annimmt.

Beim Kaufvertrag liegt ein Annahmeverzug vor, wenn der **Käufer die zur rechten Zeit am rechten Ort** gelieferte mangelfreie Ware nicht annimmt. Zum Zeitpunkt der Annahmeverweigerung geht die Gefahr des Untergangs oder der Wertminderung der Ware auf den Käufer über.

Beispiel: *Ein Zahnarzt hat bei der Büroausstattung-GmbH Schränke mit Einrichtungen für eine Hängeregistratur bestellt. Inzwischen hat er festgestellt, dass eine Reihe von Konkurrenzunternehmen der Büroausstattung-GmbH ähnliche Einrichtungen wesentlich preiswerter liefern. Verärgert verweigert er die Annahme der ordnungsgemäß gelieferten Schränke.*

Rechte des Verkäufers

Der Verkäufer kann die ordnungsgemäß gelieferte Ware in eigene Verwahrung nehmen oder auf Kosten und Gefahr des Käufers in einem Lagerhaus hinterlegen. Anschließend kann er eines der folgenden Rechte beanspruchen:

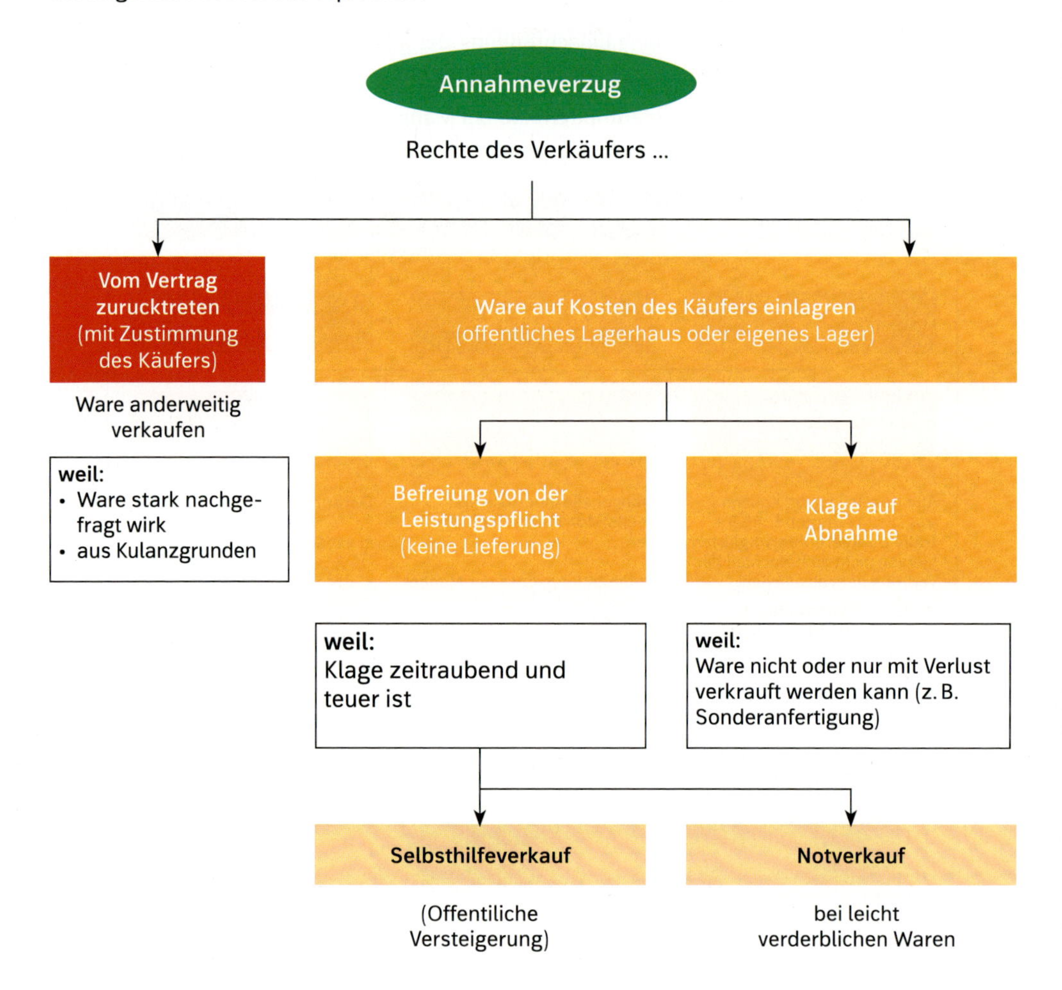

Rücktritt vom Vertrag

Bei einer leicht zu veräußernden Ware kann der Verkäufer im Fall der Annahmeverweigerung mit Zustimmung des Käufers vom Vertrag zurücktreten und die Ware anderweitig verkaufen. Die dabei anfallenden Mehrkosten trägt der Käufer.

Klage auf Abnahme

Handelt es sich um eine Ware, die speziell für den Käufer hergestellt wurde oder die anderweitig schwer abzusetzen ist, wird der Verkäufer auf Abnahme der Ware klagen.

Beispiel: *Die Büroausstattung-GmbH teilt dem Zahnarzt mit, dass sie die Schränke auf seine Kosten im Öffentlichen Lagerhaus in Essen, Am Dom 6, eingelagert hat. Weiterhin droht das Unternehmen damit, einen Rechtsanwalt mit einer Klage auf Abnahme der Ware zu beauftragen.*

Selbsthilfeverkauf
Der Verkäufer kann durch eine öffentliche Versteigerung der Ware einen Selbsthilfeverkauf veranlassen. Zum Schutz des Käufers muss der Verkäufer folgende Pflichten bei der Durchführung des Selbsthilfeverkaufs beachten:

- Der Ort der Aufbewahrung der Ware ist dem Käufer mitzuteilen.
- Dem Käufer ist eine Frist zur Abnahme der Ware einzuräumen und der Selbsthilfeverkauf anzudrohen. Der Käufer hat so die Möglichkeit, die Ware noch abzunehmen.
- Ort und Zeitpunkt des Selbsthilfeverkaufs sind dem Käufer mitzuteilen, damit dieser eventuell an der Versteigerung teilnehmen kann.

Das Ergebnis des Selbsthilfeverkaufs ist dem Käufer in Form einer Abrechnung mitzuteilen. Der Käufer muss die Kosten und die normalerweise anfallenden Mindererlöse zahlen. Tritt beim Selbsthilfeverkauf der seltene Fall ein, dass Mehrerlöse erzielt werden, stehen diese dem Käufer zu.

Beispiel: *Die Büroausstattung-GmbH hat sich beraten lassen und statt der Klage auf Abnahme den Selbsthilfeverkauf gewählt. Sie teilt dem Zahnarzt mit, dass die Schränke innerhalb von 14 Tagen vom Öffentlichen Lagerhaus gegen Erstattung aller bisher angefallenen Kosten abgeholt werden können. Ansonsten erfolge ein Selbsthilfeverkauf. Da der Zahnarzt die Schränke innerhalb der gesetzten Frist nicht abgenommen hat, erhält er vom Verkäufer die folgende Mitteilung: „Die Versteigerung der Praxisschränke findet am 10. September 2019 um 10:00 Uhr in den Versteigerungsräumen des Öffentlichen Lagerhauses, Am Dom 6, in Essen statt."*

Notverkauf
Verweigert der Käufer die Annahme verderblicher Ware, kann der Verkäufer sofort und ohne vorherige Mitteilung die Ware im Notverkauf auf Rechnung des Käufers veräußern.

2.4 Nicht-Rechtzeitig-Zahlung (Zahlungsverzug)

Eintritt des Zahlungsverzuges

Der Käufer gerät in Zahlungsverzug, wenn er den **Kaufpreis schuldhaft nicht oder nicht rechtzeitig zahlt.** Er erhält üblicherweise vom Gläubiger eine Mahnung, in der ihm eine letzte Zahlungsfrist eingeräumt wird. Diese Mahnung entfällt, wenn im Vertrag eine Fälligkeitsvereinbarungen getroffen wurden, aus der ein Schuldner ersehen kann, wann die Zahlung zu erfolgen hat.

Beispiel: *Zahlung des Rechnungsbetrages spätestens zehn Tage nach Lieferung. In diesem Fall gerät der Käufer bei nicht fristgemäßer Zahlung ab dem 11. Tag nach Lieferung automatisch in Zahlungsverzug.*

Mit dem „Gesetz zur Beschleunigung fälliger Zahlungen" hat der Gesetzgeber die Position des Verkäufers (Gläubigers) gestärkt. So muss nicht mehr der **Fälligkeitstermin** des Kaufpreises überprüft werden, sondern der Käufer (Schuldner) gerät automatisch spätestens **30 Tage nach Fälligkeit** und **Zugang einer Rechnung in Verzug.** Eine Mahnung ist nicht mehr erforderlich. Allerdings muss in der Rechnung auf diese 30-Tage-Regelung hingewiesen werden.

Beispiel: *Herr Dr. Heine erhält eine Rechnung der Stern-Apotheke über Praxisbedarf. In der Rechnung steht zum Zahlungstermin folgender Text:*

Diese Rechnung ist sofort zur Zahlung fällig. 30 Tage nach Fälligkeit und Zugang dieser Rechnung sind Sie gemäß §286 Abs. 3 BGB in Verzug. Die Verzugszinsen belaufen sich auf 5 % über dem Basiszinssatz.[1]

Ermittlung der Fälligkeit der Zahlung

ohne Mahnung

Zahlungstermin ist kalendermäßig bestimmt.

Der Schuldner kommt ohne Mahnung ab dem vereinbarten Zahlungstermin in Verzug.

Zahlungstermin ist durch eine festgelegte Zeit nach einem Ereignis bestimmt,

z. B. Zahlung 14 Tage nach Lieferung, der Käufer kommt nach Verstreichen der Frist in Zahlungsverzug.

mit Mahnung

Zahlungstermin ist kalendermäßig nicht bestimmt.

In einer Mahnung wird dem Käufer eine Frist zur Zahlung gesetzt. Nach Überschreiten der Frist tritt der Zahlungsverzug ein.

Zahlungsverzug 30 Tage nach Rechnungszugang.

Nach dem Gesetz zur Beschleunigung fälliger Zahlung gerät der Käufer 30 Tage nach Rechnungszugang in Verzug. Bei einem Verbrauchsgüterkauf muss in der Rechnung auf diese Regelung hingewiesen worden sein.

Rechte des Verkäufers

Der Verkäufer hat folgende Rechte: Zahlung verlangen und Schadenersatz wegen Verzögerung der Zahlung oder Rücktritt vom Vertrag und Schadenersatz statt Leistung.

Zahlung verlangen und Schadenersatz wegen Verzögerung der Zahlung

Handelt es sich beispielsweise um eine speziell für den Käufer angefertigte Ware (Stückkauf) bzw. wurde die bereits gelieferte Ware schon umfassend gebraucht, wird der Verkäufer auf Erfüllung des Vertrages durch den Käufer bestehen. Er wird die Zahlung des Kaufpreises verlangen. Für die Zeit des Verzuges werden dem Käufer Verzugszinsen in Rechnung gestellt. Außerdem muss der Käufer alle Mahnkosten tragen. Üblich ist es bei Verbrauchsgeschäften die gesetzlichen Verzugszinsen zu berechnen. Sie betragen 5 % über dem Basiszinssatz. Der jeweils aktuelle Basiszinssatz kann im Internet abgerufen werden.

Rücktritt vom Vertrag/Schadenersatz statt Leistung

Kann der Verkäufer die Ware anderweitig verkaufen, bietet es sich für ihn an, vom Vertrag zurückzutreten und die Herausgabe der Ware durchzusetzen. Insbesondere wenn vom Kunden keine Bezahlung zu erwarten ist, bleibt keine andere Möglichkeit. Ist die wirtschaftliche Situation des Käufers noch so gut, dass er in der Lage ist die Rücknahmekosten, Verzugszinsen und eventuelle Mindereinnahmen zu bezahlen, macht der Verkäufer entsprechenden Schadenersatz geltend. Vor dem Rücktritt vom Vertrag ist dem Käufer allerdings eine Nachfrist einzuräumen. Dabei wird nach Ablauf der Nachfrist der Rücktritt und Schadenersatz angedroht.

Für den Verkäufer ist der Rücktritt vom Vertrag mit dem Problem verbunden, die Ware zurückzuerhalten. Der Anspruch des Verkäufers auf Herausgabe der Ware bei Nicht- bzw. nicht vollständiger Zahlung durch den Käufer wird in der Regel durch **Eigentumsvorbehalt** abgesichert. Beim Eigentumsvorbehalt bleibt der Verkäufer bis zur vollständigen Zahlung des Kaufpreises Eigentümer. Der Zahlungsverzug spielt in der Zahnarztpraxis eine besondere Rolle, wenn Patienten Honorarforderungen des Zahnarztes nicht fristgerecht bezahlen. Wie in einem Mahn- und Klageverfahren der Zahnarzt versuchen kann, das Geld beim Schuldner einzutreiben, stellt am Beispiel von säumigen Patienten das folgende Kapitel dar.

Nicht-Rechtzeitig-Zahlung (Rechte des Gläubigers)

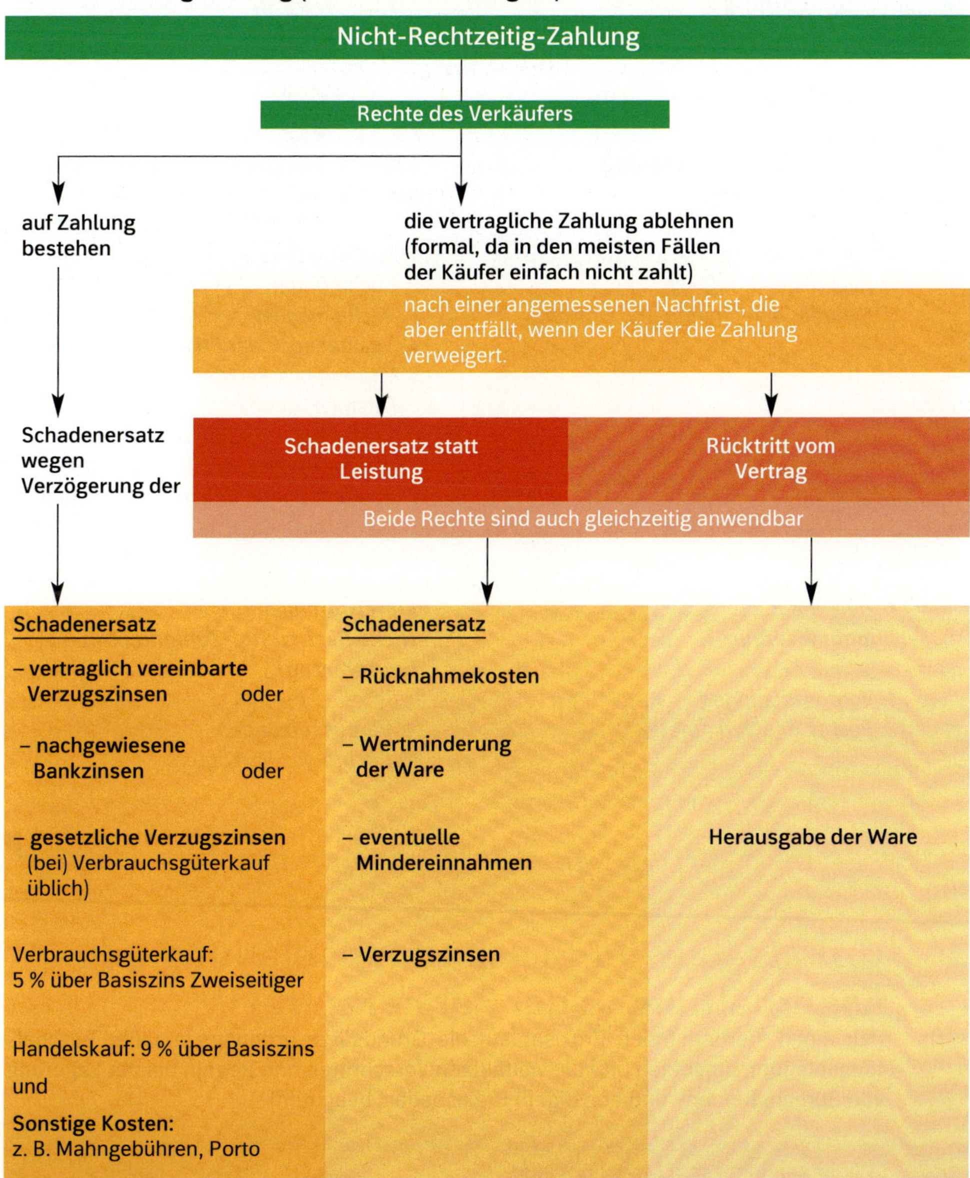

Situationsaufgaben

Der Verkäufer eines Dampfsterilisators erfüllt seine Verpflichtungen aus dem Kaufvertrag nicht.

- Erläutern Sie, welche Erfüllungsstörungen beim Verkäufer auftreten können.
- Denken Sie sich entsprechende Erfüllungsstörungen aus und setzen Sie die Schreiben auf, mit denen Sie den Lieferanten zu einer ordnungsgemäßen Erfüllung anmahnen.
- Gehen Sie davon aus, dass trotz der Mahnung noch keine ordnungsgemäße Erfüllung vorliegt. Wählen Sie aus der Situation heraus eines der Rechte des Käufers aus und teilen Sie dem Verkäufer mit, welches Recht Sie in Anspruch nehmen.

Prüfungsvorbereitung

Folgende Karteikarten sind zur Ergänzung der Prüfungsvorbereitung zu erstellen:

Karteikarte 81:
Nicht-Rechtzeitig-Lieferung (Lieferungsverzug)

1. Voraussetzungen
2. Rechte des Käufers
3. Schadenberechnung und Haftung

Karteikarte 82:
Schlechtleistung (Lieferung mangelhafter Ware)

1. Voraussetzungen
2. Sachmängel
3. Rechtsmängel
4. Mängel nach der Erkennbarkeit
5. Vorrangiges Recht des Käufers (Nacherfüllung)
6. Nachrangige Rechte des Käufers
7. Verjährung der Mängelansprüche
8. Sonderbestimmungen für Garantien

Karteikarte 83:
Annahmeverzug

1. Voraussetzungen
2. Rechte des Verkäufers

Karteikarte 84:
Nicht-Rechtzeitig-Zahlung (Zahlungsverzug)

1. Voraussetzungen
2. Rechte des Verkäufers

3 Grundsätze der Beschaffungsplanung und Lagerhaltung in der Zahnarztpraxis

(Für einen störungsfreien Praxisablauf die Grundsätze ordnungsgemäßer Beschaffungsplanung umsetzen und die vielfältigen Vorschriften und Regeln bei der Lagerung von Sprechstunden- und sonstigem Praxisbedarf beachten)

„Wir hatten in diesem Monat unglaublich viele Vorsorgeuntersuchungen. Es ist toll, dass unsere Patienten so stark auf ihre Zahngesundheit achten. In dem Zusammenhang haben wir ungewöhnlich viele Comfort-Einmalhandschuhe verbraucht. Leider kann unser Lieferant genau diese Handschuhe augenblicklich nicht liefern“, stellt Sarah gegenüber Dr. Heine fest. „Diese Handschuhe sind besonders hautverträglich. Ich nutze sie auch gern. Hast du es schon bei einem anderen Lieferanten versucht “, antwortet Dr. Heine. „Normalerweise haben wir so viele Einmalhandschuhe in unserem Praxisbedarf vorrätig, dass wir nur einmal pro Quartal bestellen müssen. Dieser ungewöhnlich hohe Verbrauch zwingt uns zu einer vorzeitigen Nachbestellung. Ausgerechnet in dieser Situation ist dieser Handschuh nicht lieferbar. Wir haben schon mehrere Anbieter angerufen. Vielleicht klappt es ja noch. Mit anderen Handschuhen zu arbeiten wird unsere Kolleginnen nicht erfreuen", erwidert Sarah.

Aufgaben

1. Nach welchen Gesichtspunkten wird in Ihrer Praxis das Material aufbewahrt und sortiert?
2. Was versteht man unter Sprechstundenbedarf?
3. Erstellen Sie eine Liste zum Sprechstundenbedarf, der in Ihrer Praxis verwendeten Materialien nach folgenden Gesichtspunkten:
   - Analgetica: Zum unmittelbaren Gebrauch in der Sprechstunde vor oder nach schmerzhaften Eingriffen.
   - Sedativa und Hypnotica: Zur Vorbereitung des Patienten bei chirurgischen Eingriffen.
   - Analeptica und Cardiaca (Kreislaufmittel und Mittel zur Schockbehandlung): Nur für Notfälle bei strenger Indikation.
   - Haemostyptica (auch resorbierbar): In Form von Gaze, Pulvern, Tabletten, Lösungen.
   - Desinficientia: In Form von Lösungen, Tinkturen, Pulvern und Salben zur Mund- und Schleimhautbehandlung. Alkohol nur als Spiritus dilutus (DAB).
   - Lokalantibiotica und Fungistatica.
   - Verbandstoff und Nahtmaterial: Watte, Gaze, Mull, Zellstoff (nicht als Ersatz für Watterollen), Heftpflaster, Nähseide und synthetisches/atraumatisches/auch resorbierbares Nahtmaterial.
   - Arzneimittel zur lokalen Fluoridierung.
4. Wodurch unterscheidet sich der Praxisbedarf vom Sprechstundenbedarf?
5. Entwerfen Sie eine Checkliste mit den Arbeiten, die in Ihrer Praxis bei der Bedarfsplanung und Beschaffung der Materialien anfallen.
6. Welche Lagerorte gibt es in Ihrer Praxis für die unterschiedlichen Materialien?
7. Was versteht man unter einer optimalen Bestellmenge?
8. Errechnen Sie für einen Artikel in Ihrer Praxis
   - den Meldebestand,
   - die optimale Bestellmenge.

Beschaffungsplanung

Schwierig wegen der Vielfältigkeit der Lagervorräte in einer Praxis ist die Umsetzung einer wirtschaftlichen Beschaffungsplanung. Denn wie das Eingangsbeispiel zeigt, müssen in einer Zahnarztpraxis eine Vielzahl von Materialien vorhanden sein, um einen reibungslosen Praxisablauf zu gewährleisten. Je nach Funktionsbereich unterscheidet man:

Empfangs- und Verwaltungsbereich	▪ **Büromaterial**, z. B. Druckerpapier, Toner, Schreibmaterialien usw. ▪ **Vordrucke bzw. Vordruckpapier für die vertragszahnärztliche Versorgung**, z. B. Arzneimittelverordnungsblätter, Arbeitsunfähigkeitsbescheinigungen ▪ **sonstige Vordrucke**, z. B. Privatrezepte, Terminzettel
Behandlung, Labor und Therapie	▪ **Praxisbedarf**, z. B. Einweghandschuhe, Einmal-Mundschutz ▪ **Sprechstundenbedarf**, z. B. Mull, Zellstoff
Gesamtpraxis	▪ z. B. Reinigungsmittel, Flächendesinfektionsmittel

Die Aufstellung zeigt, wie vielfältig und unterschiedlich die zu beschaffenden und zu lagernden Materialien sind. Dabei ergibt sich in der Zahnarztpraxis noch eine Besonderheit, der **Sprechstundenbedarf**. Über die bei der Behandlung von gesetzlich Versicherten, Heilfürsorgeberechtigten (Bundeswehr, Bundespolizei, Zivildienst, Polizei) u. a. eingesetzten Verbrauchsmaterialien, die zum Sprechstundenbedarf zählen, stellt der Zahnarzt ein Arzneimittelverordnungsblatt zu Lasten der gesetzlichen Krankenkassen aus. Die Kosten für den Ersatz der verbrauchten Artikel werden von den gesetzlichen Krankenkassen übernommen. Bei der Eröffnung der Praxis muss der Zahnarzt allerdings die Ausstattung mit allen notwendigen Materialien des Sprechstundenbedarfs selbst tragen. Der Sprechstundenbedarf ist folgendermaßen definiert:

***Definition:** Als Sprechstundenbedarf (SSB) gelten nur solche Artikel, die ihrer Art nach bei mehr als einem Berechtigten im Rahmen der vertragsärztlichen Behandlung angewendet werden oder bei Notfällen für mehr als einen Berechtigten zur Verfügung stehen müssen. Dieser verordnete Sprechstundenbedarf hat den Bedürfnissen der Praxis zu entsprechen und muss zur Zahl der Behandlungsfälle bzw. zur Zahl der einschlägigen Leistungen in angemessenem Verhältnis stehen.*

Was zulässige Artikel des Sprechstundenbedarfs sind, wird von der jeweiligen Zahnärztekammer bzw. Kassenzahnärztlichen Vereinigung geregelt. Die entsprechende Liste kann über das Internet abgerufen werden. Der Sprechstundenbedarf ist grundsätzlich kalendervierteljährlich zu verordnen. Dies ist insbesondere bei der Beschaffungsplanung zu berücksichtigen. Die Regelung zum Sprechstundenbedarf führt zu einer für die Lagerhaltung der Praxis erschwerenden Situation. Benötigt ein Patient, der bei einem anderen Kostenträger versichert ist, z. B. Privatpatient, bei der Behandlung die entsprechenden Verbrauchsmaterialien, dürfen diese nicht aus dem Bestand des Sprechstundenbedarfs entnommen werden.

***Definition:** Abzugrenzen vom Sprechstundenbedarf ist der **Praxisbedarf**. Hierunter versteht man alle Materialien, die zulasten des Zahnarztes zum Betrieb der Praxis benötigt werden. Dazu gehört u. a. Verbrauchsmaterial, das jeweils nur für **einen** Patienten bestimmt ist, wie Handschuhe, Einmalspritzen usw. Weiter zählen hierzu auch Hygiene-, Reinigungs- und Toilettenartikel. Oft sind mit den abzurechnenden zahnärztlichen Leistungen die Kosten für die Verbrauchsmaterialien abgegolten, z. B. Füllmaterialien.*

Eine systematische Beschaffungsplanung beinhaltet:

- Ermittlung der Mengen der zu beschaffenden Materialien an Sprechstunden- und Praxisbedarf,
- Auswahl der preisgünstigsten Lieferanten, Abschluss und Abwicklung der entsprechenden Kaufverträge,
- Wareneingangskontrolle und fachgerechte Lagerung der Materialien.

Die Ermittlung der Mengen der zu beschaffenden Artikel dient dazu, **Materialien bedarfsgerecht einzukaufen**. Es reicht nicht, mit der Feststellung des Bedarfs zu beginnen, wenn die Vorräte sich bereits dem Ende zuneigen. In einer solchen Situation kann es sich ergeben, dass man kurzfristig zur Sicherung des Praxisbetriebs kleine Mengen beschaffen muss. Dies ist meist mit hohem Aufwand und hohen Einkaufspreisen verbunden. Umgekehrt führt ein Einkauf zu großer Mengen an Material dazu, dass viel Geld ausgegeben wurde, das zumindest zu einem Teil vielleicht sinnvoller für andere Praxiszwecke eingesetzt worden wäre. Die Materialien müssen lange gelagert werden, was wiederum Kosten verursacht. Weiterhin besteht gerade in einer Zahnarztpraxis die Gefahr, dass wegen des Ablaufs der Verfallszeit oder gar des Verderbs die Materialien unbrauchbar sind und entsorgt werden müssen. Die Beschaffungsplanung setzt somit ein hohes Maß an Erfahrung und Kenntnis der besonderen Bedingungen einer Praxis voraus. Wegen der Sicherung eines hohen Qualitätsstandards in der Zahnarztpraxis im Rahmen des Qualitätsmanagements ist es unbedingt erforderlich, die notwendigen Aufgaben im Rahmen der Beschaffung und Lagerung von Waren an erfahrene Fachangestellte zu übertragen. Sie kennen die Anbieter und Einkaufspreise. Sie sind in der Lage, die bedarfsgerechten Bestellzeitpunkte sowie die exakten Bestellmengen zu ermitteln.

Merksatz: *Oberstes Ziel einer umfangreichen Beschaffungsplanung muss es sein,* ***unwirtschaftliches Handeln*** *zu vermeiden, d. h. der* ***Planungsaufwand darf nie höher sein als die eingesparten Kosten.*** *Die Menge der zu beschaffenden Artikel muss auf den Bedarf des Praxisbetriebes möglichst genau abgestimmt sein.*

Der Einsatz des Praxiscomputers erleichtert die Beschaffungsplanung. Die meisten Praxisprogramme enthalten ein **Materialverwaltungsprogramm**. Folgende Daten liefert das Programm:

- Welche Mengen von welchem Material sind in der Praxis vorrätig?
- Zu welchem Zeitpunkt verfallen Materialien?
- Wann muss aufgrund der bisherigen Lieferzeiten bestellt werden, um Engpässe zu vermeiden?

Was das Programm nicht leistet ist die Einschätzung von Entwicklungen, die eine erfahrene Zahnmedizinische Fachangestellte und der Zahnarzt im Blick haben. Beispielsweise kann sich die Zahl der Patienten einer Praxis verändern. Bei steigendem Patientenzuspruch benötigt man entsprechend mehr Material. Weiterhin schwankt der Patientenzuspruch im Laufe eines Jahres. Während der üblichen Urlaubszeit ist der Patientenzuspruch geringer als in Herbst- und Winterzeiten mit vielen an Erkältung und Grippe erkrankten Patienten. Das Programm berücksichtigt aber Kennzahlen, die sich aus dem Lagerzu- und Lagerabgang berechnen lassen und die bei der Ermittlung des optimalen Bestellzeitpunktes helfen.

Lagerhaltung

Definition: *Es ist Aufgabe der Lagerhaltung in einer Zahnarztpraxis, alle Materialien, die für einen reibungslosen Praxisablauf vorhanden sein müssen, vorrätig zu haben.*

Insbesondere die zur Behandlung der Patienten notwendigen Materialien des Sprechstunden- sowie des Praxisbedarfs müssen stets unmittelbar verfügbar sein. Die Ausgaben für diese Materialien sind ein erheblicher Kostenfaktor. Daher ist eine möglichst **wirtschaftliche Lagerung** ein Beitrag zur Senkung der Kosten in einer Praxis. Zur wirtschaftlichen Lagerhaltung gehört:

- Einhaltung **optimaler Lagerbedingungen**, insbesondere bei der Lagerung von Medikamenten.
- Lagerung möglichst **optimaler Mengen**, die genau auf den Bedarf der Praxis abgestimmt sind.

Bei der Einhaltung der optimalen Lagerbedingungen übernimmt die Zahnmedizinische Fachangestellte eine verantwortungsvolle Aufgabe. Sie sorgt für die **Einlagerung in geeigneten Räumen, Schränken, Kühlschränken** usw. Nur bei der Einhaltung der vorgeschriebenen Temperaturen, dem Schutz vor Sonneneinstrahlung und Beachtung der Luftfeuchtigkeit ist gewährleistet, dass die Gebrauchsfähigkeit der Materialien gesichert ist. Sie verantwortet, dass bei der Entnahme der Materialien immer, die schon am längsten im Lager liegen den Artikel verbraucht werden. Bezüglich der Lagerpflege behält sie die Verfallsdaten im Blick und entsorgt nicht mehr verwendbare Materialien. Mithilfe des Materialverwaltungsprogramms sorgt sie dafür, dass die Buchhaltung der Lagerbestände stets auf dem Laufenden gehalten wird. Sorgfältig erfasst sie alle Zugänge und alle Abgänge aus dem Lager.

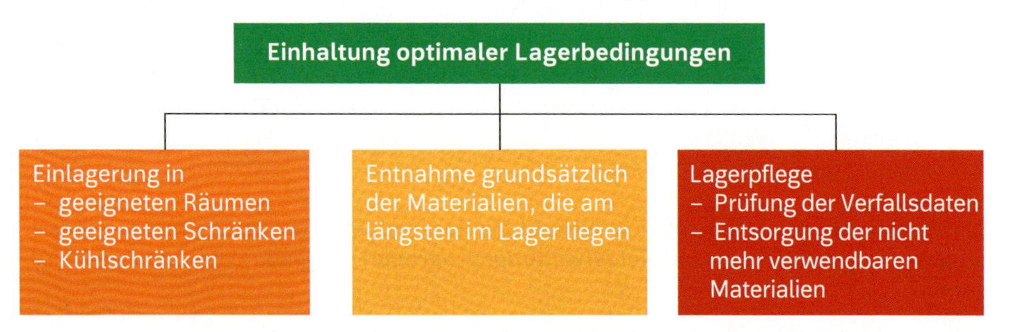

Die folgende Auflistung zur Sicherung der Qualität der Lagerhaltung zeigt die in diesem Zusammenhang notwendigen Tätigkeiten einer Zahnmedizinischen Fachangestellten:

Merksätze zu wichtigen Grundsätzen der Lagerhaltung

- *Nur kontrollierte und ordnungsgemäße Ware lagern.*
- *Zu- und Abgänge in der Lagerkartei bzw. im Materialverwaltungsprogramm festhalten.*
- *Kenntnisnahme und Beachtung von Gefahrenhinweisen auf den Verpackungen.*
- *Waren stets am bestimmten Platz mit entsprechender äußerer Kennzeichnung lagern.*
- *Waren übersichtlich lagern, sodass schnelle Entnahme gesichert ist.*
- *Neue Ware hinter die alte einordnen.*
- *Ware in hygienisch sowie klimatisch erforderlichen Räumlichkeiten und Behältnissen lagern.*
- *Regelmäßige Lagerkontrollen durchführen und dabei nicht mehr zu verwendende Ware aussortieren sowie sachgerecht entsorgen.*
- *In bestimmten Zeitabständen eine Bestandskontrolle (Inventur) durchführen, um so Bestandsdifferenzen zwischen dem, was vorhanden ist und dem, was vorrätig sein sollte, festzustellen bzw. aufzuklären.*

Eine wirtschaftliche Lagerhaltung ist die Grundlage für mögliche **Kosteneinsparungen.** Um diese zu erreichen, ist bei der Nachbestellung der Materialien die **optimale Bestellmenge** zu ermitteln. Dabei ist immer folgender Konflikt zu lösen:

- Kauf größerer Mengen, um Kosteneinsparungen beispielsweise bei Verpackung und Transport zu erreichen. Eventuell erhält die Praxis günstigere Einkaufspreise und Mengenrabatte.
- Beim Kauf größerer Mengen wird Geld (Liquidität) ausgegeben. Dieses investierte Geld steht nun in Form der Materialien auf dem Lager. Es fließt nur langsam und über einen längeren Zeitraum bei dem Teil der Materialien, der mit den Krankenkassen abgerechnet oder in Privatliquidationen berechnet werden kann, an die Praxis zurück.

Nur wenn die Ersparnisse beim Einkauf großer Mengen die Kosten der Lagerhaltung übersteigen hat die Praxis einen Gewinn erzielt.

Eine genau auf den Materialbedarf der Praxis abgestimmte Materialbedarfsplanung muss somit beachten:

- Es befindet sich weder zu viel noch zu wenig Material auf Lager.
- Bei den Mengen ist ein störungsfreier Ablauf der Praxis gewährleistet; auch die normalen Schwankungen im Bedarf führen nicht zu Engpässen.
- Vom Zeitpunkt der Bestellung bis zur Lieferung reichen die vorhandenen Mengen aus, selbst wenn die Nachbestellung einmal mit Verspätung geliefert wird.

Die Auflistung zeigt aber auch, dass nicht alle unerwarteten Ereignisse aufgefangen werden können. Wenn, wie in unserem Eingangsbeispiel gezeigt, die Vorsorgeuntersuchungen weit über denen der Vorjahre liegen, kann es trotz kluger Planung zu Engpässen bei den Materialien kommen. Bei der Ermittlung des optimalen Bestellzeitpunktes, der optimalen Lager- und Mindestreservemenge helfen eine Reihe von Kennzahlen. Die wichtigsten Kennzahlen werden anhand des folgenden Beispiels dargestellt.

Beispiel: *In der Praxis von Herrn Dr. Heine werden täglich durchschnittlich 10 Einmalspritzen verbraucht. Bei einer Nachbestellung dauert die Zeit bis zur Lieferung (Beschaffungszeit) durchschnittlich 5 Werktage. Ein Mindestbestand (Sicherungsbestand bzw. eiserner Bestand) von 100 Stück soll zum Ausgleich für einen unerwartet hohen Verbrauch immer am Lager vorhanden sein. Aus Kostengründen ist in der Materialverwaltung für diesen Artikel ein Höchstbestand von 300 Stück festgelegt.*

Zur Sicherung eines reibungslosen Praxisablaufs und Ermittlung eines optimalen Lagerbestandes werden in der Materialverwaltung folgende Kennzahlen berechnet:

Meldebestand

Wird im Lager der Meldebestand erreicht, bestellt die Zahnmedizinische Fachangestellte den Artikel. Der Meldebestand wird folgendermaßen errechnet:

Meldebestand = Mindestbestand + (Tagesbedarf x Lieferzeit)	Bezogen auf das Beispiel gilt: Meldebestand = 100 + (10 • 5) = 150

Beträgt die Beschaffungszeit 5 Tage und der Tagesverbrauch liegt bei 10 Stück, dann werden während der Beschaffungszeit 5 • 10 Stück von den Einmalspritzen verbraucht (Bedarf während der Beschaffungszeit). Da der Verbrauch nicht immer gleichmäßig ist und bei der Lieferzeit Verzögerungen möglich sind, hält man einen Mindestbestand des Artikels auf Lager. Dieser wird aufgrund von Erfahrungen zur Überbrückung unvorhersehbarer Ereignisse vorgehalten.

Optimale Bestellmenge

Es stellt sich nun die Frage, welche Menge ist beim Erreichen des Mindestbestandes zu bestellen. Die sogenannte optimale Bestellmenge errechnet sich folgendermaßen:

Optimale Bestellmenge = Höchstbestand – Mindestbestand	Bezogen auf das Beispiel gilt: Optimale Bestellmenge = 300 – 100 = 200

Zum Zeitpunkt der Lieferung ist bei den Einmalspritzen der Mindestbestand erreicht.

Beispiel:
Meldebestand = 150 Stück
Verbrauch während der Lieferzeit: 5 • 10 = 50 Stück
Bestand zum Zeitpunkt der Lieferung: = 100 Stück

Mit der optimalen Bestellmenge von 200 Stück wird der Artikel zum Zeitpunkt der Lieferung im Lager wieder auf seine Höchstmenge von 300 Stück aufgefüllt.

- **Mindestbestand:**
  - bildet die notwendige Menge, die nicht unterschritten werden darf (Sicherungsbestand),
  - dient dazu, in unerwarteten Situationen wie Artikel ist zur Zeit nicht lieferbar usw. handlungsfähig zu sein,
  - ist aufgrund von Erfahrungswerten zu schätzen.
- **Meldebestand:**
  - gibt den Zeitpunkt für eine neue Bestellung an,
  - berechnet sich auf der Grundlage des täglichen Verbrauchs und der Beschaffungszeit für die jeweilige Ware.
- **Höchstbestand:**
  - wird festgelegt unter Berücksichtigung der Häufigkeit der Warenentnahme, der Größe der vorhandenen Lagerfläche sowie der Art der Ware,
  - ist dann wieder erreicht, wenn die bestellte Menge eintrifft,
  - darf nicht überschritten werden, da ansonsten die Lagerkosten überdurchschnittlich ansteigen.

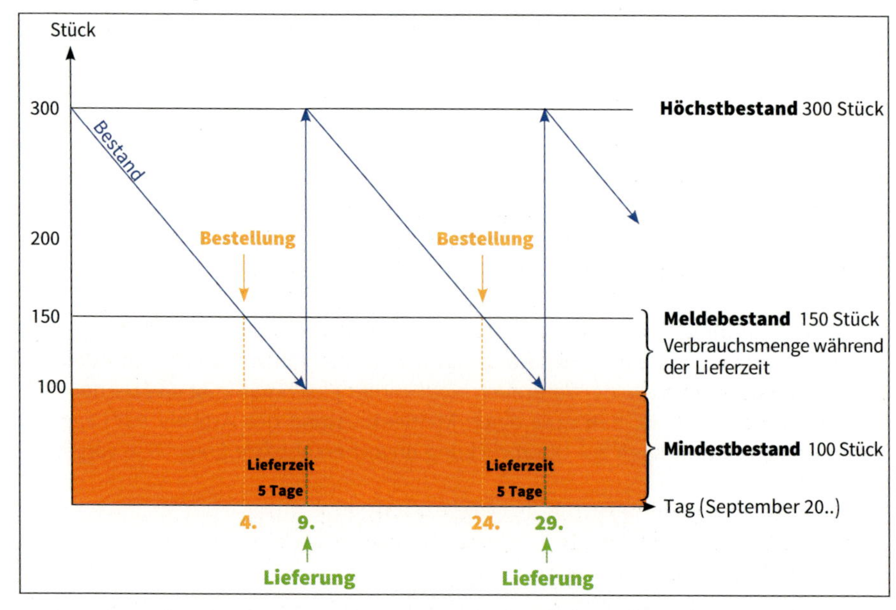

Situationsaufgabe

- Laden Sie in Ihrer Praxis mithilfe der zuständigen Kollegin das Materialverwaltungsprogramm Ihrer Praxissoftware. Drucken Sie die Masken für die Eingabe der Zu- bzw. Abgänge für einen Artikel aus. Erläutern Sie anhand der Masken, wie in Ihrer Praxis mithilfe des Programms das Material verwaltet wird.
- Erstellen Sie ein Bild oder eine Skizze von den Schränken für Sprechstunden- und Praxisbedarf Ihrer Praxis. Erläutern Sie, wie Sprechstunden- und Praxisbedarf in diesen Schränken sortiert sind.

Prüfungsvorbereitung

Folgende Karteikarten sind zur Ergänzung der Prüfungsvorbereitung zu erstellen:

Karteikarte 85:
Beschaffungsplanung

1. *Arten von Materialien in einer Zahnarztpraxis*
2. *Sprechstundenbedarf*
3. *Praxisbedarf*
4. *Inhalte einer systematischen Beschaffungsplanung*
5. *Aufgaben eines Materialverwaltungsprogrammes*

Karteikarte 86:
Lagerhaltung

1. *Aufgaben der Lagerhaltung*
2. *Lagerorte*
3. *Planung der Lagermengen*
4. *Kennzahlen zum Bestellzeitpunkt und zur Bestellmenge*

4 Zahlungsverkehr

4.1 Das europäische Geldsystem und die Funktionen des Geldes

(Die wichtigsten Funktionen des Geldes und deren Bedeutung für eine funktionierende Wirtschaft einschätzen können)

„Ich weiß gar nicht, wo das ganze Geld geblieben ist", stöhnt Sarahs Opa. „Früher, als man noch alles bar bezahlte, hatte man doch einen besseren Überblick. Jetzt lässt man die laufenden Kosten wie Miete, Strom, Heizung, Rundfunkgebühren usw. direkt vom Konto abbuchen. Beim Kauf von Kleidung, beim Tanken wird bargeldlos gezahlt. Am Ende des Monats bleibt kaum noch etwas übrig. Wir sparen im Augenblick viel zu wenig. Wovon sollen wir den nächsten Urlaub bezahlen? Was ist, wenn wir eine neue Waschmaschine kaufen müssen, weil die jetzige nicht mehr repariert werden kann? Ich glaube, wir müssen ein Haushaltsbuch führen. So geht es jedenfalls nicht weiter."

Aufgaben

1. Das vorangegangene Beispiel zeigt, dass ein wesentlicher Teil der Ausgaben im Privathaushalt bargeldlos beglichen wird. Dies setzt allerdings ein System voraus, in dem dies problemlos durchführbar ist. Welche Merkmale kennzeichnen eine hoch entwickelte Volkswirtschaft und welche Aufgabe übernimmt dabei das Geld?
2. Beschreiben Sie die im heutigen Geldsystem vorhandenen Geldarten. Nennen Sie Beispiele, wann welche Geldart zur Bezahlung einer Schuld verwendet wird.
3. Welche Bedeutung haben der Euro und die Eurozone?
4. Welche Aufgaben übernehmen die Europäische Zentralbank und die Zentralbanken der Euroländer in diesem Geldsystem?
5. Die Ausgangssituation spricht schon wesentliche Funktionen des Geldes an. Nennen Sie alle Funktionen des Geldes und geben Sie für jede Funktion ein Beispiel.

Die Bedeutung des Geldsystems

Die Arbeitsteilung und die damit verbundene Notwendigkeit, eine Vielzahl verschiedener Güter zu tauschen, sind das Kennzeichen jeder entwickelten Wirtschaft. In wenig entwickelten Ländern ist diese Arbeitsteilung geringer ausgeprägt. In den hoch industrialisierten Ländern wird in jeder Sekunde eine unübersehbare Zahl von Gütern getauscht. Dieser Tausch funktioniert nicht ohne Geld. Geld in unterschiedlichster Form hat zu allen Zeiten als allgemein anerkanntes Zahlungsmittel für das Funktionieren der Wirtschaft gesorgt. Das Geldsystem der Bundesrepublik Deutschland ist gekennzeichnet durch den Umlauf von Bargeld und Buchgeld. **Bargeld** nutzt man überwiegend, um die kleinen Käufe des täglichen Lebens abzuwickeln. Der größte Teil der Zahlungen erfolgt bargeldlos, d. h. durch Abbuchen des Betrages vom Bankkonto des Schuldners und eine Gutschrift auf dem Bankkonto des Gläubigers. Man spricht von „**Buchgeld**“ bzw. von „Giralgeld“, da die Beteiligten über ein Girokonto verfügen müssen.

Der Euro und die Eurozone

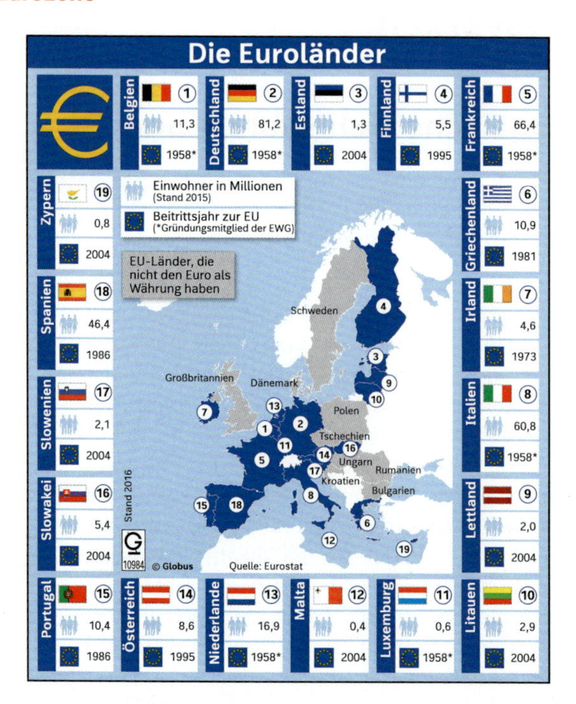

Derzeit haben 19 Staaten[1] in Europa eine einheitliche gemeinsame Währung, den Euro.

Die **Europäische Zentralbank** (EZB) mit Sitz in Frankfurt am Main steuert das gesamte Geldwesen der beteiligten Staaten. Sie übernimmt die Wächterfunktion über die Stabilität des Euro. Sie allein besitzt das Recht der Banknotenausgabe. Außerdem nimmt sie Einfluss auf die im Umlauf befindliche Menge an Buchgeld. Die bisherigen Zentralbanken der Teilnehmerstaaten sind Teil des Europäischen Systems der Zentralbanken. Bei der Steuerung des gemeinsamen Geldsystems arbeiten die Europäische Zentralbank und die nationalen Notenbanken zusammen. Entscheidungen zum Euro trifft allein die Europäische Zentralbank, die nationalen Notenbanken setzen sie auf Weisung der EZB um. Die Bürger in den Teilnehmerländern können bargeldlos von Konto zu Konto ohne umständliche Umrechnungen überweisen. Auch der Umtausch von Bargeld bei Reisen in die beteiligten Länder entfällt.

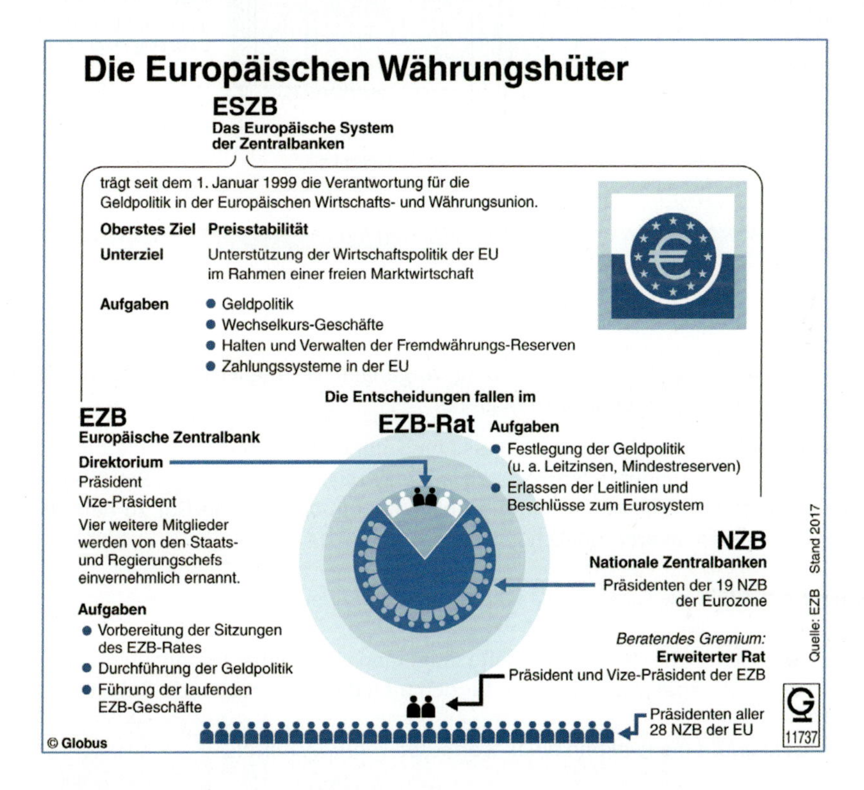

Funktionen des Geldes

Der Gütertausch in der arbeitsteiligen Wirtschaft ist ohne Geld nicht abzuwickeln. Er erfolgt durch den Kauf von Gütern bzw. den Verkauf von Gütern gegen Geld. Eine wichtige Aufgabe des Geldes im Wirtschaftskreislauf ist damit umschrieben:

***Merksatz:** Geld ist ein allgemein anerkanntes Tauschmittel.*

Die Europäische Zentralbank als ein von den beteiligten Staaten beauftragter Kontrolleur des Geldsystems, bringt mit der Ausgabe der Banknoten ein gesetzliches Zahlungsmittel in Umlauf. Dieses Zahlungsmittel muss jeder Gläubiger annehmen, die Zahlung mit dem gesetzlichen Zahlungsmittel hat schuldbefreiende Wirkung.

[1] *Stand Januar 2019*

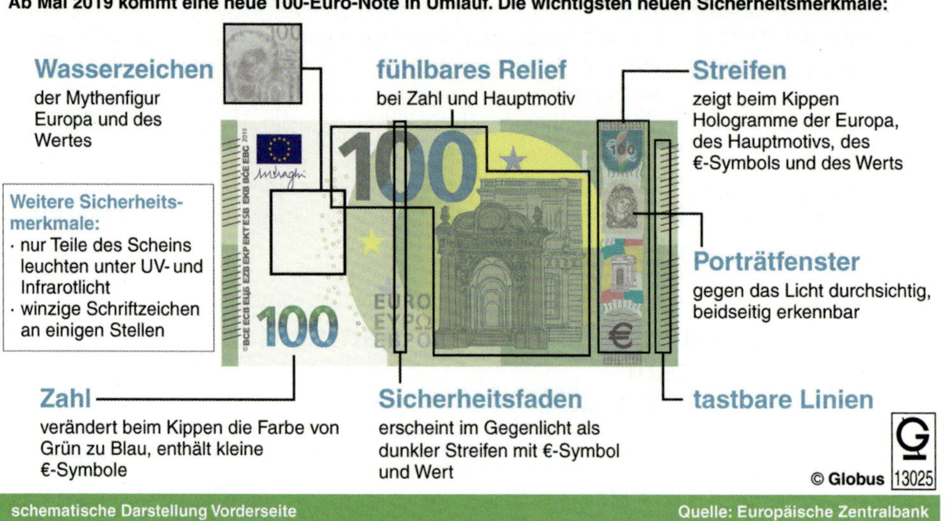

Merksatz: *Geld ist gesetzliches Zahlungsmittel.*

Um allerdings die Abwicklung von Zahlungsvorgängen verträglich zu gestalten, ist dieser Annahmezwang bei Münzen teilweise begrenzt.

Geld schafft eine Recheneinheit, die die Preise für Güter vergleichbar und addierbar macht. Erst mit dem Geld als allgemeinem Wertmaßstab ist eine Preisbildung möglich. Preisvergleiche, die Suche nach günstigen Angeboten und die Abschätzung, ob man ein Gut zu dem verlangten Preis kaufen will, sind so erst möglich.

Merksatz: *Geld erfüllt die Funktion als Wertmaßstab und Recheneinheit.*

Nicht alle gewünschten Käufe der Haushalte tätigt man unmittelbar. Häufig plant man den Kauf von Gütern zu einem späteren Zeitpunkt, für den man das entsprechende Geld jetzt spart.

Merksatz: *Geld erfüllt die Funktion eines Wertaufbewahrungsmittels.*

Bei Schenkungen und bei Erbschaften überträgt der Geber häufig Geld an den Begünstigten.

Merksatz: *Geld übernimmt auch die Funktion als Wertübertragungsmittel.*

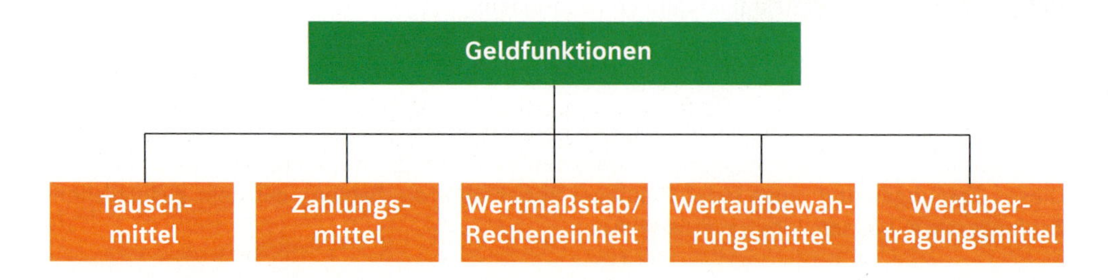

Situationsaufgabe:

- Laden Sie im Internet das Plakat „Der Euro bringt uns allen Vorteile“. Diskutieren Sie die hier aufgeführten Beiträge „Welche Vorteile hat der Euro für uns?“ und „Verbraucher profitieren durch ...“.
- Erstellen Sie ein Plakat mit den Geldfunktionen. Setzen Sie unter jede Geldfunktion ein Beispiel.

Prüfungsvorbereitung

Folgende Karteikarte ist zur Ergänzung der Prüfungsvorbereitung zu erstellen:

Karteikarte 87:
Das europäische Geldsystem

1. Geldarten
2. Euro und Eurozone
3. Europäische Zentralbank (EZB)
4. Geldfunktionen

4.2 Zahlungsarten

Sarah bittet Nicole, die neue Auszubildende, in der Mittagspause Kaffee, Milch und Zucker einzukaufen. Aus der Kaffeekasse erhält Nicole das notwendige Geld für die Einkäufe. „Denk aber an die Quittung. Wir brauchen einen Beleg über die Ausgaben.“

„Ja, immer diese Ausgaben. Letztens habe ich meinem kleinen Neffen Geld zu seinem Geburtstag geschickt. Ich wusste gar nicht, dass die Gebühr für die Nutzung des Western Union Bargeldtransfers so hoch ist“, erzählt Nicole. „Ihr Auszubildenden stöhnt schon über eure Ausgaben? Was soll ich sagen? Bei mir fallen jeden Monat

Miete und die Nebenkosten, Strom, Telefon usw. an. Wenn alle Daueraufträge abgebucht sind, bin ich froh, wenn ich mit dem Rest über die Runden komme. Gut, dass meine Eltern von Zeit zu Zeit etwas zuschießen", sagt Melanie.

„Du zahlst wenigstens mithilfe von Daueraufträgen. Meine Oma lässt sich nicht davon abbringen, zur Bank zu gehen und ihre Rundfunk- und Fernsehgebühren und was noch anfällt, bar einzuzahlen. Selbst die hohen Gebühren können sie nicht dazu bewegen, bei der Bank entsprechende Daueraufträge einzurichten", erzählt Sarah.

„In der Praxis haben wir das andere Extrem. Wir wickeln mittlerweile hier alle Zahlungen über Onlinebanking ab. Ich habe immer noch ein ganz kribbeliges Gefühl, wenn ich eine Überweisung über das Internet tätige oder die Kontoauszüge abrufe", berichtet Melanie.

Herr Dr. Heine, der in diesem Augenblick die Anmeldung betritt, meint: „Seid ihr wieder bei eurem Lieblingsthema? Bei mir werden viele Einkäufe mit der Kreditkarte bezahlt. Hier muss man aufpassen, dass man nicht leichtfertig einkauft und die Übersicht verliert. Übrigens brauche ich deine Kontoverbindung, Nicole. Bald bekommst du erstmals dein Ausbildungsgehalt."

„Ich war gestern bei der Bank und habe mir eine Broschüre zu einem Girokonto für Auszubildende mitgenommen. Am Donnerstag gehe ich mit meiner Mutter dort ein Girokonto einrichten", antwortet Nicole.

Aufgaben

1. Viele kleine Einkäufe für die Praxis werden überwiegend bar abgewickelt.
   a) Warum ist darauf zu achten, dass man über den Zahlbetrag eine entsprechende Quittung oder einen Kassenbeleg bekommt?
   b) Welche Bestandteile muss eine Quittung enthalten?
2. Nicole erwähnt, dass sie Geld per Western Union Bargeldtransfer verschickt hat. Erkundigen Sie sich, was diese Übermittlung von Bargeld kostet. Welche Vor- und Nachteile hat diese Art der Geldübermittlung?
3. Sarahs Oma zahlt bei vielen Rechnungen immer noch das Geld bar bei ihrem Kreditinstitut ein.
   a) Welche Zahlungsart liegt in diesem Fall vor?
   b) Erläutern Sie den Ablauf dieser Zahlungsart.
4. Nicole will ein Girokonto einrichten.
   a) Warum muss sie zur Eröffnung des Kontos, wie im Eingangsbeispiel beschrieben, ihre Mutter mitnehmen?
   b) Neben den ausführlichen Angaben zu ihrer Person muss Nicole auf dem Antrag zur Kontoeröffnung auch eine Unterschrift leisten. Warum muss beim Kreditinstitut eine Unterschrift des Kontoinhabers vorliegen?
5. Schauen Sie sich die Abbildung auf Seite 285 mit dem Beispiel eines Auszubildenden-Girokontos an.
   a) Welche Vorteile hat dieses Girokonto gegenüber einem normalen Girokonto?
   b) Welche Dienste kann der Kontoinhaber bei diesem Konto nutzen?
   c) Welche Leistungen sind in diesem Girokonto nicht enthalten?
   d) Darf der Kontoinhaber dieses Konto auch überziehen?

6. Viele Patienten in der Praxis von Herrn Dr. Heine zahlen ihre Liquidation mit einer Überweisung.
   a) Besorgen Sie sich ein Überweisungsformular Ihres Kreditinstitutes und beschreiben Sie Aufbau und Inhalt der Überweisung.
   b) Erläutern Sie den Zahlungsablauf für eine Überweisung, wenn Sie einen Rechnungsbetrag von Ihrem Konto an ein Versandhaus in München überweisen, das ein Konto bei einem anderen Kreditinstitut hat.
7. In der Ausgangssituation wird mehrmals der Dauerauftrag angesprochen. Sarah hat beim Abschluss einer Versicherung eine Einzugsermächtigung unterschrieben. In beiden Fällen handelt es sich um Sonderformen der Überweisung. Welche Sonderformen der Überweisung lassen sich unterscheiden? Beschreiben Sie diese kurz.
8. In der Praxis von Dr. Heine werden die gesamte Verwaltung des Praxiskontos und der Zahlungsverkehr mit Onlinebanking abgewickelt.
   a) Erkundigen Sie sich bei Ihrer Bank zu den Möglichkeiten des Onlinebankings.
   b) Welche Vorteile, aber auch welche Gefahren sind mit dem Onlinebanking verbunden?
9. Der elektronische Zahlungsverkehr erleichtert in erheblichem Umfang die Zahlungsabwicklung.
   a) Geben Sie eine Übersicht über die möglichen Zahlungsverfahren mit der girocard.
   b) Welches Risiko geht der Gläubiger bei dem jeweiligen Zahlungsverfahren ein?
10. Die Zahlung per Kreditkarte hat in den letzten Jahren enorm zugenommen.
    a) Welche Voraussetzungen sind an eine Zahlung mit Kreditkarte geknüpft?
    b) Beschreiben Sie die Abwicklung der Zahlung mit Kreditkarte.
    c) Welche Vor- bzw. Nachteile hat diese Zahlungsart?

Barzahlung

Mit Bargeld werden teilweise die Geschäfte des täglichen Lebens bezahlt, z. B. Einkäufe in Einzelhandelsgeschäften, Kauf von Fahrscheinen, usw. Merkmal für die Barzahlung ist, dass der **Schuldner mit Bargeld zahlt und der Gläubiger Bargeld erhält.** Der Zahler kann vom Empfänger der Zahlung eine Quittung verlangen. Sie dient als Beweismittel, dass die Zahlung geleistet wurde.

Bestandteile einer Quittung:
1. Betrag
2. Name des Zahlers
3. Grund der Zahlung
4. Empfangsbestätigung
5. Datum und Ort, an dem die Zahlung geleistet wird
6. Unterschrift des Empfängers

QUITTUNG Euro 100 ,-

Nummer:______ einschl. 7 % MwSt.

einhundert — Cent wie oben

Euro in Worten

von Friedrich Mustermann

für 2 Blumensträuße

dankend erhalten

Musterstadt, den 22.02.2014

Ort., Datum

M. Musterfrau

Unterschrift des Empfängers

MUSTER

In der Zahnarztpraxis muss die Zahnmedizinische Fachangestellte **Quittungen** ausstellen bzw. auch direkt über den PC ausdrucken, wenn der Patient Forderungen des Zahnarztes bar bezahlt, beispielsweise das Honorar für eine professionelle Zahnreinigung (IGeL). Für die Buchführung der Praxis ist die Quittungsdurchschrift ein wichtiger Beleg. Aufgrund des Beleges erfolgt die Buchung der Bareinnahme.

Bei der Barzahlung erfolgt normalerweise die Übergabe von Geld vom Schuldner direkt an den Gläubiger. Befinden sich Schuldner und Gläubiger nicht am gleichen Ort, muss für die Übermittlung des Geldes ein Dienstleistungsunternehmen in Anspruch genommen werden, z. B. Western Union. Die eigene Hausbank gibt Auskunft über Möglichkeiten des Bargeldtransfers. Zahlreiche Informationen sind auch im Internet abrufbar.

Das Girokonto

Die Einrichtung eines Girokontos ist Voraussetzung, um viele Dienstleistungen eines Geldinstitutes in Anspruch zu nehmen. So kann man weltweit vom eigenen Konto Geld abheben, über die girocard mit ihrem Geldkartenchip bzw. kontaktlos an speziellen Händlerterminals kleine Beträge bargeldlos zahlen, am bargeldlosen Zahlungsverkehr teilnehmen und das Geldinstitut sichert eine verlässliche Kontoführung.

Vor Eröffnung eines Girokontos ist es unbedingt erforderlich, sich über die Leistungen zu informieren, die Banken im Zusammenhang mit der Führung eines Kontos bieten. Darüber hinaus sollte man die Kosten der Kontoführung einzelner Kreditinstitute miteinander vergleichen. Für Auszubildende bieten fast alle Institute besondere Konditionen.

Ein **Girokonto** kann jeder unter Vorlage seines Personalausweises eröffnen, vorausgesetzt, er ist voll geschäftsfähig, also mindestens **18 Jahre** alt. Jugendliche brauchen zur Kontoeröffnung die Einwilligung ihres gesetzlichen Vertreters. Ein Antrag zur Eröffnung eines Kontos mit allen Angaben zur Person ist auszufüllen. Weiterhin muss der Kontoinhaber zu Überprüfungszwecken eine Unterschrift auf einer Unterschriftskarte abgeben.

Die Einrichtung eines Girokontos ist problemlos. In der Regel eröffnet der Bankkunde sein Konto bei der nächstgelegenen Zweigstelle oder über das Internet. Bei der Inanspruchnahme moderner Dienste der Kontoführung, wie Onlinebanking, spielen räumliche Entfernungen keine Rolle mehr. Daher bieten, neben den Banken, die über ein örtliches Filialsystem verfügen, immer mehr Direktbanken ihre Leistungen über das Internet an.

Halbbare Zahlung

Definition: *Beim halbbaren Zahlungsverkehr hat üblicherweise der Gläubiger ein Girokonto und der Schuldner zahlt mit Bargeld.*

Der Schuldner zahlt mithilfe eines **Zahlscheins** Bargeld ein, das dann dem Konto des Gläubigers gutgeschrieben wird. Zur Abwicklung dient ein zweiseitiger Durchschreibevordruck. Die Kontoverbindung des Gläubigers wird mit der IBAN (Internationale Bankkontonummer) angegeben. (Zu der Neuordnung der Bankverbindung siehe S. 284)

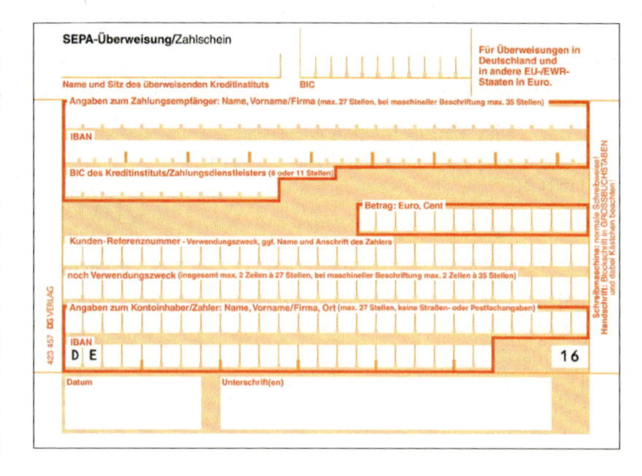
SEPA-Überweisung/Zahlschein

Name und Sitz des überweisenden Kreditinstituts
BIC
Für Überweisungen in Deutschland und in andere EU-/EWR-Staaten in Euro.

Angaben zum Zahlungsempfänger: Name, Vorname/Firma (max. 27 Stellen, bei maschineller Beschriftung max. 35 Stellen)
IBAN
BIC des Kreditinstituts/Zahlungsdienstleisters (8 oder 11 Stellen)
Betrag: Euro, Cent
Kunden-Referenznummer - Verwendungszweck, ggf. Name und Anschrift des Zahlers
noch Verwendungszweck (insgesamt max. 2 Zeilen à 27 Stellen, bei maschineller Beschriftung max. 2 Zeilen à 35 Stellen)
Angaben zum Kontoinhaber/Zahler: Name, Vorname/Firma, Ort (max. 27 Stellen, keine Straßen- oder Postfachangaben)
IBAN
D E
16
Datum
Unterschrift(en)

Schreibmaschine: normale Schreibweise!
Handschrift: Blockschrift in GROSSBUCHSTABEN und dabei Kästchen beachten!

423 457 DG VERLAG

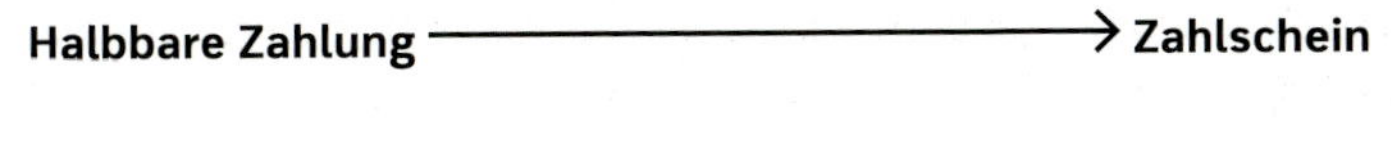

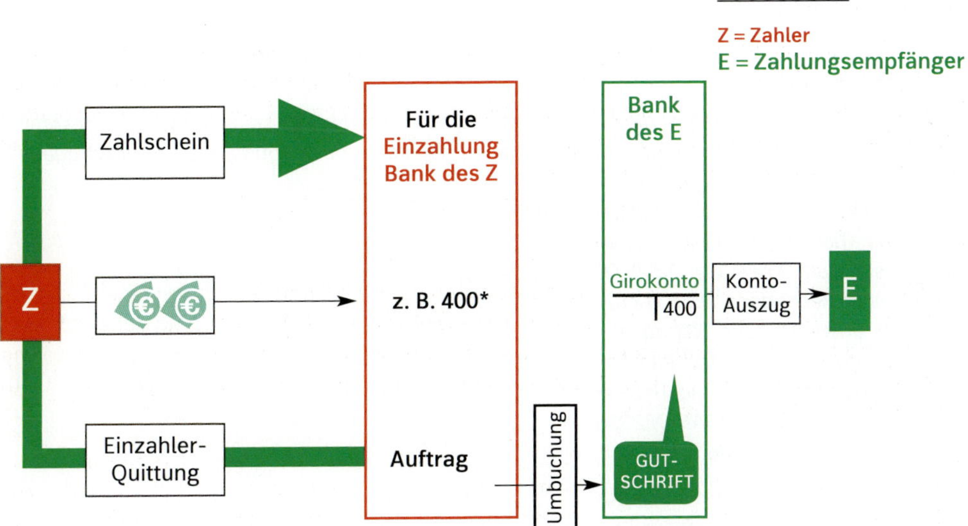

*(zuzüglich Gebühr)

Sendet der Zahnarzt Rechnungen an seine Patienten, kann er **vorgedruckte Zahlungsbelege** beifügen, die seine Kontoverbindung (IBAN) enthalten. Eventuell sind zur Erleichterung der Verwaltungsarbeit auch schon die Nummer und das Datum der Liquidation eingedruckt. Da dem Zahnarzt nicht bekannt ist, ob der Patient über ein Girokonto verfügt, verwendet er den Kombivordruck **SEPA-Überweisung/Zahlschein**. Der Patient kann mit diesem Vordruck den fälligen Betrag

- entweder bei einem beliebigen Kreditinstitut bar einzahlen,
- oder von seinem Girokonto auf das Girokonto des Zahnarztes überweisen.

Alle Banken verlangen bei der Einzahlung mithilfe des Zahlscheins eine Gebühr, die wesentlich höher ist als die Buchungsgebühr für eine Überweisung. Deswegen stellt die Nutzung des Zahlscheins eine nur noch selten genutzte Zahlungsart dar.

Nachnahme

Die Zahlungsform Nachnahme wird überwiegend von Versandhäusern und Onlineshops angeboten. Sie versenden die von einem Kunden bestellte Ware über einen Paketdienstleister, z. B. DHL, DPD, UPS, als **Nachnahmesendung**. Die Auslieferung der Ware erfolgt hierbei nur, wenn der Paketempfänger direkt beim Zusteller die Rechnung für die Ware zuzüglich der Übermittlungsgebühren für den Nachnahmebetrag bezahlt. Über die Zahlung erhält der Zahlungspflichtige eine **Nachnahmequittung**. Das eingezogene Bargeld wird dem Gläubiger über einen von ihm der Nachnahmesendung beigefügten, mit seinen Kontodaten versehenen **Zahlschein** auf sein Konto übermittelt. Die Nachnahme wird vor allem bei Neukunden sowie schon einmal in Zahlungsverzug geratenen Kunden vorgenommen. Da die Zustellung nur gegen Zahlung des Nachnahmebetrages erfolgt, erhält der Gläubiger entweder sein Geld, oder die Ware zurück. Im Übrigen kann jeder Kontoinhaber versuchen, über eine Nachnahmesendung Geld von einem Schuldner einzuziehen. Dies wird in einer Zahnarztpraxis genutzt, wenn ein Patient seine Liquidation trotz mehrmaliger Mahnungen nicht bezahlt hat. Ein Brief wird als Nachnahmesendung an den säumigen Patienten geschickt. Der Zusteller händigt dem Patienten den Brief nur aus, wenn dieser ihm den Nachnahmebetrag sowie die Nachnahmegebühr bar entrichtet hat. Den Forderungsbetrag erhält der Zahnarzt auf seinem Konto gutgeschrieben. Der Patient kann die Annahme verweigern. Er muss sich dann aber darüber im Klaren sein, dass nun die ausstehende Forderung des Zahnarztes mithilfe des gerichtlichen Mahnverfahrens eingetrieben wird.

Bargeldlose Zahlung

Beim bargeldlosen Zahlungsverkehr haben sowohl der Schuldner als auch der Gläubiger ein Girokonto. Die Zahlung erfolgt von Konto zu Konto.

Überweisung

Definition: *Die Überweisung ist die Anweisung eines Kontoinhabers an seine Bank, einen bestimmten Betrag vom eigenen Konto abzubuchen und auf das Konto des Begünstigten zu übertragen.*

Beispiel: *Dr. Alois Meier, Köln, hat bei der Firma Tischler in Essen einen Schreibtisch zum Preis von 1 525,00 EUR gekauft (Rechnungs-Nr. 251219). Dr. Meier überweist den Betrag von seinem Konto bei der Deutschen Bank Köln auf das Konto der Firma Tischler bei der Sparkasse Essen, IBAN DE2336 0501050004876354, BIC SPESDE3EXXX.*

SEPA-Überweisung

Für Überweisungen in Deutschland, in andere EU-/EWR-Staaten und in die Schweiz in Euro.
Bitte Meldepflicht gemäß Außenwirtschaftsordnung beachten!

Angaben zum Zahlungsempfänger: Name, Vorname/Firma (max. 27 Stellen, bei maschineller Beschriftung max. 35 Stellen)
FIRMA TISCHLER, ESSEN

IBAN
DE23360501050004876354

BIC des Kreditinstituts/Zahlungsdienstleisters (8 oder 11 Stellen)
SPESDE3EXXX

SEPA-Überweisung €

Betrag: Euro, Cent
1525,00

Kunden-Referenznummer – Verwendungszweck, ggf. Name und Anschrift des Zahlers – (nur für Zahlungsempfänger)
RECHNUNGS-NR. 251219

noch Verwendungszweck (insgesamt max. 2 Zeilen à 27 Stellen, bei maschineller Beschriftung max. 2 Zeilen à 35 Stellen)
DR. ALOIS MEIER; KÖLN

Angaben zum Kontoinhaber: Name, Vorname/Firma, Ort (max. 27 Stellen, keine Straßen- oder Postfachangaben)

IBAN
DE23360501050004876354

16

SEPA

Datum
12.11.20.

Unterschrift(en)
Alois Meier

Damit Dr. Meier einen Überweisungsvordruck ausfüllen kann, muss ihm die Kontoverbindung des Zahlungsempfängers bekannt sein. Daher ist bei Rechnungen von Unternehmen bzw. in den Liquidationsvordrucken der Ärzte immer die Bankverbindung angegeben.

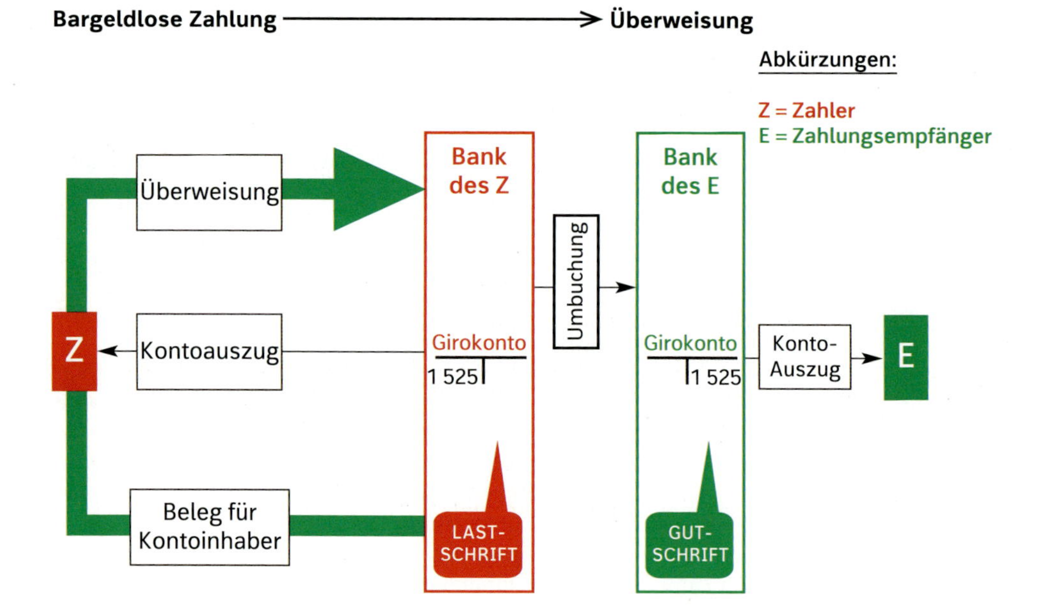

Bargeldloser Zahlungsverkehr in Europa

Mit der **SEPA-Verordnung**, einer EU-Zahlungsrichtlinie ist der bargeldlose Zahungsverkehr innerhalb der europäischen Teilnehmerländer so geregelt, dass es für die Bankkunden keine Unterschiede mehr zwischen nationalen und grenzüberschreitenden Zahlungen gibt. Festgelegt wurden verbindliche einheitliche Verfahren für

- Überweisungen und
- Lastschriften.

Die Kontoverbindung des Überweisenden und des Zahlungsempfängers wird mit **IBAN**, der International Bank Account Number, also der internationalen Kontonummer angegeben. Insbesondere bei Überweisungen in das Ausland außerhalb der EU ist die **BIC**, Business Identifier Code, die internationale Bankleitzahl, einzusetzen.

Sonderformen der Überweisung

Ein Kontoinhaber, der regelmäßig wiederkehrende Zahlungen wie Miete, Energiekosten, Versicherungsbeiträge usw. leisten muss, kann Sonderformen der Überweisung nutzen. Sie vereinfachen die Abwicklung der Zahlung und sind kostengünstiger als Einzelüberweisungen. Folgende Sonderformen lassen sich unterscheiden:

Definition – Dauerauftrag: *Der Dauerauftrag ist eine Anweisung an die Bank, einen der Höhe nach gleichbleibenden Betrag regelmäßig zu einem bestimmten Termin auf ein bestimmtes Konto desselben Zahlungsempfängers zu überweisen (Miete, Mitgliedsbeiträge usw.).*

Hat ein Auftraggeber zum gleichen Zeitpunkt Geld an verschiedene Zahlungsempfänger zu überweisen, beispielsweise Gehaltszahlungen des Arztes an Medizinische Fachangestellte, so bietet sich die Nutzung einer Sammelüberweisung an.

Definition – Sammelüberweisung: *Der Auftraggeber gibt die einzelnen Überweisungsträger für jeden Zahlungsempfänger zusammen mit einem von ihm unterschriebenen Sammelauftrag an seine Bank. Diese belastet sein Konto mit der Gesamtsumme in nur einer Buchung. Anschließend übermittelt die Bank die in den einzelnen Überweisungsträgern genannten Beträge an die jeweiligen Zahlungsempfänger.*

Definition – SEPA-Lastschrift: *Beim SEPA-Lastschriftverfahren löst der Zahlungsempfänger den Zahlungsvorgang aus. Grundlage ist ein SEPA-Lastschriftmandat, in dem der Schuldner einem Gläubiger ermächtigt, Zahlungen von seinem Konto mittels Lastschrift einzuziehen. Zugleich weist der Zahlungspflichtige sein Kreditinstitut an, die vom Gläubiger auf seinem Konto vorgenommene Lastschrift einzulösen.*

Die rechtliche Legitimation für den Einzug von SEPA-Lastschriften ist ein sogenanntes Mandat. Es enthält die Zustimmung des Zahlers gegenüber dem Zahlungsempfänger zum Einzug fälliger Forderungen, z. B. Strom, Versicherungen. Weiterhin enthält es die Weisung des Zahlers an seine Bank, dass die Lastschrift von seinem Konto abgebucht werden darf. Mit dem neuen Lastschriftverfahren werden die Rechte der Verbraucher bei Lastschriften in den Euro-Ländern gestärkt. Banken müssen ihren Kontoinhabern künftig ermöglichen, die Einlösung von Lastschriften z. B. dem Betrag nach zu begrenzen oder auf bestimmte Zahlungsempfänger einzuschränken. **SEPA-Basislastschriften, bei denen ein gültiges Mandat vorliegt, können bis zu acht Wochen nach dem Belastungstag ohne Angabe von Gründen zurückgebucht werden.** Fehlt das unterschriebene Mandat, verlängert sich die Frist auf 13 Monate.

SEPA-Lastschriften haben ein **festes Fälligkeitsdatum**, an dem die Kontobelastung erfolgt. Dieses wird dem Zahler vom Zahlungsempfänger vorab mitgeteilt. Auf diese Weise kann der Zahler sicherstellen, dass sein Girokonto zum Zeitpunkt des Lastschrifteinzugs über genügend Deckung verfügt. Jeder Lastschrifteinreicher (Zahlungsempfänger) besitzt eine individuelle Kennung zur Identifizierung, die sogenannte Gläubiger-Identifikationsnummer (CI, Creditor Identifier). Diese Nummer und die jedem Zahlungsempfänger zuzuordnende Mandatsreferenz (z. B. Rechnungsnummer) ermöglichen dem Zahler eine einfache Überprüfung der Belastungen auf seinem Girokonto.

Wichtige Änderungen bei der Abwicklung des SEPA-Lastschriftverfahrens

- die internationale Kundenerkennung IBAN/BIC ersetzt die herkömmliche Kontonummer und Bankleitzahl,
- das Fälligkeitsdatum des Bankeinzugs muss angekündigt werden,
- Zahlungsempfänger müssen sich durch eine Mandatsreferenznummer sowie eine Gläubiger-Identifikationsnummer eindeutig identifizieren.

Die folgende Grafik zeigt eine Zusammenfassung über den einheitlich gestalteten bargeldlosen europäischen Zahlungsverkehr am Beispiel einer Überweisung.

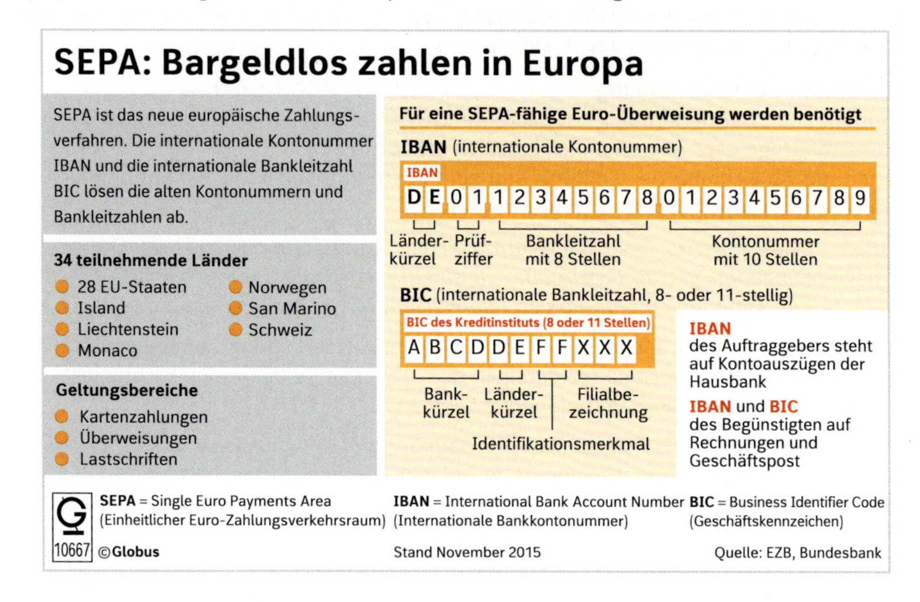

Vorteile bei Abwicklung des bargeldlosen Zahlungsverkehrs

Geldschulden sind Bringschulden, d. h., der Schuldner ist verpflichtet, das Geld an den Gläubiger zu übermitteln. Beim bargeldlosen Zahlungsverkehr übernehmen die Banken die Geldübermittlung. Sie ersparen so dem Gläubiger die damit verbundenen Risiken. Es fallen aber **Kosten** für die Kontoführung an. Diese sind von Bank zu Bank unterschiedlich hoch. Daher ist ein Vergleich der Kosten ratsam. Mittlerweile bieten einige Banken ihre Leistungen im Rahmen des Zahlungsverkehrs sogar kostenlos an.

Zahlung mit Verrechnungsscheck

Zahlungen mit Scheck verwenden nahezu nur noch Unternehmen. So nutzen Versicherungsunternehmen Verrechnungsschecks beispielsweise bei Schadenregulierungen. Sie senden dem Geschädigten einen Scheck über die Höhe des von der Versicherung zu übernehmenden Betrages.

Definition: *Der Verrechnungsscheck ist eine Anweisung des Kontoinhabers an seine Bank, gegen Vorlage einen bestimmten Geldbetrag zulasten seines Kontos dem Konto des Scheckeinreichers gutzuschreiben.*

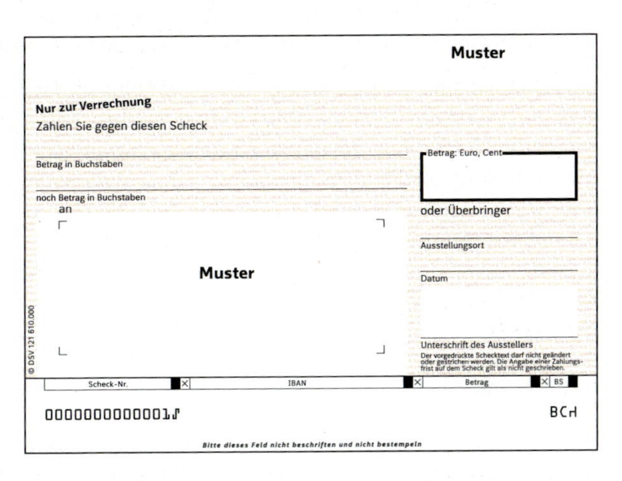
Muster
Nur zur Verrechnung
Zahlen Sie gegen diesen Scheck
Betrag in Buchstaben
Betrag: Euro, Cent
noch Betrag in Buchstaben
an
oder Überbringer
Ausstellungsort
Muster
Datum
© DSV 121 610.000
Unterschrift des Ausstellers
Der vorgedruckte Schecktext darf nicht geändert oder gestrichen werden. Die Angabe einer Zahlungsfrist auf dem Scheck gilt als nicht geschrieben.
Scheck-Nr. | IBAN | Betrag | BS
0000000000001⑆ BCH
Bitte dieses Feld nicht beschriften und nicht bestempeln

Allerdings trägt bei einer Zahlung mit einem Scheck der Zahlungsempfänger das **Risiko**, dass der Scheck eventuell nicht gedeckt ist. Die Bank löst den Scheck nicht ein, wenn kein Guthaben auf dem Girokonto vorhanden oder der eingeräumte Überziehungskredit des Kontos bereits ausgeschöpft ist. Wer ungedeckte Schecks ausstellt, handelt in betrügerischer Absicht und macht sich strafbar.

Der Zahlungsempfänger muss den Verrechnungsscheck bei seiner Bank einreichen. Diese schreibt den Betrag seinem Konto unter Vorbehalt gut. Danach zieht die Bank des Scheckeinreichers den Betrag bei der Bank des Schuldners (Scheckausstellers) ein. Ist der Scheck nicht gedeckt, erfolgt eine Rückbuchung.

Electronic Banking (Elektronischer Zahlungsverkehr)

Viele Kontoinhaber wickeln die gesamte Kontoführung über den Computer mittels Onlinebanking ab. Dabei sucht der Kunde die Internetseite seiner Bank auf. Er meldet sich mit einem Benutzernamen und seiner **PIN** (Persönliche Identifikationsnummer) an. Dann kann er über diese besonders gesicherte Verbindung Kontostände abfragen, Kontoauszüge abrufen, Zahlungsaufträge erteilen und alle sonstigen Dienstleistungen des Kreditinstitutes in Anspruch nehmen. Für einzelne Transaktionen, z. B. Erteilung eines Überweisungsauftrages, muss er eine **TAN** (Transaktionsnummer) eingeben. TANs werden bei Anmeldung zum Onlinebanking vom Kreditinstitut zur Verfügung gestellt.

Sicherheitsverfahren beim Online-Banking: ChipTAN und mTAN

Viele Geldinstitute haben die Authentifizierungsverfahren im Online-Banking entsprechend der neuen Zahlungsdiensterichtlinie (PSD2) umgestellt. **ChipTAN** und **mTAN** heißen die am häufigsten verwendeten Standards.
Die TANs (Transaktionsnummern) dienen der Authentifizierung von Transaktionen eines Nutzers (zum Beispiel für Überweisungen).
Das TAN/iTAN-Verfahren ist Gegenstand zahlreicher betrügerischer Angriffe aus dem Internet und anfällig für Missbrauch. Deshalb werden zunehmend ChipTAN und mTAN verwendet.

Chip-TAN

Hier erfolgt die Authentifizierung mittels Bankkarte mit Chip und einem zusätzlichen elektronischen Gerät (TAN-Generator). Dieser besitzt in der Regel ein Display, ein Ziffernfeld und einen Karteneinschub. Die TAN für die Transaktion ermittelt der TAN-Generator. Dazu wird die

Bankkarte in den Kartenleser geschoben. In den meisten Fällen erscheint eine flackernde Grafik, an die der Generator gehalten wird. Nach der Kontrolle des Zielkontos und des zu überweisenden Betrages wird die Transaktionsnummer angezeigt. Diese TAN ist ausschließlich für die aktuelle Transaktion nutzbar.

mTAN, mobile TAN bzw. SMS-TAN

Nach Eingabe der Transaktionsdaten im Online-Banking wird per Mausklick eine TAN angefordert, die umgehend per SMS an die bei der Bank hinterlegte Mobiltelefonnummer geschickt wird.

Beim Onlinebanking verringert sich der Verwaltungsaufwand der Bank. Viele Banken bieten daher ihre Online-Konten sehr preiswert oder sogar kostenlos an.

Beim Onlinebanking reduziert sich der Verwaltungsaufwand der Bank. Der Kunde führt die Transaktionen selbst durch und benötigt nicht die Unterstützung von Mitarbeitern der Bank. Viele Banken bieten daher ihre Onlinekonten sehr preiswert oder sogar kostenlos an. Beim Einkauf im Internet erfolgt oft die Abwicklung über Zahlungsdienstleister. Der Kunde muss nicht das Online-Banking seines Kreditinstituts in Anspruch nehmen, sondern beauftragt den Zahlungsdienstleister mit der Abwicklung z. B. einer Überweisung. Dazu benötigt dieser Dienstleister aber die Erlaubnis zum Zugang auf das Konto des Kunden. Den Auftrag, eine Überweisung auszuführen, kann der Zahlungsdienstleister erst dann ausführen, wenn sich der Kunde mit PIN angemeldet hat und und mit einer TAN diese Transaktion auslöst. Durch die Zahlungsdiensterichtlinie wurden mit diesen strengen Sicherheitsvorschriften die Zahlungsdienste unter den Gesichtspunkten Sicherheit und Verbraucherschutz neu geregelt.

Beim Onlinebanking drohen betrügerische Angriffe aus dem Internet. Daher sind umfassende Sicherheitsvorkehrungen zu beachten. Banken und Verbraucherzentralen bieten entsprechende Beratung an.

Für die Verbindung zwischen dem Bankkunden und dem Kreditinstitut wird neben dem Computer zunehmend das Mobiltelefon genutzt. Sogenannte Banking-Apps, Programme die die Abwicklung aller Bankgeschäfte über das Smartphone steuern, sorgen für einen optimalen Komfort in der Bedienung und für die Sicherheit der Verbindung.

Viele Kreditinstitute bieten neben dem Onlinebanking auch ein **Telefonbanking** an. Nach Nennung der Nummer des Girokontos bzw. Eingabe über die Tastatur und einer Geheimzahl können alle Bankgeschäfte am Telefon erledigt werden. Üblicherweise übernimmt ein Computer mit Spracherkennung die Abwicklung der Aufträge des Kontoinhabers.

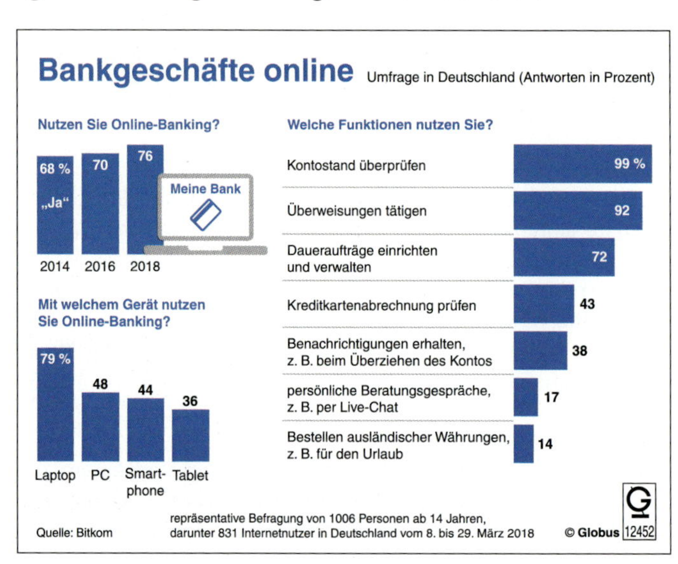

Zahlung mit der Bankkarte (Maestro-Karte/girocard/BankCard)

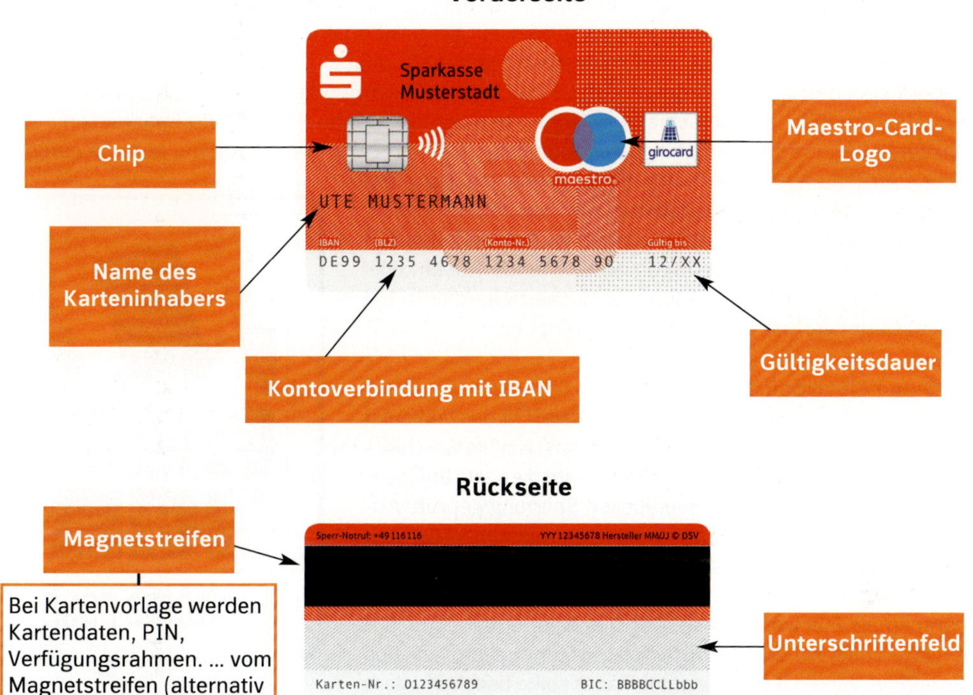

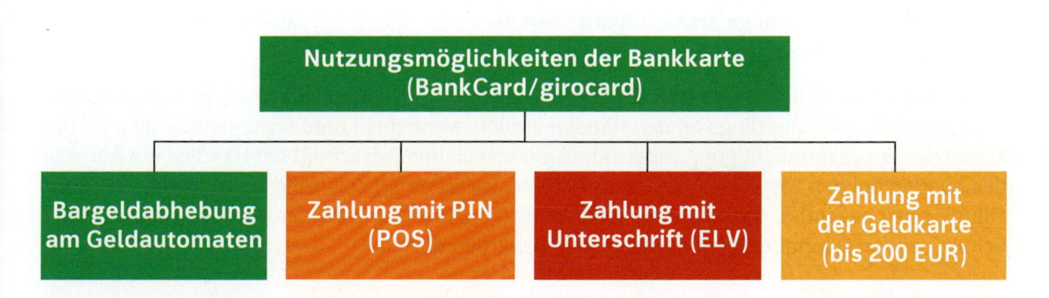

Bargeldabhebung

Mit der Bankkarte (BankCard, girocard) kann der Karteninhaber den Bargeldservice an **Geldautomaten** in Anspruch nehmen. Er ist somit nicht auf die Öffnungszeiten der Kreditinstitute angewiesen. Die Abhebung von Bargeld an bankeigenen Geldautomaten ist kostenfrei. Oftmals kostenpflichtig hingegen ist der Bezug von Bargeld an bankfremden Geldautomaten. Die jeweilige Gebühr zeigen die Automaten an.

Bei der Abhebung am Geldautomaten gibt man die **Geheimzahl** (PIN) ein, die zur Absicherung von Missbrauch der Karte durch Unbefugte dient. Die Summe, die man pro Tag abheben darf,

ist begrenzt. Bei der Ausgabe der girocard für das Girokonto setzt jede Bank ein Limit (Maximalbetrag) fest, über das der Karteninhaber verfügen kann. Innerhalb eines Tages beziehungsweise einer Woche können nur über bestimmte Beträge verfügt werden, sofern das Girokonto das entsprechende Guthaben ausweist oder ein Dispositionskredit genutzt werden kann. Ist der Maximalbetrag erreicht, sind keine Zahlungen mehr möglich.
In der Regel beträgt das girocard-Limit 1.000,00 EUR pro Tag und 2.000,00 EUR pro Woche. Es gibt aber erhebliche Unterschiede zwischen den verschiedenen Banken und Sparkassen.
Das für die eigene girocard gültige Kartenlimit kann bei der Bank erfragt werden. Auch im europäischen Ausland ist mit der Karte die Bargeldbeschaffung am Geldautomaten und die Bezahlung von Einkäufen möglich. Viele Banken haben für Transaktionen im Ausland von den sonst gültigen Maximalbeträgen abweichende Auslandslimits festgelegt. Diese dienen der Sicherheit, damit bei einem Kartenverlust der Schaden begrenzt ist.

POS und Electronic Cash

Bei dem POS-Zahlungssystem (point of sale, Ort des Verkaufs) kann der Inhaber einer Bankkarte an der Kasse eines Geschäfts bargeldlos zahlen. Mit einem Lesegerät wird die Karte auf Richtigkeit der Daten und einer eventuellen Sperrung geprüft. Anschließend gibt der Kontoinhaber seine **Geheimzahl** (PIN) über eine Tastatur ein und bestätigt die Zahlung. Der Betrag wird vom Girokonto abgebucht. Diese Art des Geldeinzugs bezeichnet man als **Electronic Cash**. Der Gläubiger erhält eine Zahlungsgarantie, die **unwiderruflich** ist, wofür er allerdings eine **Gebühr** zu zahlen hat. Der Kontoinhaber sollte beachten, dass er seine **Bankkarte niemals zusammen mit der PIN aufbewahrt**, damit ihm kein Geldverlust durch Missbrauch der Girokarte entsteht.

ELV – Elektronisches Lastschriftverfahren

Beim Elektronischen Lastschriftverfahren prüft das Lesegerät an der Kasse lediglich die Kontonummer und die Bankleitzahl auf der Bankkarte des Kunden. Mit seiner Unterschrift auf dem Zahlungsbeleg gibt der Kunde dem Händler eine **einmalige Ermächtigung,** den Betrag von seinem Konto einzuziehen.

Dieses Verfahren ist für den Händler preiswerter als das oben vorgestellte POS-Zahlungssystem. Die Lastschrift geht allerdings an den Händler zurück, wenn das Konto nicht gedeckt ist oder der Kunde die Einzugsermächtigung widerruft. In einem solchen Fall erfragt der Händler, die Adresse des Kunden bei den Instituten, um über ein Mahnverfahren an sein Geld zu gelangen. Dabei ist allerdings zu beachten, dass die Adressen bei einem Missbrauch der Girokarte durch Dritte zum Schutz der Karteninhaber nicht herausgegeben werden dürfen.

Geldkarte

Zur Zahlung kleiner Beträge, z. B. am Fahrkartenautomaten, nutzen viele Kontoinhaber die **Geldkarte.** Ein Chip, der als **elektronische Geldbörse** dient, befindet sich auf der Vorderseite der girocard. Die Rückseite der Karte enthält als zweites Erkennungsmerkmal das rot-blaue Geldkartensymbol. Der Karteninhaber kann diese Geldbörse mit bis zu 200,00 EUR füllen, indem er am Geldautomaten eine entsprechende Aufladung vornimmt. Der Aufladebetrag wird vom Girokonto abgebucht. Bei Zahlungen mit der Geldkarte wird die Summe, die im Chip gespeichert ist, um den Zahlungsbetrag verringert.

Die folgende Grafik zeigt, welche Bedeutung die Bankkarte mittlerweile erreicht hat:

Zahlung mit Kreditkarte

Wie bei der Girokarte, hat die Zahl der Kreditkarten stetig zugenommen. Bei der Kreditkarte schließt der Kreditkarteninhaber mit einem Kreditkartenunternehmen einen Vertrag. Die vier größten Kreditkartenunternehmen sind:

- MasterCard,
- American Express,
- Diners Club,
- Visa.

Diese Unternehmen stellen die Kreditkarte kostenfrei oder gegen Berechnung einer **Gebühr** zur Verfügung. Der Karteninhaber kann bei Vertragsunternehmen Waren oder Dienstleistungen mit der Kreditkarte bezahlen. Vertragsunternehmen weisen durch ein für die Kunden deutlich sichtbares Symbol darauf hin, dass sie Kreditkarten akzeptieren. Bei der Zahlung wird die Kreditkarte zunächst mit einem Lesegerät geprüft. Ist die Karte gültig und nicht gesperrt, so wird der Karteninhaber aufgefordert, seine PIN einzugeben. Der Karteninhaber erhält für seine Unterlagen einen Beleg. Das Vertragsunternehmen rechnet diesen Betrag dann mit dem Kartenunternehmen ab, wobei dieses einen **Provisionsbetrag** abzieht.

Die Kreditkarte kann auch für Online-Einkäufe genutzt werden. Hierbei gilt aufgrund neuer gesetzlicher Vorgaben ein Online-Legitimationsverfahren, dass größtmögliche Sicherheit bieten soll. Eigentümer eines Smartphones können eine App „S-ID-Check" nutzen, über die eine Zahlungsfreigabe bei Online-Einkäufen erfolgt. Alternativ kann der Kreditkarteninhaber die Zahlungsfreigabe per mTan wählen. Hierbei erhält er, wie oben beschrieben, eine TAN per SMS, die er zur Bestätigung des Einkaufs und der damit verbundenen Kreditkartenzahlung eingeben muss.

Neben dem Kauf von Waren und Dienstleistungen kann der Karteninhaber die Kreditkarte auch zur **Bargeldbeschaffung** nutzen. Allerdings erheben die Kreditkartenunternehmen zum Teil Provisionen für diesen Service, sodass diese Form der Bargeldbeschaffung teuer werden kann. Der Karteninhaber erhält meist monatlich eine Lastschrift über alle Umsätze, die er mit der Karte getätigt hat.

Die Akzeptanz der Zahlung mit Kreditkarte ist davon abhängig, dass möglichst viele Unternehmen sich an dieser Form der bargeldlosen Zahlung beteiligen. Daher sind alle Kreditkartenunternehmen bemüht, möglichst viele Vertragsunternehmen mit einer breit gefächerten Palette an Waren und Dienstleistungen für die Zusammenarbeit zu gewinnen. Das enorme Wachstum des Kreditkartenmarktes in den letzten Jahren zeigt, dass dieses Bemühen erfolgreich war. Vorteile der Kreditkarte:

- bargeldlose Zahlung bei Vertragsunternehmen im In- und Ausland und beim Online-Einkauf,
- Begrenzung des Risikos bei Verlust und Missbrauch,
- i. d. R. spätere Belastung der getätigten Käufe,
- Möglichkeit der Bargeldbeschaffung im In- und Ausland,
- Zusatzleistungen wie Auslandskranken-, Reise- und Gepäckversicherung.

Der Ablauf der Kreditkartenzahlung

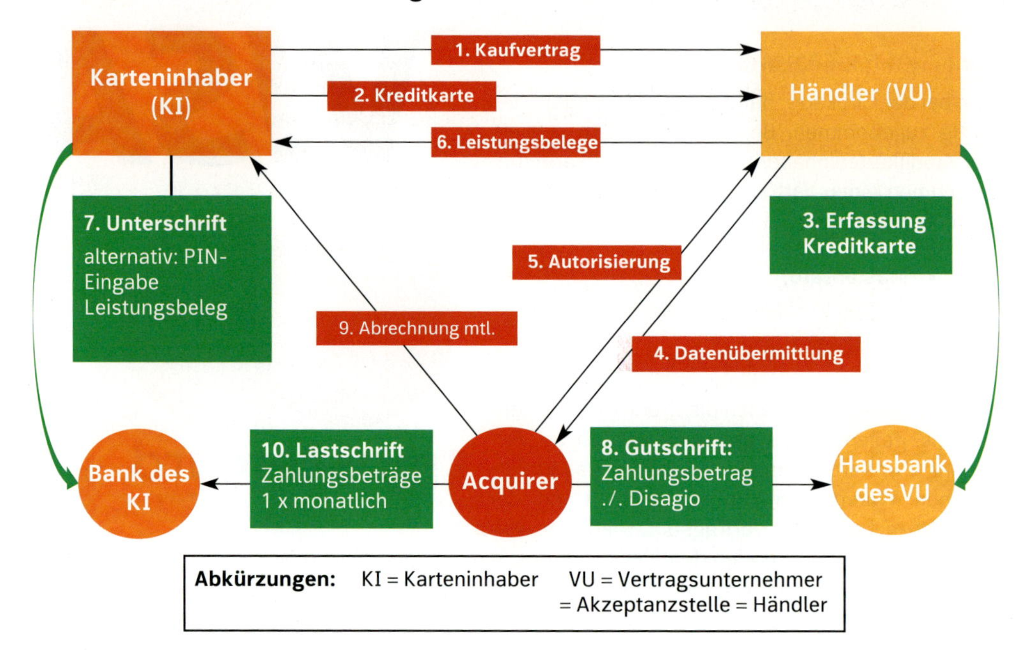

Abkürzungen: KI = Karteninhaber VU = Vertragsunternehmer = Akzeptanzstelle = Händler

Der Karteninhaber muss darauf achten, dass die von ihm getätigten Einkäufe den Rahmen seiner Einkünfte nicht übersteigen. Die Gefahr, die Übersicht zu verlieren, ist bei der Zahlung mit der Kreditkarte groß.

Aufschlussreich für die Entwicklung des Zahlungsverkehrs ist die Art der Zahlung, die Verbraucher bei ihren Einkäufen wählen.

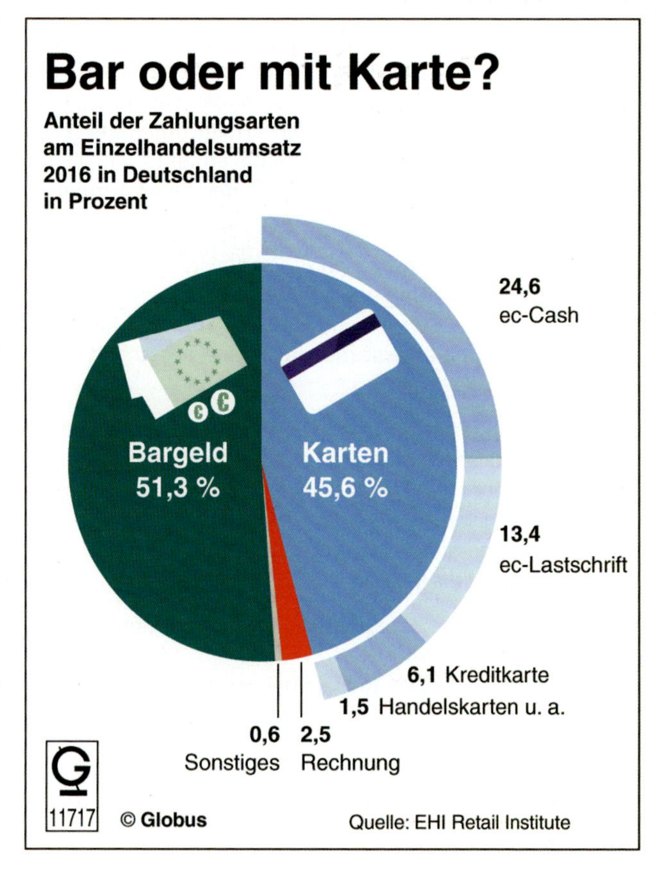

Situationsaufgaben

- Sarah war mit ihrer Klasse im Museum. In der Abteilung „Geschichte des Geldes" sind alle erdenklichen Geldformen aus früheren Zeiten ausgestellt. Ermitteln Sie mithilfe des Internets, welche Geldformen im Laufe der Geschichte verwendet wurden. Erläutern Sie, wie das heutiges Geldsystem in den EURO-Ländern organisiert ist.
- Sarah hatte bei ihren Mitschülern das Geld für den Eintritt im Museum eingesammelt. Als sie an der Kasse zahlen will, ruft die Kassiererin: „Mädchen, was soll ich mit so viel Kleingeld?!" Gemeinsam schaffen die Auszubildenden es doch, die Kassiererin zur Annahme des Geldes zu bewegen.
  Erläutern Sie anhand dieses Vorganges welche Geldfunktion hier zugrunde liegt. Prüfen Sie, ob die Ablehnung der Zahlung rechtens gewesen wäre. Welche weiteren Geldfunktionen lassen sich unterscheiden?
- Nicole hat es endlich geschafft, ihr eigenes Girokonto einzurichten. Da Herr Dr. Heine noch nicht die Kontoverbindung kannte, hat er das erste Ausbildungsgehalt per Verrechnungsscheck gezahlt. Nicole bestürmt ihre Freundin Sarah gleich mit vielen Fragen. „Was mache ich mit diesem Scheck? Was kann ich alles mit einem eigenen Konto anfangen?"
  Erläutern Sie an Sarahs Stelle, was Nicole mit dem Verrechnungsscheck machen muss. Erstellen Sie eine Übersicht, welche Zahlungsmöglichkeiten dem Kontoinhaber mit einem Girokonto zur Verfügung stehen.

Prüfungsvorbereitung

Folgende Karteikarten sind zur Ergänzung der Prüfungsvorbereitung zu erstellen:

Karteikarte 88:
Zahlungsarten (1) Barzahlung

1. *direkte Barzahlung*
2. *Funktionen einer Quittung*

Karteikarte 89:
Zahlungsarten (2) Halbbare Zahlung

1. *Zahlschein*
2. *Nachnahme*

Karteikarte 90:
Zahlungsarten (3) Bargeldlose Zahlung

1. *Überweisung*
2. *Sonderformen der Überweisung*
   a) *Dauerauftrag*
   b) *Sammelüberweisung*
   c) *SEPA-Lastschrift*
3. *Bankkarte, girocard*
   a) *Electronic Cash*
   b) *Point of Sale*
   c) *Geldkarte*
4. *Kreditkarte*

Lernfeld 12: Prothetische Behandlungen begleiten

Zielformulierung:

Die Schülerinnen und Schüler stimmen Termine vor dem Hintergrund zahntechnischer Arbeitsabläufe ab. Sie informieren und betreuen den Patienten vor, während und nach der Behandlung, um den Zahnarzt bei der Beratung des Patienten zu unterstützen. Dabei berücksichtigen sie medizinische, psychologische, rechtliche und finanzielle Aspekte. Sie planen die Vorbereitung des Behandlungsplatzes und die begleitenden Maßnahmen für Diagnostik und Therapie. Dafür ordnen sie den prothetischen Behandlungen die jeweiligen Instrumente, Materialien, Werkstoffe, Arzneimittel und Hilfsmittel zu und machen sich mit den Arbeitsabläufen vertraut. Die Schülerinnen und Schüler informieren nach Anweisung den Patienten unter Nutzung aktueller Medien über Arten von Zahnersatz und demonstrieren dessen Pflege. Auf der Grundlage zahnärztlicher Planung erstellen sie Heil- und Kostenpläne. Sie überprüfen Material- und Laborkostenrechnungen anhand der Leistungen des Labors. Im Rahmen der Dokumentationspflicht zeichnen sie die Leistungen bei prothetischen Behandlungen auf, wenden die Abrechnungsbestimmungen für verschiedene Versichertengruppen an und erstellen Privatrechnungen. Sie überwachen Zahlungstermine und kontrollieren Zahlungseingänge. Bei Zahlungsverzug leiten sie unter Nutzung ihrer Fachkenntnisse kaufmännische Mahnverfahren ein, führen den dazu notwendigen Schriftverkehr und zeigen Wege zur gerichtlichen Eintreibung von Forderungen auf. Die Schülerinnen und Schüler nutzen aktuelle Medien der Informations- und Kommunikationstechnik.

Inhalte:

Ältere Patienten
Abformungen
Wiederherstellungen und Erweiterungen
Vertragsbeziehungen zum Labor
Gewährleistung
Besondere Vereinbarungen mit Patienten
Rechnungsstellung
Außergerichtliches Mahnverfahren, gerichtliches Mahnverfahren
Verjährung
Zahnärztliche Software

1 Mahn- und Klageverfahren

Der Privatpatient Otto Müller hat am 10. April 20.. eine Liquidation über 320,00 EUR zugesandt bekommen. Am 3. Juni 20.. wurde Herr Otto Müller von der Zahnarztpraxis Dr. Heine daran erinnert, dass die Liquidation noch nicht bezahlt sei. Als am 20. Juni 20.. immer noch kein Zahlungseingang vorliegt, erhält Sarah den Auftrag, noch ein zweites Mahnschreiben zu verfassen. In diesem wird dem Patienten Otto Müller eine Frist bis zum 1. Juli 20.. zur Zahlung gesetzt. Als die Zahlung zu dieser Frist noch immer nicht erfolgt, sendet Herr Dr. Heine Herrn Müller am 8. Juli 20.. eine Nachnahme. Da Herr Müller die Annahme der Nachnahme ablehnt, stellt Herr Dr. Heine am 21. Juli 20.. einen Antrag auf Erlass eines Mahnbescheides. Der Mahnbescheid wird Herrn Otto Müller am 30. Juli 20.. zugestellt. Da Herr Müller trotz des Mahnbescheides keinerlei Zahlung leistet, wird am 15. August 20.. ein Vollstreckungsbescheid beantragt, der Herrn Müller zugestellt wird. Über das Amtsgericht wird auf Antrag und nach Vorlage des Vollstreckungsbescheides ein Pfändungs- und Überweisungsbeschluss erlassen, der dem Arbeitgeber von Herrn Müller zugeht. Die Forderung von Herrn Dr. Heine mit allen entstandenen Kosten wird durch Pfändung in das Arbeitseinkommen von Herrn Otto Müller nach und nach getilgt.

Aufgaben

1. Die Ausgangssituation beschreibt, wie Herr Dr. Heine zunächst im Rahmen des außergerichtlichen Mahnverfahrens versucht, an sein Honorar zu kommen.

   a) Was versteht man unter einem außergerichtlichen Mahnverfahren?

   b) Welche in der Ausgangssituation beschriebenen Maßnahmen zählen noch zum außergerichtlichen Mahnverfahren?

2. Welche Überlegungen sind vor Beschreiten des gerichtlichen Mahnverfahrens anzustellen?

3. Herr Dr. Heine hat sich entschieden, einen Antrag auf Erlass eines Mahnbescheides zu stellen, um auf diesem Wege seine Forderung einzutreiben.

   a) Beschreiben Sie den Ablauf beim Mahnbescheid bis zur Zustellung an den Antragsgegner.

   b) Wie kann der Antragsgegner auf die Zustellung eines Mahnbescheides reagieren?

   c) Welche Folgen hat die jeweilige Reaktion für den Antragsteller?

4. Nachdem Herr Müller auf den Mahnbescheid nicht reagiert hat, beantragt Dr. Heine die Zustellung eines Vollstreckungsbescheids an Herrn Müller.

   a) Welche Konsequenzen sind mit dem Vollstreckungsbescheid für Herrn Müller verbunden?

   b) Wie kann Herr Müller auf den Vollstreckungsbescheid reagieren?

5. Aufgrund des Vollstreckungsbescheides stellt das Gericht dem Arbeitgeber des Herrn Müller einen Pfändungs- und Überweisungsbeschluss zu.

   a) Beschreiben Sie diese Möglichkeit der Zwangsvollstreckung.

   b) Nennen Sie noch andere Möglichkeiten der Zwangsvollstreckung.

   c) Welche Konsequenzen ergeben sich für den Gläubiger und den Schuldner, wenn ein Vermögen zur Befriedigung der ausstehenden Schulden vorhanden ist?

6. In welchem Fall ist eine Klage im Zivilprozessverfahren dem gerichtlichen Mahnverfahren mit Mahn- und Vollstreckungsbescheid vorzuziehen?

Außergerichtliches Mahnverfahren

Privatpatienten, die **bis zu einem Zeitpunkt von 30 Tagen nach Rechnungsdatum bzw. bis zum angegebenen Zahlungstermin ihre Rechnung nicht bezahlt haben**, erhalten eine **Mahnung**. Dabei sind die Handhabung und der Umfang des Mahnwesens von Praxis zu Praxis verschieden. Eine Forderungen ohne gerichtliche Hilfe einzutreiben, bezeichnet man als **außergerichtliches Mahnverfahren**. Die folgende Abbildung stellt eine solche Möglichkeit dar.

Das außergerichtliche Mahnverfahren

Ärzten, denen es zu viel Aufwand ist, Privatpatienten mehrmals anzumahnen, bedienen sich sogenannter Inkassobüros. Diese sind darauf spezialisiert, von zahlungsunwilligen Schuldnern Geld einzutreiben. Dabei gibt es zwei Arten der Durchführung:

- Der Arzt (Gläubiger) beauftragt das Inkassobüro, seine Forderungen beim Schuldner einzutreiben. Das Inkassobüro handelt dann aufgrund einer Vollmacht des Gläubigers. Das Risiko, die Forderung nicht realisieren zu können, verbleibt beim Arzt.

- Der Arzt (Gläubiger) verkauft seine Forderung mit einem Abschlag an das Inkassobüro. Das Inkassobüro handelt nun aufgrund einer Abtretungserklärung. Das Risiko, die Forderung nicht eintreiben zu können, übernimmt das Inkassobüro.

Wie kommen Sie als Praxisinhaber problemloser an das Geld, das Ihnen nach erbrachter Behandlung schließlich verdientermaßen – und dazu noch rechtmäßig – zusteht? Gerade wenn der Patient allen Erinnerungen, Aufforderungen und Mahnungen zum Trotz, seine Schulden nicht begleicht?

Eine mögliche Antwort hierauf ist die Einschaltung eines erfolgsorientierten Inkasso-Unternehmens. Ein Inkasso-Unternehmen, auch Inkasso-Büro genannt, ist eine gewerbliche Institution, die sich damit befasst, ausstehende Rechnungsbeträge für Auftraggeber in deren Namen von deren Schuldnern einzufordern. Durch das „Outsourcing" zeitraubender sowie nervenaufreibender Tätigkeiten entsteht nicht nur eine Arbeitsentlastung für Ihr Praxispersonal und Sie als Praxisinhaber, sondern auch eine Effektivitäts- und Effizienzsteigerung bei der positiven Bewältigung der Patientenrechnungen.

Quelle: Firla, Markus/Osten, Steffen: Was tun, wenn der Patient nicht zahlt? Vorteile eines funktionierenden „Inkassovorgehens". In: KFO Zeitung, 06/2008, S. 8–9, S. 8., abrufbar unter: https://www.yumpu.com/de/document/view/13094459/artikel-in-der-kfo-zeitung-juni-08-dr-duve-inkasso-gmbh [02.05.2019].

Gerichtliches Mahnverfahren

Hat sich das außergerichtliche Mahnverfahren als erfolglos erwiesen, kann der Zahnarzt mithilfe des gerichtlichen Mahnverfahrens die ausstehende Zahlung einzutreiben. Bei einer geringen Honorarforderung ist zu überlegen, ob ein Verzicht auf das Honorar nicht günstiger ist als die möglicherweise entstehenden Kosten.

Dabei stehen dem Zahnarzt zwei Wege zur Verfügung:

1. Einleitung eines gerichtlichen Mahnverfahrens durch einen Antrag auf Erlass eines Mahnbescheides,
2. Erhebung einer Klage in einem Zivilprozessverfahren.

Mahnbescheid

Ist die Forderung unstrittig und zu erwarten, dass der Schuldner den Anspruch anerkennt, so ist der Antrag auf Erlass eines Mahnbescheides sinnvoll. Vorteile dieses Mahnverfahren sind:

- Die Verjährung wird gehemmt.
- Die Kosten sind niedriger als beim Zivilprozessverfahren.
- Das Mahnverfahren wird, wenn alle Voraussetzungen erfüllt sind, zügig abgewickelt.

Ist dagegen zu erwarten, dass der Schuldner die Berechtigung der Forderung bestreitet, weil er Zweifel an der Korrektheit der Liquidation hat, ist die Klageerhebung direkt vor Gericht angebracht.

Der **Antragsteller** leitet das gerichtliche Mahnverfahren durch Einreichung eines Antrags auf Erlass eines Mahnbescheids ein. Aufgrund dieses Antrags erlässt das Mahngericht einen Mahnbescheid, der dem Antragsgegner zugestellt wird. Der Vordruck hierzu ist im Bürofachhandel erhältlich. Eine Antragstellung ist ebenfalls mit einem Online-mahnantrag über das Internet möglich. Der Antrag kann ohne Zuhilfenahme eines Anwalts erfolgen. Es ist jedoch zu überlegen, ob nicht grundsätzlich eine anwaltliche Hilfe in Anspruch zu nehmen ist.

Das automatisierte gerichtliche Mahnverfahren bietet dem Gläubiger die Möglichkeit, seine Forderungen mithilfe des Gerichts schnell und kostengünstig einzutreiben. Die kostengünstige Abwicklung ist aber nur möglich, weil zuständige **zentrale Mahngerichte** die Verfahren abwickeln. Welche zentrale Mahnabteilung für den jeweiligen Ort in Deutschland zuständig ist, lässt sich z. B. unter http://www.mahngerichte.de/ ermittelten. Das nachfolgende Schema zeigt den Ablauf des gesamten gerichtlichen Mahnverfahrens. Die wichtigsten Stationen sind durch fortlaufende Ziffern gekennzeichnet.

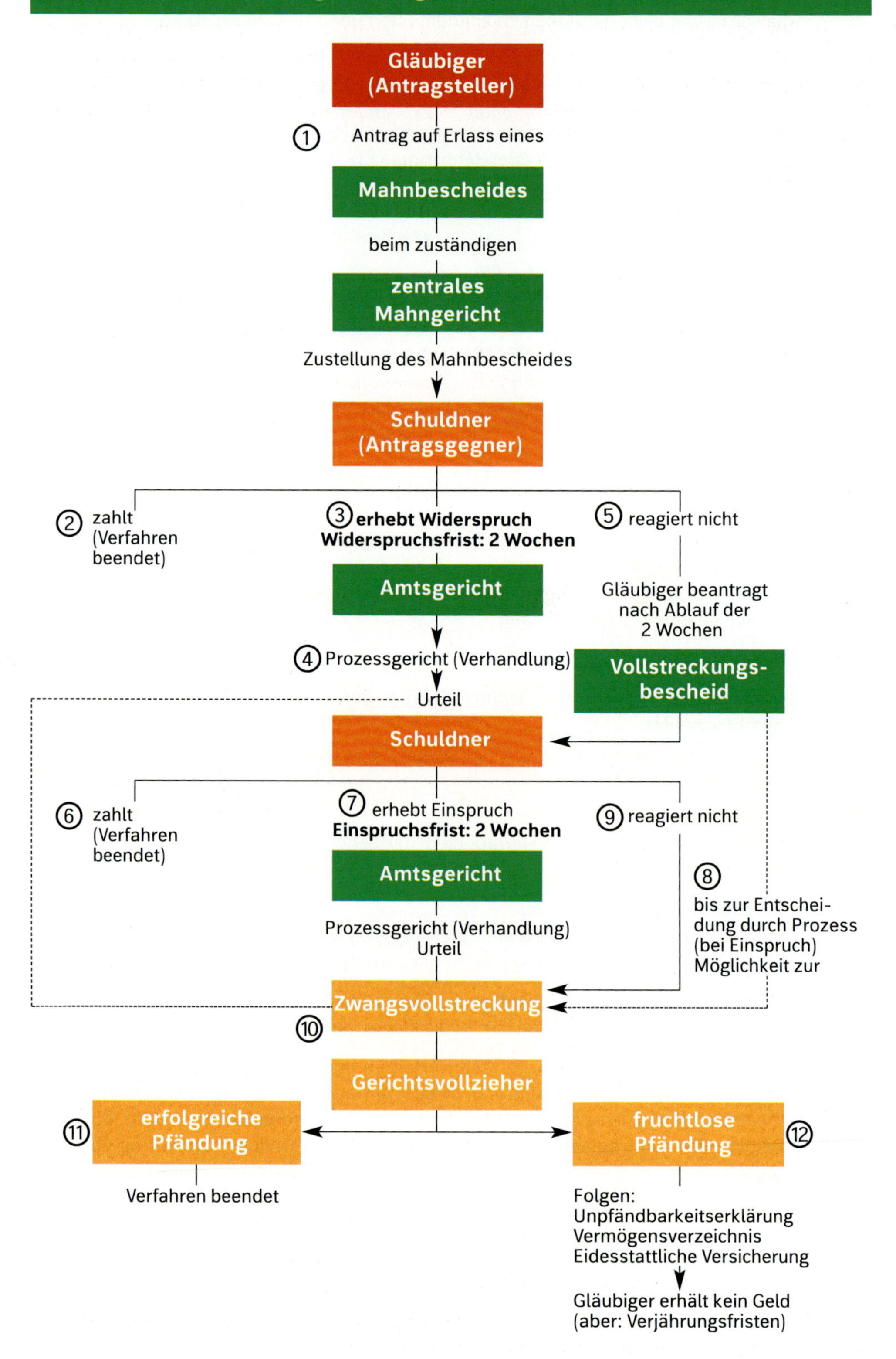
Ablauf des gesamten gerichtlichen Mahnverfahrens
Gläubiger (Antragsteller)
① Antrag auf Erlass eines
Mahnbescheides
beim zuständigen
zentrales Mahngericht
Zustellung des Mahnbescheides
Schuldner (Antragsgegner)
② zahlt (Verfahren beendet)
③ erhebt Widerspruch
Widerspruchsfrist: 2 Wochen
⑤ reagiert nicht
Amtsgericht
Gläubiger beantragt nach Ablauf der 2 Wochen
④ Prozessgericht (Verhandlung)
Vollstreckungs-bescheid
Urteil
Schuldner
⑥ zahlt (Verfahren beendet)
⑦ erhebt Einspruch
Einspruchsfrist: 2 Wochen
⑨ reagiert nicht
Amtsgericht
⑧ bis zur Entscheidung durch Prozess (bei Einspruch) Möglichkeit zur
Prozessgericht (Verhandlung)
Urteil
Zwangsvollstreckung
⑩
Gerichtsvollzieher
⑪ erfolgreiche Pfändung
fruchtlose Pfändung ⑫
Verfahren beendet
Folgen:
Unpfändbarkeitserklärung
Vermögensverzeichnis
Eidesstattliche Versicherung
Gläubiger erhält kein Geld
(aber: Verjährungsfristen)

Das Gericht prüft den eingegangenen Antrag auf Erlass eines Mahnbescheides lediglich auf formale Vollständigkeit. Eine Prüfung, ob der Antrag berechtigt ist, findet nicht statt. Deshalb hat der **Antragsgegner** (Schuldner) die Möglichkeit, binnen zwei Wochen Widerspruch einzulegen. Legt er den Widerspruch fristgemäß ein, muss der Antragsteller (Gläubiger) entscheiden, ob es zu einer Verhandlung mit einem Urteil kommen soll. Reagiert der Schuldner nicht auf einen Mahnbescheid, muss der Antragsteller zu überlegen, ob er das Verfahren mit dem Antrag auf Erlass eines **Vollstreckungsbescheides** fortsetzt oder ob er wegen der zusätzlich entstehenden Kosten auf weitere gerichtliche Schritte verzichtet.

Das Schema oben stellt die möglichen Reaktionen des Schuldners auf einen Vollstreckungsbescheid dar.

Zwangsvollstreckung

Ein Urteil, das einen Schuldner zur Zahlung verpflichtet, stellt genau wie der Vollstreckungsbescheid einen vollstreckbaren Titel dar. Der Gläubiger kann unter Vorlage des Urteils bzw. des Vollstreckungsbescheids bei Gericht die Zwangsvollstreckung veranlassen. Dies macht nur Sinn, wenn beim Schuldner Vermögenswerte vorhanden sind.

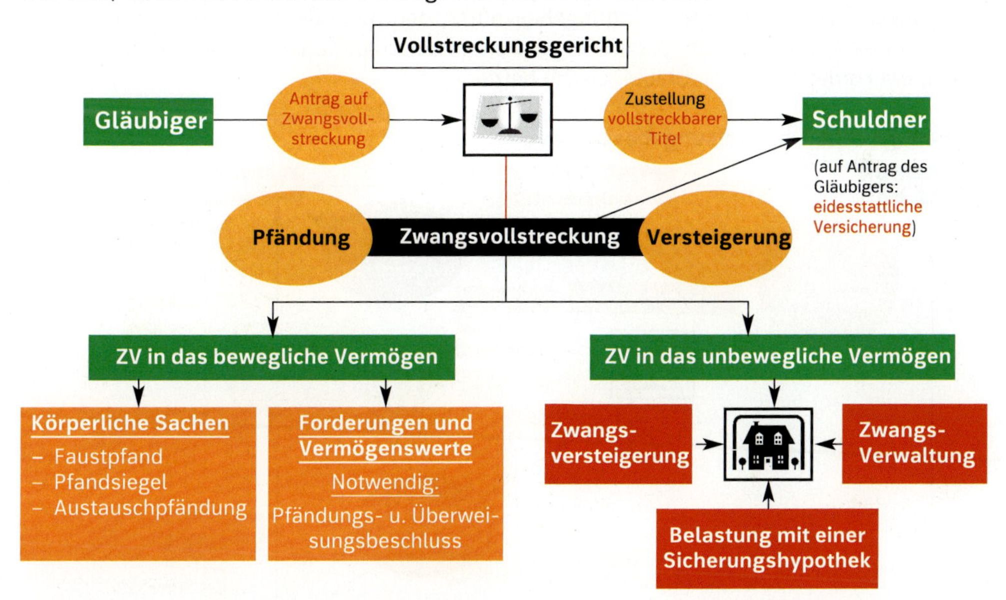

Die Zwangsvollstreckung in das **bewegliche Vermögen** unterscheidet körperliche Sachen von Forderungen und anderen Vermögenswerten. Die Zwangsvollstreckung in körperliche Sachen erfolgt über die Pfändung durch einen Vollstreckungsbeamten (Gerichtsvollzieher). Dieser sucht den Schuldner zu Hause auf und versucht, Geld bzw. dort vorhandenes und verwertbares Vermögen, wie Schmuck, Wertpapiere, Teppiche, Auto usw., zu pfänden.

Kleinere Gegenstände nimmt der Gerichtsvollzieher mit, auf größere Gegenstände, wie Möbel, Maschinen usw. klebt er eine **Pfandsiegelmarke**, um die Pfändung deutlich sichtbar zu machen. Pfändbar und verwertbar sind aber nicht alle Vermögensgegenstände des Schuldners.

Unpfändbare Sachen

- die dem persönlichen Gebrauch dienen, beispielsweise Kleidung und Hausrat,
- die zur Fortsetzung der Erwerbstätigkeit erforderlich sind, z. B. Computer mit Textverarbeitung bei einem Schriftsteller.

Eine **Austauschpfändung** führt der Gerichtsvollzieher durch, wenn er wertvolle Gegenstände gegen weniger wertvolle gleichartige Gegenstände des Schuldners austauscht.

Beispiel: *Der Gerichtsvollzieher kann ein neuwertiges Transportfahrzeug des Schuldners gegen ein gebrauchtes Fahrzeug austauschen. Den Differenzbetrag nach Abzug der Gerichtskosten erhält der Gläubiger.*

Der **Gerichtsvollzieher** lässt die gepfändeten Sachen versteigern. Der Versteigerungserlös dient zunächst zur Deckung der Kosten des Verfahrens. Weitergehende Erlöse erhält der Gläubiger zum Ausgleich seiner Forderung.

Bezieht der Schuldner als Arbeitnehmer Lohn oder Gehalt, erfolgt die **Pfändung von Arbeitseinkommen**. Hierbei stellt das zuständige Vollstreckungsgericht dem Arbeitgeber des Schuldners einen **Pfändungs- und Überweisungsbeschluss** zu. Aufgrund des Beschlusses muss der Arbeitgeber unmittelbar dem Gläubiger den pfändbaren Teil des Arbeitseinkommens überweisen. Bei der Pfändung von Arbeitseinkommen sind zum Schutz des Schuldners Freigrenzen, die aus einer **Pfändungstabelle** zu entnehmen sind, zu beachten. Der pfandfreie Betrag ist unter anderem abhängig von den Unterhaltspflichten des Schuldners. Er ist bei einem Schuldner mit Kindern höher.

Eine weitere Möglichkeit der Pfändung von Forderungen ist die **Kontopfändung**. Das Vollstreckungsgericht fasst einen Pfändungsbeschluss, den dann die Bank erhält, bei der der Schuldner ein Konto hat. Dem Schuldner wird somit der Zugriff auf sein Kontovermögen entzogen, um Forderungen von Gläubigern zu befriedigen.

Pfändungs- und Überweisungsbeschluss

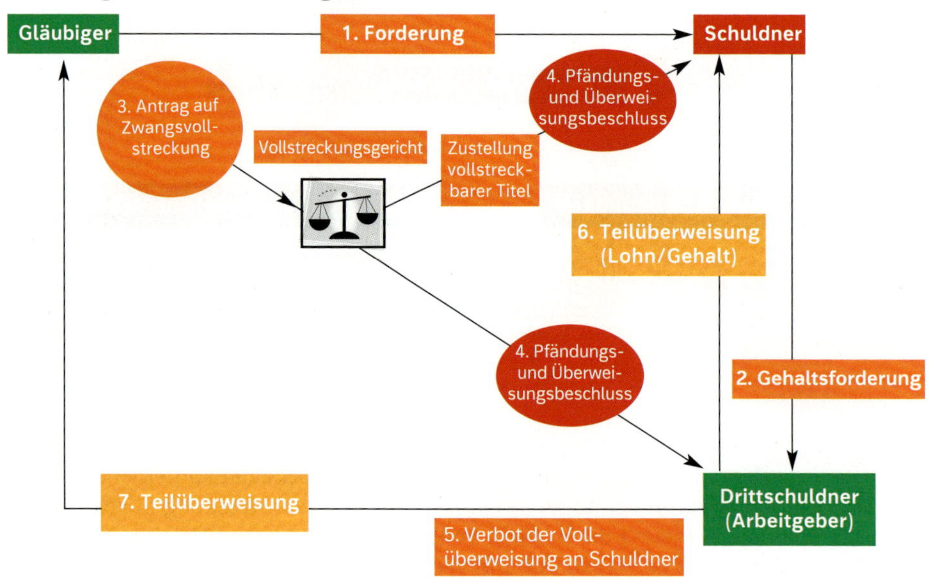

Zuständig für die Zwangsvollstreckung in **unbewegliches Vermögen** (Immobilien) ist das jeweilige Vollstreckungsgericht. Dieses kann die **Zwangsverwaltung**, die **Eintragung einer Sicherungshypothek** sowie die **Zwangsversteigerung** einer Immobilie anordnen. Bei der Zwangsverwaltung erfolgt die Verwaltung von Immobilien durch einen Zwangsverwalter, der die erzielten Erlöse (Miete, Pacht) aus den Immobilien des Schuldners zur Tilgung der Schulden verwendet. Mit der Eintragung einer Sicherungshypothek wird ein Kredit zur Tilgung der Forderung aufgenommen, für die eine Immobilie des Schuldners als Sicherheit dient.

Sind alle Kosten des gerichtlichen Mahnverfahrens gedeckt, sowie alle Forderungen des Gläubigers beglichen, ist die Zwangsvollstreckung erfolgreich abgeschlossen. Sollten trotz der Vollstreckungsversuche noch erhebliche Forderungen des Gläubigers vorhanden sein, kann der Gläubiger den Schuldner zur Abgabe einer **eidesstattlichen Versicherung** vorladen lassen.

Beim für den Schuldner zuständigen Amtsgericht muss dieser wahrheitsgemäß Auskunft über seine Vermögenslage geben. Verheimlicht er Vermögensteile oder macht er wahrheitswidrige Angaben, macht er sich strafbar. Der Schuldner wird in ein beim Amtsgericht geführtes, öffentliches Schuldnerverzeichnis eingetragen. Für den Fall, dass der Schuldner die eidesstattliche Versicherung verweigert oder nicht zur Abgabe derselben beim Gericht erscheint, kann gegen den Schuldner ein Haftbefehl durch das Gericht ergehen. Die Verhaftung nimmt in einem solchen Fall ein Gerichtsvollzieher vor mit der Folge einer Haftverbüßung des Schuldners von bis zu sechs Monaten.

Die eidesstattliche Versicherung (eV)

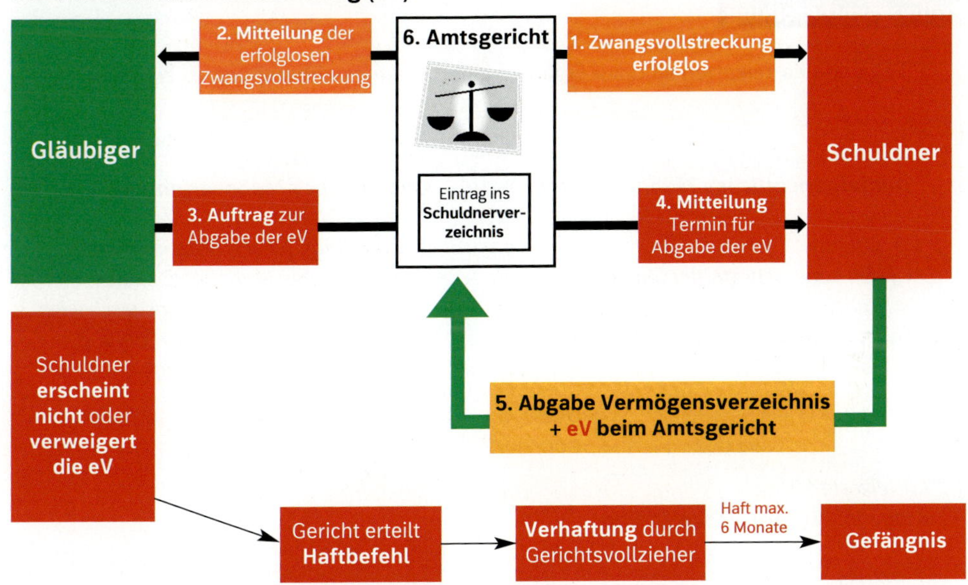

Klage im Zivilprozessverfahren

Ist schon beim außergerichtlichen Mahnverfahren erkennbar, dass der Schuldner die Forderung ganz oder teilweise nicht bezahlen will, weil er z. B. bestimmte Leistungen nicht anerkennt, sollte der Gläubiger den Schuldner unmittelbar vor einem Gericht zur Zahlung verklagen.

Ein solches Verfahren wickelt sich wie folgt ab:

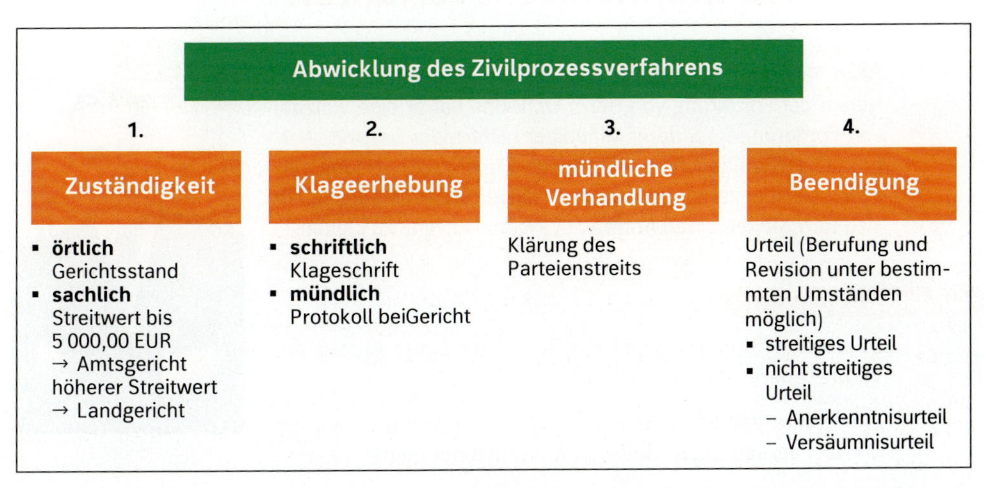

Gegen jedes Urteil hat der Unterlegene die Möglichkeit, Berufung einzulegen. Dies bedeutet, dass ein höheres Gericht eine Überprüfung des Urteils vornehmen muss, womit allerdings weitere zum Teil hohe Kosten entstehen, die immer zulasten des Unterlegenen gehen.

Situationsaufgabe

Spielen Sie für einen Privatpatienten, der eine Liquidation nicht bezahlt hat, das gesamte gerichtliche Mahnverfahren durch. Nutzen Sie zur Information über das zuständige Gericht das Internet.

Prüfungsvorbereitung

Folgende Karteikarten sind zur Ergänzung der Prüfungsvorbereitung zu erstellen:

Karteikarte 91:
Außergerichtliches Mahnverfahren

1. *Anlass*
2. *Einzelne Schritte der Durchführung*

Karteikarte 92:
Gerichtliches Mahnverfahren

1. *Grundlage für die Durchführung*
2. *Ablauf eines Mahnbescheides*
3. *Ablauf eines Vollstreckungsbescheides*
4. *Möglichkeiten und Durchführung der Zwangsvollstreckung*

Karteikarte 93:
Klage im Zivilprozessverfahren

1. *Anlass*
2. *Abwicklung*

2 Verbraucherinsolvenzverfahren

Beim Patienten Otto Müller hat sich die Situation zugespitzt. Neben der Forderung von Herrn Dr. Heine hat er eine Vielzahl von Forderungen anderer Gläubiger nicht mehr bezahlt. Aufgrund der zahlreichen Pfändungs- und Überweisungsbeschlüsse ist er zahlungsunfähig. In dieser Situation entschließt sich Herr Müller, einen Antrag auf Privatinsolvenz zu stellen.

Aufgaben

1. In welcher Situation kann ein Schuldner einen Antrag auf Verbraucherinsolvenz stellen?
2. Wen sollte der Schuldner bei diesem Verfahren unbedingt als sachverständigen Helfer in Anspruch nehmen?
3. Erläutern Sie die einzelnen Schritte des Verfahrens, die bis zur Schuldbefreiung zurückzulegen sind.

Ohne Schulden noch einmal von vorn anfangen – dieser sehnliche Wunsch überschuldeter Privatpersonen kann, wenn auch unter schwierigen Bedingungen, Wirklichkeit werden. Dies ermöglicht das **Privat- oder Verbraucherinsolvenzverfahren**. Ziel dieses Insolvenzverfahrens bleibt es, dass die Gläubiger möglichst ihr Geld erhalten. Scheitert aber ein Schuldner trotz redlichen Bemühens, wird ihm nach Durchführung des Verfahrens eine **Restschuldbefreiung** gewährt, um einen wirtschaftlichen Neuanfang zu ermöglichen. Um das Verfahren zur Schuldenbefreiung beantragen zu können, muss eine Privatperson völlig überschuldet und somit zahlungsunfähig sein. In einem ersten Schritt ist der Versuch zu unternehmen, außergerichtlich eine Einigung zwischen dem Schuldner und den Gläubigern über eine Bereinigung seiner Schulden zu erzielen. Da das gesamte Verfahren sehr kompliziert ist, sollte der Schuldner eine **Schuldnerberatungsstelle** oder andere sachverständige Hilfen für die Verfahrensabwicklung in Anspruch nehmen. Die Schuldnerberatungsstellen, überwiegend in der Trägerschaft der freien Wohlfahrtsverbände wie z. B. Arbeiterwohlfahrt, Caritas, Diakonie, Rotes Kreuz usw., bieten ihre Tätigkeit für die Schuldner **kostenfrei** an. Sind diese Verhandlungen mit den Gläubigern erfolglos, so kann das eigentliche Insolvenzverfahren mit dem Ziel der Schuldenbefreiung erst beginnen. Über das Scheitern der Verhandlungen muss eine Bescheinigung vorliegen. Mit dieser Bescheinigung muss der Schuldner einen Antrag auf Verbraucherinsolvenz beim zuständigen Insolvenzgericht stellen. Dem Antrag hat er folgendes beizufügen:

- ein genaues Verzeichnis über Einkommen und Vermögen,
- ein Verzeichnis sämtlicher Schulden und der entsprechenden Gläubiger,
- ein Plan zur Bereinigung der Schulden, d. h. ein Vorschlag, wie die Rückzahlung der Schulden bzw. eines Teils der Schulden eventuell erfolgen kann.

Scheitert der Schuldenbereinigungsplan, eröffnet das Gericht das „vereinfachte Insolvenzverfahren“. Der Anteil an den Gesamtschulden wird für jeden einzelnen Gläubiger ermittelt. Zukünftige Zahlungen des Schuldners sind entsprechend diesem Anteil zu verteilen. Nach Beendigung des gerichtlichen Insolvenzverfahrens beginnt die sogenannte **Wohlverhaltensphase**. In dieser Zeit muss der Schuldner

- den pfändbaren Teil seines Einkommens abführen,
- sich bei Arbeitslosigkeit um Arbeit bemühen und jede zumutbare Arbeit annehmen,
- jeden Wohnungs- und Arbeitsplatzwechsel melden,
- ererbtes Vermögen zur Hälfte zur Tilgung seiner Schulden abführen.

Kommt der Schuldner diesen Auflagen nach, erteilt das Gericht nach Ablauf von sechs Jahren die Schuldbefreiung.

Da das gerichtliche Insolvenzverfahren mit erheblichen Kosten verbunden ist, erhalten Schuldner, die diese Verfahrenskosten nicht bezahlen können, auf Antrag **Prozesskostenhilfe.** Bei den hierzu notwendigen Anträgen helfen ebenfalls die Schuldnerberatungsstellen. Mit der Reform der Insolvenzordnung ist nach Verfahrenseröffnung einer Privatinsolvenz ab dem ein Schuldenerlass nach bereits drei Jahren möglich, wenn die Gläubiger 35 % ihrer Forderungen mit der Insolvenzeröffnung erhalten und der Schuldner die Verfahrenskosten begleicht. Diese gesetzliche Neuregelung stellt eine Reaktion auf eine zunehmende Überschuldung von wirtschaftlich nicht selbstständigen Menschen dar. Auch können ehemalige Selbstständige diese Möglichkeit der Verkürzung der Schuldbefreiung nach drei Jahren wahrnehmen, wenn sie weniger als 20 Gläubiger sowie keine Schulden aus Beschäftigungsverhältnissen mit Arbeitnehmern haben. Wenn ein Schuldner nur die Verfahrenskosten beglichen hat, wirkt künftig eine Verkürzung der Restschuldbefreiung schon nach fünf Jahren, sodass er danach nicht mehr wie bisher sechs Jahre lang auf den pfändbaren Teil seines Einkommens verzichten muss.

Situationsaufgaben

- Suchen Sie im Internet nach Informationen zur Privat- bzw. Verbraucherinsolvenz. Stellen Sie diese Informationen in einer Übersicht zusammen.
- Erstellen Sie eine Liste mit den Organisationen, die dem Schuldner bei der Durchführung eines Verbraucherinsolvenzverfahrens helfen.
- Suchen Sie nach Pro- und Kontra-Argumenten zur Verbraucherinsolvenz. Erstellen Sie auf einem Plakat eine Gegenüberstellung dieser Argumente.

Prüfungsvorbereitung

Folgende Karteikarte ist zur Ergänzung der Prüfungsvorbereitung zu erstellen:

Karteikarte 94:
Verbraucherinsolvenzverfahren

1. Voraussetzungen
2. Verfahrensablauf

3 Verjährung von Forderungen

Sarah hat das gerichtliche Mahnverfahren von Herrn Dr. Heine mit Interesse verfolgt. Sie merkt an: „Haben wir ein Glück, dass wenigstens über die Pfändung eines Teils seines Gehaltes noch die Liquidation und die Mahnkosten bezahlt worden sind, bevor Herr Müller Privatinsolvenz anmeldete." „Ja, ich habe durch Erfahrungen dazu gelernt. Vor mehreren Jahren haben wir bei einer höheren Liquidation, die ein Patient nicht bezahlt hat, nichts unternommen. Letztens sehe ich, wie ausgerechnet dieser Patient mit einem teuren Auto vorbeifährt. Also habe ich mir noch einmal die Unterlagen vorgenommen und meinen Rechtsanwalt gefragt. Das deprimierende Ergebnis war: Es ist nichts zu machen. Unsere Forderung ist bereits verjährt", stellt Dr. Heine fest.

Aufgaben

1. Wann verjähren Honorarforderungen von Zahnärzten?
2. Was hätte Herr Dr. Heine vorsorglich machen können, um eine Verjährung zu vermeiden?
3. Wodurch unterscheidet sich die Hemmung der Verjährung von der Unterbrechung der Verjährung?
4. Geben Sie Beispiele für Tatbestände, die eine Hemmung der Verjährung bewirken.

Wichtige Verjährungsfristen

Im BGB (§ 194 ff.) ist festgelegt, dass Forderungen nach Ablauf bestimmter Fristen verjähren.

***Definition:** Nach der Vollendung der Verjährung ist der Schuldner berechtigt, die Leistung mit dem Hinweis auf die Verjährung zu verweigern. Dies bezeichnet man als Einrede der Verjährung.*

Die wichtigste Verjährungsfrist ist die **dreijährige Regelverjährung.** Hierunter fallen z. B. alle Forderungen aus Dienst-, Kauf- und Arbeitsverträgen, Miete und Pacht. Auch die Forderungen des Zahnarztes aus dem Behandlungsvertrag an säumige Patienten gehören hierzu. Die dreijährige Verjährungsfrist beginnt stets am Ende des Entstehungsjahres. Für die Berechnung der Verjährung gilt:

Tag der Fälligkeit der Forderung
+ Zeit bis zum Jahresende (31.12., 24:00 Uhr)
+ 3 Jahre
= Verjährungszeitpunkt

Die Verjährungsfristen (§ 194 ff. BGB)

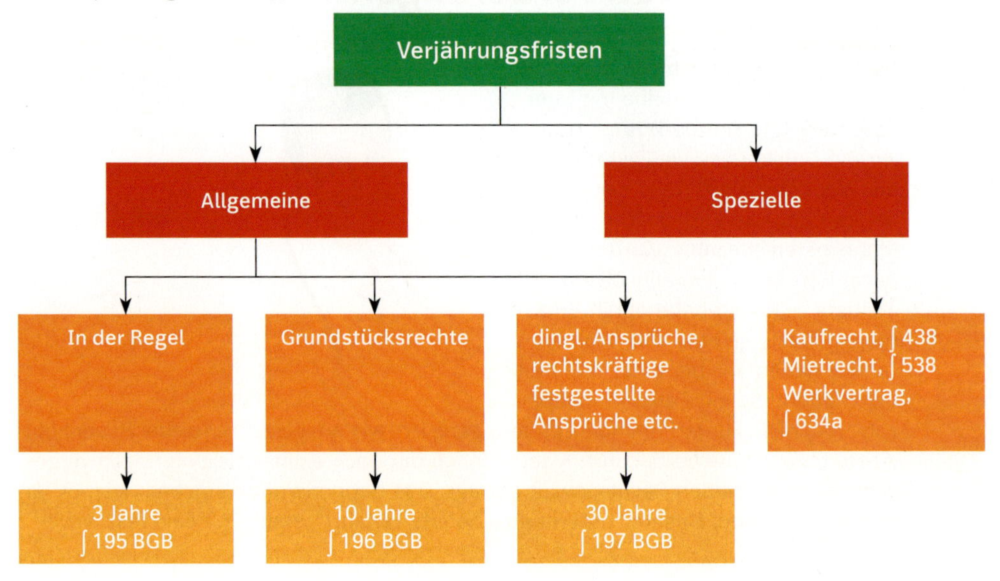

Da die Regelverjährung von drei Jahren erst mit der **Entstehung des Anspruchs und der Kenntnis** des Gläubigers zu laufen beginnt, kann sich der Eintritt der Verjährung erheblich über den Zeitraum von drei Jahren hinaus verlängern.

Beispiel: *Aus einem Mehrfamilienhaus des Zahnarztes Dr. Müller zieht der Mieter Hans Schulz am 30. November 2019 aus. Im März 2021 muss die Elektroinstallation in dieser Wohnung umfassend erneuert werden. Es stellt sich dabei heraus, dass die erst jetzt zutage getretenen Schäden auf Manipulationen an der Installation zurückzuführen sind, die durch den damaligen Mieter Herrn Schulz im Juni 2019 vorgenommen wurden. Dr. Müller fordert in einem Schreiben vom 2. April 2021 einen durch einen Gutachter bestätigten Anteil der Reparaturkosten von 1 000,00 EUR von Herrn Schulz. Dieser verweigert die Zahlung mit dem Hinweis, dass die Forderung nach drei Jahren verjährt sei. In einem Schreiben wird Herr Schulz darauf hingewiesen, dass erst mit Kenntnisnahme des Schadens die Verjährung beginnt.*

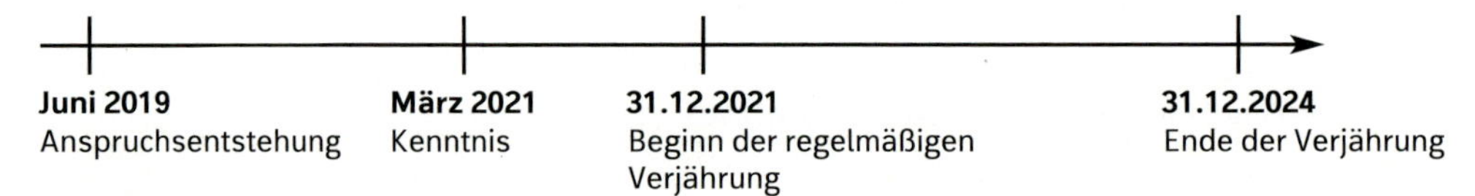

Juni 2019	**März 2021**	**31.12.2021**	**31.12.2024**
Anspruchsentstehung	Kenntnis	Beginn der regelmäßigen Verjährung	Ende der Verjährung

Der Anspruch des Zahnarztes verjährt somit erst am 31.12.2024.

Neubeginn der Verjährung

Neubeginn der Verjährung heißt, die Verjährungsfrist beginnt von Neuem zu laufen. Bestimmte Ereignisse können den Zeitablauf der Verjährung verändern. Bangt ein Gläubiger um seine Forderung, kann er beispielsweise mit einem vollstreckbaren Titel die Zwangsvollstreckung veranlassen und so für eine Unterbrechung der Verjährung sorgen. Dabei bedeutet Unterbrechung, dass die ursprüngliche Verjährung, z. B. die dreijährige Verjährung bei Honorarforderungen eines Zahnarztes von Neuem beginnt.

Die folgende Übersicht zeigt wichtige Ereignisse, die zu einer Unterbrechung führen:

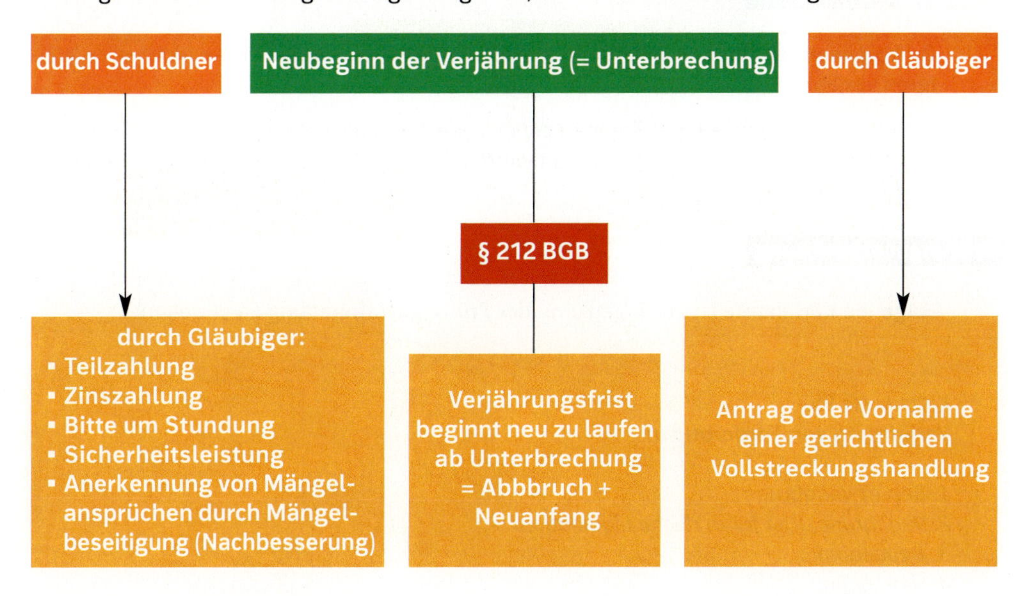

Hemmung der Verjährung

Eine Hemmung der Verjährung bedeutet, dass aufgrund bestimmter Ereignisse der Lauf der Verjährung während eines Zeitraumes ausgesetzt wird. Nach Wegfall der Hemmung läuft die Verjährung dann weiter. Um die Zeitdauer der Hemmung verlängert sich die Verjährungsfrist. Die folgende Übersicht zeigt einige wichtige Ereignisse, die zu einer Hemmung der Verjährung führen:

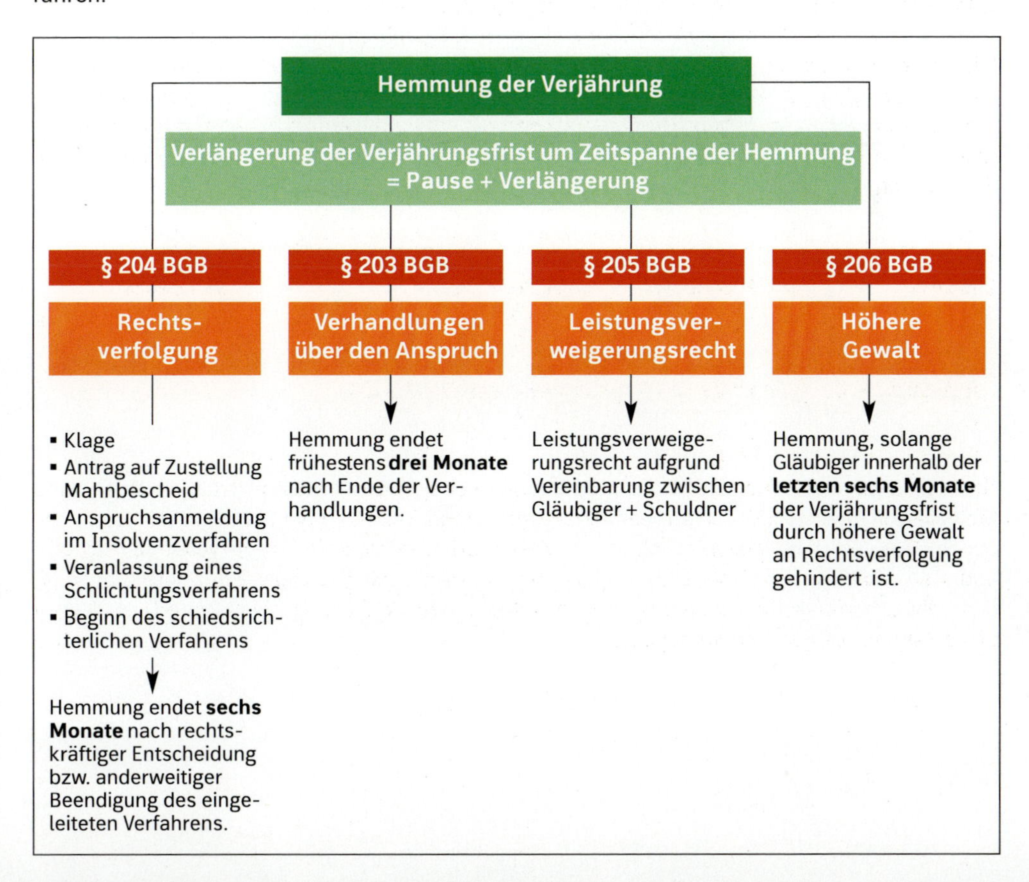

Situationsaufgabe

Ihr Vorgesetzter möchte sicherstellen, dass Forderungen an Patienten nicht ohne Weiteres verjähren.

- Erstellen Sie Vorschläge, wie man die entsprechenden Termine überwachen kann, und welche Maßnahmen eingeleitet werden können, um eine Verjährung zu verhindern.

Prüfungsvorbereitung

Folgende Karteikarte ist zur Ergänzung der Prüfungsvorbereitung zu erstellen:

Karteikarte 95:
Verjährung von Forderungen

1. *Begriff Verjährung*
2. *Verjährungsfrist für ärztliche Liquidationen*
3. *Neubeginn*
4. *Hemmung*

Lernfeld 13: Praxisprozesse mitgestalten

Zielformulierung:

Die Schülerinnen und Schüler planen Maßnahmen zu Qualitätssicherung und Zeitmanagement im eigenen Verantwortungsbereich und präsentieren und begründen Verbesserungsvorschläge. Dazu untersuchen sie die Arbeitsabläufe in ihrem Verantwortungsbereich und identifizieren Schnittstellenprobleme und kritische Punkte. Aufgrund ihrer während der Ausbildung gewonnenen Erfahrungen und Fachkenntnisse tragen sie zu Problemlösungsansätzen bei der Optimierung von Praxisabläufen bei und wägen Kosten und Nutzen einzelner Maßnahmen gegeneinander ab. Sie organisieren im Team den Personaleinsatz unter Berücksichtigung vorhandener Kompetenzen und Qualifikationen sowie ihrer Kenntnisse über Schutzbestimmungen für schwangere Mitarbeiterinnen und deren Einsatzmöglichkeiten, nutzen Planungsins-trumente und dokumentieren die Ergebnisse. Bei der Personaleinsatzplanung vertreten sie ihre Interessen. Sie informieren sich über Möglichkeiten der berufsbezogenen Fort- und Weiterbildung, begründen deren Bedeutung für die Praxis und die eigene Entwicklung und erfahren Lernen als lebensbegleitenden Prozess. Vor diesem Hintergrund stellen sie ihre Persönlichkeit in einer Bewerbung dar. Sie nutzen aktuelle Medien der Informations- und Kommunikationstechnik.

Inhalte:

Ablaufpläne
Planungstechnik
Gütekriterien, Praxisziele
Ergonomische Arbeitsplatzgestaltung
Haftung und strafrechtliche Verantwortung
Mitarbeiterführung
Dienstplan, Urlaubsplan
Arbeitsschutzgesetze
Bewerbungsgespräch

1 Beiträge des Praxispersonals zur Qualitätssicherung

(Aufgrund der eigenen Erfahrungen im Praxisalltag Beiträge zur Qualitätssicherung von Praxisabläufen vorschlagen, diskutieren und umsetzen)

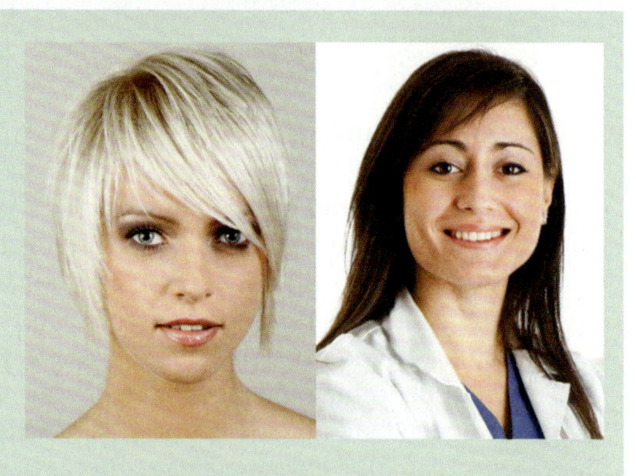

„Nun haben wir in der letzten Personalbesprechung wieder einmal über viele Praxisabläufe diskutiert. Ich hoffe, dass es mit den besprochenen Maßnahmen zur Qualitätssicherung allen gelingt, die Abläufe in gleichbleibender Qualität zu erbringen. Ansonsten bist du unsere Hauptansprechpartnerin in allen Fragen zur Organisation und zur Qualitätssicherung. Das ist nun eindeutig festgelegt. Außerdem finde ich es gut, dass nun in einem Organigramm festgehalten ist, wer für welche Aufgabe zuständig ist und die Verantwortung trägt", bemerkt Sarah gegenüber Marietta. „Ja, wir müssen alle dazu beitragen, dass die Patienten von der Qualität unserer Praxis überzeugt sind. Ablaufpläne, Checklisten und die neu entwickelten Verfahrensanweisungen nach QEP sind ein guter Schritt, einheitliche und qualitativ hochwertige Arbeit in der Praxis zu gewährleisten. Auch den Fragebogen, den Dr. Heine an die Patienten verteilt hat, um Rückmeldungen über die Qualität der geleisteten Arbeit zu bekommen, finde ich ausgesprochen gut. Die Ergebnisse werden wir sicher in der nächsten Personalbesprechung umfassend diskutieren", merkt Marietta an.

Aufgaben

1. Warum sollte und muss ein niedergelassener Zahnarzt in seiner Praxis mit dem Praxisteam Maßnahmen der Qualitätssicherung umsetzen?
2. Erstellen Sie anhand der Vorgaben des gemeinsamen Bundesausschusses (G-BA) eine Übersicht über
   - Ziele,
   - Grundelemente,
   - Instrumente

   eines Qualitätsmanagements in der Praxis eines niedergelassenen Arztes.
3. Beschreiben Sie die Bereiche, die beim Qualitätsmanagement unterschieden werden.
4. In Ihrer Ausbildungspraxis soll die Qualität der Abläufe überprüft und eventuell verbessert werden. Welche Schritte sind hierzu notwendig?
5. Welchen Nutzen bringt eine hohe Qualität und Standardisierung der Praxisabläufe für den Zahnarzt, die Praxismitarbeiter und die Patienten?
6. Wählen Sie einen Praxisablauf bzw. -vorgang aus, der in Ihrer Praxis verbessert werden soll. Erarbeiten Sie eine Planung zur Verbesserung mithilfe des PDCA-Zyklus.
7. Erstellen Sie ein Organigramm zur Aufbauorganisation in Ihrer Praxis.
8. Der Vorgang „Erfassung der Abrechnungsziffern eines Patienten während bzw. nach der Behandlung" sollen mithilfe eines Flussdiagramms dokumentiert werden. Erarbeiten Sie einen entsprechenden Vorschlag.

9. Überprüfen Sie, ob die Vorschläge zum Empfang eines Patienten, wie er im QEP-Qualitätszielkatalog beschrieben ist, so in Ihrer Praxis umgesetzt werden.
10. Erstellen Sie eine Arbeitsanweisung für die „Therapeutische Leistung – Verabreichung einer Infusion".
11. Erarbeiten Sie eine Checkliste „Händedesinfektion".
12. Was ist Sinn und Ziel von regelmäßigen Patientenbefragungen?

Gesetzliche Vorgaben

Qualitätsmanagement beinhaltet zum einen die optimale Gestaltung der Aufbauorganisation und zum anderen die Planung und Umsetzung der Praxisabläufe. Diese sollen immer gleich hochwertig zur Zufriedenheit der Patienten erbracht werden. Der Patient muss sich auf eine sichere und gute zahnärztliche Versorgung verlassen können.

Die Bundeszahnärztekammer hat hierzu Folgendes festgehalten:

Qualitätsmanagement (QM) ist die kontinuierliche und systematische Durchführung von Maßnahmen, mit denen eine anhaltende Qualitätsförderung und -verbesserung erreicht werden soll. Es bedeutet konkret, dass Organisation, Arbeitsabläufe und Ergebnisse einer Einrichtung regelmäßig überprüft, dokumentiert und gegebenenfalls verändert werden (Qualitätskreislauf).
Die Einführung und Weiterentwicklung eines einrichtungsinternen Qualitätsmanagements dient der kontinuierlichen Sicherung und Verbesserung der Patientenversorgung und der Praxisorganisation.

Die Richtlinie des G-BA über grundsätzliche Anforderungen an ein einrichtungsinternes Qualitätsmanagement in der vertragszahnärztlichen Versorgung [...] sieht vor, dass jeder Vertragszahnarzt [...] ein einrichtungsinternes QM einzuführen hat.

Quelle: Bundeszahnärztekammer: Qualitätsmanagement, 04.10.2019. In: www.bzaek.de/fuer-zahnaerzte/qualitaetsfoerderung/qualitaetsmanagement.html [02.05.2019].

Die Sicherung der Qualität der ärztlichen und zahnärztlichen Dienstleistung ist auch gesetzlich vorgeschrieben. Die Pflicht zum Qualitätsmanagement ist u. a. im Sozialgesetzbuch (SGB V) verankert.

§ 135a

(2) Vertragsärzte, medizinische Versorgungszentren, zugelassene Krankenhäuser [...] sind [...] verpflichtet, [...] einrichtungsintern ein Qualitätsmanagement einzuführen und weiterzuentwickeln.

Genauere Anforderungen, was an Qualitätsmanagement und Qualitätssicherungsmaßnahmen umzusetzen ist, hat der **Gemeinsame Bundesausschuss (G-BA)** festgelegt. Der gemeinsame Bundesausschuss ist ein Gremium der Selbstverwaltung von Ärzten, Krankenkassen und Krankenhäusern. Folgende Auszüge aus der Qualitätsmanagement-Richtlinie vertragsärztliche Versorgung zeigen wichtige Vorgaben zum Qualitätsmanagement auf.

§ 1 Zweck der Richtlinie

Die an der vertragsärztlichen Versorgung teilnehmenden Ärzte, Psychotherapeuten und medizinischen Versorgungszentren sind [...] verpflichtet, ein einrichtungsinternes Qualitätsmanagement einzuführen und weiterzuentwickeln.

Dabei hat der Aufwand in einem angemessenen Verhältnis, insbesondere in Bezug auf die personelle und strukturelle Ausstattung, zu stehen.

§ 2 Ziele eines einrichtungsinternen Qualitätsmanagements

Die Einführung und Weiterentwicklung eines einrichtungsinternen Qualitätsmanagements dient der kontinuierlichen Sicherung und Verbesserung der Qualität der medizinischen und psychotherapeutischen Versorgung.

Dies erfordert bei allen Aktivitäten eine systematische Patientenorientierung.

Qualitätsmanagement soll die Arbeitszufriedenheit der Praxisleitung und -mitarbeiter erhöhen; Qualitätsmanagement ist Aufgabe aller Praxismitarbeiter und ist von der Praxisleitung in eine an konkreten Zielen ausgerichtete Praxispolitik und -kultur einzubetten.

Durch die Identifikation relevanter Abläufe, deren systematische Darlegung und dadurch hergestellte Transparenz sollen Risiken erkannt und Probleme vermieden werden.

§ 3 Grundelemente eines einrichtungsinternen Qualitätsmanagements

Die Grundelemente eines einrichtungsinternen Qualitätsmanagements sind:

1. im Bereich „Patientenversorgung"
   a) Ausrichtung der Versorgung an fachlichen Standards und Leitlinien entsprechend dem jeweiligen Stand der wissenschaftlichen Erkenntnisse,
   b) Patientenorientierung, Patientensicherheit, Patientenmitwirkung, Patienteninformation und -beratung,
   c) Strukturierung von Behandlungsabläufen.
2. im Bereich „Praxisführung/Mitarbeiter/Organisation"
   a) Regelung von Verantwortlichkeiten,
   b) Mitarbeiterorientierung (z. B. Arbeitsschutz, Fort- und Weiterbildung),
   c) Praxismanagement (z. B. Terminplanung, Datenschutz, Hygiene, Fluchtplan),
   d) Gestaltung von Kommunikationsprozessen (intern/extern) und Informationsmanagement.

§ 4 Instrumente eines einrichtungsinternen Qualitätsmanagements

Als Instrumente eines einrichtungsinternen Qualitätsmanagements sind insbesondere zu nutzen:

a) Festlegung von konkreten Qualitätszielen für die einzelne Praxis, Ergreifen von Umsetzungsmaßnahmen, systematische Überprüfung der Zielerreichung und erforderlichenfalls Anpassung der Maßnahmen,
b) regelmäßige, strukturierte Teambesprechungen,
c) Prozess- und Ablaufbeschreibungen, Durchführungsanleitungen,

d) Patientenbefragungen, nach Möglichkeit mit validierten Instrumenten [Anmerkung: Fragebögen, die wiederholt eingesetzt werden können und zu aussagefähigen Ergebnissen führen],
e) Beschwerdemanagement,
f) Organigramm, Checklisten,
g) Risiko- und Fehlermanagement: Festlegungen zum Umgang mit Risiken und sicherheitsrelevanten Ereignissen (d.h. diese zu erkennen, zu bewerten, zu bewältigen, zu überwachen) und Implementierung von Verbesserungsprozessen. Dafür können z.B. Erkenntnisse aus Patientenbefragungen, Teambesprechungen, Beschwerden, sicherheitsrelevanten Ereignissen (z.B. Beinahe-Schäden und Fehler) sowie die Teilnahme an einem Fehlermeldesystem genutzt werden,
h) Notfallmanagement,
i) Dokumentation der Behandlungsverläufe und der Beratung,
j) Dokumentation und Nachvollziehbarkeit, insbesondere der Qualitätsziele, der ergriffenen Umsetzungsmaßnahmen, der systematischen Überprüfung der Zielerreichung (z.B. anhand von Indikatoren) und der erforderlichen Anpassung der Maßnahmen (PDCA-Zyklus).

Bereiche der Qualitätssicherung

Um mit dem Qualitätsmanagement alle Bereiche der Praxis zu erfassen, unterscheidet man folgende drei Begriffe: Strukturqualität, Prozessqualität und Ergebnisqualität.

Strukturqualität

Hierbei steht die **Qualität der Leistungserbringung** im Vordergrund. Diese ist in erster Linie abhängig von den Fähigkeiten des Praxisinhabers. Durch stetige Weiterbildung, die für den Zahnarzt verpflichtend ist, wird er diese Fähigkeiten möglichst auf dem neuesten Stand medizinischer Erkenntnisse halten.

Dazu gehört aber auch die Infrastruktur der Praxis, beispielsweise die Modernität der Praxiseinrichtung und die Ausstattung mit Diagnose- und Therapiegeräten. Weiterhin wird die Strukturqualität beeinflusst von den umfassenden beruflichen Kompetenzen des Praxispersonals. Auch deren Erhaltung und der Ausbau sollen durch ständige Weiterbildung gesichert werden.

Prozessqualität

Hierbei geht es um die Qualität des gesamten Behandlungsprozesses, vom Empfang des Patienten bis zum Abschluss aller Behandlungsmaßnahmen. Die Ablauforganisation aller Behandlungsschritte ist immer wieder kritisch zu überprüfen und gegebenenfalls sind Verbesserungen umzusetzen.

Ergebnisqualität

Mit der Ergebnisqualität wird überprüft, inwieweit beim Patienten ein zufriedenstellendes Behandlungsergebnis erzielt wurde. Dabei unterscheidet man zwischen dem **objektiven und subjektiven Behandlungsergebnis**.

Bei dem objektiven Behandlungsergebnis kann anhand der Untersuchungsergebnisse nachvollziehbar eine Besserung des Zahnzustandes und der Zahngesundheit nachgewiesen werden.

Das subjektive Behandlungsergebnis beinhaltet die vom Patienten empfundene Zufriedenheit mit der Behandlung. Um die Zufriedenheit des Patienten mit der Behandlung zu ermitteln, werden in Praxen oft Patientenfragebögen eingesetzt.

Strukturqualität	Prozessqualität	Ergebnisqualität
– Ausstattung der Praxis – Fähigkeiten des Zahnarztes und des Personals	– Qualität des gesamten Behandlungsprozesses	– objektive Ergebnisqualität – nachweisbare Besserung – subjektive Ergebnisqualität – Zufriedenheit des Patienten

Ablauf und Ziele der Qualitätssicherung

Die Strukturqualität lässt sich nur über einen längeren Zeitraum verändern. Beispielsweise nehmen Neuanschaffungen in die Ausstattung der Praxis und Teilnahme an Weiterbildungen Zeit in Anspruch. Die Ergebnisqualität ergibt sich aus der Qualität der Leistungserbringung (Strukturqualität) und der Qualität des Behandlungsprozesses (Prozessqualität). Daher bildet die Prozessqualität einen Schwerpunkt des Qualitätsmanagements.

Die Planung und Strukturierung der wichtigen Praxisabläufe und -vorgänge im Rahmen des Qualitätsmanagements vollzieht sich in folgenden Schritten:

- systematische Erfassung und Dokumentation aller relevanten Praxisabläufe und -vorgänge sowohl im medizinischen als auch im Verwaltungsbereich,
- Festlegung, wer für welche Vorgänge die Verantwortung trägt,
- Überprüfung, ob Verbesserungsmöglichkeiten umgesetzt werden sollten,
- eventuell Planung und Umsetzung von Verbesserungen (z. B. nach dem PDCA-Zyklus, siehe S. 316).

Als Ergebnis sollte eine Standardisierung der Praxisabläufe auf einem hohen Qualitätsniveau erreicht werden. Dies bringt einen erheblichen Nutzen für alle Beteiligten.

Nutzen für Zahnärzte

- optimaler Einsatz des Zahnarztes und des Personals durch strukturierte Abläufe,
- Arbeitsentlastung und größere Arbeitszufriedenheit durch effiziente und standardisierte Praxisorganisation,
- mehr Transparenz durch Dokumentation aller wichtigen Praxisabläufe,
- Optimierung der praxisinternen Kommunikation und der Kommunikation zu anderen Praxen und Einrichtungen des Gesundheitswesens, z. B. Zahnkliniken,
- eindeutige Regelungen für Verantwortlichkeiten und Zuständigkeiten,
- Vermeidung von Fehlern,
- bessere Nachprüfbarkeit der Tätigkeit einer Praxis durch Definition von Qualitätsmerkmalen und Praxiszielen sowie deren regelmäßige Überprüfung.

Nutzen für Mitarbeiter

- Arbeitsentlastung durch effiziente Arbeitsorganisation,
- Arbeitszufriedenheit durch klare Regelung der Verantwortlichkeiten,
- leichtere Einarbeitung neuer Mitarbeiter und reibungslose Urlaubs- und Krankheitsvertretung durch transparente Dokumentation,
- konstruktives Arbeitsklima.

Nutzen für Patienten

- Der Wunsch der meisten Versicherten nach einer besseren Einschätzung der Qualität der zahnmedizinischen Versorgung wird durch das Qualitätsmanagement am ehesten erfüllt.
- Eine effiziente Praxisorganisation ermöglicht es dem Zahnarzt, mehr Zeit für die Patienten zu haben.
- Durch die lückenlose Dokumentation und die Verbesserung des Informationsflusses zu anderen Ärzten und Einrichtungen der Gesundheitsversorgung wird eine bessere Abstimmung der Behandlungsmaßnahmen gewährleistet.
- Die Zufriedenheit der Patienten wird in Befragungen ermittelt.

Verbesserung von Praxisabläufen mithilfe des PDCA-Zyklus

Der PDCA-Zyklus bietet eine systematische Möglichkeit zur stetigen Verbesserung von Praxis abläufen. Dabei werden in besonderer Weise vor allem die Praxismitarbeiter mit ihren exakten Kenntnis sen in die Planung einbezogen. Der PDCA-Zyklus besteht aus den vier Elementen Plan, Do, Check und Act.

Plan
Praxisabläufe müssen in ihrer Umsetzung von Zeit zu Zeit überprüft werden. Ziel ist es, die Qualität der Leistungserbringung zu verbessern. **Plan** umfasst das Erkennen von Verbesserungsmöglichkeiten. Das Praxisteam analysiert den aktuellen Zustand und entwickelt ein neues Konzept mit Verbesserungsvorschlägen. Hierbei kann es auch von externen Spezialisten unterstützt werden.

Beispiel: *Die durchschnittliche Wartezeit der Patienten soll auf maximal zehn Minuten verkürzt werden.*

Umfassend wird geplant, mit welchen Maßnahmen die angestrebten Verbesserungen erreicht werden sollen. In dem Beispiel oben könnten dies die Einführung einer Notfallsprechstunde für Schmerzpatienten vor der eigentlichen Sprechstundenzeit, eine genauere und bessere Einschätzung der jeweiligen Behandlungszeiten oder die Einplanung von verbesserten Pufferzeiten sein.

Do
In der zweiten Phase erfolgt die Umsetzung. Dabei wird das Konzept getestet und eventuell noch aufgrund der Erfahrungen optimiert.

Check
Der neu gestaltete Prozessablauf und die erzielten Resultate werden in der dritten Phase sorgfältig überprüft. Wurden die vorgegebenen Verbesserungen erreicht? Bezogen auf das Beispiel muss somit genau ermittelt werden, ob sich die durchschnittliche Wartezeit auf zehn Minuten reduziert hat.

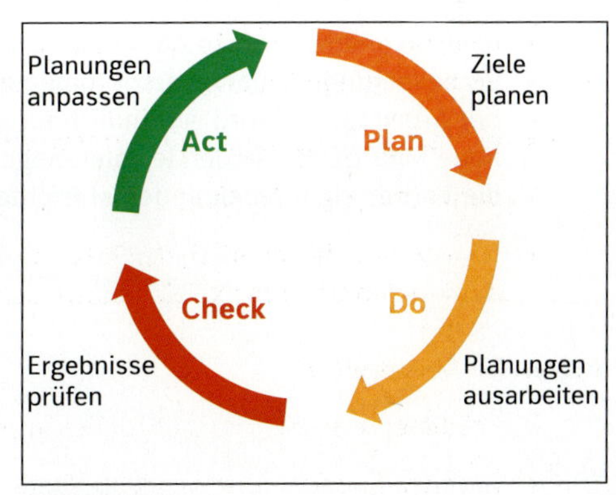

PDCA-Zyklus

Act
Entsprechen die Resultate den Qualitätszielen, wird der neu gestaltete Praxisablauf als Standard festgeschrieben und dokumentiert. Wurden die Ziele nicht erreicht, werden weitere Verbesserungsmaßnahmen geplant. Der Zyklus wird von neuem durchlaufen.

Organigramm

Die Qualitätssicherung erfordert eine umfassende schriftliche Dokumentation aller getroffenen Vereinbarungen und Regeln für die Praxisabläufe. Neue Mitarbeiter können sich so problemlos in die bestehende Aufbauorganisation einer Praxis einfügen und die Abläufe nachvollziehen. Externen Sachverständigen ist es möglich, sich ein Bild über die Qualitätsstandards der Praxis zu machen. Um Organisationsentscheidungen und Abläufe schneller überschauen zu können, verwendet man oft aussagefähige Übersichten. Eine Übersicht über die Aufbauorganisation in grafischer Form ist das **Organigramm**. Es beschreibt Aufgaben, personelle Zuständigkeiten und die Verantwortung, die im delegierbaren Bereich an Praxismitarbeiter übertragen wurden.

Wie im Kapitel Praxisorganisation (siehe S. 197) beschrieben, werden im Rahmen einer Aufgabenanalyse Hauptaufgaben festgelegt. Diesen werden dann die zugehörigen Teilaufgaben zugeordnet. Je nach Größe der Praxis ist dann eine Zahnmedizinische Fachangestellte verantwortlich für eine Hauptaufgabe oder für genau benannte Teilaufgaben. Für die zahnärztliche Praxis kann sich folgendes Bild eines Organigramms ergeben:

Organigramme verwendet man meist in großen Praxen. In kleineren Zahnarztpraxen mit wenigen Beschäftigten ist eine direkte Abstimmung der Übernahme von Aufgaben üblich. Hier übernimmt bei Bedarf jede der Zahnmedizinischen Fachangestellten eine der gerade anfallenden Aufgaben, sei es in der Anmeldung, Assistenz, im Praxislabor usw. Die Spezialisierung auf bestimmte Aufgaben ist meist sehr gering.

Dokumentation von Praxisabläufen (Prozessdokumentationen)

Um Fehler zu vermeiden und um sicherzustellen, dass eine gleichbleibend hohe Qualität der Behandlung gewährleistet ist, erfolgt in vielen Praxen eine umfassende Dokumentation von Praxis- und Behandlungsabläufen. Alle in diesem Zusammenhang anfallenden Tätigkeiten erfasst man in Ablaufbeschreibungen.

Dies hat folgende Vorteile:

- die Durchführung eines Ablaufs wird vereinheitlicht,
- Verbesserungen können sofort umgesetzt werden,
- der Arbeitsablauf wird verbindlich für alle festgelegt,
- neue Mitarbeiter werden leichter eingearbeitet,
- die Vertretung untereinander ist leichter.

Eine übersichtliche Form, um einen Praxisablauf nachvollziehbar und übersichtlich darzustellen ist das sogenannte **Flussdiagramm**, hier am Beispiel des Empfangs eines Patienten:

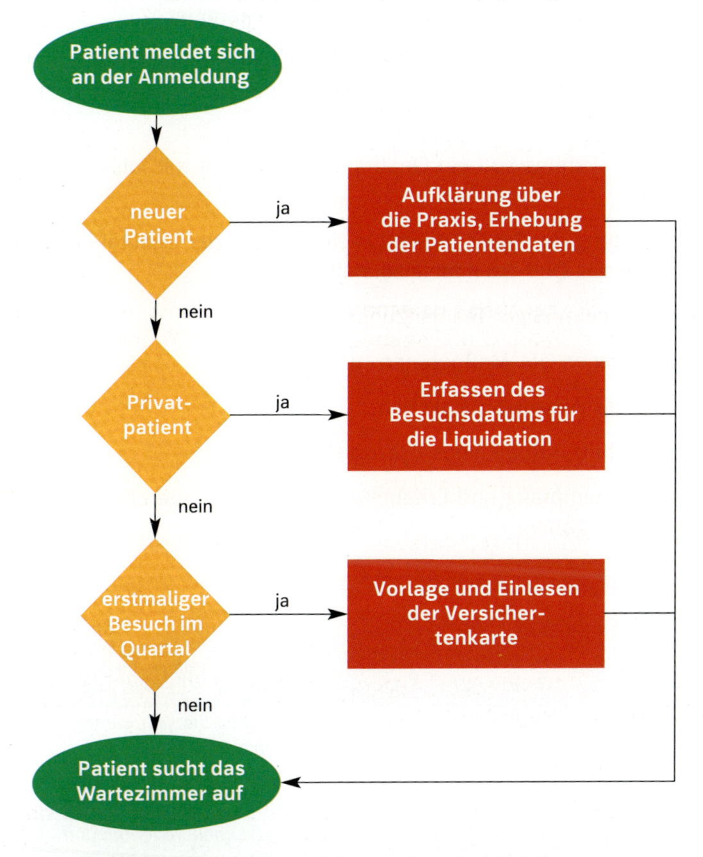

Die im Flussdiagramm verwendeten Symbole haben folgende Bedeutung:

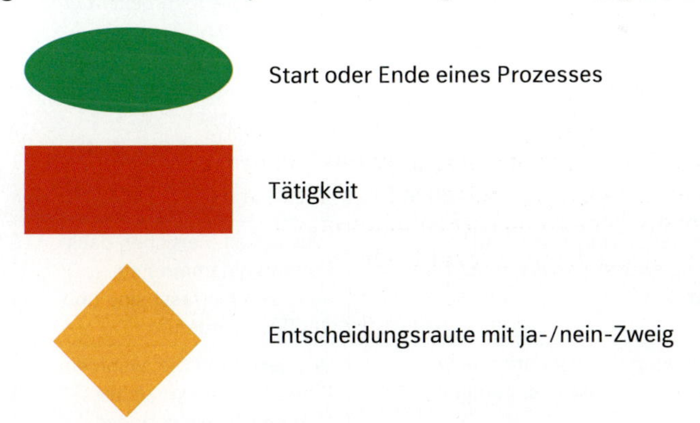

Dokumentation von Praxisabläufen mithilfe von QEP (Qualität und Entwicklung in Praxen) der Kassenärztlichen Bundesvereinigung (KBV)

Nachdem das Qualitätsmanagement für Vertragszahnärzte gesetzlich eingeführt wurde, boten unterschiedliche Einrichtungen und Anbieter den Zahnarztpraxen QM-Systeme an. Erfahrungen zeigen, dass es nicht ein ideales QM-System für alle Zahnarztpraxen gibt, sondern dass sie abhängig von der Situation der Praxis unterschiedlich gut geeignet sind. Das QM-System QEP der Kassenärztlichen Bundesvereinigung wurde hier ausgewählt, weil es spezifisch auf den

Bedarf und die Bedürfnisse der niedergelassenen Ärzte zugeschnitten ist und auf die Anwendung in Zahnarztpraxen nach ersten Erfahrungen gut übertragen werden kann. Entsprechende Hinweise und Unterstützung leistet die Bundeszahnärztekammer.

Die KBV bietet den vertragsärztlichen Praxen umfassende Hilfen bei der Entwicklung eines Qualitätsmanagements. Die hierzu entwickelten QEP-Bausteine wurden speziell für vertragsärztliche Praxen entwickelt.

Auf der Basis dieses Systems soll ein Qualitätsmanagement mit folgenden Schritten entwickelt werden:

- Selbstbewertung der Praxis um den jetzigen Stand der Qualität der Praxis zu bestimmen mithilfe des QEP-Qualitätszielkatalogs,
- Einführung regelmäßiger Teamsitzungen,
- Entwicklung eines QM-Maßnahmen- und Zeitplans,
- Festlegung der Verantwortlichkeiten,
- Schritt für Schritt Aufbau eines QM-Handbuchs.

Zum Beispiel Patientenempfang und Erhebung der Patientendaten gibt es im QEP-Qualitätszielkatalog folgende Vorgaben:

Ziel 1: Patienten und andere Personen werden in der Praxis/im MVZ empfangen.			
	Nachweise/Indikatoren	**Das sollten Sie sich fragen.**	**Schätzen Sie sich ein ✓**
1.	Patienten und andere Personen werden nach Betreten der Räumlichkeiten begrüßt und nach ihrem Anliegen gefragt.	*Wie verhalten Sie sich, wenn Patienten oder andere Personen die Räumlichkeiten betreten?*	☐
2.	Für Patienten und andere Personen sind die Mitarbeiter der Praxis/des MVZ eindeutig erkennbar.	*Woran erkennen Patienten und andere Personen eindeutig die Mitarbeiter der Praxis/des MVZ?*	☐
Eine vollständige Erhebung der Patientendaten gewährleistet eine eindeutige Identifikation der Patienten und eine korrekte Abrechnung der Leistungen.			
	Nachweise/Indikatoren	**Das sollten Sie sich fragen.**	**Schätzen Sie sich ein ✓**
1.	Die Patientenstammdaten sind vollständig erfasst und werden aktualisiert.	Wie stellen Sie sicher, dass Patientenstammdaten vollständig erfasst sind und gepflegt werden?	☐
2.	Die Versorgung von Patienten ohne Versicherungsnachweis ist geregelt.	Wie verfahren Sie, wenn ein Patient keinen Versicherungsnachweis vorlegen kann?	☐

Aufbau und Inhalt des QEP-Qualitätsziel-Katalogs und QEP-Kernziele können abgerufen werden unter www.kbv.de/html/1374.php. Patientenversorgung 1, S. 4. In: www.kbv.de/media/sp/QEP_QZK_2010_Kap1_Auszug.pdf [02.05.2019].

Beim Aufbau des QM-Handbuchs leistet QEP mit einem QEP-Manual Hilfe. Manual bedeutet Handbuch. Es enthält Vorschläge zur Umsetzung der Ziele des QEP-Qualitätszielkataloges. Weiterhin werden Tipps und Hilfen geboten. Diese beziehen sich auf

- die Organisation bestimmter Abläufe, wie beispielsweise Terminplanung und Datensicherheit und
- auf die Beschreibung von Behandlungsabläufen.

Zur Verfügung gestellt werden u.a. Musterdokumente, Checklisten, Maßnahmenpläne und Beispiele für interne Regelungen. Die Dokumentation kann bis zur Festlegung von **Arbeitsanweisungen** gehen. In Arbeitsanweisungen wird genau festgelegt, welche einzelnen Arbeitsschritte in welcher Reihenfolge unter Nutzung welcher Hilfsmittel zur Ausführung eines Arbeitsauftrages notwendig sind. Arbeitsanweisungen werden dann verwendet, wenn nur **eine Person an der Ausführung einer Tätigkeit** beteiligt ist, z.B. bei Durchführung einer Instrumentenreinigung. Sie können Teil einer umfassenderen Verfahrensanweisung sein, z.B. Durchführung komplexer Eingriffe, und werden arbeitsplatzbezogen oder personenbezogen beschrieben.

Zur Vereinfachung bieten die Landeszahnärztekammern zu bestimmten Bereichen Standardarbeitsanweisungen an. Folgende Standardarbeitsanweisung aus dem Leitfaden „Arbeitsanweisungen zur Aufbereitung von Medizinprodukten" der Zahnärztekammer Bremen ist hier als Beispiel abgebildet:

Arbeitsanweisung 3 Instrumentenvorreinigung				
Nr.	**Arbeitsschritte**	**Zuordnung**	**Anweisungen**	**Kontrolle**
1.	Instrumente unter fließendem Wasser abspülen	ZH/ZFA	– geeignete Handschuhe anziehen – Instrumente sorgfältig mit Wasser abspülen	
2.	Instrumente in Sammelbehälter ablegen	ZH/ZFA	– geeignete Sammelbehälter auswählen – ggf. Instrumente direkt in den Aufbereitungsraum bringen	

Quelle: Zahnärztekammer Bremen: Arbeitsanweisungen. In: https://zaek-hb.de/cntx_uploads/dateien/downloads/praxisfuhrung/mpg/arbeitsanweisungen_aufbereitung_mp.pdf, S. 17 [02.05.2019].

Checklisten

Checklisten sind ideale Instrumente, um neuen Mitarbeitern tägliche Arbeitsabläufe zuverlässig zu vermitteln. Es sind systematisierte Listen, in denen der für einen Vorgang alle notwendigen Arbeitsschritte, z.B. Prüfliste zur Arbeitssicherheit, aufgelistet sind. Sie dienen der Kontrolle einzelner Abläufe. Ziel des Einsatzes von Checklisten ist es, insbesondere für sich wiederholende Arbeiten eine vollständige und vergleichbare Ausführung mit einem hohen Qualitätsstandard zu erreichen.

Checkliste Arbeitssicherheit

	ja	nein	Bemerkungen und Nachweis
I. Brandschutz			
1. Hängt eine Brandschutzverordnung aus?			
2. Sind die Rettungs- und Fluchtwege entsprechend gekennzeichnet?			
3. Gibt es einen Sammelplatz?			
4. Ist den Mitarbeitern bekannt, wo sich die Feuerlöscher befinden?			
5. Werden regelmäßig Brandschutzübungen durchgeführt?			
6. Sind die Feuerlöscher gewartet?			
II. Arbeitssicherheit			
1. Wurden bei der Arbeitsschutzbegehung Risiken identifiziert?			
2. Wurden diese Risiken zeitnah abgestellt?			
3. Sind schon Berufsunfälle vorgekommen?			
4. Wird ein Verbandsbuch geführt?			
5. Sind den Mitarbeitern die BG-Richtlinien bekannt?			
6. Werden die Mitarbeiter über Vorsichts- und Verhaltensmaßnahmen zur Vermeidung von Gefahren unterwiesen?			
7. Sind den Mitarbeitern die Sicherheitsdatenblätter bekannt?			
III. Umgang mit Gefahrstoffen			
1. Liegen für alle Gefahrstoffe Sicherheitsdatenblätter vor?			
2. Werden Gefahrstoffe in einem verschlossenen Schrank aufbewahrt?			
3. Ist das Vorgehen bei Unfällen mit Gefahrstoffen bekannt?			
4. Liegen von allen Mitarbeitern Nachweise der vorgeschriebenen Unterweisungen vor?			
5. Hängen die vorgeschriebenen Merkblätter und Gesetzestexte aus?			

Patientenbefragung

Patientenbefragungen sind ein wichtiges Element des Qualitätsmanagements. Sie geben Rückmeldungen zur Zufriedenheit der Patienten und Anregungen für Verbesserungen. Die Befragung der Patienten sollte man in regelmäßigen Abständen durchführen. Um vergleichbare Ergebnisse zu erzielen, sollte immer der gleiche Befragungsbogen verwendet werden. Der Inhalt der Patientenbefragung sollte sich auf folgende Bereiche beziehen:

- Zahnarzt-Patient-Interaktion (Beziehung zwischen Zahnarzt und Patient),
- Information,
- fachliche Kompetenz und
- Praxisorganisation.

Patientenfragebogen

Anzahl der Zahnarztbesuche in den letzten 12 Monaten: ________

1. Aus welchem Grund gehen Sie zum Zahnarzt?

☐ Ich gehe nur, wenn ich Schmerzen habe.
☐ Ich gehe auch manchmal zur Kontrolle.
☐ Ich gehe regelmäßig zur Kontrolle.

2. Bitte nehmen Sie sich einen Moment Zeit, um unsere Praxis zu beurteilen.
Beantworten Sie die folgenden Fragen, indem Sie ein Kreuz in der Spalte machen, die aus Ihrer Sicht am ehesten zutrifft. Die Zahlen stehen für folgende Bewertung:

1 = sehr gut, 2 = gut, 3 = befriedigend, 4 = ausreichend, 5 = mangelhaft

	1	2	3	4	5
Freundlichkeit und Hilfsbereitschaft des Praxispersonals					
Information durch unser Personal					
Dauer der Wartezeiten in unserer Praxis vor einem Termin					
Beratung und Informationen zu privaten Zuzahlungen					
Betreuung in unserer Praxis insgesamt					

3. Was gefällt Ihnen an unserer Praxis besonders gut? Was könnte Ihrer Meinung nach verbessert werden?

4. Würden Sie unsere Praxis Ihrem Freundes- und Bekanntenkreis weiterempfehlen?

☐ Ja
☐ Weiß nicht
☐ Nein

Falls nicht, warum? ________________________________

Qualitätssicherung im Praxisalltag

Bereiche, Ablauf und Instrumente der Qualitätssicherung wurden hier vorgestellt. Entscheidend bleibt die Frage, wie wird die Qualitätssicherung Teil des Praxisalltags? Hierbei helfen folgende Maßnahmen:

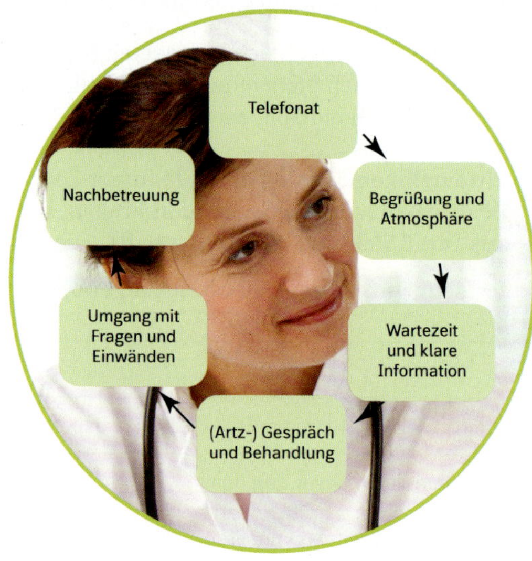

- In allen Bereichen der Praxis ist stets der Grundsatz zu beachten: **Der Patient steht stets im Mittelpunkt**. Durch ein hohes Maß an Verwaltungsaufwand besteht die Gefahr, diesen wichtigen Blickpunkt zu verlieren.
- Eine umfassende Dokumentation ist die Grundlage des Qualitätsmanagements. Die Praxisabläufe sind nachvollziehbar mit den möglichen Instrumenten der Qualitätssicherung zu beschreiben.
- Dabei werden verbindliche Regelungen festgelegt. Dazu gehört auch die Festlegung der entsprechenden Verantwortlichkeiten für deren Durchführung.
- Von Zeit zu Zeit bedürfen alle Abläufe und deren Ergebnisse einer kritischen Überprüfung und gegebenenfalls Verbesserung. Hierbei ist das Praxispersonal umfassend einzubinden.
- Im Rahmen der Strukturqualität wird die Qualität aller Teile der Praxiseinrichtung überwacht. Bei technischen Geräten werden durch Messungen und Wartung hohe Qualitätsstandards gesichert. Neuinvestitionen sichern die Behandlung auf einem aktuellen Stand der medizinischen Wissenschaft.
- In praxisinternen Bewertungsgesprächen muss der Zahnarzt die erreichten Qualitätsstandards mit seinem Team diskutieren.

Situationsaufgaben

Füllen Sie in Ihrer Klasse den folgenden Bogen zur Einschätzung des aktuellen Qualitätsstatus Ihrer Ausbildungspraxis aus. Werten Sie anschließend die Ergebnisse der Befragung aus. (Muss am Qualitätsstatus etwas verbessert werden?) Dokumentieren Sie die Ergebnisse der Bewertung in einer Übersicht.

Einschätzung zum aktuellen Qualitätsstatus der Zahnarztpraxis

		Bewertung*)	**Eventuell Kommentare**
1	Wird die Versorgung unserer Patienten nach fachlichen Standards durchgeführt und sind fachlich und wissenschaftlich anerkannte Standards in unseren Behandlungsalltag integriert?		
2	Wird die Sicherheit unserer Patienten in der Praxis in jeder Hinsicht gewährleistet?		

		Bewertung*)	Eventuell Kommentare
3	Wird in unserer Praxis sichergestellt, dass Patienten in allen unsere Diagnostik und Therapie betreffenden Fragen in ausreichendem Maße beraten werden und an daraus entstehenden Entscheidungen mitwirken können?		
4	Informieren wir unsere Patienten mündlich und, wo sinnvoll, schriftlich über sämtliche für sie infrage kommenden Maßnahmen, die der Gesunderhaltung ihrer Zähne oder Heilung von Zahnerkrankungen dienen?		
5	Sind in unserer Praxis die wichtigsten Behandlungsabläufe strukturiert?		
6	Haben wir in unserer Praxis die Aufgaben, Verantwortlichkeiten und Kompetenzen sämtlicher Zahnärzte und Mitarbeiter klar geregelt?		
7	Gehört in unsere Praxis die Mitarbeiterorientierung zu den Kernelementen unseres Handelns?		
8	Werden in unserer Praxis die Forderungen an den Arbeits- und Gesundheitsschutz beachtet?		
9	Haben wir in unserer Praxis die Fort- und Weiterbildung der Mitarbeiter geregelt und dokumentiert?		
10	Haben wir in unserer Praxis alle relevanten Abläufe und Prozesse verbindlich festgelegt?		
11	Werden bei uns die angestrebten Wartezeiten der Patienten in der Regel nicht überschritten, und werden die Ressourcen der Praxis optimal ausgenutzt?		
12	Wird in unserer Praxis mit geeigneten Maßnahmen sichergestellt, dass die Daten unserer Patienten vor Verlust und unbefugter Einsichtnahme geschützt sind?		
13	Gewährleisten wir die Sicherheit unserer Patienten und Mitarbeiter durch angemessene Hygienemaßnahmen?		
14	Verfügt unsere Praxis über einen Fluchtplan für Notfallsituationen?		
15	Sind in unserer Praxis die interne und externe Kommunikation und Informationsvermittlung klar geregelt?		
16	Haben wir geregelt, wann Patienten an andere medizinische Versorgungsstellen weitergeleitet werden und welche Informationen dabei zu übermitteln sind?		
17	Welche konkreten Qualitätsziele haben wir für unsere Praxis festgelegt?		
18	Mit welchen Umsetzungsmaßnahmen haben wir begonnen, um diese Ziele zu erreichen?		
19	Gibt es in unserer Praxis regelmäßig Teambesprechungen?		
20	Sind die wesentlichen Prozesse und Abläufe in unserer Praxis so beschrieben, dass jeder erkennt, von wem, was, wie durchgeführt werden soll?		
21	Werden in unserer Praxis Patientenbefragungen durchgeführt?		
22	Verfügen wir in unserer Praxis über ein Beschwerdemanagement, bei dem klar geregelt ist, wie mit Beschwerden der Patienten umgegangen wird?		

		Bewertung*)	Eventuell Kommentare
23	Gibt es in unserer Praxis ein Organigramm?		
24	Verwenden wir in unserer Praxis Checklisten?		
25	Ist sichergestellt, dass wir aus Fehlern und Beinahefehlern in unserer Praxis lernen?		
26	Haben wir festgelegt, wie in unserer Praxis mit Notfallpatienten zu verfahren und wie die Notfallausstattung jederzeit einsatzbereit zu halten ist?		
27	Ist sichergestellt, dass in unseren Patientenakten sämtliche wichtigen Aspekte zu Behandlungsverläufen und Beratungen festgehalten werden?		
28	Dokumentieren wir unsere Qualitätsziele und die zur Erreichung ergriffenen Maßnahmen?		
29	Wird die Erreichung unserer Qualitätsziele systematisch überprüft und wird die Überprüfung schriftlich dokumentiert?		
30	Wenn Ziele nicht erreicht wurden, passen wir dann die Maßnahmen in erforderlichem Maße an und dokumentieren wir, was verändert wurde?		

*Bewertung *):*
Die Aussage trifft zu:
1 = voll
2 = weitgehend
3 = teilweise
4 = kaum
5 = nicht.

Qualitätsstandards sind sicher eine Voraussetzung, um Patienten an eine Zahnarztpraxis zu binden. Um herauszufinden, warum sich ein Patient mit einer Zahnarztpraxis besonders identifiziert, suchen Sie bitte im Internet nach Befragungsbogen für Patienten. Diskutieren Sie über Inhalte dieser Bögen. Entscheiden Sie sich für einen Bogen, füllen Sie diesen in der Klasse aus und dokumentieren Sie die Auswertung.

Prüfungsvorbereitung

Folgende Karteikarte ist zur Ergänzung der Prüfungsvorbereitung zu erstellen:

Karteikarte 96:
Qualitätssicherung

1. Verpflichtung für die Praxis
2. Bereiche
3. Ablauf und Nutzen
4. Dokumentation der Aufbauorganisation – Organigramm
5. Instrumente zur Verbesserung der Praxisabläufe – PDCA-Zyklus
6. Dokumentation von Praxisabläufen – Flussdiagramm, QEP einschließlich Arbeitsanweisungen und Checklisten
7. Ergebnisprüfung der Qualitätsmaßnahmen – Patientenbefragung

2 Personaleinsatzplanung

(Auf der Basis von Behandlungs- und Terminplänen der Zahnarztpraxis den Personaleinsatz im Team unter Berücksichtigung vorhandener Kompetenzen und sonstiger Besonderheiten organisieren)

„Na, das war ja ein langes Gespräch mit Dr. Heine. Wir haben uns ausführlich über meinen Einsatz nach der Ausbildung unterhalten. Gut fand ich, dass er dich teilweise bei dem Gespräch mit einbezogen hat. Dr. Heine hat wohl bemerkt, dass wir uns besonders gut verstehen. Nun werde ich dir in Zukunft mehr oder weniger bei deinen Aufgaben zur Seite stehen und dich teilweise vertreten", bemerkt Sarah. „Ja, ich bin über diese Entlastung mehr als froh, denn die Praxis ist in den letzten Jahren doch enorm gewachsen. Wir werden jetzt auch gemeinsam das ein oder andere Problem zur Qualitätssicherung und Verbesserung unserer Praxis angehen", entgegnet Melanie. „Ja, es fängt gleich schwierig an. Ich soll dir erstmals bei der Erstellung des Dienstplans für die nächste Woche helfen. Dabei habe ich hier überhaupt keine Erfahrung", stöhnt Sarah. „Nun, du hast lange in der Anmeldung gearbeitet. Du kannst aufgrund der Diagnosen ungefähr einschätzen, welcher Behandlungsablauf bei einem Patienten zu erwarten ist. Das wird alles schon klappen, auch wenn viel Erfahrung dazu gehört, Personaleinsatzpläne zu entwickeln", antwortet Melanie. „Ja, wir müssen aber berücksichtigen, dass Jennifer wegen ihrer Schwangerschaft nur noch in der Anmeldung arbeiten darf." „Richtig, und du darfst auch nicht vergessen, dass ich seit der Geburt meiner Tochter auch nur noch an vier Tagen pro Woche arbeite." „Na, mit deiner Hilfe werden wir hoffentlich einen gelungenen Einsatzplan hinbekommen."

Aufgaben

1. Beschreiben Sie, nach welchen Kriterien in Ihrer Ausbildungspraxis der Personaleinsatzplan aufgestellt wird.
2. Warum sollte bei der Erstellung des Dienstplans das Praxisteam mit eingebunden werden?
3. Welche Entlastungsmöglichkeiten bieten sich bei längeren Erkrankungen oder während der Urlaubszeiten für die Zahnarztpraxis an?
4. Entwickeln Sie eine möglichst sinnvolle Übersicht für die Darstellung des Jahresurlaubs der einzelnen Angestellten.

Die Anzahl der Patienten, die eine Praxis aufsuchen, ist oft von großen Schwankungen gekennzeichnet. Die Leistungen, die zu ihrer Behandlung erbracht werden, schwanken im Laufe eines Tages, einer Woche, eines Monats und oft auch noch je nach Jahreszeit. Damit möglichst genau die richtige Anzahl an Mitarbeitern zur Verfügung steht, um einen reibungslosen Praxisablauf zu gewährleisten, wird eine Personaleinsatzplanung durchgeführt. Diese regelt, welche Mitarbeiter wann in welchem zeitlichen Umfang in der Praxis eingesetzt werden. Dabei sind eine Vielzahl von Dingen zu berücksichtigen, wie

- wöchentliche Arbeitszeit,
- Teilzeitarbeit,
- Einschränkungen aufgrund der persönlichen Situation (kein früher Beginn, Ende der Arbeitszeit spätestens zu einer bestimmten Zeit),
- Krankheit,
- Einschränkungen der Arbeitsbereiche, z. B. während der Schwangerschaft,
- Urlaubstage.

Die Aufzählung zeigt, wie schwierig eine für alle Mitarbeiter zufriedenstellende Personalplanung ist. Sie sollte immer in Zusammenarbeit mit den Mitarbeitern entwickelt werden, denn sie hat einen wesentlichen Einfluss auf die **Mitarbeiterzufriedenheit**.

Insbesondere hinsichtlich der persönlichen Vorgaben und der geplanten Jahresurlaube sollte zu Beginn des Jahres gemeinsam eine Abstimmung erfolgen. Ein faires Aushandeln von Kompromissen im Praxisteam ist hier unbedingt erforderlich.

Dabei darf nicht vergessen werden, dass die Erfordernisse der Praxis und Bedürfnisse der Patienten Vorrang haben. Bei der Erstellung der Dienstpläne sollten unbedingt folgende Punkte beachtet werden:

- In Krankheitsfällen oder während des Urlaubs einzelner Angestellter sollte die notwendige Mehrarbeit die anderen Angestellten möglichst nicht übermäßig belasten. Bei der Berücksichtigung der Urlaubszeiten kann eine gleichmäßige Mehrbelastung noch bewältigt werden. Ist bei Krankheit, insbesondere bei längeren Erkrankungen, ein hohes Maß an Mehrarbeit erforderlich, empfiehlt es sich, mögliche Personalreserven zu aktivieren. So könnte z. B. eine aus der Praxis ausgeschiedene Zahnmedizinische Fachangestellte sich bereit erklären, in solchen Fällen auszuhelfen.
- Bei der Aufteilung der anfallenden Arbeiten sollten auch die Wünsche der einzelnen Angestellten mit berücksichtigt werden. Aufgaben, die von niemandem gern übernommen werden, sind möglichst gleichmäßig auf alle zu verteilen.
- Arbeiten die Zahnmedizinischen Fachangestellten in verschiedenen Schichten, muss auf die gleichmäßige Verteilung bevorzugter freier Tage, z. B. Freitagnachmittag oder Montag, geachtet werden.

Bei der Erstellung der Dienstpläne wird auf der Basis der vorliegenden Behandlungs- und Terminpläne der Praxis festgelegt, wer welche Aufgaben an welchem Platz zu welcher Zeit zu übernehmen hat. Über welchen Zeitraum diese genaue Planung vorgenommen wird, hängt von der Situation der Praxis ab. Das mindeste ist eine wöchentliche Vorausplanung.

Die Personaleinsatzplanung wird mittlerweile überwiegend mithilfe des Computers durchgeführt. Oft verfügt das Praxisprogramm über ein entsprechendes Modul, das auf der Basis der vorliegenden Termine eine Personaleinsatzplanung ermöglicht.

Jeder Praxismitarbeiter erhält dann eine Übersicht über seine Aufgaben und Einsatzzeiten in der Praxis. In den Programmen zur Personaleinsatzplanung werden auch die zuvor vom Personal mit dem Zahnarzt abgestimmten Urlaubszeiten eingegeben. Das Programm berücksichtigt dann bei der Erstellung von Dienstplänen diese Vorgaben automatisch. Entsprechende Gesamtübersichten über die Urlaubszeiten der einzelnen Mitarbeiter lassen sich ausdrucken.

Beispiel für ein System zur Personaleinsatzplanung, Quelle: Workchip: Strategische Personaleinsatzplanung: In: www.workchip.de/medizin/personaleinsatzplanung.html [02.05.2019].

Situationsaufgaben

- Prüfen Sie, ob das Computersystem Ihrer Ausbildungspraxis die Erstellung von Dienstplänen und Übersichtsplänen zum Jahresurlaub der Mitarbeiter zulässt.
- Lassen Sie die entsprechenden Bildschirmmasken nach Rücksprache ausdrucken und stellen Sie das Programm Ihren Mitschülerinnen vor.

Prüfungsvorbereitung

Folgende Karteikarte ist zur Ergänzung der Prüfungsvorbereitung zu erstellen:

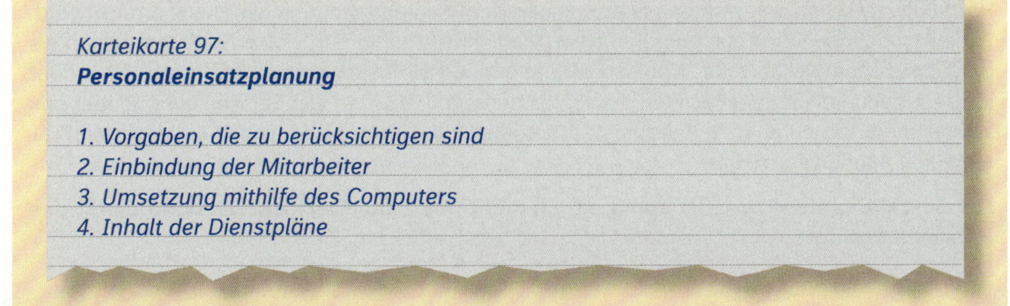

Karteikarte 97:
Personaleinsatzplanung

1. Vorgaben, die zu berücksichtigen sind
2. Einbindung der Mitarbeiter
3. Umsetzung mithilfe des Computers
4. Inhalt der Dienstpläne

3 Die Gestaltung von Arbeitsraum und Arbeitsplatz als Teil der Strukturqualität einer Praxis

(Die Gestaltung von Arbeitsraum und Arbeitsplatz als ein wichtiges Element für den Patientenzuspruch analysieren und die ergonomische Gestaltung des Arbeitsplatzes hinsichtlich der Arbeitsplatzqualität erfassen)

„Die Auswertung des Fragebogens zu unserer Praxis hat interessante Ergebnisse hervorgebracht. Einige Patienten haben kritische Anmerkungen zum Gesamteindruck der Praxis gemacht“, bemerkt Sarah. „Von der technischen Ausstattung ist unsere Praxis sicherlich auf dem neuesten Stand. Wir haben in den letzten Jahren die Praxiseinrichtung in fast allen Bereichen erneuert. Daher entsprechen unsere Arbeitsplätze auch den ergonomischen Anforderungen. Nicht so gelungen finde ich den letzten Anstrich und unsere neue Beleuchtung im Bereich der Anmeldung. Das könnte man noch heller und freundlicher gestalten“, meint Melanie.

Aufgaben

1. Welche Bedeutung hat die Gestaltung der Praxis für den Patientenzuspruch?
2. a) Welcher Grundsatz gilt hinsichtlich der Gestaltung des Raumgefüges einer Praxis?

   b) Was bewirkt die Nichteinhaltung dieses Grundsatzes?
3. Was versteht man unter der Ergonomie von Arbeitsplätzen?
4. Mit welchen Fragen kann eine erste ergonomische Prüfung eines Arbeitsplatzes vorgenommen werden?
5. Welche ergonomischen Gestaltungsbereiche lassen sich in einer Zahnarztpraxis unterscheiden?
6. Welche Folgen für das Praxispersonal haben Arbeitsplätze, die nicht ergonomischen Grundsätzen entsprechen?

Die Gestaltung der Zahnarztpraxis beeinflusst den Patientenzuspruch. Ideal ist es, wenn eine Harmonie zwischen der Geräteausstattung und der Gesamtgestaltung der Praxis erreicht wird. Patienten befinden sich fast immer in einer Ausnahmesituation. In vielen Fällen benötigen sie dringend zahnärztliche Hilfe. In dieser Situation sind sie besonders aufmerksam gegenüber ihrer Umgebung. Mit dem Betreten der Praxis nehmen Patienten von der Anmeldung über das Wartezimmer bis zu allen Behandlungs-, Diagnose- und Therapiebereichen die gesamte Präsentation aufmerksam wahr.

Die Gestaltung der Praxis ist somit ein Element des Patientenzuspruchs und damit des Praxismarketings.

Auch das Praxispersonal wird in erheblichem Maße durch die Gestaltung der Praxis beeinflusst. Es verbringt viel Zeit in den Praxisräumen. Farb- und Lichtgestaltung, die Einrichtung und deren Funktionalität haben großen Einfluss auf die Arbeitsfreude und damit auf die Leistungsbereitschaft.

Die **Strukturqualität** einer Praxis wird unter anderem gekennzeichnet durch ein gelungenes Raumgefüge. Auf der Basis der meist nicht veränderbaren baulichen Bedingungen sollte eine größtmögliche Optimierung der Anordnung der Praxisräume erreicht werden. Sonst ist ein erhöhter zeitlicher Aufwand wegen der langen Wege nötig.
Das Raumgefüge muss ein funktionales und wirtschaftliches Arbeiten ermöglichen. **Fehler im Raumgefüge bewirken einen erhöhten Zeit- und Personalaufwand** und somit höhere Kosten. Es gilt der Grundsatz, dass durch die Raumanordnung möglichst kurze Wege sowohl von den Patienten als auch vom Praxispersonal und dem Zahnarzt zurückzulegen sind. Laufwegskizzen machen die zurückzulegenden Wege sichtbar. Sie sind eine Hilfe, bessere Lösungen zu finden. Die nachfolgende Abbildung zeigt, wie in einem bestehenden Raumgefüge durch Umbau eine wesentliche Verbesserung des Raumgefüges und damit eine Erhöhung der Wirtschaftlichkeit erreicht wurde.

Praxis vor dem Umbau

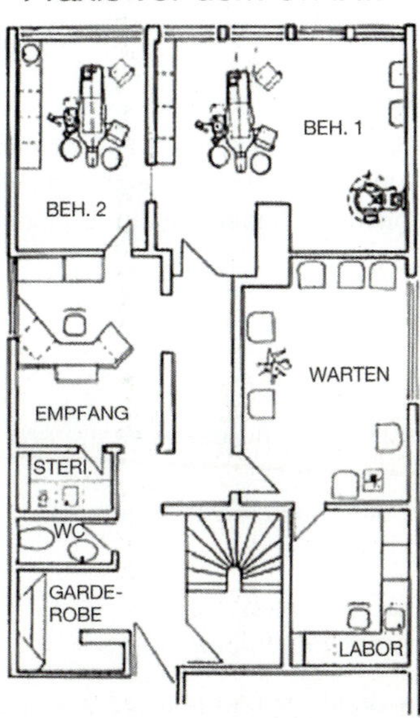

Praxis nach dem Umbau

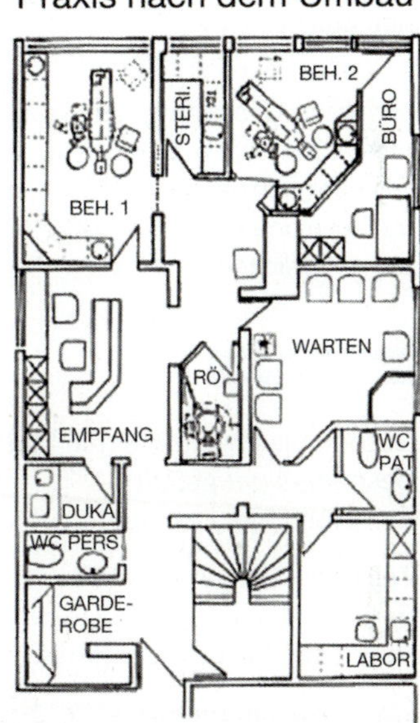

In allen Bereichen der Praxis sind ergonomische Gesichtspunkte zu berücksichtigen. Mangelnde Ergonomie ist für den Praxisinhaber und das Praxispersonal eine große Belastung. Im schlimmsten Fall führt sie zu Erkrankungen, z. B. Haltungsschäden.

Unter Ergonomie versteht man die menschengerechte Gestaltung der Arbeit. Es besteht eine Wechselbeziehung zwischen der technischen Ausstattung des Arbeitsplatzes und der aufgrund der Arbeit entstehenden Belastung und Beanspruchung des Menschen. Eine ausgewogene und möglichst geringe Belastung soll erreicht werden. Bei der Prüfung der Ergonomie von Arbeitsplätzen helfen folgende Fragen:

- Ist die Arbeit von Menschen unter Berücksichtigung ihrer biologischen Voraussetzungen, z. B. Reichweite der Arme, ausführbar? **(Ausführbarkeit)**
- Ist die Arbeit auf Dauer, d. h. über ein gesamtes Berufsleben, ohne Gefahr für die Gesundheit erträglich? **(Erträglichkeit)**

- Ist die Arbeit und sind die Arbeitsbedingungen auf Dauer zumutbar? (**Zumutbarkeit**)
- Sind die für die Arbeit vorgesehenen Personen mit den Arbeitsbedingungen und den Arbeitsinhalten zufrieden? (**Zufriedenheit**)

Unter Berücksichtigung dieser Fragen werden folgende ergonomische Gestaltungsbereiche in einer Zahnarztpraxis unterschieden:

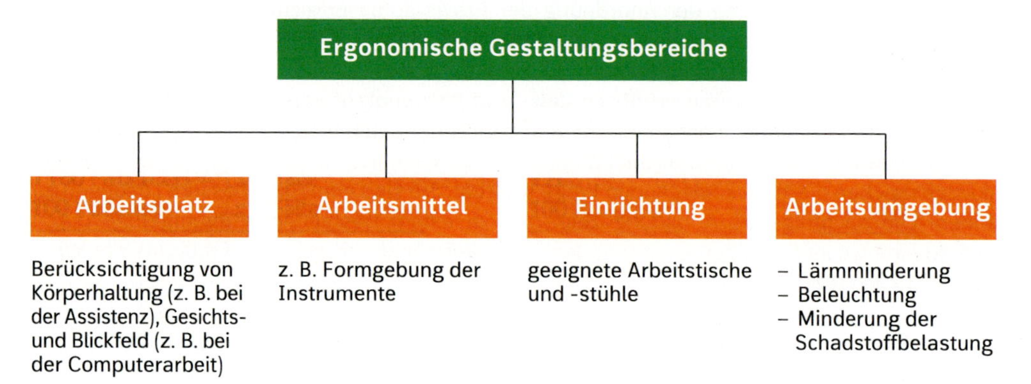

Die ergonomische Gestaltung des Arbeitsplatzes soll gesichert werden durch eine Vielzahl von Gesetzen und Vorschriften. Der Zahnarzt als Käufer von Praxiseinrichtung muss sich entweder beraten lassen oder sich darauf verlassen, dass die Anbieter von Praxiseinrichtungen die gesetzlichen Vorschriften auch umsetzen. Prüfsiegel und Gütezeichen sollen die Einhaltung der ergonomischen Anforderungen zusichern.

Situationsaufgaben:

- Suchen Sie im Internet ein Bild einer Zahnarztpraxis, deren Gesamtgestaltung Ihnen besonders gut gefällt.
  Schreiben Sie die Gründe auf, warum Sie dieses Bild ausgewählt haben.
- Zeichnen Sie den Grundriss Ihrer Praxis auf.
  Zeichnen Sie die Laufwege des Personals in diese Skizze ein.
  Beurteilen Sie den Grundriss Ihrer Praxis hinsichtlich des Raumgefüges.
- Laden Sie die Internetseite „http://www.chance-praxis.de/aktuelles/ergonomisches-arbeiten-in-der-zahnarztpraxis/".
  Markieren Sie in dem Beitrag die wichtigsten Aussagen.
  Erstellen Sie für sich ein Plakat mit den „Säulen des ergonomischen Arbeitens".
  Führen Sie ein Tagebuch, ob Sie diese Leitsätze auch eingehalten haben.

Prüfungsvorbereitung

Folgende Karteikarten sind zur Ergänzung der Prüfungsvorbereitung zu erstellen:

Karteikarte 98:
Gestaltung der Zahnarztpraxis als ein Element der Patientenbindung

1. *Auswirkungen der Gestaltung der Praxis auf die Patienten*
2. *Auswirkungen der Gestaltung der Praxis auf das Personal*
3. *Elemente und Bereiche der Gestaltung*

Karteikarte 99:
Optimales Raumgefüge

1. *Begriff*
2. *Auswirkungen hinsichtlich des Zeitaufwandes der Arbeitsschritte und der Wirtschaftlichkeit der Praxis*

Karteikarte 100:
Ergonomie in der Zahnarztpraxis

1. *Begriff*
2. *Leitfragen zur Prüfung der Ergonomie*
3. *ergonomische Gestaltungsbereiche einer Praxis*
4. *eigene Möglichkeiten zum Ausgleich von Belastungen am Arbeitsplatz*

4 Arbeitszeugnis und Arbeitsvertrag – Abschluss der Ausbildung und Beginn der beruflichen Tätigkeit als Zahnmedizinische Fachangestellte

(Arbeitszeugnisse hinsichtlich ihres Inhaltes und der damit verbundenen Chancen auf dem Arbeitsmarkt beurteilen, Arbeitsverträge hinsichtlich der grundlegenden arbeitsrechtlichen und tarifrechtlichen Regelungen prüfen und die vereinbarte Vergütung hinsichtlich ihrer Richtigkeit nachvollziehen)

„Nun geht deine Ausbildung dem Ende entgegen. Wo sind die drei Jahre nur geblieben?“, seufzt Melanie. „Ja, die Zeit ist wirklich wie im Flug vergangen. Andererseits bin ich nun gespannt auf die neuen beruflichen Herausforderungen. Dabei bin ich froh, dass Dr. Heine so ein korrekter und guter Arbeitgeber ist. Ich habe zum Abschluss meiner Ausbildung schon mein Arbeitszeugnis bekommen. Gleichzeitig hat mir Herr Dr. Heine einen Arbeitsvertrag gegeben, den ich sicherlich in den nächsten Tagen unterschreiben werde“, antwortet Sarah. „Wir können uns wirklich nicht beklagen. Ich möchte jedenfalls augenblicklich in keiner anderen Praxis arbeiten“. „Wie gut, dass ihr während der Ausbildung alle tarifrechtlichen und arbeitsrechtlichen Regelungen durchgesprochen habt. So

konntest du bei deinem Arbeitsvertrag sehen, wie überkorrekt Herr Dr. Heine diese Dinge handhabt." „Herr Dr. Heine hat das Standardformular der Zahnärztekammer verwendet, das alle tarif- und arbeitsrechtlichen Vorschriften umfassend berücksichtigt. Allerdings hat er ein Gehalt eingesetzt, das über dem augenblicklichen Tarif liegt. Ich habe schon ganz aufgeregt meinen ersten Nettolohn berechnet. Hier war ich allerdings sehr enttäuscht, wie wenig nach Abzug von Steuern und Sozialversicherung noch übrig bleibt", stellt Sarah fest.

Aufgaben

1. Lesen Sie eingehend das im Text abgebildete Arbeitszeugnis von Sarah.
   a) Warum hat Sarah nach Abschluss der Ausbildung einen Rechtsanspruch auf ein Zeugnis?
   b) Handelt es sich im Beispiel um ein einfaches oder ein qualifiziertes Zeugnis? Erläutern Sie, worin der Unterschied besteht.
   c) Welche Grundsätze hat ein Arbeitgeber beim Abfassen eines Zeugnisses zu beachten?
   d) Erläutern Sie anhand des vorliegenden Zeugnisses, wie ein Arbeitszeugnis gegliedert ist.
   e) Wie beurteilen Sie das vorliegende Zeugnis hinsichtlich der Bewertungen der Leistungen und des Verhaltens?
2. Gibt es eine Verpflichtung für einen niedergelassenen Zahnarzt, einen Arbeitsvertrag mit einer Zahnmedizinischen Fachangestellten schriftlich abzuschließen?
3. Wodurch unterscheiden sich befristete und unbefristete Arbeitsverträge?
4. Erläutern Sie kurz die wichtigsten Pflichten aus dem Arbeitsvertrag, die die Zahnmedizinische Fachangestellte und der Zahnarzt haben.
5. Welche wichtigen Inhalte sind in einem Arbeitsvertrag zu regeln?
6. Durch den Verweis auf den jeweils gültigen Mantel- und den Gehaltstarifvertrag kann man in Arbeitsverträgen die tariflichen Regelungen übernehmen.
   a) Was ist der Unterschied zwischen dem Mantel- und dem Gehaltstarif?
   b) Wann gelten diese automatisch?
7. Laden Sie aus dem Internet den Standardarbeitsvertrag Ihrer Zahnärztekammer herunter.
   a) Erstellen Sie eine Übersicht über die Inhalte des Arbeitsvertrages.
   b) Prüfen Sie, ob die tarifrechtlichen Regelungen des Mantel- und Gehaltstarifvertrages in diesem Arbeitsvertrag übernommen wurden.
8. Sarah erhält von Herrn Dr. Heine ein Anfangsgehalt von 1 850,00 EUR.
   a) Ermitteln Sie, in welcher Höhe das Anfangsgehalt im Vergütungstarif festgelegt wurde.
   b) Führen Sie für dieses Bruttogehalt eine Gehaltsabrechnung mit einem Gehaltsrechner aus dem Internet durch.

4.1 Arbeitszeugnis

Bei Beendigung des Ausbildungsverhältnisses und bei Beendigung des Arbeitsverhältnisses hat ein Arbeitnehmer einen **Rechtsanspruch auf ein Arbeitszeugnis**. Für Auszubildende ist dieser Rechtsanspruch im Berufsbildungsgesetz, für die übrigen Arbeitnehmer im Bürgerlichen Gesetzbuch (BGB) geregelt.

§ 16 Zeugnis (BBiG)

(1) Ausbildende haben den Auszubildenden bei Beendigung des Berufsausbildungsverhältnisses ein schriftliches Zeugnis auszustellen. [...]

(2) Das Zeugnis muss Angaben enthalten über Art, Dauer und Ziel der Berufsausbildung sowie über die erworbenen Fertigkeiten und Kenntnisse des Auszubildenden. Auf Verlangen des Auszubildenden sind auch Angaben über Führung, Leistung und besondere fachliche Fähigkeiten aufzunehmen.

§ 630 Pflicht zur Zeugniserteilung (BGB)

Bei der Beendigung eines dauernden Dienstverhältnisses kann der Verpflichtete von dem anderen Teil ein schriftliches Zeugnis über das Dienstverhältnis und dessen Dauer fordern. Das Zeugnis ist auf Verlangen auf die Leistungen und die Führung im Dienst zu erstrecken. [...]

Demnach unterscheidet man zwischen einem **einfachen und** einem **qualifizierten Zeugnis.** Das einfache Zeugnis beinhaltet Art des Dienstverhältnisses und dessen Dauer. Beim qualifizierten Zeugnis erfolgt zusätzlich eine Beurteilung über Führung und Leistung.

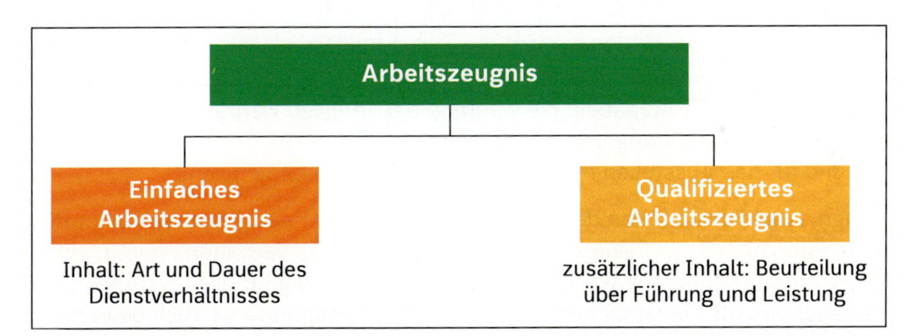

Ein Arbeitszeugnis darf die zukünftigen Chancen des Arbeitnehmers nicht beeinträchtigen. Daher sollte es der Arbeitgeber wohlwollend abfassen. Trotzdem muss es die Wahrheit widerspiegeln. Es gilt:

- Inhaltlich dürfen nur Angaben zu arbeitsbezogenen Tatsachen gemacht werden.
- Aussagen, die negativ gewertet werden können, dürfen nur im Arbeitszeugnis stehen, wenn sie beweisbar sind.
- Der Arbeitgeber muss beim Abfassen des Zeugnisses im Blick haben, wie ein neuer Arbeitgeber dieses Zeugnis einschätzt.
- Zeugnisse dürfen nicht mit verschlüsselten Formulierungen versehen werden, die den Arbeitsnehmer in einer Weise charakterisieren, die dem eigentlichen Wortlaut nicht entnommen werden kann.

Beispiel: *Frau Feier trug erheblich zur Gestaltung eines positiven Betriebsklimas bei. Dies heißt im Klartext: Frau Feier redete viel und umfassend mit ihren Kolleginnen und Kollegen über Dinge, die mit der eigentlichen dienstlichen Tätigkeit nichts zu tun hatten.*

Fühlt sich ein Arbeitnehmer unzutreffend und ungerecht beurteilt, muss er sich mit dem Arbeitgeber auseinandersetzen. Im schlimmsten Fall muss er auf die Erteilung eines korrekten Zeugnisses klagen. Der Arbeitgeber ist schadenersatzpflichtig, wenn ein Zeugnis falsche Aussagen enthält.

Beispiel: *Frau Feier findet aufgrund der obigen Aussage keinen neuen Arbeitgeber. Nachdem sie erfahren hat, was mit dieser Aussage gemeint ist, verlangt sie die Erstellung eines neuen Zeugnisses. Weiterhin fordert sie vom Arbeitgeber die Erstattung des bisherigen Verdienstausfalls.*

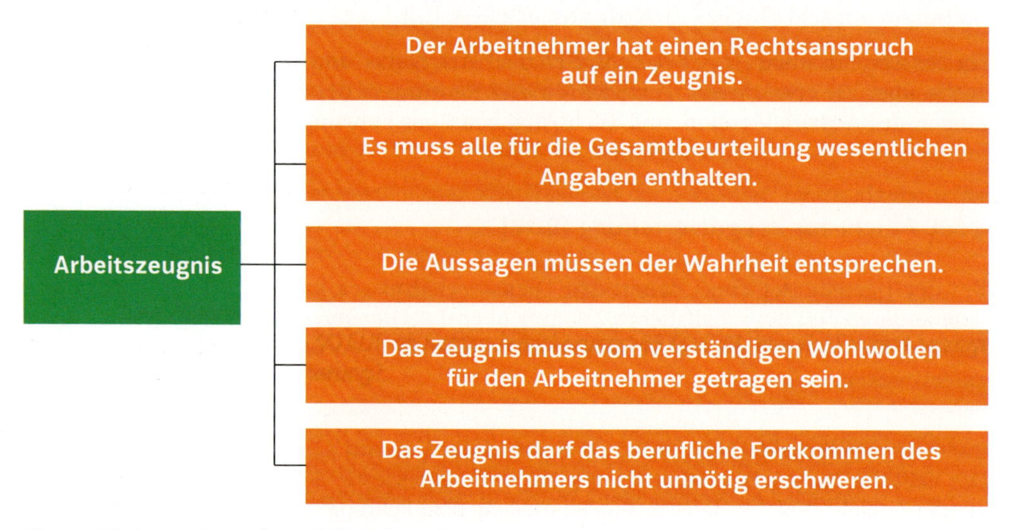

Ein qualifiziertes Zeugnis enthält folgende Punkte:

- Personalstammdaten – Name, Vorname, Geburtsdatum,
- Dauer der Tätigkeit und genaue Bezeichnung,
- Beschreibung der Aufgaben, die während der Tätigkeit wahrgenommen wurden,
- Bewertung der Leistung und des Verhaltens,
- Grund für das Ausstellen eines Zeugnisses, z. B. Ausbildungsende.

Da ein Zeugnis das Fortkommen des Arbeitnehmers nicht unnötig erschweren darf, hat sich eine eigene Sprache bei der Bewertung der Leistung und des Verhaltens herausgebildet. Ein unbedarfter Arbeitnehmer schätzt demnach die Beschreibungen der Leistungen in seinem Zeugnis besser ein, als sie tatsächlich sind. Um Arbeitszeugnisse wirklich bewerten zu können, muss man sich mit der tatsächlichen Bedeutung gebräuchlicher Formulierungen auseinandersetzen. Die folgende Übersicht zeigt eine Abstufung zwischen sehr guten und völlig unzureichenden Leistungen:

sehr gute Leistungen	Sie hat die ihr übertragenen Arbeiten stets zu unserer vollsten Zufriedenheit erledigt.
gute Leistungen	Sie hat die ihr übertragenen Arbeiten stets zu unserer vollen Zufriedenheit erledigt.
befriedigende Leistungen	Sie hat die ihr übertragenen Arbeiten zu unserer vollen Zufriedenheit erledigt.
ausreichende Leistungen	Sie hat die ihr übertragenen Arbeiten zu unserer Zufriedenheit erledigt.
mangelhafte Leistungen	Sie hat die ihr übertragenen Arbeiten im Großen und Ganzen zu unserer Zufriedenheit erledigt.
völlig unzureichende Leistungen	Sie hat sich bemüht, die ihr übertragenen Aufgaben zu unserer Zufriedenheit zu erledigen.

Herr Dr. Heine hat seiner Auszubildenden Sarah Neumann zum Abschluss der Ausbildung folgendes Zeugnis ausgestellt:

Dr. med. dent. Hubert Heine
Zahnarzt
Steeler Straße 128
45138 Essen

Zeugnis – Sarah Neumann

Frau Sarah Neumann, geboren am 28. Januar 1999 in Essen, hat in der Zeit vom 1. August 2016 bis 15. Juli 2019 in unserer Praxis eine Ausbildung als Zahnmedizinische Fachangestellte absolviert.

Während der Ausbildung wurde sie in den Praxisbereichen Patientenempfang, Praxisverwaltung sowie Assistenz eingesetzt.

Frau Neumann ist eine Mitarbeiterin, die sich mit großem Engagement und hoher Belastbarkeit stets für die Belange der Praxis einsetzte. Die ihr übertragenen Aufgaben erledigte sie stets zu unserer vollsten Zufriedenheit. Ihre Leistungen und ihre Lernbereitschaft während der Ausbildung fanden unsere höchste Anerkennung. Sie war in der Lage, auch bei einem ungewöhnlich hohen Patientenzuspruch die ihr übertragenen Aufgaben tadellos wahrzunehmen und dabei den Patienten Geduld, Freundlichkeit und Zuwendung angedeihen zu lassen. Sie wird daher von den Patienten überaus geschätzt.

In das Praxisteam hat Frau Neumann sich vom ersten Tag ihrer Ausbildung an überragend eingefügt. Aufgrund ihrer Aufgeschlossenheit, Sachlichkeit und Hilfsbereitschaft wird sie auch von ihren Kolleginnen sehr geschätzt.

Wir werden Frau Neumann nach bestandener Prüfung als Zahnmedizinische Fachangestellte übernehmen und wünschen ihr in unserem Praxisteam alles Gute für die weitere berufliche Zukunft.

Essen, 15. Juli 20..

Dr. Hubert Heine

4.2 Arbeitsvertrag

Die Rechtsbeziehungen zwischen Arbeitnehmer und Arbeitgeber werden durch den **Arbeitsvertrag** geregelt. Ein Arbeitsvertrag kann so geschlossen werden, dass das Arbeitsverhältnis nach Ablauf einer bestimmten Zeit von selbst endet. In diesen Fall spricht man von einem **befristeten Arbeitsvertrag**. Befristete Arbeitsverträge sind üblich bei Vertretungen und Aushilfen. Normalerweise werden Arbeitsverhältnisse auf unbestimmte Zeit geschlossen. Diese Arbeitsverträge sind somit **unbefristet**, d.h. sie enden erst durch Kündigung. Grundsätzlich gilt bei Verträgen das Prinzip der Vertragsfreiheit, das heißt, die Parteien können den Inhalt des Vertrages frei bestimmen. Diese Vertragsfreiheit ist bei Arbeitsverträgen stark eingeschränkt. Hier gelten umfassende gesetzliche Regelungen und das Tarifrecht.

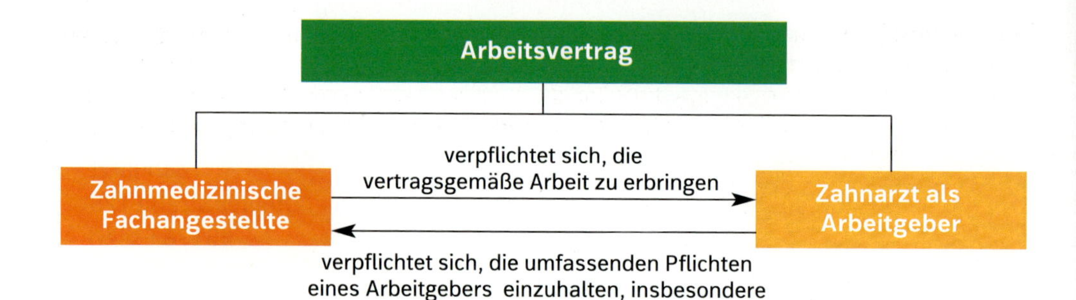

Die Zahnmedizinische Fachangestellte hat folgende Pflichten zu beachten:

- Dienstleistungspflicht,
- Sorgfalts- und Haftpflicht,
- Pflicht zur Sauberkeit und Hygiene,
- Schweigepflicht.

Für den Zahnarzt gelten:

- Fürsorgepflicht,
- Vergütungspflicht,
- Zeugnispflicht.

Im Normalfall wird ein Arbeitnehmer für einen längeren Zeitraum als einen Monat eingestellt. Damit hat er nach dem Nachweisgesetz einen Anspruch darauf, dass die wesentlichen Inhalte des Arbeitsvertrages schriftlich niedergelegt werden.

Das **Nachweisgesetz** verpflichtet jeden Arbeitgeber bei Arbeitsverträgen, die länger als ein Monat dauern, die wesentlichen Bedingungen eines Arbeitsvertrages aufzuzeichnen, die Niederschrift zu unterzeichnen und dem Arbeitnehmer auszuhändigen. Spätestens einen Monat nach Beginn des Arbeitsverhältnisses ist die Niederschrift dem Arbeitnehmer auszuhändigen. In der Niederschrift müssen gemäß § 2 des Nachweisgesetzes folgende Punkte enthalten sein:

1. Namen und Anschrift der Vertragsparteien
2. Zeitpunkt des Beginns der Beschäftigung
3. bei einem befristeten Vertrag die geplante Dauer der Beschäftigung
4. den Arbeitsort bzw. bei wechselnden Arbeitsorten einen Hinweis, dass der Arbeitnehmer an verschiedenen Orten beschäftigt werden kann
5. eine Tätigkeitsbeschreibung
6. die Höhe des Arbeitsentgelts einschließlich von Zuschlägen
7. vereinbarte Arbeitszeit
8. Dauer des jährlichen Erholungsurlaubs
9. Kündigungsfristen
10. Hinweis auf für dieses Arbeitsverhältnis geltende Tarifverträge, Betriebs- oder Dienstvereinbarungen.

Tarifverträge für die Zahnmedizinische Fachangestellte werden zwischen der Arbeitsgemeinschaft zur Regelung der Arbeitsbedingungen für Zahnmedizinische Fachangestellte und Zahnarzthelferinnen (Arbeitgebervertreter) und dem Verband medizinischer Fachberufe e. V. (Arbeitnehmervertreter) abgeschlossen. Dabei unterscheidet man den **Manteltarifvertrag** und den **Gehaltstarifvertrag**. Der **Manteltarifvertrag** enthält die längerfristig geregelten Arbeitsbedingungen. Die Laufzeit ist üblicherweise länger als beim Gehaltstarifvertrag. Der jeweils aktuelle Manteltarifvertrag kann im Internet aufgerufen werden.

Im **Vergütungstarifvertrag** ist die Höhe der monatlichen Gehälter der Zahnmedizinischen Fachangestellten geregelt. Diese sind abhängig von Tätigkeitsmerkmalen, die den Grad der Verantwortung und die Schwierigkeit der Tätigkeit beschreiben und von der Anzahl der Berufsjahre. Der jeweils gültige Gehaltstarifvertrag für Medizinische Fachangestellte kann im Internet abgerufen werden.

Die Laufzeit des Vergütungstarifvertrages ist wesentlich kürzer als die des Manteltarifvertrages. Üblicherweise gilt er für ein bis zwei Jahre. Tarifverträge gelten nur, wenn die Zahnmedizinische Fachangestellte Mitglied in einem Berufsverband und ihr Arbeitgeber Mitglied in einer Arbeitsgemeinschaft der Arbeitgeber ist, die zusammen diese Verträge ausgehandelt haben. In allen anderen Arbeitsverträgen gelten diese Tarife nur, wenn ausdrücklich ein Verweis auf den gültigen Mantel- und Gehaltstarif (Tarifbindungsklausel) erfolgte. In den Arbeitsverträgen, die von den Zahnärztekammern zur Verfügung gestellt werden, sind alle wichtigen gesetzlichen und tariflichen Regeln berücksichtigt. Das Formular eines Musterarbeitsvertrages der jeweils zuständigen Zahnärztekammer ist über das Internet abrufbar.

Situationsaufgabe

- Recherchieren Sie im Internet nach Formulierungshilfen für ein Arbeitszeugnis und erstellen Sie mithilfe dieser Quellen einen Katalog zur Bewertung der Arbeitsleistung und des sozialen Verhaltens.
- Laden Sie aus dem Internet einen Vertragsvordruck ihrer zuständigen Zahnärztekammer zum Arbeitsvertrag für Zahnmedizinische Fachangestellte herunter. Markieren und erläutern Sie die wichtigsten Inhalte dieses Vertrages.
- Verschaffen Sie sich auf die gleiche Weise den Mantel- und Vergütungstarifvertrag. Erstellen Sie in Tabellenform eine Übersicht mit den wichtigsten Regelungen dieser Verträge.

Prüfungsvorbereitung

Folgende Karteikarten sind zur Ergänzung der Prüfungsvorbereitung zu erstellen:

Karteikarte 101:
Arbeitszeugnis

1. *Rechtsanspruch*
2. *einfaches/qualifiziertes Zeugnis*
3. *zu beachtende Grundsätze bei der Abfassung*
4. *Aufbau*

Karteikarte 102:
Arbeitsvertrag

1. *Formvorschrift*
2. *befristete/unbefristete Arbeitsverträge*
3. *Pflichten der Medizinischen Fachangestellten*
4. *Pflichten des Arbeitgebers*
5. *vorgeschriebene Inhalte*

Karteikarte 103:
Mantel- und Gehaltstarifvertrag

1. Unterschiede
2. Inhalte des Manteltarifvertrags
3. Inhalte des Gehaltstarifvertrags
4. Gültigkeit

5 Die Bewerbung – ein neuer Berufsabschnitt

(Ein gelungenes Bewerbungsmanagement als Voraussetzung für eine erfolgreiche Bewerbung beherrschen)

„Nun geht die Ausbildung zu Ende. Viele von uns werden von ihren Ausbildern übernommen. Einige müssen sich aber eine neue Zahnarztpraxis suchen", meint Sarah zu Melanie. „Ich fand es schrecklich, dass ich mir nach der Ausbildung trotz sehr guter Leistungen einen neuen Arbeitgeber suchen musste. Was war ich dann froh, als es mit der Anstellung bei Herrn Dr. Heine klappte." „Andererseits kann es ja auch einmal interessant sein, andere Praxen und andere Teams mit ihren Arbeitsweisen kennenzulernen. Allerdings fühle ich mich in dieser Praxis so wohl, dass ich gerne hier bleibe." „Ja, wir sind froh, dass du nun bald als fertige Medizinische Fachangestellte in der Praxis tätig bist. Wir suchen darüber hinaus noch eine weitere Zahnmedizinische Fachangestellte. Was wir bislang an Bewerbungen erhalten haben, ist teilweise kaum zu glauben!" „Ich verstehe das oft auch nicht, gerade die Bewerbung muss doch so gestaltet sein, dass sie nicht gleich als untauglich aussortiert wird."

Aufgaben

1. In welchen Medien können Sie Stellenanzeigen von Zahnarztpraxen finden?
2. Welche Möglichkeiten sollte man darüber hinaus bei der Suche nach einer Stelle nutzen?
3. Erläutern Sie kurz Bedeutung und Inhalt einer Bewerbungsmappe.
4. Wie kann man erfolgreich eine Vielzahl von Bewerbungen verwalten, ohne als Bewerber die Übersicht zu verlieren?
5. Welche Voraussetzungen sind zu beachten, um ein Vorstellungsgespräch erfolgreich zu gestalten?

Zum Ende der Ausbildung beginnt für viele Zahnmedizinische Fachangestellte ein neuer Lebensabschnitt, der oft verbunden ist mit dem Wechsel in eine neue Zahnarztpraxis. Dieser Wechsel beginnt mit der Stellensuche. Entsprechende Stellenanzeigen finden sich

- in Zeitungen,
- bei der Agentur für Arbeit,
- über das Internet.

Sowohl die Agentur für Arbeit als auch private Personalberatungen nutzen immer mehr das Internet als Plattform für Stellenanzeigen.

Neben diesen Möglichkeiten sollte aber auch eine **Initiativbewerbung** in Erwägung gezogen werden. In den Zahnarztpraxen der Umgebung kann angefragt werden, ob eine Zahnmedizinische Fachangestellte gesucht wird. Eine weitere Möglichkeit ist das Aufgeben einer eigenen **Stellenanzeige**.

Um sich erfolgreich zu bewerben, bedarf es eines umfassenden und klugen Bewerbungsmanagements. Dies beginnt mit der Erstellung von **Bewerbungsmappen**, die

- ein Deckblatt mit Foto und Anschrift,
- ein Anschreiben mit der Bewerbung und
- einen Lebenslauf

enthalten. Auf die Erstellung dieser Mappe ist größte Sorgfalt zu legen. Bei einem attraktiven Stellenangebot erhält ein Zahnarzt oft eine Vielzahl von Bewerbungen. Um das Einstellungsverfahren zu vereinfachen, werden die unbrauchbaren Bewerbungen gleich aussortiert. Aus den verbleibenden Mappen werden die mit dem besten Gesamteindruck ausgewählt. Die Bewerbungsmappe ist somit

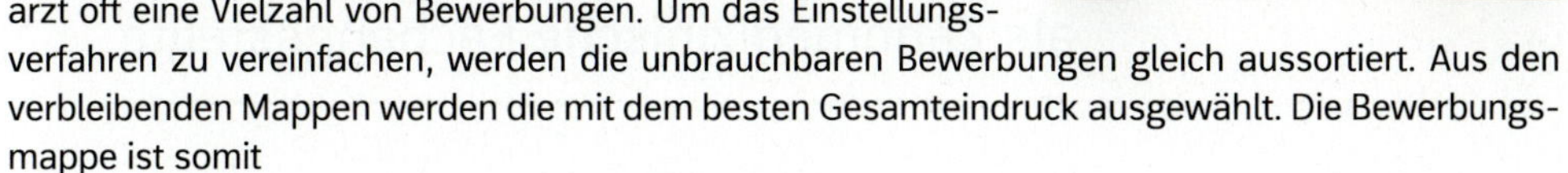

- die Visitenkarte der Bewerberin gegenüber dem Zahnarzt,
- die Entscheidungsgrundlage für die Einladung zu einem Vorstellungsgespräch.

Die Bewerbungsunterlagen müssen zeigen:

- Wer bin ich?
- Was kann ich?

Daher ist der größtmögliche Wert auf die Qualität der Unterlagen und auf eine ansprechende Gestaltung zu legen.

Die folgenden Abbildungen zeigen ein Beispiel für eine Bewerbung.

Constanze Zimmer
Steeler Straße 109
45183 Essen
Telefon: 0201 72598
E-Mail: C.Zimmer@t-online.de

Bewerbung

als Zahnmedizinische Fachangestellte

Herrn
Dr. Heinrich Finke
Kronprinzenstr. 17
45472 Mülheim

Constanze Zimmer
Steeler Straße 109
45183 Essen
Telefon: 0201 72598
E-Mail: C.Zimmer@t-online.de

Herrn
Dr. Heinrich Finke
Kronprinzenstr. 17
45472 Mülheim

18. Juni 20..

Bewerbung als Zahnmedizinische Fachangestellte

Sehr geehrter Herr Dr. Finke,

ich bedanke mich für das umfassende und informative Telefongespräch vom Mittwoch, 15. Juni 20... Dieses Telefonat hat mich bestärkt, mich bei Ihnen zu bewerben.

Seit dem 1. August 20.. bin ich bei Herrn Dr. Friedrich Beyer, Saarbrücker Str. 109, 45180 Essen, als Auszubildende zur Zahnmedizinischen Fachangestellten beschäftigt. Meine Ausbildung werde ich im Juli 20.. abschließen.

Während meiner Ausbildung habe ich umfassende Kenntnisse in der Stuhlassistenz und in allen übrigen Tätigkeitsbereichen dieses Ausbildungsberufes gewonnen. Mein besonderes Interesse galt der Praxisverwaltung und Abrechnung mithilfe des Programms Medi-Dent. Darüber hinaus beherrsche ich im Rahmen der üblichen Anwendungen die Programme Word und Excel.

Mit den von Ihnen geforderten eingehenden Prophylaxekenntnissen kann ich leider nicht dienen, da in diesem Bereich von Herrn Dr. Beyer eine Zahnmedizinische Prophylaxe-Assistentin eingesetzt war. Allerdings konnte ich hier erste Erfahrungen in der Assistenz erwerben, die ich gerne ausbauen würde. Wie Sie mir in unserem Gespräch versichert haben, räumen Sie durchaus auch einer Berufsanfängerin die Möglichkeit zur entsprechenden Weiterbildung ein.

Wenn meine Bewerbung Ihr Interesse geweckt hat, freue ich mich sehr auf Ihre Einladung zu einem Vorstellungsgespräch.

Mit freundlichen Grüßen

Constanze Zimmer

Anlagen

Constanze Zimmer
Steeler Straße 109
45183 Essen
Telefon: 0201 72598
E-Mail: C.Zimmer@t-online.de

Lebenslauf

Persönliche Daten

Geburtsdatum	27.12.1999
Geburtsort	Essen

Schulbildung

August 2006–Juli 2010	Grundschule (Josef-Schule/Essen-Steele)
August 2010–Juli 2016	Realschule (Realschule Essen-Mitte) Fachoberschule

Ausbildung

August 2016–Juli 2019	Ausbildung als Zahnmedizinische Fachangestellte Praxis Dr. Friedrich Beyer, Essen

Beondere Kenntnisse

DV-Kenntnisse	Grundkenntnisse Excel und Word
Sprachen	Englisch
Interessen	Ballett, Skifahren

Da für einen erfolgreichen Wechsel des Arbeitsplatzes oft eine Vielzahl von Bewerbungen zu schreiben ist, sollten in einer Grundbewerbungsmappe ein Deckblatt, das Muster eines Bewerbungsschreibens, der Lebenslauf und Fotokopien aller wichtigen Zeugnisse vorhanden sein. Diese Mappe dient dann als Basis für die Erstellung von Bewerbungen. Diese Dokumente sind gleichzeitig im Computer zu speichern. So wird die Erstellung der Bewerbungen erleichtert.

Um die vielen Bewerbungen übersichtlich zu verwalten, sind die zu jeder Stelle gehörende Stellenanzeige oder der Internetausdruck in einem Bewerbungsordner unter dem Register **laufende Bewerbungen** abzuheften. Bewerbungen, auf die nach einer längeren Zeit noch keine Reaktion erfolgte, sind in der Rubrik **Erinnerung** abzuheften. Absagen werden in der Rubrik **Erledigte Bewerbungen** abgelegt. Sorgfältig zu planen und zu dokumentieren sind alle **Vorstellungstermine**. Bei allen Telefongesprächen zu einer Bewerbung werden die wichtigen Inhalte auf einem entsprechend gestalteten Vordruck festgehalten. Folgende Daten sind üblicherweise zu notieren:

- Datum des Telefonats,
- Zahnarztpraxis,
- Ansprechpartner,
- Rückrufnummer und E-Mail-Adresse,
- kurze Inhaltsangabe des Gesprächsverlaufs mit Absprachen und Zusagen.

Bei einer erfolgreichen Bewerbung kommt es zu einem **Vorstellungsgespräch**. Es ist angebracht, sich darauf umfassend vorzubereiten. Viele Institutionen bieten entsprechende Seminare an. Mit erfahrenen Praktikern werden Einstellungsgespräche geübt. Zur erfolgreichen Gestaltung des Vorstellungsgesprächs gehören u. a.:

- **Gesprächsvorbereitung** durch umfassende Information über die Zahnarztpraxis, z. B. durch ausführliches Studium der Internetseiten,
- **Kleidung und Auftreten** – angemessene Kleidung und ein eher zurückhaltendes Auftreten sind unbedingt zu beachten,
- **Fragen im Bewerbungsgespräch** – eventuell sollte man sich wichtige Fragen, die die zukünftige Stelle betreffen, als Erinnerungsstütze zuvor notieren.

Das erfolgreiche Bewerbungsverfahren endet mit dem Abschluss eines Arbeitsvertrages. Schriftlich sind alle wichtigen Inhalte zum Arbeitsverhältnis zu regeln. So werden von vornherein Missverständnisse und Irrtümer ausgeschlossen.

Situationsaufgabe

Suchen Sie im Internet Musterbeispiele für eine Bewerbung als Zahnmedizinische Fachangestellte. Erstellen Sie eine Bewerbungsmappe.

Prüfungsvorbereitung

Folgende Karteikarte ist zur Ergänzung der Prüfungsvorbereitung zu erstellen:

Karteikarte 104:
Bewerbung

1. Wo findet man Stellenanzeigen?
2. Initiativbewerbungen
3. Erstellung einer Bewerbungsmappe
4. Bewerbungsmanagement bei einer Vielzahl von Bewerbungen

Anhang: Kaufmännisches Rechnen

1 Dreisatzrechnung

1.1 Einfacher Dreisatz mit geradem Verhältnis

Beispiel: *Der Fachversand für Diagnostik und Laborbedarf bietet Einmalspritzen von 5 ml an: 200 Stück für 7,35 EUR. Ein Zahnarzt bestellt davon 1 200 Stück. Welchen Betrag muss er überweisen?*

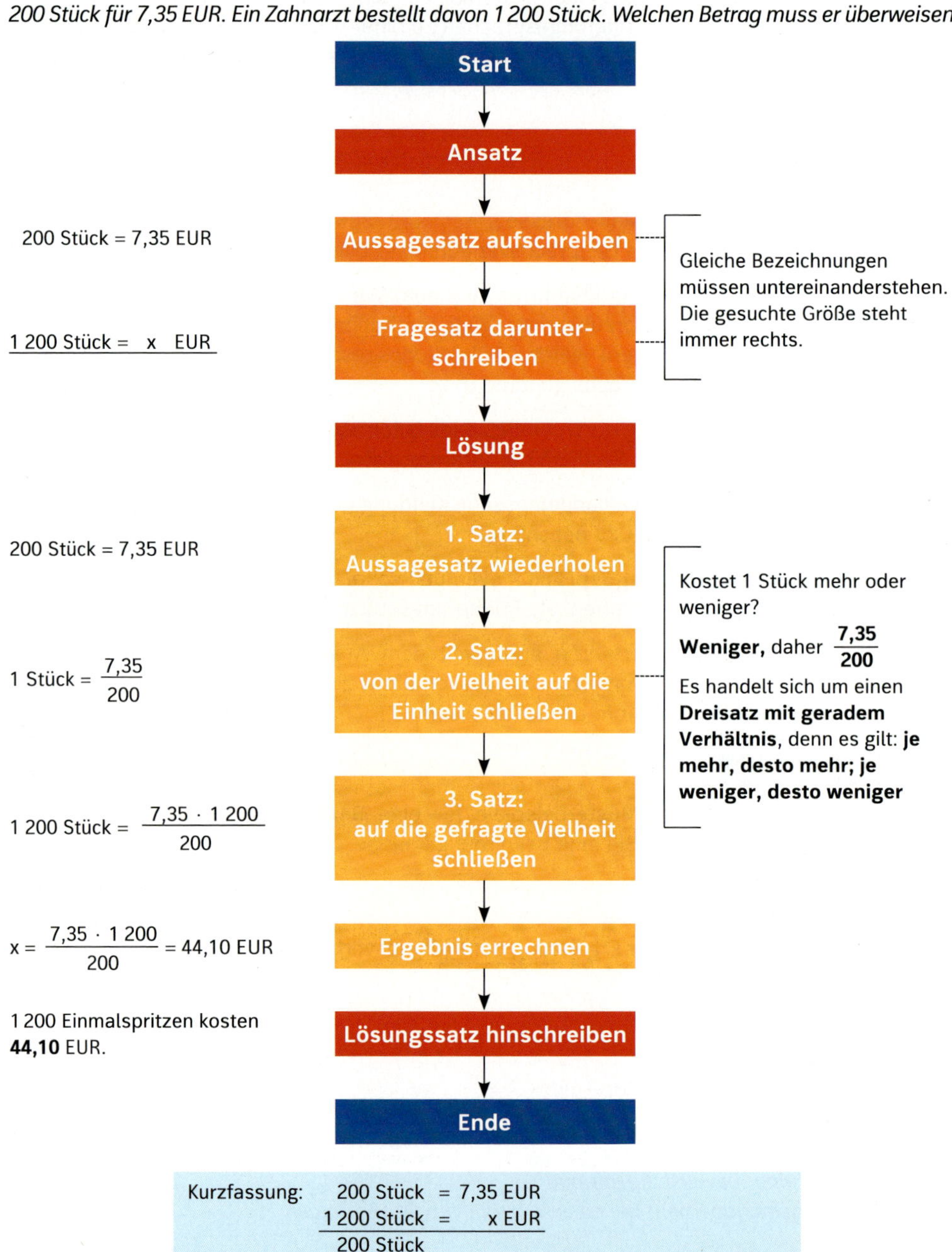

Kurzfassung:

200 Stück	= 7,35 EUR
1 200 Stück	= x EUR
200 Stück	
1 Stück	
1 200 Stück	$\frac{7,35 \cdot 1\,200}{200} = \underline{\underline{44,10\text{ EUR}}}$

Übungsaufgaben

1. Bei einer wöchentlichen Arbeitszeit von 38,5 Stunden verdient eine Zahnmedizinische Fachangestellte monatlich 1 929,00 EUR brutto. Wie viel Euro verdient sie als Teilzeitkraft, wenn sie wöchentlich nur 18 Stunden arbeitet?

2. Die Reisekosten eines Zahnarztes für den Besuch einer Zahnärztetagung betragen einschließlich der Fahrtkosten für 3 Tage 887,50 EUR. Wie hoch sind die Kosten für einen 7-tägigen Aufenthalt, wenn die reinen Fahrtkosten 111,20 EUR betragen?

3. Eine Zahnmedizinische Fachangestellte zahlt für einen 7-tägigen Aufenthalt in einer Ferienwohnung an der Nordsee für zwei Personen 406,00 EUR. Die Endreinigung kostet 35,00 EUR. Welchen Betrag muss sie insgesamt aufwenden, wenn der Urlaub um fünf Tage verlängert werden soll?

4. In einem Ärztehaus hat ein Zahnarzt für seine 132 m^2 große Praxis eine monatliche Miete von 1 584,00 EUR zu zahlen. Wie hoch ist die monatliche Belastung für

   a) die Praxis eines Arztes für Allgemeinmedizin mit 110 m^2, wenn noch zusätzlich 255,00 EUR pauschal an Nebenkosten zu zahlen sind?

   b) die Praxis eines Augenarztes mit 90 m^2, wenn pro m^2 zusätzlich 2,30 EUR Nebenkosten anfallen?

5. Vor einem Ärztezentrum befindet sich ein Parkplatz mit 16 Reihen. Wie viele Autos kann man noch parken, wenn schon 13 Reihen mit insgesamt 52 Fahrzeugen besetzt sind?

6. Wie viele Minuten benötigt eine auszubildende Zahnmedizinische Fachangestellte für den 2,5 km langen Weg zur ihrem Ausbildungsbetrieb, wenn ihre durchschnittliche Geschwindigkeit mit dem Fahrrad 15 km pro Stunde beträgt?

7. Für die Vorbesprechung der Visite bei 15 Patienten setzt die Sekretärin des Chefarztes der Zahnklinik im Terminbuch 45 Minuten ein. Wie viel Zeit ist für die Vorbesprechung anzusetzen, wenn bei einer Visite 25 Patienten eingeplant sind?

8. Die Nebenkosten für die Praxis und die Wohnung eines Zahnarztes betragen bei insgesamt 262 m^2 laut Endabrechnung 2 882,00 EUR pro Jahr. Die Zahnarztpraxis umfasst 148 m^2, die Wohnung 114 m^2. Wie viel Euro Nebenkosten sind der Zahnarztpraxis, wie viel der Wohnung zuzurechnen?

1.2 Einfacher Dreisatz mit ungeradem Verhältnis

Beispiel: *In einer Zahnarztpraxis reicht der Vorrat an Mundschutz bei einem Verbrauch von durchschnittlich 18 Stück pro Tag 30 Tage. Wie lange reicht der Vorrat, wenn täglich durchschnittlich 27 Stück verbraucht werden?*

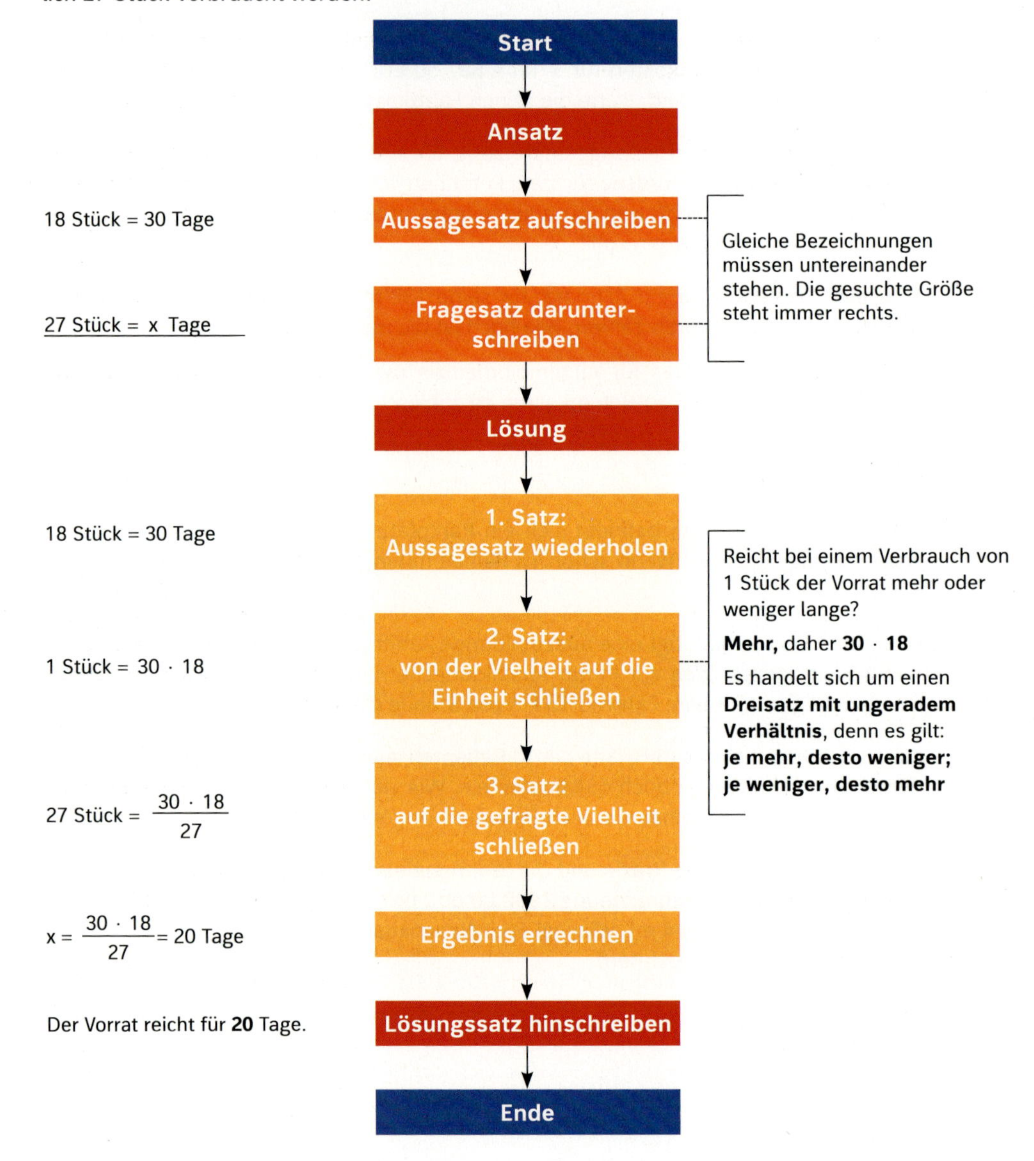

Kurzfassung:

18 Stück =	30 Tage
27 Stück =	x Tage
18 Stück	
1 Stück	
27 Stück	$\frac{30 \cdot 18}{27} = \underline{\underline{20 \text{ Tage}}}$

Übungsaufgaben

1. In der Praxis reicht eine bestimmte Anzahl Mundspülbecher bei einem Verbrauch von täglich 25 Stück für 16 Tage. Wie lange reicht der Vorrat, wenn in der Praxis täglich nur 20 Becher benötigt werden?

2. Eine geübte Auszubildende löst 14 Dreisatzaufgaben bei einer durchschnittlichen Bearbeitungszeit von 3 $^1/_2$ Minuten je Aufgabe in 49 Minuten. Wie viele Aufgaben könnte sie bei einer Bearbeitungszeit von 2 $^1/_3$ Minuten in der gleichen Zeit lösen?

3. Ein Zahnarzt benötigt für die Fahrt zu einem Kongress mit dem Auto 1 Stunde und 10 Minuten, wenn die Durchschnittsgeschwindigkeit 90 km/h beträgt. Mit welcher Fahrzeit muss er rechnen, wenn die Durchschnittsgeschwindigkeit aufgrund des dichten Verkehrsaufkommens auf 70 km in der Stunde sinkt?

4. Mit einer gegebenen Menge Kamillentee lassen sich 75 Beutel zu je 30 g füllen. Errechnen Sie die Anzahl der Beutel bei einem Füllgewicht von 50 g.

5. Zum Abfüllen von Sagrotan in 750-ml-Flaschen werden 120 Flaschen benötigt. Berechnen Sie die Anzahl der Flaschen, wenn sich der Inhalt um $^1/_3$ reduziert.

6. Für das Fliesen des Zahnlabors benötigt man bei Fliesen in der Größe von 225 cm^2 2 280 Fliesen. Der Zahnarzt wählt aber längliche Fliesen mit einer Größe von 300 m^2 aus.

   a) Wie viele Fliesen braucht man bei dieser Größe?

   b) Für das Verlegen der Fliesen hat das Fliesenfachgeschäft für einen Meister und einen Auszubildenden 15 Stunden kalkuliert. Aufgrund einer Umbesetzung der Baustelle stehen dem Meister zwei Auszubildende bei den Arbeiten zur Verfügung. Wie viel Zeit nehmen die Arbeiten nun in Anspruch?

7. Für die Zahnarztpraxis und die Wohnung des Zahnarztes reicht ein Heizölvorrat von 7 824 l für 326 Tage. Wie viele Tage reicht der Vorrat, wenn der Verbrauch aufgrund von Isoliermaßnahmen um 4 l pro Tag sinkt?

8. Bei täglichen Ausgaben von 7,50 EUR reicht das Taschengeld einer Auszubildenden 20 Tage. Wie viel Euro darf die Auszubildende täglich ausgeben, wenn das Taschengeld für 30 Tage ausreichen soll?

9. Zum Abfüllen einer bestimmten Menge eines Flächendesinfektionsmittels benötigt man 66 Flaschen mit einem Inhalt von jeweils 50 ml. Wie viele Flaschen lassen sich mit der gleichen Menge füllen, wenn der Flascheninhalt jeweils 75 ml beträgt?

1.3 Zusammengesetzter Dreisatz

Beispiel: *Drei Zahnmedizinische Fachangestellte benötigen für 30 vorbereitende Arbeiten der Behandlungseinheit vier Stunden. Wie viel Stunden benötigen zwei Zahnmedizinische Fachangestellte, wenn 40 vorbereitende Arbeiten anliegen?*

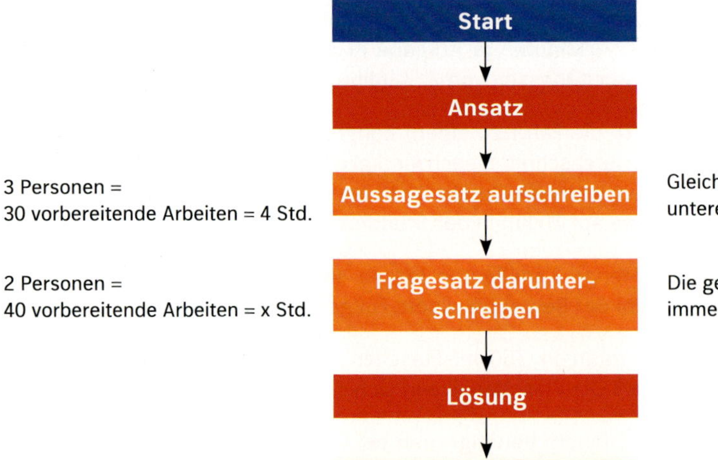

3 Personen =
30 vorbereitende Arbeiten = 4 Std.

Gleiche Bezeichnungen müssen untereinander stehen.

2 Personen =
40 vorbereitende Arbeiten = x Std.

Die gesuchte Größe steht immer rechts.

Auflösung des zusammengesetzten Dreisatzes in 2 einfache Dreisätze

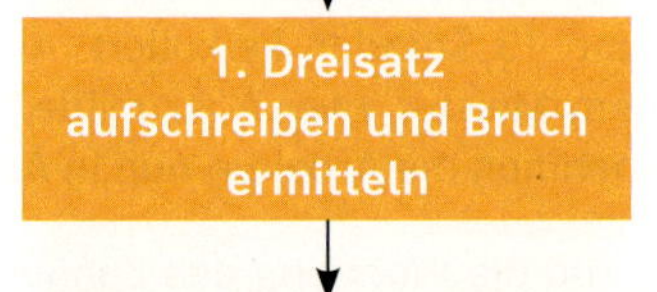

3 Personen = 4 Std.
2 Personen = x Std.

3 Personen	
1 Person	$\frac{4 \cdot 3}{2}$
2 Personen	

Die Anzahl der Dreisätze hängt von der Zahl der Glieder im zusammengesetzten Dreisatz ab.

2. Dreisatz aufschreiben und Bruch ermitteln

30 vorb. Arb. = 4 Std.
40 vorb. Arb. = x Std.

30 vorb. Arb.	
1 vorb. Arb.	$\frac{4 \cdot 40}{30}$
40 vorb. Arb.	

ermittelte Brüche zusammenfassen, Ergebnis errechnen

$$x = \frac{4 \cdot 3 \cdot 40}{2 \cdot 30} = 8 \text{ Std.}$$

Zu beachten ist, dass der **Wert der gesuchten Größe nur einmal** im **zusammengefassten Bruch** erscheinen darf.
Im Beispiel **4 Std.**

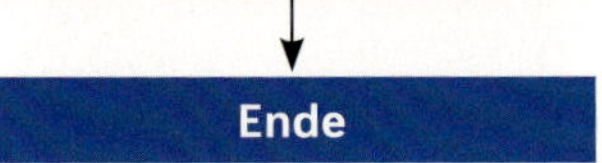

Zwei Zahnmedizinische Fachangestellte benötigen für 40 vorbereitende Arbeiten **acht** Stunden.

Ende

Kurzfassung:
3 Personen = 30 vorb. Arb. = 4 Stunden
2 Personen = 40 vorb. Arb. = x Stunden

3 Personen
1 Person
2 Personen
30 vorb. Arb.
1 vorb. Arb.
40 vorb. Arb.

$$\frac{4 \cdot 3 \cdot 40}{2 \cdot 30} = \mathbf{8} \text{ Stunden}$$

Übungsaufgaben

1. In der Werkskantine einer pharmazeutischen Fabrik reicht ein Kartoffelvorrat von 110 Zentnern bei einer durchschnittlichen Belegschaft von 70 Arbeitnehmern 154 Tage. Wie viele Tage reicht der Vorrat, wenn ein Zweigwerk mit weiteren 35 Mitarbeitern zusätzlich versorgt wird und 40 Zentner Kartoffeln zusätzlich eingekellert werden?

2. In einer Pharma-Großhandlung benötigen drei Angestellte zur Bewältigung der Inventurarbeiten vier Arbeitstage zu je acht Stunden. In welcher Zeit lassen sich die Inventurarbeiten erledigen, wenn man zusätzlich eine Kraft einstellt und täglich zwei Stunden länger arbeitet?

3. Eine Zahnmedizinische Fachangestellte erhält bei einem Zinssatz von 0,5 % für ein Bausparguthaben in Höhe von 4 200,00 EUR in sieben Monaten 12,25 EUR Zinsen. Wie viel Euro Zinsen erhält sie bei dem gleichen Guthaben in drei Monaten, wenn sie aufgrund des Vertragsabschlusses 1 % Zinsen bekommt?

4. Zwei Zahnärzte benötigen zur Untersuchung von 30 Patienten fünf Stunden. Ermitteln Sie die Arbeitszeit von drei Zahnärzten, die 63 Patienten behandeln.

5. Ein Zahnarzt hat die Funktionsbereiche in seiner Zahnarztpraxis umgruppiert. Vor der Umgruppierung konnte er bei sechs Zahnmedizinische Fachangestellten und 12 Minuten Zeitaufwand pro Patient in der Sprechzeit eines Tages 45 Patienten behandeln. Nach der Umgruppierung beschäftigt er nur noch fünf Zahnmedizinische Fachangestellte. Durch die kürzeren Wege sinkt der Zeitaufwand pro Patient auf neun Minuten ab. Wie viele Patienten kann der Zahnarzt jetzt in der gleichen Sprechzeit behandeln?

6. Drei Pharmareferenten können täglich 36 Zahnärzte besuchen, wenn sie sich bei jedem Zahnarzt 20 Minuten aufhalten. Wie viele Zahnärzte können die Referenten aufsuchen, wenn der Pharmahersteller zwei Referenten zusätzlich einstellt und die Besuchszeit bei jedem Zahnarzt um fünf Minuten sinkt?

7. Der 180 m^2 große Parkplatz zahnärztlichen Notfallambulanz soll gepflastert werden. Die Arbeiten sind in 15 Tagen fertig zu stellen, wenn drei Arbeiter täglich acht Stunden arbeiten. Aufgrund unvorhergesehener Terminschwierigkeiten stehen dem Bauunternehmer jedoch nur zehn Tage zur Verfügung, um den Auftrag termingerecht zu erfüllen. Wie viele Arbeiter müsste der Unternehmer zusätzlich einsetzen, wenn alle Arbeiter sich bereit erklären, täglich eine Überstunde zu leisten?

8. In einem zahnmedizinischen Labor einer Universitätsklinik arbeiten sieben zahnmedizinisch-technische Assistentinnen bei achtstündiger Arbeitszeit täglich an durchschnittlich 112 Speicheltests zur Früherkennung von Mundhöhlenkrebs. Infolge des Anstiegs der täglichen Tests und Versuche auf 126 werden zwei Assistentinnen zusätzlich eingestellt. Wie lange beträgt nun die Arbeitsdauer pro Tag?

2 Prozentrechnung

Beispiel: *In der Praxis eines Zahnarztes traten im 1. Quartal bei 1 100 Patienten 132 Fälle von Paradontose auf. Im 2. Quartal waren es 168 Fälle bei 1 200 Patienten. Ist der Anteil der Fälle mit Paradontose gestiegen? Ein Vergleich mehrerer Werte (bei 1 100 Patienten 132 Fälle, bei 1 200 Patienten 168 Fälle) ist nur möglich, wenn sie auf eine gemeinsame Vergleichszahl bezogen werden. Bei der Prozentrechnung ist die Vergleichszahl 100, bei der Promillerechnung werden Zahlenwerte zur Vergleichszahl 1 000 in Beziehung gesetzt.*

Lösung mit Dreisatz:

1. Quartal

1 100 Patienten = 132 Fälle
100 Patienten = x Fälle

---

1 100 Patienten
1 Patient
100 Patienten $\frac{132 \cdot 100}{1100} = 12$

Im 1. Quartal trat bei 100 Patienten in 12 Fällen Paradontose auf:

$12 \text{ von } 100 = 12\,\% = \frac{12}{100}$

2. Quartal

1 200 Patienten = 168 Fälle
100 Patienten = x Fälle

---

1 200 Patienten
1 Patient
100 Patienten $\frac{168 \cdot 100}{1200} = 14$

Im 2. Quartal trat bei 100 Patienten in 14 Fällen Paradontose auf:

$14 \text{ von } 100 = 14\,\% = \frac{14}{100}$

Die Grundbegriffe der Prozentrechnung sind:

Grundwert: Er entspricht **100 Hundertsteln**, also dem **Ganzen oder 100 %.**
In unserem Beispiel: 1 100 Patienten bzw.
1 200 Patienten

Prozentsatz: Er ist die Angabe eines **Teils von 100.**
In unserem Beispiel:
$12 \text{ von } 100 = 12\,\% = \frac{12}{100}$ $14 \text{ von } 100 = 14\,\% = \frac{14}{100}$

Prozentwert: Er ist ein **Teil des Ganzen**, also des Grundwertes.
In unserem Beispiel: 132 Fälle
168 Fälle
Der Prozentsatz bezogen auf 100 und der Prozentwert bezogen auf den Grundwert entsprechen einander.
12 von 100 = 12 % entsprechen 132 von 1 100
14 von 100 = 14 % entsprechen 168 von 1 200

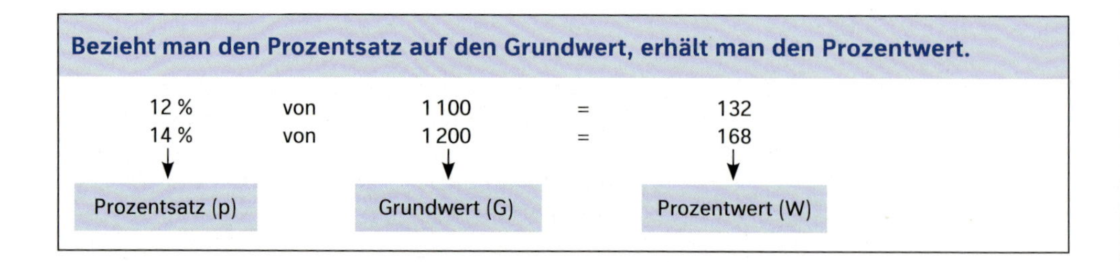

2.1 Berechnung des Prozentwertes

Beispiel: *Der Zahnarzt begleicht eine Rechnung für eine Bürostuhl über 576,00 EUR mit 3% Skonto innerhalb von acht Tagen. Wie viel Skonto zieht er vom Rechnungsbetrag ab?*

Lösung mit Dreisatz:

100 % = 576,00 EUR

3 % = x EUR

100 %
1 %
3 % $\frac{576,00 \cdot 3}{100} = \underline{\underline{17,28 \text{ EUR}}}$

Der Zahnarzt zieht **17,28** EUR Skonto von der Rechnung ab.

Setzt man statt der Zahlen die allgemeinen Bezeichnungen in den Bruch ein, erhält man folgende **Formel**:

Prozentwert (W) $= \frac{\textbf{Grundwert} \cdot \textbf{Prozentsatz}}{\textbf{100}}$

$W = \frac{576,00 \cdot 3}{100}$ W = **17,28**

Übungsaufgaben

1. Eine auszubildende Zahnmedizinische Fachangestellte erhält eine Ausbildungsvergütung von 840,00 EUR brutto. Von der Ausbildungsbeihilfe zieht der Arbeitgeber an Sozialversicherungsbeiträgen von der Ausbildungsvergütung ab: 9,3 % Rentenversicherung, 8,2 % Krankenversicherung, 1,525 % Pflegeversicherung und 1,25 % Arbeitslosenversicherung. Wie viel Euro betragen die jeweiligen Abzüge?
2. Ein Zahnarzt bestellt bei einem Unternehmen für Praxisbedarf den Notfallkoffer zum Preis von 396,50 EUR ohne Umsatzsteuer (USt). Um wie viel Euro erhöht sich der Preis, wenn 19 % USt zu berücksichtigen sind?

3. Ein Unternehmen berechnet für 100 Zahnwatterollen 5,50 EUR. Bei der Abnahme von 1500 Zahnwatterollen erhält man einen Mengenrabatt von 15%. Wie hoch ist der Rabatt bei einer Bestellung von 1500 Zahnwatterollen?
4. Ein Beamter hat ein Zahnarzthonorar von 455,00 EUR zu überweisen. 65% der Kosten übernimmt sein Dienstherr, 35% die private Krankenversicherung. Wie viel Euro erhält er von seiner Behörde, wie viel von seiner privaten Versicherung erstattet?
5. Die Gesamtblutmenge eines Erwachsenen beträgt im Mittel 5 l. Die zirkulierende Blutmenge ist 30% niedriger. Wie viel Liter beträgt die zirkulierende Blutmenge?
6. Ein Mensch atmet bei ruhiger Atmung etwa 300 cm^3 Luft je Atemzug ein. Die eingeatmete Luft enthält 21% Sauerstoff, 0,03% Kohlensäure und 75% Stickstoff. Wie viel cm^3 Sauerstoff, Kohlensäure und Stickstoff atmet der Mensch bei jedem Atemzug ein?
7. Ein Zahnarzt hat einen Handdesinfektionsspender zum Preis von 185,00 EUR gekauft. Aufgrund einer Mängelrüge wegen einer kleinen Beschädigung erhält er einen Nachlass von 12%. Welcher Betrag ist zu überweisen?
8. Ein Gefäß mit 70%igem Alkohol wiegt brutto 1250 g. Das Gefäßgewicht beträgt 15% des Bruttogewichtes. Wie viel g reiner Alkohol sind in dem 70%igen Alkohol enthalten?
9. Ein Zahnarzt hat eine gesamte Etage von 320 m^2 gemietet. 65% der Fläche sind für Praxisräume, 35% für Privaträume genutzt. Die Miete beträgt 2624,00 EUR. Wie viel m^2 haben die Praxis- bzw. Privaträume, wie viel Mietkosten entfallen auf die Praxis- bzw. Privaträume?
10. In einer Klassenarbeit sind maximal 40 Punkte zu erreichen. Errechnen Sie die Punkteverteilung auf die Zensuren 1 bis 6, wenn folgender Verteilungsschlüssel gilt:

0–30% = 6	31–50% = 5	51–67% = 4
68–81% = 3	82–91% = 2	92–100% = 1

Runden Sie auf ganze Zahlen.

Vereinfachung der Berechnung des Prozentwertes unter Berücksichtigung von bequemen Prozentsätzen

Beispiel: *Ein Zahnarzt bestellt 1000 Einmalspritzen zum Preis von 39,00 EUR. Er erhält einen Rabatt von 8 ¹/₃ %. Wie viel Euro beträgt der Rabatt?*

$$\text{Prozentwert} = \frac{\text{Grundwert} \cdot \text{Prozentsatz}}{100}$$

$$\text{Prozentwert} = \frac{39{,}00 \cdot 8\,^1/_3}{100} = \frac{39{,}00 \cdot 25}{100 \cdot 3} = \frac{13}{4} = 3{,}25$$

Bequeme Prozentsätze sind in 100 glatt enthalten. Die Ermittlung des Prozentwertes lässt sich bei bequemen Prozentsätzen folgendermaßen vereinfachen:

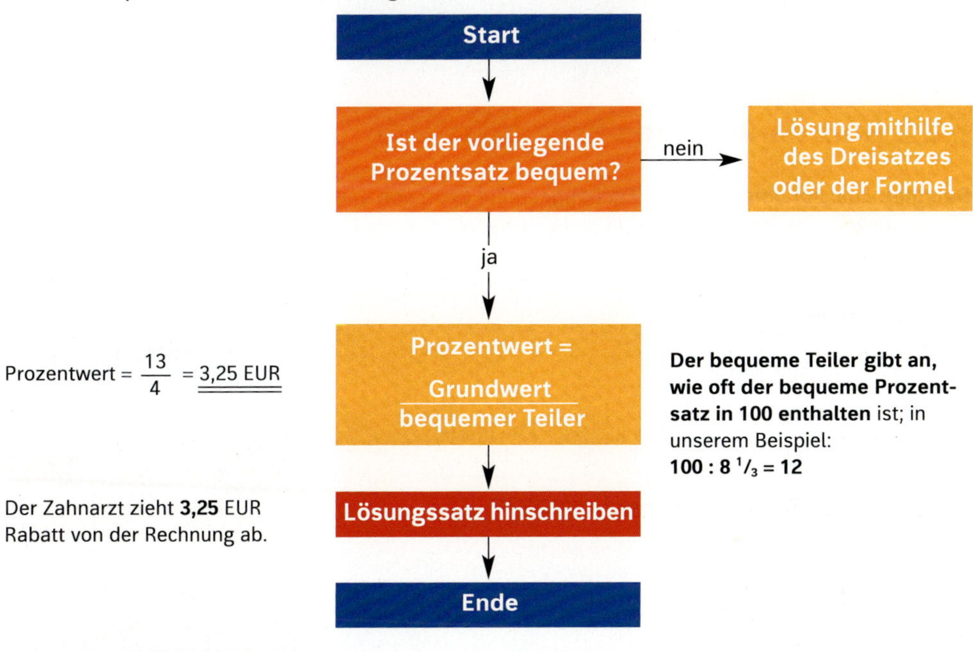

Bequeme Prozentsätze

Prozentsatz	$\frac{1}{n}$ des Grundwertes	Prozentsatz	$\frac{1}{n}$ des Grundwertes
1 %	$^1/_{100}$	10 %	$^1/_{10}$
1 ¹/₄ %	$^1/_{80}$	11 ¹/₉ %	$^1/_9$
1 ²/₃ %	$^1/_{60}$	12 ¹/₂ %	$^1/_8$
2 %	$^1/_{50}$	14 ²/₇ %	$^1/_7$
2 ¹/₂ %	$^1/_{40}$	16 ²/₃ %	$^1/_6$
3 ¹/₃ %	$^1/_{30}$	20 %	$^1/_5$
4 %	$^1/_{25}$	25 %	$^1/_4$
5 %	$^1/_{20}$	33 ¹/₃ %	$^1/_3$
6 ¹/₄ %	$^1/_{16}$	50 %	$^1/_2$
6 ²/₃ %	$^1/_{15}$		
7 ¹/₇ %	$^1/_{14}$		
8 ¹/₃ %	$^1/_{12}$		

Übungsaufgaben

1. Ein Zahnärztemusterschrank kostet ohne Sonderfach für Verbandstoffe 1 440,00 EUR. Mit Sonderfach ist der Schrank 16 $^{2}/_{3}$ % teurer. Wie viel Euro kostet die Ausführung mit Sonderfach?
2. Ein Farbfernsehgerät kostet bei Barkauf 536,00 EUR. Der Ratenpreis liegt um 8 $^{1}/_{3}$ % über dem Barpreis. Errechnen Sie den Aufschlag und den Ratenpreis.
3. Der Vertreter eines Praxisausstatters erhält ein Fixum von 1 500,00 EUR. Auf alle von ihm getätigten Umsätze bekommt er eine Provision von 1 $^{2}/_{3}$ %. Im Monat Februar betrug der Umsatz 96 420,60 EUR. Wie hoch war sein Bruttogehalt im Monat Februar?
4. Eine Zahnmedizinische Fachangestellte zahlt monatlich 3 $^{1}/_{3}$ % ihres Bruttogehaltes von 1 740,00 EUR auf einen Bausparvertrag ein. Wie hoch ist ihre monatliche Sparleistung?

2.2 Berechnung des Prozentsatzes

Beispiel: *Eine Zahnmedizinische Fachangestellte zahlt von ihrem sozialversicherungspflichtigen Monatseinkommen von 2 000,00 EUR an Rentenversicherung 186,00 EUR. Wie viel Prozent beträgt der Beitrag zur Rentenversicherung?*

Lösung mit Dreisatz:

2 000,00 EUR = 100 %

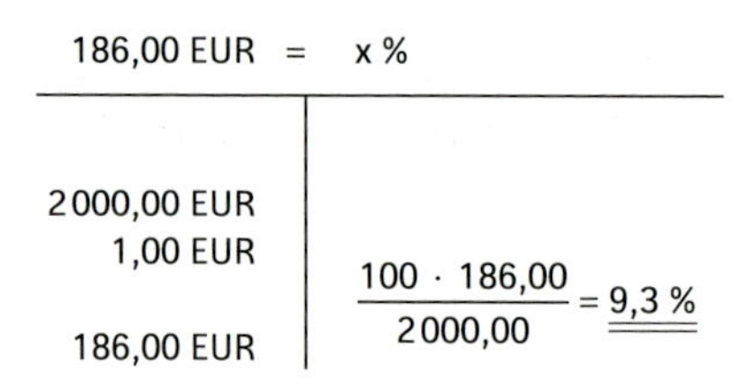

Der Beitrag zur Rentenversicherung beträgt **9,3** %.

Setzt man statt der Zahlen die allgemeinen Bezeichnungen in den Bruch ein, erhält man folgende Formel:

$$\textbf{Grundwert (G)} = \frac{\textbf{Prozentwert} \cdot \textbf{100}}{\textbf{Prozentsatz}}$$

Übungsaufgaben

1. Eine Behandlungseinheit zum Preis von 16 500,00 EUR darf aufgrund der steuerlichen Abschreibungsvorschriften mit 2 062,50 EUR pro Jahr abgeschrieben werden. Welchem Prozentsatz entspricht die jährliche Abschreibung?

2. Ein Zahnarzt besitzt ein Wohn- und Geschäftshaus mit einer Gesamtnutzfläche von 1 460 m^2. Eine Apotheke hat 408,8 m^2 gemietet. Die Zahnarztpraxis umfasst 182,5 m^2, die Privaträume umfassen 124,1 m^2. Der Rest ist privat vermietet.
   Wie viel Prozent der Gesamtnutzfläche betragen die von der Apotheke gemieteten Räume, die Räume der Zahnarztpraxis und die Privaträume des Zahnarztes sowie die übrigen Wohnungen?

3. Ein erwachsener Mensch hat etwa 6 l Blut. Dabei entfallen 3,36 l auf Blutplasma und 2,64 l auf Blutzellen. Wie hoch ist der prozentuale Anteil von Blutplasma und Blutzellen am Blut?

4. Eine Zahnmedizinische Fachangestellte hat bei einem Nettogehalt von 1 150,00 EUR folgende Kosten:

Kleidung	95,00 EUR
Auto	145,00 EUR
Nahrungsmittel	230,00 EUR
Miete	360,00 EUR

   Wie viel Prozent des Nettogehaltes machen die einzelnen Kosten aus?

5. Eine Couchgarnitur kostet bar 930,00 EUR. Die Garnitur kann man auch per Ratenzahlung mit 12 gleichen Monatsraten ohne Anzahlung erwerben. Die monatliche Rate beträgt 85,10 EUR. Um wie viel Prozent liegt der Ratenpreis über dem Barpreis?

6. An einem Berufskolleg haben im Vorjahr in der Abteilung Zahnmedizinische Fachangestellte von 128 Auszubildenden 16 die Prüfung nicht bestanden. In diesem Jahr fielen bei 179 Auszubildenden 19 durch die Prüfung. In welchem Jahr war die Durchfallquote höher?

7. Die Personalkosten eines Zahnarztes erhöhten sich während des vergangenen Kalenderjahres von 68 476,50 EUR auf 72 242,50 EUR. Wie viel Prozent betrug die Steigerung?

8. Ein Zahnarzt fuhr im vergangenen Jahr mit seinem Pkw insgesamt 25 750 km. Laut Fahrtenbuch legte er dabei zur Praxis 11 120 km zurück. Wie viel Prozent betrug der Anteil der Praxisfahrten?

2.3 Berechnung des Grundwertes

Beispiel: *Das Auto eines Zahnarztes wird pro Jahr mit 20 % abgeschrieben. Das entspricht einem Abschreibungsbetrag von 5 650,00 EUR. Mit welchem Anschaffungsbetrag steht das Auto im Bestandsverzeichnis?*

Lösung mit Dreisatz:

20 % = 5 650,00 EUR

100 % = x EUR

20 %	
1 %	
100 %	$\frac{5650{,}00 \cdot 100}{20} = \underline{\underline{28250{,}00 \text{ EUR}}}$

Das Auto steht mit einem Anschaffungsbetrag von **28 250,00** EUR im Bestandsverzeichnis.

Setzt man statt der Zahlen die allgemeinen Bezeichnungen in den Bruch ein, erhält man folgende **Formel:**

$$\textbf{Grundwert (G)} = \frac{\textbf{Prozentwert} \cdot \textbf{100}}{\textbf{Prozentsatz}}$$

$$G = \frac{5650{,}00 \cdot 100}{20} \quad G = \mathbf{28250{,}00}$$

Übungsaufgaben

1. Eine Zahnmedizinische Fachangestellte erhält eine Erhöhung ihres Bruttogehaltes um 4,25 %, das entspricht 78,00 EUR. Wie hoch war das bisherige Gehalt?
2. Der Bedarf an Joule im Säuglingsalter ist im 3. Vierteljahr um 12,5 %, das entspricht 45 kJ pro kg Körpergewicht, niedriger als im 2. Vierteljahr. Wie hoch ist der Bedarf an Joule pro Kilogramm Körpergewicht im 2. Vierteljahr?
3. Ein Kind soll täglich 16 $^2/_3$ % seines Körpergewichtes an Flüssigkeit bekommen. Wie viel wiegt ein Kind, das täglich 1 110 g zu trinken bekommt?
4. Ein Zahnarzt hat bei Praxisgründung 157 500,00 EUR Kredit aufgenommen und damit 63 % der Gesamtkosten der Einrichtung fremdfinanziert. Wie teuer war die Gesamteinrichtung?
5. Eine Zahnmedizinische Fachangestellte zahlt 342,00 EUR Miete, das entspricht 18 % ihres Bruttogehaltes. Wie hoch ist ihr monatlicher Bruttoverdienst?

6. Ein Musterschrank wird leicht beschädigt geliefert. Der Lieferant gewährt daraufhin einen Preisnachlass von 9 % bzw. 146,25 EUR. Wie hoch war der Kaufpreis?
7. Die neutrophilen, eosinophilen und basophilen Granulozyten machen 70 % der Leukozyten aus. Das sind im Normalfall 3 500 bis 7 000 je mm^3 Blut. Wie viel Leukozyten sind im Normalfall je mm^3 Blut enthalten?
8. In einer Klasse für Zahnmedizinische Fachangestellte wird eine Blutgruppenuntersuchung durchgeführt. 8 % der Klasse, das sind 2 Schülerinnen, haben die Blutgruppe AB. Wie viele Schülerinnen haben an der Untersuchung teilgenommen?
9. Ein ausgetragenes Kind ist mit durchschnittlich 3,5 kg nur mit 32 % an der Gewichtszunahme einer Schwangeren beteiligt. Wie groß sollte demnach durchschnittlich die Gewichtszunahme einer Schwangeren sein?

2.4 Prozentrechnung mit vermehrtem Grundwert (auf Hundert)

Beispiel: *Eine Zahnmedizinische Fachangestellte erhält aufgrund einer Tariferhöhung von 5 % jetzt ein Bruttogehalt von 2 079,00 EUR.*
a) Wie hoch war ihr Bruttogehalt vor der Tariferhöhung?
b) Wie viel Euro betrug die Tariferhöhung?

Grundwert + Zunahme = vermehrter Grundwert			
100	+	Prozentsatz	= > 100
100 %	+	5 %	= 105 %
105 %			= 2 079,00 EUR

Lösung mit Dreisatz:

105 % = 2 079,00 EUR

100 % = x EUR

105 %
1 %
100 %

$$\frac{2079{,}00 \cdot 100}{105} = \underline{\underline{1\,980{,}00 \text{ EUR}}}$$

2 079,00 EUR	vermehrter Grundwert
– 1 980,00 EUR	– Grundwert
99,00 EUR	Zunahme

a) Das Bruttogehalt betrug vorher **1 980,00** EUR.
b) Die Tariferhöhung ist **99,00** EUR.

Setzt man statt der Zahlen die allgemeinen Bezeichnungen in den Bruch ein, erhält man folgende **Formel**:

$$\text{Grundwert} = \frac{\text{vermehrter Grundwert} \cdot 100}{100 + \text{Prozentsatz}} \qquad G = \frac{2079{,}00 \cdot 100}{105} \qquad G = 1\,980{,}00$$

Übungsaufgaben

1. Ein Zahnarzt erfährt auf Anfrage, dass der Heißluftsterilisator, den er kaufen will, um 14 % teurer geworden ist und jetzt 746,70 EUR kostet. Wie hoch war der Preis des Sterilisators vor der Preiserhöhung? Wie viel Euro beträgt die Verteuerung?

2. Die Gesamtbetriebszeit eines Sterilisators beträgt 81 Minuten und ist um 180 % länger als die reine Sterilisationszeit. Berechnen Sie die reine Sterilisationszeit und die Zeit, die für die Anheiz- und Abkühlungsphase erforderlich ist.

3. Im Sterilisier-Autoklaven ist bei 2 bar die Temperatur mit 143 °C im Kessel um 19 % höher als bei 1 bar. Errechnen Sie die Temperatur im Kessel bei 1 bar.

4. Die diesjährige Gehaltserhöhung der Zahnmedizinische Fachangestellten in einer Zahnarztpraxis betrug 7,5 %. Die neuen Gehälter der Mitarbeiterinnen betragen brutto für: Zahnmedizinische Fachangestellte A: 1 806,00 EUR, Zahnmedizinische Fachangestellte B: 1 634,00 EUR.
   Berechnen Sie die Gehälter vor der Gehaltserhöhung sowie die jeweilige Erhöhung.

5. Ein Malerbetrieb berechnet für Malerarbeiten in einer Zahnarztpraxis 2 279,00 EUR. Die Rechnung liegt um 6 % über dem Kostenvoranschlag. Auf welche Summe beläuft sich der im Kostenvoranschlag ausgewiesene Betrag für die Renovierungsarbeiten?

6. Die von der KZV in Rechnung gestellten Verwaltungskosten von 1 124,45 EUR fielen in diesem Quartal um 7,5 % höher aus als im vorhergehenden Quartal.
   a) Wie hoch waren die Verwaltungskosten im vorhergehenden Quartal?
   b) Wie hoch waren in beiden Quartalen die Gesamthonorare, wenn jeweils 2 % des Gesamthonorars als Verwaltungskosten abzuziehen sind?

7. Ein Zahnarzt hat in einem Wohnhaus eine Etage mit 150 m^2 Nutzfläche für seine Praxis und 110 m^2 Wohnfläche für die Privaträume gemietet. Die Miete für die Praxisräume erhöht sich um 7,5 % auf 1 451,25 EUR, die der Privaträume um 4,5 % auf 804,65 EUR. Die umlagefähigen Nebenkosten steigen um 12,5 % auf 281,25 EUR.
   a) Wie hoch war die Miete für die Praxisräume und für die Privaträume vor der Erhöhung?
   b) Welche umlagefähigen Nebenkosten waren vor der Erhöhung zu zahlen?

8. Das Gehalt einer Zahnmedizinische Fachangestellten erhöht sich zweimal innerhalb von zwei Jahren und beträgt nun 1 984,50 EUR. Die erste Erhöhung betrug 5 %, die zweite 8 %. Wie hoch war das ursprüngliche Gehalt?

9. Nach einer Gehaltserhöhung von 6 % erhält eine Zahnmedizinische Fachangestellte ein Bruttogehalt von 1 929,20 EUR.
   a) Berechnen Sie das ursprüngliche Gehalt.
   b) Wie viel Geld erhält eine andere Mitarbeiterin bei gleicher Erhöhung mehr, die vor der Erhöhung ein Bruttogehalt von 1 845,00 EUR bezog?

2.5 Prozentrechnung mit vermindertem Grundwert (im Hundert)

Beispiel: *Aufgrund einer Mängelrüge bei einem Schrank im Empfangsbereich bietet ein Lieferant einem Zahnarzt 15 % Nachlass. Er überweist daraufhin 765,00 EUR.*
a) Wie hoch war der ursprüngliche Preis des Schrankes?
b) Wie viel Euro betrug der Preisnachlass?

Grundwert – Verminderung = verminderter Grundwert			
100	–	Prozentsatz	= < 100
100 %	–	5 %	= 85 %
85 %			= 765,00 EUR

Lösung mit Dreisatz:

85 % = 765,00 EUR

100 % = x EUR

85 % 1 % 100 %	$\frac{765{,}00 \cdot 100}{85} = \underline{\underline{900{,}00 \text{ EUR}}}$

900,00 EUR	Grundwert
– 765,00 EUR	– verminderter Grundwert
87,50 EUR	Verminderung

a) Der ursprüngliche Preis war **900,00** EUR.
b) Der Preisnachlass betrug **135,00** EUR.

Setzt man statt der Zahlen die allgemeinen Bezeichnungen in den Bruch ein, erhält man folgende **Formel**:

$$\textbf{Grundwert} = \frac{\textbf{verminderter Grundwert} \cdot \textbf{100}}{\textbf{100 – Prozentsatz}} \qquad G = \frac{765{,}00 \cdot 100}{100 - 15} \qquad G = 900{,}00$$

Übungsaufgaben

1. Eine Zahnmedizinische Fachangestellte erhält bei einem Kreditinstitut nach Abzug von 2,75 % Bearbeitungsgebühr ein Anschaffungsdarlehen in Höhe von 3 403,75 EUR ausbezahlt. Wie hoch ist die vereinbarte Kreditsumme?

2. Eine Zahnmedizinische Fachangestellte bekommt ein Nettogehalt von 1 200,00 EUR. Die Abzüge betragen 35 % des Bruttogehaltes. Wie hoch ist das Bruttogehalt?

3. Eine Frau hat mit 4,5 Millionen roten Blutkörperchen (Erythrozyten) pro Kubikmillimeter 13,46 % weniger rote Blutkörperchen als ein Mann. Wie hoch ist die Anzahl der Erythrozyten bei einem Mann?

4. Ein Ultraschallreinigungsgerät wandelt den üblichen Wechselstrom aus der Hausleitung in Schwingungen mit einer Frequenz von 35 kHz um. Das entspricht 70 % der Schwingung des Normalstroms. Welche Frequenz hat der Normalstrom?

5. Der Häufigkeitsgipfel bei einem Herzinfarkt liegt bei einem Mann um das 55. Lebensjahr. Er erreicht den Häufigkeitsgipfel um 21,5 % eher als eine Frau. In welchem Alter ist somit das Risiko eines Herzinfarktes für die Frau am höchsten?

6. Wegen einiger Kratzer an der Seitenwand eines Instrumentenschrankes erhält ein Zahnarzt einen Nachlass von 8,5 %. Er überweist 1 134,60 EUR. Wie hoch war der ursprüngliche Preis des Schrankes?

7. Im Rahmen eines gerichtlichen Mahnverfahrens mit anschließender Zwangsvollstreckung erhält ein Zahnarzt 82,5 % der Gesamtforderung, das entspricht 3 465,00 EUR.
   a) Wie hoch war die Gesamtforderung?
   b) Wie viel Euro betrug sein Verlust?
   c) Im Gesamtbetrag sind 5 % vorgerichtliche und gerichtliche Kosten enthalten. Wie hoch war die Honorarforderung?

8. In einer Familie verdient die älteste Tochter als zahnmedizinischtechnische Assistentin netto 24 % weniger als ihr Vater. Die jüngste Tochter verdient als Zahnmedizinische Fachangestellte mit 1 131,54 EUR netto 18 % weniger als ihre Schwester. Wie hoch ist das Nettogehalt
   a) der ältesten Tochter,
   b) des Vaters?

9. Eine Auszubildende hebt 30 % ihres Sparguthabens für eine Anschaffung ab. Auf ihrem Konto verbleiben noch 1 785,00 EUR.
   a) Wie hoch war das Guthaben vor der Abhebung?
   b) Welchen Betrag hat sie abgehoben?

Formeln der Prozentrechnung

$$\text{Prozentwert} = \frac{\text{Grundwert} \cdot \text{Prozentsatz}}{100} \qquad \text{Prozentwert} = \frac{\text{Grundwert}}{\text{bequemer Teiler}}$$

$$\text{Prozentsatz} = \frac{\text{Prozentwert} \cdot 100}{\text{Grundwert}}$$

$$\text{Grundwert} = \frac{\text{Prozentwert} \cdot 100}{\text{Prozentsatz}}$$

$$\text{Grundwert bei vermehrtem Grundwert} = \frac{\text{vermehrter Grundwert} \cdot 100}{100 + \text{Prozentsatz}}$$

$$\text{Grundwert bei vermindertem Grundwert} = \frac{\text{verminderter Grundwert} \cdot 100}{100 - \text{Prozentsatz}}$$

2.6 Berechnung des Einkaufspreises von Praxisinventar und Praxisbedarf

Beispiel: *Ein Zahnarzt erhält die Lieferung einer Schreibtischkombination mit einem Schreibtischsessel zum Listenpreis von 1 200,00 EUR ohne USt, mit einem Preisnachlass in Höhe von 5 %; Zahlung innerhalb von 14 Tagen mit 2 % Skonto oder innerhalb von 2 Monaten ohne Abzug. Die USt beträgt 19 %. An Bezugskosten fallen an: Fracht 24,50 EUR, Rollgeld 9,56 EUR, Versicherung 3,50 EUR.*
Welchen Betrag muss der Arzt überweisen, wenn er 12 Tage nach Lieferung zahlt?

Listenpreis netto	1 200,00 EUR
– 5 % Rabatt	60,00 EUR
Zieleinkaufspreis netto	1 140,00 EUR
+ 19 % USt.	216,60 EUR
Zieleinkaufspreis brutto	1 356,60 EUR
– 2 % Skonto	27,13 EUR
Bareinkaufspreis	1 329,47 EUR
+ Fracht	24,50 EUR
+ Rollgeld	9,56 EUR
+ Versicherung	3,50 EUR
Bezugspreis	1 367,03 EUR

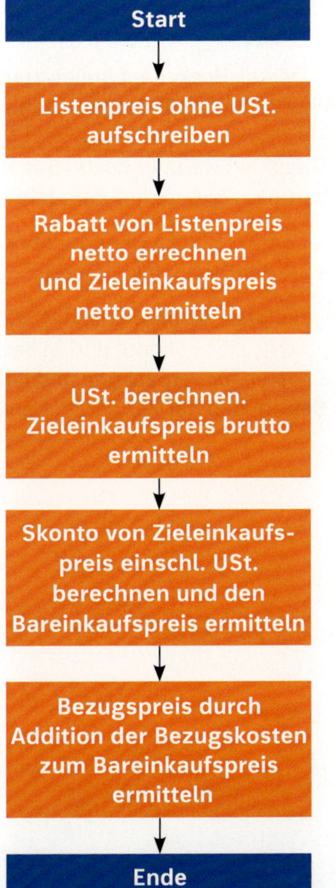

Zieleinkaufspreis:
Preis, der bei Inanspruchnahme des Zahlungsziels zugrunde gelegt wird.

Übungsaufgaben

1. Ein Zahnarzt bestellt bei einem Unternehmen für Praxismöbel ein Praxis-Entree zum Komplettpreis von 3730,00 EUR ohne USt. Er erhält 15 % Rabatt und bei Barzahlung 2 % Skonto. Die berechnete USt beträgt 19 %. Für Aufbau und Transport werden 3 % des Listenpreises berechnet. Welche Summe hat der Zahnarzt nach Lieferung zu überweisen?

2. Ein Zahnarzt kauft bei einem Unternehmen für Praxisbedarf mehrere Kittel zum Gesamtpreis von 444,00 EUR ohne USt. Für den Privathaushalt erwirbt er Textilien im Wert von 539,00 EUR ohne USt. Als langjähriger Kunde erhält er 5 % Rabatt, bei Zahlung innerhalb von 8 Tagen 2 % Skonto. Zu berücksichtigen sind 19 % USt.
   a) Welcher Gesamtbetrag ist zu überweisen?
   b) Welcher Betrag ist den Praxisausgaben, welcher den Privatausgaben zuzurechnen?

3. Ein Zahnarzt hat für einen Laserdrucker 400,00 EUR überwiesen. Wie hoch war der Listenpreis ohne USt, wenn der Lieferant 9 % Rabatt und 2 % Skonto gewährte? Außerdem wurden 18,76 EUR Fracht berechnet. Noch zu berücksichtigen sind 19 % USt.

4. Eine Rechnung über verschiedene Kleininstrumente lautet über 1280,40 EUR ohne USt. Welcher Betrag ist vom Zahnarzt zu überweisen, wenn 19 % USt. zu berücksichtigen sind und er 2 % Skonto bei Zahlung innerhalb von 10 Tagen abziehen darf?

5. Ein Zahnarzt erhält von einem Unternehmen für Praxisbedarf zum Ende des Jahres einen Treuerabatt von 4 % auf die von diesem Unternehmen zum Nettolistenpreis bezogenen Waren. Der gutgeschriebene Rabatt beträgt 387,52 EUR.
   a) Wie hoch ist der Gesamtbetrag der Bestellungen ohne USt in diesem Jahr?
   b) Auf welchen Betrag lautet der Gesamtbetrag der bei diesen Bestellungen entrichteten USt von 19 %?

6. Ein Zahnarzt kauft einen Dental-Hocker auf Rollen zum Preis von 480,00 EUR ohne USt. Er zieht vom Nettolistenpreis 38,40 EUR Rabatt und für Zahlung innerhalb von 14 Tagen 15,10 EUR Skonto ab.
   a) Welchen Betrag überweist er, wenn er noch 19 % USt. berücksichtigt?
   b) Wie viel Prozent Rabatt bzw. Skonto hat der Lieferant gewährt?

7. Ein Notfallkoffer zur Atmung-Kreislauf-Wiederbelebung kostet einschließlich 19 % USt 2143,20 EUR. Ermitteln Sie den Nettoeinkaufspreis.

8. Ein Zahnarzt bestellt einen Hygieneschrank zum Preis von 580,00 EUR ohne USt. Der Rabatt für Labore beträgt 6 %; 2,5 % Skonto dürfen bei Zahlung innerhalb von 10 Tagen abgezogen werden. Die Kosten für Verpackung und Porto betragen 5,40 EUR zzgl. 19 % USt. Ermitteln Sie den Betrag, den der Zahnarzt überweist.

3 Zinsrechnung

3.1 Tageszinsen

Beispiel: *Eine Zahnmedizinische Fachangestellte hat ihr Gehaltskonto vom 03.04. bis zum 08.05. um 800,00 EUR überzogen. Der Soll-Zinssatz beträgt 9 %. Mit welchen Zinsen wird ihr Konto belastet?*

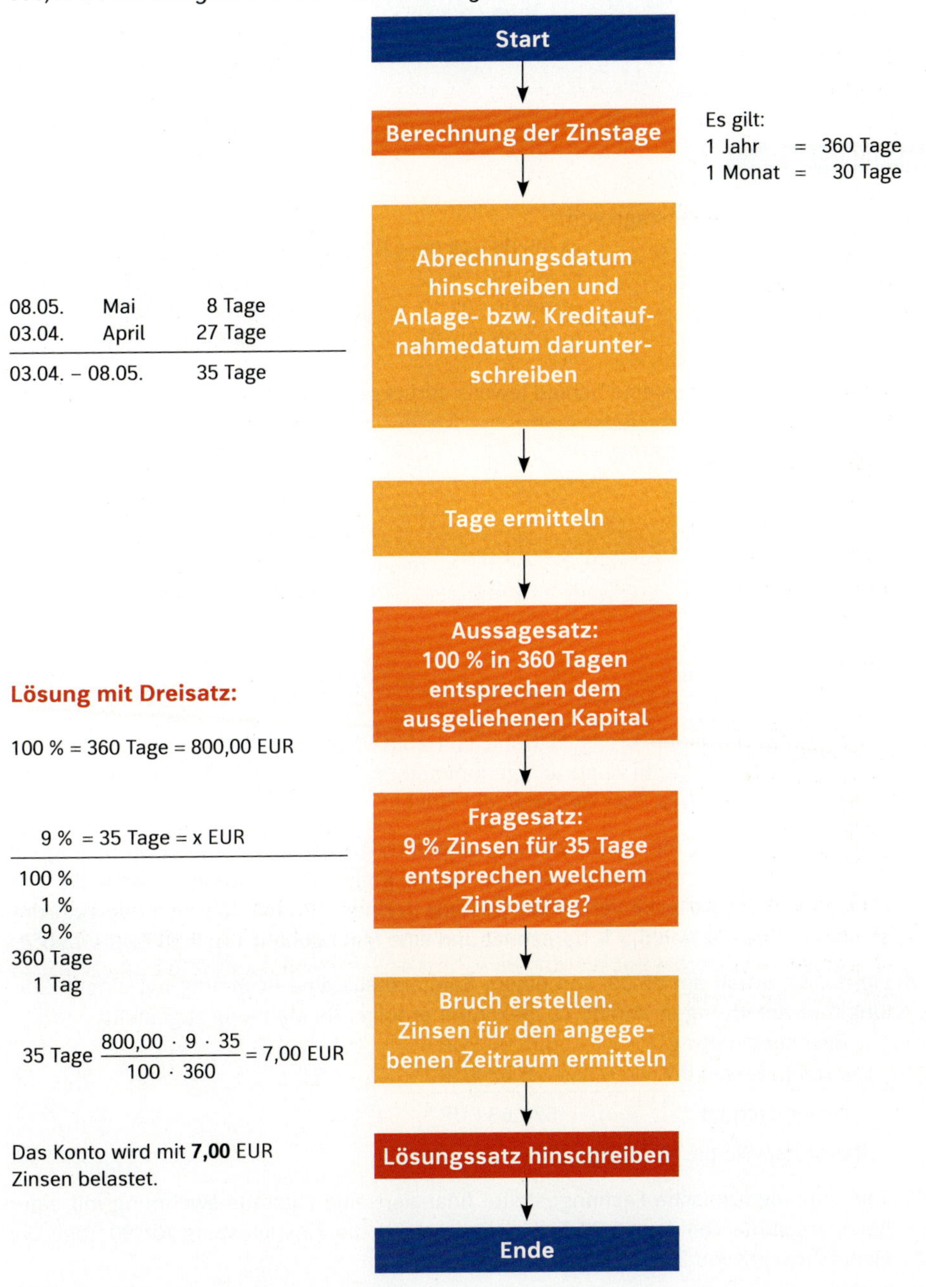

Es gilt:
1 Jahr = 360 Tage
1 Monat = 30 Tage

08.05.	Mai	8 Tage
03.04.	April	27 Tage
03.04. – 08.05.		35 Tage

Lösung mit Dreisatz:

100 % = 360 Tage = 800,00 EUR

9 % = 35 Tage = x EUR

100 %
1 %
9 %
360 Tage
1 Tag

35 Tage $\frac{800,00 \cdot 9 \cdot 35}{100 \cdot 360}$ = 7,00 EUR

Das Konto wird mit **7,00** EUR Zinsen belastet.

Setzt man statt der Zahlen die allgemeinen Bezeichnungen in den Bruch ein, erhält man folgende Formel:

$$\text{Zinsen} = \frac{\text{Kapital} \cdot \text{Zinssatz} \cdot \text{Tage}}{100 \cdot 360} \qquad Z = \frac{K \cdot p \cdot t}{100 \cdot 360} \qquad Z = \frac{800,00 \cdot 9 \cdot 35}{100 \cdot 360} \qquad Z = 7,00$$

Berechnung von Zinstagen

Beispiel: *Die Zinstage vom 28.01. bis 02.12. sollen berechnet werden.*

Januar		=	2 Tage
Febr. bis Nov.	= 10 Monate	=	300 Tage
Dez.		=	2 Tage
28.01. bis 02.12.		=	**304 Tage**

Übungsaufgaben

1. Berechnen Sie die Zinstage vom:
   a) 15.04.–23.05.
   b) 31.01.–30.06. n. J.
   c) 28.02.–01.03.
   d) 18.11.–25.02. n. J.
   e) 05.06.–18.09.
   f) 08.03.–29.02.
   g) 14.05.–31.12.
   h) 01.06.–07.07.
   i) 20.04.–31.05.
   j) 31.07.–31.12.
   k) 01.10.–05.02. n. J.
   l) 04.08.–08.04. n. J.

2. An welchem Tag muss eine Schuld jeweils zurückgezahlt werden?

Auszahlungstag	Laufzeit in Tagen
28.02.	85
31.01.	150
12.03.	122
05.04.	10
14.06.	180
25.10.	215

3. Ein Zahnarzt hat einen Kredit in Höhe von 150000,00 EUR bei einem Zinssatz von 4,25 % am 20. Oktober in Anspruch genommen und am 31. Mai des folgenden Jahres zurückgezahlt. Wie viel Euro betragen die Zinsen?

4. Ein Privatpatient ist mit der Bezahlung einer Liquidation über 630,00 EUR 95 Tage in Zahlungsverzug geraten. Wie viel Euro hat er insgesamt zu zahlen, wenn die privatzahnärztliche ärztliche Verrechnungsstelle in einem Mahnverfahren für Verzugszinsen einen Zinssatz von 6,5 % berechnet und eine Mahngebühr von 3,50 EUR erhebt?

5. Ein Patient erhält am 25.09. von einem Sanitätshaus eine Rechnung mit einem Zahlungsziel von 45 Tagen. Am 05.12. bekommt er folgende Mahnung zugestellt:

Rechnungsbetrag	565,00 EUR
+ Verzugszinsen 6 %	5,63 EUR
Gesamtschuld	570,63 EUR

   Überprüfen Sie die Mahnung.

6. Eine Zahnmedizinische Fachangestellte finanziert eine Eigentumswohnung mit einer Bausparsumme von 75000,00 EUR. Wie hoch ist die Zinsbelastung für 90 Tage bei einem Zinssatz von 2,35 %?

7. Ein Zahnarzt kauft seinem Sohn ein neues Auto und gibt ein altes im Wert von 2150,00 EUR in Zahlung. Das neue Fahrzeug kostet 12580,00 EUR. Den Restbetrag finanziert der Zahnarzt über einen Zwischenkredit mit einem Zinssatz von 3,5 % und einer Laufzeit von 140 Tagen.
   a) Wie viel Euro betragen die auf volle Euro aufzurundenden Zinsen?
   b) Welche Summe muss der Zahnarzt insgesamt an Geldmitteln aufwenden?

8. Ein junger Zahnarzt hat die Vorteile des Sparens durch eine Standesorganisation genutzt, um sich selbstständig zu machen. Er erhält 120 000,00 EUR Kredit auf eine Ansparsumme von 40 000,00 EUR. Wie viel Euro betragen die Zinsen bei einem Zinssatz von 3,25 % bei 90 Tagen?

9. Eine Fachangestellte überzieht am 07.03. ihr Gehaltskonto um 875,00 EUR. Die Abrechnung ihres Kontos erfolgt per 31.03. Der Sollzinssatz beträgt 10,4 %. Mit wie viel Euro Sollzinsen belastet die Bank ihr Konto zum 31.03.?

3.2 Berechnung des Kapitals

Beispiel: *Eine Zahnmedizinische Fachangestellte hat für die Überziehung ihres Gehaltskontos vom 24.04. bis zum 31.05. 10,80 EUR Zinsen zu zahlen. Der Soll-Zinssatz beträgt 9 %.*
Wie hoch war der in Anspruch genommene Kredit?

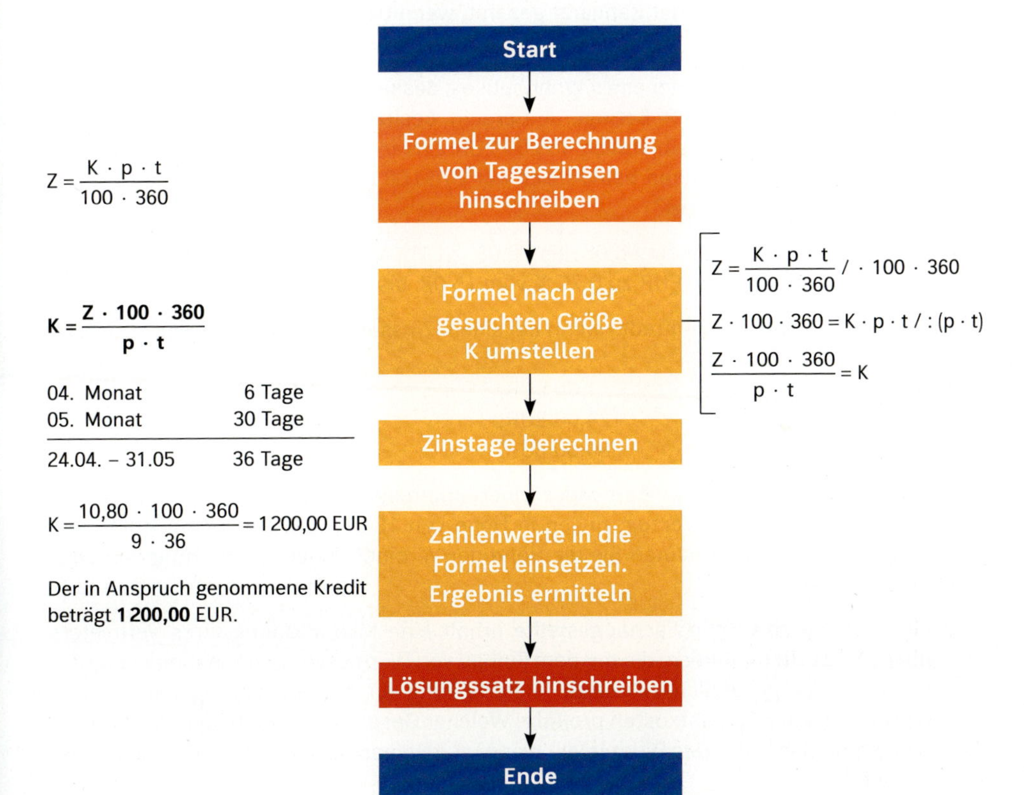

Übungsaufgaben

1. Ein Zahnarzt erhält einen Kredit für die Zeit vom 01.03. bis 01.04. zu einem Zinssatz von 3,5 %. Er zahlt dafür 27,30 EUR an Zinsen. Wie viel Euro beträgt der eingeräumte Kredit?

2. Ein Zahnarzt hat auf sein Haus ein 2,5%iges Grundschulddarlehen aufgenommen und zahlt für die Zeit vom 30.06. bis 31.12. 687,50 EUR an Zinsen. Auf welchen Betrag lautet die Grundschuld?

3. Ein Privatpatient hat die Forderung eines Zahnarztes einschließlich Verzugszinsen von 6 % noch nicht beglichen. In einem Mahnverfahren stellt die Zahnmedizinische Fachangestellte für die Zeit vom 25.02. bis 07.06. 25,50 EUR an Verzugszinsen in Rechnung. Über welchen Betrag lautete die Liquidation?

4. Das Mehrfamilienhaus eines Zahnarztes bringt monatliche Mieteinnahmen von 1 750,00 EUR. Die jährlichen Aufwendungen betragen:

– für Instandhaltung	10 % der Mieteinnahmen
– an Steuern und Abgaben	350,00 EUR
– für Abschreibungen	3 200,00 EUR

   Welchen Kaufpreis hat der Zahnarzt gezahlt, wenn der Gewinn einer Verzinsung von 5 % entspricht?

5. Ein Zahnarzt ist Eigentümer eines Wohnhauses, dessen monatlicher Reinertrag bei 5 % Verzinsung 1 500,00 EUR beträgt. Außerdem besitzt er Wertpapiere, die ihm bei 2,25%iger Verzinsung halbjährlich 450,00 EUR Zinsen einbringt. Sein jährlicher Ertrag aus 4,5%igen Wertpapieren beläuft sich auf 2 700,00 EUR. Wie hoch ist das Gesamtvermögen des Zahnarztes?

6. Welches Kapital bringt vom 05.05. bis 26.06. zu 1 % verzinst genauso viel Zinsen wie ein Kapital von 2 500,00 EUR zu 0,75 % vom 15.02. bis 15.08.?

7. Wie viel EUR beträgt ein Kredit, wenn bei einem Zinssatz von 8 % an Zinsen zu zahlen sind:

a) täglich	1,80 EUR,
b) monatlich	124,00 EUR,
c) halbjährlich	680,00 EUR?

8. Ein Arzneimittelhersteller berechnet einer Pharmagroßhandlung für die Zeit vom 12.04. bis zum 31.05. Verzugszinsen in Höhe von 18,00 EUR. Das entspricht einem Zinssatz von 6 %. Berechnen Sie die Höhe der Verbindlichkeit der Pharmagroßhandlung zum 31.05.

9. Eine Zahnmedizinische Fachangestellte erhält eine Mieterhöhung ihres Vermieters über 66,00 EUR monatlich, die mit dem Einbau von Wärmeschutzmaßnahmen begründet wird. Die gesetzlich zulässige Mieterhöhung für Modernisierungsmaßnahmen beträgt 11 % der Gesamtkosten pro Jahr. Welcher Gesamtaufwand bildete die Berechnungsgrundlage für den Vermieter, wenn er die gesetzlichen Möglichkeiten ausschöpft?

3.3 Berechnung des Zinssatzes

Beispiel: *Ein Zahnarzt fordert in einem Mahnverfahren von einem Patienten zuzüglich zum Liquidationsbetrag von 660,00 EUR noch 27,50 EUR Verzugszinsen für die Zeit vom 15.02. bis zum 25.10.* Welchen Zinssatz hat der Zahnarzt für die Berechnung der Verzugszinsen zugrunde gelegt?

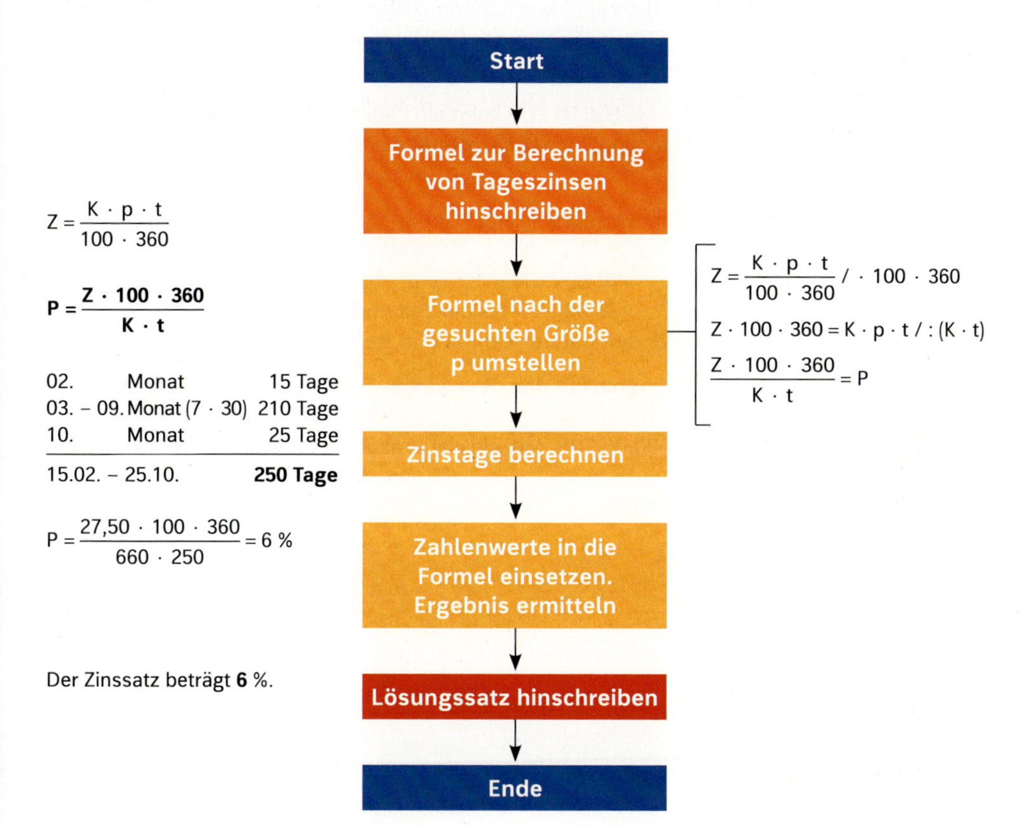

Übungsaufgaben

1. Eine digitale Stereoanlage kostet im Sonderangebot bei Barzahlung 425,00 EUR. Eine Zahnmedizinische Fachangestellten schließt einen Ratenkaufvertrag über einen Händler mit einer Bank zu folgenden Bedingungen ab:
   Anzahlung 75,00 EUR, Rest in 12 gleichen Monatsraten zu je 31,50 EUR.
   a) Berechnen Sie den Ratenverkaufspreis.
   b) Welchen Zinssatz berechnete die Bank?

2. Ein Zahnarzt erhält von seiner Bank am 25.04. einen kurzfristigen Kredit in Höhe von 4 000,00 EUR, den er am 16.08. zurückzahlt. Die Bank berechnet 46,25 EUR Zinsen. Welchen Zinssatz stellte die Bank in Rechnung?

3. Ein Zahnarzt hat Sparbriefe mit einem Nennwert von 7 500,00 EUR gekauft. Er erhält in 6 Jahren bei jährlicher Zinszahlung 405,00 EUR. Mit wie viel Prozent verzinste sich das eingesetzte Kapital?

4. Eine Angestellte lässt sich ein Arbeitgeberdarlehen von 850,00 EUR geben. Nach einem halben Jahr zahlt sie vereinbarungsgemäß 862,50 EUR zurück. Wie hoch ist der Zinssatz?

5. Eine Zahnmedizinische Fachangestellte zahlt bei einem Ratenkauf für einen Kredit in Höhe von 1 500,00 EUR für die Zeit vom 28.02. bis 28.06. einschließlich einer Bearbeitungsgebühr von 1,5 % insgesamt 1 560,00 EUR zurück. Wie viel Euro beträgt die Bearbeitungsgebühr? Welchen Zinssatz berechnet der Kreditgeber?

6. Die Büroausstattung-GmbH stellt einem Kunden wegen Überschreiten des Zahlungsziels um 45 Tage 46,00 EUR in Rechnung. Der Rechnungsbetrag beläuft sich auf 5 600,00 EUR. Wie hoch ist der Zinssatz?

7. Für eine Grundschuld über 140 000,00 EUR zahlt ein Zahnarzt vierteljährlich 700,00 EUR Zinsen an seine Bank. Welchen Zinssatz berechnet die Bank für das Grundschulddarlehen?

8. In einem gerichtlichen Mahnverfahren erhebt der Zahnarzt gegenüber einem Patienten folgende Forderung:

Liquidation	478,50 EUR
Verzugszinsen	25,09 EUR für die Zeit vom 28.02. bis zum 31.12.

   Wie viel Prozent Verzugszinsen hat der Zahnarzt in Rechnung gestellt?

9. Zwei private Investoren haben für den Bau eines Ärztehauses 1 500 000,00 EUR angelegt. Die Mieteinnahmen betragen monatlich 45 000,00 EUR, die jährlichen Kosten belaufen sich auf 460 000,00 EUR. Mit wie viel Prozent verzinst sich das investierte Kapital?

3.4 Berechnung der Zeit

Beispiel: *Eine Zahnmedizinische Fachangestellte erhält auf ihr Sparguthaben von 2000,00 EUR am 31.12. eine Zinsgutschrift von 9,00 EUR. Der Zinssatz für Sparguthaben mit vertraglicher Kündigungsfrist beträgt 0,75 %. Wann wurde das Guthaben eingezahlt?*

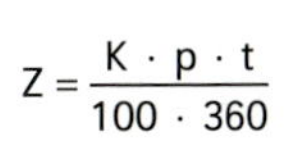

$$Z = \frac{K \cdot p \cdot t}{100 \cdot 360}$$

$$\mathbf{t = \frac{Z \cdot 100 \cdot 360}{K \cdot p}}$$

$$t = \frac{9{,}00 \cdot 100 \cdot 360}{2000{,}00 \cdot 0{,}75} = 216 \text{ Tage}$$

30.12.

216 : 30 = 7 Rest 6
7 Monate, 6 Tage

24.05.

Das Guthaben wurde am 24.05. eingezahlt.

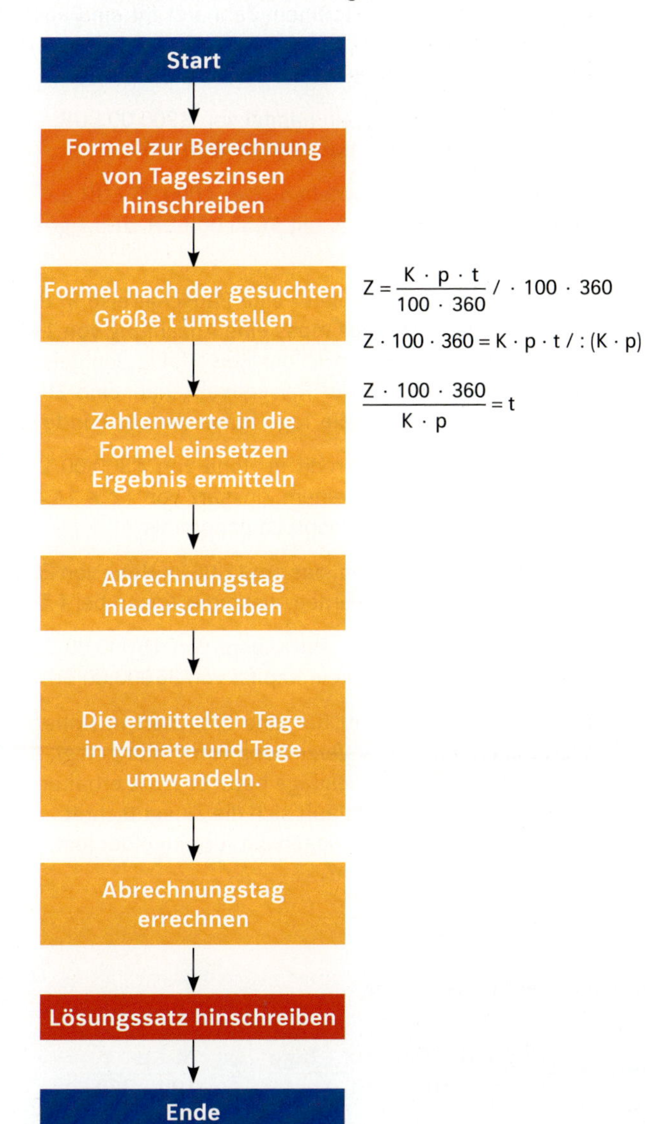

$$Z = \frac{K \cdot p \cdot t}{100 \cdot 360} \;/ \cdot 100 \cdot 360$$

$$Z \cdot 100 \cdot 360 = K \cdot p \cdot t \;/ : (K \cdot p)$$

$$\frac{Z \cdot 100 \cdot 360}{K \cdot p} = t$$

Übungsaufgaben

1. Eine Zahnmedizinische Fachangestellte muss für einen Dispositionskredit über 2800,00 EUR bei einem Zinssatz von 10% 56,00 EUR Zinsen zahlen. Welche Laufzeit liegt dem Kredit zugrunde?
2. Eine Bausparkasse stellt einem Zahnarzt für ein Bauspardarlehen von 75000,00 EUR am 31.12. bei einem Zinssatz von 4,5 % 1125,00 EUR Zinsen in Rechnung. Wann erfolgte die Auszahlung der Kreditsumme?
3. In welcher Zeit wächst ein Kapital von 3200,00 EUR, das am 15. April zu 1,5 % auf ein Konto eingezahlt wird, auf 3240,00 EUR an?
4. Ein Zahnarzt hat ein Darlehen über 4000,00 EUR am 25.02. einschließlich Zinsen bei einem Zinssatz von 5,5 % mit 4055,00 EUR zurückgezahlt. Wann erhielt er das Darlehen?
5. Eine Reisegesellschaft bietet eine Pauschalreise in die USA für 2800,00 EUR an. Bei Abschluss des Vertrages muss eine Anzahlung von 1400,00 EUR in bar geleistet werden. Der Rest ist bei Antritt der Reise fällig. Ein Teilnehmer zahlt den Gesamtbetrag sofort und erhält von der Reisegesellschaft eine Zinsvergütung von 43,75 EUR, die 7,5 % entspricht. Wie viele Tage früher hat der Kunde gezahlt?
6. Für einen Dispositionskredit in Höhe von 4800,00 EUR berechnet eine Bank einem Zahnarzt am 30.06. bei einem Zinssatz von 12 % 14,40 EUR an Zinsen. Wann hat der Zahnarzt den Kredit in Anspruch genommen?
7. Wann muss ein Darlehen, das am 12.06. in Höhe von 28800,00 EUR ausgeliehen wurde, wieder zurückgezahlt werden, wenn die Zinsen bei 4 % 48,00 EUR betragen?
8. In wie viel Tagen bringt ein Kapital von 15000,00 EUR bei einem Zinssatz von 8 % genauso viel Zinsen wie ein Kapital von 36000,00 EUR in 150 Tagen zu 3 %?
9. Ein Zahnmedizinstudent hat eine Erbschaft in Höhe von 5000,00 EUR am 30.03. in Wertpapieren mit einer Verzinsung von 4 % angelegt. Am 30.09. erhält er eine Zinsgutschrift. Bei einer Termineinlage hätte er 2,5 % erhalten.
   a) Über wie viel Euro beläuft sich die Zinsgutschrift?
   b) Wie viele Tage länger liegen die Termingelder fest, wenn sie den gleichen Zinsertrag in Euro bringen sollen?

Formeln in der Zinsrechnung:

$$\text{Zinsen (Z)} = \frac{\text{Kapital} \cdot \text{Zinssatz} \cdot \text{Tage}}{100 \cdot 360} \qquad Z = \frac{K \cdot p \cdot t}{100 \cdot 360}$$

$$\text{Kapital (K)} = \frac{\text{Zinsen} \cdot 100 \cdot 360}{\text{Zinssatz} \cdot \text{Zeit}} \qquad K = \frac{Z \cdot 100 \cdot 360}{p \cdot t}$$

$$\text{Zinssatz (p)} = \frac{\text{Zinsen} \cdot 100 \cdot 360}{\text{Kapital} \cdot \text{Zeit}} \qquad p = \frac{Z \cdot 100 \cdot 360}{K \cdot t}$$

$$\text{Zeit (t)} = \frac{\text{Zinsen} \cdot 100 \cdot 360}{\text{Kapital} \cdot \text{Zinssatz}} \qquad t = \frac{Z \cdot 100 \cdot 360}{K \cdot p}$$

Sachwortverzeichnis

S

T

U

V

W

Z

Bildquellenverzeichnis

Beiersdorf AG, Hamburg: 234 1.
Bergmoser + Höller Verlag AG, Aachen: Zahlenbilder 62.
BSN medical Company, Hamburg: 234 2.
Bundesagentur für Arbeit, Nürnberg: 114, 339 1.
Bundesministerium für Gesundheit (BMG), Berlin: 182.
Bundeszahnärztekammer, Berlin: 25.
CompuGroup Medical Deutschland AG, Koblenz: 207 1, 207 2.
Deutsche Rentenversicherung Bund, Berlin: 104.
Deutsche Rentenversicherung Knappschaft-Bahn-See, Bochum: 104.
Deutscher Sparkassen Verlag GmbH, Stuttgart: 287, 289.
DHL Express Germany GmbH, Bonn: 215.
Di Gaspare, Michele (Bild und Technik Agentur für technische Grafik und Visualisierung), Bergheim: 10, 31, 132, 329.
Dr. Bruckner & Neubecker, Puhlheim: 141 1.
einfach-rente.de, Paunzhausen: 106.
EURO Kartensysteme GmbH, Frankfurt am Main: 290.
fotolia.com, New York: Alexander Raths 35, 69, 74, 322; Amir Kaljikovic 8 1, 18, 28, 30, 36, 39, 53, 65, 74, 76, 100, 104, 113, 119, 122, 128, 131, 139, 143, 146, 173, 176, 188, 191, 196, 201, 205, 209, 268, 279, 295, 305, 310, 325, 328, 332 1, 338; ArTo 159; babimu 181; bluedesign 42; CandyBox Images 18, 145, 166; Doris Heinrichs 205; eyewave 282, 284; fovito 154; Gajus 242; Gina Sanders 86, 130; Ingo Bartussek 339; J.M. Guyon 84; Jann 226; jayrb 226 2; karelnoppe 23, 279; kevma20 181; Kzenon 158; lassedesignen 184; lichtmeister 220; Lisa F. Young 93, 104, 275 1; lunamarina 295, 302; M. Schuppich 223; magraphics.eu 181; Martin Schlecht 181; megasquib 181; Minerva Studio 310; momius 184; Nick Freund 28, 30, 36, 53, 65, 76, 100, 122, 128, 131, 139, 143, 149, 173, 176, 191, 196, 201, 209, 213, 221, 279, 325, 328, 332, 338; niroworld 206; nyul 19; Okssi 181; Peter Atkins 123, 337; photophonie 149; photowahn 144, 144; rcx 16; RioPatuca Images 182; Robert Kneschke 52, 166, 340; runzelkorn 126; seen0001 335 1; Sergey Baybara 134; sumnersgraphicsinc 42; Syda Productions 55; tina7si 108; Tyler Olson 218; Volker Witt 52; VRD 290; WoGi 51, 51, 51; contrastwerkstatt 180.
Galas, Elisabeth, Bad Breisig: 178.
Gebrüder Schulte GmbH & Co. KG, Schulte Lagertechnik, Sundern: 225 1.
ISP Unternehmensberatung GmbH, Münster: 327.
Jouve Germany GmbH & Co. KG, München: 8 3, 12, 13, 28, 34, 39, 46, 47, 48, 49, 50, 55, 56, 57, 59, 60, 63, 67, 68, 73, 74, 75, 75, 75, 83, 83, 101, 102, 106, 107, 107, 108, 108, 111, 117 1, 118, 119, 124, 127, 133, 135, 136, 147, 147, 151, 152, 153, 154, 155, 156, 160, 162, 163, 166, 167, 168, 178, 179, 181, 185, 189, 190, 190, 196, 197, 199, 202, 203, 203, 206, 211, 214, 224, 231, 233, 235, 236, 237, 238, 239, 240, 240, 241, 243, 245, 246, 248, 249, 255, 256, 258, 261, 263, 266, 267, 272, 274, 278, 281 1, 283, 284, 286, 289, 292, 296, 298, 299, 300, 301, 301, 306, 307, 307, 314, 315, 316, 317, 317, 330, 333, 334, 336, 351, 353, 359.
MasterCard Europe SPRL, Frankfurt am Main: 291.
Microsoft Deutschland GmbH, München: 219, 219.

Picture-Alliance GmbH, Frankfurt/M.: dpa-infografik 72, 79, 97, 100 1, 116, 120 1, 172, 186, 245, 248, 276, 277, 278, 286, 288 1, 292, 304 1; Giorgio Magini 213, 221.
stock.adobe.com, Dublin: Bartussek, Ingo 72; Berg, Martina 8; Christoph Hähnel 32; fotofabrika Titel; Joachim B. Albers 227; Kalnitsky, Ruslan 181; Kneschke, Robert 8; Kzenon 33; michaeljung 11, 18, 39, 69, 74; Mikhail Mishchenko 225; nyul 8, 113, 119; peterschreiber. media 181; Racle Fotodesign 45, 158, 188, 228, 253, 268, 305; Ralf Kalytta 181; sebra 69; sepy 177; spaxiax 146.
Verband medizinischer Fachberufe e.V., Bochum: 29.
VISA Europe Service Inc., Frankfurt: 291.
YPS - York Publishing Solutions Pvt. Ltd.: 43, 45, 80, 124.
Zahnärztekammer Westfalen-Lippe, Münster: 24 1, 40 1.

Wir arbeiten sehr sorgfältig daran, für alle verwendeten Abbildungen die Rechteinhaberinnen und Rechteinhaber zu ermitteln. Sollte uns dies im Einzelfall nicht vollständig gelungen sein, werden berechtigte Ansprüche selbstverständlich im Rahmen der üblichen Vereinbarungen abgegolten.